Buch-Updates
Registrieren Sie dieses Buch
auf unserer Verlagswebsite.
Sie erhalten dann
Buch-Updates und weitere,
exklusive Informationen
zum Thema.

Galileo
BUCH UPDATE

Und so geht's
> Einfach **www.galileodesign.de** aufrufen
<<< Auf das Logo **Buch-Updates** klicken
> Unten genannten **Zugangscode** eingeben

Ihr persönlicher Zugang
zu den Buch-Updates

108713024583

Maike Jarsetz

Das Photoshop-Buch für digitale Fotografie

Aktuell zu Photoshop CS4 –
Das Lösungsbuch für perfekte Bilder

Galileo Press

Liebe Leserin, lieber Leser,

es macht wirklich Freude, die eigenen Bilder mit Photoshop zu bearbeiten. Und doch: Nach einiger Zeit und den ersten Erfolgserlebnissen schleicht sich eine gewisse Routine ein, und man ertappt sich dabei, dass man immer wieder dieselben ausgetretenen Pfade beschreitet, um seine Bilder zu bearbeiten. Aber bietet Photoshop nicht eigentlich noch viel mehr? Und gibt es nicht vielleicht einfachere oder auch elegantere Wege, um ein bestimmtes Problem zu lösen?

Maike Jarsetz kennt solche Wege und führt Sie in diesem wunderbaren Buch durch den »Dschungel« Photoshop. Sie ist als gelernte Fotografin – die also stets das Beste für Ihre Bilder im Auge hat – eine ideale Führerin und zeigt Ihnen so manchen Kniff, aber auch einige Fallgruben am Wegesrand.

Schritt für Schritt können Sie sich so Ihre eigenen Schneisen durch Photoshop schlagen, denn dieses Buch können Sie genau so einsetzen, wie Sie es gerade benötigen: Als Einsteiger in die Bildbearbeitung halten Sie sich anfangs vielleicht eher auf den Hauptwegen von Photoshop auf. Dann dürften zunächst die Workshops in Kapitel 2, »ABC der Bildbearbeitung«, für Sie interessant sein.

Genauso spannend aber sind die Kapitel zu RAW, Farb- und Belichtungskorrekturen. Hier sehen Sie, was alles möglich ist, um Ihre Bilder zu optimieren, und Sie werden auch schon den einen oder anderen schattigen Seitenpfad von Photoshop betreten.

Auf diesen Pfaden können Sie weiterwandern, bis Sie ganz tief im Photoshop-Dschungel sind. Dort warten solche Kapitel wie »Porträtretusche«, »Schwarzweiß«, »Freistellen und montieren« oder »Perspektive«. Mit diesen Workshops können Sie Ihre Bilder schon ganz gehörig verändern – hie und da können so ganz neue Bilder entstehen.

Maike Jarsetz führt Sie aber immer wieder auf die Hauptwege zurück, so dass Sie sich auf keinen Fall verirren können. Für alle Fälle können Sie sich aber auf den sicheren Boden der Grundlagenexkurse zurückziehen, die Sie über das ganze Buch verteilt finden.

Und falls Ihnen der Sinn nach etwas ganz anderem steht, schauen Sie doch einmal auf die Buch-DVD. Dort gibt es neben den Beispielbildern auch einige Video-Lektionen zu besonders kniffligen Workshops.

Aber jetzt will ich Sie nicht länger aufhalten. Viel Freude beim Fotografieren, Lesen und Bilder bearbeiten! Bei Anmerkungen, Kritik oder Fragen sind wir gerne für Sie da.

Ihre Alexandra Rauhut
Lektorat Galileo Design

Galileo Press
Rheinwerkallee 4
53227 Bonn

alexandra.rauhut@galileo-press.de
www.galileodesign.de

Inhalt

3 RAW-Bilder entwickeln

6 Farbkorrekturen

9 Porträtretusche

10 Scharf- und Weichzeichnen

11   Freistellen und montieren

12   Perspektive

13 Präsentation und Automatisierung

Grundlagenexkurse

Videolektionen auf DVD

Das Photoshop-Buch für digitale Fotografie

…geht in die nächste Runde. Und natürlich habe ich mir als Erstes die Frage gestellt, welche der neuen Funktionen von Photoshop CS4 es lohnen, Ihnen vorgestellt zu werden, welche ein echter Zugewinn für die Bearbeitung digitaler Bilder sind.

Erstaunlicherweise haben die Funktionen besonders starken Einfluss im Buch gehabt, die im Photoshop-Update auf den ersten Blick nur kosmetisch wirken. Die Korrekturen- und Masken-Palette verfolgen einen Ansatz, der schon aus dem Raw-Konverter und aus Lightroom bekannt ist: die unmittelbare Korrektur von Bilddaten und die gleichzeitige Möglichkeiten, diese Korrektur jederzeit, ohne überflüssige Klicks zurückzuregeln.

So finden Sie in diesem Buch viele klassische Aufgaben der Bildkorrektur, die jedes Mal in der Korrekturen-Palette starten und ohne lange Umwege ans Ziel kommen. Das ist ein unschätzbarer Zeit- und Effektivitätsgewinn.

Sollten Sie selbst noch eine ältere Photoshop-Version haben, so sind Sie genausogut aufgehoben. Im Grundlagenexkurs zur Korrekturen-Palette werden die Zusammenhänge zur altbewährten Ebenen-Palette aufgezeigt. Dies ermöglicht Ihnen, alle Bildanpassungen in Ihrer Photoshop-Version nachzuarbeiten.

Aber nicht nur, was Photoshop bietet ist wichtig, sondern vor allem, wohin sich die digitale Fotografie samt Ihrer digitalen Nachbearbeitung hin entwickelt.

Und so habe ich der erweiterten Raw-Bearbeitung und dem beliebten Thema HDR durch ein eigenes, neues Kapitel genauso Raum eingeräumt, wie der nicht-destruktiven Bildbearbeitung und der Bildpräsentation.

Überhaupt werden Sie feststellen, dass sich die wichtigsten Bildbearbeitungsthemen kapitelübergreifend erstrecken. So finden Sie im Retusche-Kapitel Ansätze zu Composing-Techniken, im Kapitel über Scharf- und Weichzeichnung erste Tipps zur Porträtretusche – und so faltet sich der Reigen der Bildbearbeitungsthemen immer weiter auf.

Blättern und stöbern Sie in diesem Buch. Nutzen Sie das Workshop-Konzept, um Lösungen genau zu den Aufgaben zu finden, die sich Ihnen gerade stellen. Die Spanne der Themen von der Bildauswahl bis zur Präsentation, von der ersten Raw-Entwicklung bis zur HDR-Umsetzung, von der Belichtungskorrektur bis zur Beautyretusche sollte für jeden etwas bereithalten.

Und sollten Sie mal ein Thema vermissen, geben Sie mir oder dem Galileo-Verlag gerne Bescheid. Wir freuen uns über Anregungen!

Frohes Schaffen und viel Erfolg!

Maike Jarsetz

Bildorganisation

Die Bridge ist seit mittlerweile drei Versionen fester Bestandteil von Photoshop. Trotzdem ist es erstaunlicherweise für viele Anwender noch nicht selbstverständlich, sie auch zur Bildorganisation zu nutzen.

Dabei erfüllt dieses Extra-Programm doch fast alle Bedürfnisse bei der Bildorganisation: Vergleichsmöglichkeiten durch Überprüfungsmodus, Vorschau und Lupe, Kategorisierung von Bildern durch Bewertung, Verschlagwortung oder Beschriftung, sowie intelligente Ordnungssysteme durch Metadatenfilter und smarte Kollektionen. Die Berücksichtigung bestehender Metadaten wie Copyright-Informationen oder EXIF-Daten ist dabei selbstverständlich.

Fotos: Hilla Südhaus

Bildorganisation

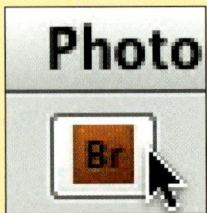

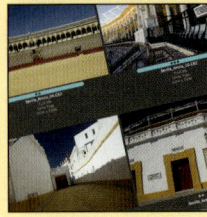

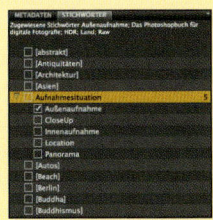

Aller Anfang ist die Bridge

Hier starten Sie Ihre Bildorganisation

Viele Wege führen in die Bridge. Ob Sie Daten direkt von der Kamerakarte laden, bestehende Bildordner öffnen oder Bilder aus Favoriten-Ordnern organisieren – die Bridge fungiert als Bildbrowser auf vielerlei Art und Weise. Zur Einführung hier eine Kurzvorstellung der Benutzeroberfläche und des Bildimports.

Ordner und Favoriten:
Erstellen Sie eigene Favoriten-ordner per Drag & Drop

Steuerungsleiste:
Die wichtigsten Funktionen und Arbeitsbereiche per Knopfdruck

Metadaten:
Hier erfahren Sie alles über Ihre Bilddaten

Metadatenfilter:
Filtern Sie Metadaten und Stich-wörter ordnerübergreifend

Vorschau und Lupe:
Wurden um Überprüfungsmodus und Vollbildansicht erweitert

Kollektionen:
Erstellen Sie ordnerübergreifende Themensammlungen

1 Bridge öffnen

Die Bridge ist zwar eng verwandt mit Photoshop, funktioniert aber wie ein eigenständiges
Programm. Sie können sie als ein solches auch
direkt aus dem PROGRAMME-Ordner starten.

Wenn Sie aber sowieso schon in Photoshop
arbeiten, können Sie die Bridge auch über ein
kleines Icon in der Menüleiste ❶ öffnen und
ansteuern.

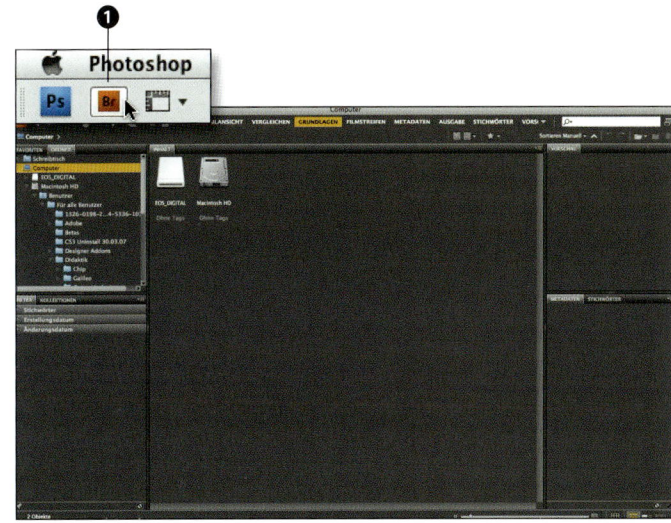

2 Bilder von Kamera abrufen

Sollte der Foto-Downloader nicht automa-
tisch beim Anschluss eines Kartenlesers er-
scheinen, starten Sie ihn in der Bridge über
DATEI ▷ BILDER VON KAMERA ABRUFEN. Oder
Sie starten ihn über den Knopf ❷ in der
Steuerungsleiste.

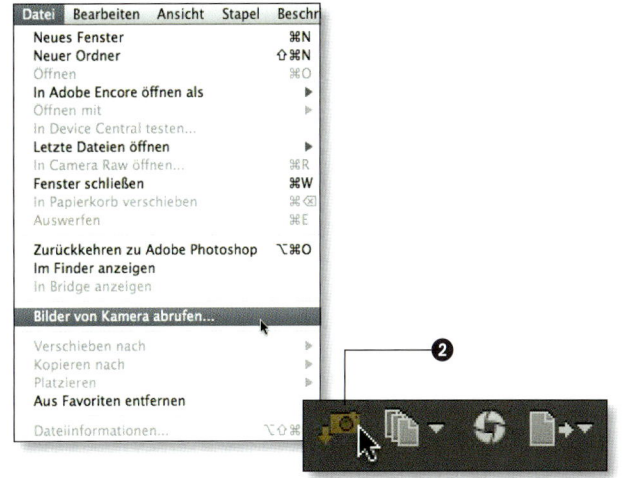

3 Bildimport vorbereiten

Nach Erscheinen des Import-Fensters klicken
Sie links unten auf ERWEITERTES DIALOGFELD.
So haben Sie Zugriff auf die Vorschau der Ein-
zelbilder.

In den einzelnen Optionen steuern Sie unter anderem welche Bilder Sie von der Karte
importieren, wo diese auf der Festplatte
gespeichert werden sollen, ob eine Umbenennung durchgeführt werden soll, welche
Copyright-Information eingebunden werden,
ob eine Konvertierung in DNG stattfinden soll
und vieles mehr.

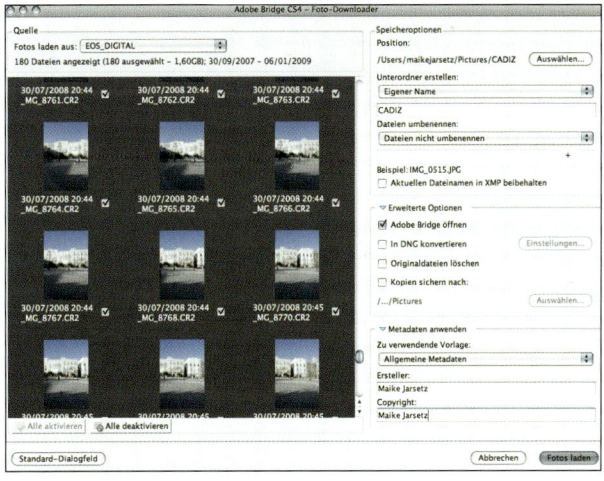

4 Bildordner in der Bridge öffnen

Liegen Ihre Bilder schon in einem Ordner auf der Festplatte, ist es das Einfachste, diesen Ordner per Drag&Drop auf das Programmicon der Bridge zu ziehen.

So wird der Inhalt im Bridge-Fenster geöffnet und angezeigt.

Die Größe der Miniaturbilder bestimmen Sie über den Schieberegler ❸.

5 Favoriten anlegen

Wenn Sie bestimmte Ordner haben, deren Inhalte Sie öfter sichten wollen, legen sie diese als Favoriten fest. Dazu müssen Sie den betreffenden Ordner nur aus dem Inhaltsfenster auf die Favoritenleiste ❹ ziehen.

Wenn Sie ihn nicht mehr als Favoriten benötigen, klicken Sie den Ordner mit der rechten Maustaste bzw. gedrückter Ctrl-Taste an und wählen Aus Favoriten entfernen.

6 Überblick über die Unterordner

Über die Pfadleiste ❺ können Sie jederzeit auf übergeordnete Ordner navigieren.

Wollen Sie den Inhalt mehrerer Ordner gleichzeitig sehen, wählen Sie aus dem rechten Pfeil ❻ des Dateipfades Objekte in Unterordnern anzeigen.

Über die Navigationspfeile ❼ können Sie – wie in einem Browser – direkt auf zuletzt benutzte Fenster wechseln.

7 Arbeitsbereich wählen

Die Fenster, die für Sie zum Arbeiten wichtig sind, blenden sie unter dem Menü FENSTER ein und aus. Dort können Sie auch unter ARBEITSBEREICH ▷ NEUER ARBEITSBEREICH Ihre aktuelle Fensterkonstellation speichern.

Zugriff auf gespeicherte Arbeitsbereiche haben Sie am schnellsten über die Steuerungsleiste ❽.

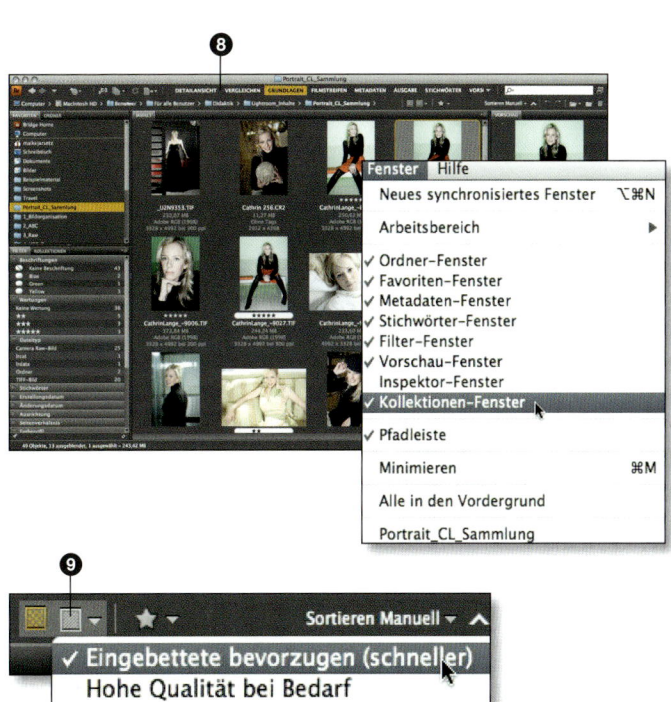

8 Miniaturqualität steuern

Die Voransicht vieler Bilddaten kann unter Umständen lange dauern, wenn die Bridge auf die Feindaten zurückgreift.

Über einen Knopf ❾ können Sie erzwingen, dass nur die eingebetteten Vorschaubilder gezeigt werden. Sie können aber jederzeit auch nachträglich eine hohe Vorschauqualität einstellen und auch im Vorwege Vollbildansichten aus den Feindaten generieren. Dieses ist notwendig für die Detailbeurteilung in der Bridge.

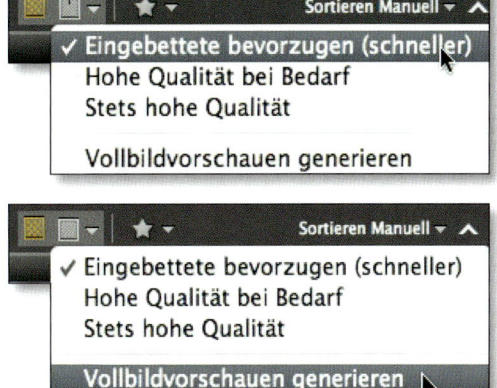

9 Bilder weiterbearbeiten

Die Möglichkeiten für die Bildorganisation und Weiterverarbeitung der Bilddaten ist mittlerweile fast uferlos geworden.

Die wichtigsten Funktion, z.B. die Stapel-umbenennung ❿, die Bearbeitung im Camera-Raw-Konverter ⓫ oder die neuen Präsentationsoptionen ⓬, erreichen Sie auch per Knopfdruck. Mehr zu den Präsentationsmöglichkeiten finden Sie im Kapitel »Präsentation und Automatisierung« ab Seite 482.

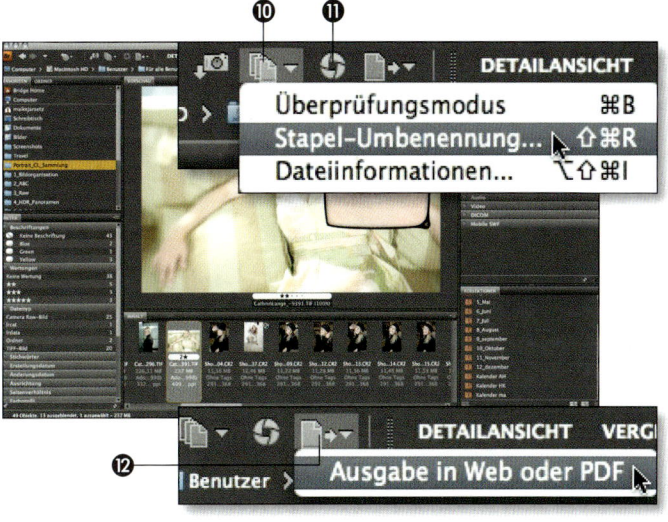

Übersicht beim Bildvergleich

Die Vergleichsmöglichkeiten in der Bridge

Die Bridge verfügt über immer mehr Möglichkeiten, Bilder auch im Detail zu vergleichen. Hatten Sie in der letzten Version schon die Möglichkeit, im Vorschaufenster die Bilder in bis zu 800 % Vergrößerung »unter die Lupe zu nehmen«, so kommen in der Version CS4 noch eine vereinfachte Vollbildvorschau und der beeindruckende Überprüfungsmodus dazu.

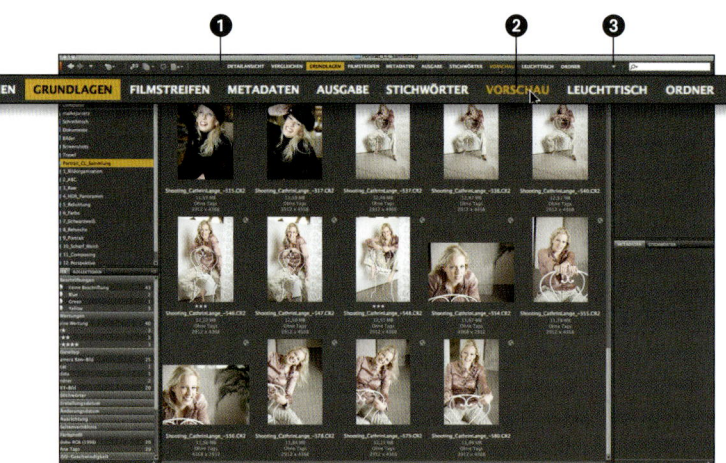

1 Vorschau starten

Navigieren Sie zunächst in den Ordner mit Ihren Bildern und wählen Sie aus den Arbeitsbereichen in der Steuerungsleiste die VORSCHAU aus ❷.

Tipp: Falls nicht alle Arbeitsbereiche sichtbar sein sollten, ziehen Sie einfach die Trennmarke ❶ weiter nach links, um Platz zu gewinnen, oder wählen Sie den Arbeitsbereich unter dem rechten Pfeil ❸ aus.

2 Vergleichsbilder auswählen

Wählen Sie mit gedrückter ⇧-Taste eine Reihe von Bildern oder mit gedrückter Strg/⌘-Taste mehrere einzelne Bilder zum Vergleich aus. Diese erscheinen dann nebeneinander im Vorschaufenster und werden immer so angeordnet, dass sie den größtmöglichen Platz ausnutzen.

Wenn Sie dann Bilder aussortieren und mit gedrückter Strg/⌘-Taste aus dem Filmstreifen ❹ abwählen, wird die Vorschau neu sortiert.

3 Unter die Lupe nehmen

Bewegen Sie den Mauszeiger auf eines der Vorschaubilder – er verwandelt sich automatisch in eine Lupe. Mit einem Mausklick zoomen Sie sofort auf den gewünschten Bildausschnitt. Das können Sie für alle ausgewählten Bilder in der Vorschau machen. Um die Lupe an der richtigen Motivstelle zu positionieren, können Sie den Bildausschnitt einfach mit gedrückter Maustaste verschieben.

Tipp: Halten Sie `Strg`/`⌘` gedrückt, um alle Ausschnitte parallel zu verschieben.

4 Pixelgenau bis 800 %

Falls Sie über eine Maus mit Mausrad verfügen, können Sie damit den Skalierungsfaktor der Lupe bis auf 800 % vergrößern.

Eine korrekte Beurteilung der Bildschärfe führen Sie aber nach wie vor besser in der 100 %igen Ansicht durch.

Hat die Lupe ausgedient, können Sie sie mit einem einfachen Klick auf das Lupenrechteck wieder ausblenden.

5 Auswahl in der Übersicht

Nun aber zu den neuen Möglichkeiten in CS4, Überprüfungsmodus und Vollbild: Wählen Sie zunächst wieder aus der Steuerungsleiste den Arbeitsbereich GRUNDLAGEN ❺ aus.

Hier können Sie mit der `⇧`-Taste oder der `Strg`/`⌘`-Taste eine grobe Vorauswahl treffen, bevor Sie die Auswahl bei einer näheren Betrachtung verfeinern können.

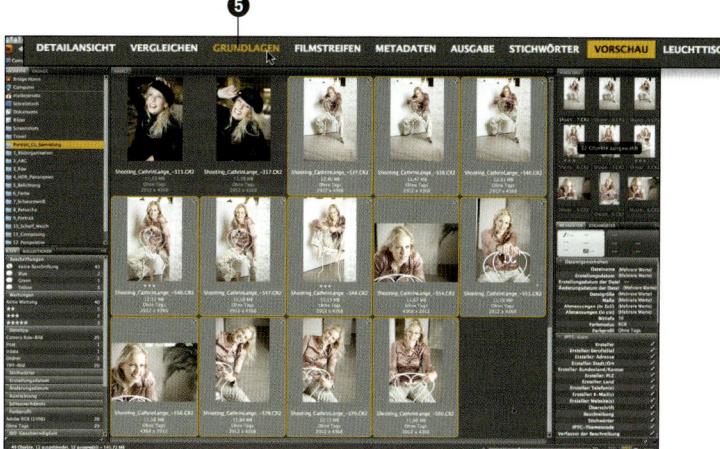

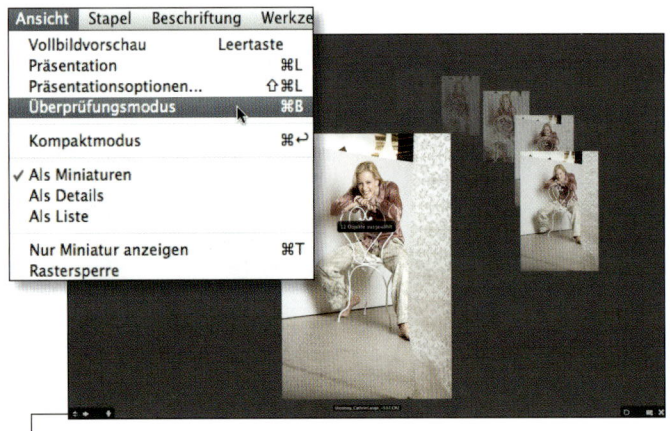

6 Überprüfungsmodus

Es gibt mehrere Wege in den Überprüfungsmodus: Entweder wählen Sie im Menü
ANSICHT ▷ ÜBERPRÜFUNGSMODUS oder – der
Shortcut dahinter zeigt es schon – Sie drücken
`Strg` + `B` bzw. `⌘` + `B`.

Es erscheint ein »Karussell« Ihrer ausgewählten Bilder mit dem jeweils aktivem Bild
im Vordergrund.

7 Im Überprüfungsmodus navigieren

Die Navigation im Überprüfungsmodus ist
denkbar einfach: Nutzen Sie die linken und
rechten Pfeiltasten, um das Vordergrundbild
zu wechseln. Sie können natürlich auch über
die Menüsteuerung ❻ nach links und rechts
navigieren.

Wenn Sie ein Bild genauer betrachten wollen, haben Sie auch hier die Lupe mit allen
Funktionen zur Verfügung: Klicken Sie auf das
Icon ❼ in der Menüsteuerung rechts unten,
oder klicken Sie einfach auf das Bild.

8 Die Spreu vom Weizen trennen

Im Überprüfungsmodus können Sie auch
gleich Ihre Auswahl verfeinern: Benutzen Sie
die Zifferntasten von 1 bis 5, um eine Bewertung zu vergeben – die entsprechende Anzahl
Sterne wird unter dem Bild eingeblendet.

Ausschuss können Sie gleich aussortieren:
Klicken Sie auf den Nach-unten-Pfeil ❽ oder
die entsprechende Pfeiltaste auf der Tastatur,
um die Auswahl zu verkleinern. Mit einem
Klick auf das X in der Menüsteuerung oder
die `Esc`-Taste verlassen Sie den Überprüfungsmodus.

9 Bilder als Vollbild beurteilen

Die Feinauswahl war nicht nur im Überprüfungsmodus sichtbar, sondern bleibt auch im Bridge-Fenster aktiv.

Diese Bilder können Sie jetzt noch besser als Gesamtbild betrachten. Wählen Sie die Vollbildvorschau aus dem ANSICHT-Menü bzw. drücken Sie einfach die Leertaste: Sofort sehen Sie die Einzelbilder in der Totalen.

(Lightroom-Anwendern mag dies bekannt vorkommen: Auch in der CS4-Version hat die Bridge wieder von Lightroom gelernt.)

10 Alle Infos verfügbar

Auch in der Vollbildvorschau können Sie sich durch die vorher ausgewählten Bilder navigieren, und zwar wieder mit der rechten und linken Pfeiltaste.

Sobald Sie eine neue Bewertung für das Bild eingeben (wie im Überprüfungsmodus mit den Zifferntasten 1 bis 5) erscheint in der linken unteren Ecke auch die Bildinformation.

11 Das »volle Vollbild«

Zu guter Letzt können Sie auch im Vollbild noch weiter in das Bild hereinzoomen.

Der Vorteil in dieser Ansicht fällt sofort ins Auge: Das Bild wird formatfüllend auf die 100 %-Ansicht gezoomt. Und auch hier können Sie sich mit dem Scrollrad Ihrer Maus noch weiter bis zur 800 %igen Vergrößerung zoomen.

Zurück in das Vollbild gelangen Sie durch einen weiteren Klick auf das Bild. Verlassen können Sie die Vollbildvorschau mit einem Druck auf die Leertaste.

Bilder stapeln

Themengruppen oder Panoramabilder zuordnen

Statt viele Einzelordner anzulegen, die Bilder im Zweifelsfall auch verstecken können, können Sie innerhalb einer Aufnahmeserie auch Stapel bilden. Das macht die Bildersammlung übersichtlicher und hilft Ihnen zum Beispiel auch beim Sammeln der Einzelbilder für ein Panoramabild.

1 Bildsammlung anzeigen

Starten Sie mit einer Bridge-Umgebung, die Ihnen einen guten Überblick über Ihre Bildsammlung gibt.

Wählen Sie dazu aus der Steuerungsleiste ❶ den Arbeitsbereich LEUCHTTISCH. Sollte dieser nicht in der Liste sichtbar sein, dann finden Sie ihn über einen Klick auf den kleinen rechten Pfeil ❷.

Verkleinern Sie gegebenenfalls über den Schieberegler ❸ die Miniaturgrößen der Fotos.

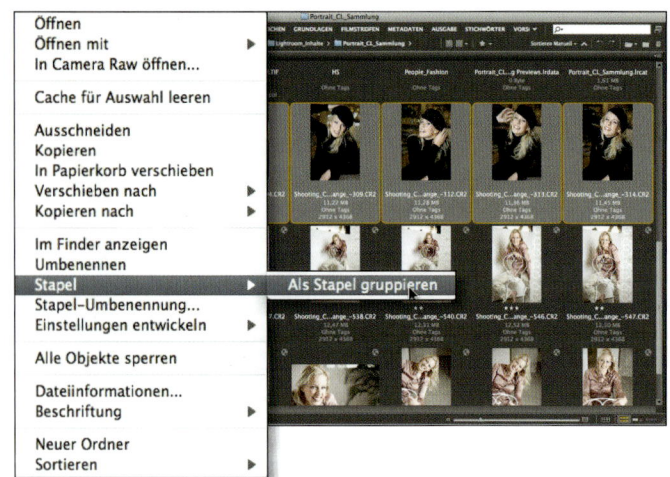

2 Motivgruppen stapeln

Markieren Sie mit gedrückter `Strg`/`⌘`-Taste alle Bilder, die zu einer thematischen Gruppe zusammengefasst werden sollen. Diese müssen nicht zwingend in der Bridge nebeneinander liegen.

Klicken Sie dann mit der rechten Maustaste oder (am Mac) mit gehaltener `Ctrl`-Taste auf die Bilder und wählen Sie aus dem Kontextmenü STAPEL ▷ ALS STAPEL GRUPPIEREN. Sie können das übrigens auch mit dem bekannten Gruppierungsbefehl `Strg`/`⌘` + `G` tun.

3 Stapel nutzen

Gestapelte oder gruppierte Bilder erkennen Sie an der kleinen Zahl links oberhalb einer Miniaturansicht ❹ – diese gibt an, wie viele Bilder sich im zugehörigen Stapel befinden.

Außerdem versteckt sich dahinter der »Aufklappmechanismus«: Klicken Sie auf die Zahl, um den Inhalt des Stapels als Einzelbilder angezeigt zu bekommen. Ein weiterer Klick auf die Zahl klappt den Stapel wieder zu.

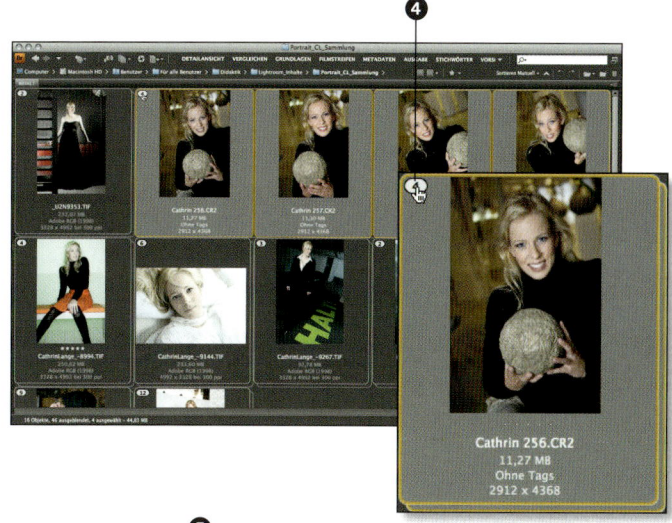

4 Größere Stapel überblicken

Befinden sich mehr als zehn Bilder im Stapel, gibt es eine besonders bequeme Möglichkeit, um den Inhalt zu durchforsten.

Wenn Sie den Mauszeiger auf den Stapel bewegen, erscheint eine Bildlaufleiste ❺. Sie können den Punkt darauf mit dem Mauszeiger bewegen und so nacheinander die Bilder aus dem Stapel durchschauen.

5 Stapelgruppierung lösen

Wollen Sie den Stapel wieder auflösen, so geht dies am schnellsten über die Tasten Strg/⌘ + ⇧ + G . Natürlich können Sie auch wieder mit rechter Maustaste oder (am Mac) mit gehaltener Ctrl-Taste aus dem Kontextmenü den Befehl STAPEL ▷ AUS STAPEL-GRUPPIERUNG LÖSEN wählen.

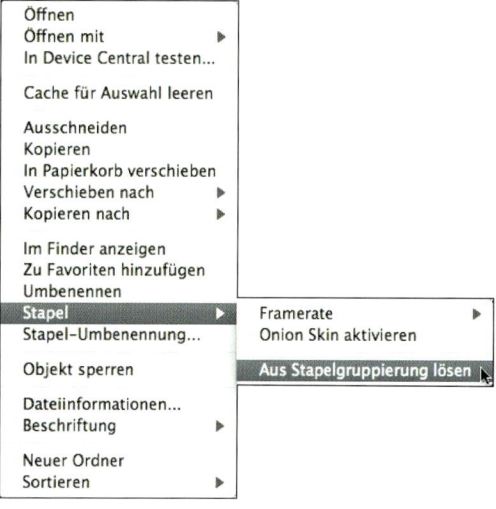

6   Sonderfall: Panorama und HDR

Eine Besonderheit bietet Photoshop CS4 für Einzelbilder einer Panorama- oder HDR-Aufnahme. Diese können automatisch gruppiert werden.

Wechseln Sie wieder auf den Arbeitsbereich GRUNDLAGEN, und öffnen Sie Ihren Bildordner mit den Einzelaufnahmen in der Bridge, oder selektieren Sie die Bildauswahl, die in Stapel sortiert werden soll.

7   Bilder für Panoramen stapeln

Wählen Sie dann aus dem Menü STAPEL ▷ AUTOMATISCHE STAPELANORDNUNG FÜR PANORAMA/HDR.

Achtung: Probieren sie das zunächst nicht mit einem Ordner von hunderten von hochauflösenden RAW-Daten. Das könnte eventuell Ihre Geduld auf eine harte Probe stellen.

8   Automatische Bilderkennung

Photoshop sortiert jetzt die Bilder anhand ihrer Aufnahmezeit und analysiert die Bildinhalte. Findet das Programm gleiche Bildinhalte, so werden diese Fotos als Stapel zusammengefasst.

Das Ergebnis sind mehrere Bildstapel, die Sie aber im Nachhinein noch auf die korrekte Zuordnung untersuchen sollten.

9 Ideale Bedingungen

Hier sehen Sie zwei Stapel, die von der Bridge ideal gruppiert werden konnten.

Die Einzelbilder weisen deutliche Merkmale von Panoramabildern auf: gleiche Bildanteile, aber trotzdem eindeutige Veränderung des Bildausschnitts.

10 Nicht eindeutige Einzelbilder

Es gibt aber auch Beispiele, die die Bridge nicht im Sinne des Fotografen verarbeitet, weil die in Schritt 9 genannte Eindeutigkeit fehlt.

Das Beispiel rechts zeigt ein Bild, das aus dem Stapel außen vor gelassen wurde. Die Ausschnittveränderung zum nächsten Bild ist wohl zu gering, als dass Photoshop es dem Panorama zuweisen kann.

11 Manuelle Korrektur

Hat die Bridge einmal nicht in Ihrem Sinne gestapelt, können Sie leicht nachbessern: Ziehen Sie einfach mit gedrückter Maustaste das verschmähte Bild eigenhändig ❻ in den Stapel – ob der Stapel dabei zu- oder aufgeklappt ist, spielt keine Rolle

Namen, Sterne, Farben

Stapelumbenennung, Bewertung und Beschriftung

Jeder wählt andere Wege, seine Bilder zu sortieren: Ob durch eindeutige Benennung, Bewertungen, die sogenannten Beschriftungen oder einer Kombination aus beiden, jede zusätzliche Sortiermöglichkeit erleichtert Ihnen die Organisation großer Bildserien. So differenzieren Sie Ihre Fotos und können Sie nach verschiedensten Prioritäten auswählen.

1 Arbeitsfenster

Wählen Sie zunächst aus der Steuerungsleiste den Arbeitsbereich GRUNDLAGEN ❷. In dieser Ansicht ist die für die nächsten Schritte gleich notwendige Palette zum Filtern der Bilder schon eingeblendet ❶.

2 Bilder bewerten

Werfen Sie mal einen genauen Blick auf das jeweils aktivierte Miniaturbild: Unter dem Bild sehen Sie eine Zeile mit kleinen Punkten ❸. Dies ist die Stelle, an der Sie Ihre Bewertung für das Bild vergeben können.

Ziehen Sie einfach die Maus mit gedrückter Maustaste über diese Punkte – jeder berührte Punkt verwandelt sich zu einem Bewertungsstern. Schneller geht es auch hier mit Tastaturkürzeln, z.B. Strg/⌘ und die entsprechende Nummern-Taste (hier 3) für drei Sterne.

3 Erstes Stapelbild bewerten

Haben Sie in einer ersten Vorsortierung schon Stapel gebildet (siehe vorherige Lektion), können Sie diese auch insgesamt bewerten. Achten Sie dabei aber auf Folgendes: Klicken Sie den Stapel im geschlossenen Zustand an, wird nur nur das erste – das aktive – Bild aus dem Stapel bewertet.

Sie erkennen dies daran, dass nur die vorderste Umrandung markiert ist ❹.

4 Stapel im Gesamten bewerten

Wenn Sie einen ganzen Stapel bewerten wollen, ohne ihn aufzuklappen, müssen Sie darauf achten, dass er vollständig ausgewählt ist. Sie erkennen dies daran, dass beide Umrandungen des Stapels markiert sind ❺.

Erreichen können Sie dies auf zwei Wegen: Entweder klicken Sie noch einmal auf den hinteren Rahmen, oder Sie klappen den Stapel durch Klick auf die Stapelnummer auf und zu. So sind alle enthaltenen Bilder markiert und werden bewertet.

5 Auswahl filtern

Um die Bewertungen gleich nutzen zu können, bewegen Sie die Maus jetzt zur FILTER-Palette, links unten im Arbeitsbereich.

Klicken Sie in dieser Palette auf das kleine Dreieck ❻ vor der Kategorie WERTUNGEN, um die vergebenen Wertungen anzuzeigen. Hier lassen sich z. B. mit einem Klick auf das Drei- und das Zwei-Sterne-Symbol alle entsprechend bewerteten Bilder einer Auswahl anzeigen.

Mehr zum Filtern von Metadaten: siehe Seite 40

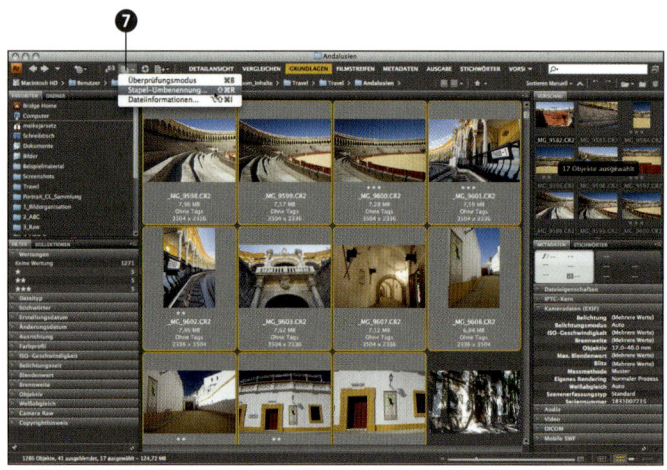

6 Im Stapel umbenennen

Fotos aus einer Digitalkamera haben oft kryptische Buchstaben-Zahlen-Kombinationen. Aktivieren Sie Ihre ausgewählten Bilder, um diese Namen gegen sinnvollere Bildbezeichnungen auszutauschen.

Dies können Sie auch für alle Bilder gleichzeitig machen. Aktivieren Sie dafür die Bildauswahl, und wählen Sie nach einem Klick auf den Knopf VERFEINERN ❼ die STAPEL-UMBENENNUNG. Im folgenden Menü können Sie im freien Textfeld ❾ einen Namen vergeben.

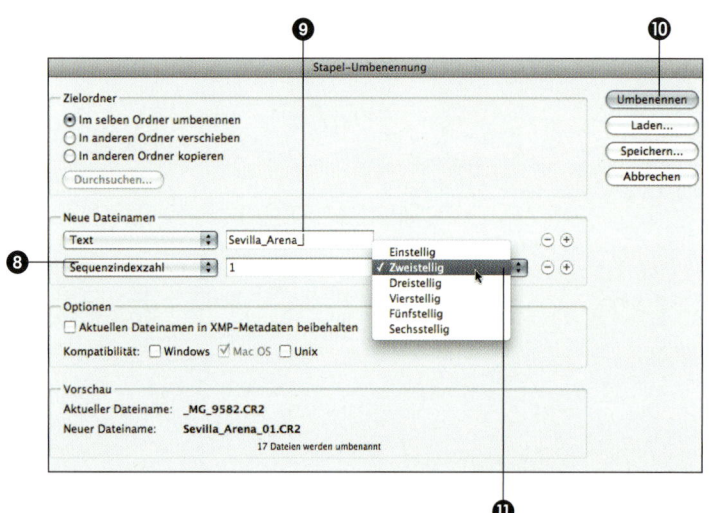

7 Bilder neu durchnummerieren

Es ist sinnvoll, bei Aufnahmeserien eine SEQUENZINDEXZAHL hinzuzufügen, die die Bilder durchnummeriert. Wählen Sie diese Option ❽ aus und ebenso, aus wie vielen Stellen die Nummerierung bestehen soll ⓫.

Sie haben desweiteren noch die Option, die Dateien bei der Umbenennung an einen neuen Speicherplatz zu verschieben, zu kopieren oder im selben Ordner umzubenennen. Klicken Sie dann auf UMBENENNEN ❿.

8 Neue Bildnamen

Ihre Bilder sind jetzt in die neuen Namen umbenannt und durchnummeriert.

Neben der Bewertung und Benennung ist es für die Sortierung von Bilddaten auch noch äußerst hilfreich, sie in Gruppen einteilen zu können. Die Kategorisierung innerhalb der Bridge nennt sich BESCHRIFTUNG. Und diese werden wir im nächsten Schritt vornehmen.

9 Beschriftungen vordefinieren

Da natürlich jeder mit seinen individuellen Kategorien arbeitet, müssen diese erst einmal in den Voreinstellungen der Bridge angelegt werden. Klicken Sie auf dem Mac auf BRIDGE ▷ EINSTELLUNGEN bzw. unter Windows auf BEARBEITEN ▷ VOREINSTELLUNGEN. Wählen Sie im EINSTELLUNGEN-Menü die Sektion BESCHRIFTUNGEN.

Die Standard-Beschriftungen können sie einfach überschreiben und stattdessen Ihre eigenen Kategorienamen eintragen.

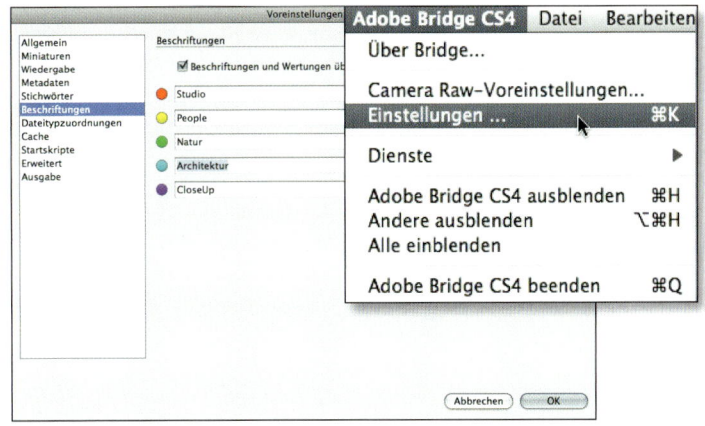

10 Beschriften

Zurück im Bridge-Fenster aktivieren Sie jetzt die Dateien, die Sie einer bestimmten Kategorie zuweisen wollen.

Klicken Sie mit der rechten Maustaste oder gedrückter `Ctrl`-Taste auf eines der Bilder, und wählen Sie unter BESCHRIFTUNG die gewünschte Kategorie. Diese Kategorien finden Sie auch unter dem Menü BESCHRIFTUNGEN, dort inklusive der dazugehörigen Shortcuts.

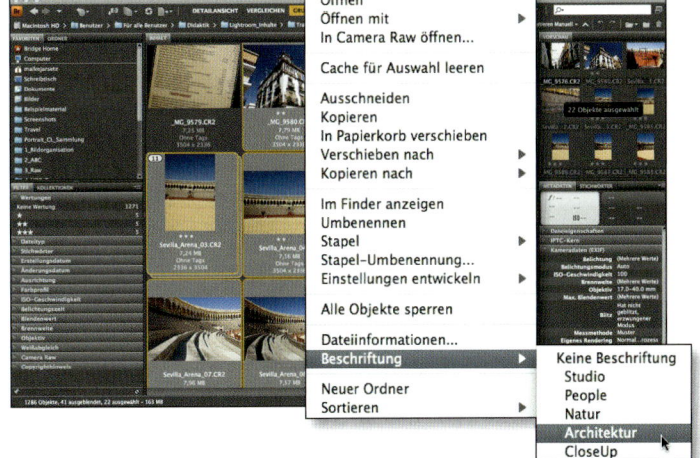

11 Nach Beschriftungen filtern

Auch nach Beschriftungen können Sie Ihre Fotosammlung filtern. Im FILTER-Fenster erscheinen die von Ihnen vergebenen Beschriftungen zur Auswahl.

Klicken Sie einfach auf eine dieser Kategorien, um die Auswahl entsprechend einzugrenzen. Die Filterung können Sie darunter auch noch mit einem Bewertungsfilter kombinieren.

Stichwörter und Metadaten

Kennzeichnung der Bilder mit Metadaten und Vorlagen

Schon im Moment der Aufnahme wird Ihr Bild mit beträchtlichen Zusatzinformationen – den Metadaten – ausgestattet. Sie können diese Informationen nutzen und auch noch erweitern. Ob Copyright-Informationen, spezifische Stichwörter oder ein kompletter Metadatensatz – alles hilft Ihnen dabei, Ihre Daten sehr schnell zu kennzeichnen und später besser wiederzufinden.

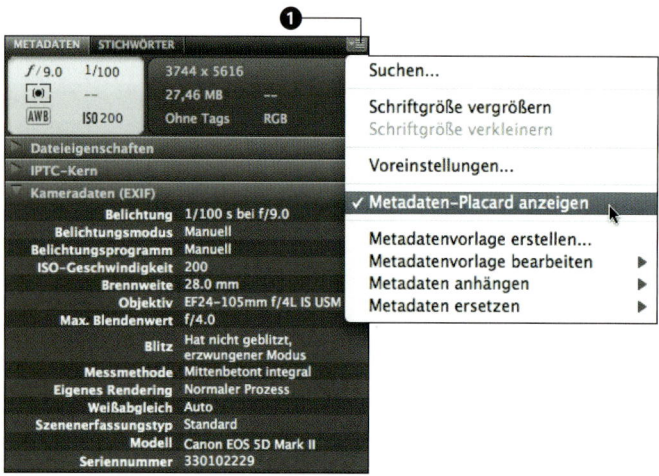

1 Metadatenanzeige

Blenden Sie sich das METADATEN-Fenster über das Menü FENSTER ein. Klicken Sie dann auf den Optionspfeil oben rechts ❶ in der Palette und wählen Sie als Erstes METADATEN-PLACARD ANZEIGEN. Dadurch werden die wichtigsten Metadaten – einem Kameradisplay ähnlich – ganz oben kompakt angezeigt.

Wählen Sie jetzt aus den Optionen die VOREINSTELLUNGEN.

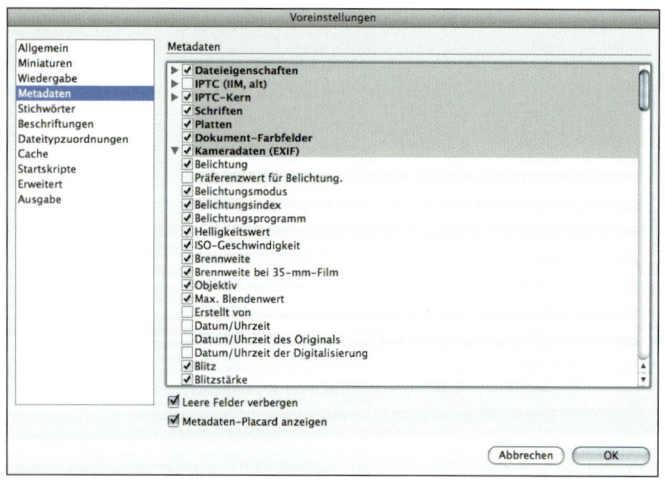

2 Übersicht gewährleisten

Was wollen Sie in der Metadatenliste sehen? Wirklich jede Kleinigkeit, die man dank XMP-Daten außer den wirklichen Bilddaten speichern kann? Oder nur die Informationen, die Sie persönlich für die Bildbeurteilung brauchen?

In den Voreinstellungen können Sie durch viele kleine Haken und leere Optionsfelder bestimmen, welche Informationen im METADATEN-Fenster angezeigt werden sollen. Dieses wird dadurch natürlich übersichtlicher.

3 Die EXIF-Daten

Nach Bestätigung der Voreinstellungen klicken Sie auf das kleine Dreieck vor den KAMERADATEN (EXIF), so dass die Liste sichtbar wird.

Sie sehen hier die Daten, die Ihre Kamera an die Bilddaten angehängt hat – Informationen über die genaue Belichtung ❷ und über das verwendete Kameramodell ❸.

Die CAMERA-RAW-Informationen ❹ sind nur dann verfügbar, wenn es schon eine abweichende Bearbeitung der RAW-Einstellungen von den Kamera-Einstellungen gegeben hat.

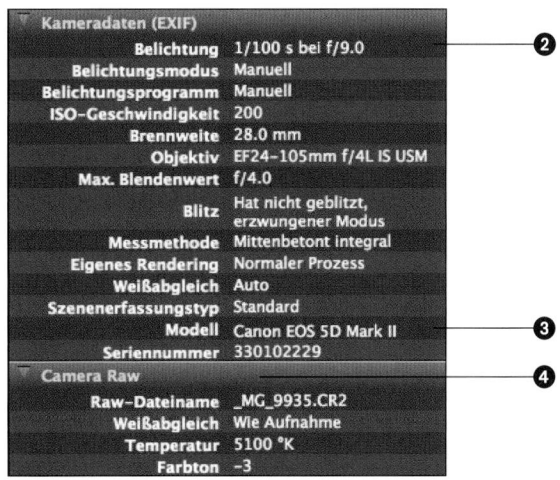

4 Die Dateieigenschaften

Klicken Sie jetzt auf das Dreieck vor den DATEIEIGENSCHAFTEN. Hier stehen die elementaren Informationen über Ihre Datei: Welches Dateiformat liegt vor ❺, was sind die genauen Abmessungen ❻, in welcher Farbtiefe wurden die Daten aufgenommen ❼?

All diese Informationen finden Sie in den DATEIEIGENSCHAFTEN.

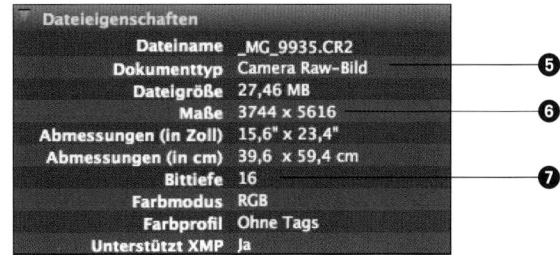

5 Die IPTC-Daten

Hier können Sie die Informationen über Urheber, Copyright und Verwendungshinweise eingeben.

Leider arbeiten verschiedenste Bildverwaltungsprogramme mit zwei (leicht modifizierten) Standards. Versäumen Sie deshalb nicht, in beide Sektionen ❽ und ❾ Ihre Copyright-Informationen einzutragen.

Im Gegensatz zu den oben genannten Metadaten können Sie die IPTC-Daten editieren – und zwar jedes Feld, das mit einem Bleistift gekennzeichnet ist ❿.

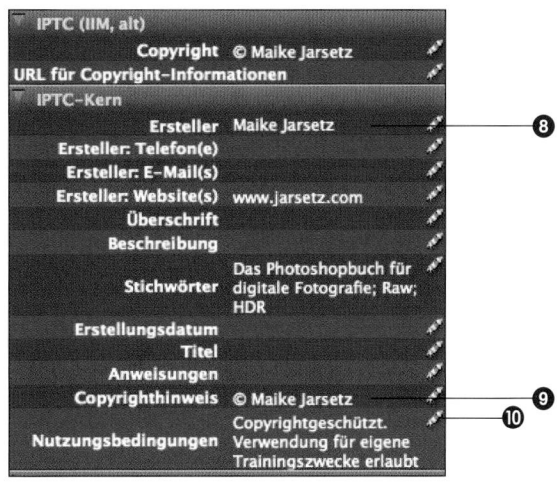

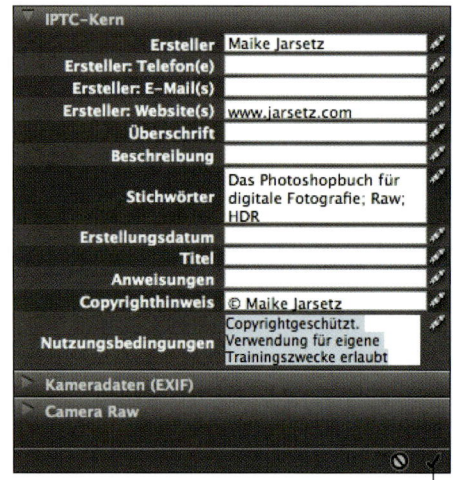

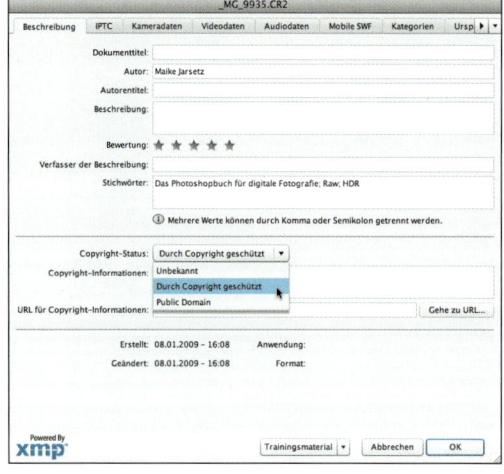

6 Nutzungsbedingungen eintragen

Klicken Sie in die Felder COPYRIGHTHINWEIS und NUTZUNGSBEDINGUNGEN und geben Sie die entsprechenden Copyright-Vermerke für Ihre Bilder ein. Sie können auch alle Felder mit den Urheberdaten ausfüllen, diese beiden sind aber die wichtigsten.

Achtung: Alle Eingaben in der METADATEN-Palette müssen Sie durch einen Klick auf den einladenden Haken rechts unten ⓫ bestätigen, bevor sie wirklich in die Metadaten geschrieben werden.

7 Die Dateiinfomationen

Ein anderer Weg, um Metadaten zu bearbeiten, führt über die allgemeine Dateiinformation. Wählen Sie aus der Bridge unter dem DATEI-Menü den Punkt DATEIINFORMATIONEN.

Diese Informationen können Sie auch direkt aus Photoshop heraus anwählen, da Photoshop wie auch die Bridge auf dieselben XMP-Metadaten zurückgreift.

8 Copyright-Status kennzeichnen

In den Dateiinformationen können Sie verschiedene Sektionen zur Dateibeschreibung bearbeiten. Zwei der wichtigsten dabei sind wohl die COPYRIGHT-INFORMATIONEN und der COPYRIGHT-STATUS.

Versäumen Sie nicht, die Copyright-Information für Ihre Bilder zu hinterlegen oder – ganz simpel – das Bild mit dem Vermerk DURCH COPYRIGHT GESCHÜTZT zu versehen.

9 Stichwörter zuweisen

Auch für die stapelweise Zuordnung von Stichwörtern eignet sich die Dateiinformation.

In das dafür vorgesehene Feld ⓬ können Sie beliebig viele neue STICHWÖRTER eingeben.

Wenn Sie anfangen, ein bereits bestehendes Stichwort einzugeben, poppt eine Liste mit einem Stichwortvorschlag auf. So vermeiden Sie eventuelle Doppeleinträge durch abweichende Schreibweisen.

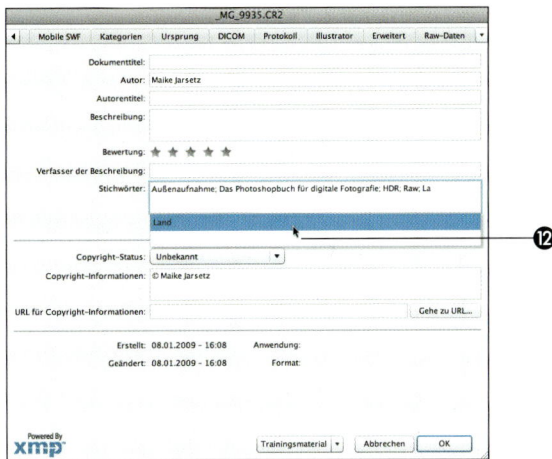

10 Metadatenvorlage speichern

Wechseln Sie mit OK zurück zur Bridge, und stellen Sie sich vor, Sie wollen den Copyright-Hinweis für hundert Bilder nacheinander eintragen... Hier helfen Metadatenvorlagen.

Wählen Sie aus den Optionen ⓭ der META-DATEN-Palette METADATENVORLAGE ERSTELLEN. Alle Metadaten des aktiven Bildes werden eingeblendet. Diese können Sie nun ergänzen, über Häkchen markieren, welche Metadaten in die Vorlage mit aufgenommen werden sollen, und einen Namen für die Vorlage wählen.

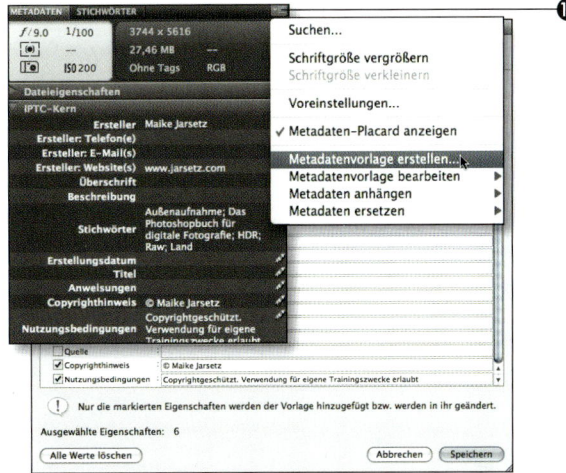

11 Metadatenvorlagen

Nach der Benennung der gespeicherten Metadatenvorlage können Sie nochmals einen Blick auf die Optionen der METADATEN-Palette werfen: Dort ist unter den Menüpunkten ME-TADATEN ANHÄNGEN oder METADATEN ERSETZEN die gespeicherte Vorlage aufgelistet. Wie Sie diese anwenden bzw. übertragen, erfahren Sie auf der nächsten Seite.

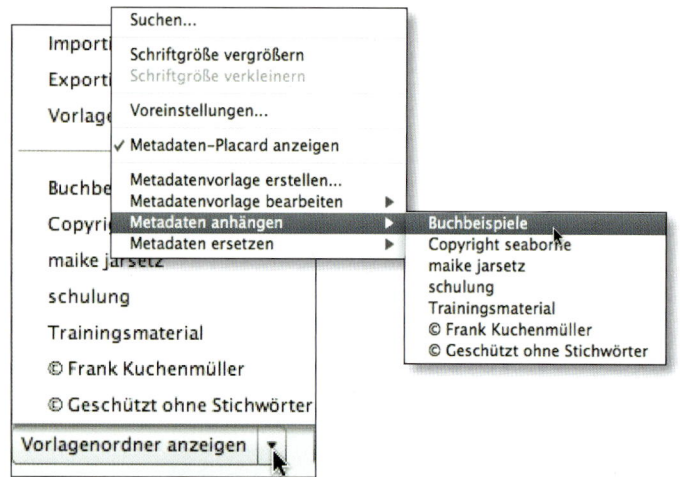

12 Metadatenvorlage anhängen

Markieren Sie in der Bridge die Bilder, die mit den gleichen Copyright-Hinweisen und Stichwörtern versehen werden sollen wie die eben gespeicherten.

Klicken Sie dann unter dem Optionspfeil der METADATEN-Palette auf METADATEN ANHÄNGEN und darunter auf die eben gespeicherte Vorlage. Diese Vorlagen stehen Ihnen auch im Arbeitsfenster DATEIINFORMATIONEN zur Verfügung.

13 Viele Informationen

Durch den Befehl METADATEN ANHÄNGEN aus Schritt 12 erweitern Sie die Metadateninformation um die gespeicherte Vorlage.

Ein zuvor bestehender Copyright-Verweis wird beispielsweise nicht überschrieben. So addieren sich auch in den Metadaten in manchen Feldern die Informationen, z. B. in den Stichwörtern oder Nutzungsbedingungen.

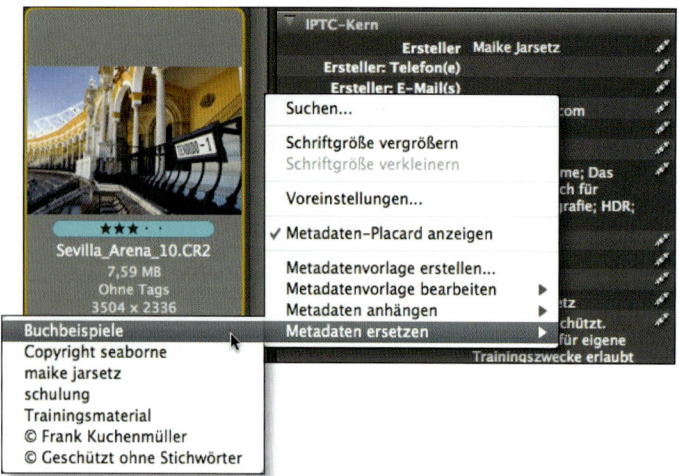

14 Metadaten ersetzen

Eine etwas radikalere Vorgehensweise ist es, die Metadaten zu ersetzen. Auch diesen Befehl finden Sie hinter dem Optionspfeil der METDATEN-Palette. Dadurch werden auch nicht übereinstimmende Daten überschrieben.

15 Stichwörter-Liste bearbeiten

Selten verteilt man Stichwörter wie in den letzten Schritten gezeigt für einen ganzen Stapel. Um Bildern individuelle Stichwörter zuzuweisen, benötigen Sie die Stichwörter-Palette rechts neben der Metadaten-Palette.

Hier sind schon alle bisher verwendeten Stichwörter aufgeführt. Außerdem können Sie über den Optionspfeil der Metadaten-Palette ganze Stichwortlisten (z. B. aus Lightroom) importieren. Diese werden dann in eckigen Klammern angezeigt.

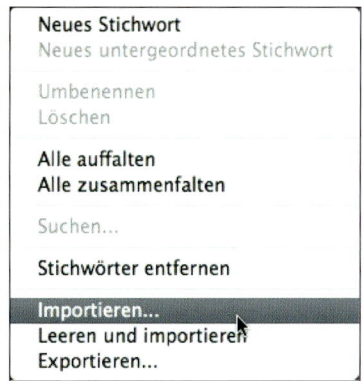

16 Neue Stichwörter anlegen

Legen Sie Ihre eigenen Stichwörter an oder verschieben Sie bereits bestehende in neue Oberbegriffe.

Dazu wählen Sie unter dem Optionspfeil der Stichwörter-Palette den Befehl Neues Stichwort oder Neues untergeordnetes Stichwort bzw. klicken auf die entsprechenden Symbole in der Stichwörter-Palette **⓮**. Sobald das neue Stichwort in der Liste erscheint, können Sie ihm gleich einen genauen Namen geben.

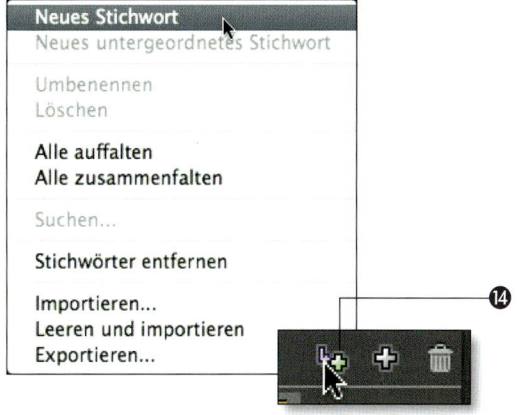

17 Stichwörter individuell zuweisen

Die Zuweisung dieser Stichwörter ist denkbar einfach. Aktivieren Sie die Bilder, die Sie mit Stichwörtern versehen wollen, und klicken Sie dann in das passende Kästchen **⓯** vor dem Stichwort. Ein Haken vor dem Stichwort signalisiert die Zuweisung zu den Motiven genauso wie die Liste der zugewiesenen Stichwörter oben in der Palette.

Der Metadatenfilter

Nutzen Sie alle Informationen Ihrer Fotos für die Auswahl

Der Metadatenfilter der Bridge ist ein Segen – insbesondere wenn Sie oft viele Fotos organisieren müssen. Jedwede Suchabfrage – sei es nach Stichwörtern, Bewertungen, Belichtungszeit, Kameramodell oder sonstigen Metadaten – ist möglich. Damit profitieren Sie auch von Ihrer eigenen Vorarbeit durch Verschlagwortung und Bewertung.

1 Platz schaffen

Um mit dem METADATEN-Fenster richtig arbeiten zu können, sollten Sie ihm zuerst den nötigen Platz verschaffen.

Blenden Sie also erst im Menü FENSTER das FILTER-Fenster ein und lassen Sie dann – ebenfalls im Menü FENSTER – überflüssige Fenster verschwinden – oder reduzieren Sie sie in der Größe, indem Sie einfach auf deren Reiter doppelt klicken.

Genauso machen Sie die Fenster bei Bedarf wieder sichtbar.

2 Ansicht von Bilddateien

Wie sich das FILTER-Fenster innerhalb von Bilderordnern darstellt, haben Sie schon im Workshop »Namen, Sterne, Farben« erfahren:

Das Fenster zeigt Ihnen für die verfügbaren Bilder einen Überblick über die darin enthaltenen Metadaten.

Durch einen Klick auf die entsprechenden Eintragungen wird der Ordner nach den dazugehörigen Bildern durchsucht. Sie können die Suche auch noch weiter eingrenzen, indem Sie auf weitere Filteroptionen klicken.

3 Ansicht von Ordnern

Wenn Sie sich noch auf einem übergeordneten Pfad auf der Festplatte befinden und Ihnen als Inhalt nur Ordner angezeigt werden, tut sich im FILTER-Fenster nicht so viel. Gerade mal Stichwörter und Datum sind Metadaten, die für Ordner vergeben werden können.

Die Metadaten der enthaltenen Bilddaten bleiben verborgen. Ohne weiteres können Sie die Bilder aller Ordner jetzt nicht filtern.

4 Unterordner anzeigen

Klicken Sie am Ende der Pfadleiste auf den kleinen Pfeil ❶ und wählen Sie OBJEKTE IN UNTERORDNERN ANZEIGEN.

Je nach Ordner-Inhalten können da auf einen Mausklick so einige Fotos zusammenkommen – und auch entsprechend viele Suchkriterien. Allerdings machen die das Leben auch gleich wieder leichter.

5 Ordnerübergreifend filtern

Sie suchen nach Ihren besten Außenaufnahmen aus Spanien im RAW-Format?

Dazu aktivieren Sie einfach nacheinander die entsprechenden Metadateninformationen, hier als Dateiformat CAMERA-RAW-BILD, mit dem Stichwort ESPANA und der gewünschten Bewertung mit zwei bis drei Sternen. Schon werden alle zutreffenden Bilder aus den Ordnern angezeigt.

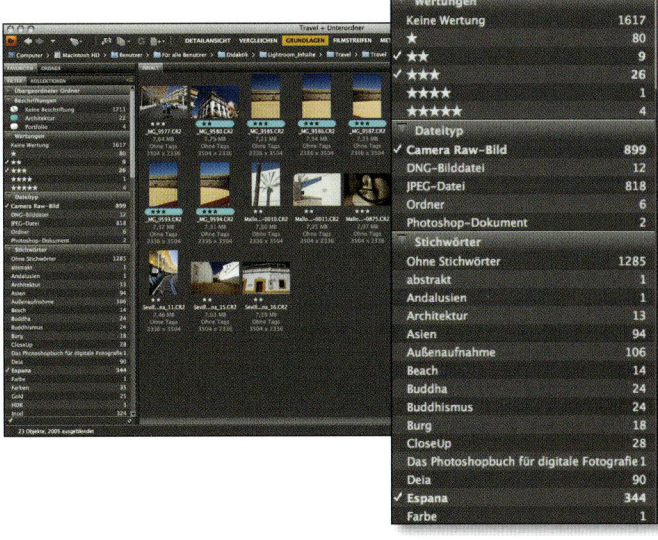

Themensammlungen anlegen

Ordnerübergreifende Kollektionen erstellen

Kollektionen sind Sammlungen, die Bilder aus verschiedensten Ordnern zusammenfassen können. Die Bilder werden also nicht in einen neuen Ordner verschoben, sondern sind an ihrem originalen Speicherplatz mit der Kollektion verknüpft. Eine Bildauswahl – z.B. aus einem Metadatenfilter – können Sie so dauerhaft abrufen.

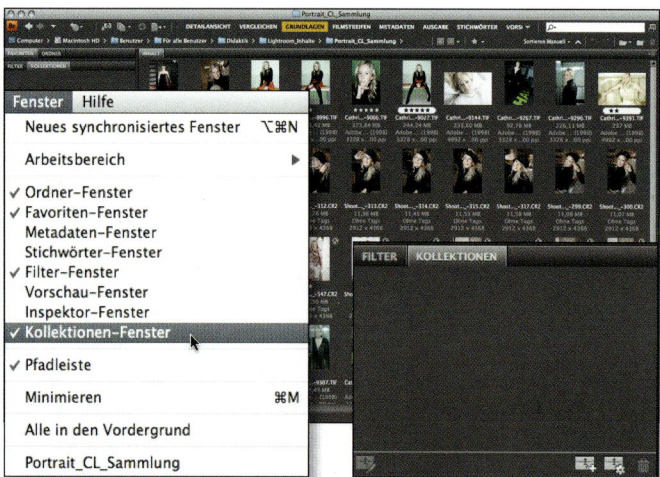

1 **Das Kollektionen-Fenster**

Stellen Sie zunächst sicher, dass das KOLLEKTIONEN-FENSTER eingeblendet ist, und holen Sie dies gegebenenfalls über das FENSTER-Menü nach.

Noch sind keine Kollektionen vorhanden, aber das können Sie schnell ändern.

Ziel wird jetzt sein, die geplanten Bilder für ein CD-Cover auszuwählen und diese Auswahl zu sichern ohne auf Bewertungen oder Beschriftungen zurückgreifen zu müssen.

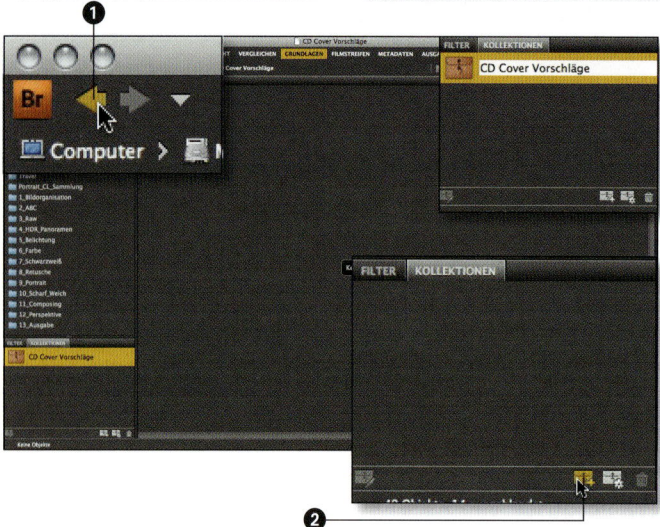

2 **Neue Kollektion anlegen**

Klicken Sie auf den Button für eine neue Kollektion ❷. Diese können Sie im KOLLEKTIONEN-Fenster gleich benennen.

Gleichzeitig zeigt die Bridge den Inhalt der Kollektion an, die aber derzeit noch leer ist.

Wechseln Sie über den Navigationspfeil ❶ zurück in Ihren Bildordner.

Tipp: Wenn Sie vor dem Anlegen einer Kollektion Bilder markiert haben, können diese gleich in die Kollektion übernommen werden.

3 Bilder in Kollektion sammeln

Sie können jetzt Bilder aus jedem beliebigen Bildordner per Drag&Drop in die Kollektion ziehen. Die Bilder bleiben an ihrem Speicherort, werden aber per Verknüpfung alle in der Kollektion gesammelt und angezeigt.

Natürlich können Sie dies mit allen anderen organisatorischen Möglichkeiten aus den vorherigen Lektionen kombinieren, z. B. ein Filterergebnis als neue Kollektion speichern.

Lesen Sie dazu mehr in der nächsten Lektion, wenn es um Smart-Kollektionen geht.

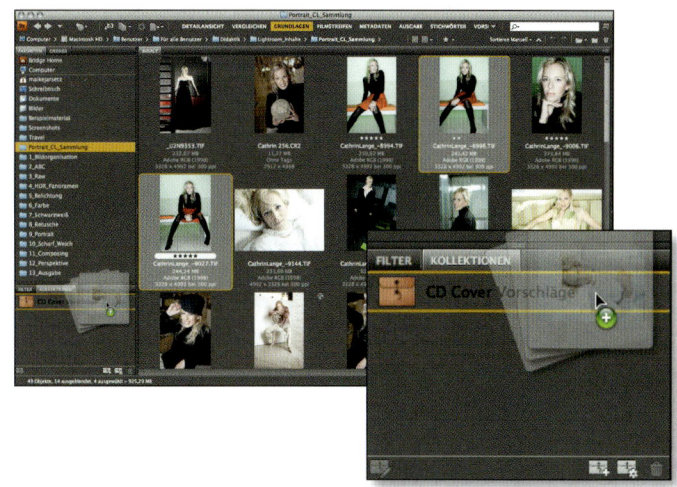

4 Die Überprüfungsmodus

Noch einfacher können Sie eine Kollektion aus dem Überprüfungsmodus heraus anlegen.

Wechseln Sie mit `Strg`/`⌘` + `B` in den Überprüfungsmodus, und navigieren Sie mit der linken und rechten Cursortaste durch die Bilder. Alle Bilder, die nicht zur Auswahl gehören sollen, können Sie mit der Pfeil-nach-unten-Taste entfernen.

Die finale Auswahl speichern Sie über einen Klick auf das Kollektionen-Symbol ❸.

5 Auswahl gesammelt

Verlassen Sie mit der `Esc`-Taste den Überprüfungsmodus. Im Bridge-Fenster sehen Sie jetzt den Inhalt der gespeicherten Kollektion und können direkt einen Namen für die neue Kollektion angeben ❹.

Natürlich können Sie auch dieser Kollektion durch Drag&Drop weitere Bilder aus jedem beliebigen Bildordner hinzufügen.

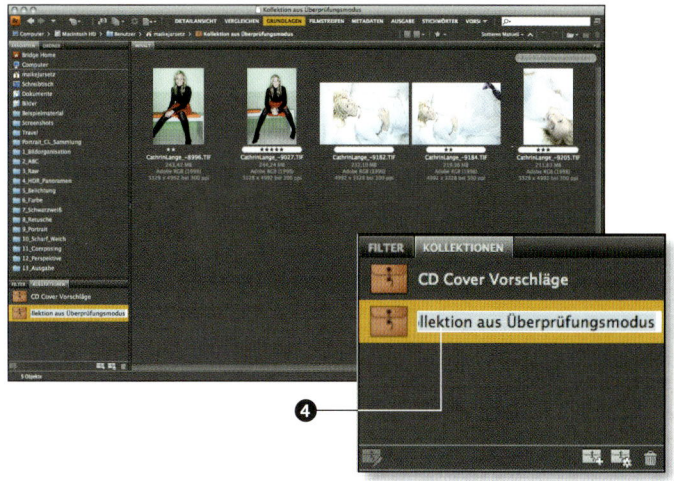

Dynamische Bildersammlung

Smart-Kollektionen finden ihre Bilder automatisch

Smart-Kollektionen sind eine Sonderform der Kollektionen. Anstatt eigenhändig die Bilder für die Sammlung auszuwählen, legen Sie Kriterien fest, anhand derer die Kollektionsbilder gefunden werden. Als Suchort können Sie jeden Ordner – inklusive Unterordnern – festlegen.

1 Suchort festlegen

Navigieren Sie erst innerhalb der Bridge zu dem Ordner, in dem Sie eine Auswahl treffen wollen. Dieser darf natürlich auch noch Unterordner enthalten.

Im KOLLEKTIONEN-Fenster klicken Sie anschließend auf den Button für eine neue SMART-KOLLEKTION ❶.

Im daraufhin erscheinenden Arbeitsfenster legen Sie die Suchkriterien für die auszuwählenden Bilder fest.

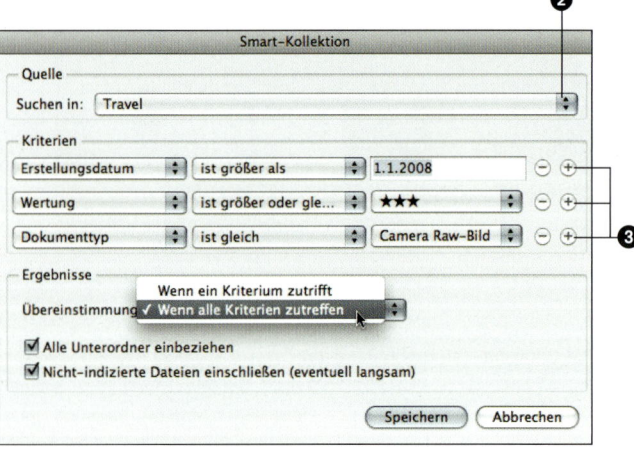

2 Smart-Kollektion definieren

Der Bildordner, der in der Bridge geöffnet ist, ist automatisch der Suchordner. Diesen könnten Sie aber auch über das Popup-Menü ❷ noch ändern. Aktivieren sie die Option ALLE UNTERORDNER EINBEZIEHEN.

Aktivieren sie dann über ein Klick auf die Pluszeichen ❸, die Suchoptionen. Hier suche ich beispielsweise nach RAW-Daten, die seit dem 1. Januar 2008 fotografiert wurden und mindestens drei Sterne als Bewertung erhalten haben. Bestätigen Sie dies mit OK.

3 Das Ergebnis

Zurück im Inhaltsfenster der Bridge können Sie gleich den Namen der SMART-KOLLEKTION eingeben. Die Bridge filtert jetzt selbsttätig alle Bilder nach den geforderten Metadaten. Hier erfüllen 44 Bilder die Kriterien.

Sobald weitere Bilder – durch nachträgliche Bewertung – die Suchkriterien erfüllen, erscheinen sie automatisch in der Bridge.

4 Filterkriterien überarbeiten

Wenn Sie die SMART-KOLLEKTION überarbeiten wollen, klicken Sie einfach mit der rechten Maustaste oder gedrückter Ctrl -Taste auf die Smart-Kollektion und wählen BEARBEI-TEN. Oder Sie klicken auf das entsprechende Symbol, links unten in der Palette ❹.

Zurück im Arbeitsfenster können Sie die Kriterien eingrenzen oder erweitern, z. B. auf einen früheren Zeitraum oder geringere Bewertung.

Durch Klick auf OK werden die Bilder für die SMART-KOLLEKTION neu gesucht.

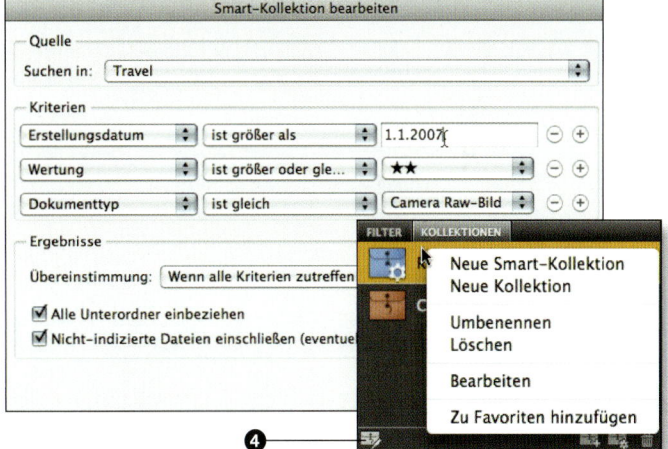

5 Korekte Benennung

Während im Bridge-Fenster noch die Bilder gesammelt werden, können Sie durch einen Doppelklick den Namen der SMART-KOLLEKTI-ON überschreiben.

Es ist empfehlenswert, hier die genauen Suchkriterien zu nennen.

Nachdem die ausgewählten Ordner durchsucht wurden, ergeben sich schon 102 Bilder als Auswahl in der SMART-KOLLEKTION.

ABC der Bildbearbeitung

**In der Bildoptimierung ist die Erst-
korrektur entscheidend.** Denn am
Anfang der Bildkorrektur wird oft immer
noch am meisten zerstört: Für einen
vermeintlich besseren Kontrast wird die
Zeichnung aus den Lichtern oder Tiefen
aufs Spiel gesetzt, wiederholte Gegen-
korrekturen verringern den wertvollen
Tonwertumfang des Bildes, um nur zwei
der häufigsten Fehler zu nennen. Es
gibt viele Möglichkeiten, dies besser zu
machen, und mit Photoshop CS4 ist es
auch noch einfacher als zuvor: Mit der
intuitiven Korrekturen-Palette bleiben
Ihre Bildkorrekturen jederzeit kontrol-
lierbar und editierbar. Wenn Sie dann
noch das Histogramm nicht aus den
Augen lassen, werden sich Ihre Bilder
bedanken.

Fotos: Maike Jarsetz

ABC der Bildbearbeitung

Horizont geraderichten

Stellen Sie in Ihren Bildern Lot und Waage wieder her

Nicht immer wird die Kamera genau in der Waagerechten gehalten. Ein schiefes Motiv können Sie in Photoshop auf verschiedenste Arten drehen. Am genauesten erledigen Sie dies mit der »Objektivkorrektur«. Raster und das »Gerade-Ausrichten-Werkzeug« bringen Sie zur Perfektion. So müssen Sie die Ausrichtung nicht nachkorrigieren. Und das ist wichtig, denn jede Drehung erzeugt komplett neue Bildpixel und geht daher auf Kosten der Schärfe.

Zielsetzung:
Horizont gerade ausrichten
[Horizont.jpg]

Foto: Maike Jarsetz

1 Objektivkorrektur

Die Objektivkorrektur verbirgt sich im Filter-Menü unter den Verzerrungsfiltern. Dieses umfangreiche Menü hilft Ihnen faktisch bei allen objektiv- und aufnahmebedingten Verzerrungsfehlern. Blenden Sie sich zunächst das Raster aus ❷.

Für unsere Zwecke benötigen wir vorerst nur das Gerade-Ausrichten-Werkzeug ❶. Ziehen Sie damit die bestehende Horizontlinie nach – diese wird sofort waagerecht gestellt. Das funktioniert natürlich auch mit Senkrechten.

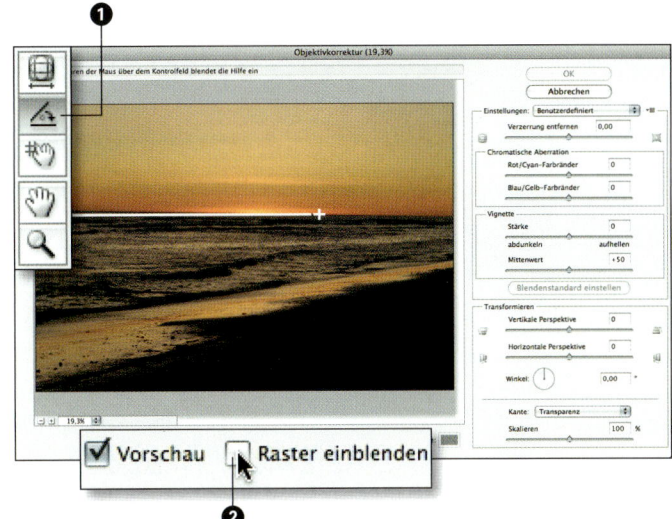

2 Was noch fehlt

Ein gedrehtes Rechteck ist natürlich nicht gleich wieder ein perfektes Bildformat – an den Ecken zeigen sich unvermeidliche transparente Bereiche.

Dies könnten Sie zwar auch später mit dem Freistellungswerkzeug korrigieren, aber Sie erledigen es besser gleich in diesem Menü. Zu genau diesem Zweck beinhaltet die Objektivkorrektur nämlich auch eine Skalierungsoption ❸, mit der Sie das Bild wieder in das Ursprungsformat bringen können.

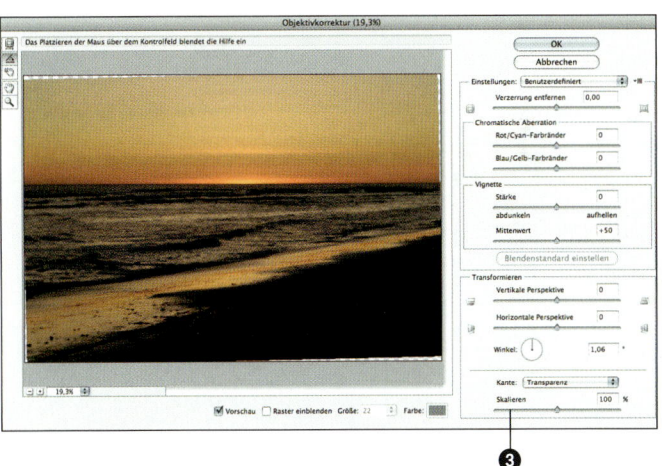

3 Bildformat wiederherstellen

Wenn Sie beide Änderungen gleich in einem Menü durchführen, findet die Neuberechnung nur einmal statt. Schieben Sie den Skalierungsregler nach rechts bis die transparenten Ecken verschwunden sind.

Bei homogenen Randbereichen können Sie auch zusätzlich die Option Kantenerweiterung aktivieren – so müssen Sie nicht ganz so stark skalieren bis die ursprüngliche Bildgröße wieder erreicht ist.

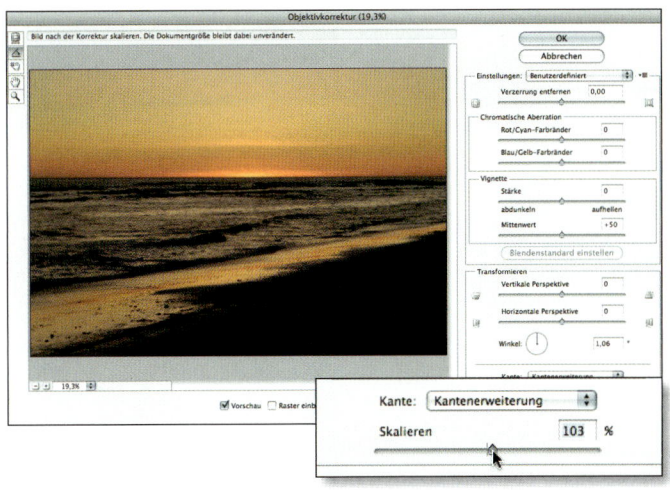

Bildausschnitt freistellen

Ausschnitt und Ausgabegröße festlegen

Nicht alle Fotoformate haben die gleichen Seitenproportionen. Schon die gängigen Formate 9 x 13 cm, 10 x 15 cm oder 13 x 18 cm haben andere Seitenverhältnisse. Deshalb lohnt es sich, wenn Sie Ihre Bilder genau in der vorgesehenen Größe ins Labor schicken – damit keine bildwichtigen Teile abgeschnitten werden. Mit der gleichzeitigen Angabe der Auflösung sichern Sie die Qualität des Bildes und vermeiden den Transport zu großer Datenmengen.

Zielsetzungen:

Bildproportionen festlegen
Ausgabegröße bestimmen
Größenvorgabe definieren
[Ausschnitt.jpg]

1 Ausgabegröße definieren

Wählen Sie das FREISTELLUNGSWERKZEUG  aus der Werkzeugpalette. In der automatisch erscheinenden Optionsleiste am oberen Bildschirmrand können Sie jetzt die geplante Abzugsgröße in Breite und Höhe angeben. Achten Sie darauf, dass Sie die richtigen Maßeinheiten – hier cm – mit angeben. Vergessen Sie nicht die Auflösung: 300 Pixel/Zoll reicht für eigentlich alle Zwecke aus.

Tipp: Wollen Sie Höhe und Breite vertauschen, genügt ein Klick auf das Symbol ❶.

2 Ausschnitt wählen

Ziehen Sie jetzt mit dem FREISTELLUNGSWERKZEUG einen Rahmen über den gewünschten Bildausschnitt.

Wollen Sie das Bild innerhalb des Rahmens zusätzlich drehen, ist jetzt die beste Gelegenheit dafür: Bewegen Sie den Mauszeiger an die Rahmenaußenseiten, dort verwandelt er sich in einem gekrümmten Pfeil – das Rotationswerkzeug. Mit gedrückter Maustaste können Sie Ihr Bild jetzt beliebig drehen.

Mit der ⏎-Taste stellen Sie das Bild auf die gewünschte Größe samt Auflösung frei.

3 Werkzeugvorgabe speichern

Wenn Sie dieses Format öfter nutzen wollen, können Sie es als Vorgabe speichern.

Klicken Sie dazu auf den kleinen Pfeil ❷ in der Optionsleiste, so öffnen sich die vordefinierten Freistellungsgrößen. Ein Klick auf das Symbol für eine neue Werkzeugvorgabe ❸ übernimmt Ihre aktuellen Eingaben und setzt sie als Namen für diese Vorgabe ein. Wenn Sie wollen, ändern Sie den Namen und klicken dann auf OK. Die neue Vorgabe ist damit gespeichert.

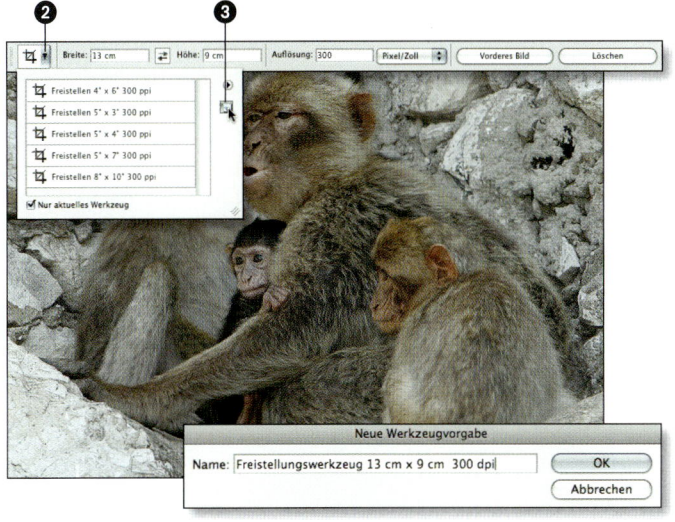

Abwedeln statt blitzen

Eine Dunkelkammertechnik findet in der CS4 zur Renaissance

Die Werkzeuge »Abwedler« und »Nachbelichter« gibt es schon seit den ersten Photoshop-Versionen. Diese Dunkelkammertechniken hatten aber oft leider ungenügende Ergebnisse, da beispielsweise starke Aufhellungen aufgrund der fehlenden Farbinformation schnell ausgrauten. In CS4 wurden die Werkzeuge um eine kleine Option bereichert, die jetzt auch die notwendige Farbsättigung nachsteuert.

Zielsetzungen:

Schatten aufhellen

Mitteltöne angleichen

Farbsättigung anpassen

[Abwedler.jpg]

1 Werkzeugoptionen einstellen

Wählen Sie das ABWEDLER-WERKZEUG aus der Werkzeugpalette, und stellen Sie den BE-REICH auf MITTELTÖNE. Die BELICHTUNG sollte nie auf 100 % stehen – Werte bis zu 50 % erlauben eine schrittweise Korrektur. Aktivieren Sie unbedingt die Option TONWERTE SCHÜTZEN!

Da der Abwedler nur die Mitteltöne bearbeitet, können Sie ruhig großflächig arbeiten. Mit `Ctrl` +Klick (Mac) bzw. der rechten Maustaste (Win) gelangen Sie ins Kontextmenü und können unter HÄRTE ❶ eine große, weiche Werkzeugspitze einstellen.

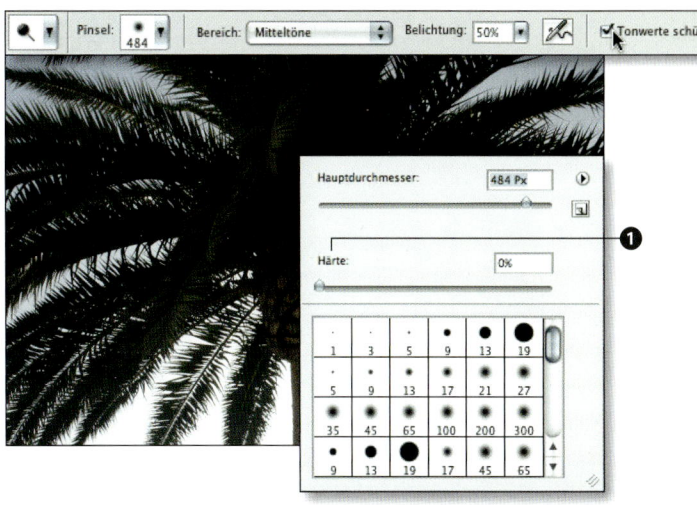

2 Mitteltöne aufhellen

Starten Sie jetzt also mit der Aufhellung des mittleren Tonwertbereichs, indem Sie den Abwedler großflächig über die Palmwedel ziehen. Sie können dies ruhig mehrfach durchführen, so addiert sich die Wirkung, und Sie nähern sich dem 100 %-Resultat.

Sie werden erkennen, wie die Mitteltöne aufgehellt werden und im gleichen Maße die Farbsättigung angehoben wird.

3 Tiefen öffnen

Wechseln Sie dann in den Werkzeugoptionen auf die TIEFEN, um die Schatten zu öffnen. Reduzieren Sie die Belichtung auf deutlich unter 50 %, so können Sie filigraner arbeiten. Verkleinern Sie auch die Werkzeuggröße, um besser in den Details arbeiten zu können.

Probieren Sie dazu folgende Shortcuts:
Ziehen mit gedrückter `Ctrl` + `⌥`-Taste (Mac) bzw. `Alt` +rechte Maustaste (Win) variiert die Größe, und die Kantenschärfe modifizieren Sie mit `Ctrl` + `⌥` + `⌘` (Mac) bzw. `Alt` + `⇧` +rechte Maustaste (Win).

Schnelle erste Hilfe

»Helligkeit/Kontrast« richtig anwenden

Der für viele Anwender am Anfang nächstliegende Befehl für die Bildkorrektur scheint »Helligkeit/Kontrast«. Seit der Version CS3 von Photoshop kann man diese Funktion auch bedenkenlos anwenden. Anhand von »Helligkeit/Kontrast« möchte ich Ihnen eine Einführung in die Korrektur von Tonwerten geben. Sie werden einen Blick auf das Histogramm des Bildes werfen und erfahren, wie es durch Helligkeits- und Kontrastveränderungen beeinflusst wird. Gleichzeitig lernen Sie den Umgang mit der neuen Korrekturen-Palette von CS4 kennen, die die Korrekturen beschleunigt und gleichzeitig editierbar lässt.

Zielsetzungen:

Bild aufklaren
Tiefen durchzeichnen
Überbelichtung korrigieren
Kontrast in den Mitteltönen
verstärken

[Hell_Kontrast.jpg]

Foto: Maike Jarsetz

1 Histogramm einblenden

Um zu verstehen, was eine Bildbearbeitung mit den Tonwerten anstellt, sollten Sie sich unter dem Menüpunkt FENSTER das HISTO-GRAMM einblenden. Diesem Bild fehlen eindeutig die Tiefen. Die zeigt sich im nicht ausgefüllten Bereich der unteren Tonwertskala links im Histogramm.

Ebenso kann man erkennen, dass die Lichter – also das rechte Ende der Tonwertskala – bis an die äußerste Kante stoßen, also überbelichtet sind.

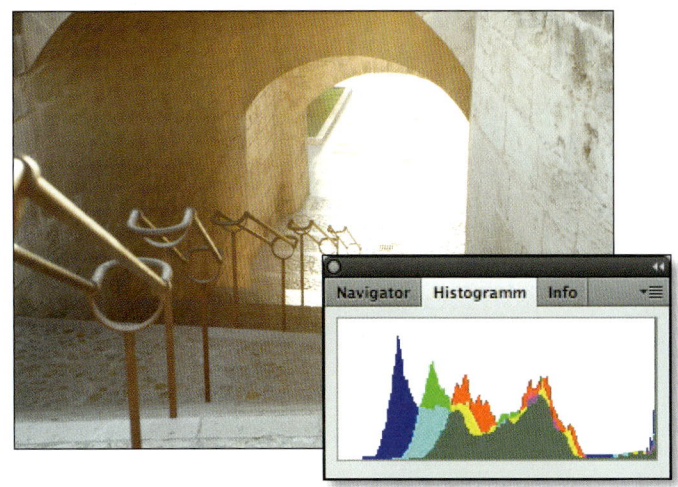

2 Die Korrekturen-Palette

Wählen Sie nun aus dem Menü FENSTER ▷ KOR-REKTUREN den Befehl HELLIGKEIT/KONTRAST. Die KORREKTUREN-Palette sollten Sie eigentlich immer offen haben. Sie bietet den schnellsten Zugriff auf Bildkorrekturen. Außerdem werden automatisch Einstellungsebenen angelegt, die Ihnen ermöglichen, die Korrekturen später nachzuarbeiten.

Klicken Sie in der KORREKTUREN-Palette einfach auf das Icon HELLIGKEIT/KONTRAST ❶. Innerhalb der KORREKTUREN-Palette öffnet sich das gewünschte Arbeitsfenster.

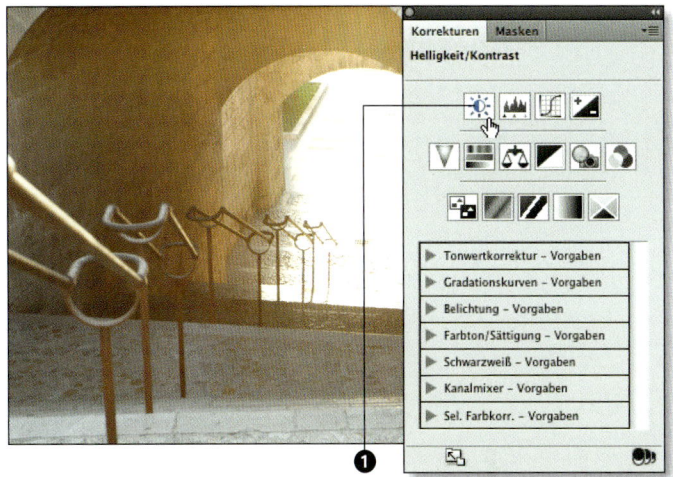

3 Nichts für CS2-Anwender

Seit CS3 besitzt dieses Fenster eine Checkbox FRÜHEREN WERT VERWENDEN ❷. Damit arbeitet die Funktion wie in den Photoshop-Versionen vor CS2.

Aktivieren Sie nun diese Checkbox – wir schauen uns an, wie die Funktion in der alten Form gearbeitet hat – und werden erfahren, warum man diese Option besser ignorieren sollte …

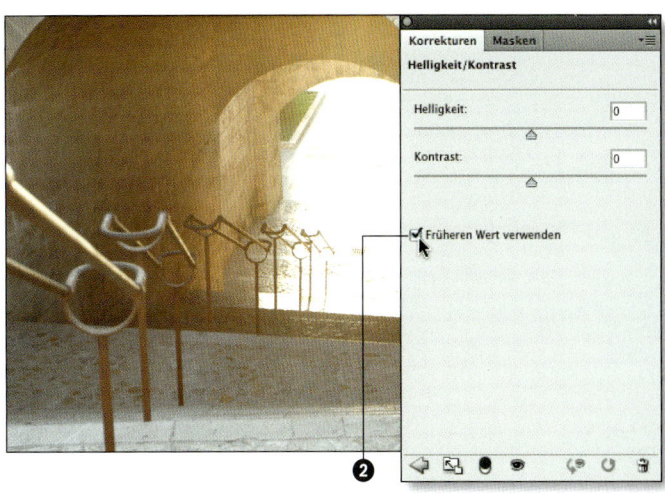

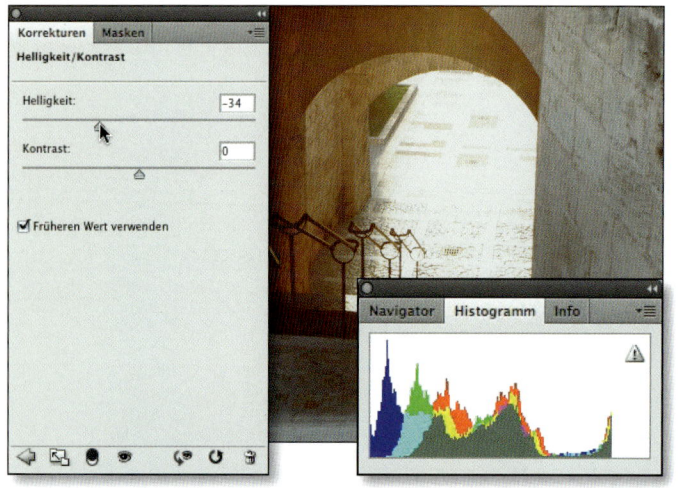

4 Helligkeit »verschieben«

Zuerst muss die Überbelichtung korrigiert werden. Fassen Sie dazu den Regler HELLIGKEIT und schieben ihn nach links. Ein Wert um –35 scheint auf den ersten Blick passend zu sein. Aber eigentlich wird das Bild nur grauer.

Was genau passiert ist, sehen Sie im Histogramm: Die Tonwerte werden als Block in die dunkle Richtung – nach links – verschoben. Das Bild wird wird zwar dunkler, aber die hellen Sonnenreflexionen werden auch abgedunkelt und verlieren so die Spitzlichter.

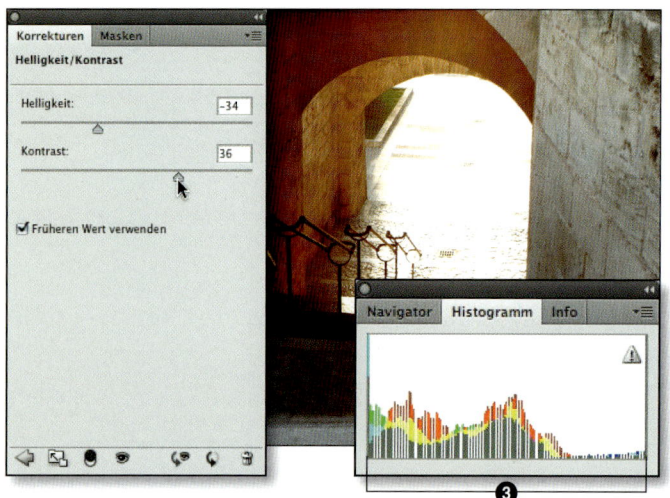

5 Gefährliche Kontraststeigerung

Auch die Kontrastkorrektur geht – in dieser alten Form von HELLIGKEIT/KONTRAST – eher grob vor: Wollen Sie das ausgegraute Bild im Kontrast wieder anheben, zieht Photoshop die Tonwerte auseinander, um erneut Spitzlichter zu erzeugen. Leider stößt es dabei schnell an seine Grenzen, denn die Tonwerte werden in den sogenannten »beschnittenen« Bereich ❸ verschoben, woraus ein Weiß und Schwarz ohne Zeichnung resultiert.

6 Schnell zurück

Die KORREKTUREN-Palette ermöglicht Ihnen – obwohl die Korrektur auf das Bild schon angewendet wurde – jederzeit den Weg zurück.

Kehren Sie zur Ausgangsposition zurück, indem Sie auf das Icon ❹ in der unteren Leiste der KORREKTUREN-Palette klicken, das die Korrektur wieder auf Standardwerte zurücksetzt.

Mehr zur neuen Korrekturen-Palette:
finden Sie im Grundlagenexkurs auf Seite 78.

7 Tonwerte richtig bearbeiten

Von jetzt an lassen Sie die Checkbox ❺ immer leer. Schieben Sie dann erneut den Hellig-keitsregler nach links, um das Bild abzudun-keln. Erkennen Sie den Unterschied? Das Bild wird nicht grauer, sondern satter.

Auch wenn Sie diesmal einen noch höheren Minus-Wert für die Korrektur angeben, wer-den die Tonwerte nicht als Block, sondern schwerpunktmäßig im mittleren Tonwert-bereich verschoben. Es ergibt sich eine Ton-wertspreizung, die die Lichter beibehält.

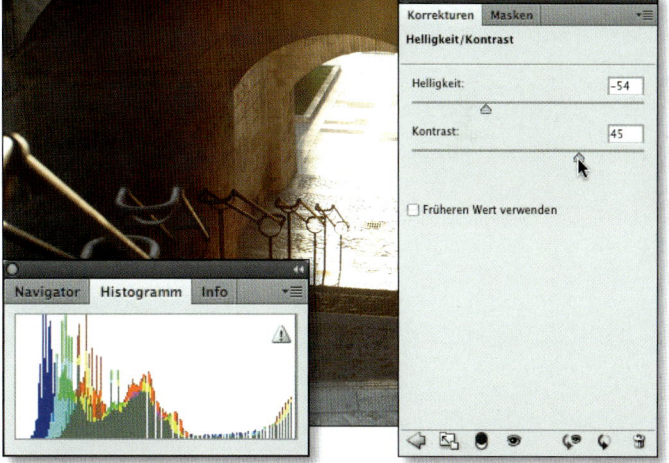

8 Der nötige Kontrast

Durch die »verantwortungsvolle« Abdunklung ist das Bild gleichzeitig satter geworden. Eine weitere Kontrastkorrektur ist aber dennoch in Maßen nötig. Schieben Sie dafür den Reg-ler KONTRAST ein wenig nach rechts. Diesmal müssen Sie keine Angst vor beschnittenen Lichtern oder Tiefen haben, da in der neuen Variante dieser Funktion nur die Mitteltöne auseinandergeschoben, die äußersten Ton-werte aber beibehalten werden. So können Sie auch noch mehr Tiefenzeichnung gewinnen.

9 Die erste Korrektur ist erledigt

So konnten Sie Ihr Bild in zwei kleinen Schrit-ten korrigieren – ohne Gefahr zu laufen, es auszugrauen oder zu beschneiden.

Schneller geht's kaum. Und das Beste ist: Durch die KORREKTUREN-Palette können Sie jederzeit erneut in die Korrekturen eingreifen und sie auch komplett ausblenden.

Durch einen Klick auf das Augen-Icon ❻ erhalten Sie einen guten Vorher-nachher-Vergleich.

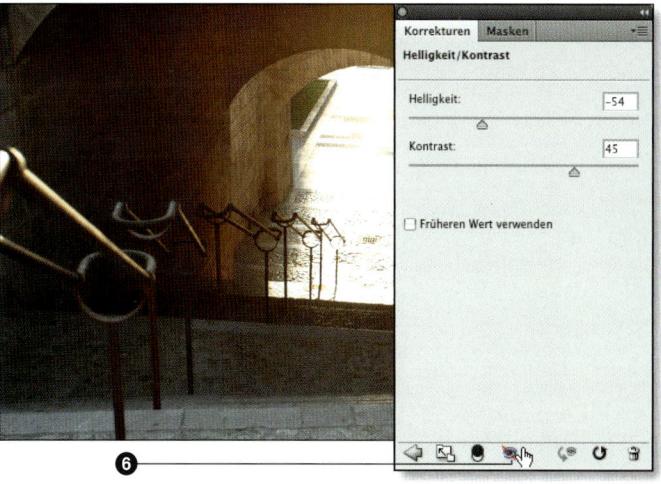

Tonwerte optimieren

Eine Tonwertkorrektur gibt den richtigen Grundkontrast

Meistens wird eine Kontrasterhöhung über einen Schieberegler dem Bild nicht gerecht.
Mit Hilfe der Tonwertkorrekturen können Sie das Problem
direkt am Histogramm
anpacken und die im Bild
vorhandenen Tonwerte in
neue Grenzen zwingen.
Da Sie mit dem Tonwert-
umfang mit einem kleinen
Kniff auf den Punkt arbeiten
können und auch den hellsten
und dunkelsten Punkt
vorbestimmen, verhindern
Sie die Gefahr kritischer
»ausfressender« Lichter oder
»zulaufender« Schatten.

Zielsetzungen:

Tiefen anziehen
Mitteltöne ausloten
Hellste Bereiche festlegen

[Tonwerte.jpg]

Foto: Maike Jarsetz

1 Arbeiten mit der Korrekturen-Palette

Die KORREKTUREN-Palette von Photoshop CS4 bietet Ihnen den schnellsten und flexibelsten Zugriff auf die Bildkorrekturen. Wählen Sie FENSTER ▷ KORREKTUREN, um die KORREK-TUREN-Palette einzublenden. Klicken Sie auf das Icon TONWERTKORREKTUR ❶, und das entsprechende Arbeitsfenster wird eingeblendet.

Tipp: Blenden Sie sich zur Kontrolle vorher unter dem Menü FENSTER das HISTOGRAMM ein, da das Histogramm im Arbeitsfenster der Tonwertkorrektur nicht »live« ist.

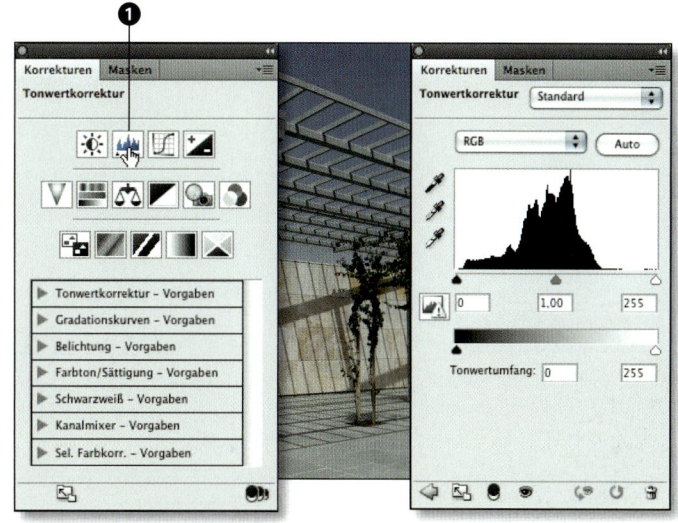

2 Die Bildstatistik

Die Tonwertkorrektur ist die einzige Funktion, mit der Sie direkt in das Histogramm eingreifen können. Zuvor müssen Sie jedoch erkennen, was Ihnen das Histogramm über das Bild verrät.

Klicken Sie daher zunächst auf das Icon ❷, das das Arbeitsfenster vergrößert und werfen Sie dann einen Blick auf die Tonwerte: Der größte Teil der Tonwerte befindet sich im mittleren Bereich, die Lichter im rechten Bereich sind unterrepräsentiert und eindeutige Schwärzen fehlen ganz.

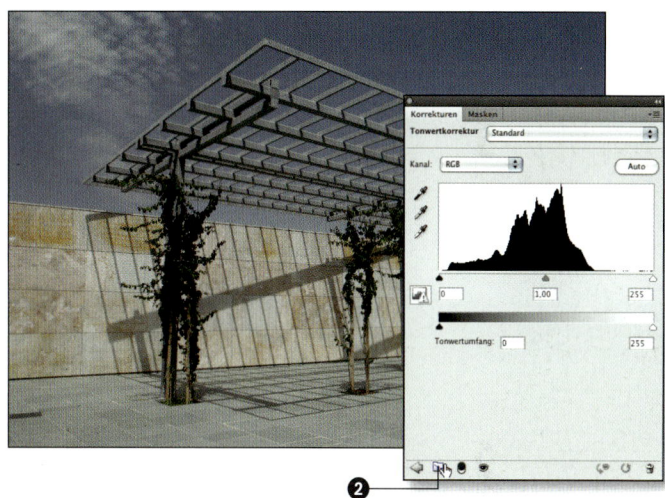

3 Tiefen anziehen

Starten wir mit den Tiefen: Ziehen Sie mit der Maus den Tiefenregler – das kleine schwarze Dreieck ❸ – in Richtung der mittleren Tonwerte bis Sie »zum Fuß des Berges« gelangen.

Die ersten dunklen Tonwerte, die im Bild vorhanden sind, werden dadurch zu reinem Schwarz korrigiert – und alle übrigen Tonwerte ziehen mit.

Das Histogramm wird gespreizt und das Bild wird durch mehr Tiefe zunächst insgesamt deutlich dunkler.

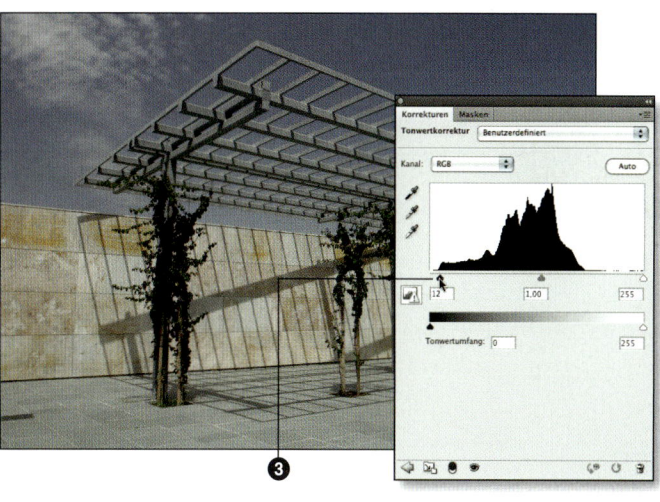

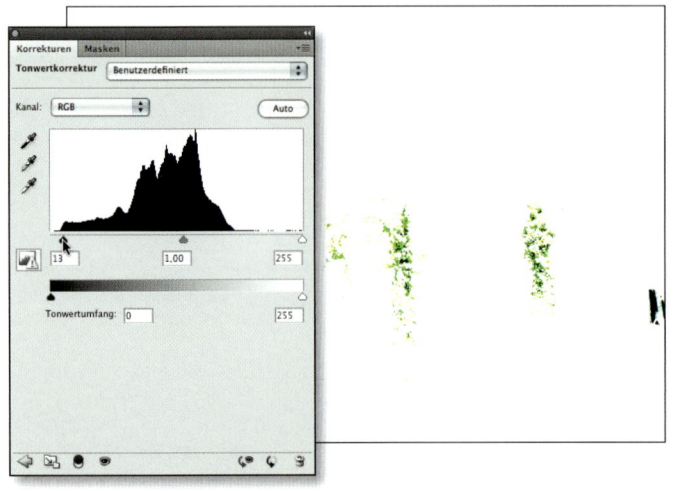

4 Der Trick mit der ALT-Taste

Aber wie erkennen Sie, ob auf diesem Wege nicht kritische Bilddetails »absaufen«?

Dabei hilft Ihnen die ⌥/[Alt]-Taste: Halten Sie diese gedrückt, während Sie den Schieberegler für die Tiefen bewegen. Das Vorschaubild verschwindet dann und es werden nur die Bildstellen angezeigt, die in einem oder mehreren Kanälen an die unteren Tonwertgrenzen stoßen. Die schwarzen Bildstellen in dieser Ansicht würden zulaufen. Schieben Sie daher den Regler wieder ein wenig zurück, um das zu vermeiden.

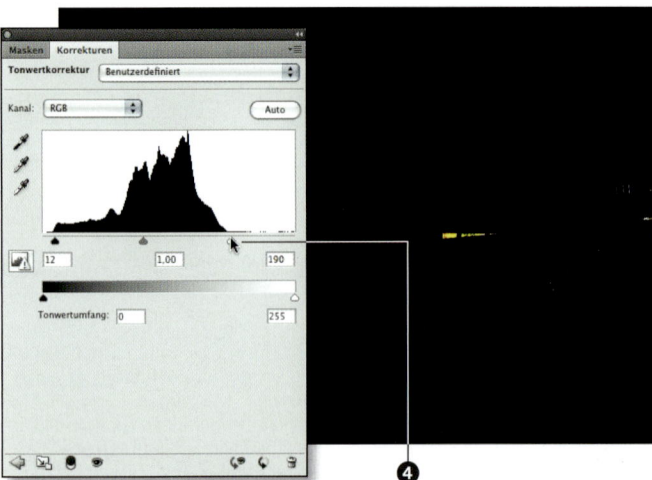

5 Lichtergrenzen erkennen

Genauso gehen Sie mit dem Regler für die Lichter ❹ – also die Weißtöne im Bild – vor. Ziehen Sie ihn mit gedrückter ⌥/[Alt]-Taste nach links.

Auch hier gilt: Reinweiße Stellen sind zu vermeiden, außer es befinden sich im Motiv weiße Spitzlichter oder Reflexionen. Um das Vorschaubild zu beurteilen, nehmen Sie einfach kurz den Finger von der ⌥/[Alt]-Taste.

6 Die Kontrastgrenzen sind gesteckt

Sie haben die vorhandenen Tonwerte, die sich vorher nur im mittleren Bereich abgespielt haben, nun deutlich gespreizt, so dass echte Tiefen und Lichter entstanden sind.

Das sieht man dem Bild auch an: Es hat dadurch deutlich an Brillanz und an »Biss« gewonnen.

7 Jetzt die Mitteltöne

Durch die ersten beiden Korrekturschritte sind die Mitteltöne gleichmäßig zu beiden Seiten hin verteilt worden. Das entspricht nicht immer der tatsächlich gegebenen Helligkeit im Bild. Korrigieren Sie dies mit dem Regler für den Mittelwert ❺. Verschieben Sie ihn ein wenig nach rechts, so werden hellere Tonwerte auf den Mittelwert verschoben. Das ganze Bild dunkelt in den Mitteltönen noch ab und wirkt so – insbesondere im Himmel – satter.

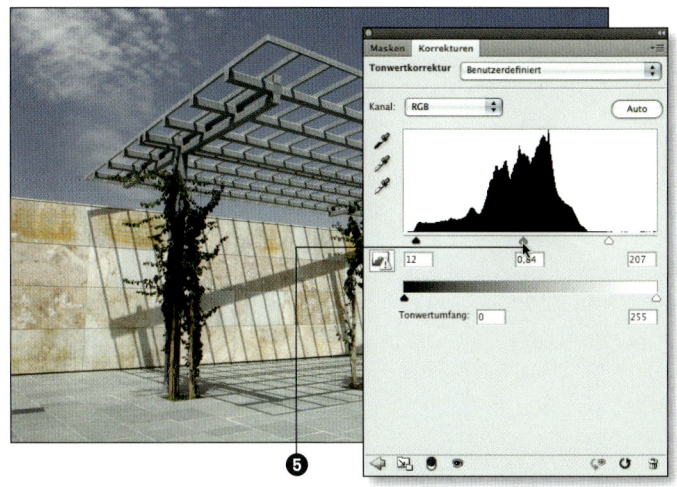

8 Schwarzpunkt definieren

Auch wenn man in Zeiten funktionierenden Farbmanagements, die reproduzierbaren Grenzen von Schwarz und Weiß dem Ausgabeprofil überlässt, sind Sie trotzdem auf der sicheren Seite, wenn Sie in diesem Schritt schon den Tonwertumfang für das Bild festlegen, also den tiefsten und den hellsten Ton vorgeben.

Verändern Sie dazu den Wert für den Schwarzpunkt ❻ auf 8, damit legen Sie den dunkelsten Punkt neu fest – auf ca. 3 % unter einem tiefen Schwarz.

»Absaufen« kann Ihnen so nichts mehr.

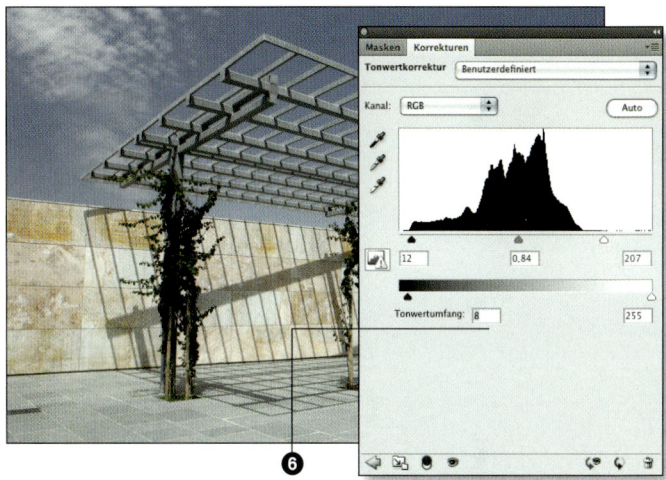

9 Weißpunkt anpassen

Für den hellsten Punkt im Bild gilt das ebenso: Setzen Sie auch den Wert für den Weißpunkt um 8 auf 247 herab ❼. Jetzt »fressen« auch keine hellen Stellen mehr aus.

Mit dieser kombinierten Tonwertspreizung und Begrenzung der verfügbaren Tonwerte haben Sie dem Bild sowohl Raum gegeben, seinen Kontrast zu entfalten, als auch die Grenzen dafür aufgezeigt – und damit eine optimale Grundqualität erreicht.

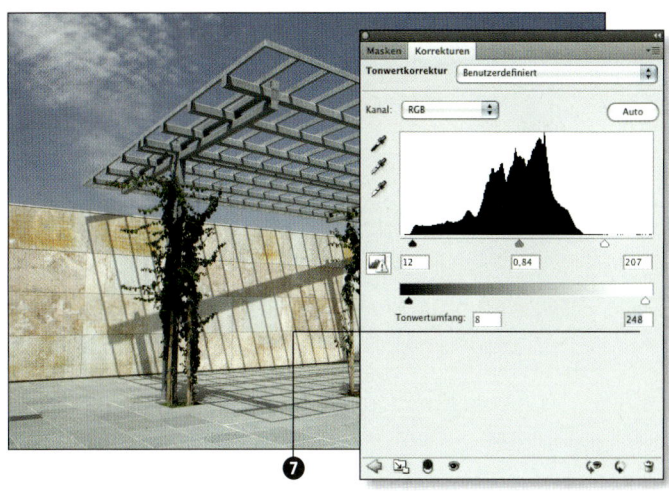

Zielfarben definieren

Standardwerte für neutrale Töne festlegen

*Intern arbeitet Photoshop mit je einem fest definierten Schwarz-
und Weißpunkt sowie mit einem festen neutralen Wert. Diese
Werte werden zum Beispiel dann benutzt, wenn Sie ein Bild über
die »Auto-Farbe«-Funktion korrigieren. Sie sind aber auch den
Pipetten hinterlegt, die Ihnen in den Tonwertkorrekturen und
Gradationskurven als Werkzeuge bereitstehen. Bevor Sie damit
arbeiten, sollten Sie die Werte zuerst überprüfen und festlegen.*

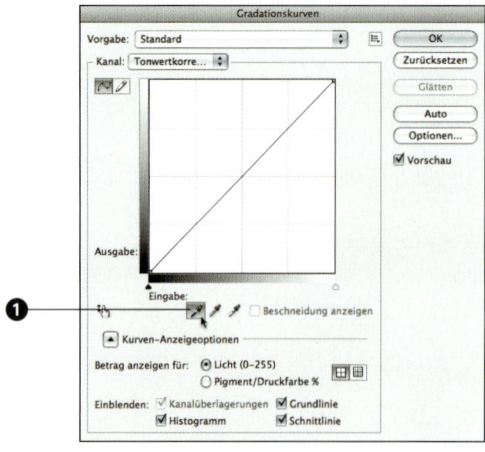

1 Die Pipetten

Öffnen Sie über das Menü BILD ▷ KORREK-
TUREN entweder die TONWERTKORREKTUR oder
die GRADATIONSKURVEN – beide greifen auf die
gleichen Grundeinstellungen zurück.

Starten Sie mit der Definition des Schwarz-
punktes, indem Sie einen Doppelklick auf das
entsprechende Symbol ❶ vornehmen.

Übrigens: Sie können diese Funktionen auch
über die KORREKTUREN-Palette aufrufen. Da
dann aber gleichzeitig eine Einstellungsebene
angelegt wird, ist dies hier eher hinderlich.

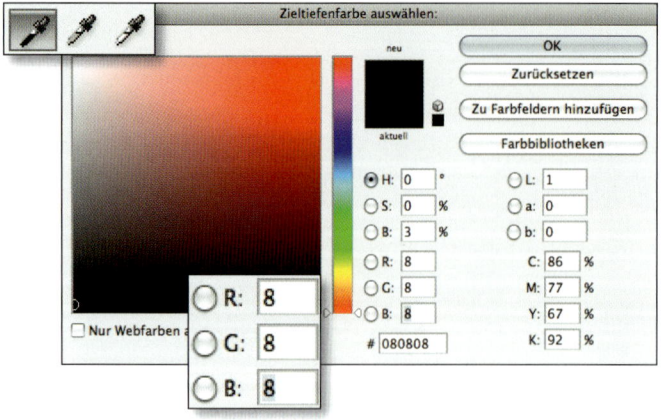

2 Schwarzpunkt definieren

Es öffnet sich ein Farbmischfeld, in dem Sie
die Zielfarbe für die Tiefen und damit auch für
das entsprechende Pipettenwerkzeug bestimmen können. Standardmäßig steht dieser Wert
in den RGB-Angaben auf Null, was einem
reinen Schwarz entspricht. »Reines Schwarz«
hört sich zwar ganz gut an, ist aber drucktech-
nisch nicht reproduzierbar und würde Ihnen
durch Druckfarbe oder Tinte »zulaufen«. Geben
Sie statt dessen gleiche Werte um 8 ein. Ein
solcher Wert wirkt immer noch schwarz, ist
aber offener. Klicken Sie dann auf OK.

3   Weißpunkt festlegen

Genauso definieren Sie den Zielfarbwert für den Weißpunkt: Doppelklicken Sie auf die weiße Pipette und es öffnet sich das Menü, in dem Sie die Zielfarbe für die Lichter festlegen können.

Auch diese Werte sind mit 255 als »mathematisch korrektes« Weiß vordefiniert. reproduzierbar ist aber nur ein leicht abgeschwächter Wert.

Geben Sie 248 als neue R-, G- und B-Werte ein, und bestätigen Sie mit OK.

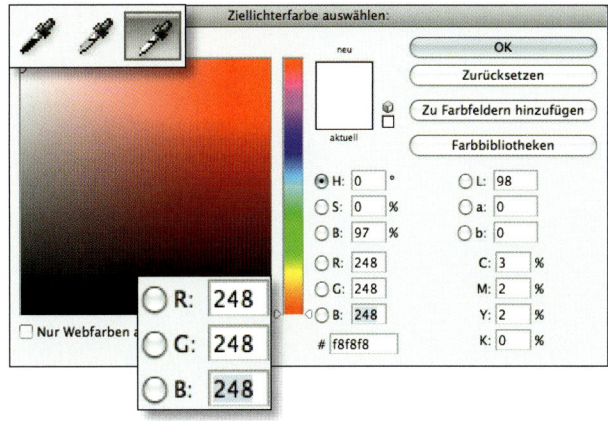

4   Last but not least: der Mittelwert

Ganz wichtig für den Ausgleich der neutralen Töne – also für den Weißabgleich – ist die Mittelwert-Pipette. Überprüfen Sie mit einem Doppelklick auf diese Pipette, ob hier die richtigen Werte eingestellt sind.

128 ist genau die Mitte der Tonwertskala. Entsprechen also die Werte für Rot, Grün und Blau diesem Wert, so entspricht das einem mittleren, neutralen Grau.

Auch diese Eingaben bestätigen Sie mit einem Klick auf OK.

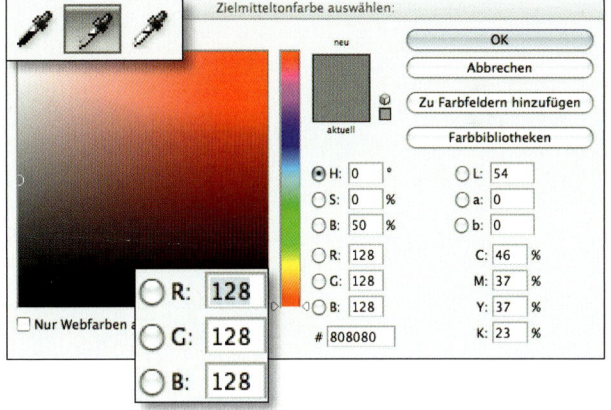

5   Standardfarben festlegen

Im Prinzip ist Photoshop jetzt gerüstet für die Arbeit mit den Pipetten.

Sie müssen allerdings noch die neuen Zielfarben in den Tiefen des Programms als neue Standardfarben festschreiben. Das ist ganz einfach, denn wenn Sie mit OK das Menü schließen wollen, fragt Photoshop Sie genau danach. Klicken Sie hier natürlich auf Ja.

Jetzt steht der korrekten Bearbeitung mit den Pipetten nichts mehr im Wege. Wie Sie sie nun richtig einsetzen, erfahren Sie in den folgenden zwei Lektionen.

Der richtige »Knack«

Zum Kontrast gehört auch die farbliche Klarheit

Wird im Bild ein klares Weiß genauso gewünscht wie eine neutrale Tiefe und ein mittleres Grau, müssen Sie nicht lange an den Tonwerten herumzerren. Sie benutzen dafür besser die vordefinierten Pipetten als Werkzeuge. Die neue Korrekturen-Palette von Photoshop CS4 lässt Sie Ihre Bilder blitzschnell auf den Punkt korrigieren. Vergessen Sie aber nicht, Photoshop vorher auf die richtigen Werte zu eichen! Wie das geht, haben Sie im vorhergehenden Workshop gesehen.

Zielsetzungen:

Neutrale Mitteltöne ausgleichen

Weißpunkt setzen

Schwarzpunkt setzen

Farben aufklaren und intensivieren

[Pipetten.jpg]

Foto: Maike Jarsetz

1 Zwei Wege zu den Pipetten

Um die Pipetten als Korrekturwerkzeuge anzuwenden, haben Sie zwei Alternativen: entweder über die TONWERTKORREKTUR oder über die GRADATIONSKURVEN.

Trotz der neuen KORREKTUREN-Palette ist der Weg über das Menü manchmal noch praktischer. Denn manche Optionen lassen sich so erst einmal besser steuern. Wählen Sie also zunächst BILD ▷ KORREKTUREN ▷ GRADATIONSKURVEN.

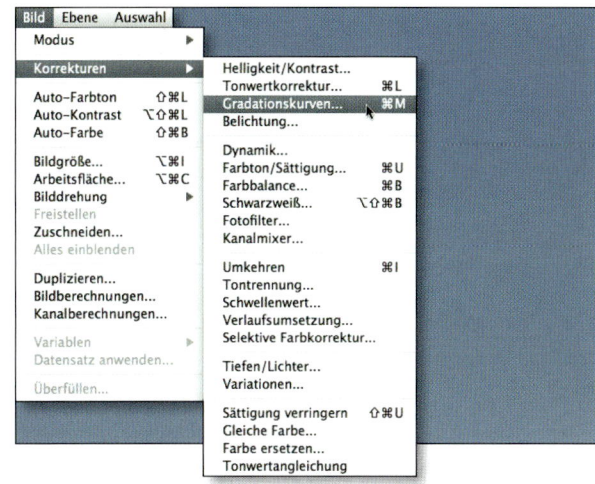

2 Anzeigeoptionen für Kurven wählen

Zuerst klappen Sie mit dem kleinen schwarzen Pfeil ❶ die KURVEN-ANZEIGEOPTIONEN auf. Prüfen Sie, ob die Optionen KANALÜBERLAGERUNGEN und HISTOGRAMM aktiviert sind, diese werden in den folgenden Schritten noch sehr nützlich sein. Auch die Option GRUNDLINIE wird Ihnen später helfen, die Veränderungen zu beurteilen. Aktivieren Sie auch die Option BESCHNEIDUNG ANZEIGEN. So finden Sie in den nächsten Schritten den hellsten und dunkelsten Punkt des Bildes heraus.

3 Dunkelsten Bildpunkt finden

Bevor Sie den dunkelsten Punkt im Bild mit der Zieltiefenfarbe definieren können, sollten Sie Ihn erst einmal genau lokalisieren.

Schieben Sie den Tiefenregler ❷ in Richtung der mittleren Tonwerte bis die ersten schwarzen Pixel erscheinen. Das Histogramm im Hintergrund zeigt Ihnen, wo Sie mit den ersten Tonwerten des Bildes zu rechnen haben.

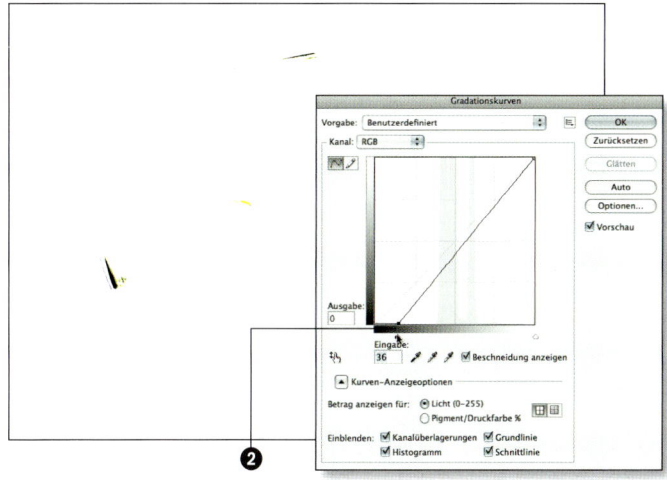

4 Fixpunkt setzen

Der Vorteil des GRADATIONSKURVEN-Dialogs gegenüber der KORREKTUREN-Palette ist, dass die Beschneidung auch angezeigt wird, wenn Sie den Regler nicht mehr bewegen. So können Sie jetzt einen festen Farbmesspunkt auf diese Stelle setzen.

Bewegen Sie dazu den Mauszeiger (der automatisch zur Pipette wird) an die entsprechende Stelle. Mit gedrückter ⌂-Taste erhalten Sie das FARBAUFNAHME-WERKZEUG. Mit diesem setzen Sie einen festen Messpunkt.

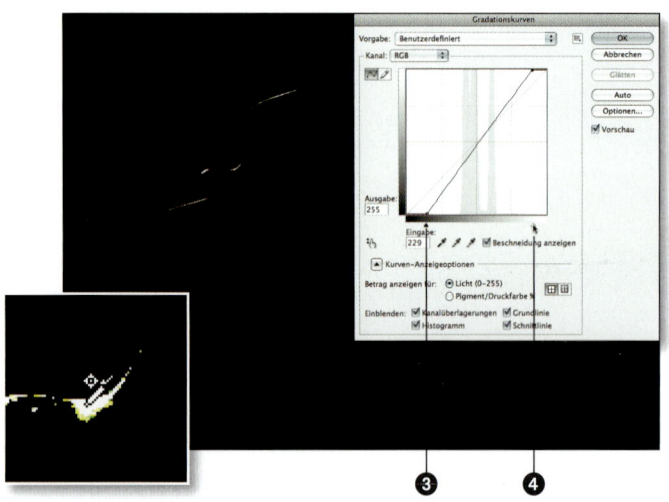

5 Licht festsetzen

Ziehen Sie jetzt den Tiefenregler ❸ wieder zurück und wiederholen den Vorgang mit dem für die Lichter zuständigen Regler ❹.

Auch in die hellste Bildstelle setzen Sie mit gedrückter ⌂-Taste einen Farbmesspunkt.

6 Zurück zum Bild

Deaktivieren Sie die Checkbox BESCHNEIDUNG ANZEIGEN. Das Vorschaubild wird jetzt wieder normal angezeigt.

Klicken Sie dann auf den ABBRECHEN-Knopf. So setzen Sie alle bisherigen Änderungen im Bild zurück – bis auf die Farbmesspunkte, die bleiben erhalten.

Und die werden Sie auch gleich noch brauchen, wenn wir den weiteren Weg über die KORREKTUREN-Palette gehen.

7 Schwarzpunkt definieren

Wählen Sie FENSTER ▷ KORREKTUREN, um die KORREKTUREN-Palette einzublenden. Klicken Sie dann auf das Icon GRADATIONSKURVEN ❻, damit das Arbeitsfenster eingeblendet wird.

Wählen Sie jetzt durch einen Klick auf das entsprechende Symbol ❺ die Schwarz-Pipette. Klicken Sie dann mit der Maus auf den vorher definierten dunkelsten Bildpunkt. Sofort bekommt das Bild mehr Tiefe und eine klarere Farbe, denn die Zielfarbe speichert nicht nur einen Tonwert, sondern auch die ausgeglichene Farbbalance.

8 Weißpunkt setzen

Wechseln Sie jetzt auf die weiße Pipette ❼ und klicken Sie auf den vorher festgelegten hellsten Bildpunkt.

Die Lichter des Bildes erhalten so ein klares Weiß, ohne dass Sie ausfressende Lichter riskieren, denn diese sind durch die Definition der Ziellichterfarbe (wie in der vorherigen Lektion beschrieben) ausgeschlossen.

9 Neutralton am Mittelwert definieren

Mit der Mittelwert-Pipette ❽ weisen Sie einem Bildpunkt das neutrale Grau zu, und die übrigen Bildfarben passen sich an. Die Mittelwert-Pipette überträgt nur die Farbbalance und nicht die Helligkeitswerte.

Neben einem ausgeloteten Kontrast glänzt das Motiv jetzt auch durch farbliche Klarheit.

Farbstich entfernen

Die Mittelwert-Pipette erledigt den nachträglichen Weißabgleich

Die Mittwert-Pipette der Gradationskurven oder der Tonwertkorrektur beeinflusst nicht nur die Mitteltöne, sondern ändert die gesamte Farbbalance des Fotos. Das hilft selbst bei extremen Farbstichen und ist meist nicht mehr als nur ein Klick. So entspricht dies einem nachträglichen Weißabgleich – zwar ohne Farbtemperatureinstellungen oder bekannten Vorgaben wie »Bewölkt«, »Sonnenlicht« oder »Kunstlicht« – aber mit ähnlich schneller Wirkung. Lassen Sie sich von dem perfekten Ergebnis aber nicht täuschen: Ein Weißabgleich in der Kamera ist natürlich immer noch die erste Wahl.

Zielsetzungen:

Mitteltöne ausgleichen
Farbstich neutralisieren

[Autofarbe.jpg]

Foto: Getty Images

1 Schnell zum Werkzeug

Am schnellsten geht es über die KORREK-TUREN-Palette. Blenden Sie sie gegebenenfalls über das FENSTER-Menü ein, und klicken Sie auf das Symbol für die GRADATIONSKURVEN ❷.

Aktivieren Sie dort die Mittelwert-Pipette ❶, und stellen Sie durch einen Doppelklick auf das Werkzeug sicher, dass es mit einem neutralem Grau als Zielfarbe hinterlegt ist.

Mehr dazu: Wie Sie die Pipette voreinstellen, erfahren Sie in dem Workshop »Zielfarben definieren« auf Seite 64.

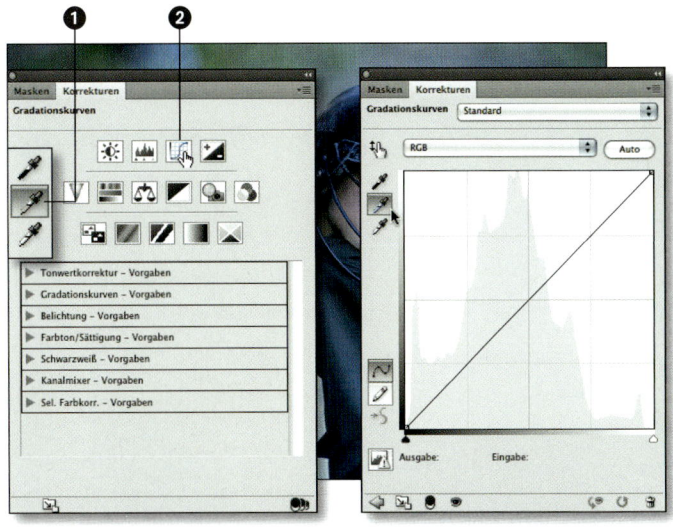

2 Die neutrale Stelle

Einen Neutralton definieren sollten Sie natürlich nur an einer Stelle, die im Original auch wirklich neutral ist. Steine, Wege oder Schatten weißer Gegenstände eignen sich gut dafür.

Bewegen Sie das Pipetten-Werkzeug mit dem Mauszeiger auf eine neutrale Stelle. Achten Sie dabei darauf, dass Sie auf einen mittleren Tonwert treffen.

3 Weißabgleich

Durch den Klick mit der neutral »geimpften« Pipette wird der vorher farbstichige Schatten farblich neutral.

Mit dieser Funktion können Sie durch Klicken auf verschiedene Stellen auch andere Ergebnisse austesten. In den veränderten Farbkurven erkennen Sie, was sich in den einzelnen Kanälen geändert hat. Der Rot-Kanal wurde in den Mitteltönen angehoben, und der Blau-Kanal wurde gleichzeitig abgesenkt. So wurde die kalte Farbstimmung reduziert und mehr Wärme ins Bild korrigiert.

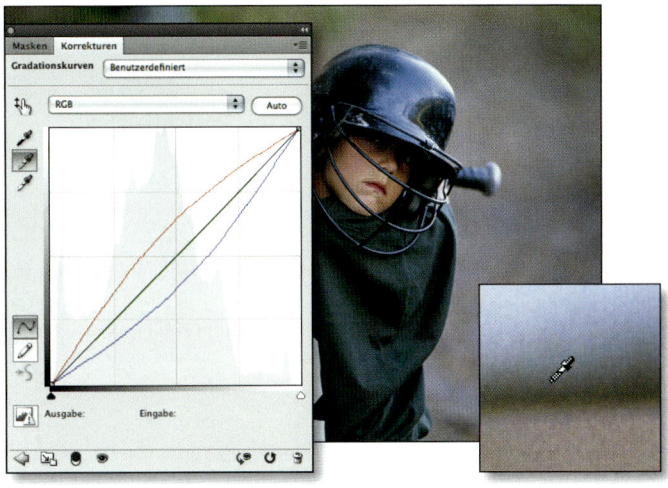

Stapelkorrektur

Serien optimieren Sie am schnellsten im Raw-Konverter

*In Aufnahmeserien ähneln sich die Arbeitsschritte der Einzel-
bilder sehr stark. Was liegt da näher als sie »in einem Rutsch«
zu entwickeln. Und das geht immer noch am einfachsten im
Raw-Konverter – auch mit Bildern im JPEG-Format. Der Weg
ist mittlerweile noch unkomplizierter und funktioniert aus der
Bridge per Knopfdruck.*

Zielsetzungen:

Stapelentwicklung
Einzelmotive anpassen
Vorbereitung für Digitallabor
Originalversionen erhalten

[Serie01-06.jpg]

1 Start per Klick

Um JPEGs im Raw-Konverter zu entwickeln, ist seit der Version CS4 keine besondere Voreinstellung mehr nötig.

Starten Sie am besten in der Bridge – so ist es am einfachsten. Hier aktivieren Sie mit ⇧ oder ⌘/Strg die Bilder, die Sie zusammen entwickeln wollen, und klicken dann einfach auf das Camera-Raw-Symbol ❶ in der Steuerungsleiste der Bridge.

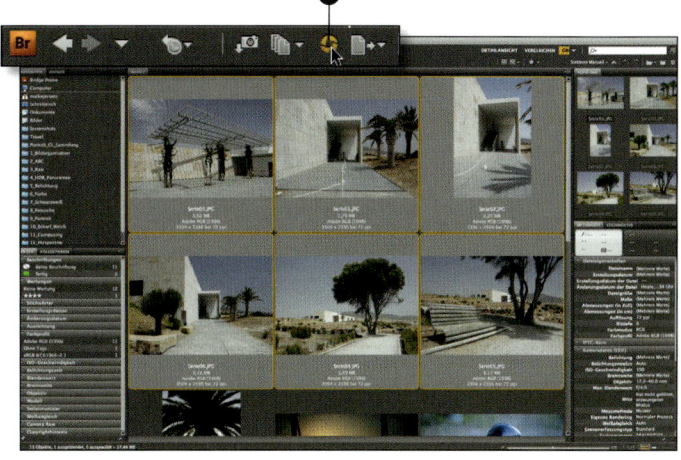

2 Wählen Sie das Startbild

Im Raw-Konverter sind die einzelnen Bilder jetzt im Filmstreifen links zu sehen ❷.

Klicken Sie dort auf ein Bild, das in Belichtung und Grundstimmung eine gute Referenz für die Aufnahmeserie bildet.

Nacheinander werden Sie alle Optimierungsschritte durchführen, die für die ganze Serie passend sind. Die Anforderungen sind natürlich bei jeder Serie anders.

3 Erste Helligkeitskorrektur

Unser Bild kann ein bisschen mehr Grundhelligkeit vertragen. Nutzen Sie dazu nicht den Belichtungsregler, sondern den Regler HELLIGKEIT, der nur die Mitteltöne verändert und eine Überbelichtung ausschließt. Ein Wert von ca. +20 ist hier passend.

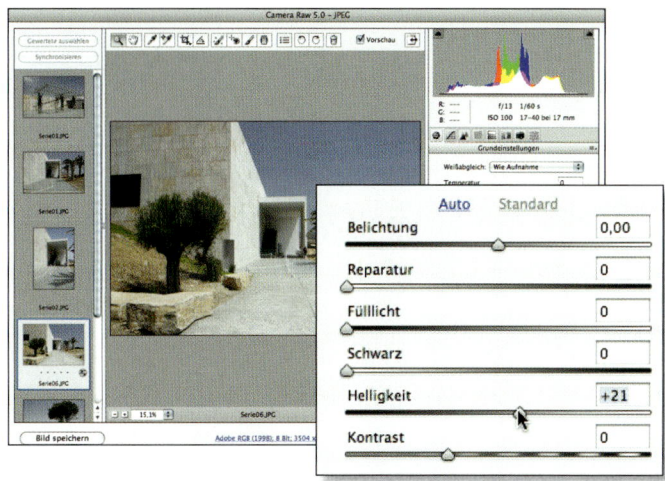

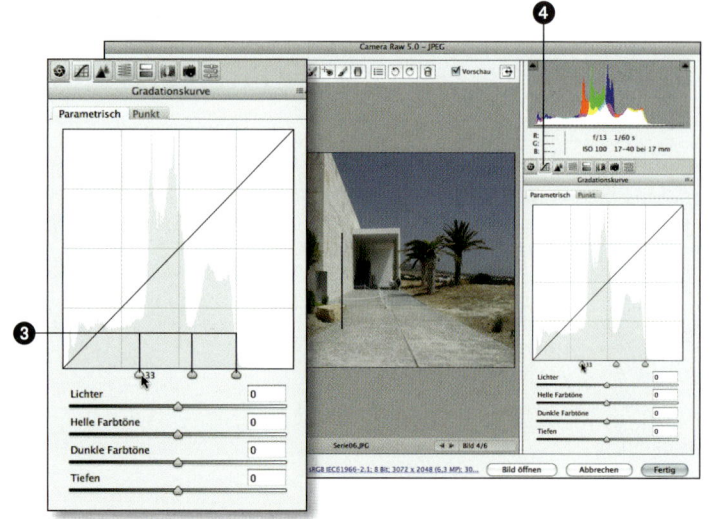

4   Kontrast über Kurve anpassen

Wechseln Sie auf das Arbeitsfenster GRADA-
TIONSKURVE durch einen Klick auf den entsprechenden Reiter ❹.

In der PARAMETRISCHEN GRADATIONSKURVE
können Sie Ihre Arbeitsbereiche selbst festlegen. Ziehen Sie die inneren Dreiecke ❸ so,
dass sie die beiden Tonwertberge einrahmen.

So definieren Sie, welche Tonwerte mit den
HELLEN und DUNKLEN FARBTÖNEN bearbeitet
werden. Die Tiefen und Spitzlichter sollen
nicht korrigiert werden, sondern der Kontrast
in den vorherrschenden Mitteltönen

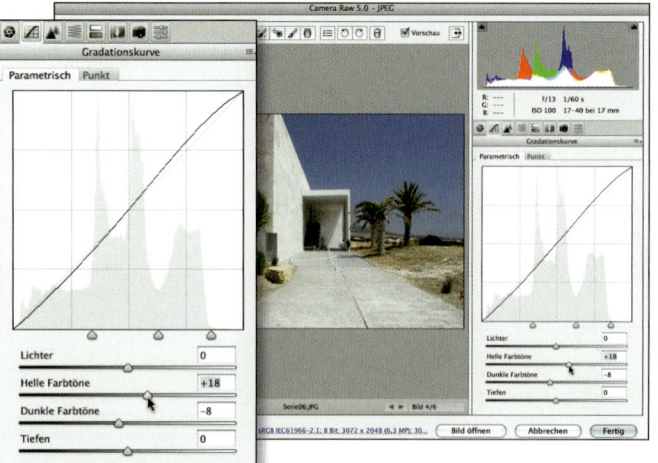

5   Mitteltöne aufsteilen

Die hellen und dunklen Töne werden Sie jetzt
noch weiter voneinander entfernen und so
den Kontrast verstärken. Schieben Sie den
Regler für die HELLEN FARBTÖNE auf ca. +18
und die DUNKLEN FARBTÖNE in den negativen
Bereich, etwa auf −8.

Die Gradationskurve erhält so den klassischen S-Kurven-Verlauf einer Kontrastverstärkung.

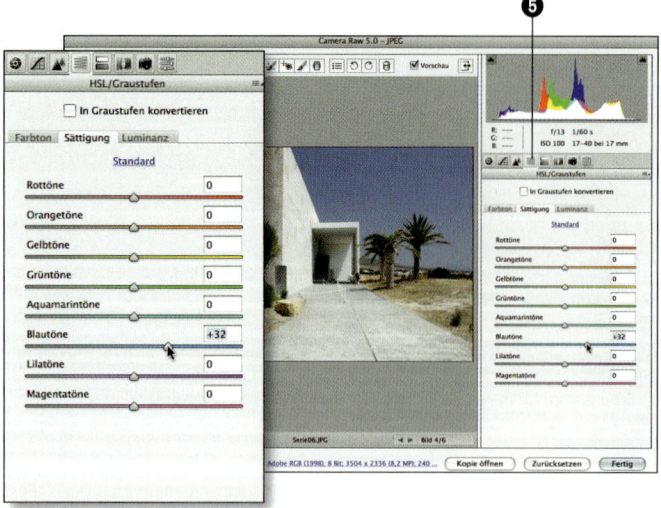

6   Blausättigung anheben

Diese himmelbetonten Bilder können noch
ein deutlich dominanteres Blau vertragen.
Wechseln Sie daher in das Arbeitsfenster HSL/
GRAUSTUFEN ❺.

Klicken Sie auf den Reiter SÄTTIGUNG, und
heben Sie dann den Wert für die Blautöne
auf ca. +30 an. Wenn Sie gleichzeitig die
LUMINANZ im nächsten Reiter noch etwas absenken, verstärken Sie die satte Farbwirkung
des Himmels weiter.

7 Einstellungen synchronisieren

Diese Grundentwicklung können Sie jetzt auf die anderen Bilder übertragen.

Klicken Sie oberhalb des Filmstreifens zunächst auf den Button ALLES AUSWÄHLEN, womit Sie alle offenen Bilder aktivieren, und anschließend auf SYNCHRONISIEREN.

Es öffnet sich ein Menü, in dem Sie festlegen, welche Einstellungen auf die anderen Bilder übertragen werden sollen. In diesem Fall wählen Sie aus dem Popup-Menü EINSTELLUNGEN ❻ (hiermit werden alle globalen Anpassungen übertragen) und klicken auf OK.

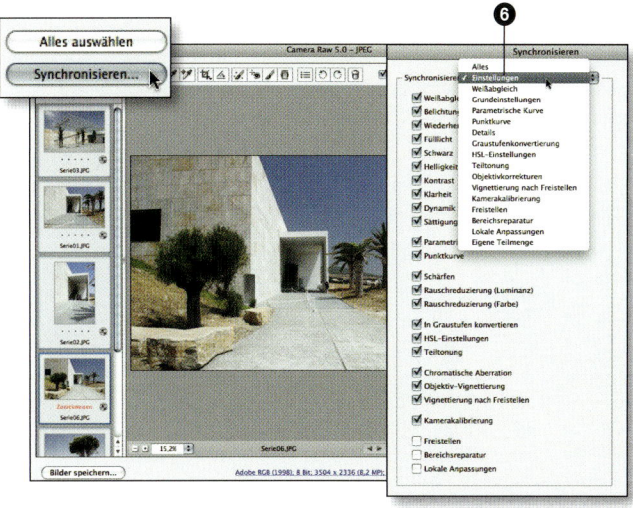

8 Individuelle Anpassungen

Klicken Sie danach jedes einzelne Bild an und überprüfen Sie es in der Vorschau.

Passen Sie gegebenenfalls für einzelne Bilder noch die RAW-Einstellungen an.

Die Möglichkeiten des Raw-Konverters:
Erfahren Sie mehr dazu auf Seite 120.

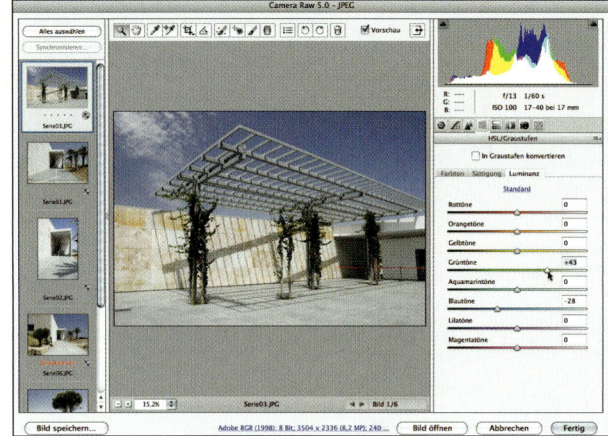

9 Für Abzüge vorbereiten

Wenn Sie die Bilder einem Labor übergeben oder über einen Online-Dienst entwickeln wollen, sollten Sie sie mit den richtigen Eckdaten speichern.

Die sogenannten ARBEITSABLAUF-OPTIONEN erreichen Sie über einen Klick auf den Link ❼ am unteren Rand des Menüfensters.

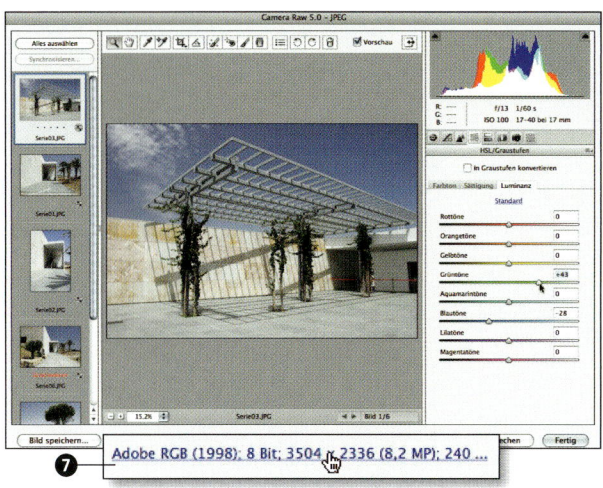

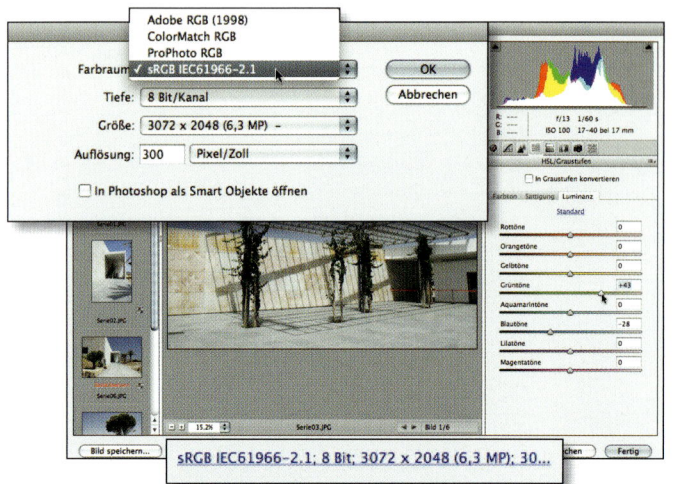

10 Farbraum und Bildgröße festlegen

Noch immer erwarten die meisten digitalen Dienstleister Bilder mit sRGB-Profilen, auch wenn sRGB der kleinste und damit schlechteste Farbraum für Bilder ist.

Nehmen Sie deshalb besser eine Konvertierung in diesen Farbraum vor. Stellen Sie die TIEFE (die Farbtiefe) auf 8 BIT/KANAL und die AUFLÖSUNG auf 300 PIXEL/ZOLL. Auch die GRÖSSE sollten Sie Ihrem Ausgabezweck anpassen. 6,3 Megapixel wie hier sind ungefähr ausreichend für eine Vergrößerung auf 24×30 cm.

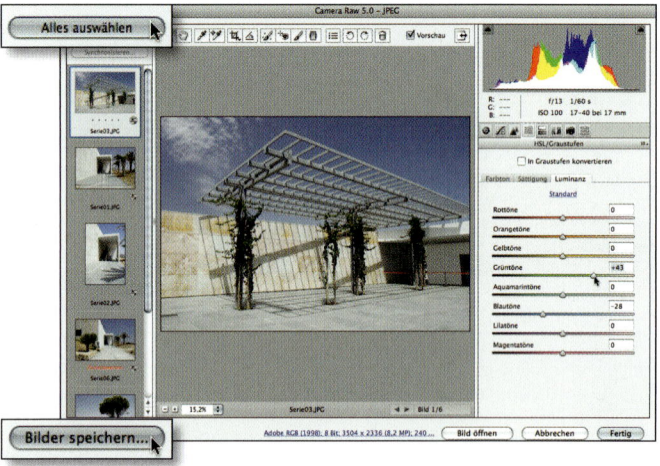

11 Bilder speichern

Zurück im Hauptfenster des Raw-Konverters können Sie jetzt alle Bilder mit den gewählten Optionen speichern.

Wählen Sie unbedingt ALLES AUSWÄHLEN, bevor Sie auf BILDER SPEICHERN klicken.

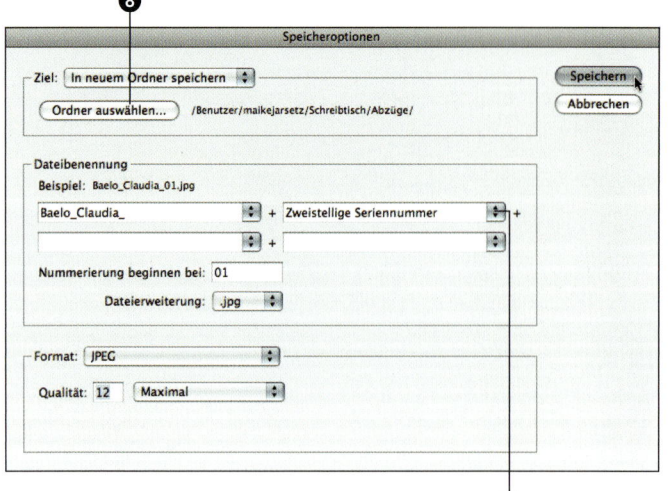

12 Bildnamen und Dateiformat angeben

In den SPEICHEROPTIONEN wählen Sie den Speicherort ❽ und nehmen eine sinnvolle Umbenennung der Dateien vor. Kombinieren Sie z.B. Text und Indexnummer aus dem Popup-Menü ❾. Als Speicherformat für den Dateiversand bietet sich JPEG an – die Komprimierung 12/MAXIMAL ist faktisch verlustfrei. Auch wenn sie geringere JPEG-Qualitäten wählen, unterschreiten Sie nie den Wert 9! Klicken Sie abschließend auf OK, und verlassen Sie dann den Raw-Konverter über FERTIG.

13 Einstellungen übertragen

Fällt Ihnen später noch ein Bild auf, das die gleiche Grundentwicklung durchlaufen soll, müssen Sie dabei nicht wieder von vorne anfangen. Die Entwicklungseinstellungen sind in den Metadaten der Datei gespeichert und können jederzeit abgerufen werden.

Klicken Sie in der Bridge mit gedrückter `Strg`/⌘-Taste auf ein bereits entwickeltes Bild, oder rufen Sie mit der rechten Maustaste das Kontextmenü auf, und wählen Sie EINSTELLUNGEN ENTWICKELN ▷ EINSTELLUNGEN KOPIEREN.

14 Weitere Bilder entwickeln

Aktivieren Sie dann das unentwickelte Bild mit gedrückter `Strg`/⌘-Taste oder rechter Maustaste, und wählen Sie aus dem gleichen Menü EINSTELLUNGEN ENTWICKELN ▷ EINSTELLUNGEN EINFÜGEN.

Wieder bietet Ihnen die Bridge Optionen an, um die zu übertragenden Einstellungen einzugrenzen. Wir machen es uns hier einfach und wählen wieder EINSTELLUNGEN. So passt auch dieses Bild in die Serie.

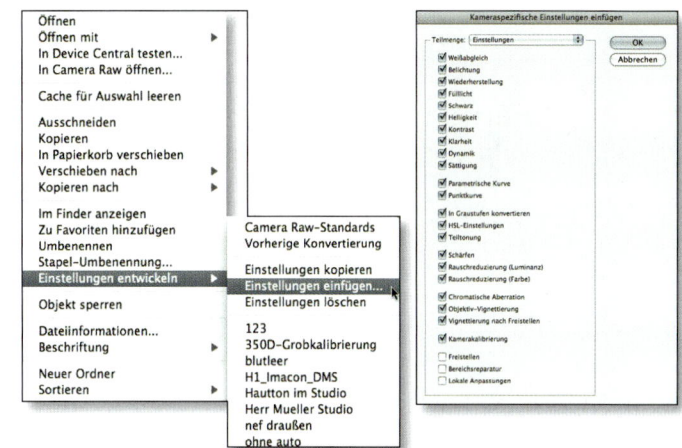

15 Das Original ist noch da

Genauso wie Sie die Entwicklungseinstellungen kopieren können, können Sie sie auch löschen. Denn sie beruhen nur auf reinen Eintragungen in den Metadaten, die für die Darstellung des Vorschaubildes herangezogen werden.

Auch hier hilft die gedrückte `Strg`/⌘-Taste oder rechte Maustaste – wählen Sie diesmal EINSTELLUNGEN LÖSCHEN, und das Bild ist wieder unentwickelt.

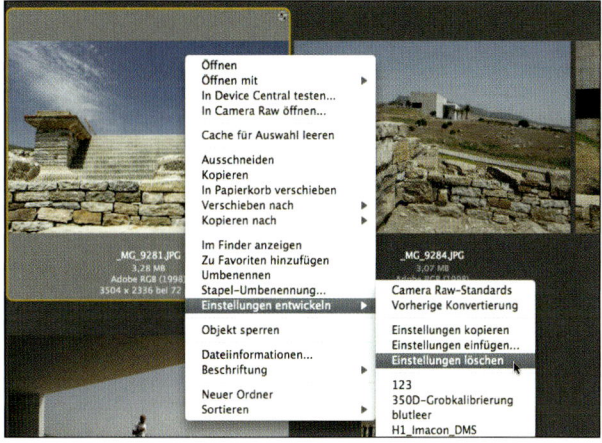

Nicht-destruktive Korrekturen

Das Arbeiten mit der neuen Korrekturen-Palette

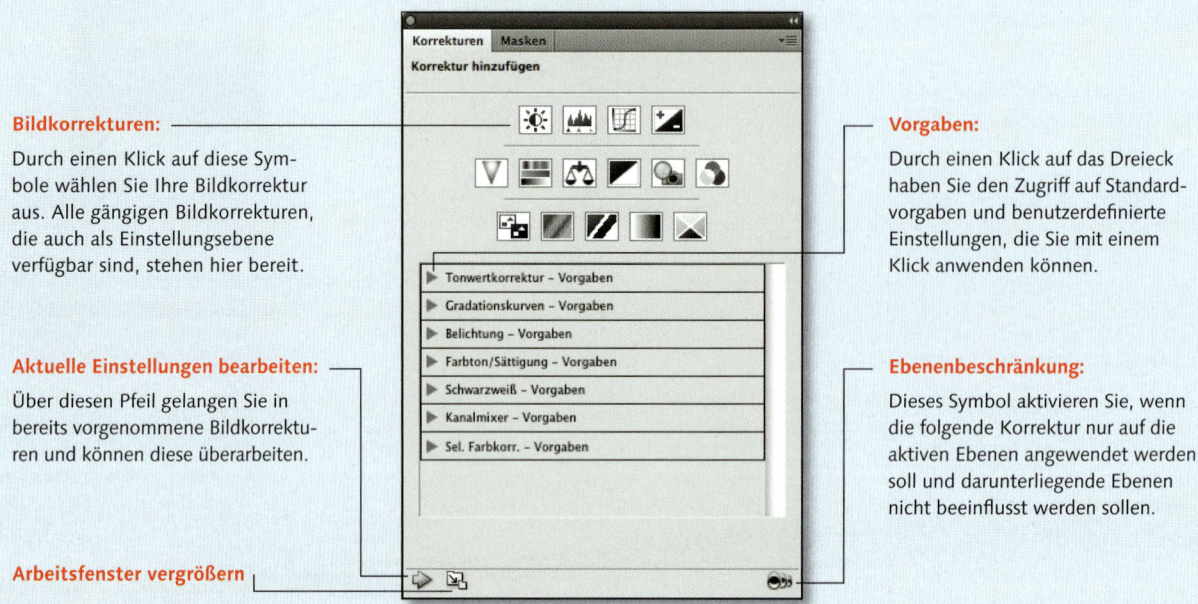

Bildkorrekturen:

Durch einen Klick auf diese Symbole wählen Sie Ihre Bildkorrektur aus. Alle gängigen Bildkorrekturen, die auch als Einstellungsebene verfügbar sind, stehen hier bereit.

Aktuelle Einstellungen bearbeiten:

Über diesen Pfeil gelangen Sie in bereits vorgenommene Bildkorrekturen und können diese überarbeiten.

Arbeitsfenster vergrößern

Vorgaben:

Durch einen Klick auf das Dreieck haben Sie den Zugriff auf Standardvorgaben und benutzerdefinierte Einstellungen, die Sie mit einem Klick anwenden können.

Ebenenbeschränkung:

Dieses Symbol aktivieren Sie, wenn die folgende Korrektur nur auf die aktiven Ebenen angewendet werden soll und darunterliegende Ebenen nicht beeinflusst werden sollen.

Nicht-destruktive Korrekturen ...

... sind in Photoshop seit Generationen möglich: Ebenen, Kanäle, Einstellungsebenen und Ebenenmasken wurden für eine Bildbearbeitung konzipiert, die das Originalbild nicht verändert und so die wertvollen Tonwerte der Originalaufnahmen immer wieder rekonstruieren kann.

Leider ist aber die Arbeit mit Einstellungsebenen immer noch nicht selbstverständlich. Vielen Anwendern scheint der Weg über die EBENEN-Palette zu Bildkorrektur zu umständlich und zeitaufwendig. Darauf haben die Entwickler von Photoshop CS4 mit der neuen KORREKTUREN-Palette reagiert: Ohne Umwege

haben Sie schnellen Zugriff auf alle wichtigen Bildkorrekturen. Vor allem aber wird bei jeder Korrektur eine Einstellungsebene angelegt. Diese belastet Sie nicht mit Mehrarbeit, sondern ermöglicht Ihnen, den Zugriff auf Ebenen und Masken, wenn Sie es brauchen: bei der Feinarbeit an Ihren vorgenommenen Korrekturen.

In den folgenden Kapiteln habe ich konsequent mit der KORREKTUREN-Palette gearbeitet. In diesem Exkurs sehen Sie einen Überblick über die Funktionen der Palette. Und natürlich auch den Hinweis auf den alternativen Weg über die EBENEN-Palette.

Handwerkzeug:

Dieses Werkzeug zur direkten Korrektur im Bild steht Ihnen für die Funktionen GRADATIONSKURVEN, FARBTON/SÄTTIGUNG und SCHWARZWEISS zur Verfügung

Zurück zur Korrekturliste:

Über diesen Pfeil gelangen Sie zurück zur Übersicht der Bildkorrekturen.

Arbeitsfenster vergrößern

Ebenenbeschränkung:

Hier schränken Sie die Korrektur auf die aktive Ebene ein. Darunterliegende Ebenen werden nicht beeinflusst.

Vorschau:

Blenden Sie über das Augensymbol die Korrektur zur Beurteilung ein und aus.

Aktuelle Korrektur:

Nach der Wahl der Korrektur aus der Korrekturliste, öffnet sich im gleichen Fenster der enstprechende Arbeitsbereich.

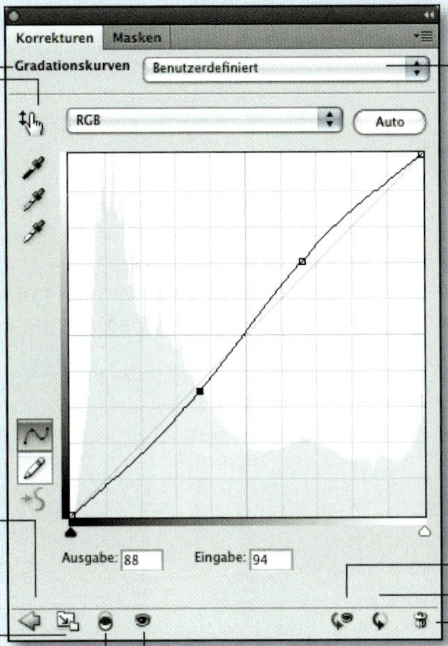

Vorgaben:

Aus dem Popup-Menü können Sie Standardvorgaben und gespeicherte Einstellungen wählen.

Aktuelle Korrektur ausblenden:

Ein Klick auf dieses Symbol blendet Ihren letzten Arbeitsschritt aus und zeigt die Korrektur im letzten Status.

Aktuelle/gesamte Korrektur zurücksetzen:

Setzen Sie über diesen Knopf Ihre aktuelle Korrektureinstellung zurück, oder setzen Sie das Arbeitsfenster ganz auf die Standardwerte zurück.

Korrektur und Einstellungsebene löschen

Einstellungsebenen | Jede Korrektur über die KORREKTUREN-Palette erstellt eine Einstellungsebene ❶, mit der Sie jederzeit Ihre Korrekturen überarbeiten können.

Korrektur ohne CS4 | Auch ohne KORREKTUREN-Palette können Sie nicht-destruktiv arbeiten. Klicken Sie in der EBENEN-Palette auf das Symbol für eine neue Einstellungsebene ❸ und wählen Sie Ihre Bildkorrektur.

Korrektur bearbeiten | Ein einfacher Doppelklick auf das Symbol der Einstellungsebene ❷ führt Sie zurück zu Ihren Einstellungen.

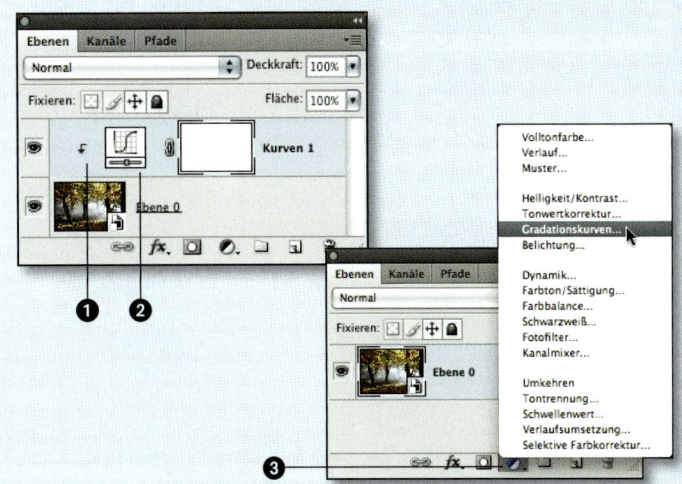

RAW-Bilder entwickeln

RAW-Daten – erweiterte Horizonte

Das RAW-Format hat sich allmählich etabliert. Insbesondere Fotografen, denen die JPEG-Umsetzung der Kamera nicht reicht, bevorzugen das unverfälschte Kamera-»Roh«-Format. Dass jede RAW-Datei einen Konvertierungsprozess benötigt, ist mehr Chance als Hindernis. Denn die sich ständig erweiternden Bildanpassungen im Raw-Konverter sind in Handhabung und Sprache für Fotografen gemacht. In diesem ersten RAW-Kapitel erfahren Sie alles über die grundsätzlichen Entwicklungsschritte im Raw-Konverter und vor allem auch, wie Sie diese Entwicklung mit neuen Kameraprofilen und dem Camera-Raw-Standard auf eine gute Basis stellen.

Foto: Maike Jarsetz

RAW-Bilder entwickeln

Der erste Entwicklungsschritt

Neue Vorgaben für die kameraspezifische Anpassung nutzen

Seit der Camera-Raw-Version 4.6 – also dem letzten Camera-Raw-Plugin für Photoshop CS3 – beinhaltet der Raw-Konverter neue Profile für die Kamerakalibrierung. Ziel war, der ersten Umsetzung eines RAW-Bildes im Konverter das gleiche Erscheinungsbild zu geben wie im kameraeigenen Konverter. Darüber hinaus stehen Ihnen aber noch weitere Grundanpassungen zur Verfügung.

Zielsetzungen:

Kameragerechte Entwicklung

JPEG-analoge Umsetzung

Motivspezifisches Profil

[DNG.CR2]

1 Eine neue Grundeinstellung

Öffnen Sie das Motiv im Raw-Konverter und wechseln Sie gleich über das kleine Kamera-symbol ❶ in das Arbeitsfenster KAMERA-KALIBRIERUNG.

Im Popup-Menü des Kameraprofils finden Sie neue Profile. Wählen Sie den neuen ADOBE STANDARD, und Sie werden erste Unterschiede in Farbwiedergabe, Helligkeit und Kontrast feststellen. Insbesondere die Farbwiedergabe der Rottöne wurde überarbeitet. ADOBE STANDARD soll den bisherigen Camera-Raw-Standard ACR 4.4 ersetzen.

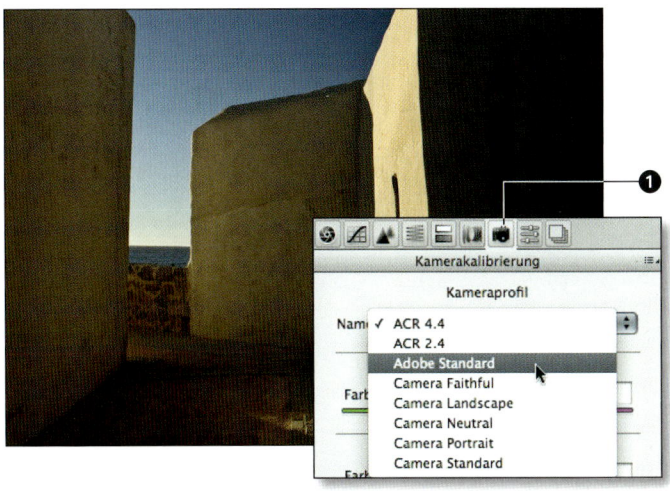

2 Kameraspezifische Profile

Aber das Popup-Menü enthält noch weitere Profile, die kameraspezifische Anpassungen leisten. Adobe hat hier versucht, die gleichen Umsetzungen zu erzielen wie in der kameraeigenen Raw-Software.

Die Anzahl und Art der Profile unterscheidet sich nach Kameratyp. Alle Profilsätze enthalten jedoch das unterste Profil CAMERA STANDARD. Dieses Profil entspricht der JPEG-Umsetzung Ihrer Kamera und ist für viele ein guter Ausgangspunkt für weitere Korrekturen.

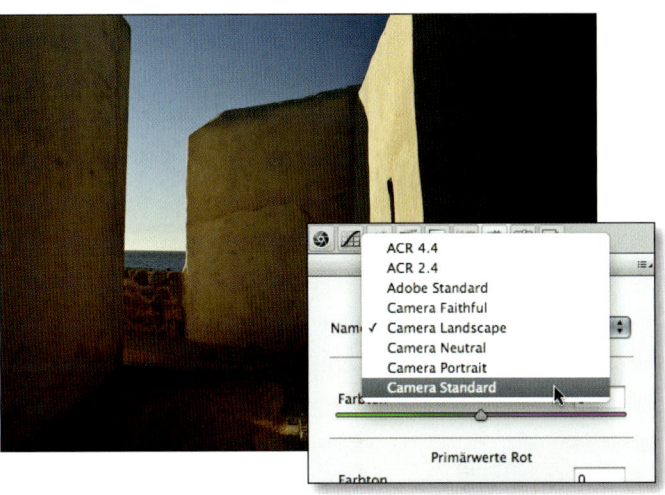

3 Motivspezifische Umsetzungen

Neben dem Standard und der JPEG-Emulation gibt es noch weitere Grundanpassungen in Form von Profilen, die die motivgerechte Abweichungen für z. B. Landschaftsaufnahmen, Porträts oder neutrale Aufnahmen bereithalten. Wählen sie das Profil CAMERA LANDSCAPE, um von einem höheren Kontrast und einer deutlich höheren Farbsättigung in den Blau- und Grüntönen zu profitieren.

Lesen Sie auf Seite 122: wie Sie ein standardmäßiges Kameraprofil einstellen.

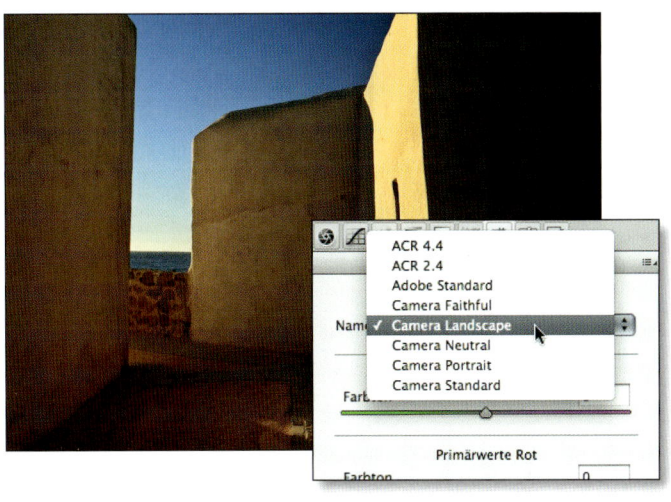

Die Grundeinstellungen

Belichtung, Mitteltöne und Grundkontrast steuern

Der unvermeidliche Schritt einer RAW-Datei durch den Raw-Konverter offenbart immer mehr Einstellungsmöglichkeiten. Umso wichtiger, dass Sie einen Schritt nach dem anderen tun. Am Anfang steht die grundsätzliche Belichtungssteuerung, bei der – mit Blick auf das Histogramm – Tiefen, Lichter und Mitteltöne angepasst werden. Zusammen mit der bildgerechten Kontrastkorrektur geben Sie so Ihrem Bild die notwendige Basisentwicklung.

Zielsetzungen:

Belichtungskorrektur

Tiefen und Lichter steuern

Grundkontrast setzen

[Basis.CR2]

Foto: Maike Jarsetz

1 Erste Bildanalyse

Öffnen Sie ein RAW-Bild im Raw-Konverter wie jede andere Bilddatei über einen Doppelklick oder über den Befehl ÖFFNEN.

Neben den verschiedensten Einstellungen und Werkzeugen steht Ihnen oben rechts das Histogramm ❶ zur Verfügung, das die Verteilung der Tonwerte im Bild zeigt. Behalten Sie das Histogramm während der Bearbeitung im Auge. Es zeigt Ihnen jetzt den Status Ihrer Tonwerte und später den Einfluss der einzelnen Bildanpassungen auf das Bild.

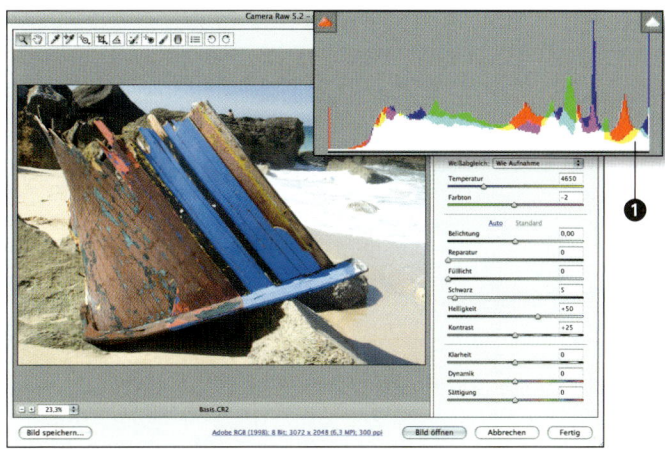

2 Die Basisentwicklung

In den GRUNDEINSTELLUNGEN ❷ nehmen Sie die ersten Anpassungen wie BELICHTUNG oder HELLIGKEIT vor. Diese korrigieren die Einstellungen zum Zeitpunkt der Aufnahme und verteilen die Tonwerte neu.

Das vorliegende Bild kann eine generelle Abdunklung, mehr Helligkeit in den Mitteltönen und eine generelle Kontrastanhebung gebrauchen.

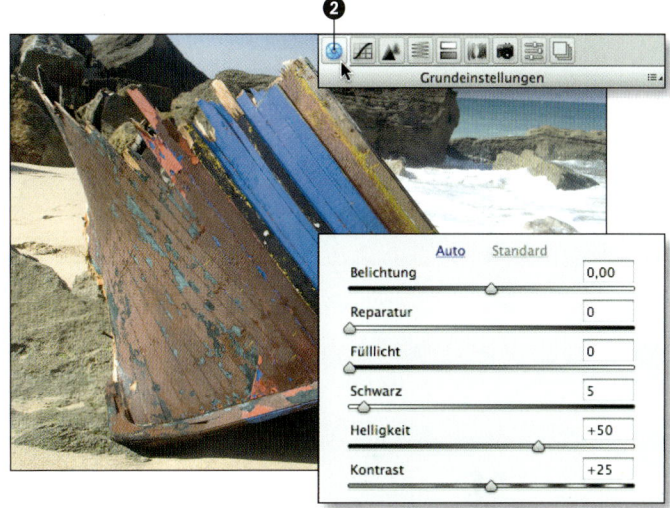

3 Belichtung steuern

Starten Sie mit der Korrektur der BELICHTUNG. Vermeiden Sie dabei die Überbelichtung in bildwichtigen Details. Aktivieren Sie dazu z. B. im Histogramm die WARNUNG ZUR LICHTERBESCHNEIDUNG ❸. So werden die Bildstellen rot markiert, deren Tonwerte den maximalen Wert erreichen, also »beschnitten« werden. Noch einfacher geht das mit der ⎇ / Alt-Taste – halten Sie diese während der Belichtungssteuerung gedrückt. Alle kritischen Bereiche brechen weiß aus. Nur in wirklichen Spitzlichtern sollten Sie dies zulassen.

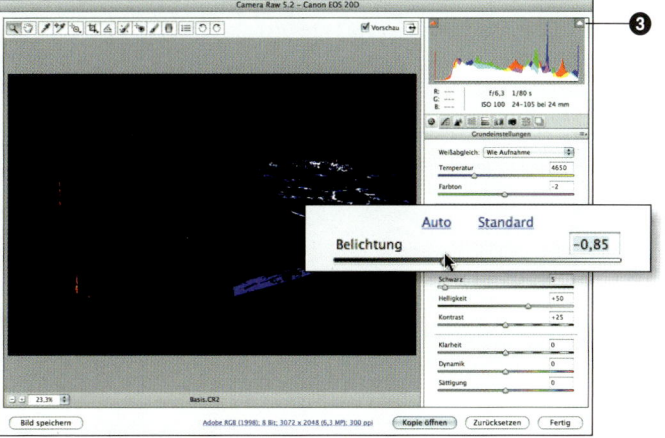

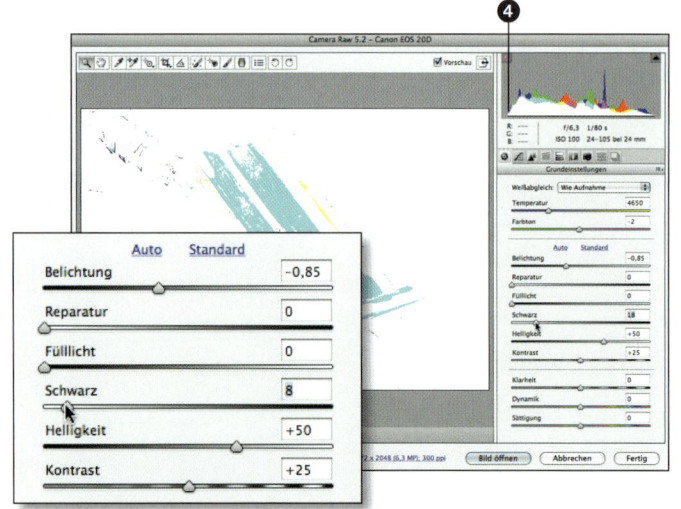

4 Tiefen anpassen

Ähnlich verfahren Sie mit dem Anpassen der Schwarztöne, also der tiefsten Tonwerte.

Auch dabei hilft Ihnen das Drücken der ⌥/ Alt -Taste, während Sie den SCHWARZ-Schieberegler justieren. Hier sollten Sie zulaufende schwarze Zonen vermeiden.

All das ist übrigens auch im Histogramm erkennbar: Beschnittene Tonwertbereiche »stoßen« an die linke ❹ bzw. rechte Grenze der Tonwertstatistik.

5 Mitteltöne anpassen

Durch die Belichtungskorrektur wurde das Bild leicht abgedunkelt und wirkt satter. Nur die Mitteltöne könnten aber durchaus etwas freundlicher wirken.

Der Regler für die HELLIGKEIT beeinflusst nur die mittleren Tonwerte – Sie können über diesen Weg also die Tonwerte aufhellen, ohne gleichzeitig die Spitzlichter wieder aufzureißen.

Ziehen Sie dazu den Regler HELLIGKEIT nach rechts. Den Grad Ihrer Korrektur können Sie im Vorschaubild beurteilen.

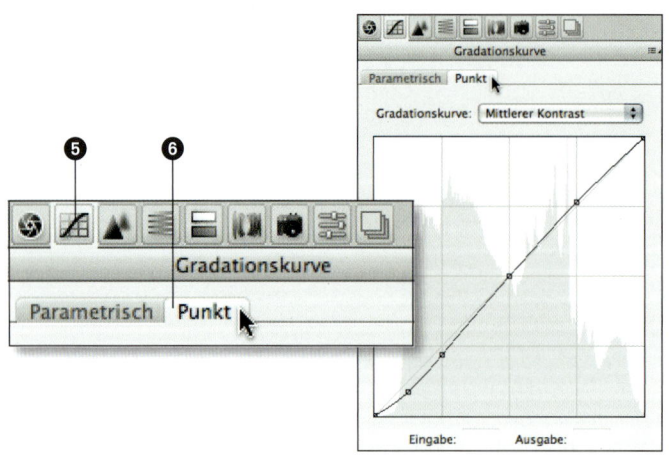

6 Grundkontrast

In den Grundeinstellungen befindet sich auch ein Schieberegler für die KONTRAST-Korrektur.

Dieser arbeitet zwar durchaus passabel, da er nur die Mitteltöne korrigiert. Ich persönlich jedoch ziehe für die Kontrastkorrektur die GRADATIONSKURVE vor, weil sich dort bildgerechter arbeiten lässt. Aktivieren Sie nach dem GRADATIONSKURVEN-Symbol ❺ den Reiter PUNKT ❻.

7 Von der Nulllinie starten

Nehmen Sie Ihre Gradationskorrektur in bildwichtigen Tonwertbereichen vor. Überlegen Sie vorher, welche Tonwerte sich im Bild verändern sollen und welche Ergebnisse der bisherigen Belichtungskorrektur Sie fixieren wollen.

Starten Sie mit einer unkorrigierten Kurve, und wechseln Sie im Popup-Menü der GRADATIONSKURVE auf die Einstellung LINEAR.

8 Bildgerecht arbeiten

Fahren Sie mit gedrückter ⌜Strg⌝- bzw. ⌜⌘⌝-Taste über das Bild. Ein kleiner Kreis auf der Gradationskurve zeigt die entsprechenden Tonwerte. Durch gleichzeitiges Klicken mit der Maus ❼ setzen Sie dort Fixpunkte. Setzen Sie Punkte an den Bildstellen, die dunkler oder heller werden sollen, und ziehen Sie diese dann mit gedrückter Maustaste in einen leicht S-förmigen Verlauf.

So bauen Sie den Bildkontrast genau da auf, wo Sie ihn haben wollen.

9 Die fertige Basisentwicklung

Die kombinierte Belichtungs- und Kontrastkorrektur zeigt sich auch im veränderten Histogramm, in welchem sich die Tonwerte durch die Belichtungskorrektur weiter nach links verteilt haben. Die zusätzliche Kontrastkorrektur hat die Mitteltöne noch gestreckt.

Durch einen Klick auf den FERTIG-Button bestätigen Sie die bisherigen Entwicklungseinstellungen und speichern sie für die nächste Bearbeitung dieser RAW-Datei ab. Über BILD ÖFFNEN entsteht eine entwickelte Photoshop-Datei mit fertigen RGB-Kanälen.

Bildgerechter Kontrast

Den Kontrast im richtigen Tonwertbereich steuern

*Kein Bild ist mit Standardrezepten zu bearbeiten. Auch eine
Kontrastkorrektur findet nicht immer nur in den Mitteltönen
statt, sondern muss z. B. in Low-Key-Bildern vordergründig in
den Tiefen stattfinden. Die sogenannte »Parametrische Gradationskurve« ermöglicht eine separate Tonwertkorrektur für vier
Tonwertbereiche. Die Grenzen dieser Tonwertbereiche können
Sie selbst festlegen.*

Zielsetzungen:

Tiefenkontrast erhöhen

Low Key beibehalten

Detailkontrast herausarbeiten

[Kontrast.CR2]

1 Grundstimmung festlegen

Öffnen Sie das Motiv im Raw-Konverter, und zoomen Sie sich mit der Lupe auf die Details im Mittelpunkt heran.

Das vorliegende Motiv ist – wie im Histogramm unschwer zu erkennen – ein typisches Low-Key-Bild. Anstatt diesen Charakter durch eine Standardkorrektur kaputt zu machen, werden Sie die Grundeinstellungen beibehalten und einen motivgerechten Kontrast herausarbeiten.

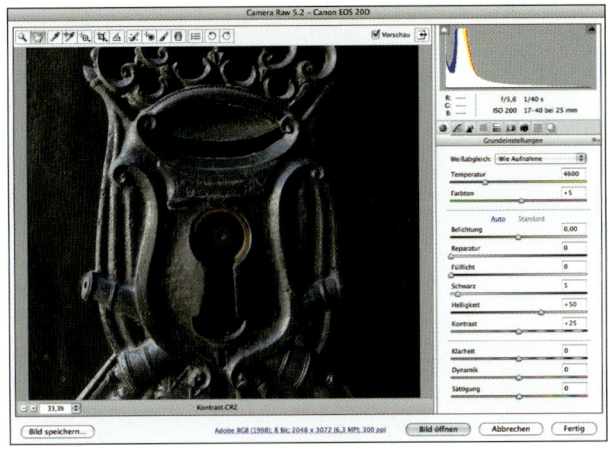

2 Bildinformationen sammeln

Die dunklen und mittleren Tonwerte werden im Laufe der folgenden Schritte angepasst. Wechseln Sie dafür über einen Klick auf das entsprechende Symbol ❶ auf das Arbeitsfenster GRADATIONSKURVE.

Dort werden Sie unter dem Reiter PUNKT zunächst herausfinden, welchen Tonwertbereich Sie bearbeiten wollen.

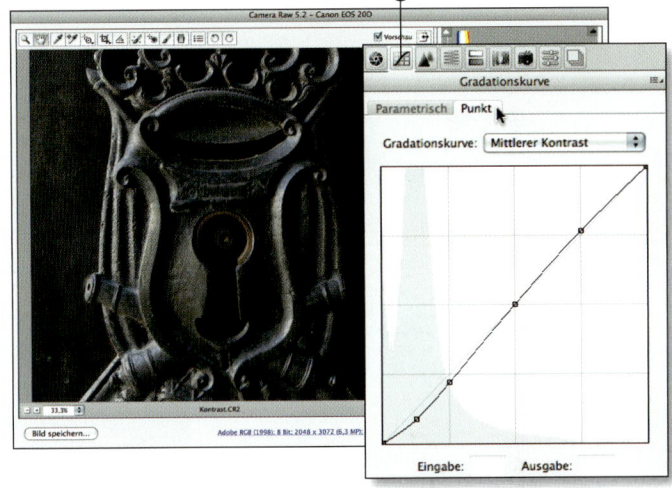

3 Korrekturzonen lokalisieren

In diesem Schritt werden Sie die Bildbereiche messen, in denen eine Gradationssteigerung stattfinden soll.

Dazu bewegen Sie sich mit gedrückter Strg / ⌘-Taste über das Bild zu zwei Bereichen, die durch Aufhellung bzw. Abdunklung den Kontrast steigern können. Auf der Gradationskurve sehen Sie entsprechend einen Kreis wandern ❷, der den Tonwertbereich dieser Bildstelle anzeigt. Merken Sie sich die ungefähre Position, um im nächsten Schritt schon den richtigen Arbeitsbereich zu kennen.

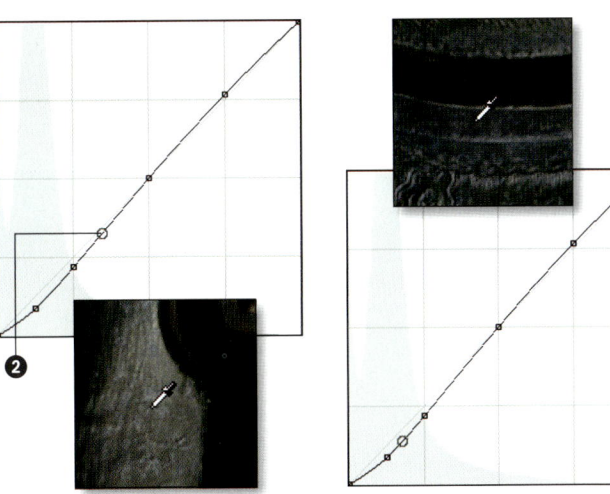

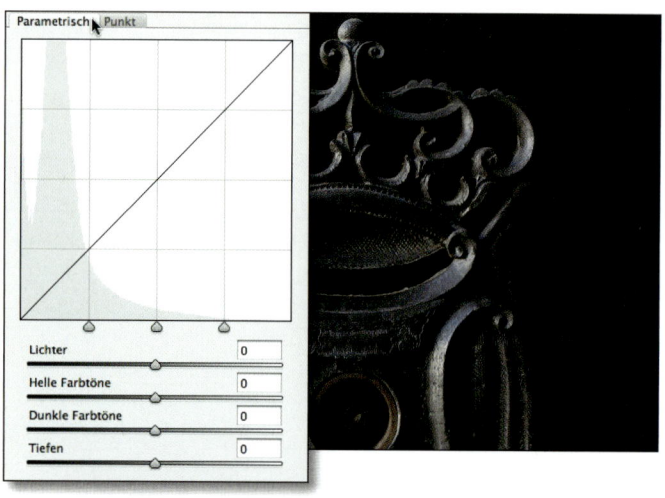

4 Parametrische Gradationskurve

Wechseln Sie jetzt auf den Reiter PARAME-TRISCH. Hier biegen Sie nicht selber die Kurve, sondern bewegen sie über Schieberegler mit vier unterschiedlichen Schwerpunkten. Achten Sie einmal auf die drei Dreiecke am unteren Rand der Quadranten. Diese markieren die vier Tonwertbereiche, die schwerpunktmäßig mit den darunterliegenden Schiebereglern beeinflusst werden.

5 Tonwertbereiche festlegen

Diese Schwerpunkte können Sie selbst festlegen, und dazu diente unsere Analyse aus Schritt 3.

Verschieben Sie diese Dreiecke und verkleinern Sie damit den Tiefenbereich ❸, so dass der vorhin gemessene dunkle Punkt dort gerade noch enthalten ist. Der Tonwertbereich rechts davon – die dunklen Farbtöne ❹ – werden mit dem zweiten Dreieck so vergrößert, dass sich der helle gemessene Punkt dort in der Mitte befindet.

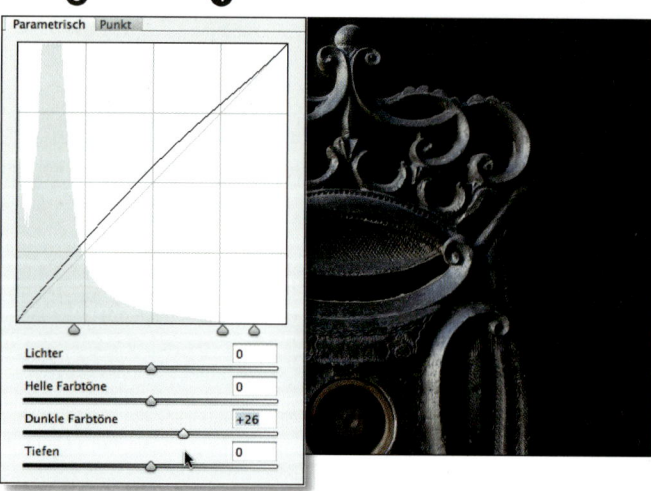

6 Dunkle Farbtöne anheben

Hellen Sie jetzt die Schatten erst etwas auf, indem Sie den Regler DUNKLE FARBTÖNE nach rechts ziehen.

Sie werden erkennen, dass diese Korrektur in der Mitte des eingegrenzten Bereiches ansetzt und sanft zum Rand ausläuft.

So können Sie vordergründig ihren individuell festgelegten Bereich korrigieren.

7 Tiefen anziehen

Jetzt folgt die Gegenkorrektur in den TIEFEN.
Ziehen Sie diesen Regler nach links, um die
dunkleren Schatten abzudunkeln und so den
Kontrast wiederherzustellen.

Die Korrekturen beeinflussen sich immer
ein bisschen gegenseitig, damit die Tonwerte
fließend ineinander übergehen können. Sie
können also durchaus beide Korrekturen noch
ein bisschen anziehen.

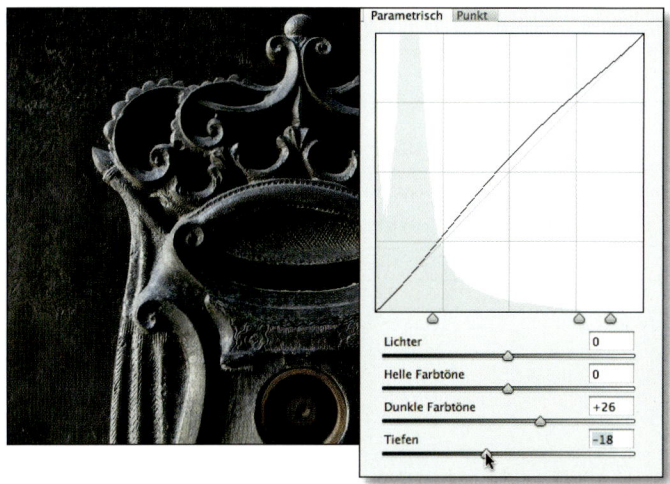

8 Jetzt noch die Details

Das Wichtigste haben Sie erledigt: die Kontrasterhöhung in den dunklen Farbtönen.
Jetzt können Sie auch noch den Detailkontrast anheben, denn auch der wirkt sich nicht
auf die Mitteltöne aus.

Wechseln Sie auf das Arbeitsfenster GRUND-
EINSTELLUNGEN ❺.

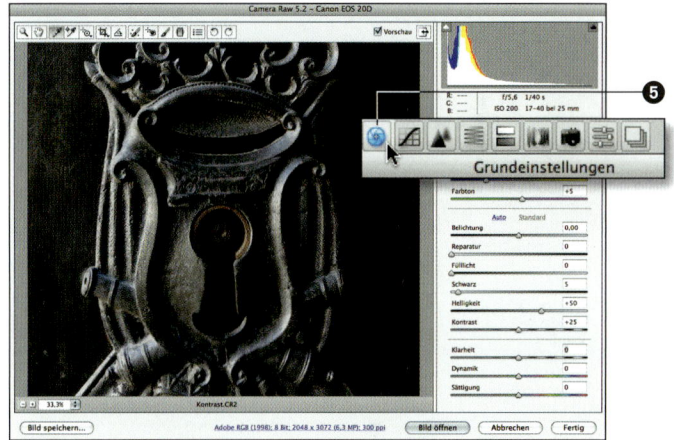

9 Mehr Klarheit

Der Detailkontrast heißt im Raw-Konverter
KLARHEIT. Die Besonderheit an diesem Schieberegler ist, dass er die notwendige Tonwert-
verschiebung nur in den Tiefen und Spitzlichtern vornimmt – so werden vor allem die
Bilddetails noch weiter herausgearbeitet.

Heben Sie diesen Regler auf einen beträchtlichen Wert an, damit Ihnen die Details »ent-
gegenspringen«.

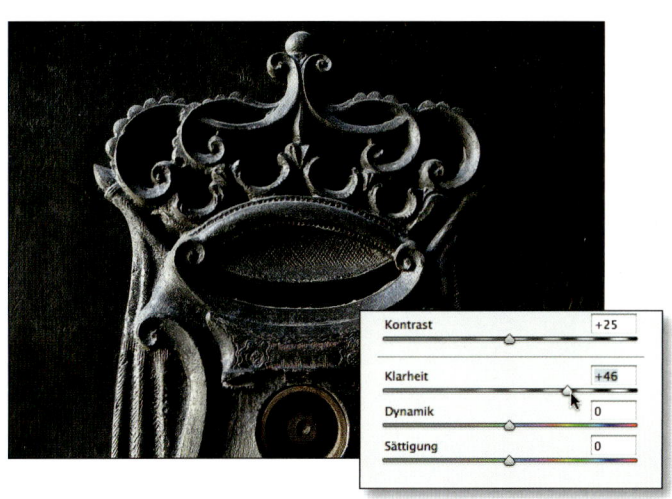

Schatten aufhellen

Tiefenkorrektur mit dem »Fülllicht«-Regler

Eine Schattenaufhellung scheint auf den ersten Blick im Raw-Konverter gar nicht möglich zu sein – sind doch die Grundeinstellungen offenbar nur globaler Art. Die Tiefenkorrektur über den sogenannten »Fülllicht«-Regler ist aber nur eine von vielen selektiven Entwicklungsmöglichkeiten zu denen jetzt in der Version CS4 von Photoshop auch lokale Anpassungsmöglichkeiten hinzugekommen sind. Der »Fülllicht«- oder auch der »Reparatur«-Regler arbeiten aber noch ohne jeden Pinselaufwand.

Zielsetzungen:

Selektive Schattenkorrektur
Grundhelligkeit absenken
Tiefendetails herausarbeiten
[Tiefen.CR2]

Foto: Maike Jarsetz

1 Schattenaufhellung

Öffnen Sie die RAW-Datei im Raw-Konverter, und bleiben Sie im Arbeitsfenster mit den GRUNDEINSTELLUNGEN.

Bewegen Sie dann den FÜLLLICHT-Regler nach rechts, um die Schatten aufzuhellen. Diese Korrektur betrifft alle Tonwerte, die dunkler sind als ein mittleres Grau – in den tiefen Schatten sind die Änderungen natürlich als Erstes ersichtlich.

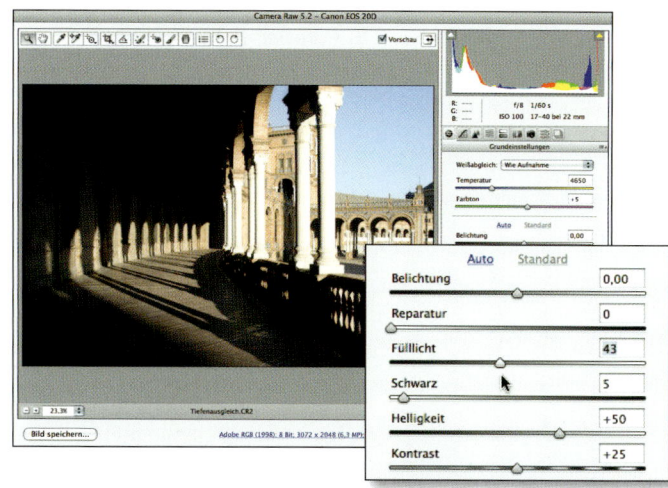

2 Mitteltöne anpassen

Bei einer starken Schattenaufhellung hat das unangenehme Auswirkungen auf die Mitteltöne. Dem können Sie aber entgegensteuern.

Der HELLIGKEIT-Regler korrigiert nur die Mitteltöne und nicht die tiefen Schatten. Ziehen Sie diesen zur Korrektur ein wenig nach links.

Übrigens: Der REPARATUR-Regler ist das Gegenstück zum FÜLLLICHT-Regler. Er repariert zu hell geratene Spitzlichter.

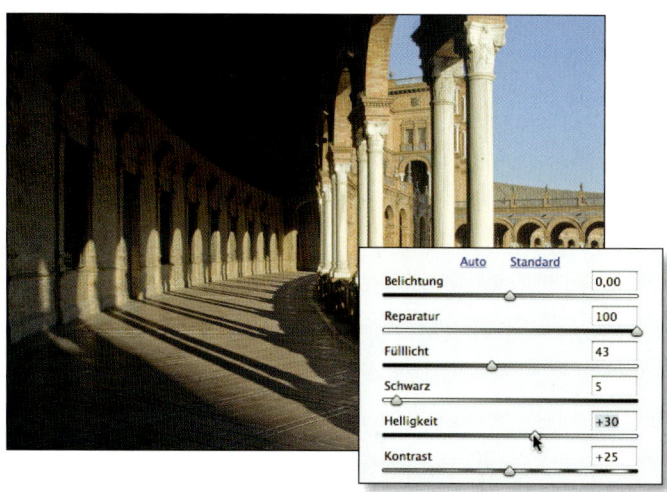

3 Tiefendetails wiederherstellen

Die Bilddetails können eine satte Tiefe – ein echtes Schwarz – gut vertragen. Ihnen tat die vorhergehende Korrektur nicht so gut.

Wechseln Sie deshalb erneut in das Arbeitsfenster GRADATIONSKURVEN und verkleinern Sie dort – wie in der letzten Lektion gelernt – den Wirkungsbereich für die Tiefen, bevor Sie mit dem entsprechenden Schieberegler diese wieder herabsenken.

Lesen Sie im nächsten Kapitel: über die neuen lokalen Anpassungsmöglichkeiten.

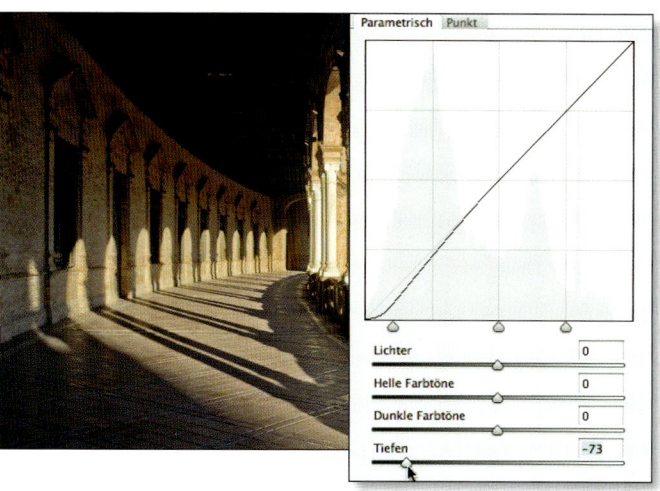

Weißabgleich

Ausgleich von Farbtemperatur und Farbton

*Bei RAW-Daten ist noch alles offen. Einen verunglückten Weiß-
abgleich kann man also auch nachträglich auf voreingestellte
Parameter ändern oder auch nur feintunen. Nutzen Sie dazu das
Weißabgleichswerkzeug genauso wie die direkte Steuerung von
Farbtemperatur und Farbton.*

Zielsetzung:

Steuerung der Farbtemperatur über neutrale Motivteile

[WA.CR2]

1 Nachträglicher Weißabgleich

Das Werkzeug für den Weißabgleich verbirgt sich im Raw-Konverter hinter der Pipette in der Werkzeugleiste. Klicken Sie damit einfach auf eine Stelle im Motiv ❶, die neutral erscheinen, also vom Farbstich befreit werden soll. Die Farbverteilung des gesamten Bildes wird daraufhin in der neuen Gewichtung verschoben. Am besten eignet sich als Referenz für die neutrale Mitte ein mittlerer bis heller Tonwert.

2 Voreinstellungen nutzen

Fehlt Ihnen im Motiv eine neutrale Stelle, an der Sie mit der Pipette den individuellen Weißabgleich durchführen können, so bleibt Ihnen noch die Auswahl von Standardfarbtemperaturen unter dem Popup-Menü.

Sie können diese auch als Basis benutzen, um dann die Regler für TEMPERATUR und FARBTON zur Feinjustierung zu nutzen.

Sobald Sie darüber eigene Einstellungen vorgenommen haben, werden diese als BENUTZERDEFINIERT gekennzeichnet.

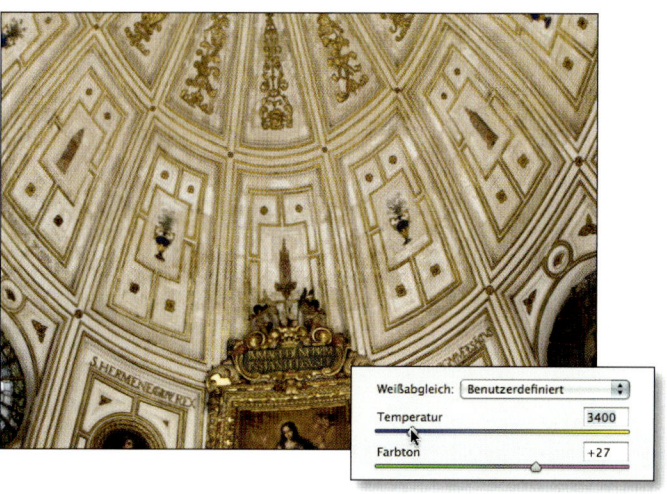

3 Individuellen Farbton steuern

Die Regler für TEMPERATUR und FARBTON zeigen durch ihre farbige Verlaufsbalken schon sehr gut, in welche Richtung sie steuern.

Wandert die Farbtemperatur auf der Farbachse hauptsächlich zwischen Blau (kalt) und Gelb (warm), kümmert sich der FARBTON-Regler um das Feintuning zwischen Grün und Magenta. In diesem Beispiel muss man eine Balance finden, um den Innenraum nicht zu kühl und damit zu schmutzig erscheinen zu lassen.

Farbprioritäten setzen

Selektive Farbtonkorrektur im Raw-Konverter

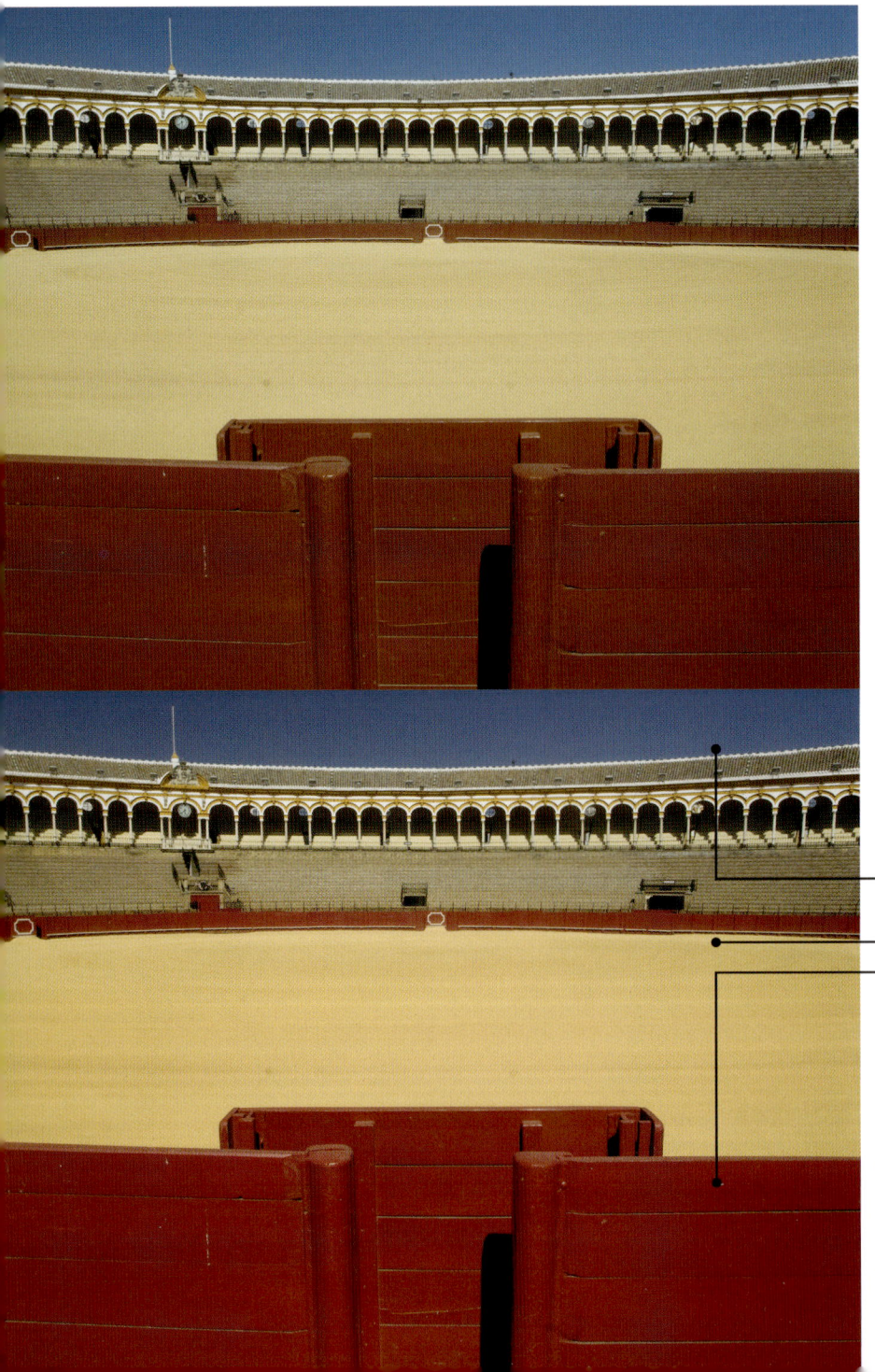

Die selektive Farbtonbearbeitung ist im Raw-Konverter auch ohne lokale Werkzeuge möglich. So können Sie gewünschte Farbbereiche betonen, aber auch innerhalb eines Farbsegments verschieben. Eine weitere Betonung bestimmter Farbbereiche können Sie durch gegenläufige Luminanz- und Sättigungskorrekturen vornehmen und so Ihre Motivschwerpunkte besser voneinander unterscheiden.

Zielsetzungen:

Luminanz einzelner
Farbbereiche steuern
Lokale Sättigungskorrektur
Selektive Farbtonsteuerung
[Farbton.CR2]

Foto: Maike Jarsetz

1 Start in den Grundeinstellungen

Beginnen Sie mit einem Weißabgleich im Raw-Konverter. Dieser ist natürlich bei einem rein farbigen Motiv fast willkürlich, da für eine Justierung der Farbtemperatur das neutrale Motivteil fehlt.

Eine Grundanpassung können Sie trotzdem vornehmen.

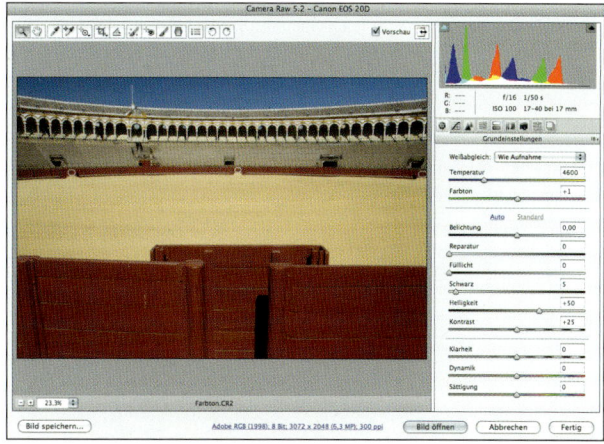

2 Farbtemperatur anpassen

Eine Veränderung der Farbtemperatur können Sie nur in ihrer Gesamtwirkung auf das ganze Bild beurteilen.

Schieben Sie den Regler für die Farbtemperatur nach rechts auf etwa 5150. Achten Sie dabei darauf, dass damit die ohnehin schon warmen Farben intensiviert werden, aber keinen Farbstich erhalten. Hier soll die sonnige Stimmung unterstützt werden, der blaue Himmel aber nicht ausblassen.

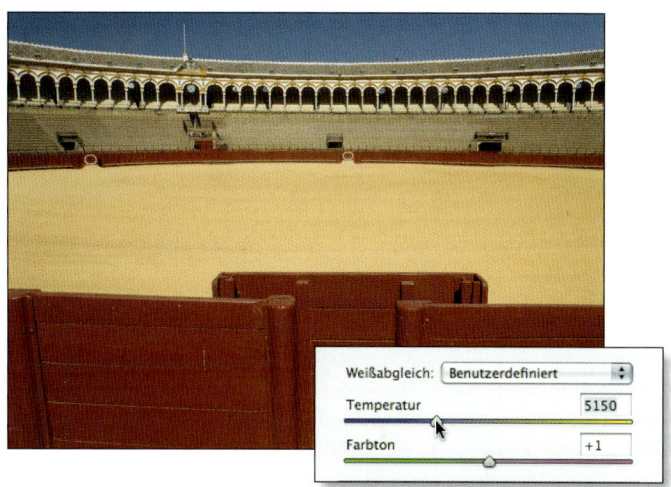

3 Farbton unterstützen

Der Regler FARBTON mit seiner Grün-Magenta-Balance bietet sich an, um einer Ausblassung entgegenzuwirken. Eine leichte Verschiebung in den Magenta-Bereich macht den Himmel wieder natürlicher und die Sandfläche wärmer.

Die gewünschte Burgunderfarbe für das Holzgatter im Vordergrund können wir so aber nicht erreichen.

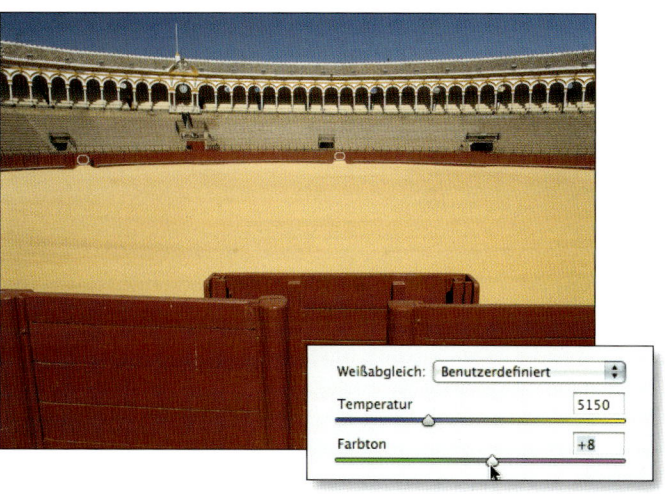

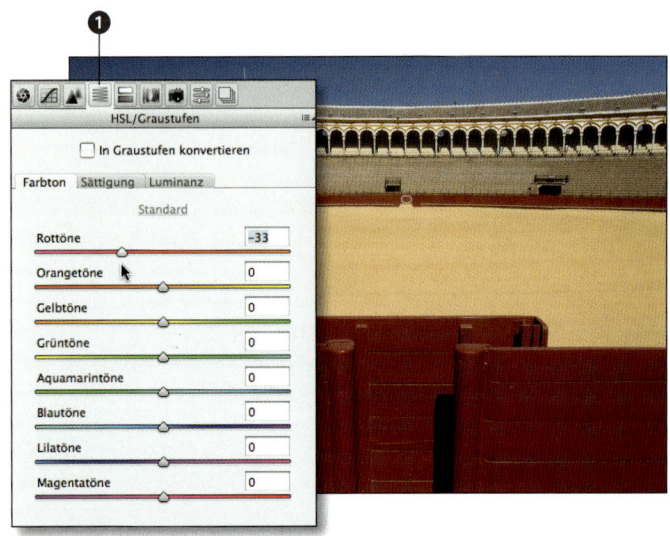

4 Selektive Farbkorrektur

Wechseln Sie über das entsprechende Icon ❶ in das Bearbeitungsfenster HSL/GRAUSTUFEN. Hier können Sie einzelne Farbbereiche selektiv steuern.

Starten Sie mit den ROTTÖNEN, denn diese wollen wir deutlich in die magentafarbene Richtung verschieben. Stellen Sie dafür den Schieberegler auf einen negativen Wert von ca. −33.

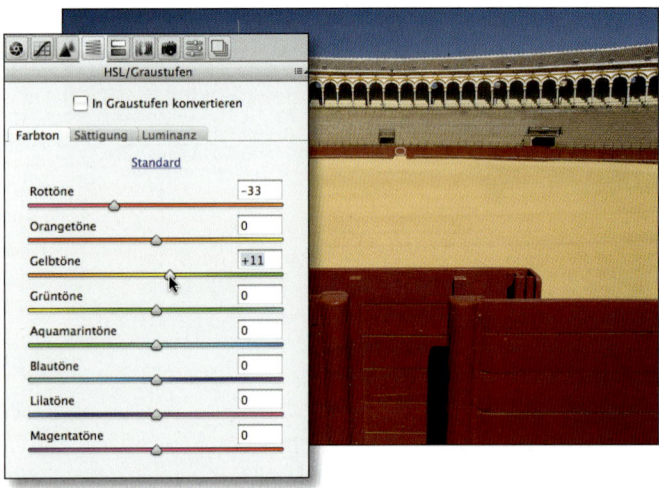

5 Motivkontrast aufbauen

Das Gelb der Sandfläche bewegt sich farblich zwischen Orange und Grün. Um dieses besser von der vorderen Rotfläche abzusetzen, muss man gegenläufig arbeiten.

Eine leichte Verschiebung der gelben Farbtöne in Richtung Grün verringert den gemeinsamen Rotanteil und erhöht damit den Kontrast.

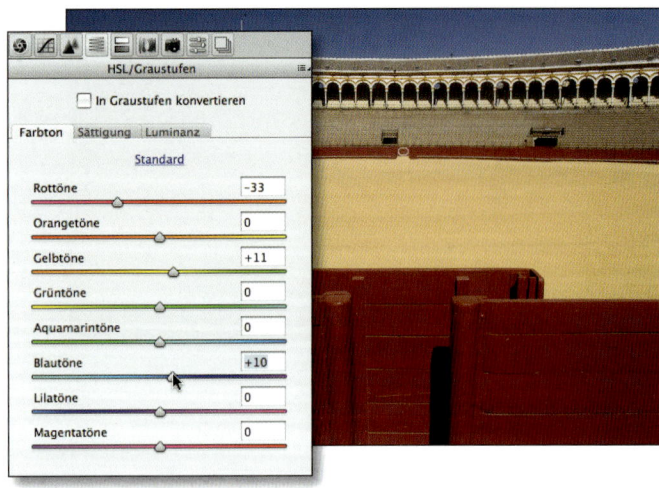

6 Blautöne steuern

Auch der Himmel kann sich noch besser von der warmen, gelblichen Bildstimmung absetzen: Verschieben Sie die Blautöne leicht nach rechts, auf einen Wert von ca. 10.

So wird der Magentaanteil erhöht, der Grünanteil verringert und der Kontrast zum Gelb verstärkt.

7 Luminanzerhöhung im Vordergrund

Durch die intensive Farbe wirkt der Vordergrund jetzt etwas dunkel. Wechseln Sie jetzt auf den Reiter LUMINANZ ❷. Hier können Sie die Helligkeitswerte global für die vorgegebenen Farbtonbereiche verändern.

Verschieben Sie den Wert für die Rottöne um ca. 35 nach rechts – so werden die Rottöne heller, erhalten mehr Durchzeichnung und erscheinen im Bild präsenter.

Gleichzeitig können Sie die Blautöne für den Himmel noch abdunkeln.

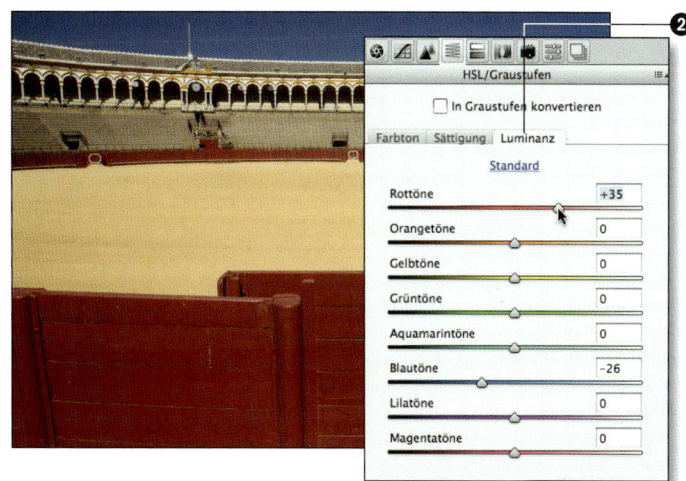

8 Sättigung im Vordergrund erhöhen

Der ursprünglich leuchtend gelbe Sand der Arena kann noch ein wenig mehr herausgearbeitet werden. Wechseln Sie dafür auf den Reiter SÄTTIGUNG ❸.

Regeln Sie hier den Wert für die Gelbtöne hoch. Zoomen Sie sich dabei in die Details hinein, um zu kontrollieren, dass die Sättigungserhöhung nicht auf Kosten der Durchzeichnung geht. Der Himmel, also die Blautöne, können ebenfalls noch etwas Sättigung vertragen.

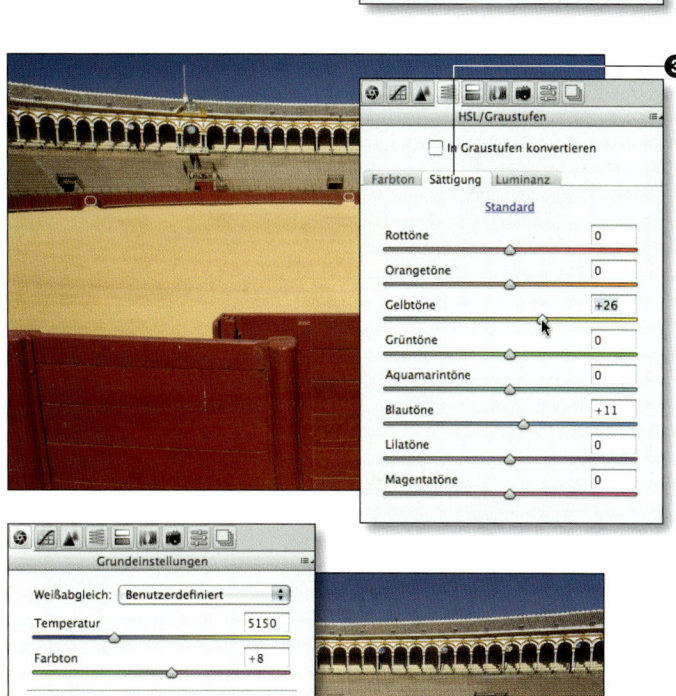

9 Relative Sättigungskorrektur

Falls Sie mit Ihrer Sättigungskorrektur etwas zu weit gegangen sind, die Gewichtungen zwischen den Farben aber eigentlich stimmen, können Sie abschließend eine globale Sättigungskorrektur vornehmen.

Damit sich das nicht auch auf die neutraleren Bereiche wie die Tribüne auswirkt, nehmen Sie diese kleine Korrektur in den Grundeinstellungen durch den Regler DYNAMIK vor.

Zum Regler »Dynamik«: Erfahren Sie mehr im folgenden Workshop.

Filigrane Farbkorrekturen

Der Regler »Dynamik« und andere relative Korrekturen

Auch eine Farbsättigung muss in der Regel detailliert nachgesteuert werden. Der Raw-Konverter gibt Ihnen alle Möglichkeiten, dies ganz gezielt vorzunehmen. Mit dem Regler »Dynamik« erhöhen Sie die Sättigung relativ zur bereits vorhandenen Farbsättigung. Neutrale Bereiche werden so geschützt und der Farbcharakter des Bildes bleibt erhalten. In Kombination mit den HSL-Steuerungsmöglichkeiten stellen Sie so die Aufnahmestimmung wieder her.

Zielsetzungen:
Abendlicht betonen
Neutrale Töne erhalten
Lichtspiel verstärken
[Dynamik.CR2]

1 Bildanalyse

Vor der Farbkorrektur steht bei einer Raw-Entwicklung zuerst die Belichtungsoptimierung.

Ein Blick auf das Histogramm zeigt, dass sich die Belichtung des vorliegenden Motivs in erster Linie im unteren Tonwertbereich abspielt. Da es bei Restlicht fotografiert wurde, ist dies nicht falsch, aber eine leichte Belichtungskorrektur kann nicht schaden.

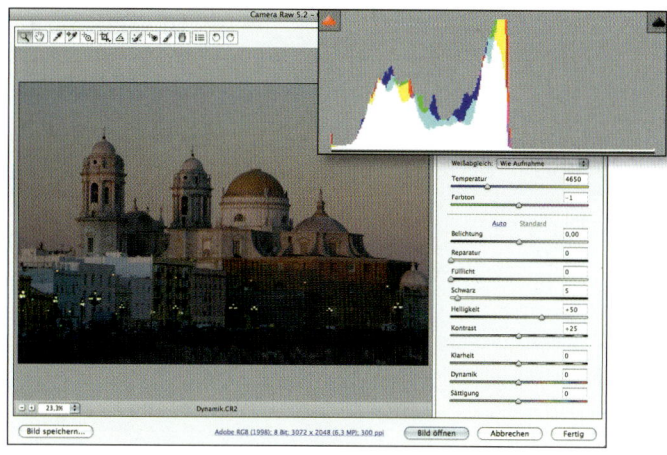

2 Belichtungskorrektur

Verschieben Sie den Wert für die Belichtung um ca. +0,15 Blendenstufen. So heben Sie den Gesamteindruck etwas an und öffnen die farbig beschienenen Flächen für die folgende Sättigungskorrektur.

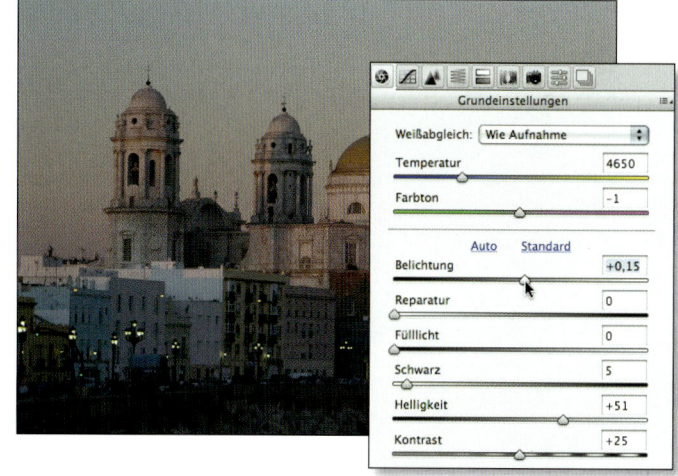

3 Dynamische Farbkorrektur

Im unteren Bereich des Arbeitsfensters GRUNDEINSTELLUNGEN befinden sich zwei verschiedene Regler zur Sättigungskorrektur.

Der DYNAMIK-Regler hebt die Sättigung nur in den Verhältnissen an, in denen bereits eine Grundsättigung vorhanden ist – schon farbige Teile werden also stärker korrigiert als eher neutrale Töne.

Erhöhen Sie den Wert auf ca. +47, um das Restabendlicht zu intensivieren.

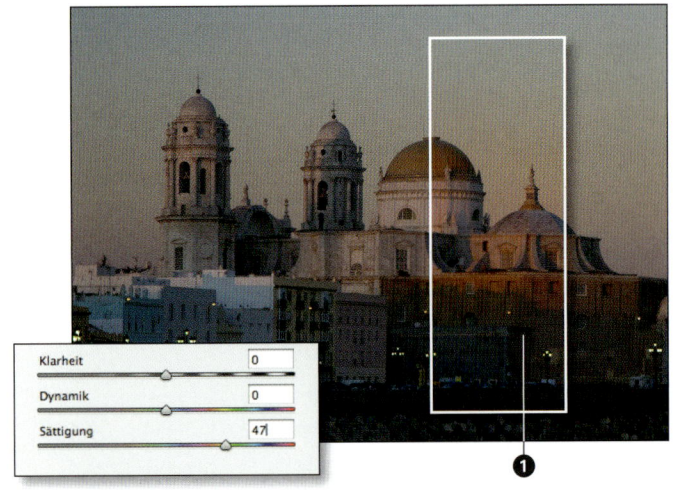

4 Zum Vergleich: Sättigung

Wagen Sie einen Vergleich mit der »normalen« Sättigungskorrektur und ziehen Sie diese alternativ auf den gleichen Wert hoch.

Sie werden feststellen, dass die Farbsättigung sich auch in den vorher hellen und eher neutralen Bereichen, wie hier in den im Schatten liegenden Gebäuden, unnatürlich erhöht ❶.

Der Regler DYNAMIK bleibt also die bessere Wahl, um filigrane Farbigkeit ins Bild zu bringen.

5 Detailkontrast steigern

Das Bild kann noch ein wenig Kontrast vertragen. Wenn Sie den Kontrast allerdings über den KONTRAST-Regler korrigieren würden, würde die empfindliche Farbbalance wieder aus den Fugen geraten.

Nutzen Sie deshalb den Regler KLARHEIT, um den Tiefen/Lichter-Kontrast – also den Detailkontrast – anzuheben.

6 Farbbalance verändern

Die Dominanz des rötlichen Abendlichts können Sie noch ein wenig verstärken.

Verändern Sie die Farbbalance mit dem Regler FARBTON, und schieben Sie ihn leicht nach rechts auf einen positiven Magentawert von +5.

7 Selektive Korrekturen

Die Richtung der Farben ist jetzt gesteuert. Neben einer globalen Sättigungserhöhung sollte jetzt auch noch eine selektive erfolgen.

Wechseln sie deshalb auf den Reiter SÄTTIGUNG ❷, und erhöhen Sie dort den Wert für die ROT-, ORANGE-, LILA- und MAGENTATÖNE – also das gesamte Spektrum des Abendlichts.

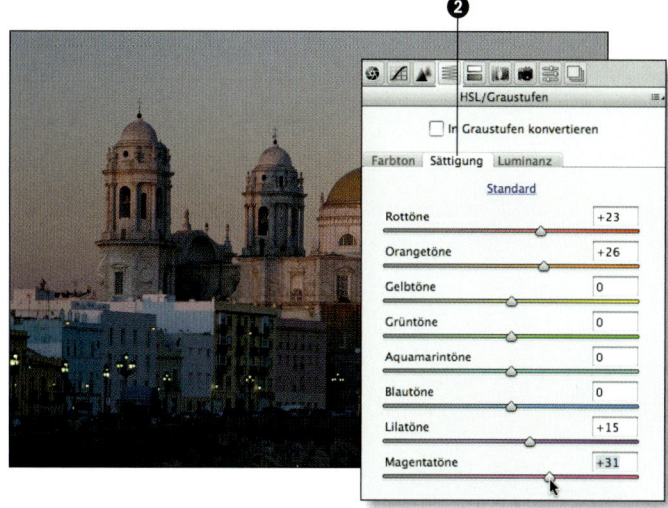

8 Himmel und Schatten abdunkeln

Auch wenn der Himmel kaum Blaufärbung hat, kann man diese nutzen, um ihn noch weiter zu verdunkeln.

Wechseln Sie dazu auf den Reiter LUMINANZ ❸. Dort reduzieren Sie den Luminanzwert für die BLAUTÖNE auf ca. –50.

Das dunkelt auch gleichzeitig die Häuser im kühlen Schattenbereich im Vordergrund ab, und die Dächer im Sonnenlicht rücken mehr in den Vordergrund.

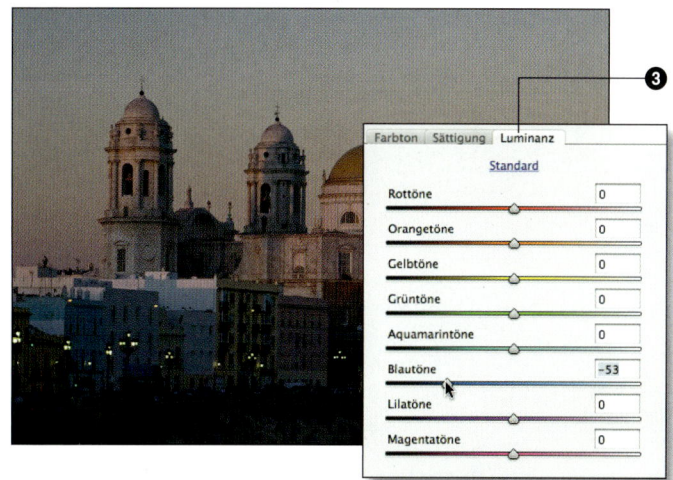

9 Lichtzonen

Jetzt fehlt nur noch etwas mehr Licht in der Abendszene.

Durch eine Erhöhung des Luminanzwertes für die ROTTÖNE werden alle beschienenen Gebäude aufgehellt. So holen Sie die Stimmung zurück, die die Kamera mit ihrem beschränkten Kontrastumfang nicht mehr einfangen konnte.

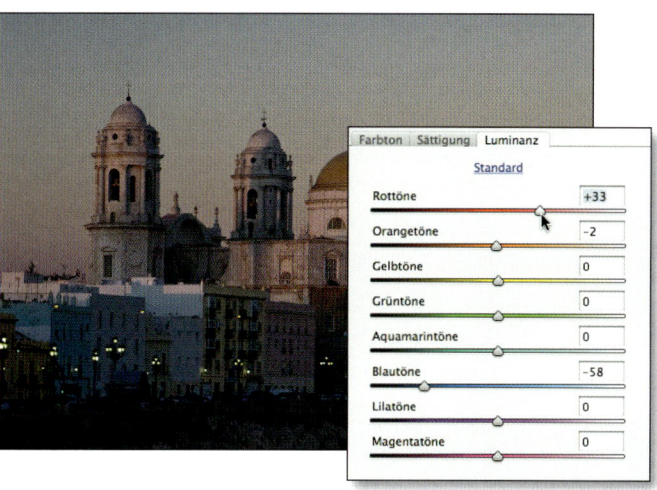

Feste Formate ausgeben

Steuern Sie Bildgröße, Auflösung und Ausgabeschärfung

Einen Bildausschnitt zu bestimmen gehört zwar nicht zu den großen, dafür aber zu den bildwichtigen Aufgaben. Meist wird diese Freistellung am Ende der Bearbeitung, inklusiver letzter Scharfzeichnung, in Photoshop vorgenommen. Wenn Sie aber von vornherein die Proportionen oder die finale Ausgabegröße bestimmen wollen, können Sie dies auch im Raw-Konverter tun – in CS4 nun auch inklusive einer Ausgabeschärfung.

Zielsetzungen:
Bild auf feste Zielgröße
beschneiden
Ausgabeauflösung vorgeben
Ausgabeschärfung bestimmen
[Ausschnitt.DNG]

Foto: Maike Jarsetz

1 Bild öffnen

Zuerst sollten alle notwendigen Entwicklungseinstellungen vorgenommen werden, wie sie
in den ersten Lektionen dieses Kapitels beschrieben worden sind. Damit können Sie Ihr
Endbild besser beurteilen.

Wählen Sie dann das FREISTELLUNGSWERK-
ZEUG  aus der Werkzeugleiste.

2 Bildproportionen wählen

Ein Ausschnitt für Fotoabzüge sollte gleich so
gewählt werden, dass er in den Proportionen
den obligatorischen Fotopapier-Formaten entspricht. Das klassische Verhältnis 5 ZU 7 aus
den Inch-Formaten entspricht auch unserem
beliebten 13x18-Zentimeter-Format.

Wählen Sie aus dem Popup-Menü des FREI-
STELLUNGSWERKZEUGS das Verhältnis 5 ZU 7
aus. Ziehen Sie dann mit gedrückter Maustaste einen Rahmen auf. Sie werden feststellen,
dass sich ein Rechteck in den immer gleichen
Proportionen aufzieht ❶ – hoch oder quer.

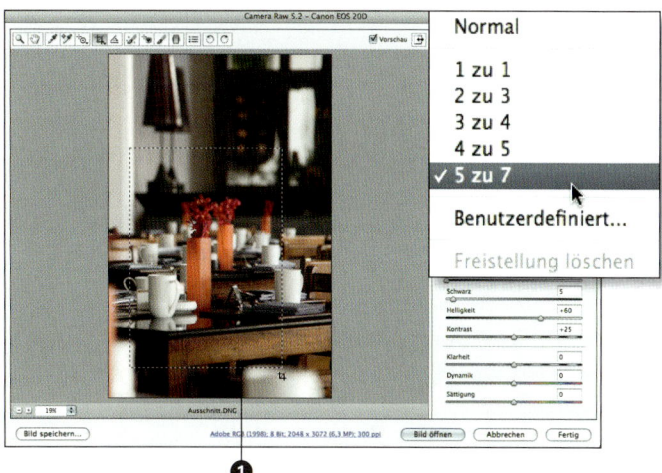

3 Ausgabegröße kontrollieren

Klicken sie auf den blauen Link ❷ am unteren Fensterrand – dort verstecken sich die
Ausgabeoptionen.

Da sich das auszugebende Bild jetzt auf einen
Teilbereich reduziert hat, wird Ihnen dort die
resultierende FREISTELLEN-GRÖSSE angegeben
– in Pixelabmessungen und als Dateigröße.
Eine Neuberechnung der Pixel findet dann
statt, wenn Sie im Popup-Menü einen der
durch + und – gekennzeichneten Skalierungs-
faktoren wählen. Klicken Sie auf OK.

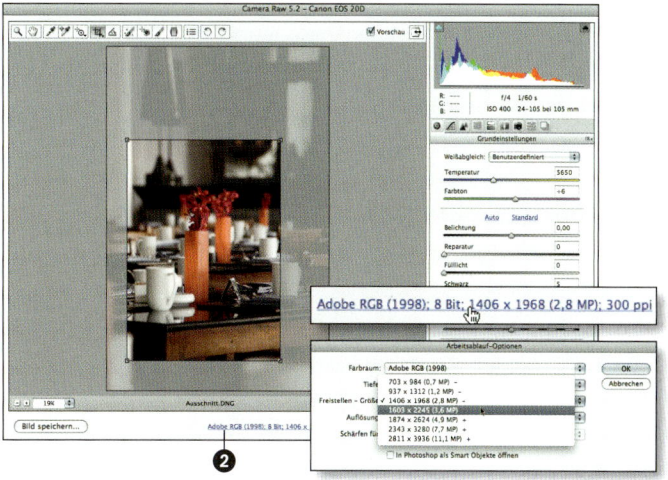

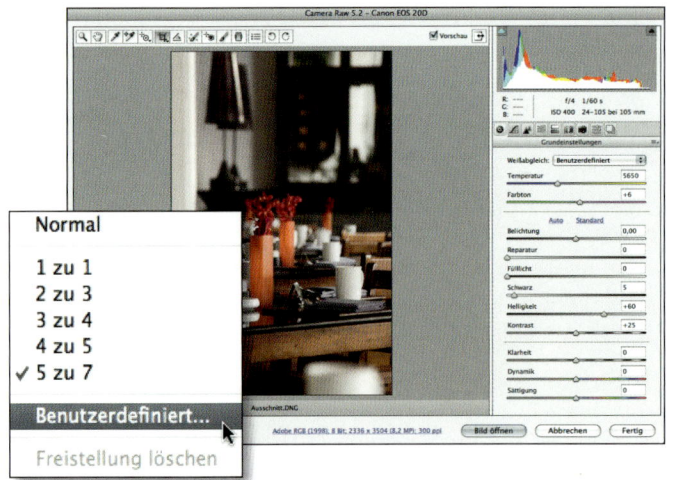

4 Alternativ: Bildgröße vorgeben

Klicken Sie bei immer noch ausgewähltem Freistellungswerkzeug auf die [←]-Taste, um den aktiven Freistellungsrahmen zu entfernen, und wählen Sie dann aus dem Popup-Menü die Option Benutzerdefiniert.

Hierüber können Sie sowohl eigene Proportionen eingeben als auch eine feste Ausgabegröße vordefinieren.

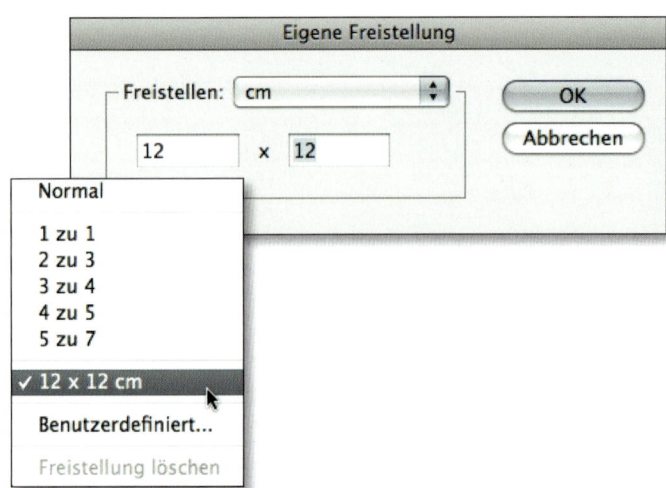

5 Format vorgeben

Wählen Sie im folgenden Menü aus dem Popup-Menü Freistellen die Option cm.

Im Unterschied zum vorherigen Vorgehen legen Sie so nicht nur die Proportionen fest, sondern erzwingen bei der Ausgabe auch eine Berechnung auf die vorgegebene Bildgröße.

Im vorliegenden Beispiel benötige ich das Bild im quadratischen Endformat von 12 Zentimetern. Die entsprechenden Maße werden einfach in die Felder eingegeben.

Nach dem Klick auf OK erscheint die gewählte Größe ebenfalls im Popup-Menü.

6 Ausschnitt bestimmen

Wenn Sie mit diesen Angaben einen Ausschnittrahmen aufziehen, ist dieser jetzt quadratisch, ansonsten scheint es keinen Unterschied zur ersten Vorgehensweise zu geben.

Aber achten Sie einmal auf die Ausgabeoptionen ❸ – hier können Sie schon erkennen, dass die Angaben für die Freistellungsgröße berücksichtigt werden, inklusive einer Neuberechnung der Bildpixel auf diese Größe.

7 Ausgabeschärfung angeben

Klicken Sie jetzt ein weiteres Mal auf den blauen Link, der Sie in das Menü mit den sogenannten ARBEITSABLAUF-OPTIONEN führt. Hier erkennen Sie auch die feste Ausgabegröße und können gegebenenfalls die Bildauflösung dem Drucker anpassen.

Neu in diesem Fenster ist die Ausgabeschärfung SCHÄRFEN FÜR: Mit der Wahl des Materials bestimmen Sie die Intensität der Schärfung und mit der (schlecht übersetzten) ZAHL nehmen Sie eine weitere Stärkeeinstellung vor.

8 Alles unter Kontrolle

Zurück im Vorschaufenster des Raw-Konverters, können Sie mit einem weiteren Blick auf den blauen Link der Ausgabeoptionen feststellen, dass selbst die definierte Scharfzeichnung hier angegeben wird.

So können Sie jetzt direkt einen Abzug speichern: Klicken Sie links unten im Raw-Konverter auf BILD SPEICHERN.

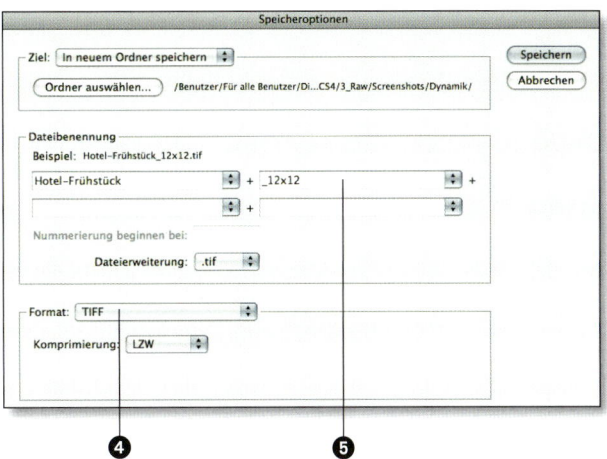

9 Abzug speichern

Um Abzüge in Auftrag zu geben oder Layoutdateien zu erstellen, benutzen Sie natürlich nicht das RAW-Format. Geben Sie als Ausgabeformat ❹ TIFF oder JPEG an und nutzen Sie die DATEIBENENNUNG, um der Datei den Größenhinweis ❺ anzuhängen.

RAW-Daten scharfzeichnen

Die Scharfzeichnung im Raw-Konverter in 5 Schritten

*Bei jedem Bild stellt sich die Frage, ob eine Scharfzeichnung im
Raw-Konverter sinnvoll ist oder ob sie vor der finalen Ausgabe
in Photoshop stattfinden soll. Gegen eine Grundschärfung im
Raw-Konverter ist nichts einzuwenden und wenn Sie hier auch
schon die finale Ausgabegröße festlegen, können Sie die Scharfzeichnung auch bis zum Ende ausreizen.*

[Scharf.CR2]

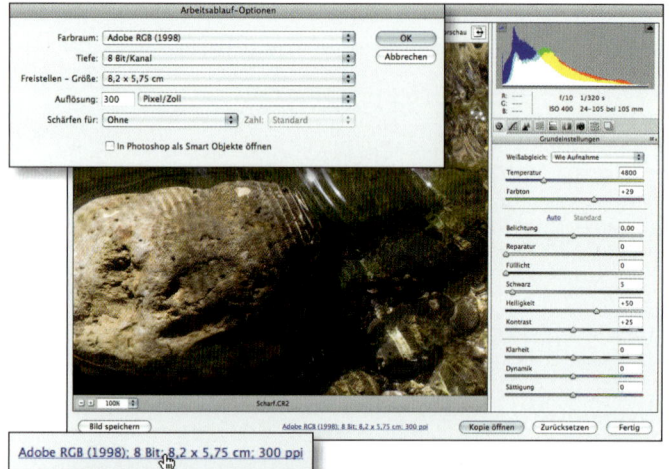

1 Ausgabegröße bestimmen

Eine Scharfzeichnung ist eine Kontraststeigerung in kleinen Radien. Deshalb ist es wichtig,
dass die Ausgabegröße feststeht, bevor Sie
die finale Scharfzeichnung angehen.

Legen Sie deshalb vorher durch das FREI-
STELLUNGSWERKZEUG 🔲 oder über die
Ausgabeoptionen die finale Ausgabegröße
und -auflösung fest.

Wie Sie »Feste Formate ausgeben«: lesen
Sie in diesem Kapitel auf Seite 106.

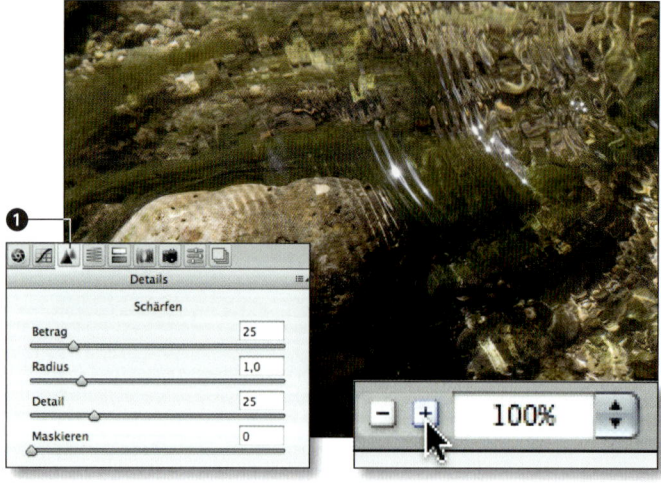

2 Details: Schärfen

Die Scharfzeichnung nehmen Sie im Arbeitsfenster DETAILS vor. Klicken Sie auf das entsprechende Symbol ❶, um das Arbeitsfenster
zu wechseln.

Das Wichtigste aber ist Ihre Ansichtsgröße.
Verändern Sie mit dem ZOOMWERKZEUG 🔍
oder den Symbolen +/– die Bildvorschau auf
eine Ansichtsgröße von 100 % – nur so sehen
Sie die Vorschau der folgenden Scharfzeichnungseinstellungen.

3 Stärke und Radius

Den STÄRKE- und den RADIUS-Regler kennen
Sie vielleicht schon aus den Photoshop-
Scharfzeichnungsfiltern, wie UNSCHARF MAS-
KIEREN.

Mit dem RADIUS geben Sie den kleinen
Bereich an, innerhalb dessen der Bildkontrast
gesteigert werden soll. Die Stärke bestimmt
die Intensität der Kontraststeigerung. Beides
zusammen ergibt den schärferen Gesamteindruck.

4 Priorität auf die Details

Da sind aber noch zwei weitere Regler, deren
Erforschung sich lohnt: Um herauszufinden,
was hinter dem DETAIL-Regler steckt, halten
Sie doch einmal die ⌥/Alt-Taste gedrückt,
während Sie den Regler nach rechts ziehen.

An den Bilddetails werden reliefartige Konturen aufgebaut – vielleicht kennen Sie diesen
Effekt vom Hochpass-Filter –, die mit dem
Originalbild überlagert werden und so insbesondere die Details schärfen. Das Resultat sehen Sie, wenn Sie die ⌥/Alt-Taste wieder
loslassen.

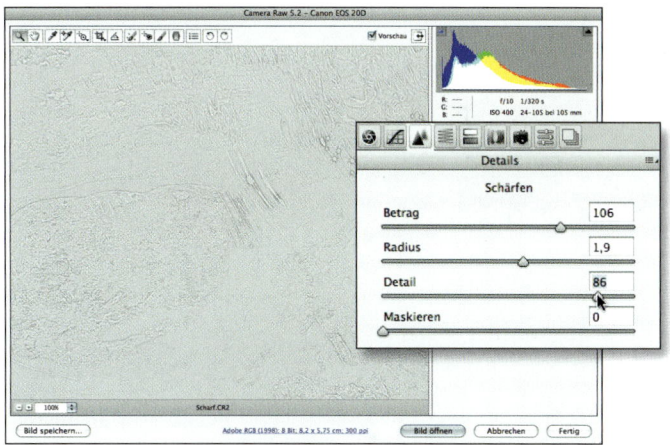

5 Optional: Flächen schützen

Der letzte Regler sorgt ebenfalls dafür, die
Scharfzeichnung auf die Details zu konzentrieren. Hier werden durch Aufbau einer Konturenmaske die Flächen geschützt. Auch das ist
mit gedrückter ⌥/Alt-Taste sichtbar.

Sein Einsatz empfiehlt sich besonders bei
Porträts und ist in unserem Beispiel nicht notwendig.

**Hintergrundwissen zu Hochpass-Filter und
Konturenmaske:** Siehe Kapitel »Scharf- und
Weichzeichnen« ab Seite 382.

Standards setzen

Entwicklungsvorgaben und Camera-Raw-Standards

Sicher gibt es auch bei Ihnen Entwicklungsschritte, die Sie fast jedes Mal wiederholen. Sie wählen für Ihre Landschaftsaufnahmen immer das gleich Kameraprofil und bevorzugen einen gewissen Grundkontrast? Dann speichern Sie dies als Camera-Raw-Standard. So nimmt Ihnen der Konverter diese ersten Schritte ab.

Zielsetzungen:

Camera-Raw-Standard
neu definieren

Individuelle Entwicklungsvorgabe speichern

Vorgabe im Konverter und
in der Bridge anwenden

[Vorgabe_01-04.CR2]

1 Kameraprofil wählen

Öffnen Sie ein exemplarisches Bild im Raw-Konverter. Wechseln Sie dann als Erstes auf das Arbeitsfenster KAMERAKALIBRIERUNG ❶.

Hier können Sie aus verschiedenen Profilen auswählen, die die Grundumsetzung des Bildes beeinflussen.

Lesen Sie dazu auch: »Der erste Entwicklungsschritt« auf Seite 84 und den Grundlagenexkurs »DNG-Profile erstellen« auf Seite 122.

2 Schwerpunkt Landschaftsfotografie

Ich gehe in diesem Workshop von der Situation aus, dass mit einer Kamera in erster Linie Landschaftsfotos gemacht werden.

In diesem Fall bietet sich an, als Profil CAMERA LANDSCAPE zu wählen, das eine höhere Farbsättigung bietet als die anderen Profile.

Liegt Ihr Schwerpunkt woanders, z. B. bei Industrieaufnahmen, bietet sich CAMERA NEUTRAL als Profil an.

3 Detailkontrast

Fast jedes Landschaftsbild verträgt keine generelle Kontrasterhöhung, weil dadurch filigrane Farbnuancen verloren gehen.

Umso wichtiger ist der Detailkontrast, den Sie im Arbeitsfenster GRUNDEINSTELLUNGEN über den Regler KLARHEIT ❷ anheben können.

Nehmen Sie als Grundanpassung nur die Anpassungen vor, die wirklich für jedes Bild gelten sollen – Weißabgleich oder Belichtungskorrekturen gehören beispielsweise nicht dazu.

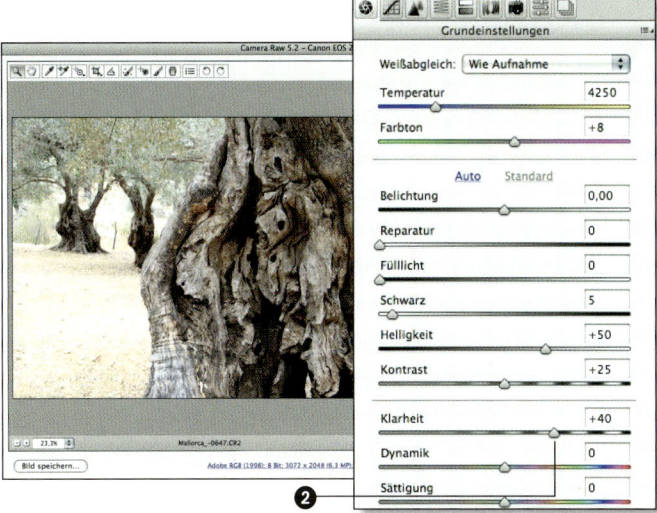

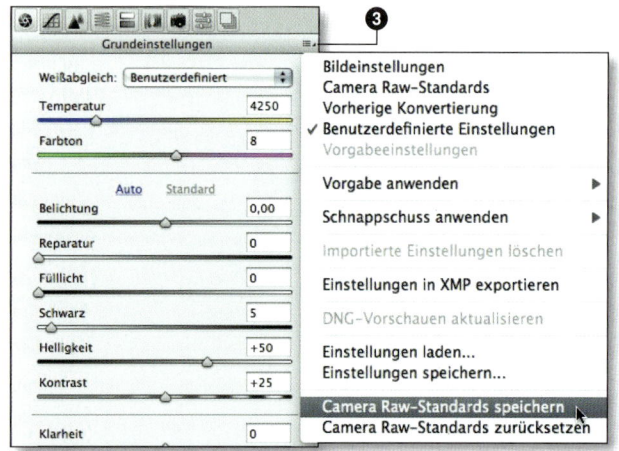

4 Camera-Raw-Standard definieren

Um diese vorgenomme Grundentwicklung jetzt für alle Bilder dieser Kamera als Standardkonvertierung zu speichern, wählen Sie aus den Optionen ❸ des Raw-Konverters Camera-Raw-Standards speichern.

Dieser neue Standard gilt jetzt nur für die Bilder dieser Kamera und nur für Bilder, die noch keine anderen Camera-Raw-Entwicklungseinstellungen bekommen haben. Im selben Menü können Sie auch jederzeit den Camera-Raw-Standard zurücksetzen.

5 Wirken im Verborgenen

Die Änderung des Camera-Raw-Standards vollzieht sich fast unmerklich und ohne weiteren Einfluss Ihrerseits.

Wenn Sie das nächste Mal ein Bild dieser Kamera im Konverter öffnen, sind die im Camera-Raw-Standard gespeicherten Anpassungen bereits durchgeführt: Jedes meiner Beispielbilder wird jetzt mit dem Camera-Lanscape-Profil und der gewünschten Korrektur der Klarheit geöffnet.

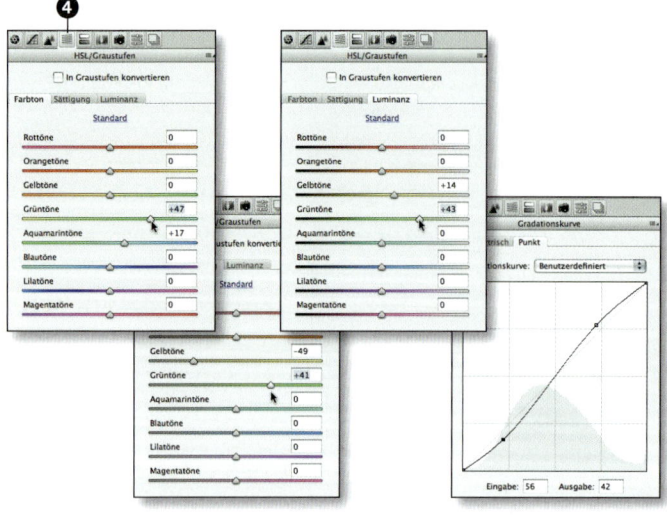

6 Individuelle Entwicklung

Anders sollten Sie vorgehen, wenn Sie die Entwicklung eines Bildes oder einer Serie später noch auf andere Bilder anwenden wollen.

Nehmen Sie sich eines der Beispielbilder vor, ändern Sie im Arbeitsfenster HSL/Graustufen ❹ die Grüntöne mit einem Wert um +50 in die bläuliche Richtung, erhöhen Sie gleichzeitig (unter den entsprechenden Reitern) die Luminanz und Sättigung der Grüntöne. Im Kontrast dazu entsättigen Sie die Gelbtöne um ca. –50. Heben Sie zum Schluss noch den Kontrast über eine S-förmige Gradationskurve an.

7 Vorgabe speichern

Diese Werte sollen natürlich kein allgemeiner Standard werden, sondern für eine spätere Verwendung als Vorgabe gespeichert werden.

Wählen Sie wieder aus dem Popup-Menü den Befehl EINSTELLUNGEN SPEICHERN. Im folgenden Fenster aktivieren Sie nur die für die Vorgabe relevanten Einstellungen, deaktivieren Sie alle anderen. Im nächsten Fenster geben Sie Ihrer Vorgabe noch einen sinnvollen Namen, und die Vorgabe ist automatisch im richtigen Ordner gespeichert.

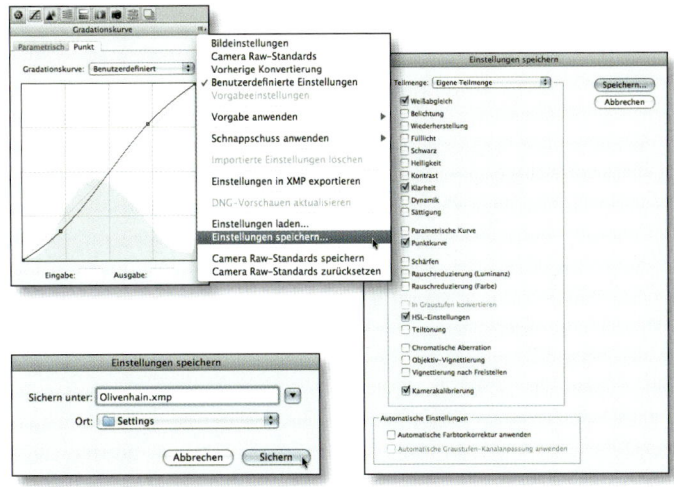

8 Vorgabe anwenden

Auf die gespeicherte Vorgabe können Sie auf unterschiedlichen Wegen zugreifen.

Für jedes neue Bild können Sie aus dem Popup-Menü des Raw-Konverters VORGABE ANWENDEN wählen und die gewünschte Vorgabe aus der Liste wählen.

Dieses können Sie sowohl für Einzelaufnahmen als auch für Serien durchführen.

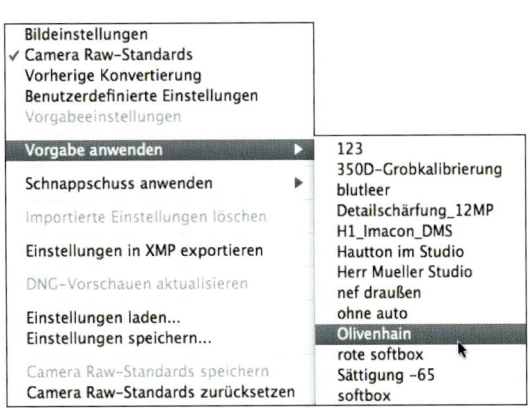

9 Entwicklung in der Bridge

Die Vorgaben können Sie aber auch auf neue Bilder anwenden, ohne dass der Raw-Konverter geöffnet ist. Allerdings muss die Bridge einmal beendet und neu gestartet werden.

Selektieren Sie die gewünschten Bilder im Bridge-Fenster, und wählen Sie mit rechter Maustaste oder gedrückter Ctrl-Taste aus dem Popup-Menü EINSTELLUNGEN ENTWICKELN. In der erscheinenden Liste können Sie auf die gespeicherte Vorgabe zugreifen und die Bilder praktisch schon in der Bridge entwickeln.

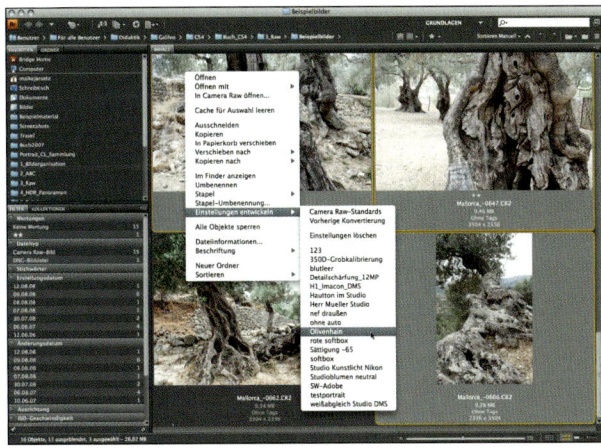

Abzugsserie speichern

Entwicklungsreihenfolge, Synchronisation und Speicheroptionen

*Bilder, die an gleichen Orten und unter gleichen Belichtungs-
situationen entstanden sind, können Sie ohne Weiteres im Stapel
entwickeln. Denn einmal vorgenommene Einstellungen können
Sie für ganze Aufnahmeserien synchronisieren. Bevor Sie dann
die Abzüge im gewünschten Format speichern, sollten Sie noch
individuelles Feintuning und die Scharfzeichnung durchführen.*

Zielsetzungen:

Entwicklungseinstellungen
im Stapel übertragen

Motive einzeln anpassen

»Abzüge speichern«

[Synchro_01-03.CR2]

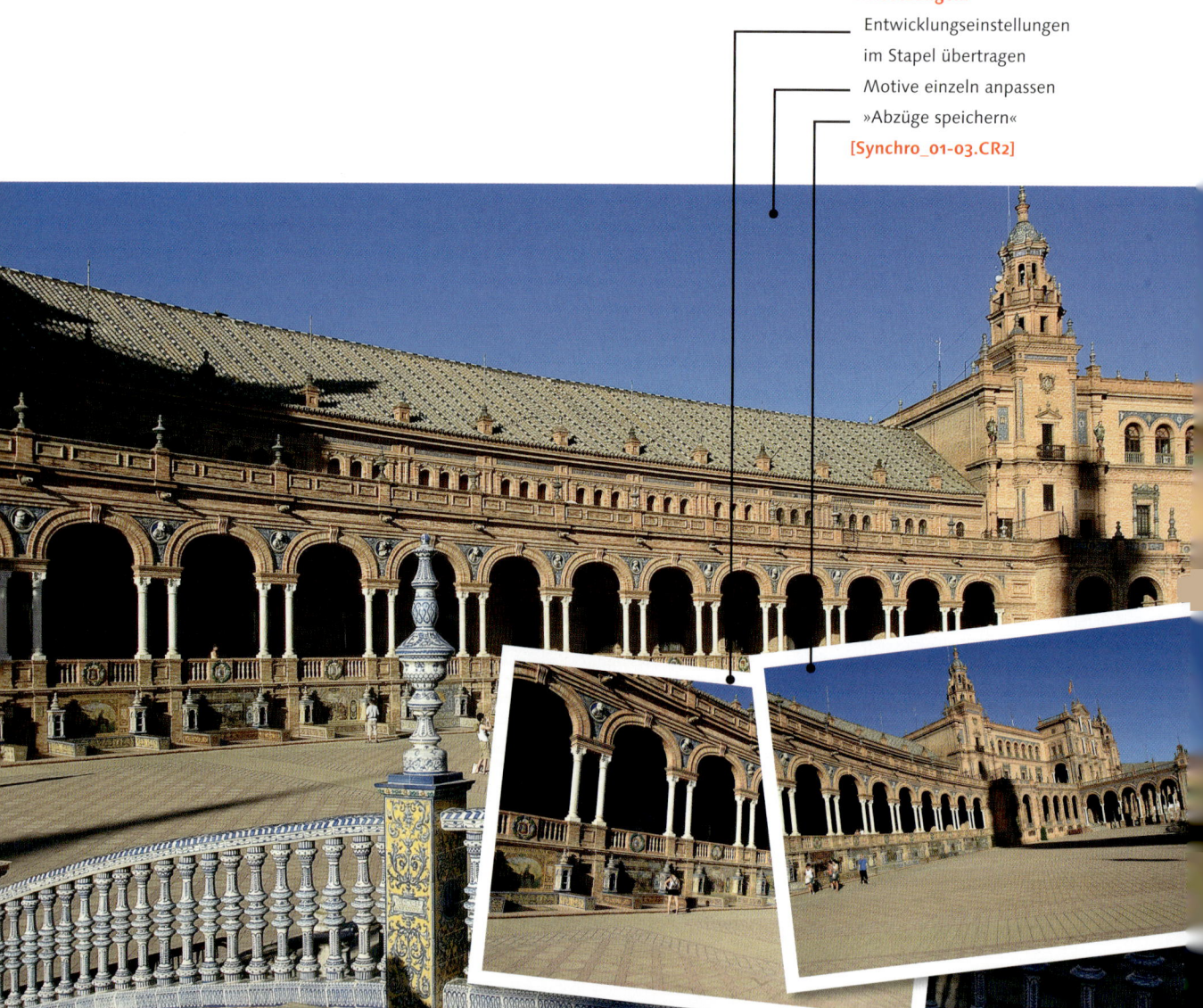

1 Camera-Raw-Standard wählen

Wenn Sie mehrere RAW-Dateien gleichzeitig
öffnen, bietet der Raw-Konverter ein Fenster
mehr: Der »Filmstreifen« auf der linken Seite
bietet Ihnen den Zugriff auf alle Bilder. Als
Referenzbild für die Basisentwicklung sollten
Sie eines wählen, das – in Belichtung und
Kontrast – die goldene Mitte in der Aufnahmeserie bildet.

Gehen Sie dann zunächst in das Arbeitsfenster KAMERAKALIBRIERUNG ❶, und wählen
Sie das Profil, das Ihrer gewünschten Grundanpassung am nächsten kommt.

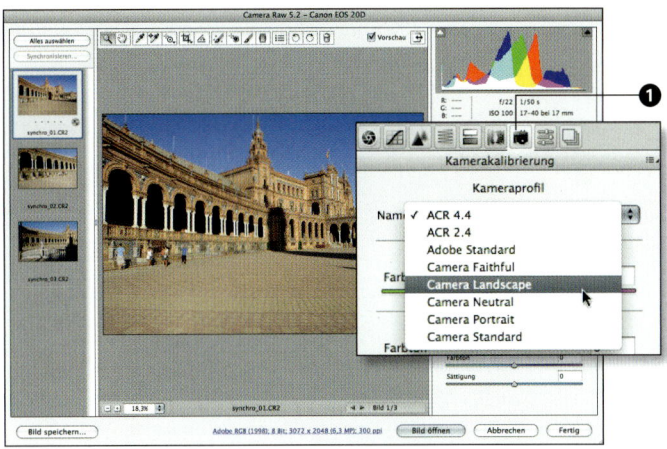

2 Referenzbild entwickeln

Dann folgen motivabhängige Arbeitsschritte
in den Reitern GRUNDEINSTELLUNGEN, GRADA-
TIONSKURVE und HSL/GRAUSTUFEN. In diesem
Beispiel habe ich die BELICHTUNG herabgesetzt,
den Detailkontrast über die KLARHEIT erhöht
und Luminanzanpassungen für die Blau- und
die Orangetöne vorgenommen.

Wenn das Referenzbild optimiert ist, aktivieren Sie mit gedrückter ⌂-Taste per Klick
die anderen Bilder aus dem Filmstreifen.
Klicken Sie dann auf SYNCHRONISIEREN ❷.

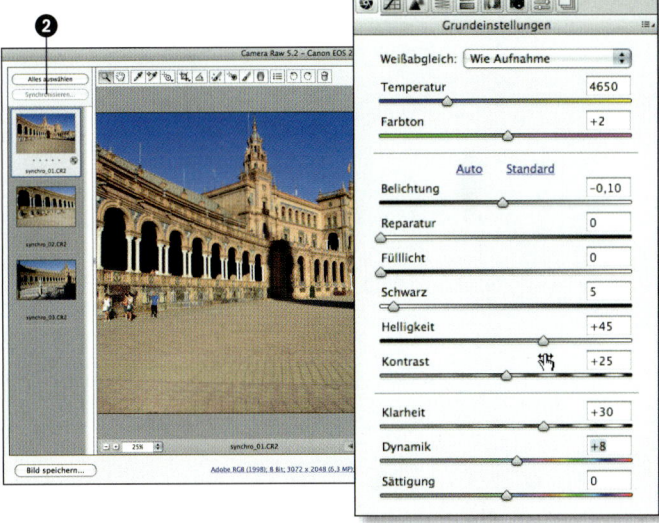

3 Synchronisieren

Im SYNCHRONISIEREN-Menü können Sie jeden
einzelnen Parameter auswählen, der Ihnen
im Raw-Konverter zur Verfügung steht. Da
im jetzigen Prozess noch alle Einstellungen
übertragen werden sollen, wählen Sie einfach
EINSTELLUNGEN aus dem Popup-Menü.

So übertragen Sie alle vorgenommenen Einstellungen außer den LOKALEN ANPASSUNGEN.

Durch einen Klick auf den OK-Button erhalten alle Bilder die gleichen Entwicklungseinstellungen.

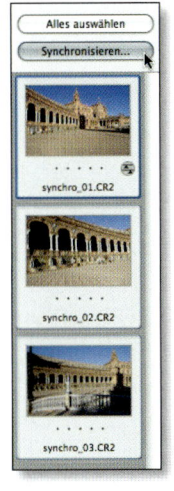

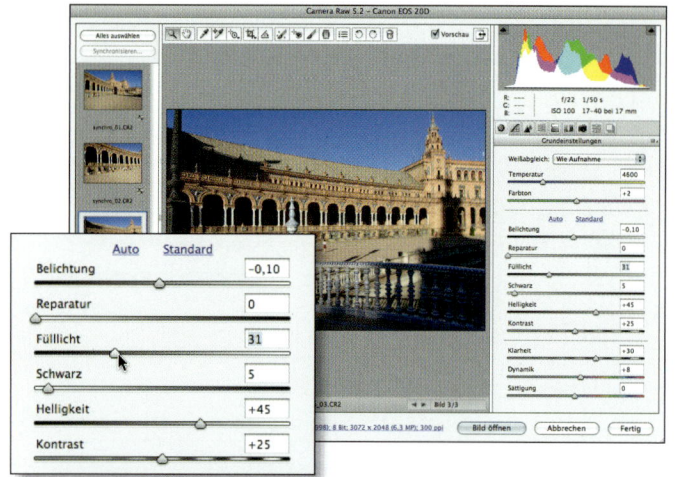

4 Einzelmotive prüfen

Auch wenn die Bilder aus einer Aufnahmeserie stammen, lassen sie sich meist nicht
wirklich 1:1 übertragen.

Überprüfen Sie die Bilder daher und nehmen Sie gegebenenfalls individuelle Anpassungen der Helligkeit vor. Auch partielle
Schattenaufhellungen mit dem FÜLLLICHT-
Regler sind nicht selten.

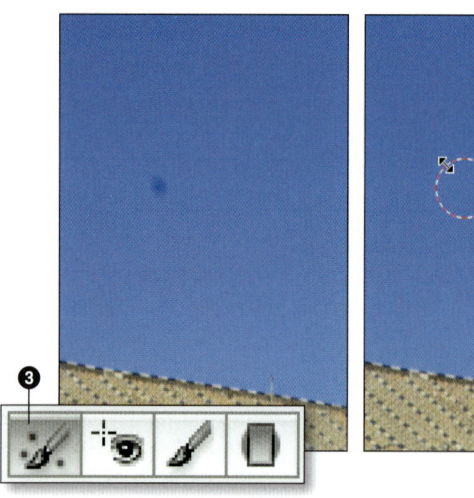

5 Fleckenretusche

Zoomen Sie sich dann an die Bilder heran und
überprüfen Sie, ob es Flecken oder Staub zu
retuschieren gibt.

Zur Retusche wählen Sie den REPARATUR-
PINSEL ❸ aus der Werkzeugpalette. Stellen Sie
die ART auf REPARIEREN, und ziehen Sie aus
der Mitte des störenden Flecks heraus einen
roten Reparaturkreis auf.

Der gleichzeitig entstehende grüne Quellbereich ❹ kann von ihnen noch beliebig verschoben werden.

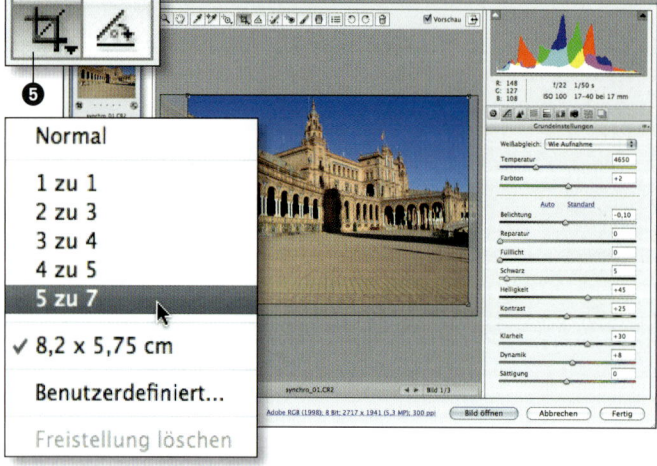

6 Ausgabeformat festlegen

Nutzen sie dann das FREISTELLUNGSWERKZEUG
❺, um das Endformat oder das Seitenverhält-
nis des Ausgabeformats vorzugeben.

Klicken Sie auf das FREISTELLUNGSWERKZEUG,
um eine Vorgabe zu wählen oder zu erstellen,
und ziehen Sie dann einen Auswahlrahmen
über das Bild, den Sie mit OK bestätigen.

Zum Freistellungswerkzeug: Erfahren Sie
mehr in der Lektion »Feste Formate ausgeben«
auf Seite 106.

7 Größe, Auflösung und Farbraum

Mit den vorgegebenen Seitenverhältnissen können sie jetzt auf den blauen Link für die Ausgabeoptionen ❻ klicken und diese anpassen.

Achten sie auf eine für die hochqualitative Ausgabe ausreichende AUFLÖSUNG von mindestens 240 dpi, geben Sie die Ausgabegröße an (sofern diese nicht schon durch das FREISTELLUNGSWERKZEUG festgelegt wurde), und setzen Sie den FARBRAUM auf sRGB, falls Sie die Daten an ein Entwicklungslabor schicken wollen.

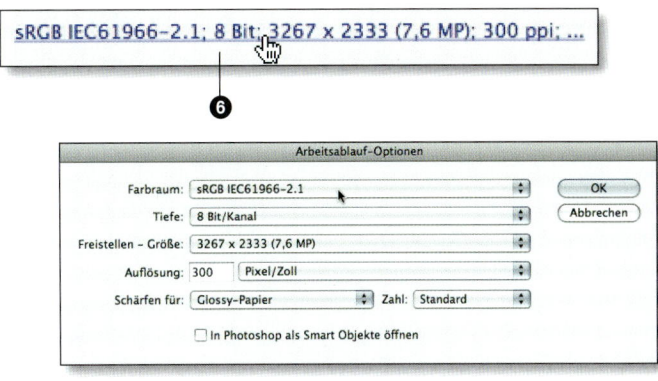

8 Zum Schluss die Scharfzeichnung

Wechseln Sie jetzt in das Arbeitsfenster DETAILS ❼, um die finale Scharfzeichnung vorzunehmen. Vergessen Sie dabei nicht, die Ansichtsgröße auf 100 % zu setzen.

Setzen Sie dann die passenden Scharfzeichnungsparameter, wie es in der Lektion »RAW-Daten scharfzeichnen« auf Seite 110 beschrieben ist. Die Scharfzeichnungseinstellungen können Sie wiederum über den SYNCHRONISIEREN-Befehl auf alle Bilder übertragen. Allerdings wählen Sie diesmal nur SCHÄRFEN als Synchronisierungsoption.

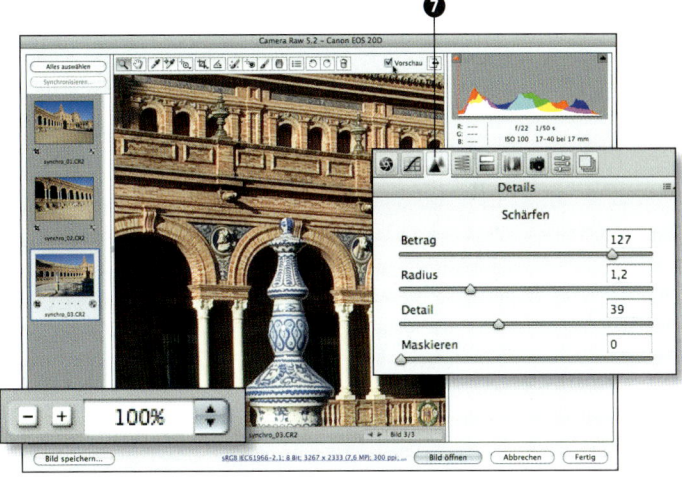

9 Abzüge speichern

Aktivieren Sie alle Bilder, und klicken Sie auf den Button BILDER SPEICHERN. Legen Sie den Speicherort Ihrer fertig entwickelten Bilder fest, und wählen Sie Optionen für die DATEIBENENNUNG.

Zum Schluss wählen Sie das Speicherformat. Beim Online-Versand an ein Entwicklungslabor müssen Sie einen Kompromiss zwischen Bildqualität und Dateigröße wählen – z. B. durch ein JPEG mit einer Qualität von 10. Durch Klick auf den SPEICHERN-Button erfolgt der Speichervorgang der RAW-Dateien als JPEG-Kopien.

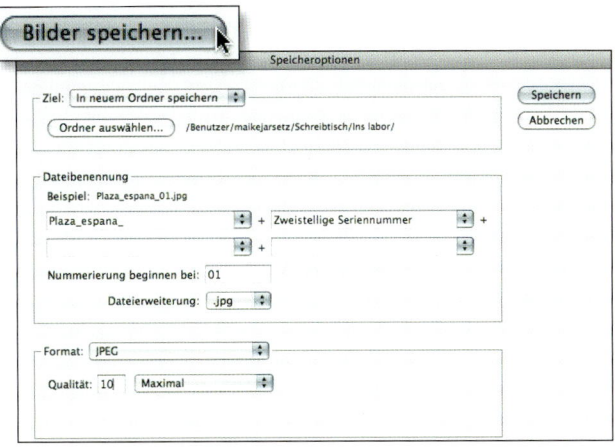

RAW – das digitale Negativ

Ein paar Worte zum Grundverständnis

Was sind RAW-Daten?

RAW-Daten sind die ersten Daten, die Ihre Kamera auf dem Chip erfasst – also die unverarbeiteten Lichtinformationen, bevor sie in standardisierte RGB-Kanäle umgerechnet, womöglich mit einer kamerainternen Schärfung bearbeitet und dann mit einer massiven JPEG-Komprimierung noch weiterer Details beraubt werden.

Diese reinen Chipinformationen entsprechen keinem Standard, sie sehen bei jedem Kamerahersteller anders aus. Deshalb muss die kamerainterne (oder externe) Software, diese Informationen in »saubere« RGB-Kanäle umrechnen und in ein standardisiertes Format konvertieren, z. B. TIFF oder JPEG.

Was macht die Raw-Konvertierung?

Die Farbinformationen, die auf einen Chip treffen, werden dort zwar schon in rote, grüne und blaue Informationen gefiltert. Jedoch sind sie noch nicht in Kanälen gespeichert, sondern noch nebeneinander auf dem Chip verteilt.

Wenn diese Informationen jetzt also auf die drei Farbkanäle übertragen werden, sind diese noch unvollständig, denn jeder Farbkanal interpretiert ja nur eine Teilinformation des Chips. Die fehlende Information auf den Kanälen wird von der Raw-Software errechnet – oder besser gesagt interpretiert.

Dieses kann der Raw-Konverter nutzen!

In der Kalkulation der »fehlenden« Kanalinformationen sind natürlich Toleranzen vorhanden. Diese werden zur Steuerung des Weißabgleichs, der Belichtung etc. genutzt.

Ist es daher nicht folgerichtig, dass Sie den Vorteil nutzen sollten, diese Toleranzen selber zu steuern, anstatt es einer Standardeinstellung in der Kamera zu überlassen? Von den Nachteilen einer – meistens damit einhergehenden – automatischen Schärfung und zu starken JPEG-Komprimierung abgesehen?

Ein Raw-Konverter für alle Fälle?

Das ist leider ein Widerspruch in sich, denn die »rohen« Daten unterliegen nun mal keinem Standard. Und eine Software kann sich nur auf standardisierte Formate einstellen.

Das Camera-Raw-Plugin von Photoshop wird ständig aktualisiert. Es erscheint in einem etwa vierteljährlichen Rythmus, in dem die Profile der gängigen neuen Kameramodelle decodiert und integriert werden müssen. Während der Arbeit an diesem Buch war die Version 5.2 aktuell. Und wenn Sie diese Zeilen lesen, wird wahrscheinlich schon eine Version 5.x auf dem Markt sein.

Dieses Plugin kann kostenlos von der Adobe-Webseite heruntergeladen werden. Dort finden Sie auch die Informationen über die neu unterstützten Kameramodelle und Anweisungen für den Installationsvorgang.

DNG – der digitale Negativ-Standard

Im Herbst 2004 kündigte Adobe den DNG-Standard an – und damit den Versuch, die

Kamerahersteller auch beim Thema RAW-Daten auf einen Bildstandard zu verpflichten.

Warum sollten Sie all die Steuerungsmöglichkeiten eines digitalen Negativs langfristig in einem seperaten kameraeigenen Konverter vornehmen müssen? Dies ist Teil der Bildbearbeitung und gehört somit in Photoshop.

Und auch die Archivierungssicherheit steigt mit einem standardisierten Dateiformat. Sie haben schon beim Fotoimport in Photoshop die Möglichkeit, Ihre nativen RAW-Daten in DNG-Dateien konvertieren zu lassen.

Was ist besser: die Entwicklung in der Kamerasoftware oder in Camera Raw?

Das hängt davon ab, ob Sie den Kamera- oder den Softwarehersteller fragen …

Nein, im Ernst: Hochwertige Software von Kameraherstellern kann sicherlich manchmal eine bessere Ausgangssituation bei der Raw-Entwicklung bieten, einfach durch größeren Kenntnisstand über die Produkte bzw. die Konzentration auf nur eine Produktlinie.

Aber ich denke, dass man beim ersten Öffnen einer RAW-Datei erst am Anfang eines Entwicklungsprozesses steht: Was am Ende herauskommt ist entscheidend. Und das hängt vor allem vom Anwender der Software ab.

Was passiert bei der Raw-Entwicklung?

Alle Einstellungen, die Sie während der Raw-Entwicklung vornehmen, können nicht im RAW-Format selber gespeichert werden, weil dies eben ein »roher« Nicht-Standard ist.

Die Entwicklungseinstellungen werden in XMP-Daten gespeichert, die entweder – je nach Voreinstellung – in einer gemeinsamen Datenbank oder in sogenannten *Filialdokumenten* gespeichert werden.

Diese Filialdokumente benötigen Sie bei der Weitergabe von entwickelten RAW-Daten, damit der Empfänger die Daten aus dieser Ausgangssituation weiter bearbeiten kann. Es

sei denn, Sie konvertieren Ihre RAW-Daten von vornherein in DNGs. Denn als Standardformat kann DNG die Entwicklungseinstellungen in der Datei transportieren, genauso wie andere XMP-Informationen auch.

Welche Arbeitsschritte gehören in den Raw-Konverter?

Im Prinzip alle, die Ihre Bilder allgemein optimieren – allerdings auf den Punkt bearbeitet.

Nutzen Sie den Raw-Konverter nicht nur für eine grobe Vorbearbeitung von Belichtung oder Weißabgleich. Damit hätten Sie den Wert der Raw-Entwicklung nicht erkannt. Denn machen Sie sich immer wieder bewusst, dass erst beim Öffnen der Bilder in Photoshop oder beim Speichern einer TIFF- oder auch JPEG-Kopie die fertigen RGB-Kanäle entstehen. Die Toleranzen und die Verlustfreiheit bei der Arbeit im Raw-Konverter sind nun mal ungleich größer. Nutzen Sie sie!

Seit der Version 5 des Raw-Konverters sind auch lokale Anpassungen möglich: Über ein Verlaufswerkzeug oder den Anpassungspinsel können Sie ein Set von Belichtungseinstellungen partiell auf Bildbereiche auftragen. Das erinnert sehr an analoge Filter- und Dunkelkammertechniken und bringt viele Entwicklungsvorgänge auf den Punkt, ohne dass eine weitere Nachbearbeitung in Photoshop nötig wäre.

Eine Ausnahme bildete in diesem Zusammenhang die Scharfzeichnung. Durch die noch nicht vorhandenen Farbkanäle ist die Gefahr von farblichen Artefakten zwar deutlich reduziert, außerdem kann die Scharfzeichnung über Detail- und Maskierungsregler ziemlich auf den Punkt gesteuert werden. Eine exakte Scharfzeichnung kann aber erst stattfinden, wenn die genaue Ausgabegröße des Bildes feststeht. Falls Sie also in Photoshop die Bildgröße noch ändern, sollten Sie dort nochmals nachschärfen.

DNG-Profile erstellen

Starten Sie farbstabil im Raw-Konverter

RAW-Daten haben kein eingebettetes Farbprofil. Das liegt in der
Natur der Sache, weil RAW-Daten verschiedener Kameras keinen
Standard teilen. So sind die ersten Schritte im Raw-Konverter
eine mehr oder weniger willkürliche Anpassung. Mit dem DNG
Profile Editor können Sie dennoch eine Grundanpassung fest-
legen, die einem Profil gleichkommt.

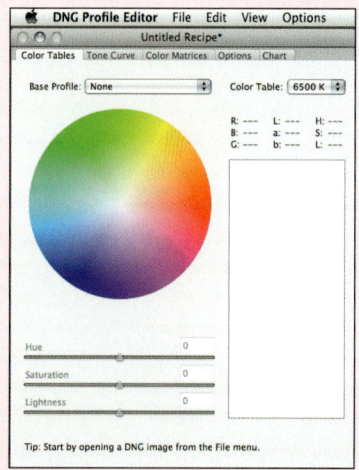

1 Der DNG Profile Editor

www.adobe.com/de/products/dng/

Mit dieser Adresse sollten Sie starten, um sich
über Ihren Browser den DNG-Profile-Editor
und dazugehörige Informationen herunter-
zuladen. Als ich diese Zeilen schrieb war der
Profile-Editor noch im Beta-Stadium und
daher auf den Adobe-Labs-Seiten verfügbar.
Der Profile-Editor ist schnell installiert und
geöffnet.

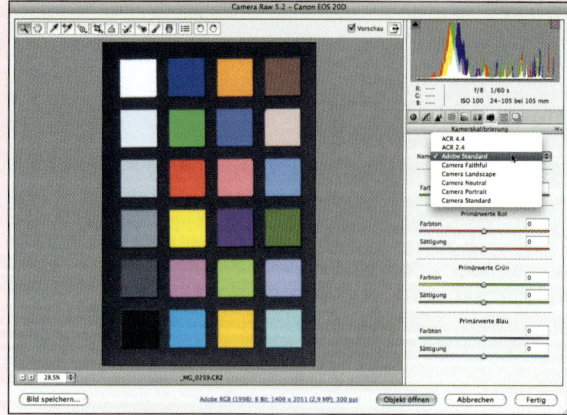

2 DNG-Colorchart vorbereiten

Wie der Name schon sagt, benötigen Sie
DNG-Dateien, um auf deren Basis das Profil
zu erstellen. Fotografieren Sie also mit Ihrer
Kamera ein Munsell-Farbchart mit 24 Farbfeldern. Diese Mini-ColorChecker sind überall
erhältlich, wo Sie auch Farbmessgeräte kaufen
können. Fotografieren Sie unter neutralen
Lichtbedingungen, also mittleres Tageslicht
oder Blitzlicht von 6500 Kelvin.

Öffnen Sie das Referenzbild im Raw-Konverter, aber führen sie keine Korrekturen durch.

3 DNG-Datei speichern

Speichern Sie eine Version des Bildes als
DNG-Datei über den Button BILD SPEICHERN.

Auf die originalen RAW-Daten hat das keinen Einfluss. Sie werden lediglich in einem
Standard-RAW-Format gespeichert – ähnlich
einer genormten Versandhülle, die den Inhalt
nicht weiter beeinflusst.

Wählen Sie als Format DIGITAL-NEGATIV ❶,
bestimmen Sie den Speicherort, und klicken
Sie auf OK.

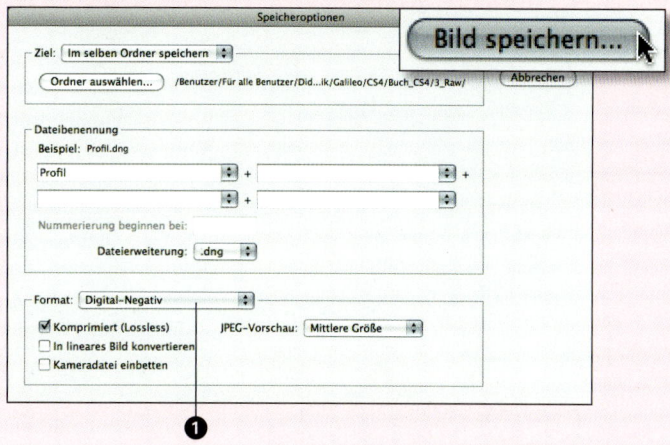

4 DNG-Colorchart öffnen

Im DNG Profile Editor öffnen Sie jetzt Ihr Referenzbild über das FILE-Menü und den Befehl
OPEN DNG IMAGE.

5 Chart-Analyse vorbereiten

Klicken Sie im Fenster des DNG Profile Editors
auf den Reiter CHART ❷. Hier wird Ihnen noch
einmal die Farbreferenz vorgegeben.

Alle anderen Einstellungen des Profile Editors, wie Gradationskurven (TONE CURVE) oder
Kamerakalibrierung (COLOR MATRICES), benötigen wir nicht, denn es soll ein automatisier-
ter Abgleich unseres Kamerabildes mit dem
Standard-ColorChecker stattfinden.

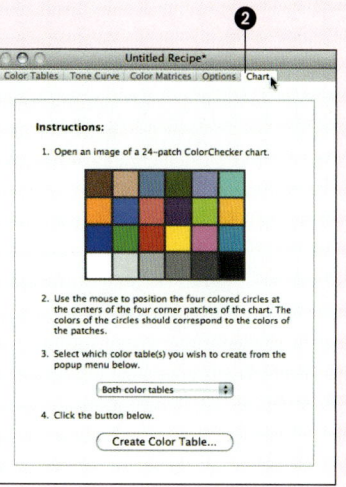

6 Messpunkte positionieren

Auf Ihrem eigenen Referenzbild sind jetzt vier Messpunkte ❸ erschienen. Positionieren Sie diese farblich passend auf die vier Eckpunkte des fotografierten ColorCheckers.

So kann erst die Position des Farbcharts ausgelotet werden, bevor der Abgleich durchgeführt wird. Das funktioniert selbst mit gedrehten Bildern.

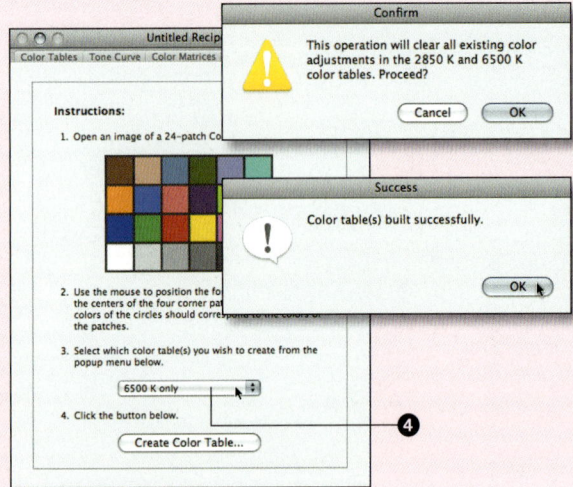

7 Profil erstellen

Klicken Sie dann auf den Knopf CREATE COLOR TABLE im CHART-Fenster. So werden die Farben einzeln durchgemessen und in einer Farbtabelle mit den Normwerten abgeglichen.

Im Popup-Menü ❹ haben Sie vorher die Auswahl zwischen zwei Standardfarbtemperaturen – neutrales Tageslicht mit 6500 K, wie in unserem Fall, und Kunstlicht mit 2850 K.

Sie werden darauf hingewiesen, dass sämtliche, eventuell vorgenommenen Farbanpassungen zurückgesetzt werden – der Abgleich findet also mit der nativen RAW-Datei statt.

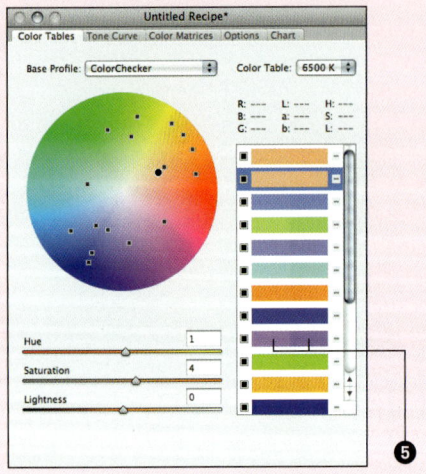

8 Farbkreis und Farbtabelle

Nachdem die Farbtabellen erfolgreich erstellt wurden, wechseln Sie in das gleichnamige Arbeitsfenster COLOR TABLES.

Die gemessenen Farbwerte sind auf dem Farbkreis positioniert und jede der einzelnen Normfarben ist in der Tabelle mit dem Soll- und Ist-Zustand aufgelistet ❺.

Das ist zwar schön anzusehen, und Sie könnten auch noch jeden Farbton individuell nachsteuern, aber das interessiert uns nicht, da wir ja aus dem Ist-Zustand ein Profil erstellen wollen.

9 Profil exportieren

Die gemessenen Abweichungen unseres Referenzbildes zu den genormten Farbfeldern werden nun als kameraspezifische Abweichung – also als Profil – exportiert.

Wählen Sie aus dem Menü FILE ▷ EXPORT [KAMERAMODELL] PROFILE, und benennen Sie es sinnvoll.

Dieses Profil wird automatisch in dem Profile-Ordner gespeichert, auf den auch der Raw-Konverter von Photoshop CS4 zugreift.

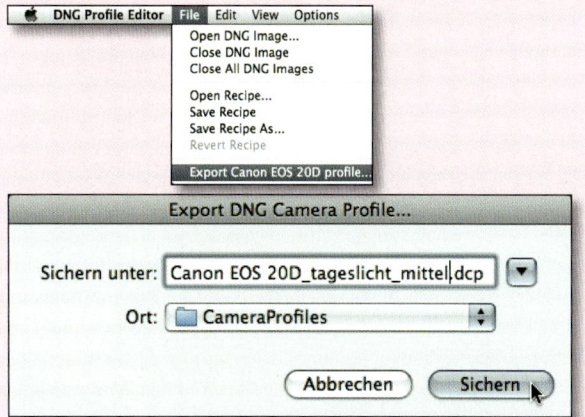

10 Profil auf Bilder anwenden

Bevor Sie dieses Profil im Raw-Konverter nutzen können, muss Photoshop einmal geschlossen und wieder geöffnet werden, um das Profil zu laden.

Öffnen Sie ein beliebiges Bild im Raw-Konverter – es muss nicht zwingend wieder das Farbchart sein. Im Arbeitsbereich KAMERA-KALIBRIERUNG ❻ öffnen Sie das Popup-Menü NAME, in dem die verfügbaren Kameraprofile aufgelistet sind. Nach der Wahl Ihres eigens erstellten Profils wird das Bild angepasst.

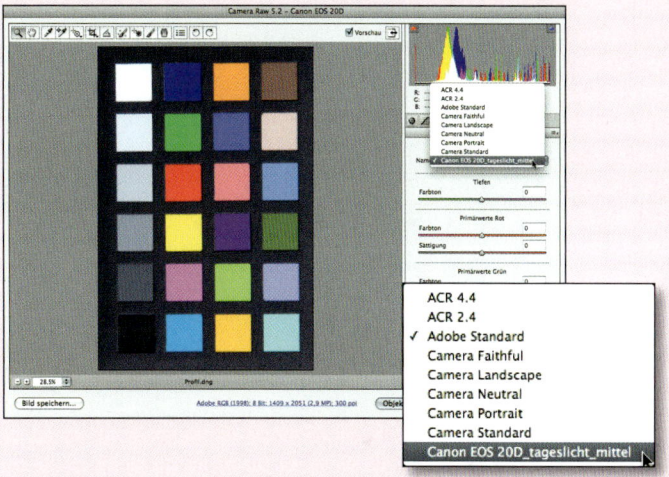

11 Camera-Raw-Standard speichern

Sie können erzwingen, dass jedes Bild dieser Kamera mit dem erstellten Profil geöffnet wird und so die gleiche Grundanpassung erfährt. Wählen Sie dafür aus den Optionen ❼ des Raw-Konverters CAMERA RAW-STANDARDS SPEICHERN. Aber Achtung: Außer der Wahl des Kameraprofils sollte hier noch keine weitere Anpassung vorgenommen worden sein.

Mehr zum Camera-Raw-Standard: Lesen Sie die Lektion »Standards setzen« auf Seite 112.

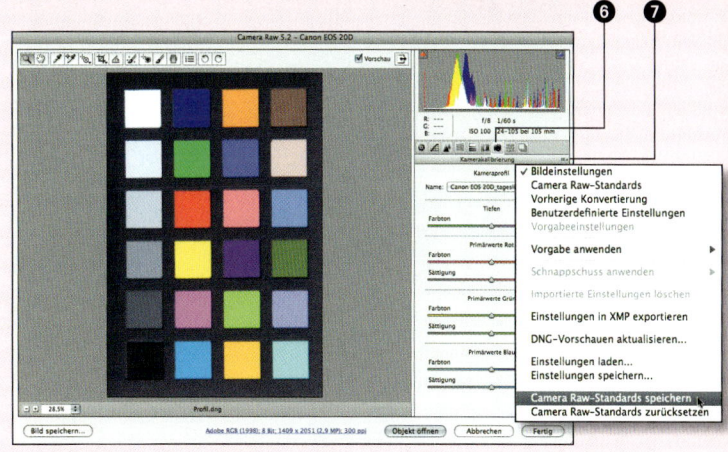

RAW, HDR und mehr...

Die Möglichkeiten des RAW-Formats erweitern sich ständig.
HDR-Bilder sprengen die ursprünglichen Grenzen des Kontrastumfangs digitaler Aufnahmen. Damit das Ergebnis einer HDR-Konvertierung auch Ihren Vorstellungen entspricht, müssen Sie sich zwar mit den Konvertierungsoptionen beschäftigen, aber das Ergebnis lohnt sich. Auch mit nur einer Belichtung können Sie mehrere Varianten entwickeln und über verschiedenste Techniken zu einem beeindruckendem Gesamtbild kombinieren. Außerdem bietet der Raw-Konverter von Photoshop CS4 so viele neue Möglichkeiten zur lokalen und selektiven Korrektur, dass kaum ein Wunsch offen bleibt.

Foto: Walter M. Rammler

RAW, HDR und mehr ...

Punktkorrektur

Ein Werkzeug für selektive Anpassungen

*Fast unbemerkt hat sich mit der Version 5.2 des Raw-Konverters
ein Werkzeug in die Werkzeugleiste eingenistet, das Sie gezielte
Korrekturen direkt im Bild vornehmen lässt. Das Werkzeug für
»Selektive Anpassung« vereint die parametrischen Gradations-
kurven und die HSL-Anpassungen, die Sie beide schon im letzten
Kapitel kennengelernt haben, und korrigiert praktisch per
Mausbewegung.*

Zielsetzungen:

Direkt im Bild korrigieren

Himmel abdunkeln

Kontrast im Gemäuer anheben

Sättigung selektiv korrigieren

[Werkzeug.CR2]

1 Belichtung steuern

Zunächst kümmern Sie sich um die Grundeinstellungen des Bildes. Dazu gehört zum
Beispiel die BELICHTUNG, die Sie für das Gesamtbild etwas absenken sollten.

Schon den nächsten Schritt – die Anpassung
des Bildkontrasts – werden Sie direkt im Bild
vornehmen.

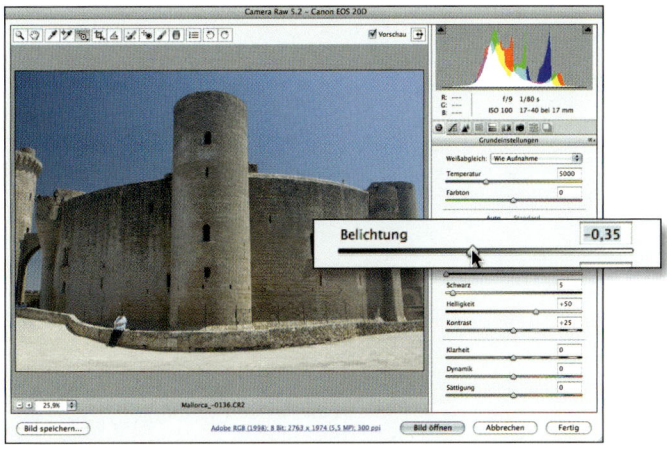

2 Per Werkzeug selektiv anpassen

Klicken Sie auf das Werkzeug für SELEKTIVE
ANPASSUNG ❶, und halten Sie die Maustaste
gedrückt.

In dem erscheinenden Popup-Menü erhalten Sie einen Einblick, welche Korrekturen
Sie direkt im Bild steuern können.

Wählen Sie als Erstes die PARAMETRISCHE
KURVE, um den Kontrast im Mauerwerk zu
steuern.

Mehr über parametrische Gradationskurven:
finden Sie im vorherigen Kapitel auf Seite 92.

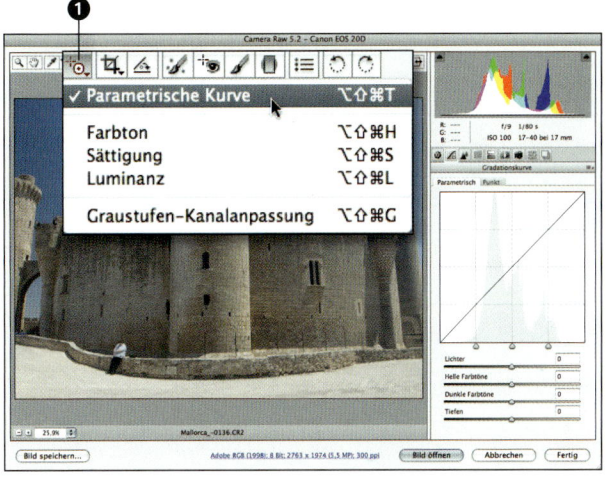

3 Tiefen absenken

Klicken Sie in einen Schattenbereich des
Gebäudes, der dunkler ausfallen soll. Beim
Klick wird die Werkzeugspitze zu einem
Doppelpfeil ❷, der die Richtung der Korrektur
vorgibt.

Ziehen Sie die Maus nach unten, um die
Schatten abzudunkeln. Gleichzeitig können Sie
im Arbeitsfenster PARAMETRISCHE GRADATIONS-
KURVE (das sich automatisch bei der Auswahl
des Werkzeugs eingeblendet hat) beobachten,
wie sich die Kurve im Bereich der dunklen
Farbtöne absenkt ❸.

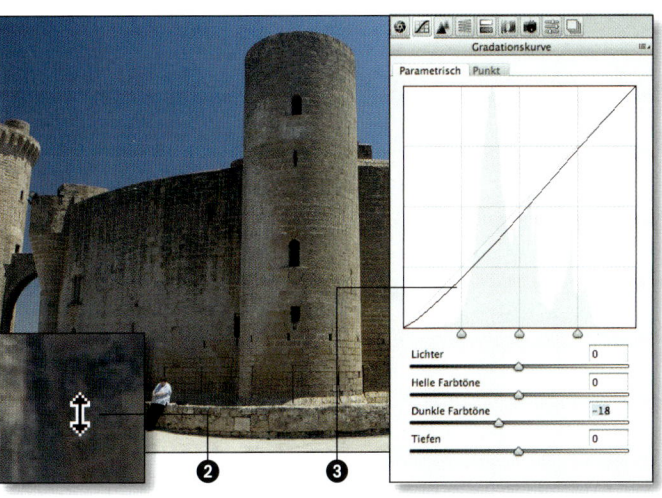

4 Kontrast steigern

Jetzt arbeiten Sie gegenläufig: Klicken Sie auf eine bereits helle Stelle im Gemäuer, die noch heller werden soll und ziehen Sie diesmal den Mauszeiger nach oben.

Parallel dazu können Sie wieder die Gradationskurve beobachten, wie sie den für eine Kontraststeigerung typischen S-förmigen Verlauf annimmt.

Durch Ihren »Eingriff« haben Sie den Kontrast genau in den Tonwerten aufgebaut, in denen es bildwichtig war.

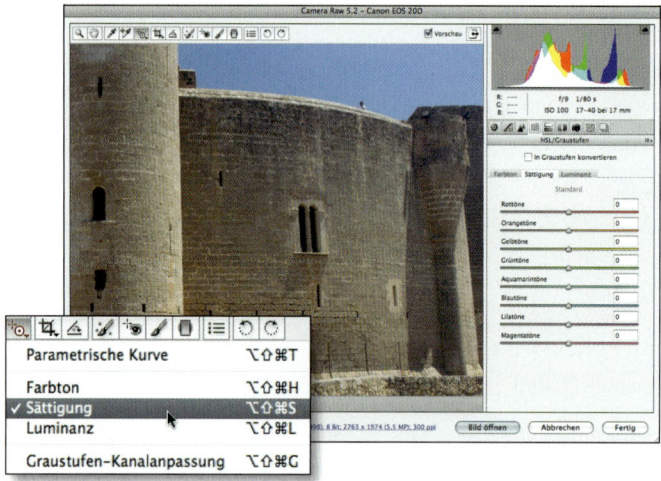

5 Werkzeugaufgabe ändern

Das Bild kann noch mehr Kontraste vertragen. Zum Beispiel können Sie die Farbsättigung des Gebäudes und des Himmels unterschiedlich ausrichten.

Ändern Sie dafür den Wirkungsbereich des Werkzeugs über das Popup-Menü auf SÄTTIGUNG. Sofort ändert sich auch das Arbeitsfenster und der Sättigungsdialog des Menüs HSL/GRAUSTUFEN erscheint.

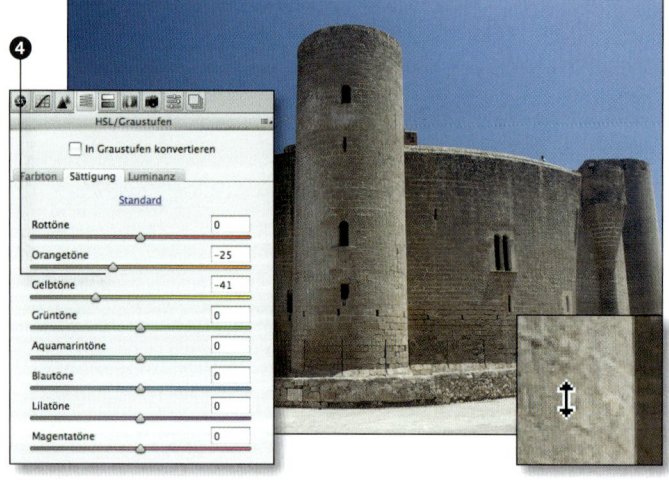

6 Sättigung proportional verringern

Um die kühle Ausstrahlung des alten Gemäuers zu unterstreichen, können Sie ihm einen Teil der Sättigung entziehen.

Klicken Sie auf einen farblich repräsentativen Bereich des Gemäuers und ziehen Sie die Werkzeugspitze nach links.

Beobachten Sie dabei, wie sich die Sättigungsregler für mehrere Farbbereiche absenken ❹ – und zwar genau in dem Verhältnis, in dem diese Farben im Motiv vorhanden sind.

7 Der dritte Streich

Anstatt jetzt im Himmel gegenläufig die Sättigung hochzuziehen – die Blausättigung ist nämlich schon ziemlich hoch und droht bei weiterer Steigerung auszubrechen – wechseln wir noch einmal die Aufgabe des Werkzeugs und wählen aus dem Popup-Menü LUMINANZ.

Gleichzeitig wechselt auch wieder der Inhalt des Abeitsfensters.

8 Himmelsfarben abdunkeln

Diesmal klicken Sie in den Himmel und ziehen das Werkzeug nach links. Erwartungsgemäß wird der Blauanteil abgesenkt ❺, es findet aber auch eine leichte Korrektur in den Lilatönen statt, die ebenfalls im Himmel enthalten sind.

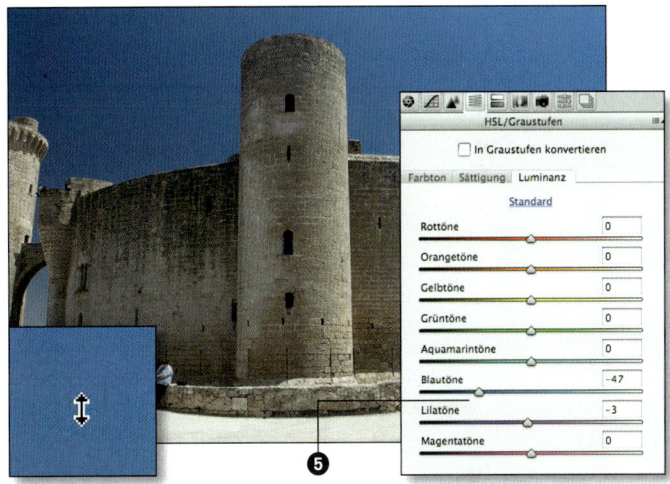

9 Licht in den Vordergrund bringen

Nutzen Sie diese Anpassung auch, um den Vordergrund herauszuarbeiten. Klicken Sie in die hellen Bereiche der Mauer, und ziehen Sie das Werkzeug radikal nach rechts.

So werden die sandfarbenen Bildbereiche noch zusätzlich aufgehellt und der Kontrast zum Himmel verstärkt.

Mehr über Möglichkeiten der selektiven Farbsteuerung: Lesen Sie dazu »Farbprioritäten setzen« auf Seite 98.

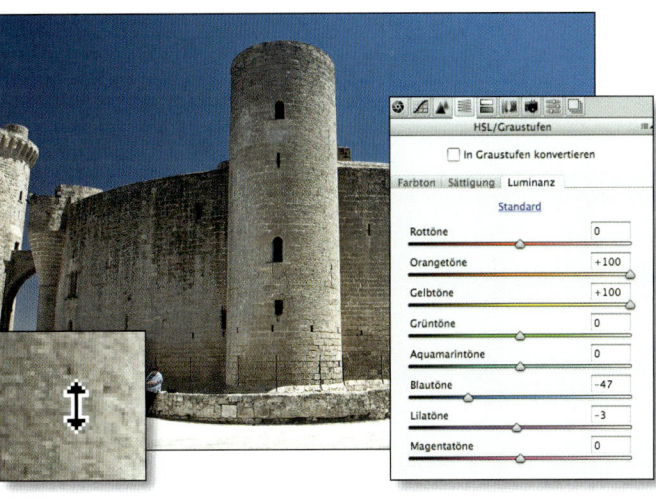

Verlaufsfilter simulieren

Verschiedene Entwicklungseinstellungen überblenden

Der Kontrastumfang einer digitalen Kamera kann durch das Ausnutzen des RAW-Formats schon stark ausgereizt werden. Was aber tun, wenn die Motivteile unterschiedliche Entwicklungs-einstellungen benötigen? Ab der Version 5.0 des Camera Raw Converters profitieren Sie von einem neuen Verlaufswerkzeug, das im Einsatz stark an Objektiv-Verlaufsfilter erinnert.

Zielsetzungen:

Motivteile individuell entwickeln
Weichen Übergang herstellen
Bildstimmung dramatisieren
Bilddetails herausarbeiten
[Verlauf.CR2]

▶ Video-Training

Sie finden zu diesem Thema auch eine Video-Lektion auf der Buch-DVD (Lektion 1.1).

1 Grundanpassung

Nach dem Öffnen im Raw-Konverter nehmen Sie erst einmal die Grundpassungen des Bildes vor: Bei diesem Bild wurde nur leicht die TEMPERATUR erhöht, die Mitteltöne über die HELLIGKEIT angehoben und der Detailkontrast über den Regler KLARHEIT verstärkt.

In den nächsten Schritten wird der Himmel dann dramatisch kühler umgesetzt und für den Vordergrund die warme Stimmung des Morgenlichts verstärkt.

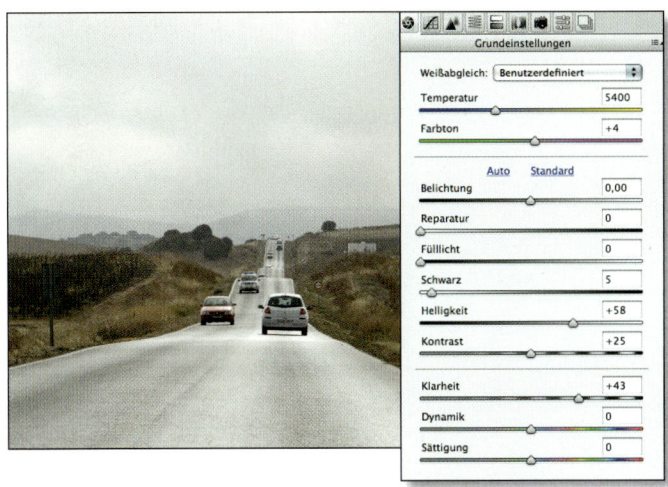

2 Der digitale Verlaufsfilter

Wählen Sie jetzt das VERLAUFSFILTER-Werkzeug ❶ aus der Werkzeugpalette. Im gleichen Moment ändert sich der Inhalt des Arbeitsfensters und statt der GRUNDEINSTELLUNGEN sehen Sie jetzt, welche Anpassungen Sie mit einem Verlaufsfilter nutzen können.

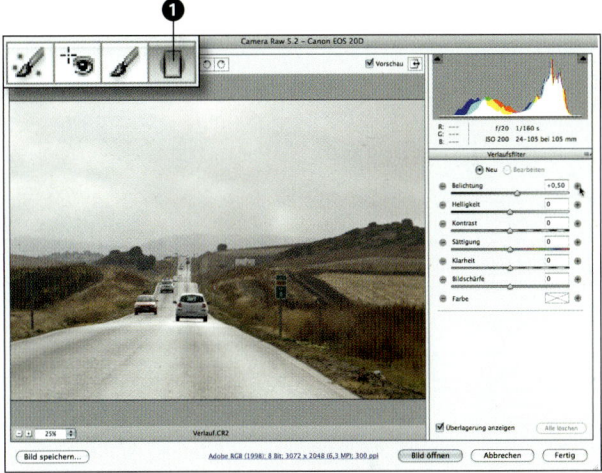

3 Einstellungen zurücksetzen

Wenn Sie auf das kleine Plus-Zeichen ❷ neben dem Belichtungsregler klicken, so werden alle anderen Einstellungen zurückgesetzt, und Sie haben einen guten Start für die Korrektur.

Im nächsten Schritt werden Sie grobe Einstellungen festlegen. Diese müssen und können noch nicht exakt sein, sondern dienen zunächst nur dazu, den Wirkungsbereich des Verlaufs zu erkennen.

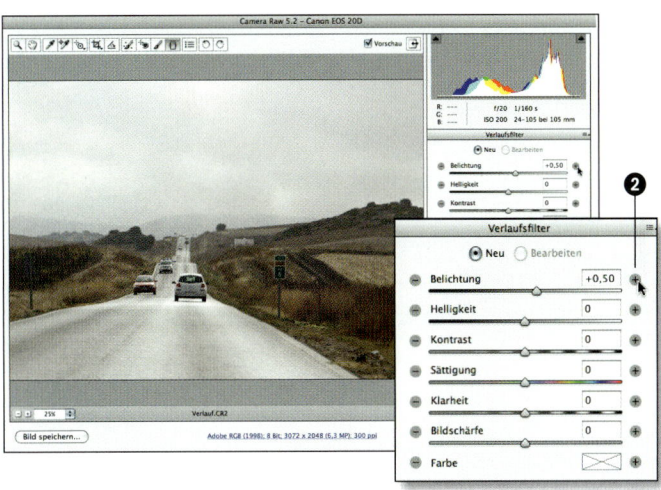

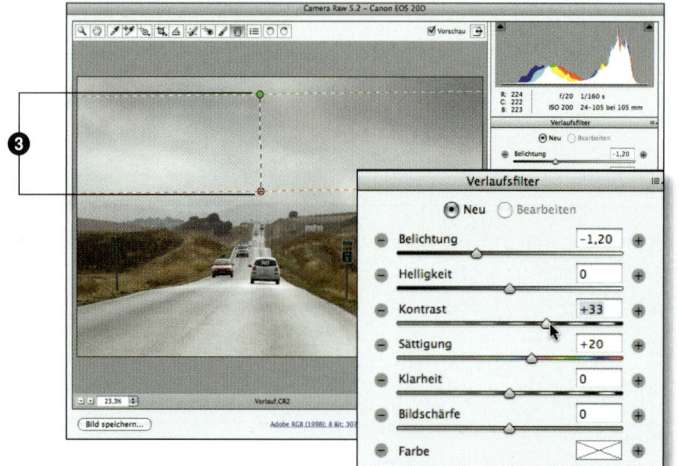

4 Basisentwicklung für den Himmel

Zuerst geht es um den Himmel: Zwar sind die sich verziehenden Wolken noch erkennbar, aber das Himmelslicht sorgt doch für eine zu starke Belichtung und fehlenden Kontrast.

Verringern Sie die BELICHTUNG, und erhöhen Sie den KONTRAST und die SÄTTIGUNG über die Schieberegler. Mit diesen Einstellungen ziehen Sie das VERLAUFSFILTER-Werkzeug von oben nach unten über den oberen Bildteil. Sie können Größe und Richtung auch nachträglich durch Ziehen am grünen oder roten Punkt verändern ❸.

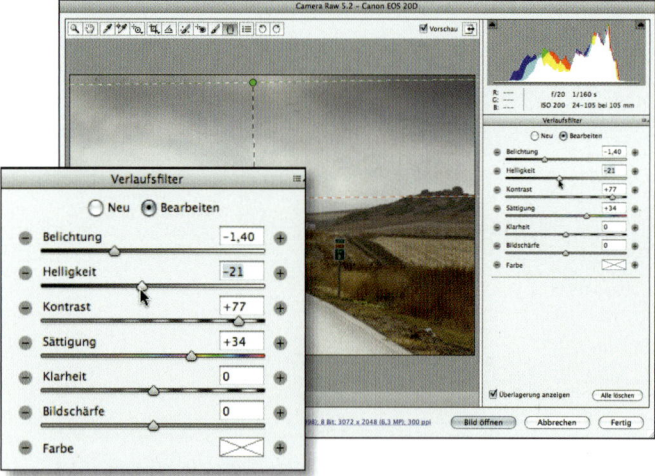

5 Einstellungen nachjustieren

Nachdem Sie den Wirkungsbereich des VERLAUFSFILTERS angepasst haben, können Sie Ihre vorgenommenen Einstellungen mit Blick auf das Bild noch fein einstellen.

Zusätzlich zur BELICHTUNG lassen sich die Mitteltöne noch über den Regler HELLIGKEIT weiter absenken. Mit einer weiteren KONTRAST-Erhöhung erhält der Himmel die zum Zeitpunkt der Aufnahme vorherrschende düstere Wolkenstimmung.

6 Mit Farbe arbeiten

Zu den zur Verfügung stehenden Reglern des VERLAUFSFILTER-Werkzeugs gehört leider keine Farbtemperaturanpassung

Dem Bild würde es aber guttun, den Kontrast zwischen dem kühl-blauen Himmel und dem vom ersten Morgenlicht beschienen Vordergrund wieder aufzubauen.

Klicken Sie deshalb auf das noch leere Farbfeld ❹, um den Farbwähler zu öffnen. Hier wählen Sie einen Blauton mittlerer Sättigung, der sich mit den anderen Korrekturen überlagert.

7 Neuen Verlaufsfilter anlegen

Jetzt geht es um den Motiv-Vordergrund. Um ein neues Set von Einstellungen für den VER-LAUFSFILTER anzulegen, klicken Sie zunächst auf NEU ❺. Dann klicken Sie auf das Plus-Zeichen einer Einstellung ❻, um die anderen zurückzusetzen.

Setzen Sie für den Vordergrund eine Grund-anpassung mit hohem Detailkontrast über den KLARHEIT-Regler, sowie erhöhter BELICHTUNG und KONTRAST fest. Ziehen Sie einen Verlauf von unten bis in die Bildmitte.

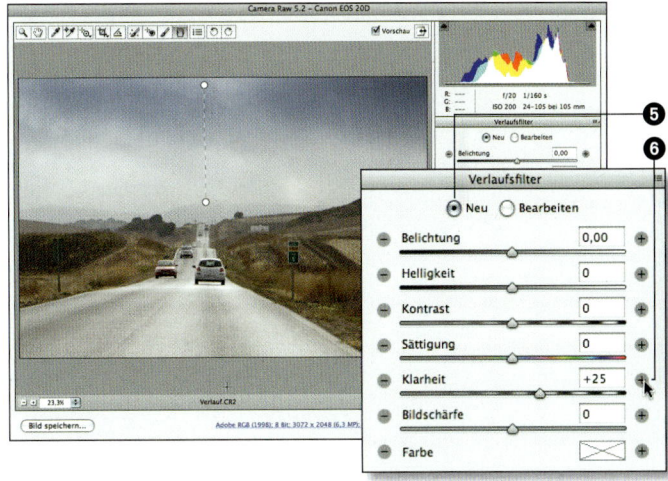

8 Warmes Licht erzeugen

Auch diesen Filter passen Sie natürlich noch auf das Bild an: Wählen Sie durch einen Klick auf das Farbfeld (wie in Schritt 6 beschrie-ben) eine warme Überlagerungsfarbe, um das morgendliche Sonnenlicht, das durch den au-tomatischen Weißabgleich eliminiert wurde, wieder hervorzuarbeiten.

Für den Vordergrundbereich ist die hohe Einstelleung der KLARHEIT besonders wichtig, um die dunstige Bildwirkung aufzuheben.

9 Bestehende Verlaufsfilter bearbeiten

Auf einmal angelegte Verlaufsfilter haben Sie jederzeit Zugriff, wenn das VERLAUFSFILTER-Werkzeug aktiviert ist. Klicken Sie auf den Anfangs- oder Endpunkt eines Verlaufs, um ihn zu bearbeiten oder seine Einstellungen zu ändern. Für eine bessere Beurteilung können Sie die Punkte und die Verlaufsrichtung aus-blenden ❼. Wollen Sie einen Verlauf löschen, dann aktivieren Sie ihn einfach und drücken die ←-Taste, oder Sie nutzen den Knopf ALLE LÖSCHEN. Mit der Taste G kehren Sie zu den Grundeinstellungen zurück.

Lokale Korrekturen

Der Anpassungspinsel erlaubt direkte Eingriffe im Bild

 **Video-Training**

Sie finden zu diesem Thema auch eine Video-Lektion auf der Buch-DVD (Lektion 1.2).

Noch in der letzten Photoshop-Version gab es eine klare Abgrenzung: Globale Anpassungen wurden im Raw-Konverter vorgenommen, lokale Korrekturen dann in der entwickelten Photoshop-Datei. Das gilt seit CS4 nicht mehr, denn mit dem »Anpassungspinsel« können Sie ein Set von Korrekturen in wechselnder Größe und Stärke auf das Bild auftragen.

Zielsetzungen:

Lokal korrigieren

Bildkontrast steigern

Maske korrigieren

[Lokal.CR2]

Foto: Maike Jarsetz

1 Grundkorrektur

Auch dieses Bild soll erst seine globale Anpassung bekommen: Mit einer leichten Anhebung der TEMPERATUR, einer erheblichen Aufhellung der Schattenbereiche durch den FÜLLLICHT-Regler und einem beträchtlichen Wert für die KLARHEIT, also dem Detailkontrast, haben Sie eine gute Ausgangsbasis und können sich den lokalen Anpassungen zuwenden.

2 Der Anpassungspinsel

Die Problematik dieses Bildes liegt darin, dass die Belichtung keine optimale Umsetzung für den dunstigen Hintergrund bietet. Deshalb tragen wir jetzt per Pinsel eine andere Entwicklungseinstellung auf diese Bereiche auf.

Wählen Sie den ANPASSUNGSPINSEL ❶ aus der Werkzeugpalette. An der Stelle des Arbeitsfenster GRUNDEINSTELLUNGEN erscheinen jetzt die Apassungen für dieses Werkzeug.

Klicken Sie anfangs auf den Minus-Knopf ❷ vor dem Regler BELICHTUNG. So werden alle anderen Einstellungen auf Null gesetzt.

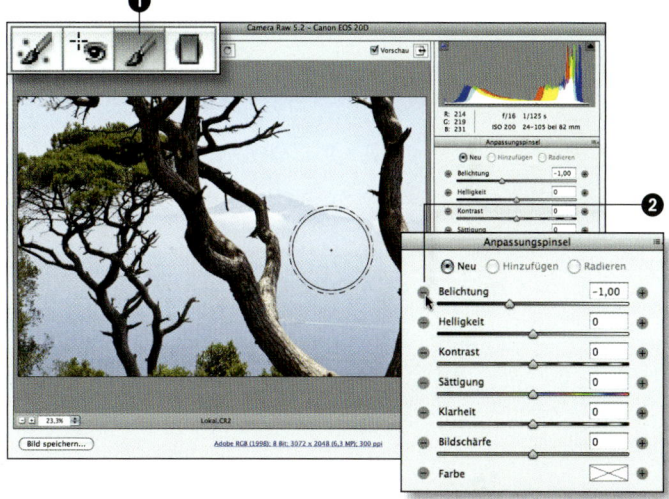

3 Werkzeugspitze festlegen

Mit der GRÖSSE geben Sie den 100 %igen Wirkungsbereich der Anpassungen an. Die WEICHE KANTE bezeichnet den zusätzlichen Bereich, in dem die Wirkung zum Rand hin nachlässt – im Vorschaubild erkennen Sie diese durch die gestrichelte Linie ❸.

Der FLUSS sorgt dafür, dass die Anpassungen schrittweise aufgetragen werden, also z. B. in der ersten Anwendung erst um 50 %. Die DICHTE gibt den maximalen Wirkungsgrad an, und AUTOMATISCH MASKIEREN verhindert ein Übermalen auf die Vordergrundbereiche.

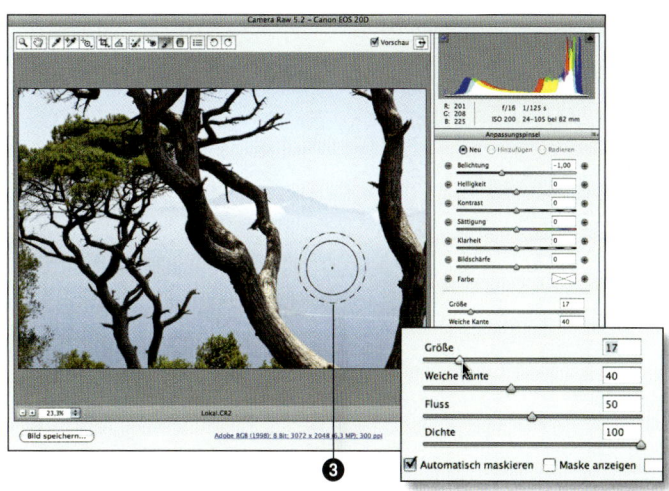

4 Anpassungen vordefinieren

Nachdem Sie die Pinselgröße angepasst und die Option AUTOMATISCH MASKIEREN aktiviert haben, wählen Sie eine Grundanpassung. Diese dient zunächst nur dazu, zu erkennen, wo im Bild die Korrekturen wirken werden – das Feintuning folgt dann später.

Verringern Sie die Werte für BELICHTUNG und HELLIGKEIT deutlich, und heben Sie gleichzeitig den KONTRAST an. Dann malen Sie mit dem Pinsel über den Hintergrund.

5 Automatische Maskierung

Achten Sie darauf, dass die markierte Mitte des Pinsels ❹ nur über den Hintergrund fährt. So werden nur zusammenhängende Bildbereiche geändert. Auf den andersfarbigen Vordergrund hat dies keine Auswirkungen. So können Sie mit großem Pinsel in kleineren Zonen arbeiten. Sie arbeiten die ganze Zeit an demselben »Pin« ❺, – also dem Ausgangspunkt der Korrektur – auch wenn Sie neu ansetzen. Und: Wenn Sie sich den Arbeitsbereich heranzoomen, ändert sich die Pinselgröße nicht, sie wird also relativ zum Bild kleiner.

6 Korrekturen anpassen

Die ersten Korrektureinstellungen wurden absichtlich überzogen. Nachdem die Korrektur vollständig auf den Hintergrund aufgetragen ist, ist jetzt die Zeit für etwas mehr Feinarbeit.

Korrigieren Sie die BELICHTUNG auf etwa –0,7, also ungefähr eine 2/3-Blende nach unten. Gleichzeitig werden die Mitteltöne mit dem Regler HELLIGKEIT auf ca. –10 abgesenkt und der KONTRAST um ca. +50 erhöht. Mit einer gleichzeitigen Erhöhung der SÄTTIGUNG arbeiten Sie das Meeres- und Himmelsblau heraus.

7 Maske überprüfen

Im Prinzip reicht es auch, wenn Sie mit der Gesamtwirkung der Korrektur zufrieden sind, aber wenn Sie die Genauigkeit der entstandenen Maske interessiert, blenden Sie sich diese über die Option MASKE ANZEIGEN ❻ ein. Die Farbe der Maske können Sie durch einen Klick auf das Farbfeld ❼ selbst definieren.

Übrigens: Anders als in Photoshop werden hier die korrigierten Bereiche in der Maske angezeigt und nicht die eigentlich maskierten.

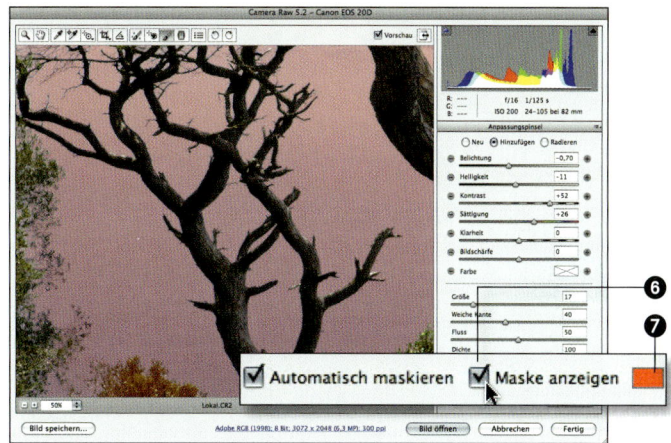

8 Radieren

Wenn die automatische Maskierung einmal nicht perfekt gelungen ist, können Sie die Maske auch noch korrigieren.

Aktivieren Sie die RADIEREN-Option ❽, und stellen Sie dann GRÖSSE, WEICHE KANTE und FLUSS ein, wie Sie es in Schritt 3 beim Pinsel gelernt haben. Mit einer kleinen Werkzeugspitze von ca. 5–10 und einer weichen Kante um 30 können Sie hier eventuelle Schnitzer gut korrigieren.

9 Vorschau, Optionen und Pins

Beachten Sie die oberen Optionen ❿. So lange hier HINZUFÜGEN aktiviert ist, arbeiten Sie an demselben Pin – also der gleichen Korrektur weiter. Durch NEU starten Sie eine Korrektur mit anderen Einstellungen.

Stört Sie der Pin bei der Beurteilung, dann blenden Sie ihn einfach über die entsprechende Option ⓫ aus.

Über die ein- oder abgeschaltete Vorschau ❾ können Sie die Korrektur beurteilen. Mit der Taste ⎡K⎤ verlassen Sie den Anpassungspinsel.

Porträtretusche im RAW-Format

Selektive und lokale Korrekturen kombinieren

*Die Porträtbildbearbeitung ist bisher nicht das Haupteinsatz-
gebiet des Raw-Konverters gewesen – zu viele Bearbeitungen
sind hierbei doch lokaler Art. Mit den neuen lokalen Korrekturmöglichkeiten, den überarbeiteten Retuschewerkzeugen
und einer versteckten Weichzeichnung wird der Raw-Konverter
für den schnellen, nicht-destruktiven Einsatz bei Porträts aber
durchaus interessant.*

Zielsetzungen:

Hautretusche

Farbkorrektur der Hauttöne

Hintergrund entsättigen

Weichzeichnung der Haut

Scharfzeichnung von Details

[Portraet.jpg]

1 Basisanpassung

Die meisten der Korrekturen dieses Workshops sind lokaler Art. Umso wichtiger ist es,
dass Sie die Anpassungen, die das ganze Motiv betreffen, an den Anfang stellen.

Durch eine minimale Belichtungkorrektur
um eine Viertelblende ❶ und ein zusätzliches
Anheben der HELLIGKEIT auf einen Wert
von 55–60 verlieren die Hauttöne ein wenig
die Schatten. Gleichzeitig können Sie den
FÜLLLICHT-Regler auf einen Wert von ca. 15
anheben, um die Schatten – auch im Pullover
– heller zu machen.

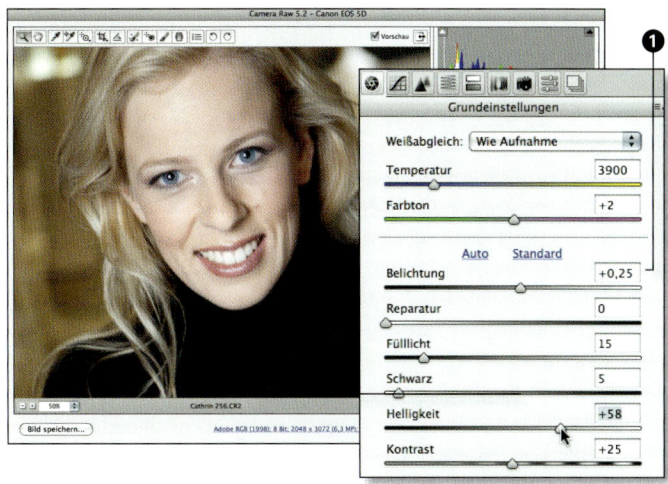

2 Kleine Hautretusche

Nach der globalen Anpassung folgen die Re-
tusche-Aufgaben. Wählen Sie den BEREICHS-
REPARATUR-Pinsel aus der Werkzeugleiste und
wählen Sie aus dessen Popup-Menü REPARIE-
REN als ART.

Reduzieren Sie außerdem die DECKKRAFT,
z. B. auf 60 %, denn Hautretuschen wirken
natürlicher, wenn sie nur überlagern und nicht
völlig abdecken. Ziehen Sie dann aus der
Mitte der ersten, kleinen Hauterhebung einen
Kreis auf ❷ (der Radius ergibt sich von selbst).

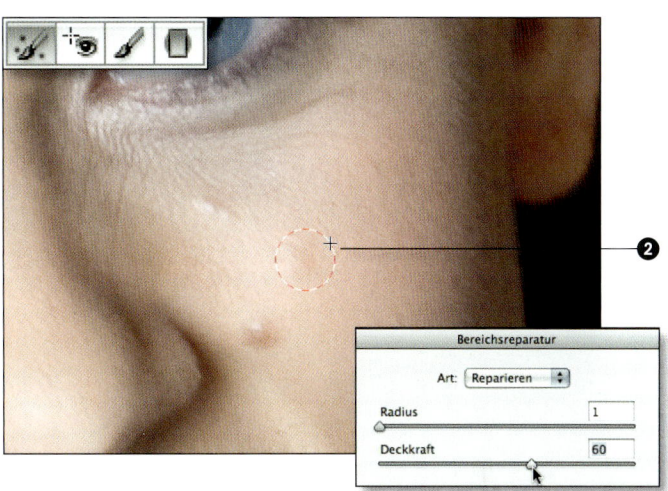

3 Reparaturquelle wählen

Sobald Sie den Mauszeiger loslassen, erscheint ein zweiter – grüner – Kreis ❸. Dies
ist die Reparaturquelle, aus der die über-
lagernden Pixel kopiert werden.

Sie können diesen Kreis mit dem Mauszeiger an jede beliebige Stelle bewegen und
so einen passenden homogenen Bereich als
Reparaturquelle auswählen.

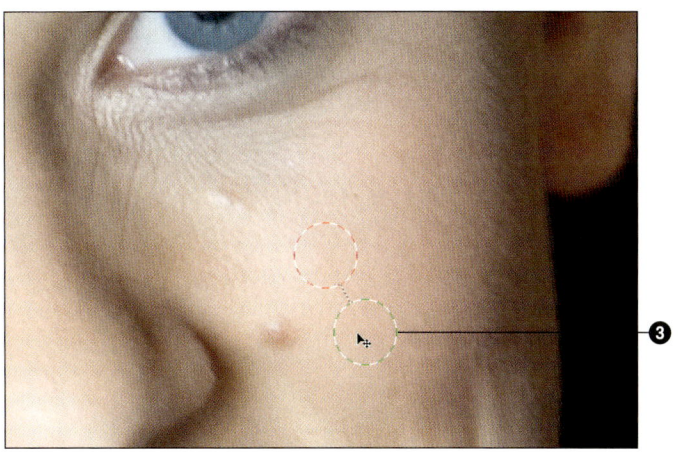

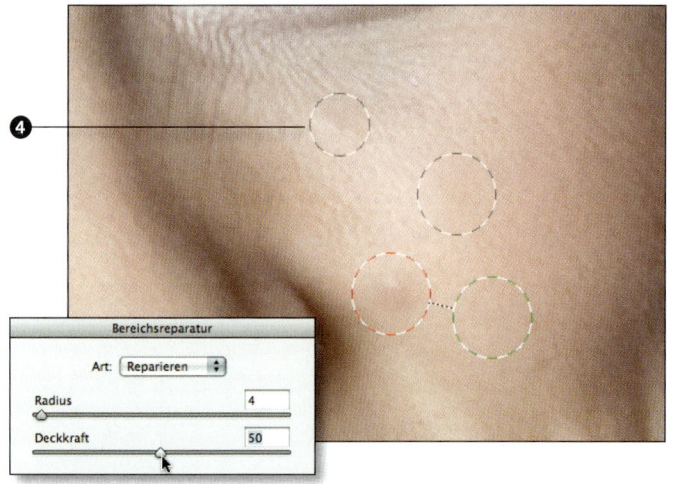

4 Glaubwürdige Retusche

So können Sie jetzt einen Reparaturkreis nach dem anderen aufziehen, und Sie können jeden einzelnen individuell steuern. Verringern Sie beispielsweise die DECKKRAFT bei Muttermalen oder Leberflecken, denn diese sind doch oft »ein Teil der Persönlichkeit« und werden von den Porträtierten als sehr vertraut empfunden.

Sie können jede Retuschestelle nachträglich bearbeiten. Klicken Sie zur Aktivierung einfach auf die kreisförmige Markierung ➍.

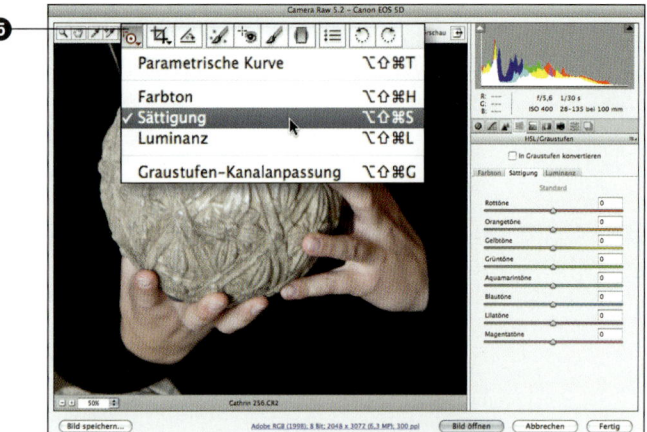

5 Selektive Anpassungen

Wählen Sie nun aus der Werkzeugleiste das Werkzeug für SELEKTIVE ANPASSUNG ➎, und wählen Sie gleich die Option SÄTTIGUNG aus dem Popup-Menü.

Hiermit werden wir störende Rotanteile in der Haut – insbesondere bei den ungeschminkten Händen – korrigieren.

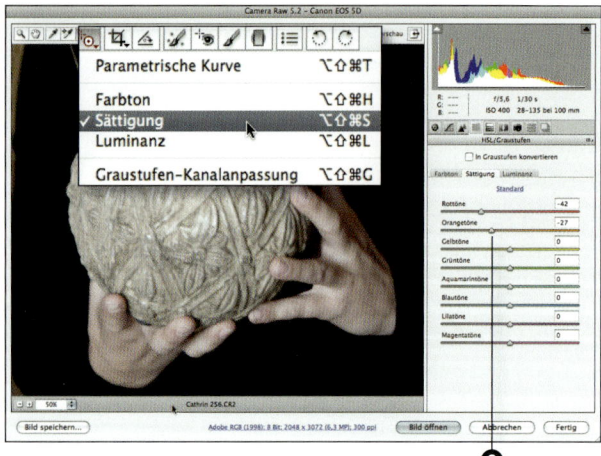

6 Rot-Sättigung verringern

Klicken Sie mit diesem Werkzeug auf eine besonders rote Stelle an den Fingern, und ziehen Sie mit gedrückter Maustaste nach links.

Sie werden sehen wie die Sättigung aus den roten Hauttönen entweicht.

Gleichzeitig erkennen Sie im Korrekturfenster HSL/GRAUSTUFEN, dass die Korrektur primär in den Rottönen, aber auch in den Orangetönen stattfindet ➏.

7 Luminanzkorrektur

Der Hautton kann noch ein wenig transparenter werden. Deshalb wird jetzt auf die gleiche Art und Weise die Luminanz der Hauttöne angehoben.

Wählen Sie aus dem Popup-Menü der Selektiven Anpassung die Option Luminanz.

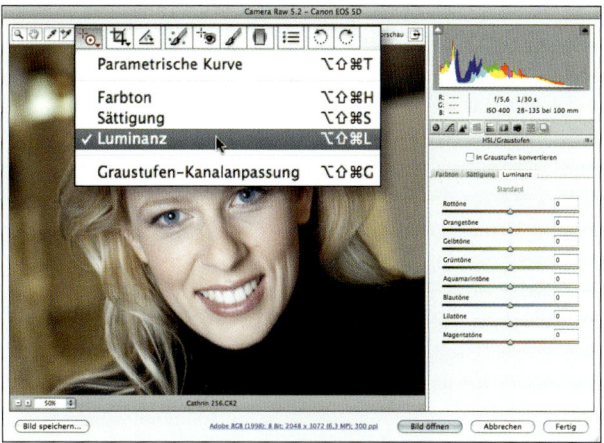

8 Strahlender Hautton

Klicken Sie auf einen repräsentativen Hautton, und ziehen Sie die Maus nach rechts, so erhöhen Sie die Helligkeit in den Hauttönen.

Im Arbeitsfenster erkennen Sie, in welchen Farbbereichen die Korrektur stattgefunden hat: primär in den Orange-, aber auch leicht in den Rottönen ❼.

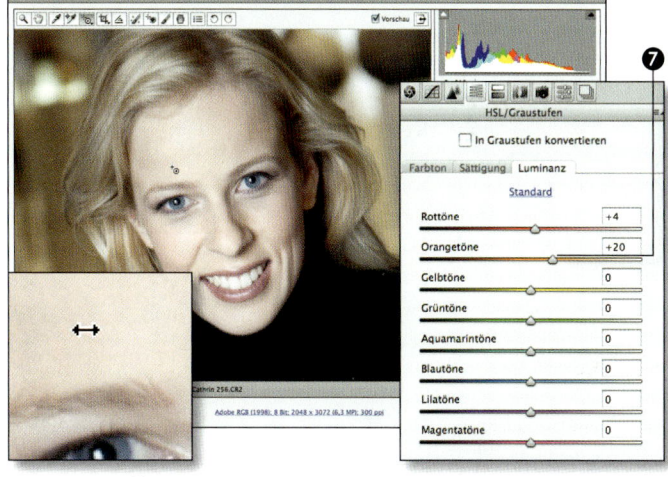

9 Lokale Bearbeitung starten

Es gibt noch einige Anpassungen durchzuführen: Zuerst sollte der Hintergrund etwas weniger dominant wirken. Das erzielen Sie schnell, indem Sie dort die Sättigung entziehen.

Wählen Sie den Anpassungspinsel ❽ aus der Werkzeugleiste, und klicken Sie in dem erscheinenden Arbeitsfenster auf das Minus-Zeichen ❾ vor dem Regler Sättigung. So sind alle anderen Anpassungen auf »Neutral« gestellt, und Sie haben eine gute Ausgangsbasis.

10 Hintergrund entsättigen

Ziehen Sie vor der Korrektur den SÄTTIGUNG-
Regler auf –100 – so erkennen Sie schnell, wo
Sie die Korrektur gleich auftragen. Arbeiten
Sie anfangs ruhig mit einer großen Pinselspitze. Stellen Sie eine mittlere WEICHE KANTE
ein, und setzen Sie den FLUSS auf 100, um
die Korrektur gleichmäßig aufzutragen. Mit
der DICHTE können Sie die eingestellte Stärke
noch modifizieren. Aktivieren Sie die Option
AUTOMATISCH MASKIEREN, und tragen Sie die
Korrektur mit wechselnden Pinselgrößen auf
den Hintergrund auf.

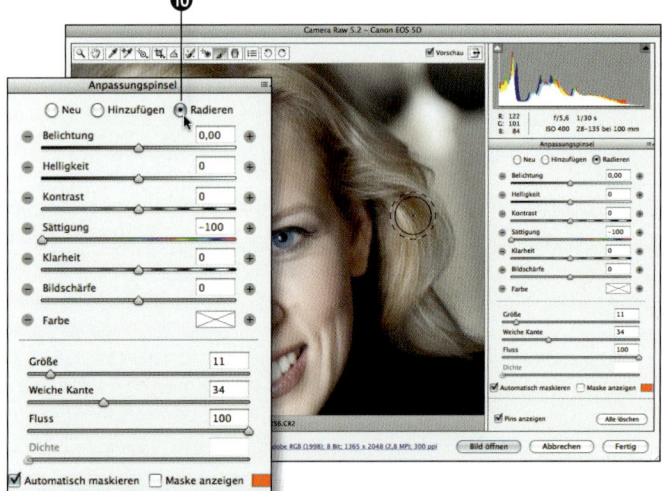

11 Korrektur

Sollte die automatische Maskierung (die auf
in der Mitte der Werkzeugspitze aufgenommenen Farbwerten beruht) einmal versagen,
ändern Sie die Option des ANPASSUNGSPINSELS
auf RADIEREN ❿, und entfernen Sie die Korrektur einfach mit passender Pinselgröße und
-kante.

Mehr Details über den Anpassungspinsel:
Lesen Sie dazu »Lokale Korrekturen« ab
Seite 138 in diesem Kapitel.

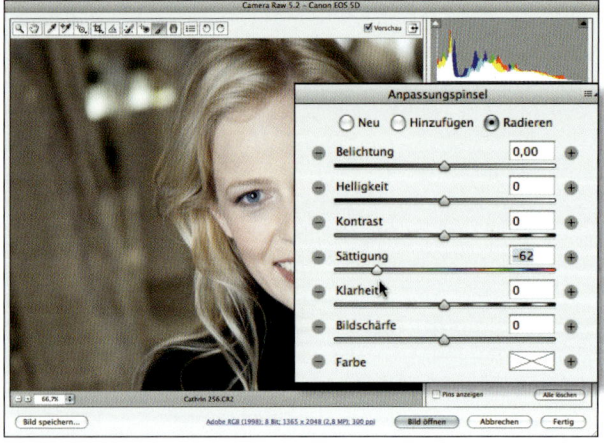

12 Finale Korrektur einstellen

Auch während und nach dem Auftragen
der Bildanpassungen können Sie diese noch
variieren.

In unserem Fall soll der Hintergrund natürlich nicht schwarzweiß werden. Ziehen Sie
deshalb den Regler SÄTTIGUNG so weit wieder
hoch, dass der Hintergrund eine dezente,
nicht aufdringliche Sättigung erreicht.

Mit einem Klick auf die Option NEU starten
Sie dann eine neue Anpassung.

13 Weichzeichnung vorbereiten

Das A und O einer jeden Porträtretusche ist die Weichzeichnung der Gesichtszüge.

Nun bietet sich im gesamten Raw-Konverter auf den ersten Blick kein Regler für die Weichzeichnung. Allerdings können Sie natürlich mit negativen Werten für die KLARHEIT den Detailkontrast verringern. Das entspricht einer Weichzeichnung! Setzen Sie den Wert für KLARHEIT auf ca. –25, und wählen Sie dafür einen Pinsel mit 100 % weicher Kante und einer FLUSS-Einstellung von ca. 30.

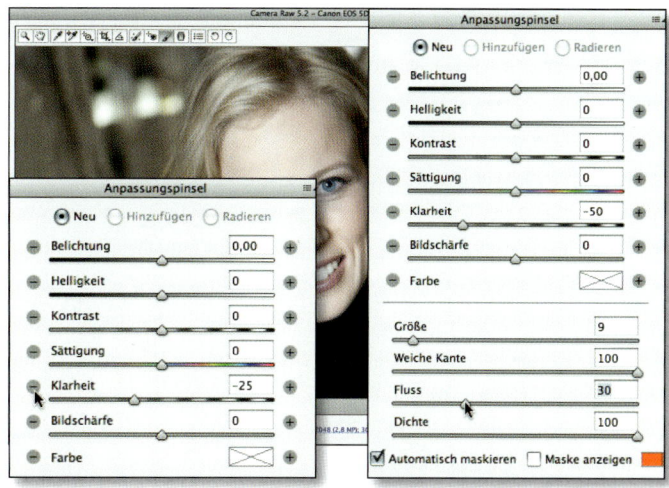

14 Haut abpudern

Die FLUSS-Einstellung bewirkt, dass Sie die Weichzeichnung stückweise mit verminderter Wirkung auftragen können.

So können Sie jetzt mit dem weichen ANPASSUNGSPINSEL über die Hautbereiche fahren und durch wiederholte Anwendung die Weichzeichnung verstärken.

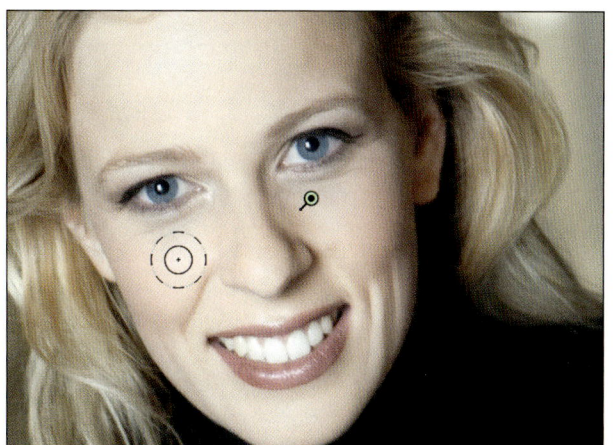

15 Die Scharfzeichnung als Finish

Natürlich darf am Schluss die Scharfzeichnung von Augen, Lippen und Haardetails nicht fehlen.

Klicken Sie auf NEU ❸ für eine weitere Anpassung und ziehen Sie die Werte für KLARHEIT und BILDSCHÄRFE sehr hoch, bevor Sie mit angemessener Pinsel-GRÖSSE und einer WEICHEN KANTE von ca. 50 mit den Augendetails ❶ starten.

Sie erkennen an dem grünen Pin ❷ den Ausgangspunkt der neuen Anpassung.

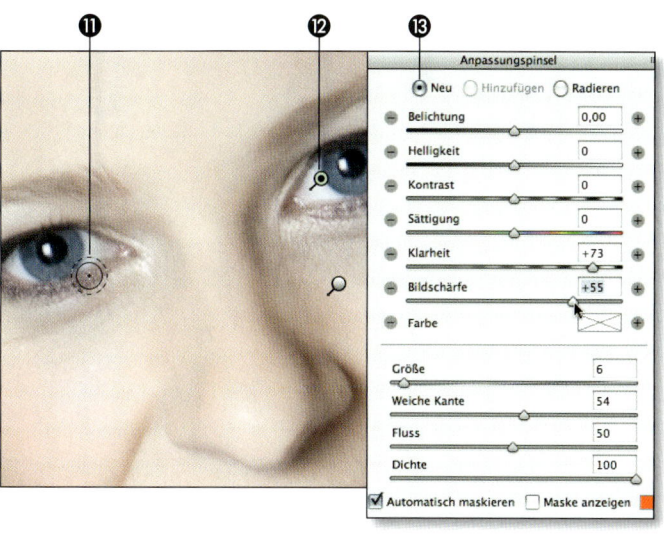

Mischlicht kombinieren

Montieren Sie Tages- und Kunstlicht-Varianten

Leider umfassen die lokalen Korrekturen von Adobe Camera Raw 5 noch keine Farbtemperatureinstellungen. Für optimale Umsetzungen von Mischlichtsituationen können Sie aber nach wie vor verschiedene Farbtemperatur-Varianten im Raw-Konverter entwickeln und in Photoshop miteinander kombinieren.

Zielsetzungen:

Tageslicht neutralisieren

Innenbereiche farblich anpassen

Mischlicht durch Überblendung erzeugen

[Farbtemperaturen.CR2]

1 Datei öffnen

Öffnen Sie die RAW-Datei durch einen Doppelklick im Raw-Konverter.

Der Farbtemperatur-Wert während der Aufnahme lag ungefähr zwischen dem Standard von Tageslicht und Kunstlicht und wird damit keinem Motivteil gerecht.

Dies ist eine Aufgabe für das WEISSAB-GLEICH-WERKZEUG – die Pipette ❶.

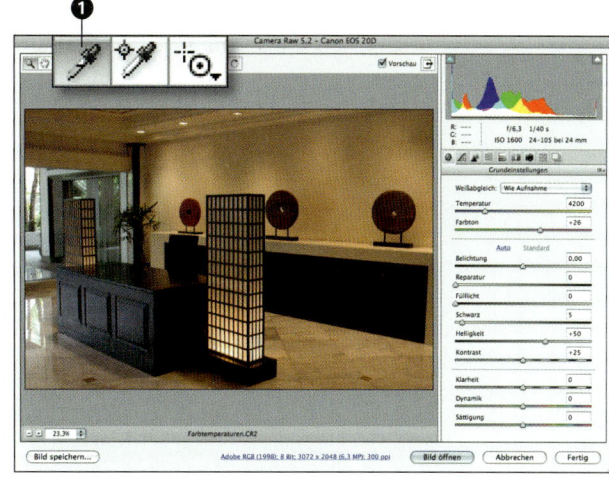

2 Weißabgleich für Tageslichtanteile

Starten Sie mit den Motivteilen, die im schattigen Tageslicht liegen.

Ein Klick mit der Pipette auf einen hellen bis mittleren neutralen Bereich (wie die ehemals weiße Wand ❷) passt die Farbtemperatur-Einstellung an. Sie können hier gerne auch mit dem FARBTON-Regler etwas nachjustieren.

3 Kopie in Photoshop öffnen

Die Inneneinrichtung im Bild wird immer noch deutlich zu warm dargestellt. Öffnen Sie aus dieser Einstellung erst einmal eine Kopie in Photoshop.

Durch Halten der ⌥/ Alt -Taste wird der ÖFFNEN-Button zum Befehl für KOPIE ÖFFNEN. So wird aus der RAW-Datei eine RGB-Datei im Photoshop-Format – inklusive der eben vorgenommenen Einstellungen.

Der Raw-Konverter wird dabei geschlossen und die RAW-Datei bleibt unverändert.

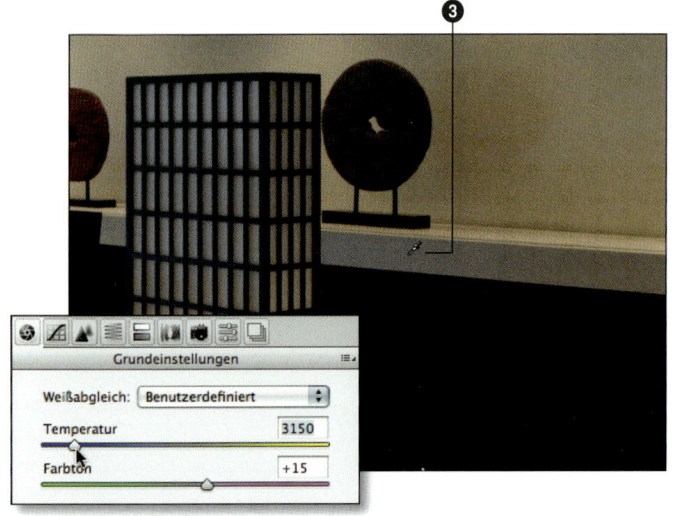

4 Weißabgleich für Kunstlicht

Öffnen Sie gleich danach wieder die Original-RAW-Datei mit einem Doppelklick für die zweite Umsetzung.

Diesmal platzieren Sie die Pipette auf einer entsprechenden Stelle im Innenbereich ❸, die farblich neutralisiert werden soll. Sie können durchaus mit einigen Klicks auf verschiedene Stellen ausprobieren, welches das beste Ergebnis bringt.

Und natürlich können TEMPERATUR und FARBTON wieder leicht nachjustiert werden.

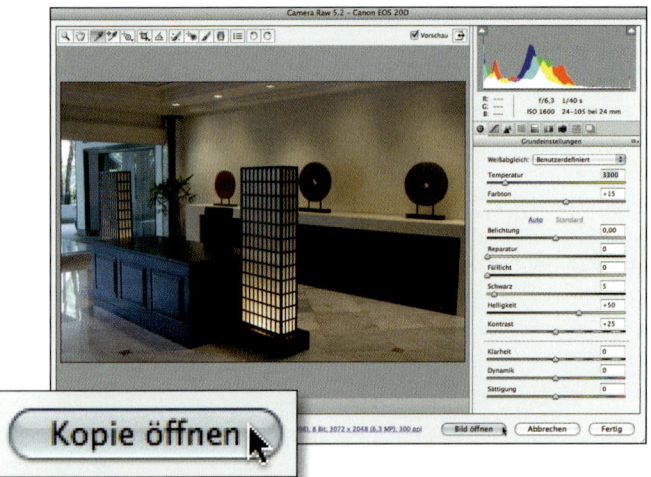

5 Zweite Kopie in Photoshop öffnen

Auch diese Umsetzung tut nur einem Teilbereich des Bildes gut. Die weißen Teile sind nun recht neutral, aber der Außenbereich und auch die Tageslichtreflexionen im Mobiliar wirken zu kalt.

Dennoch: Öffnen Sie auch diese Umsetzung als Kopie – mit gedrückter ⌥/Alt-Taste. Der Rest der Arbeit findet dann später in Photoshop statt.

6 Versionen auf Ebenen kombinieren

Die beiden geöffneten Dateien müssen Sie nun in einer Datei kombinieren. Benutzen Sie dafür das VERSCHIEBEN-WERKZEUG ⊹, klicken Sie auf das obenliegende Fenster und ziehen Sie das Bild mit gedrückter ⇧-Taste auf das Fenster der unten liegenden Datei.

So entsteht eine neue Ebene, die exakt deckungsgleich über der anderen liegt. Die zwei Bildversionen sind jetzt wie ein Sandwich übereinander gepackt.

7 Ebenenmaske anlegen

Um die oben liegende Ebene auf die Bildteile zu beschränken, die Sie aus der Umsetzung für die Innenbeleuchtung benötigen, sollten Sie eine Ebenenmaske erstellen.

Stellen Sie sicher, dass die obere Ebene aktiv ist – sie ist dann in der Palette leicht farblich unterlegt ❹, und klicken Sie dann auf das Ebenenmasken-Symbol  unten in der EBENEN-Palette. Sofort entsteht eine Ebenenmaske, die noch leer ist und also noch keine Wirkung zeigt.

8 Ebenenmaske bearbeiten

Wählen Sie das Pinselwerkzeug und öffnen Sie durch einen Klick auf das Pinselsymbol in der Optionsleiste ❺ die Pinseloptionen.

Stellen Sie einen großen Durchmesser von ca. 500 Pixeln ein, und definieren Sie durch eine Härte von 0 eine weiche Pinselspitze. Wählen Sie Schwarz als Vordergrundfarbe .

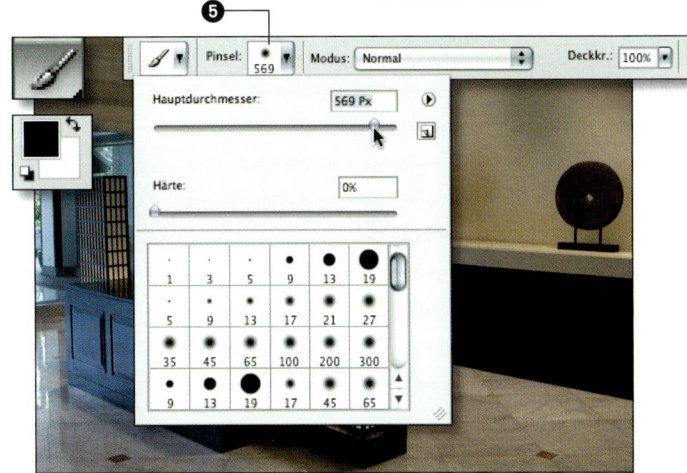

9 Deckkraft variieren

Nun beginnen Sie, mit dem Pinsel in die Fensterbereiche auf der Maske zu malen. Durch die schwarzen Pixel wird die obere Ebene an den betreffenden Stellen maskiert und die untenliegende »Tageslicht«-Ebene wird sichtbar.

Für fließende Übergänge können Sie in der Optionsleiste die DECKKRAFT des Pinsels verringern. Malen Sie mit einer DECKKRAFT von ca. 50 in den Bereichen, wo beide Umsetzungen miteinander verschmelzen sollen. So erzielen Sie auf der Vorderseite des Schreibtischs oder in den Lampen noch mehr Wärme.

HDR-Bilder erzeugen

Nutzen Sie Belichtungsreihen für den dynamischen Kontrastumfang

*Mit der Fähigkeit von Photoshop, RAW-Daten zu sogenannten
»High Dynamic Range«-Bildern im 32-Bit-Modus zu verarbeiten,
haben Sie die Möglichkeit, über Mehrfachbelichtungen einen
größeren Kontrastumfang zu realisieren. Wie aus Einzelbelichtungen ein HDR-Bild wird, sehen Sie in diesem Workshop.*

Zielsetzung:

Durchgezeichnete Lichter-
und Schattenbereiche aus
verschiedenen Belichtungen
zusammenfügen
[Ordner HDR_Basis]

Foto: Maike Jarsetz

1 Belichtungsreihe auswählen

Lokalisieren Sie in der Bridge Ihre Aufnahmeserie mit deutlichen Belichtungssprüngen
zwischen den Aufnahmen.

Werfen Sie einen Blick auf das Metadaten-
Placard, das Belichtung und Blende zeigt ❶:
Jedes Bild hat bei gleicher Blende eine andere
Belichtungszeit. Es wurden also jeweils ande-
re Tonwertbereiche optimal belichtet. Jeden
dieser Teilbereiche werden Sie jetzt nutzen.

Voraussetzung für dieses Vorgehen sind
RAW-Daten mit 16 Bit Farbtiefe.

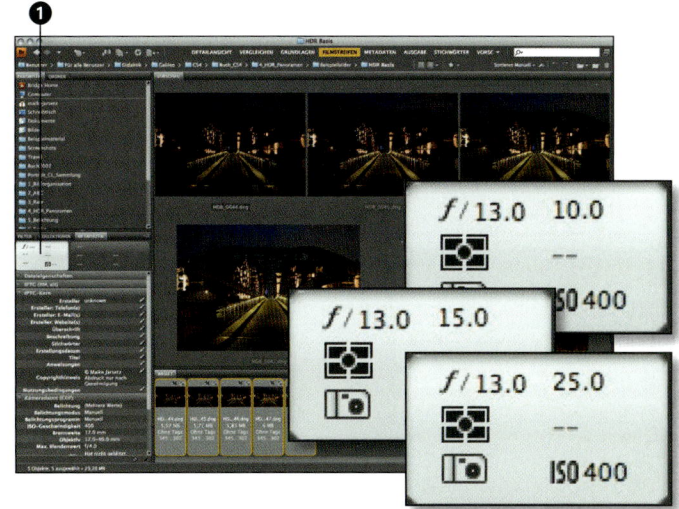

2 Belichtungen zusammenfügen

Markieren Sie alle Dateien der Serie und wählen Sie aus dem Menü WERKZEUGE ▷ PHOTO-
SHOP ▷ ZU HDR ZUSAMMENFÜGEN.

So werden alle Bilder geöffnet. Aus ihnen
werden die Kamera-(EXIF-)Daten heraus-
gelesen, so dass Photoshop erkennen kann,
welches Bild für die hellere und welches für
die dunklere Belichtung zuständig ist.

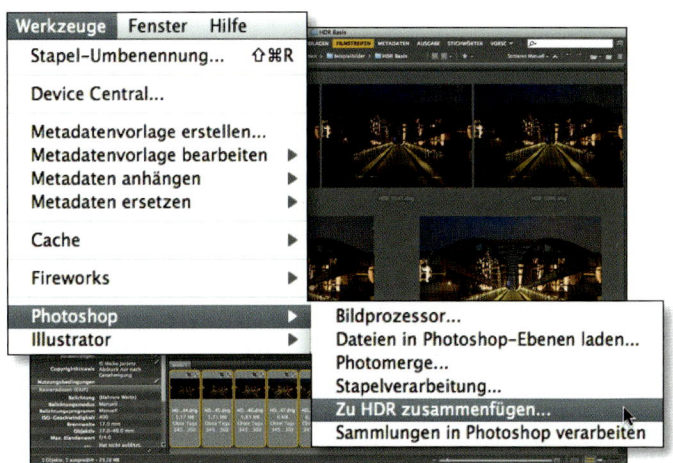

3 Ebenen ausrichten

Am Fortschritts-Balken sehen Sie, dass Photoshop intern eine Ebenendatei aufbaut.

AUSGEWÄHLTE EBENEN NACH INHALT AUSRICH-
TEN bedeutet, dass jedes Pixel der Einzelbelichtung mit den anderen Ebenen abgeglichen
und – wenn nötig – verschoben wird.

So gleichen Sie Abweichungen, die bei
langer Belichtungszeit selbst mit dem besten
Stativ auftreten können, wieder aus. Und die
Basis für eine kombinierte Belichtung ist geschaffen.

4 Die Bilder im Vorschaumenü

Innerhalb des Vorschaubildes ist das gesamte Belichtungsspektrum zusammengefasst.

Die EXIF-Daten dienen der Bestimmung, welche Bildbereiche aus welchem Ursprungsbild für die Voransicht benutzt werden.

Nach wie vor kann Photoshop auf die Belichtungsinformationen aller Bilder zugreifen, und Sie können auch Motive aus der Belichtungsreihe aus dem Gesamtbild ausschließen.

Deaktivieren Sie dazu das kleine Häkchen unter den Einzelbildern ❷.

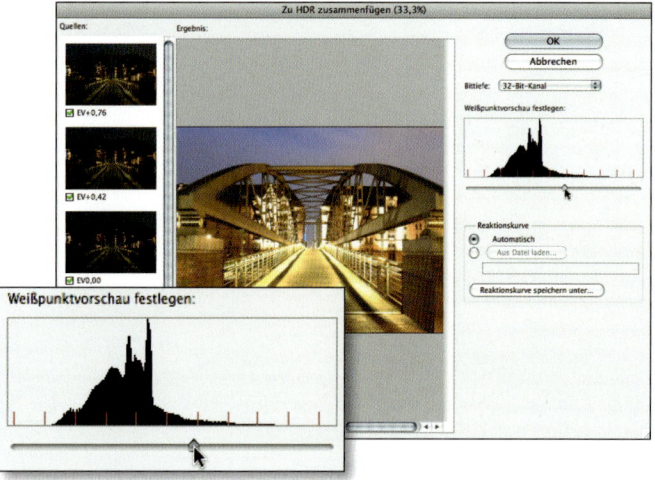

5 Gesamtbelichtung bestimmen

Über den Schieberegler in der sogenannten WEISSPUNKTVORSCHAU können Sie die Belichtung für das Gesamtbild einstellen.

Die erste Umsetzung der Belichtungskombination ist deutlich zu hell ausgefallen. Denn Photoshop wählt innerhalb der großen zur Verfügung stehenden Tonwertbreite, die goldene Mitte.

Verschieben Sie den Regler nach rechts, um mehr helle Bildzonen in die Mitte zu drängen und das Bild so insgesamt abzudunkeln.

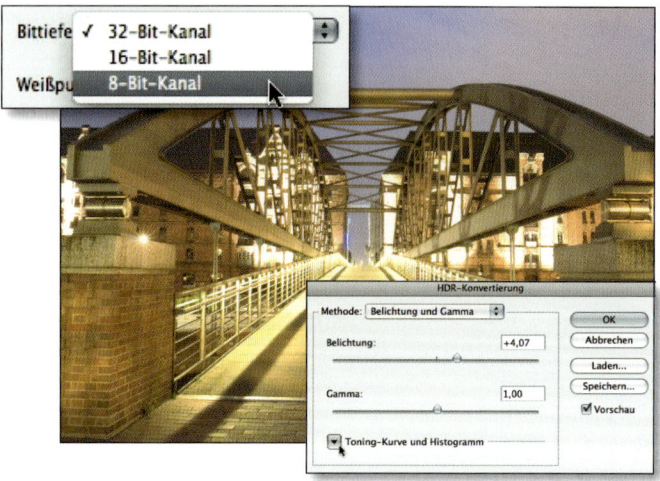

6 Farbtiefe reduzieren

Den verlockend großen Tonwertumfang können Sie leider kaum nutzen. Denn bei Bearbeitung und Ausgabe sind Sie auf geringere Farbtiefen beschränkt. Eine Weitergabe von 32-Bit-Daten ist für 3D-Rendering oder Video-Editing sinnvoll, für die Bildbearbeitung aber nicht realistisch. Bevor Sie das Menü mit OK verlassen, können Sie die BITTIEFE daher auf 8 bzw. 16 Bit reduzieren. Im Arbeitsfenster HDR-KONVERTIERUNG können Sie gleich beeinflussen, wie der größere Tonwertumfang umgerechnet wird.

7 Umsetzung

Sie können sich zur Analyse der bestehenden Tonwerte auch das Histogramm einblenden lassen ❸.

Es gibt unter METHODE ❹ Vorgaben, wie z. B. HISTOGRAMM EQUALISIEREN, mit denen der existierende 32-Bit-Tonwertumfang gleichmäßig in den kleineren Farbumfang von 16 oder 8 Bit geschrumpft wird. Beeinflussen Sie diese erste HDR-Konvertierung aber lieber mit bekannten Parametern wie BELICHTUNG UND GAMMA.

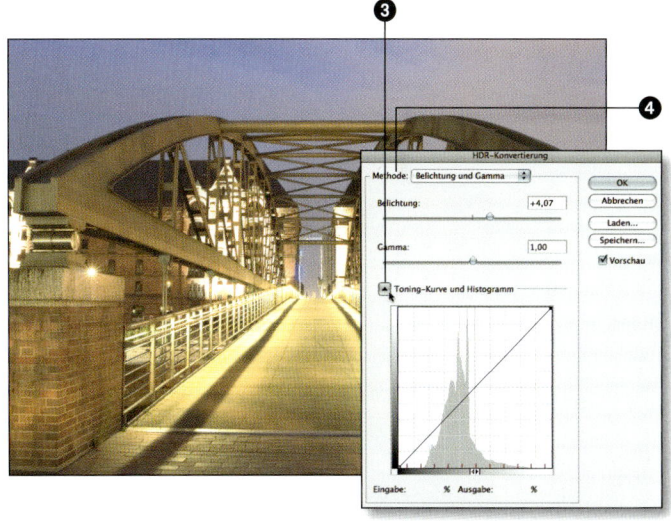

8 Belichtung steuern

Lassen Sie sich jetzt nur vom Vorschaubild leiten. Verringern Sie die Belichtung, um den Nachtbildcharakter wieder deutlich zu machen.

Trotzdem nutzen Sie mit einem Belichtungswert von knapp zwei Blenden über der ursprünglich mittleren Belichtung die RAW-Daten doch voll aus.

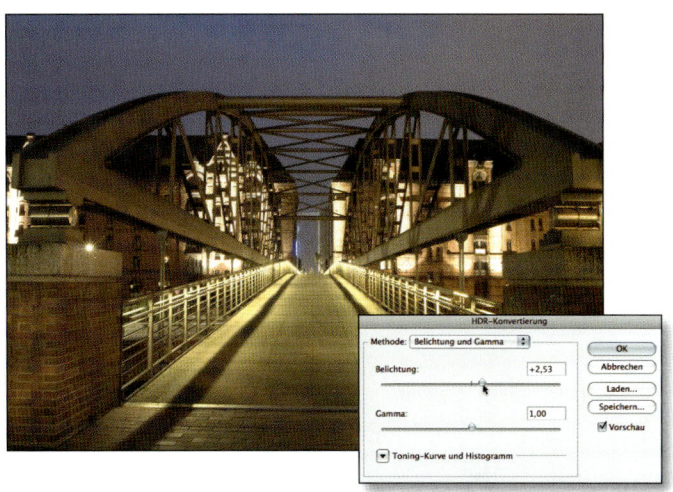

9 Kontrast anheben

Durch Veränderung des GAMMA-Werts wird ein wenig mehr Kontrast in das Bild gearbeitet – arbeiten Sie hier mit kleinen Korrekturen, damit es nicht zu sehr auf Kosten der Mitteltöne geht.

Weitere HDR-Konvertierungsoptionen:
Lesen Sie dazu die nächste Lektion »Konvertierungsoptionen nutzen«.

Konvertierungsoptionen nutzen

Verschiedene Ansätze für den Übergang von 32 zu 16 oder 8 Bit

Bei den ersten Versuchen mit HDR fühlt man sich vielleicht der Automatik von Photoshop etwas ausgeliefert. Diese zeigt sich insbesondere dann, wenn das Bild von den hochdynamischen 32 Bit in weiterverarbeitbare 8 oder 16 Bit umgerechnet wird. In diesem Prozess – und auch schon vorher – haben Sie aber durchaus Einflussmöglichkeiten, mit denen Sie das Aussehen der finalen Bilddatei zu Ihrer Zufriedenheit beeinflussen können.

Video-Training

Sie finden zu diesem Thema auch eine Video-Lektion auf der Buch-DVD (Lektion 1.3).

Zielsetzungen:

HDR-Montage erstellen
Zeichnung für überbelichtete Bereiche erarbeiten
Bildkontrast angleichen
[Ordner HDR_Konvertierung]

Fotos: Walter M. Rammler

1 HDR-Bild erstellen

Markieren Sie alle Bilder der Aufnahmeserie in der Bridge, und wählen Sie aus dem Menü WERKZEUGE ▷ PHOTOSHOP ▷ ZU HDR ZUSAMMENFÜGEN. Diesen Prozess kennen Sie aus dem vorangegangenen Kapitel.

Dieses Mal werden wir das HDR-Bild als 32-Bit-Datei weitergeben und in Photoshop noch weiter bearbeiten.

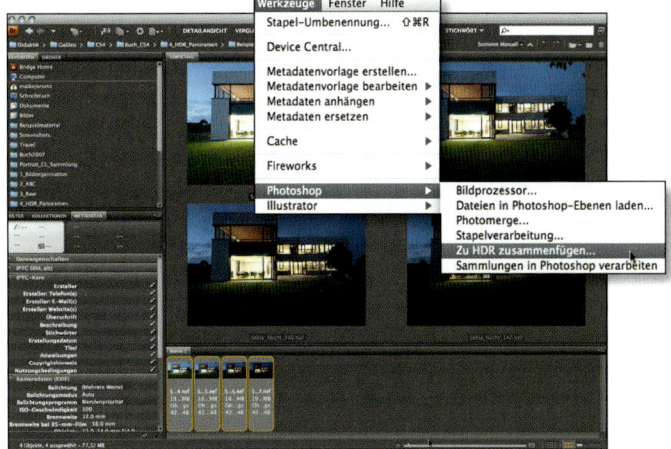

2 In 32 Bit weiterarbeiten

Nutzen Sie den Schieberegler der WEISSPUNKTVORSCHAU, um die 8-Bit-Vorschau zu steuern.

Hierbei müssen Sie sich klarmachen, dass Sie auf Ihrem 8-Bit-fähigen Monitor niemals den tatsächlichen Belichtungsumfang der 32-Bit-Datei erkennen können. Mit der WEISSPUNKTVORSCHAU bestimmen Sie praktisch den Ausschnitt des 32-Bit-Tonwertumfangs, den Ihr Bildschirm wiedergeben soll.

Klicken Sie auf OK, um das 32-Bit-Bild in Photoshop zu öffnen.

3 8-Bit-Vorschau

Klicken Sie nach dem Öffnen des Bildes einmal in der unteren linken Ecke Ihres Photoshop-Fensters auf den Optionspfeil ❶, und wählen Sie aus dem Popup-Menü die 32-BIT-BELICHTUNG.

So steht Ihnen permanent ein Schieberegler zur Verfügung, mit dem Sie die Belichtung der 8-Bit-Vorschau weiter verändern können.

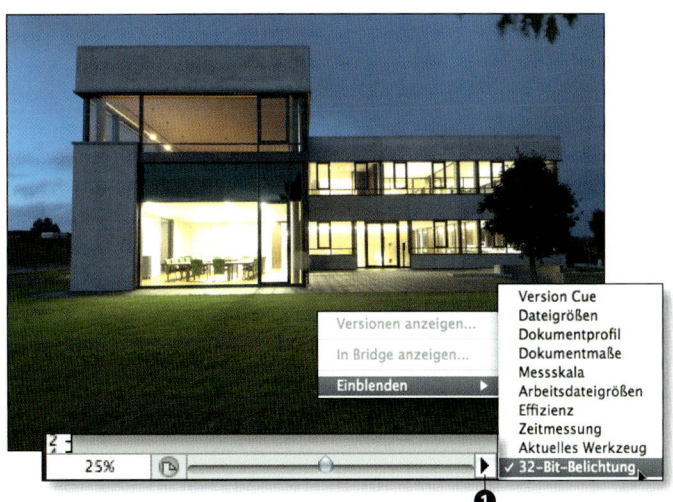

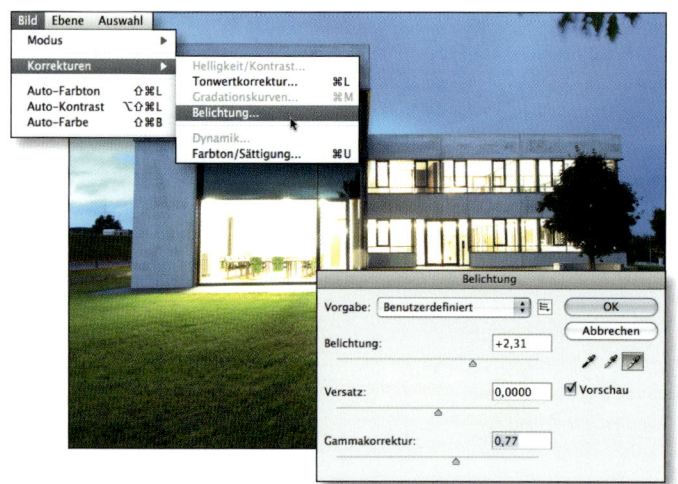

4 Belichtung und Kontrast steuern

Die Schwierigkeit ist schon erkennbar: Bei
einer Belichtung, die den Innenraum einigermaßen zeigt, ist die Umgebung viel zu dunkel
und vor allem kontrastlos.

Wählen Sie deshalb aus dem Menü BILD
▷ KORREKTUREN ▷ BELICHTUNG. Korrigieren Sie
dort die GAMMAKORREKTUR auf ca. 0,8, um
das Bild kontrastreicher zu machen. Heben
Sie gleichzeitig die BELICHTUNG auf ca. +2,3
an, um insbesondere die Zeichnung im Vordergrund aufzubauen. Um die ausgefressenen
Lichter kümmern wir uns später noch.

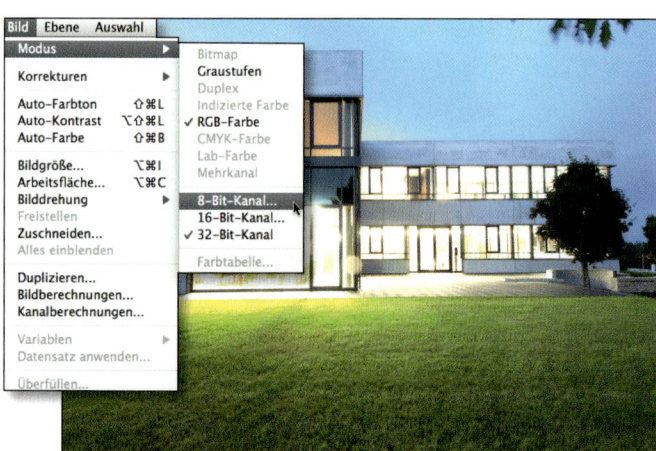

5 In 8 Bit konvertieren

Nach dieser Vorarbeit werden wir das kontrast-
reichere Bild in den 8-Bit-Farbraum übergeben.

Wählen Sie BILD ▷ MODUS ▷ 8-BIT-KANAL. Sie
werden erkennen, dass das Bild sofort heller
wird – es gibt also eine automatische Anpassung für die 8-Bit-Umsetzung.

Die ersten zur Verfügung stehenden Optionen für die Konvertierung sind BELICHTUNG
und GAMMA. Wie wir eben schon gesehen haben, kommen wir damit bei diesem kritischen
Motiv nicht weiter.

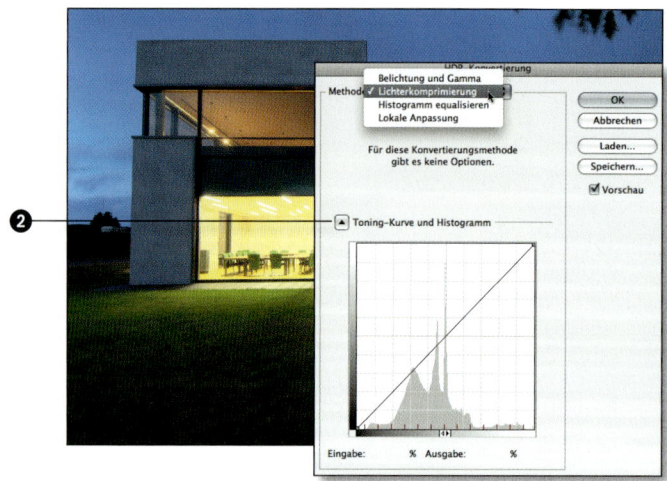

6 Erste Option: Lichterkomprimierung

Blenden Sie über den Pfeil ❷ TONING-KURVE
UND HISTOGRAMM ein. Kritisch an diesem Bild
sind die ausfressenden Lichter, die der 8-Bit-
Umfang nicht gleichzeitig mit durchgezeichneten Schatten darstellen kann.

Wählen Sie deshalb als Methode aus dem
Popup-Menü LICHTERKOMPRIMIERUNG. So
werden alle hellen Tonwerte in den 8-Bit-Farb-
raum »heruntergedrückt«. Das Ergebnis hat
zwar keine ausgefressenen Lichter mehr, aber
die Mitteltöne und Lichter werden doch sehr
weich dargestellt.

7   Zweite Option: Histogramm equalisieren

Versuchen Sie eine weitere METHODE: Die Option HISTOGRAMM EQUALISIEREN schrumpft den 32-Bit-Tonwertumfang gleichmäßig auf die 8-Bit-Farbtiefe.

Hier profitieren Sie zwar insbesondere in den Schattendetails von der vorangegangen Kontrastkorrektur aus Schritt 4, aber der helle Innenbereich wirkt immer noch sehr flau.

Auch mit dieser Methode haben Sie keine Möglichkeit, manuell einzugreifen.

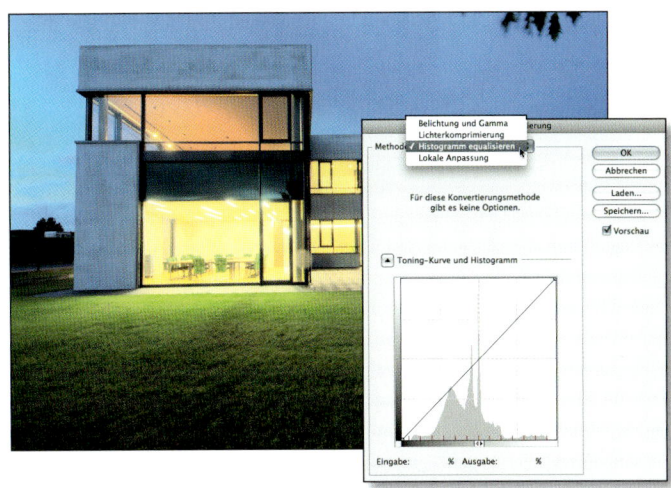

8   Dritte Option: Lokale Anpassung

Die letzte METHODE – die LOKALE ANPASSUNG – gibt Ihnen wieder die Möglichkeit, die 8-Bit-Umsetzung selbst zu beeinflussen.

Hier werden die Bildanteile innerhalb des angegebenen Radius zusammen analysiert und in den 8-Bit-Farbraum reduziert. Durch einen kleinen RADIUS retten Sie hier mehr Details in den kritischen Lichtern. Der SCHWELLENWERT definiert, welche Tonwerte zum gleichen Helligkeitsbereich gehören, ein größerer Wert erhöht so den Kontrast.

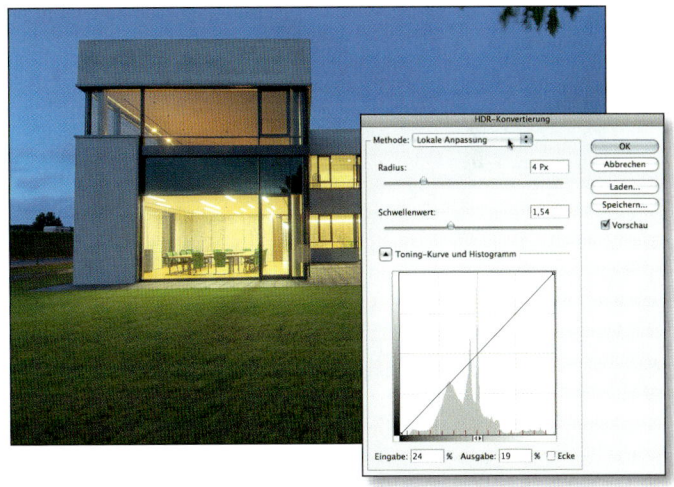

9   Toning-Kurve bearbeiten

Der Vorteil der lokalen Anpassung ist, dass Sie nicht nur die Schieberegler für die Tonwertkonvertierung zur Verfügung haben, sondern direkt in die Gradationskurve bzw. Toning-Kurve eingreifen können. So können Sie den Kontrast noch im großen 32-Bit-Farbraum steigern und sehen unmittelbar die Auswirkungen in der 8-Bit-Vorschau.

Ziehen Sie die Kurve direkt mit der Maus in einen S-förmigen Verlauf. Dazu ziehen Sie die Lichter nach oben ❹, die Tiefen nach unten ❸ und erhöhen so den Kontrast.

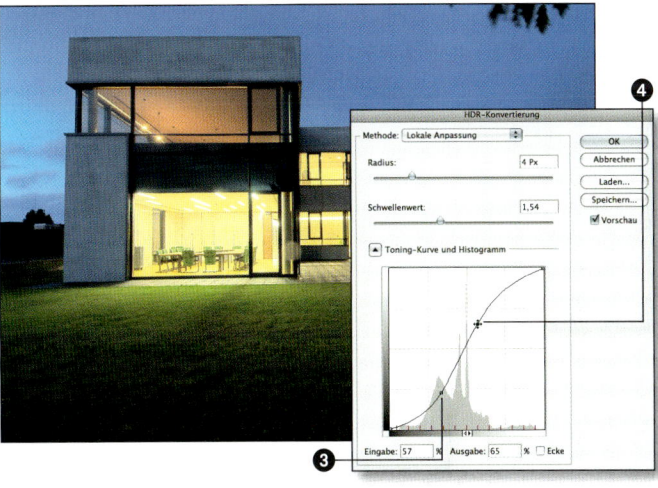

HDR aus einer Belichtung

Manuelle Montage verschiedener Raw-Entwicklungen

Bei bewegten Motiven stößt die HDR-Technik an Grenzen. Schon ein dramatischer Wolkenhimmel verändert sich von einer Belichtung zur anderen. Um trotzdem jedem Motivteil gerecht zu werden, entwickeln Sie einfach verschiedene Belichtungen – der 16-Bit-Umfang der RAW-Datei gibt das her – und kombinieren diese über Luminanzauswahlen in Photoshop.

Zielsetzungen:

Belichtung für Innenbereich
Belichtung für Schattenzonen
Farbsteuerung für Himmel
Belichtungen über Masken
miteinander kombinieren

[manuelles_HDR.nef]

Foto: Walter M. Rammler

1 Arbeitsablauf-Optionen festlegen

Öffnen Sie die RAW-Datei im Raw-Konverter und legen Sie als Erstes fest, wie die einzelnen Belichtungen in Photoshop weiterverarbeitet werden sollen.

Durch einen Klick auf den blauen Link ❶ gelangen Sie in die ARBEITSABLAUF-OPTIONEN: Hier geben Sie die GRÖSSE der auszugebenden Bilder ein, setzen die AUFLÖSUNG auf 300 dpi, wählen für die Farbtiefe 8 BIT/KANAL oder 16 BIT/KANAL – je nach Ihrer Ausgabemöglichkeit – und wählen einen Standardfarbraum wie ADOBE RGB.

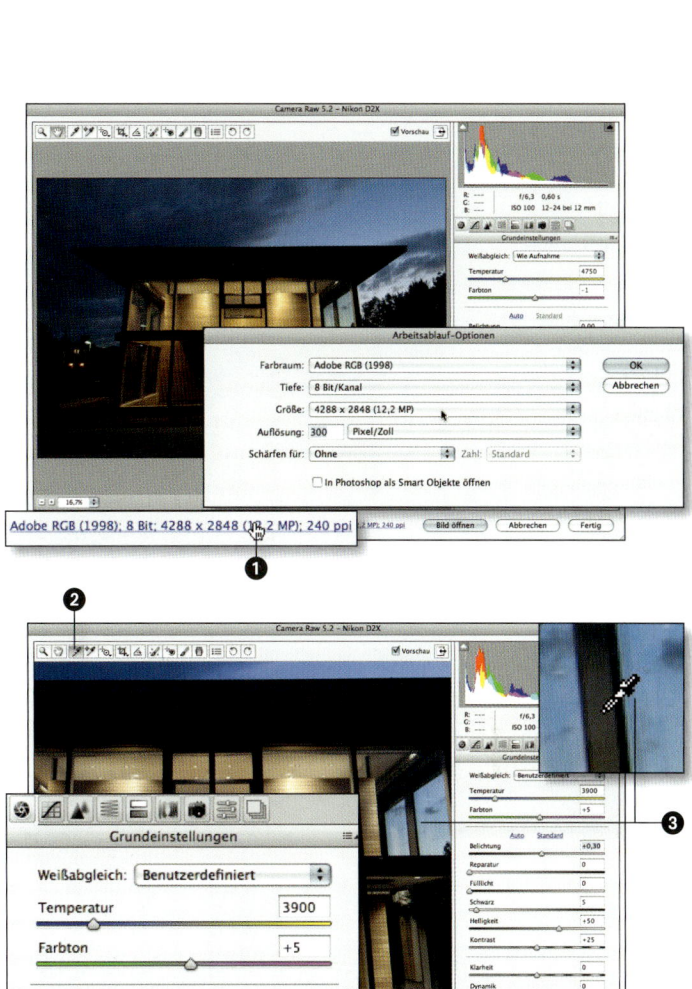

2 Belichtung und Weißabgleich

Die erste Entwicklung gilt der Inneneinrichtung des Gebäudes. Die Belichtung kann hierfür etwas angehoben werden. Außerdem ist das warme Kunstlicht sehr dominant.

Klicken Sie mit dem WEISSABGLEICH-WERKZEUG ❷ auf einen neutralen Schatten im Innenbereich ❸ und passen Sie dann die TEMPERATUR und den FARBTON noch ein wenig an.

Zu den Grundanpassungen von RAW-Daten: Erfahren Sie mehr im Kapitel »RAW-Bilder entwickeln« ab Seite 86.

3 Details herausarbeiten

Die Anpassung des Detailkontrasts und die Scharfzeichnung können Sie jetzt schon vornehmen, da im ersten Schritt die Ausgabegröße festgelegt wurde.

Noch im Reiter GRUNDEINSTELLUNGEN finden Sie den Regler KLARHEIT, der den Kontrast nur in den Details anhebt. Gleichzeitig können Sie mit der DYNAMIK auch die Farbsättigung anheben, aber die neutralen Zonen beibehalten.

Wechseln Sie dann auf den Reiter DETAILS ❹, um eine moderate Scharfzeichnung vorzunehmen.

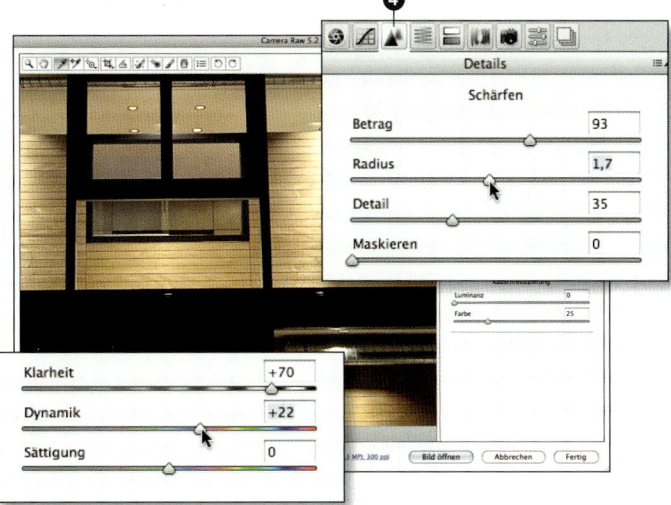

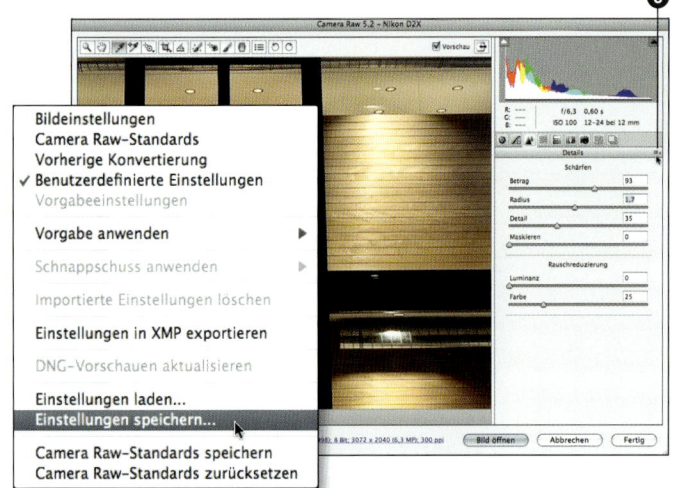

4 Einstellungen speichern

Diese letzten Anpassungen werden Sie nacher für die zweite Entwicklung noch einmal benötigen – schließlich soll das Bild eine durchgehende Schärfe-Einstellung erhalten.

Dazu werden Sie jetzt eine Entwicklungseinstellung speichern, die die exakten Parameter für KLARHEIT, DYNAMIK und SCHÄRFEN abrufbereit macht. Wählen Sie aus dem Menü über das kleine Optionssymbol ❺ EINSTELLUNGEN SPEICHERN.

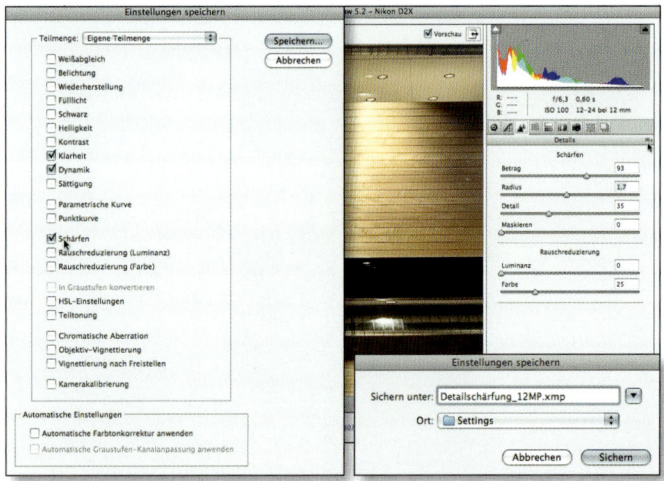

5 Einstellungteilmenge definieren

Im folgenden Menü können Sie jeden Entwicklungsparameter für die Entwicklungsvorgabe aktivieren oder deaktivieren.

Da Sie für die nächste Entwicklung deutlich andere Einstellungen für BELICHTUNG und WEISSABGLEICH benötigen, beschränken Sie die Vorgabe auf KLARHEIT, DYNAMIK und SCHÄRFEN. Deaktivieren Sie alle anderen Einstellungen.

Nach einem Klick auf SPEICHERN benennen Sie die Vorgabe, und das war's erst einmal.

6 Eine Entwicklung speichern

Für den Innenbereich ist das Bild jetzt bereits optimiert. Speichern Sie einen Abzug davon, den Sie später mit anderen Abzügen zusammen in Photoshop öffnen.

Klicken Sie links unten im Fenster des Raw-Konverters auf den Button BILD SPEICHERN, und wählen Sie im folgenden Menü über einen Klick auf den Knopf ORDNER AUSWÄHLEN ❻ das Ziel für Ihre gespeicherten Abzüge. Wählen Sie dann noch das Dateiformat ❽ und geben Sie dem Abzug einen sinnvollen Namen ❼.

7 Entwicklung zurücksetzen

Jetzt starten Sie die nächste Umsetzung für die Schattenbereiche: Drücken Sie die ⌥/Alt-Taste – so wird der ABBRECHEN- zum ZURÜCKSETZEN-Knopf –, und setzen Sie das Bild auf die ursprünglichen Bildeinstellungen zurück. Nehmen Sie dann die Anpassungen für die dunklen Bildbereiche vor: Erhöhen Sie die BELICHTUNG und die HELLIGKEIT für die Mitteltöne deutlich, und passen Sie den Weißabgleich mit einem Klick mit dem WEISS-ABGLEICH-WERKZEUG auf die Steine an ❾.

8 Entwicklungseinstellungen übertragen

Für den Detailkontrast greifen wir auf die gespeicherten Vorgaben aus Schritt 5 zurück.

Wählen Sie aus dem Optionsmenü ❿ EIN-STELLUNGEN LADEN, und lokalisieren Sie in der Auswahl der XMP-Dateien die eben gespeicherte Vorgabe für die Detailschärfe.

Zusätzlich zu den eben vorgenommenen Belichtungseinstellungen werden jetzt die gespeicherten Werte auf die Details und die Farbsättigung angewendet.

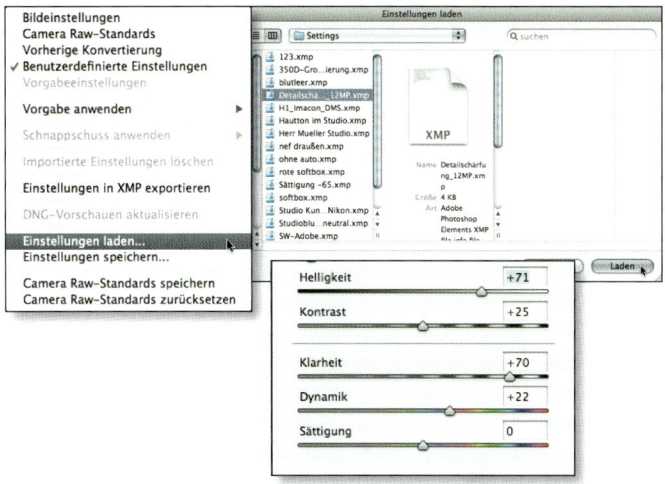

9 Schattenentwicklung speichern

Auch diese Variante wird jetzt gespeichert. Klicken Sie erneut auf den Knopf BILD SPEICHERN ⓫.

Im folgenden Menü müssen Sie bis auf den Namen dieser Variante nichts ändern. Alle anderen Einstellungen, wie Speicherort, Dateiformat etc. sind aus dem vorherigen Speichervorgang erhalten geblieben.

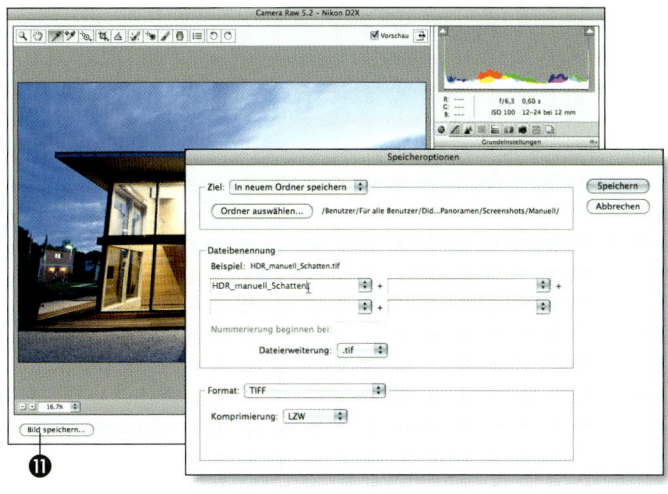

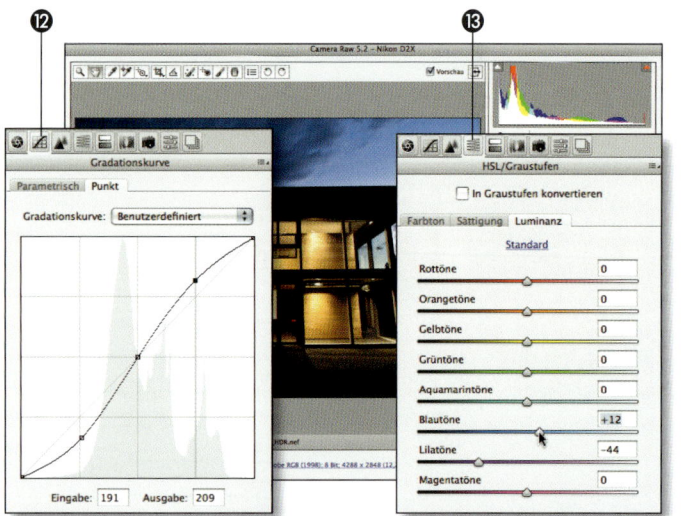

10 Sonderentwicklung Himmel

Zuletzt passen Sie jetzt noch eine Variante für den Himmel an. Klicken Sie dazu erst wieder mit gedrückter ⌥/Alt -Taste auf ZURÜCK-SETZEN.

Für den Himmel wechseln Sie im Reiter GRADATIONSKURVE ⓬ auf die PUNKT-Kurve, die Sie mit der Maus in einen S-förmigen Verlauf ziehen, um den Kontrast aufzustellen. Zusätzlich können Sie im Reiter HSL/GRAUSTUFEN ⓭ die LUMINANZ für die BLAUTÖNE anheben, um dem Himmel mehr Leuchtkraft zu geben. Auch diese Variante wird gespeichert.

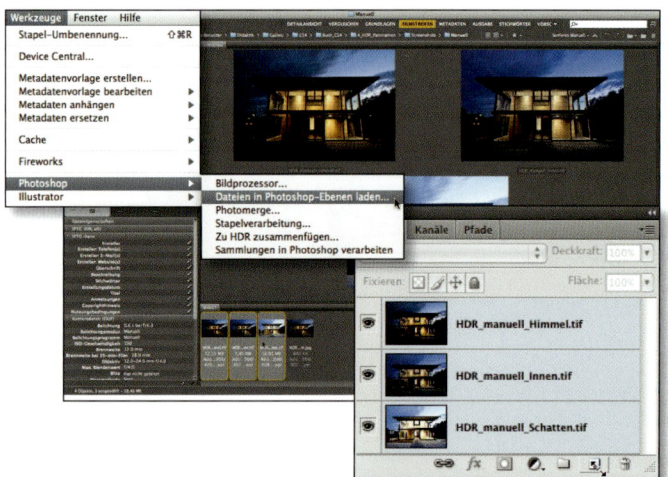

11 Ebenendatei aufbauen

Verlassen Sie dann den Raw-Konverter durch einen Klick auf ABBRECHEN, und navigieren Sie in der Bridge zu Ihrem Ordner mit den gespeicherten Abzügen.

Aktivieren Sie alle drei erstellten Varianten, und wählen Sie aus dem Menü WERKZEUGE ▷ PHOTOSHOP ▷ DATEIEN IN PHOTOSHOP-EBENEN LADEN. Diese Stapelverarbeitung lädt die Bilder innerhalb einer neuen Datei in einzelne Ebenen und ist eine gute Grundlage für die folgende Montage.

12 Vordergrundauswahl erstellen

Für die einzelnen Ebenen werden Sie jetzt Masken anlegen, um nur Teile jeder Einzelbelichtung freizulegen.

Klicken Sie auf die oberste Ebene mit der Himmelsbelichtung. Mit dem SCHNELLAUS-WAHLWERKZEUG ist die Auswahl des Vordergrundes schnell erledigt. Klicken Sie dann mit gedrückter ⌥/Alt -Taste auf das Maskensymbol unten in der EBENEN-Palette. So wird die Auswahl maskiert.

»Die beste Schnellauswahl«: Mehr dazu auf Seite 420.

13 Luminanzauswahl erstellen

Jetzt ist die mittlere Ebene dran: Ziel ist es, eine Auswahl zu erstellen, die alle hellen Bildbereiche auf einmal auswählt und fließend zu den dunklen Bereichen hin abnimmt. Wechseln Sie über das FENSTER-Menü in die KANÄLE-Palette, und klicken Sie mit gedrückter ⌘/Strg-Taste auf die Miniatur des Rot-Kanals ⓴, in dem die größten Luminanzkontraste vorherrschen.

Dadurch werden die Helligkeitsinformationen als Auswahl umgesetzt.

14 Maske erstellen

Klicken Sie in der KANÄLE-Palette wieder auf den RGB-Kanal ⓯, um das gesamte Bild einzublenden, und wechseln Sie dann wieder auf die EBENEN-Palette.

Aktivieren Sie die mittlere Ebene, und klicken Sie erneut auf das Maskensymbol – diesmal ohne ⌥/Alt-Taste, denn die ausgewählten Lichterzonen sollen sichtbar bleiben und der Rest maskiert werden.

Zu den Luminanzmasken: Lesen Sie mehr im Kapitel »Belichtungskorrekturen« ab Seite 206.

15 Blick auf die Ebenenmasken

In der EBENEN-Palette zeigt sich jetzt sehr deutlich, welche Teile der Einzelbelichtungen für das Composing genutzt werden ⓰: Über der Schattenbelichtung liegt die Belichtung des Innenbereichs, die nur in den Lichtern sichtbar ist und fließend in die Schatten ausläuft. Überlagert wird sie nur im Himmel von der oben liegenden Belichtung, die im Vordergrund maskiert ist.

Die Masken können Sie noch mit einem weichen Pinsel und schwarzer Vordergrundfarbe manuell verfeinern.

Smarte Raw-Perspektiven

Smart-Objekte und Smartfilter zur Perspektivkorrektur nutzen

Nach der Übergabe an Photoshop ist das Raw-Entwicklungslabor nicht unbedingt geschlossen. Über Smart-Objekte haben Sie jederzeit die Möglichkeit, die Raw-Einstellungen zu überarbeiten. Gleichzeitig können Sie so Filter nicht-destruktiv nutzen, z. B. zur Perspektivkorrektur. In diesem Workshop sehen Sie die Kombination von beidem.

Zielsetzungen:

Belichtungen als
Smart-Objekt öffnen
Perspektive über
Smartfilter korrigieren
Raw-Einstellungen bearbeiten

[Smart_Entzerrung.nef]

Foto: Walter M. Rammler

1 Als Smart-Objekt öffnen

Wenn Sie die Entwicklungsarbeit im Raw-Konverter erledigt haben, gibt es noch einen kleinen Klick, der die Weiterverarbeitung grundlegend ändert: Über einen Klick auf ❷ gelangen Sie in die ARBEITSABLAUF-OPTIONEN. Aktivieren Sie die Option IN PHOTOSHOP ALS SMART-OBJEKTE ÖFFNEN ❶. Zurück im Entwicklungsfenster erscheint ein neuer Knopf OBJEKT ÖFFNEN, der die entwickelte RAW-Datei als Smart-Objekt in Photoshop öffnet und das Fenster des Raw-Konverters schließt.

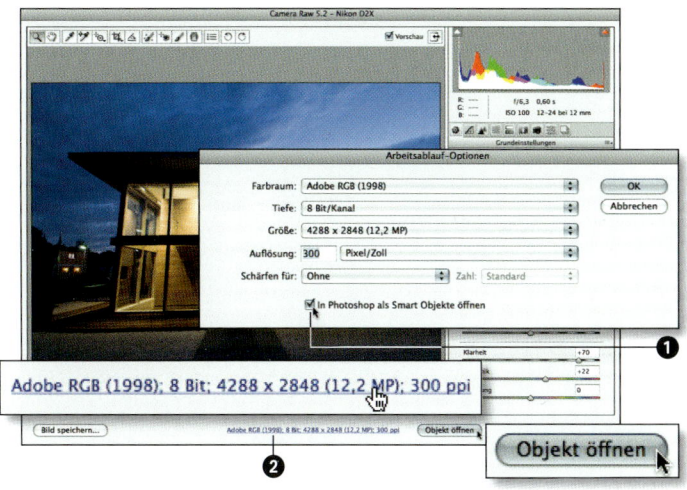

2 In Photoshop

In Photoshop sieht erst einmal alles normal aus. Allerdings hat die Ebene des geöffneten Bildes gleich den Namen der ursprünglichen RAW-Datei und die Ebenenminiatur hat ein kleines rechteckiges Icon ❸.

Dieses weist Sie darauf hin, dass Sie mit einer Smart-Objekt-Ebene arbeiten und hierüber haben Sie auch den Zugriff auf die originalen Raw-Einstellungen.

Mehr zu Smart-Objekten: Lesen Sie dazu den Grundlagenexkurs auf Seite 408.

3 Individuelle Belichtungen kombinieren

Öffnen Sie das ursprüngliche RAW-Bild einfach durch einen Doppelklick, und erstellen Sie drei verschiedene Raw-Entwicklungen, wie im vorherigen Workshop beschrieben. Öffnen Sie alle Entwicklungen als Smart-Objekt. So erhalten Sie in Photoshop drei Dateien. Ziehen Sie zwei der Einzeldateien mit dem VERSCHIEBEN-WERKZEUG ⊹ und gedrückter ⇧-Taste in die dritte Datei. Falls notwendig, aktivieren Sie vorher die Option NUR SCHWEBENDE FENSTER ❹. Sie erhalten eine Datei mit drei Smart-Objekten, die Sie noch sinnvoll benennen sollten.

4 HDR-Montage erstellen

Falls Sie es nicht sowieso schon getan haben, werfen Sie jetzt einen Blick auf die Schritte 12 bis 15 des vorangegangenen Workshops.

Dort erfahren Sie, wie Sie mit Hilfe von Ebenenmasken die verschiedenen Entwicklungsvarianten zum gewünschten Gesamtbild montieren.

Es fehlt jetzt nur noch die Korrektur der stürzenden Linien, die wir gleich über einen Filter vornehmen werden. Mit einem Smart-Objekt können Sie Filter nicht-destruktiv anwenden.

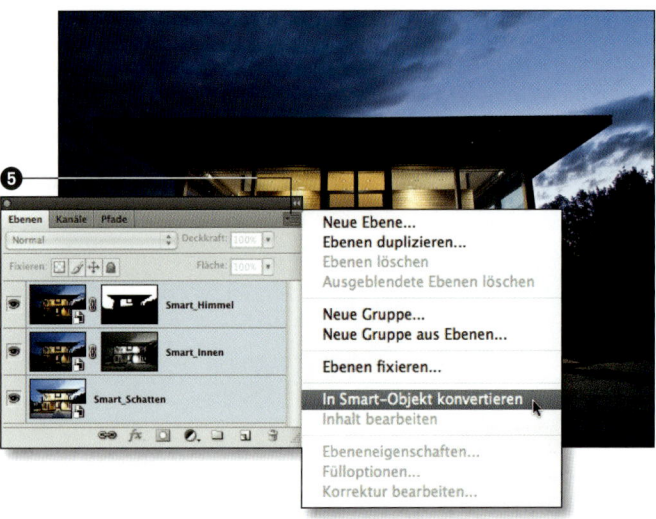

5 Als Smart-Objekt gruppieren

Um die notwendige Perspektivkorrektur nicht auf jede Ebene einzeln anwenden zu müssen, werden Sie die Ebenen jetzt gruppieren – und zwar als neues Smart-Objekt. So haben Sie immer noch Zugriff auf die ursprünglichen Entwicklungsdateien, wie Sie am Ende dieses Workshops sehen werden.

Aktivieren Sie alle Ebenen, und wählen Sie aus den Optionen der EBENEN-Palette ❺ IN SMART-OBJEKT KONVERTIEREN oder aus dem FILTER-Menü FÜR SMARTFILTER KONVERTIEREN.

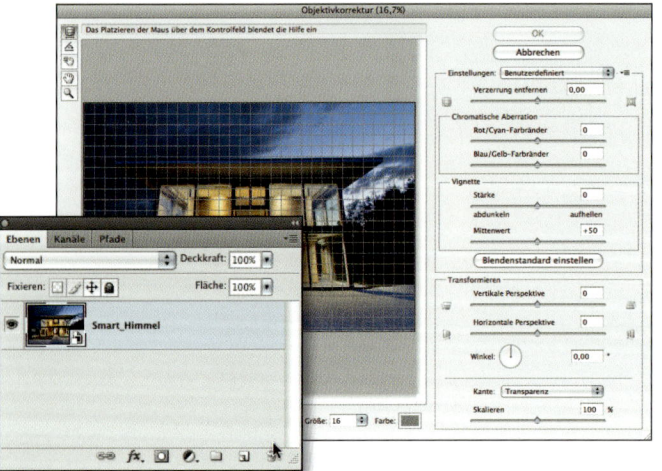

6 Smartfilter anwenden

Ihr Resultat ist jetzt ein weiteres Smart-Objekt. Dieses enthält immer noch all ihre Einzelebenen, auch wenn sie zur Zeit nicht sichtbar sind.

Wählen Sie nun FILTER ▷ VERZERRUNGSFILTER ▷ OBJEKTIVKORRREKTUR.

In diesem Filter können Sie alle Objektivkorrekturen vornehmen, von Horizontausrichtung bis zur Korrektur stürzender Linien.

Mehr über Perspektivkorrekturen: Siehe dazu das Kapitel »Perspektive« ab Seite 452.

7 Horizont ausrichten

Starten Sie mit einer Horizontausrichtung. So können Sie die nachfolgende vertikale Korrektur besser beurteilen.

Blenden Sie sich zunächst das Raster ❽ aus und wählen Sie dann das AUSRICHTEN-WERKZEUG ❻.

Ziehen Sie mit diesem Werkzeug und gedrückter Maustaste eine vermeintlich horizontale oder vertikale Linie ❼ des Bildes nach. Diese wird dann genau lotrecht ausgerichtet und das Bild entsprechend minimal rotiert.

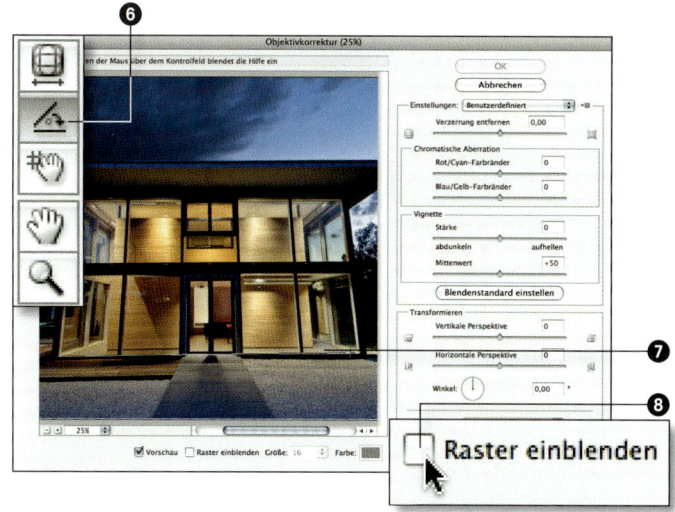

8 Horizontale und vertikale Perspektive

Für die Korrektur der stürzenden Linien und auch einer leichten horizontalen Korrektur blenden Sie das Raster wieder ein.

Bei genauer Betrachtung sehen Sie, dass das Gebäude auch leicht horizontal verzerrt ist. Korrigieren Sie dies durch ein leichtes Verschieben des Reglers ❿ in die positive Richtung. Prüfen Sie die Korrektur anhand des Rasters. Dann folgt die deutlich massivere, vertikale Korrektur ❾ um einen Wert von ca. –39, die Sie ebenfalls am Raster prüfen können.

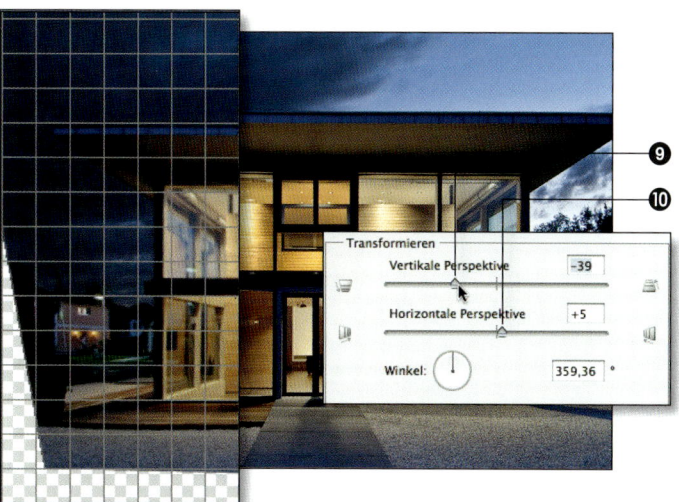

9 Bildformat wiederherstellen

Mit dem Entzerren des Bildinhalts hat sich das rechteckige Bildformat natürlich verzogen.

Das perspektivisch korrigierte Bild müssen Sie jetzt wieder auf ein rechteckiges Format freistellen. Entweder außerhalb dieses Menüs mit dem FREISTELLUNGSWERKZEUG 🔲, oder Sie nutzen hier die SKALIEREN-Option, um das Bild von der Mitte her in die ursprünglichen Bildgrenzen zu skalieren.

Zum Freistellungswerkzeug: Erfahren Sie mehr auf Seite 52.

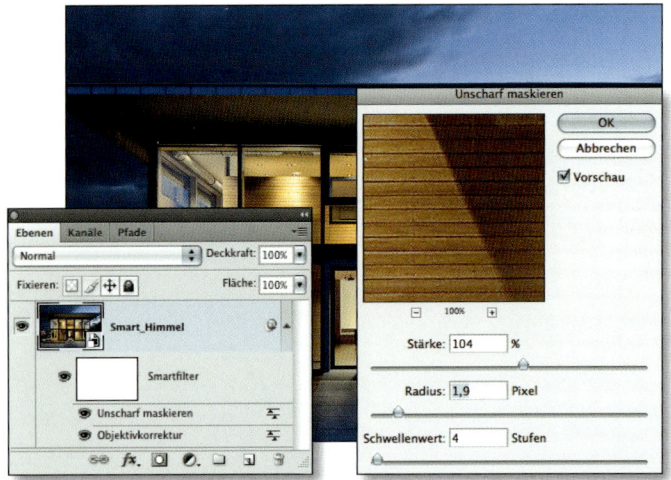

10 Scharfzeichnung fürs Feintuning

Durch die extreme Entzerrung und zusätzliche Skalierung mussten die vollständigen Bilddaten interpoliert – also neu berechnet – werden. Das geht zu Lasten der Bildschärfe und diese sollten Sie nachträglich wiederherstellen.

Wählen Sie unter FILTER ▷ SCHARFZEICHNUNGSFILTER ▷ UNSCHARF MASKIEREN, und schärfen Sie mit einer STÄRKE von ca. 100 %, einem RADIUS unter 2 Pixeln und einem SCHWELLENWERT von 4 Stufen nach.

11 Alles im Zugriff

Durch die beiden Filteranwendungen ist das Bild nicht unwiderbringlich bearbeitet worden. In der EBENEN-Palette sehen Sie die Auflistung der angewendeten Filter. Jeden von ihnen können Sie durch einen Doppelklick auf den Filternamen ⑫ noch in seinen Einstellungen bearbeiten. Ebenso können Sie noch auf das zugrundeliegende Composing zugreifen. Mit einem Doppelklick auf die Smart-Objekt-Miniatur ⑪ gelangen Sie in die temporäre Ebenendatei. Den auftretenden Hinweis bestätigen Sie einfach mit OK.

12 Raw-Einstellungen überarbeiten

Die sich öffnende, perspektivisch nicht korrigierte, Ebenen-Datei ist eine temporäre Datei, deren Inhalt sonst in Ihrer Arbeitsdatei gespeichert ist und auf die der Filter angewendet wurde.

An dieser Datei könen Sie sowohl Änderungen an den Masken vornehmen, als auch noch weitergehen und die ursprünglichen Raw-Einstellungen überarbeiten.

Klicken Sie dazu doppelt auf die Smart-Objekt-Miniatur der unteren Ebene ⑬.

13 Farbtemperatur korrigieren

Die entsprechende Bildumsetzung öffnet sich im Raw-Konverter, und Sie können alle Parameter noch weiter beeinflussen.

Verringern Sie zum Beispiel die Farbtemperatur, um diese, für die Schatten zuständige Umsetzung, mehr in eine kühle, bläuliche Richtung zu drängen.

Nach der Korrektur klicken Sie einfach nur auf OK – sofort wird die neue Entwicklung in das Composing eingerechnet.

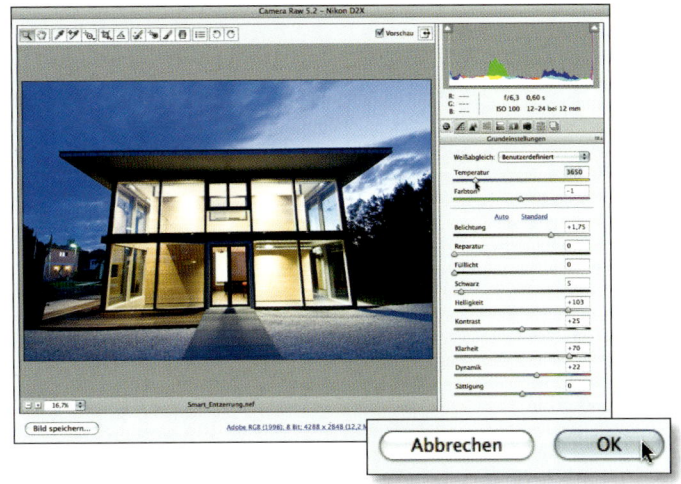

14 Smart-Objekt aktualisieren

Das Composing ist jetzt neu umgesetzt, aber in der temporären Datei natürlich noch ohne Perspektivkorrektur.

Schließen Sie diese Ebenendatei jetzt einfach. Bei der Nachfrage, ob Sie ihre Änderung sichern wollen, klicken Sie natürlich auf Speichern.

Dieser veränderte Inhalt aktualisiert das Smart-Objekt und wird dann mit den dazugehörigen Filtern zusammengerechnet.

15 Das Endergebnis

Sie haben jetzt eine Datei vorliegen, in der sich alle Bearbeitungsschritte vereinen und – vor allem – alle Schritte noch zugänglich und veränderbar sind.

Das gilt für die Raw-Einstellungen genauso wie für die Ebenenmasken des Composings und auch die Filtereinstellungen der Perspektivkorrektur und der Scharfzeichnung.

HDR-Panoramen erstellen

32-Bit-Bilder montieren und konvertieren

HDR-Aufnahmen und -Montagen sind besonders in der Architektur und Landschaftsfotografie beliebt – ebenso wie Panoramen. Diese zwei automatisierten Montagemöglichkeiten können Sie durchaus auch hintereinander ausführen und zu einem Panorama mit erweiterten Kontrastumfang verbinden. Welche Reihenfolge Sie dabei einhalten müssen und was Sie beachten sollten, lesen Sie in diesem Workshop.

Zielsetzungen:

HDR-Einzelbilder erstellen

32-Bit-Bilder zum Panorama zusammenfügen

8-Bit-Konvertierung steuern

[Ordner HDR_Panorama]

Foto: Maike Jarsetz

1 HDR-Einzelbilder erstellen

Starten Sie in der Bridge und wählen Sie mit gedrückter ⇧-Taste eine Belichtungsreihe einer Teilaufnahme des Panoramas aus.

Für sehr differenzierte HDR-Umsetzungen würden Sie mehr als drei unterschiedliche Belichtungen nutzen, für dieses Beispiel hier reichen sie aber aus.

Wählen Sie für die erste Belichtungsreihe aus dem Bridge-Menü WERKZEUGE ▷ PHOTO-SHOP ▷ ZU HDR ZUSAMMENFÜGEN.

2 32-Bit-Bild verarbeiten

Prüfen Sie im folgenden Fenster die erste HDR-Umsetzung, und steuern Sie über die WEISSPUNKTVORSCHAU die Belichtung des sichtbaren 8-Bit-Vorschaubildes.

Allerdings können Sie die Weißpunktvorschau über die Belichtungseinstellung später noch korrigieren, denn Sie geben dieses Bild im vollen 32-Bit-Umfang an Photoshop weiter.

Details zu Weißpunktvorschau und Belichtung: Siehe dazu die Lektion »Konvertierungsoptionen nutzen« auf Seite 156.

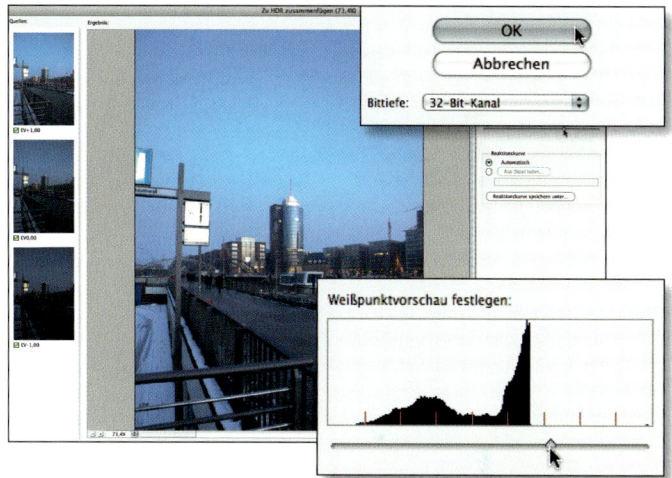

3 PSD-Datei speichern

Die entstandene 32-Bit-Datei sollten Sie gleich speichern. Denn nur aus gespeicherten Dateien können Sie sich nachher ein Panorama erstellen lassen. Die gespeicherte Datei können Sie dann ruhig geöffnet lassen.

Wiederholen Sie diese ersten Schritte jetzt für jedes Teilbild des Panoramas beziehungsweise für die einzelnen Belichtungsreihen.

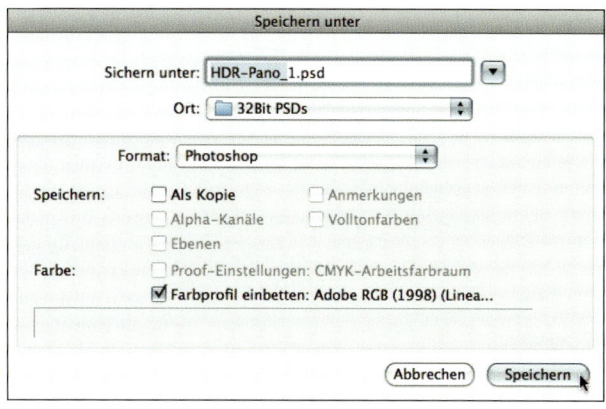

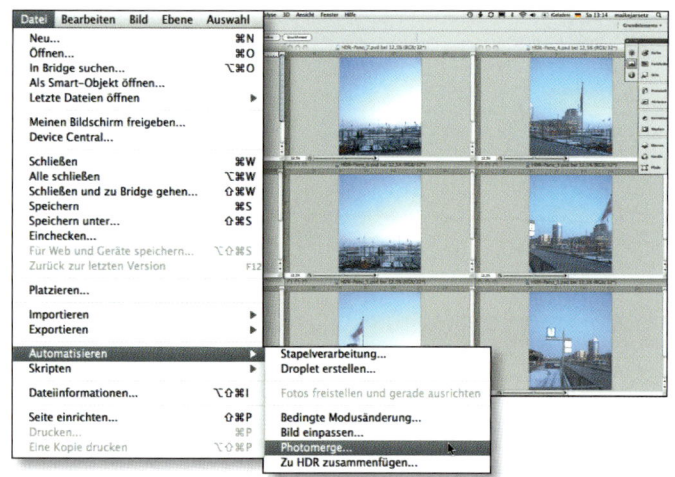

4 Panorama aus 32-Bit-Bildern

Für dieses Übungsbeispiel musste ich insgesamt 27 Bilder zu 9 HDR-Bildern zusammenfügen und speichern.

Wenn Sie die vorangegangenen Workshops aufmerksam gelesen haben, wissen Sie, dass die Vorschaubilder der Einzeldateien noch nicht viel mit dem finalen Aussehen zu tun haben: Die Steuerung von Kontrast und Belichtung folgen später, zunächst erstellen wir ein Panorama mit 32 Bit Farbtiefe. Wählen Sie DATEI ▷ AUTOMATISIEREN ▷ PHOTOMERGE.

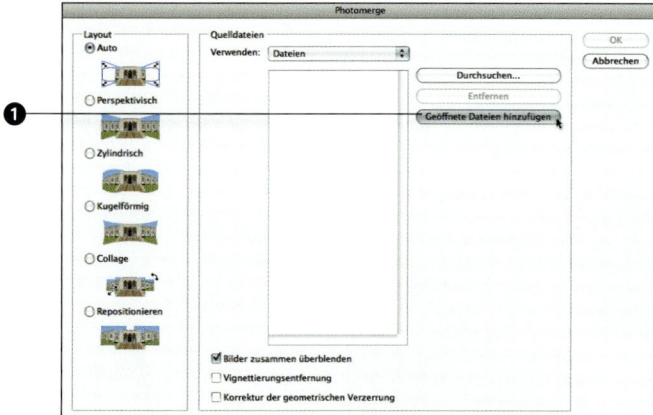

5 Geöffnete Dateien hinzufügen

Das PHOTOMERGE-Menü präsentiert sich erst einmal leer, aber über den Knopf GEÖFFNETE DATEIEN HINZUFÜGEN ❶, können Sie all Ihre Einzelbilder nutzen – vorausgesetzt, Sie haben Sie vorher gespeichert.

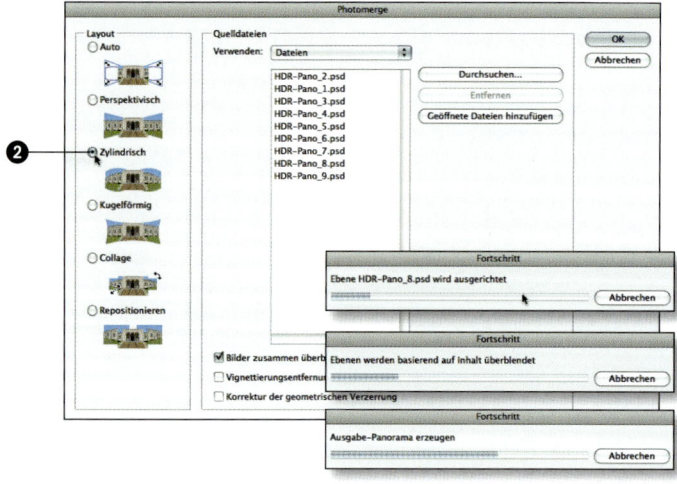

6 Panorama erstellen

Wählen Sie jetzt Ihr Panorama-LAYOUT. Bei der extremen Perspektive der Einzelbilder bietet sich hier ZYLINDRISCH ❷ an.

Aktivieren Sie außerdem die Option BILDER ZUSAMMEN ÜBERBLENDEN, um schon Ebenenmasken für die glatten Farbübergänge aufbauen zu lassen. Nach einem Klick auf OK passiert dann alles automatisch.

Details der Photomerge-Optionen: Lesen Sie dazu das Kapitel »Perspektive« auf Seite 472.

7 Panorama in 32 Bit

Nach einiger Zeit ist Ihr Panorama entstanden. Es liegt mit einer Farbtiefe von 32 Bit in allen Einzelebenen vor. Die entstandenen Ebenenmasken können Sie auch noch weiter korrigieren, um z. B. Überlagerungen von bewegten Objekten zu retuschieren. Im nächsten Schritt passen Sie noch den Kontrast und das allgemeine Aussehen des Bildes an.

Die Technik der Ebenenmasken: Mehr dazu im Kapitel »Freistellen und Montieren« ab Seite 414.

8 HDR-Konvertierung

Jetzt geht es darum, das Vorschaubild der 32-Bit-Datei in ein weiterverarbeitbares 8-Bit-Bild zu konvertieren.

Wählen Sie aus dem Menü BILD ▷ MODUS ▷ 8-BIT-KANAL, und fügen Sie die Ebenendatei zusammen. Als Konvertierungsoption habe ich HISTOGRAMM EQUALISIEREN gewählt, um den Bildkontrast in 8 Bit zu optimieren.

Andere Konvertierungsmöglichkeiten: Siehe die Lektion »Konvertierungsoptionen nutzen« auf Seite 156.

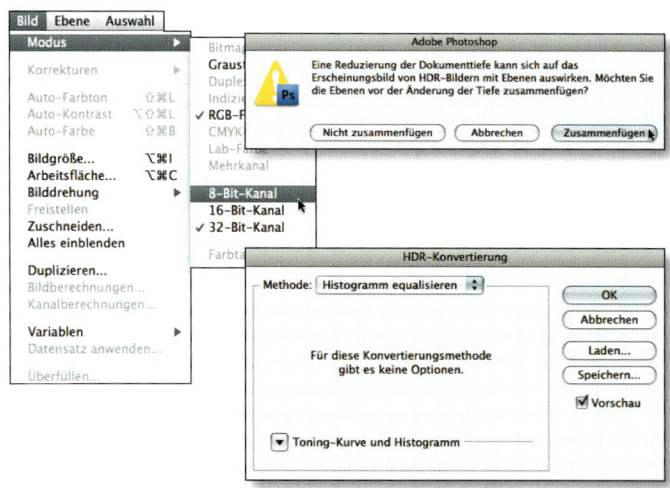

9 Panorama-Ausschnitt bestimmen

Zuletzt wählen Sie das FREISTELLUNGSWERKZEUG, und ziehen Sie einen Rahmen über den gewünschten Bildausschnitt.

Mit der ↵-Taste stellen Sie Ihr Bild frei und erhalten das fertige 8-Bit-Panorama.

Mehr zum Thema Farbtiefe: Lesen Sie dazu den Grundlagenexkurs »8 Bit, 16 Bit, 32 Bit, HDR, …« auf Seite 176.

8 Bit, 16 Bit, 32 Bit, HDR, ...

Farbtiefe – eine Begriffsklärung und Veranschaulichung

Rechenbeispiel

8 Bit

$2^8 = 2 \cdot 2 \cdot 2 \cdot 2 \cdot 2 \cdot 2 \cdot 2 \cdot 2 = 256$ Farbstufen

16 Bit

$2^{16} = 2 \cdot 2 \cdot 2 \cdot 2 \cdot 2 \cdot 2 \cdot 2 \cdot 2 \cdot 2 \cdot 2 \cdot 2 \cdot 2 \cdot 2 \cdot 2 \cdot 2 \cdot 2$

$= 65\,536$ Farbstufen

32 Bit

$2^{32} = 2 \cdot 2 \cdot 2 \cdot 2 \cdot 2 \cdot 2 \cdot 2 \cdot 2 \cdot 2 \cdot 2 \cdot 2 \cdot 2 \cdot 2 \cdot 2 \cdot 2 \cdot 2 \cdot$

$2 \cdot 2 \cdot 2 \cdot 2 \cdot 2 \cdot 2 \cdot 2 \cdot 2 \cdot 2 \cdot 2 \cdot 2 \cdot 2 \cdot 2 \cdot 2 \cdot 2 \cdot 2$

$= 4\,294\,967\,296$ Farbstufen

Die Farbtiefe eines Bildes ...

...gibt an, wie viele verschiedene Tonwerte pro Farbkanal verarbeitet werden können.

Im herkömmlichen 8-Bit-Modus sind dies gerade einmal 256 verschiedene Stufen, im 16-Bit-Modus schon über 65 000 pro Farbkanal. Und Sie haben 3 Farbkanäle! Allein das muss Sie schon überzeugen, prinzipiell im 16-Bit-Modus zu arbeiten, sofern Ihre Kamera das hergibt.

Mit höherer Farbtiefe, also mit mehr verfügbaren Tonwerten arbeiten zu können, klingt verlockend – und das ist es auch. Denn schließlich kann unser Auge unendlich viele Farben aufnehmen, die digitalen Medien aber nur einen Bruchteil davon wiedergeben.

Und auch, wenn Ihr Monitor nach wie vor im 8-Bit-Modus nur eine begrenzte Farbwiedergabe bietet, ergibt die Arbeit mit 16-Bit-Bildern – z. B. aus RAW-Daten – Sinn.

Sollten Sie jetzt einwenden wollen, dass der Monitor und auch später das Druckverfahren nur 8-Bit-Daten verarbeitet und somit der Gewinn von mehr Tonwertabstufungen wieder hinfällig wäre, dann folgen Sie der folgenden kurzen Veranschaulichung, um sich überzeugen zu lassen:

1   RAW-Bild mit 16 Bit öffnen

Öffnen Sie eines der RAW-Bilder aus den
Beispieldaten der RAW-Kapitel – der Raw-
Konverter öffnet sich.

Über einen Klick auf den blauen Link ❶ aktivieren Sie die sogenannten Arbeitsablauf-
Optionen. Hier können Sie unter der Option
Tiefe die Farbtiefe bestimmen. Wählen Sie
16 Bit/Kanal und speichern Sie einen »Abzug«
des Bildes als PSD-Datei über den Button Bild
speichern.

2   8-Bit-Kopie öffnen

Ändern Sie für den nächsten Abzug die Farbtiefe auf 8 Bit/Kanal, und öffnen Sie die
bearbeitete Variante über den Button Bild
öffnen.

Über den Datei ▷ Öffnen-Befehl wählen Sie
dann das eben gespeicherte 16-Bit-Bild aus.

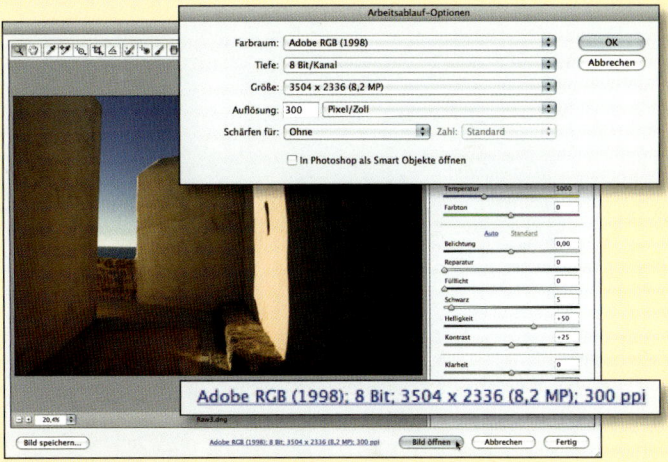

3   Vergleichsbilder anordnen

Ihnen liegen jetzt zwei Kopien des RAW-
Bildes vor. In der Kopfzeile des Menüfensters
können Sie erkennen, welches das 16-Bit-
bzw. das 8-Bit-Bild ist: Die Angabe steht in
Klammern ❷.

Ordnen Sie die Bilder jetzt untereinander
oder nebeneinander an. Am einfachsten machen Sie dies über die Ansichtssymbole aus
der Optionsleiste.

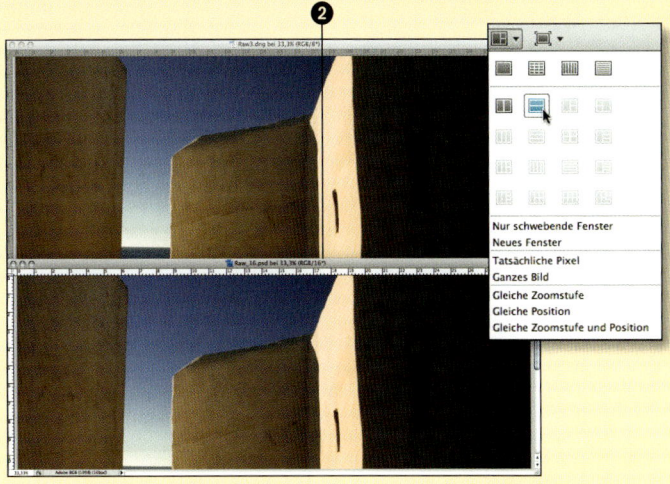

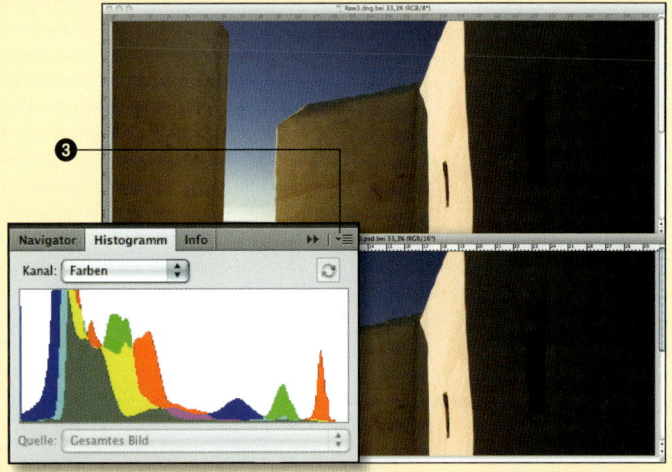

4 Histogramm einblenden

In dem folgenden Vergleich werden Sie erkennen können, wie unterschiedlich gut das 8-Bit- bzw. das 16-Bit-Bild extreme Tonwertveränderungen »wegsteckt«.

Beurteilen können Sie dies nur über das Histogramm, das Ihnen eine verbindliche Darstellung der Tonwertverteilung im Bild gibt. Blenden Sie das HISTOGRAMM aus dem Menü FENSTER ein. Unter dem Optionspfeil dieser Palette ❸ wählen sie die ERWEITERTE ANSICHT.

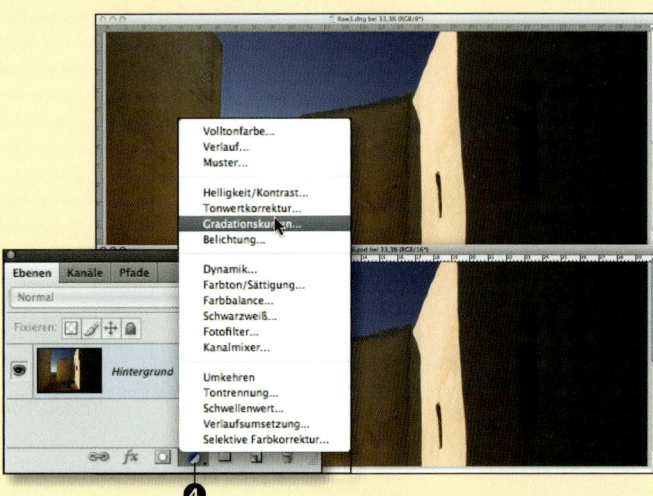

5 Bild bearbeiten

Legen Sie für das erste Bild eine Einstellungsebene an, indem Sie auf das entsprechende Symbol in der EBENEN-Palette ❹ klicken.

Wählen Sie GRADATIONSKURVEN als Bildanpassung.

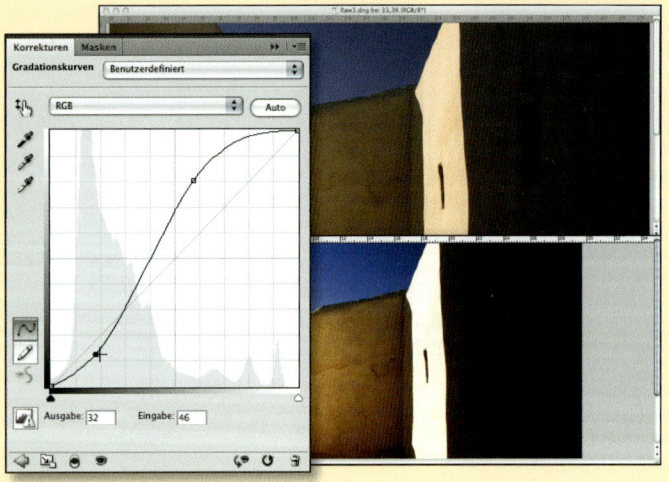

6 Gradationskurve verändern

Nehmen Sie jetzt starke Veränderungen an der Gradationskurve vor, zum Beispiel eine extreme S-Kurve, die im gesamten Bild den Kontrast in den Mitteltönen stark ansteigen lässt, und bestätigen Sie diese Einstellungen mit OK.

7 Einstellungsebene kopieren

Das zweite Bild soll genau die gleiche Änderung erfahren. Der einfachste Weg dafür ist, die Einstellungsebene ❺ einfach mit der Maus auf das Bildfenster der anderen Datei zu ziehen.

So wird die Einstellungsebene kopiert und das zweite Bild in gleicher Weise verändert. Beide erfahren eine starke Kontraststeigerung in den Mitteltönen.

8 Histogramm beurteilen

Aktivieren Sie nacheinander beide Dateien, und betrachten Sie das Histogramm: Die Tonwerte in den Mitteltönen sind auseinandergezogen worden. Das Resultat sind die gefürchteten Tonwertabrisse. Und darin unterscheidet sich das Histogramm des 8-Bit-Bildes nicht von dem des 16-Bit-Bildes.

Achtung: Ein kleines Warnzeichen ❻ weist darauf hin, dass die Anzeige im Histogramm zur Zeit auf der Bildschirmanzeige (8 Bit) beruht, nicht auf den aktuellen Bilddaten.

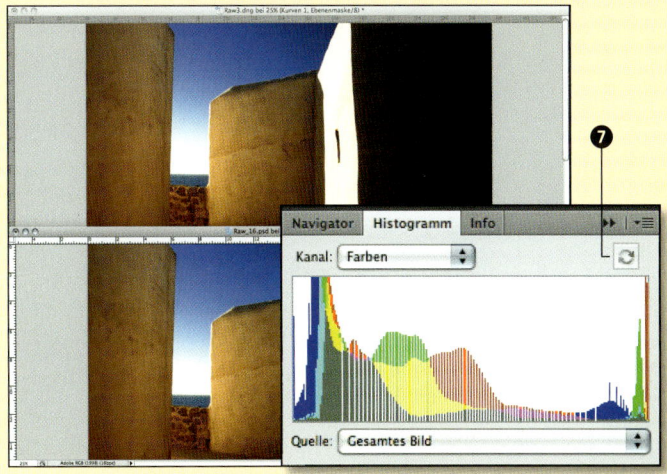

9 8-Bit-Histogramm aktualisieren

Achten Sie darauf, dass Sie zuerst das 8-Bit-Bild bearbeiten, und klicken Sie dann auf das Aktualisierungssymbol in der Histogrammpalette ❼ oder direkt auf das Warndreieck. So baut Photoshop das Histogramm neu auf – aus den wirklich verfügbaren Bilddaten.

Im 8-Bit-Bild haben Sie dadurch leider keine entscheidenden Vorteile: Das Histogramm bleibt zerissen – durch die starke Gradationsänderung ergeben sich Tonwertabrisse in den Mitteltönen.

10 **16-Bit-Histogramm aktualisieren**
Wechseln Sie jetzt auf das 16-Bit-Bild und
aktualisieren Sie auch dieses.

Und siehe da: Das Histogramm baut sich
aus den bestehenden Bilddaten neu auf und
ist auf einmal lückenlos und fast so glatt wie
ein guter Autolack.

Daran erkennen Sie, dass ein 16-Bit-Bild
über ausreichend Tonwertinformationen verfügt, um selbst extreme Gradationsänderun-
gen ohne Tonwertabrisse zu überstehen.

Wieso erkennt man auf dem Monitor keinen Unterschied?

Ganz einfach: der Monitor arbeitet mit 8 Bit
Farbtiefe. Angezeigt wird Ihnen also ein Vor-
schaubild mit geringerer Farbtiefe, auch wenn
Sie mit 16-Bit-Bildern arbeiten.

Dass Ihr Monitor dieser Technik noch ein
bisschen hinterherhängt, ändert nichts an der
Tatsache, dass die 16-Bit-Bilder über deutlich
mehr Tonwerte verfügen, die Ihnen Spielraum
in der Bildbearbeitung geben.

Insbesondere bei hochwertiger Fotografie,
die auf die Beibehaltung feinster Farbnuancen
angewiesen ist, z. B. bei Hauttönen, sollten Sie
den Vorteil der 16-Bit-Farbtiefe nutzen.

Und was ist jetzt »HDR«?

Der Begriff »HDR« steht für »High Dynamic
Range«. Dieser »hohe dynamische Bereich«
kann Tonwertumfänge beinhalten, die wir mit
dem menschlichen Auge gar nicht gleichzeitig erfassen könnten – von der Wiedergabe-

fähigkeit der Monitore oder der eines analogen Filmmaterials ganz zu schweigen.

Überlegen Sie, was passiert, wenn Sie
aus dem gleißenden Sonnenlicht in einen
Innenraum kommen oder umgekehrt: Sie
müssen sich erst an die geänderte Lichtsitua-
tion anpassen. Zwar können wir im Gehirn
beide Informationen verarbeiten und beim
schnellen Wechsel – beispielsweise bei dem
Blick aus dem Fenster – ein Gesamtbild sehen,
das scheinbar alle Tonwertinformationen
gleichzeitig verarbeitet. Aber spätestens in
der analogen Fotografie haben wir uns an
begrenzte Kontrastbereiche gewöhnt: Ein In-
nenraumporträt vor dem Fenster wird nichts
ohne Aufhellblitz, eine perfekt belichtete
Winterlandschaft lässt alle Mitteltöne tiefdun-
kel erscheinen.

In der digitalen Fotografie ist die Situation
vorerst kaum anders, nur dass wir mittlerweile
die begrenzten Tonwertumfänge als normales
Manko der Fotografie betrachten.

HDR-Bilder besitzen eine Farbtiefe von
32 Bit pro Kanal. Und wenn Sie das Rechen-

beispiel vom Anfang noch einmal betrachten, können Sie sich vielleicht vorstellen, um wie viel mehr ein HDR-Bild befähigt ist, riesige Kontrastumfänge abzubilden.

Wenn Sie mehrere 16-Bit-RAW-Daten über den Befehl Zu HDR zusammenfügen in einem 32-Bit-Bild vereinen wollen, bekommen Sie in dem Arbeitsfenster ein Histogramm angezeigt, das den Farbumfang von 32 Bit abbilden kann.

Die nachfolgende Abbildung zeigt das Histogramm einer HDR-Belichtungsreihe, die Blendensprünge bis zu 3 ½ Blenden vereint hat – und trotzdem wird nicht annähernd der 32-Bit-Tonwertumfang ausgenutzt.

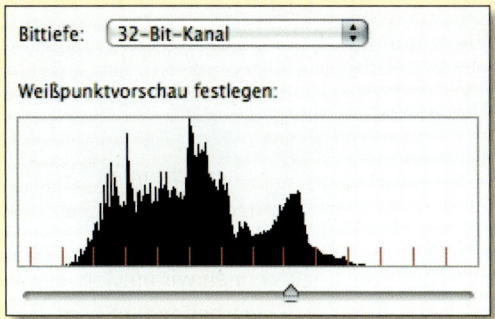

Der Tonwertumfang ist also so groß, dass wir ihn mit normalen Maßstäben von Tonwert, Farbe und Kontrast gar nicht messen können – geschweige denn umsetzen, denn der Monitor und die meisten der Drucker arbeiten auch heute noch weitestgehend nur mit 8 Bit Farbtiefe.

Aber was nützt diese Fähigkeit, wenn doch die Medien, mit denen wir Bilder betrachten, sei es der Monitor oder letztendlich der Druck, weiterhin auf 8-Bit-Technologie basieren?

Der Einwand ist berechtigt, insbesondere weil Sie im gezeigten Beispiel gesehen haben, dass schon der Vorteil eines 16-Bit-Bildes in erster Linie nur am Histogramm nachzuvoll-

ziehen, aber nicht durch die Bildschirmansicht zu überprüfen ist.

So beschränken sich die derzeitigen Einsatzmöglichkeiten der HDR-Bilder auch auf Anwendungen, in denen Bilder ständig andere Teilbereiche Ihres Tonwertumfanges »preisgeben« müssen, wie z. B. bei Special Effects oder auch als Imagemap bei 3D-Animationen.

Für diese Anwendungen hat Photoshop durchaus Bearbeitungsmöglichkeiten, wie die direkte Bearbeitung auf Ebenen und mit Malwerkzeugen. Da dies ein sehr spezialisierter Anwenderkreis ist, sind die meisten dieser Funktionen auch nur in der Extended-Version verfügbar.

Für die Einzelbildbearbeiter reicht die Funktionalität der »normalen« Photoshop-Version aus. Für die Fotografie erweitert sich mit der Möglichkeit, RAW-Daten unterschiedlicher Belichtungen aus einer Aufnahmeserie zu einem HDR-Bild zusammenzufügen, erstmals der Luminanz- und Tonwertbereich, der innerhalb einer Aufnahme dargestellt werden kann.

Hierbei sollten Sie sich immer vergegenwärtigen: Was Sie auf dem Monitor sehen, ist immer nur eine Vorschau in (reduzierter) 8-Bit-Qualität. Jede Änderung, beispielsweise der Belichtung, ändert immer nur das Vorschaubild. In den HDR-Bildern sind alle Daten, alle Tonwertumfänge nach wie vor enthalten. Und zwar so lange bis Sie die Farbtiefe tatsächlich reduzieren.

Bei der Reduzierung der Farbtiefe haben Sie dann wiederum Einflussmöglichkeiten, diesen großen Tonwertumfang in den »handlichen« 8-Bit-Farbraum zu übertragen.

Mehr zu HDR-Umsetzungen und deren Konvertierungsmöglichkeiten:
Lesen Sie dazu das Kapitel »RAW, HDR und mehr…« ab Seite 126.

Belichtungskorrekturen

Nicht ohne Grund heißen Fotografen seit jeher »Lichtbildner«.
Zur Fotografie gehört nicht nur die richtige Einschätzung der Belichtungssituation mit dem Belichtungsmesser, sondern auch das Spielen mit dem Licht, das Einschätzen des Kontrastumfangs der Kamera und das Priorisieren bestimmter Motivdetails. Die Bildbearbeitung fängt dann später die Bildbereiche auf, die bei der Fotografie zu kurz kamen. Ob Schattenaufhellung, Kontrastkorrektur oder partielle Aufhellung bestimmter Farbbereiche – die Belichtungskorrektur ist immer der Versuch, die ursprüngliche Situation vor der Kamera über den Kontrastumfang der Kamera hinaus abzubilden.

Foto: Rolphus, istockphoto.com

Belichtungskorrekturen

Bildgerechte Kontrastkorrektur

Punktgenaue Korrektur mit den Gradationskurven

Vor der ersten Kontrastkorrektur steht die Analyse des Korrekturbedarfs. In den Tonwerten, in denen der Kontrast besonders gesteigert werden soll, setzt dann die Gradationskurven-Korrektur an. Ein vorheriges Festsetzen der schützenswerten Tiefen und Lichter ist notwendig zur Erhaltung feinster Lichter und Tiefen. Die Deckkrafteinstellung der Einstellungsebene sowie Ebenenmasken sorgen dann für die Feinabstufung.

Zielsetzungen:

Filigrane Tonwerte von der Korrektur ausnehmen

Kontrast im Hauptmotiv herstellen

Tiefen schützen

Wirkung abstufen

[Punktkorrektur.jpg]

Foto: groveb, istockphoto.com

1 Start in der Korrekturen-Palette

Ab Photoshop CS4 sollten Sie jede Korrektur in der KORREKTUREN-Palette starten. Hier haben Sie nicht nur den schnellsten Zugriff auf die Korrekturen, sondern erzeugen unweigerlich eine Einstellungsebene. So können Sie später jederzeit die Korrekturen überprüfen und nachjustieren.

Die KORREKTUREN-Palette blenden Sie über das FENSTER-Menü ein, dort wählen Sie als Funktion die GRADATIONSKURVEN ❶.

2 Histogramm einblenden

In den GRADATIONSKURVEN ist automatisch das Histogramm ❸ eingeblendet, das Ihnen Informationen über den Tonwertverlauf gibt.

Außerdem steht Ihnen seit Photoshop CS4 ein Handwerkzeug ❷ zur Verfügung, mit dem Sie die Korrektur direkt im Bild durchführen können. Klicken Sie auf das Handsymbol, um das Werkzeug für die folgenden Schritte zu aktivieren.

3 Lichtpunkt festlegen

Jetzt geht es darum, bildwichtige Teile auf der Gradationsdiagonalen zu markieren. Starten Sie mit den Lichtern: Die helle Farbzeichnung im Himmel sollte durch eine Kontraststeigerung nicht zerstört werden. Fixieren Sie deshalb diesen Punkt. Wenn Sie mit der Maus genau auf diese Bildstelle klicken ❹, wird der Punkt sofort auf der Kurve fixiert ❺.

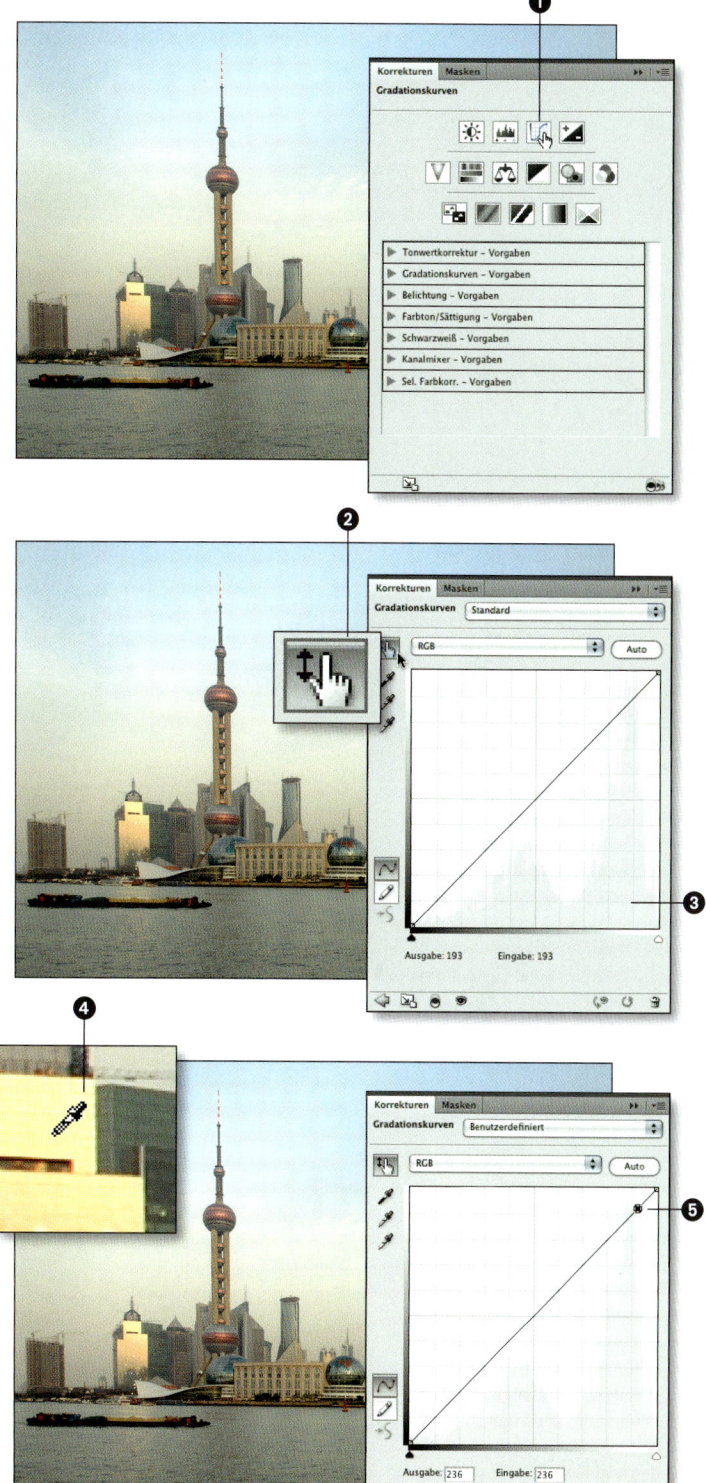

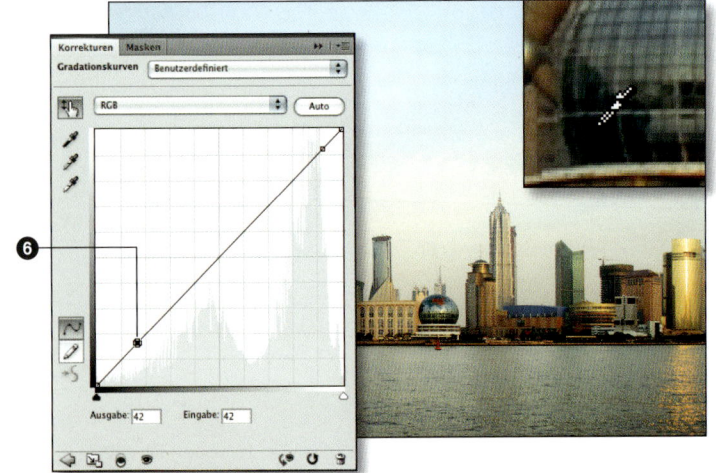

4 Tiefen-Punkt festlegen

Auch die ganz dunklen, fast schwarzen Schatten sollten durch eine Kontrastkorrektur nicht noch weiter in die dunkle Richtung korrigiert werden. Klicken Sie deshalb wieder mit dem Mauszeiger auf die zu schützenden Tiefen. Damit ist auch dieser Punkt auf der Diagonalen fixiert ❻.

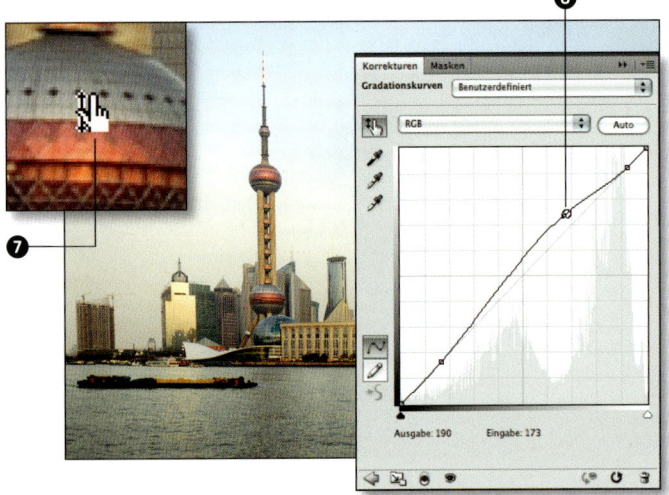

5 Korrekturzonen bestimmen

Nun geht es um die Tonwerte, die korrigiert werden sollen. In diesem Bild soll insbesondere ein Kontrast in die Skyline gebracht werden. Führen Sie Ihren Mauszeiger nun das dritte Mal über eine helle Stelle dieses Bildteils, und ziehen Sie diesmal gleich mit gedrückter Maustaste nach oben ❼, bis die gewünschte Helligkeit erreicht ist. Auf der Gradationskurve entsteht ein weiterer Fixpunkt, der gleichzeitig nach oben korrigiert wird ❽.

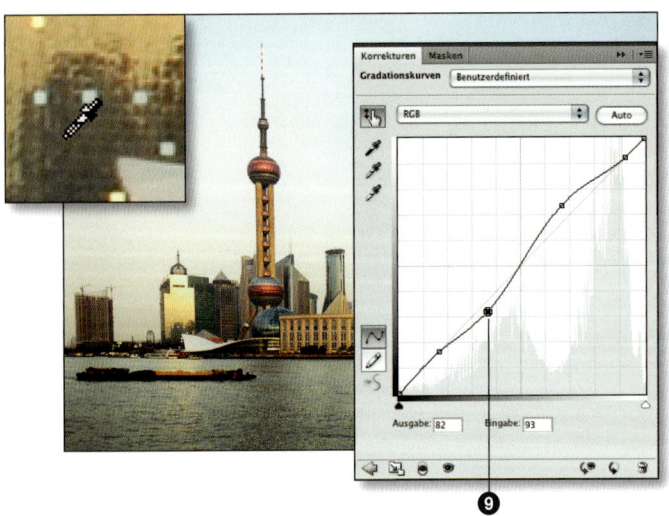

6 Dunkle Mitteltöne absenken

Das Gleiche führen Sie für die dunklen Töne durch. Auch hier wählen Sie den Bildbereich, der Ihnen am wichtigsten für die Kontrastverstärkung erscheint – also gezielt satter gemacht werden soll.

Klicken Sie wieder in einen solchen Bildbereich, und ziehen Sie den Masuzeiger diesmal nach unten, um einen weiteren Korrekturpunkt ❾ zu setzen.

7 Gradationskurve anpassen

Im Übergang von den »gesicherten« Lichtern und Tiefen zum Korrekturbereich flacht die Kurve etwas zu stark ab. Das ist ungünstig, weil auch die Tonwerte in diesem Bereich den Kontrast verlieren.

Ziehen Sie deshalb am oberen und unteren Punkt die Gradationskurve leicht »in Form«, so dass die Kurve an keiner Stelle mehr stark abflacht, aber trotzdem die Lichter und Tiefen im Sinne der korrigierten Gradationskurve verschoben werden.

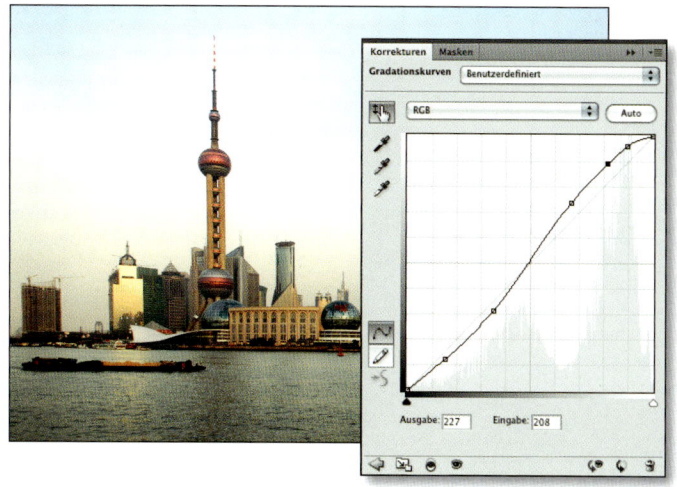

8 Originaltonwerte rekonstruieren

Wechseln Sie über das FENSTER-Menü in die EBENEN-Palette: Nutzen Sie die Ebenenmaske ⑩ auf der erstellten Einstellungsebene. Mit dem PINSEL-WERKZEUG 🖌, schwarzer Vordergrundfarbe ■ und einer weichen Pinselspitze können Sie auf der Ebenenmaske die Wirkung der Korrektur dort »zurückmalen«, wo Sie trotz sensibler Steuerung zu stark eingegriffen hat – z. B. im Himmelsblau. Die Pinselgröße passen Sie am schnellsten durch Drücken der `Ctrl` + `⌥`-Taste (Mac) bzw. `Alt` + rechte Maustaste (Win) an.

9 Korrektur abstufen

Jetzt haben Sie die kritischen Bereiche des Motivs maskiert und können sich noch einmal den eigentlichen Arbeitsbereich vornehmen. Eine weitere, leichte Kontrastverstärkung können Sie durchführen, indem Sie die Einstellungsebene kopieren (ziehen Sie sie einfach auf das Seitensymbol 🔲 in der EBENEN-Palette) und deren DECKKRAFT stark herabsetzen.

Bewährte Negativtechniken

»Unscharf maskiert« gewinnt ein Bild an Kontrast

Der Name des Scharfzeichnungsfilter »Unscharf maskieren« basiert auf einer analogen Technik. Unscharfe Negativkopien waren früher die letzte Möglichkeit, um einem flauen Negativ zu mehr Kontrast zu verhelfen. Die beiden Filme wurden beim Vergrößern einfach überlagert. Nach wie vor macht der »Unscharf-maskieren«-Filter in seinem Grundprinzip nichts anderes, als den Kontrast anzuheben – auch wenn er mittlerweile nur noch in kleinen Radien zur Scharfzeichnung genutzt wird.
In diesem Workshop sehen Sie den Filter in seiner ursprünglichen Form.

Zielsetzungen:
Kontrast über einen großen Radius anheben
[Schaerfekontrast.jpg]

Foto: Rolphus, istockphoto.com

1 Ein Smartfilter zur Sicherheit

Wählen Sie aus dem FILTER-Menü FÜR SMART-FILTER KONVERTIEREN. So erhalten Sie eine Smartfilter-Ebene, die zunächst nur durch ein kleines Symbol ❶ zu erkennen ist, Ihnen aber jederzeit die Möglichekit gibt, die Filterparameter noch zu verändern.

Lesen Sie auch: den Grundlagenexkurs über Smart-Objekte auf Seite 408.

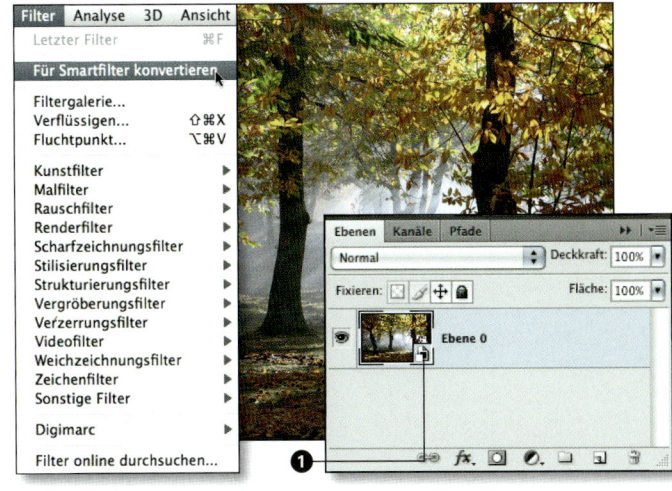

2 Unscharf maskieren

Wählen Sie FILTER ▷ SCHARFZEICHNUNGSFILTER ▷ UNSCHARF MASKIEREN.

Entgegen einer wirklichen Scharfzeichnungseinstellung, die mit kleinen Radien arbeitet, ziehen Sie hier den RADIUS-Regler deutlich in die Höhe. Stellen Sie gleichzeitig den STÄRKE-Regler nicht höher als 50, um die Wirkung der RADIUS-Einstellung beurteilen zu können. Innerhalb des Radius werden die Tonwertunterschiede im Bild jetzt verstärkt. Bei einer großen Bildauflösung ist ein Wert von 130 Pixeln nicht ungewöhnlich.

3 Stärke anpassen

Mit dem richtigen RADIUS können Sie jetzt die STÄRKE justieren. Achten Sie insbesondere in den Mitteltönen darauf, wie hoch der Kontrast liegen muss. Bei dem vorliegenden Motiv geht es darum, das Lichtspiel herauszuarbeiten – mit einem Wert um 30 %, ist dies erreicht. Der SCHWELLENWERT ist für diese Technik unerheblich, belassen Sie diesen auf 0 STUFEN, und bestätigen Sie die Einstellungen mit OK.

Vordergrund nachbelichten

Bildwichtiges durch »Negativ multiplizieren« aufhellen

Wenn der Belichtungsmesser durch zu viel Hintergrundlicht irritiert ist, fällt die Belichtung für das eigentliche Hauptmotiv zu dunkel aus. Die nachträgliche Belichtungskorrektur für den Vordergrund ist dann keine komplizierte Sache. Nutzen Sie dafür den Ebenenmodus »Negativ multiplizieren«. So werden die Bildpixel mit bereits vorhandener Intensität verstärkt anstatt pauschal aufgehellt zu werden.

Zielsetzungen:

Aufhellung des Vordergrundes

Abgestufte Wirkung durch Ebenenmodus »Negativ multiplizieren«

Maskieren der anderen Bildteile

[Vordergrund.jpg]

1 Bildinformationen duplizieren

Als Erstes duplizieren Sie die Hintergrundebene. Anstatt mit einer Bildkorrektur über
eine Einstellungsebene wollen wir diesmal
mit den bildeigenen Pixeln korrigierend eingreifen.

Ziehen Sie die Hintergrundebene in der
EBENEN-Palette auf das Seitensymbol 🔲,
um sie zu duplizieren. Dadurch entsteht die
Ebene »Hintergrund Kopie«.

2 Negativ multiplizieren

Stellen Sie jetzt den Ebenenmodus für die
obere Ebene im Popup-Menü ❶ auf NEGATIV
MULTIPLIZIEREN. Dadurch werden alle Pixel
relativ zu ihren jeweiligen Tonwerten verstärkt. So wird die Aufhellung differenzierter,
denn die hellen Pixel erfahren eine deutlich-
ere Aufhellung als die dunklen.

Dennoch werden wir die Wirkung noch
weiter über eine Ebenenmaske einschränken.
Klicken Sie dazu mit gedrückter ⌥/Alt -
Taste auf das Ebenenmaskensymbol ❷. Sie erhalten eine vorerst komplett maskierte Ebene.

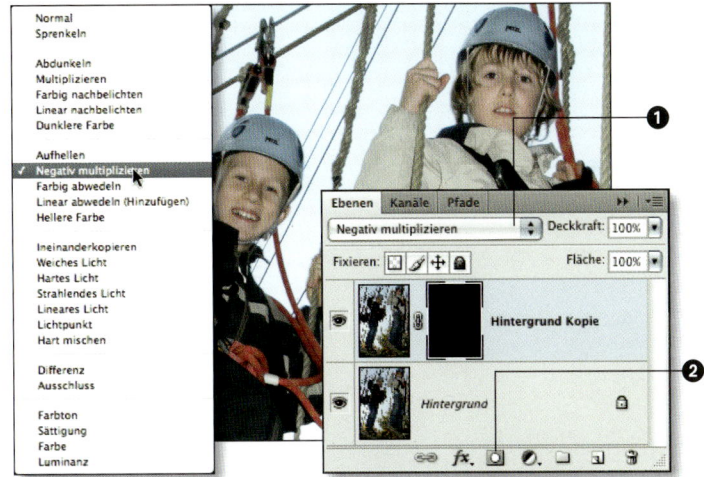

3 Maskenarbeit

Unsere Aufhellung ist durch die Maskierung
erst einmal wieder unsichtbar geworden.
Greifen Sie jetzt zum PINSEL-WERKZEUG 🖌,
wählen Sie eine weiße Vordergrundfarbe, und
malen Sie auf der Ebenenmaske ❸ mit einer
weichen Pinselspitze Stück für Stück die be-
lichtungsverstärkende Wirkung wieder frei.

Variieren Sie dabei die Pinselgröße und
Deckkraft. So können Sie die Motivteile unterschiedlich betonen.

Schattenfarben rekonstruieren

Retten Sie Tiefenzeichnung und -farbe mit »Tiefen/Lichter«

Die Funktion »Tiefen/Lichter« hat sich für die partielle Korrektur von Lichtern oder Schatten bewährt. Nach der Einführung der Smartfilter wurde offensichtlich, dass die »Tiefen/Lichter«-Funktion von ihrer technischen Basis her eher ein Filter ist. Die dadurch mögliche Smartfilter-Ebene ersetzt die notwendige Einstellungsebene für die Feinkorrektur. So haben Sie dauerhaft die Möglichkeit, die vielen Optionen dieser Funktion nachzujustieren.

Zielsetzungen:
Schatten aufhellen
Steuerung von Tonwertbreite
und Einsatzradius
Farbsättigung der korrigierten
Zonen erhöhen
[Schatten.jpg]

Foto: Maike Jarsetz

1 Für Smartfilter konvertieren

Als Erstes müssen Sie für diesen Workshop Ihr Bild bzw. dessen Hintergrundebene im FILTER-Menü FÜR SMARTFILTER KONVERTIEREN. Bestätigen Sie die folgende Meldung.

Die Ebeneninformationen werden dadurch mit ihrer vollen Bildinformation als Smart-Objekt in die Datei eingebettet.

Mehr zu Smart-Objekten: Lesen Sie dazu den Grundlagenexkurs auf Seite 408.

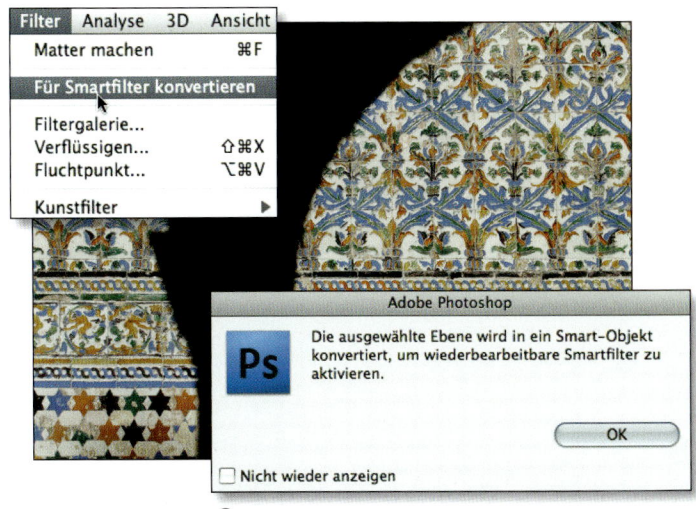

2 Die Tiefen/Lichter-Funktion

Die Veränderung sehen Sie auch gleich in der EBENEN-Palette. Die Ebenenminiatur hat ein zusätzliches Symbol bekommen ❶, das die Ebene als Smart-Objekt-Ebene kennzeichnet. Wählen Sie jetzt aus dem Menü BILD ▷ KORREKTUREN ▷ TIEFEN/LICHTER.

Keine der anderen Bildkorrekturen ist mehr verfügbar, nur die TIEFEN/LICHTER-Funktion bleibt als Smartfilter anwendbar. Sie ist also eher ein Filter als eine normale Bildkorrektur.

3 Erste Anpassung und weitere Optionen

Sofort mit dem Öffnen des Arbeitsfensters verändert sich das Vorschaubild durch die voreingestellten Korrekturen. Aber diese werden Sie jetzt noch bildgerecht anpassen.

Aktivieren Sie im Menü die Checkbox für WEITERE OPTIONEN EINBLENDEN ❷, falls diese noch nicht eingeblendet sind. Nur so können Sie auf differenziertere Einstellungen zugreifen.

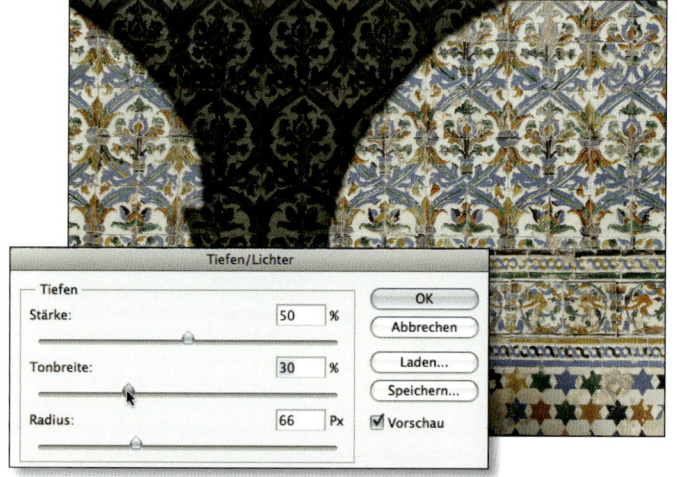

4 Tonbreite

Verschieben Sie den TONBREITE-Regler bei einer 50%igen STÄRKE-Einstellung, um die beste Wirkungsbreite für die Schattenaufhellung herauszufinden.

Je kleiner dieser Wert ist, desto enger beschränkt sich die Wirkung auf Schwarz und tiefe Schatten. Eine 100%ige Tonbreite entspricht einem mittleren Tonwert, also der Schwelle von Tiefen zu Lichtern.

Im vorliegenden Bild liegt die ideale Tonbreite bei 30%.

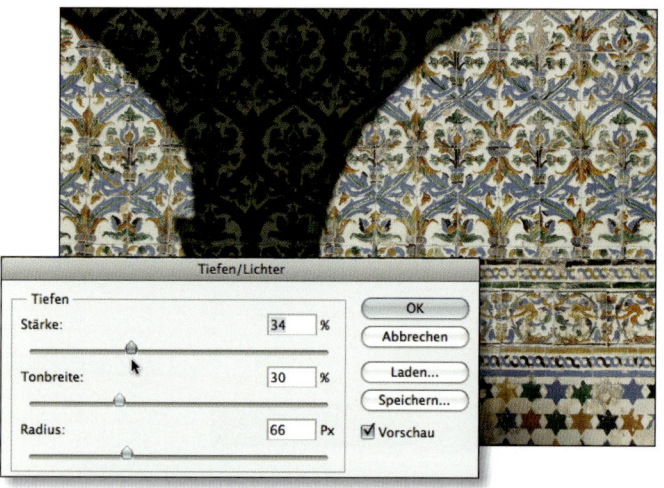

5 Stärke

Nachdem Sie festgelegt haben, welche Schatten bearbeitet werden sollen, können Sie die STÄRKE der Bearbeitung festlegen.

Ziehen Sie den Regler erst wieder zurück auf Null, damit Sie die folgende Korrektur richtig beurteilen können. Danach erhöhen Sie den Wert wieder auf ca. 30% bis die Schatten aufgehellt sind.

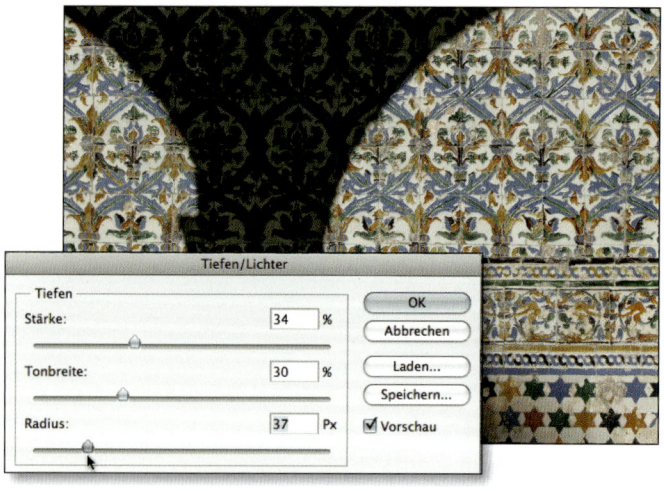

6 Radius

Der RADIUS gibt die Mindestgröße der Pixelgruppen an, die von einer Korrektur beeinflusst werden sollen.

Je höher der Wert liegt, desto mehr reduziert sich die Korrekturwirkung im Motiv auf große Schattenbereiche. Kleinere Schatten wie die Details im Muster erlangen ihre Tiefen zurück. Hier ist ein Wert von ca. 35–40% angebracht. Klicken Sie dann auf OK.

7 Die Smartfilter-Ebene

Ihre Korrektur ist jetzt als Smartfilter-Ebene in der EBENEN-Palette aufgelistet ❹. Das bedeutet, dass Sie die Wirkung durch einen Klick auf das Augensymbol ❸ jederzeit ein- und ausblenden könnten. Oder Sie bearbeiten Sie noch weiter, zum Beispiel um die leicht ausgegrauten Schatten stärker zu korrigieren. Machen Sie dafür einfach ein Doppelklick auf den Namen der Smartfilter-Ebene.

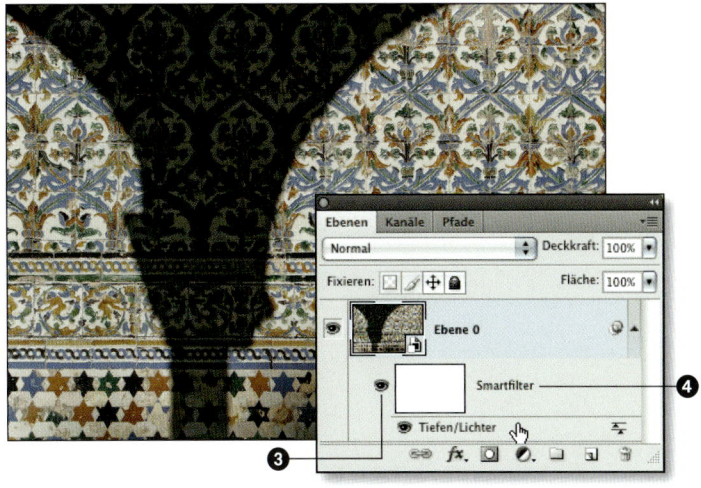

8 Farbsättigung erhöhen

So öffnet sich das TIEFEN/LICHTER-Menü erneut. Hier können Sie im unteren Teil des Menüs mit dem Regler für FARBKORREKTUR die Sättigung in den Pixeln erhöhen, die von der bisherigen Korrektur verändert wurden. Alle anderen Farbwerte im Bild werden beibehalten.

Stellen Sie den Regler auf einen Wert von ca. +45. So erhalten Sie nachträglich noch mehr Farbintensität in den Schatten.

9 Gesamtwirkung abstimmen

Die Smartfilter-Ebene hat aber noch mehr Möglichkeiten: Klicken Sie doch eimal auf das kleine Reglersymbol auf der rechten Seite ❺. So öffnen sich die FÜLLOPTIONEN für diesen Smartfilter, in denen Sie einen MODUS für die Verrechnung einstellen oder die DECKKRAFT variieren können. Mit einer leicht verminderten DECKKRAFT von ca. 80 % können Sie die Korrektur gleichmäßig zurückfahren, ohne dass Sie erneut im TIEFEN/LICHTER-Menü alle Regler miteinander abgleichen müssen.

Belichtungskontrast steigern

Farbbalance vor der Kontraststeigerung schützen

Jede Kontraststeigerung wirkt sich nicht nur auf die Licht-Schatten-Zeichnung, sondern auch auf den Farbkontrast aus. Insbesondere bei Hauttönen, aber auch bei Bildern, die bereits farbkorrigiert wurden, wird das schnell problematisch. Sensible Töne brechen schnell farblich aus. Hier hilft der Ebenenmodus »Luminanz«, der die Korrektur auf die Helligkeitswerte beschränkt.

Zielsetzungen:

Helligkeitskontrast steigern

Farbliches »Kippen« der Hauttöne vermeiden

[Farbstabil.jpg]

1 Gradationskurven-Korrektur

Der effektivste Weg, um den Kontrast zu steigern, führt immer noch über die Gradationskurven.

Wählen Sie diese am schnellsten über die KORREKTUREN-Palette, die Sie im Menü FENSTER einblenden können. Über einen Klick auf das entsprechende Symbol ❶ gelangen Sie zum Arbeitsfenster GRADATIONSKURVEN und legen gleichzeitig eine Einstellungsebene an, die wir für die nachfolgende Technik zwingend benötigen.

2 Gradationskurven aufsteilen

Heben Sie jetzt den Kontrast in den Gradationskurven durch eine typische S-Kurve an. An welchen Stellen Sie die Punkte für die Gradationskurven setzen, verrät Ihnen fast schon das Histogramm ❹. Aber setzen Sie diese besser motivbezogen, wie es in der Lektion »Bildgerechte Kontrastkorrektur« auf Seite 186 beschrieben ist. Für dieses Motiv bietet es sich an, den Punkt für die hellen Farbtöne im Gesicht zu messen ❸ und den Punkt für die dunklen Farbtöne im Jackett ❷ zu platzieren.

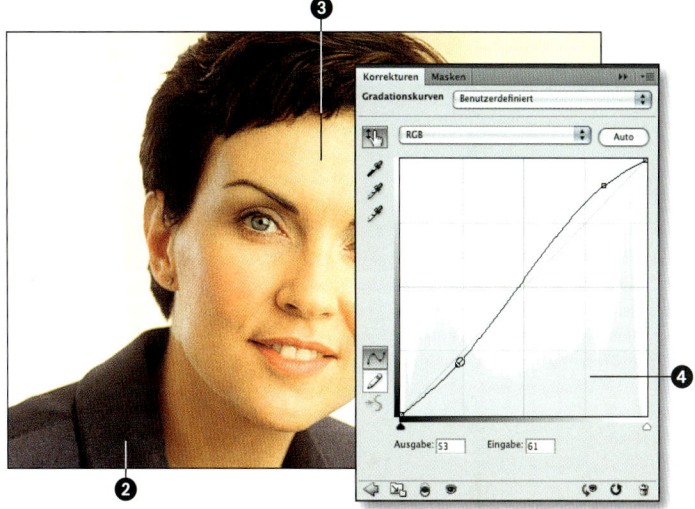

3 Reduzierung auf die Luminanz

Das Ergebnis der Gradationssteigerung zeigt sich deutlich – leider auch in den Farben, deren Sättigung unnatürlich angezogen worden ist.

Aber jetzt punktet die Einstellungsebene: Wechseln Sie auf die EBENEN-Palette, und wählen Sie für die Einstellungsebene aus dem Popup-Menü ❺ LUMINANZ für den Ebenenmodus. Sofort verschwindet die farbliche Entgleisung, und die Kontraststeigerung zeigt sich nunmehr nur noch durch einen besseren Grundkontrast zwischen Lichtern und Tiefen.

High Key ohne Verluste

Erhalten Sie die Zeichnung bei High-Key-Umsetzungen

High-Key-Aufnahmen sind zeitlos schön. Zwischen einem guten High-Key-Bild und einer schlichten Überbelichtung liegen allerdings Welten. Wie Sie eine ausgewogene Belichtung in ein High-Key-Bild umwandeln, ohne dass Ihnen die Lichter ausfressen, sehen Sie in diesem Workshop.

Zielsetzungen:

High Key durch Anhebung
der Tonwerte und Gradation
Empfindliche Lichter schützen
Farbsättigung anpassen

[HighKey.jpg]

Foto: Peter Wattendorff

1 Start mit einer Tonwertkorrektur

Die folgenden Korrekturen werden sich schrittweise darum kümmern, alle Mitteltöne aufzuhellen, dabei aber die Spitzlichter auszugrenzen, um diese nicht in den beschnittenen Bereich hinein zu korrigieren. So riskieren Sie keinen Zeichnungsverlust in den Lichtern.

Starten Sie in der KORREKTUREN-Palette, und klicken Sie auf das Symbol für die TONWERT-KORREKTUR **1**.

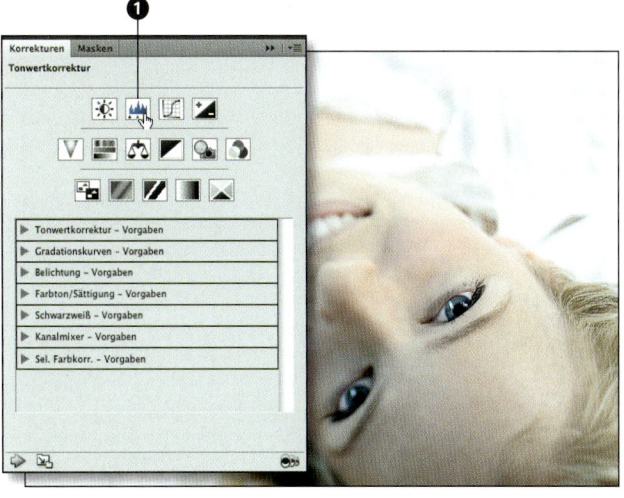

2 Mitteltöne aufhellen

Im Arbeitsfenster TONWERTKORREKTUR bewegen Sie den Regler für die Mitteltöne **2** nach links. So werden die Mitteltöne insgesamt aufgehellt, die Grenzwerte für Tiefen und Lichter bleiben aber bestehen, und Sie erhalten die Zeichnung der Tiefen als auch der Lichter.

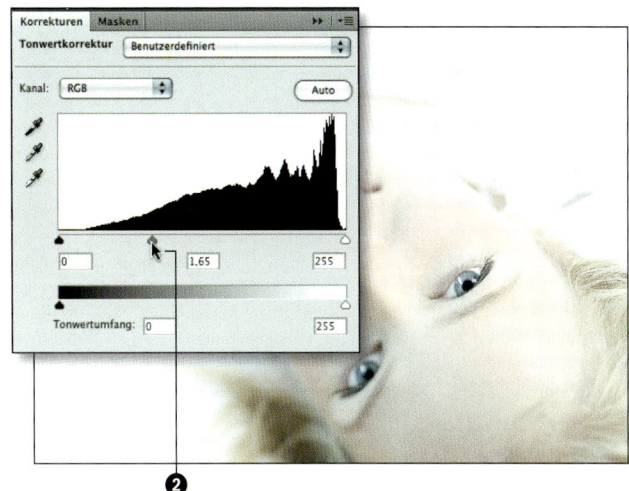

3 Maske nutzen

Wechseln Sie in die EBENEN-Palette, und klicken Sie auf das Ebenenmaskensymbol **3** der Einstellungsebene. Durch die Ausleuchtung des Fotos ist der obere Bildteil schon hell genug. Wählen Sie das PINSEL-WERKZEUG und eine schwarze Vordergrundfarbe ■, um die Einstellungsebene an den oberen Bildteilen zu maskieren. Die Pinselgröße ändern Sie durch Ziehen mit gedrückter Ctrl + ⌥ -Taste (Mac) bzw. Alt +rechte Maustaste (Win) und die Kantenschärfe mit Ctrl + ⌥ + ⌘ (Mac) bzw. Alt + ⇧ +rechte Maustaste (Win).

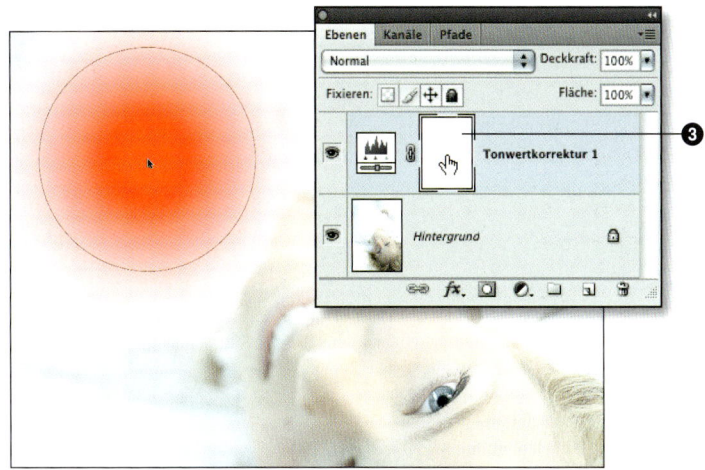

4 Status Ebenenmaske

Mit einem großen, weichen Pinsel haben Sie die Bildbereiche schnell maskiert, die zu der Ursprungsbelichtung zurückkehren sollten.

Danach wechseln sie wieder auf die KORREKTUREN-Palette, um mit der Korrektur fortzufahren.

Die Mitteltöne sind durch die Aufhellung sehr weich im Kontrast geworden. Dem werden Sie in den nächsten Schritten gegensteuern.

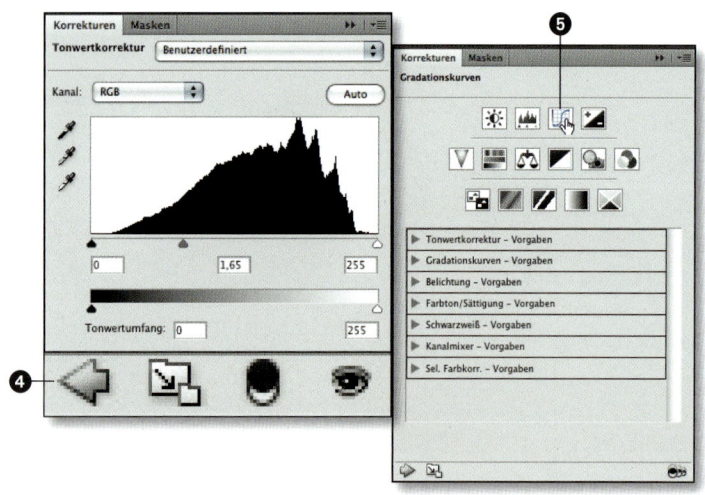

5 Weitere Korrektur hinzufügen

Klicken Sie links unten in der KORREKTUREN-Palette auf den Pfeil ❹. Dieser führt Sie wieder zurück in die Übersicht der Bildkorrekturen.

Klicken Sie dort auf das Symbol für die Gradationskurven ❺.

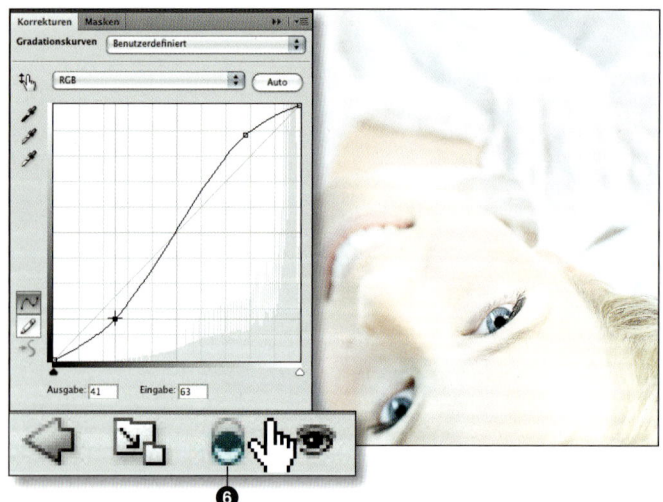

6 Kontrast korrigieren

Im Arbeitsfenster der GRADATIONSKURVEN klicken Sie jetzt zuerst auf das Schnittmasken-Symbol ❻, das die Ebenenwirkung mit der darunterliegenden Ebene verknüpft. Das heißt nichts anderes, als dass auch die folgende Gradationskurvenkorrektur auf den durch die Maske definierten Bereichen stattfindet.

Ziehen Sie dann mit der Maus die Gradationskurve in einen steilen, S-förmigen Verlauf. So werden die korrigierten Mitteltöne zusätzlich im Kontrast gesteigert. Schwarz und Weiß bleiben aber nach wie vor in ihren Grenzwerten.

7 Farben anpassen

Durch die zusätzliche Kontrastkorrektur werden die Farben in den Hauttönen etwas zu dominant.

Wechseln Sie deshalb über den in Schritt 5 beschriebenen Pfeil nochmals in die Korrekturenübersicht und wählen Sie als letzte Funktion FARBTON/SÄTTIGUNG ❼.

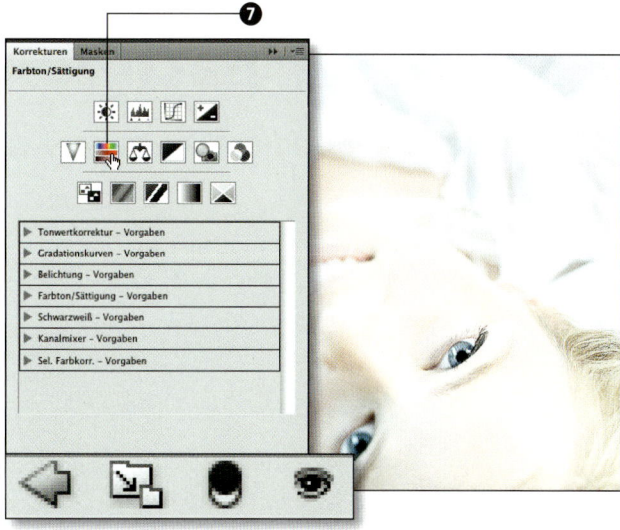

8 Hauttöne entsättigen

Um nur die Hauttöne in ihrer Sättigung zu verringern, wählen Sie aus dem Arbeitsfenster FARBTON/SÄTTIGUNG das Handwerkzeug ❽ aus.

Damit klicken Sie im Bild auf einen farblich dominanten Hautton und ziehen mit gedrückter Maustaste leicht nach links, um die Sättigung zu verringern.

Durch die Arbeit mit dem selektiven Handwerkzeug wird der Arbeitsbereich automatisch auf die Rottöne eingeschränkt ❾. Die leuchtende Farbsättigung der Augen bleibt erhalten.

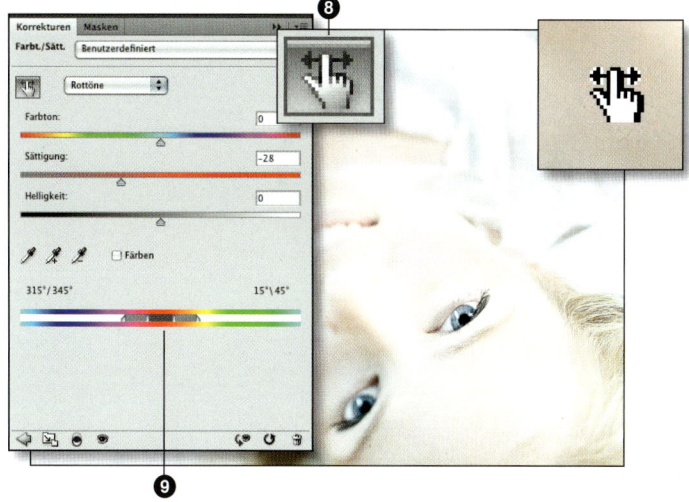

9 Maske variieren

Die Korrektur ist jetzt fast perfekt: Die High-Key-Wirkung im Gesicht stimmt. Falls Sie jetzt die gesamte Korrektur doch noch ganz leicht im restlichen Motiv wirken lassen wollen, müssen sie die Maske nur »dünner« machen.

Wechseln Sie in die MASKEN-Palette, und verringern Sie die DICHTE ❿ der Maske: Die ehemals schwarzen Pixel werden so transparenter und lassen die Korrektur ein wenig mehr hindurchscheinen. Das Restmotiv erfährt eine leichte Aufhellung.

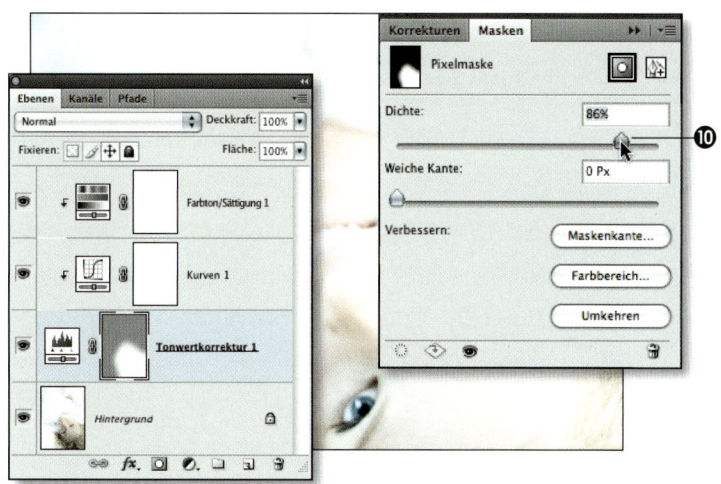

Lichter nachbelichten

Kontrastoptimierung über die vorhandene Helligkeitsinformation

Statt für eine Kontrasterhöhung in den Gradationskurven zu arbeiten, können Sie auch den vorhandenen Kontrast nutzen. Dabei haben Sie die Wahl, ob die Kontrasterhöhung in erster Linie in den Lichtern oder in den Schatten stattfinden soll. Durch eine Auswahl der Helligkeits- oder Schattenzonen über die Kanäle-Palette und deren Überlagerung mit dem Originalbild, können Sie den Kontrast sehr schnell in der gewünschten Tonwerthälfte steigern.

Zielsetzungen:
Kontrast in Lichtern und Mitteltönen erhöhen
[Luminanzkontrast.jpg]

1   Kanalauswahl erstellen

Starten Sie in der KANÄLE-Palette, denn nur hier können Sie die Helligkeitsinformation des Bildes als Auswahl abgreifen. Gehen Sie im Menü FENSTER auf die KANÄLE. Mit einem einfachen Klick können Sie dort die Helligkeitsinformation als Auswahl laden.

Klicken Sie mit gedrückter Strg/⌘-Taste auf den RGB-Kanal. So werden die hellen Bildbereiche entsprechend ihrer Luminanz ausgewählt. Schwarze Bereiche sind gar nicht, dunkle nur zum geringen Teil ausgewählt.

2   Auswahl in Ebene kopieren

Wechseln Sie zurück in die EBENEN-Palette, und erstellen Sie über den Menüpunkt EBENE ▷ NEU ▷ EBENE DURCH KOPIE oder mit Strg/⌘ + J eine neue Ebene aus der Auswahl.

Die neue Ebene enthält nur die Helligkeitsinformation des Bildes. Sie können sich einen guten Eindruck davon verschaffen, indem Sie auf das Augensymbol der Hintergrundebene klicken ❶, um diese temporär auszublenden.

3   Lichterkontrast verstärken

Lassen Sie jetzt die neue Ebene das Original überlagern: Wählen Sie dafür aus dem Pop-up-Menü ❷ NEGATIV MULTIPLIZIEREN. Das verstärkt die Lichter proportional zu ihrer vorhandenen Helligkeit. Die Wirkung geht dabei bis in die Mitteltöne und kann mit der Ebenendeckkraft ❸ weiter verfeinert werden.

Für eine entsprechende Wirkung in den Schatten müssen Sie nur die Kanalauswahl durch Strg/⌘ + ⇧ + I vor dem Kopieren umkehren. Als Modus für die Verstärkung der Schatten wählen Sie MULTIPLIZIEREN.

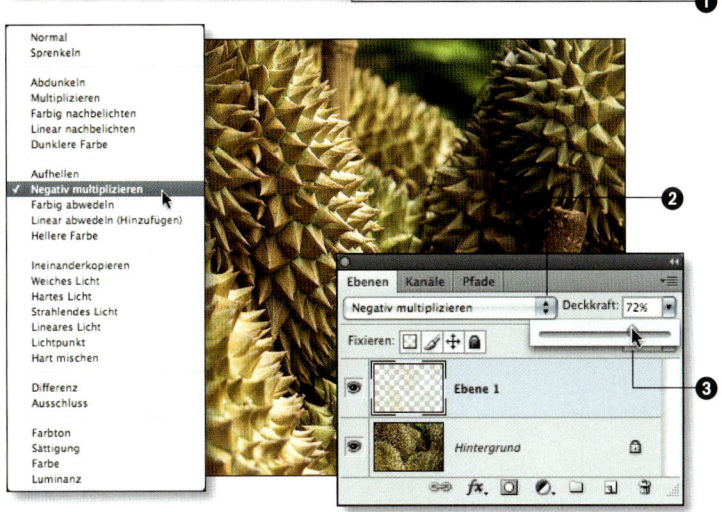

Selektive Belichtungskorrektur

Eine Luminanzmaske trennt Lichter und Schatten

Eine Belichtungskorrektur zielt meist nur auf einen bestimmten Tonwertbereich. Eine Aufhellung der Mitteltöne und Schatten lässt die Lichter in einem Motiv oft leiden. Nutzen Sie die vorhandene Helligkeitsverteilung des Bildes, um mit ein paar Klicks eine differenzierte Ebenenmaske zu erstellen, die die Lichter wieder schützt. Zugriff auf diese Helligkeitsinformationen haben Sie über die Kanäle-Palette. Die daraus erstellte Luminanzmaske können Sie mit der neuen Masken-Palette noch verfeinern.

Zielsetzungen:

Aufhellung der dunklen Mitteltöne
Schatten öffnen
Lichter vor Aufhellung schützen
Weicher Übergang der Korrekturbereiche
[Maske.jpg]

1   Korrektur wählen

Starten Sie in der KORREKTUREN-Palette, die Sie gegebenenfalls über das Menü FENSTER einblenden können.

Hier stehen Ihnen alle Bildkorrekturen zur Verfügung, die später über eine Einstellungsebene noch weiter anzupassen sind.

Für die allgemeine Aufhellung der Mitteltöne klicken Sie auf das Symbol für die Tonwertkorrekturen ❶.

2   Mitteltöne aufhellen

Bei diesem Motiv wird es im Lichter- und Tiefenbereich schon ziemlich eng. Nutzen Sie deshalb den Mitteltonregler ❷ der Tonwertkorrektur, um die Lichter nicht unnötig weiter aufzuhellen.

Ziehen Sie den Regler nach links, auf einen Wert von ca. 1,70. So werden dunkle Tonwerte näher an den Mittelton gerückt und alle mittleren und dunklen Tonwerte erfahren eine allgemeine Aufhellung.

3   Tiefen öffnen

Im Fenster TONWERTKORREKTUR sehen Sie auch das Histogramm des Bildes: Das Bild ist sehr lichterbetont, hat aber in den Lichtern noch Zeichnung, die es später zu schützen gilt. In den Tiefen liegt das eigentliche Problem, diese stoßen an die Grenzen der dunklen Tonwerte. Sie werden einerseits abgeschnitten, andererseits sind sie so dunkel, dass sie zulaufen.

Ändern Sie im TONWERTUMFANG den Wert für die Tiefen ❸ auf 7 (das entspricht einer Aufhellung um knapp 3 %), so laufen die Tiefen nicht ganz so stark zu.

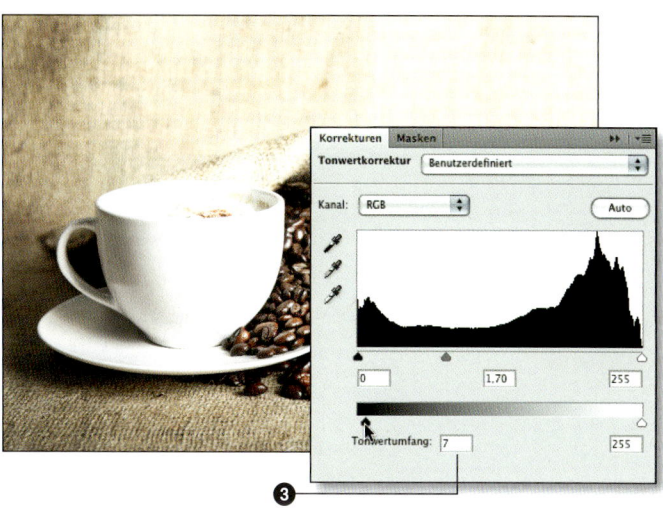

4 Kanalinformationen

Wechseln Sie in die EBENEN-Palette. Automatisch ist für die Korrektur eine Einstellungsebene entstanden. Diese werden Sie maskieren, so dass die Lichter möglichst wenig von der Aufhellung beeinflusst werden.

Blenden Sie die Einstellungsebene mit einem Klick auf das Augensymbol ❹ aus, aktivieren Sie die Hintergrundebene, und wechseln Sie auf die KANÄLE-Palette. Klicken Sie alle Kanäle nacheinander an, und suchen Sie den besten Kontrast zwischen Licht und Schatten. Der Blau-Kanal ist dafür am geeignetsten.

5 Luminanzauswahl erstellen

Klicken Sie jetzt erst wieder auf den RGB-Kanal ❺, um das Composite-Bild einzublenden, bevor Sie dann aus dem Blau-Kanal eine Luminanzauswahl erstellen. Wann immer Sie Pixel auf einer Ebene oder in einem Kanal auswählen wollen, hilft Ihnen die ⌈Strg⌉/⌈⌘⌉-Taste. Halten Sie diese gedrückt, und klicken Sie dann auf den Blau-Kanal ❻. Entsprechend der Helligkeitsverteilung im Kanal wird eine Auswahl erstellt. Weiße Pixel sind ausgewählt, schwarze nicht. Alle Stufen dazwischen ergeben halbtransparente Auswahlen.

6 Auswahl in Ebenenmaske umsetzen

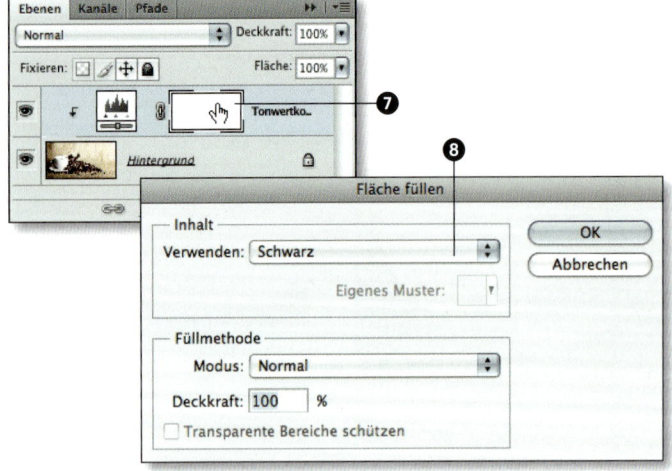

Kehren Sie zurück in die EBENEN-Palette, und blenden Sie dort über das Augensymbol die Einstellungsebene wieder ein. Klicken Sie auf die Ebenenmaske ❼, um diese zu aktivieren.

Mit ⌈⇧⌉ + ⌈←⌉ gelangen Sie in das Menü FLÄCHE FÜLLEN. Füllen Sie hier die Auswahl – und damit die Ebenenmaske – durch SCHWARZ ❽ mit einer DECKKRAFT von 100 %.

7 Die Wirkung der Ebenenmaske

Die ausgewählten hellen Kanäle-Pixel sind jetzt schwarz gefüllt – Sie haben gewissermaßen eine Art Negativbild als Maske erstellt .

Die schwarzen Pixel maskieren, lassen also die Einstellungsebene nicht durchwirken. Die weißen oder hellen Pixel ermöglichen eine volle Wirkung der Gradationsänderung auf die Bildebene. So sind die Lichter geschützt.

8 Maskenkontrast steigern

Heben Sie den Maskenkontrast weiter an, um die Wirkung zu erhöhen. Lassen Sie dafür die Ebenenmaske aktiv, und wählen Sie BILD ▷ KORREKTUREN ▷ TONWERTKORREKTUR. Ziehen Sie den Schwarzpunkt-Regler ❿ in die Mitte, um mehr graue Tonwerte in Schwarz umzuwandeln. So besteht die Maske in erster Linie aus schwarzen und weißen Zonen, und die Lichter im Bild werden noch stärker maskiert.

Tipp: Klicken Sie mit gedrückter ⌥/Alt-Taste auf die Maske, um sie sichtbar zu machen.

9 Maske weichzeichnen

Die Übergänge der Maske können durch die eben vorgenommene Kontraststeigerung leicht ausgefressen wirken. Um dies zu verhindern, zeichnen Sie die Maske weich.

Am besten geht das über die MASKEN-Palette. Dort können Sie den Wert für die WEICHE KANTE erhöhen, hier auf etwa 3 Pixel. Die Maske – und damit die Korrekturübergänge – werden so weicher.

Und das Beste ist: Sie können die WEICHE KANTE jederzeit noch variieren.

Farbbereich nachbelichten

Profitieren Sie von Farbauswahl und Masken-Palette

Einen bestimmten Farbbereich nachzubelichten, ist mit einer vernünftigen Farbauswahl keine große Sache. Mit Photoshop CS4 wird die Aufgabe noch einfacher, denn die aus der Auswahl resultierende Maske lässt sich jederzeit noch verfeinern, so dass der Übergang von korrigierten zu unkorrigierten Bereichen praktisch nicht mehr erkennbar ist. Mit der zusätzlichen Option, die Korrektur direkt im Bild auszuführen, haben Sie in kurzer Zeit ein perfektes Ergebnis.

Zielsetzungen:

Dunkle Blautöne nachbelichten
Andere Farbwerte beibehalten
Übergänge weichzeichnen
[Farbe_nachbelichten.jpg]

▶ **Video-Training**

Sie finden zu diesem Thema auch eine Video-Lektion auf der Buch-DVD (Lektion 2.1).

Foto: Joe Biafore, istockphoto.com

1 Farbbereich auswählen

Wählen Sie aus dem Menü Auswahl ▷ Farbbereich. Diese Vorauswahl hilft Ihnen, die
Korrektur gleich richtig zu steuern.

2 Pipettenhilfe

Im Farbbereich-Dialog steht Ihnen automatisch das Pipette-Werkzeug 🖊 zur Verfügung. Klicken Sie damit im Vorschaubild
mehrmals mit gedrückter ⇧-Taste auf verschiedene Töne der Blaubeeren, denn so addieren Sie die Farbtöne zu einer gemeinsamen
Auswahl. Deaktivieren Sie die Option Lokalisierte Farbgruppen ❶, damit die Farben
gleich über das ganze Bild ausgewählt werden. Mit dem Toleranz-Regler vergrößern Sie
die Auswahl auf den passenden Bereich. Klicken Sie auf OK, um die Auswahl zu erstellen.

3 Korrektur auswählen

Ihre eben erstellte Auswahl muss noch nicht
perfekt sein. Sie können sie auch später noch
verfeinern.

Starten Sie jetzt in der Korrekturen-Palette, und wählen Sie dort über einen Klick die
Gradationskurven ❷.

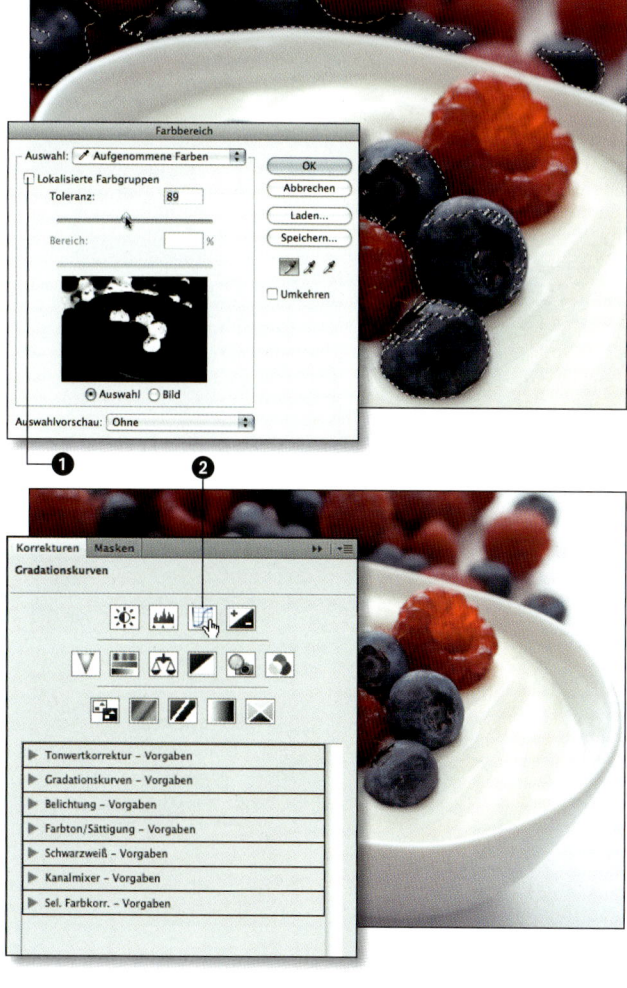

4 Tiefen korrigieren

Das Histogramm im GRADATIONSKURVEN-Fenster zeigt Ihnen jetzt nur die Tonwerte der Auswahl an.

So können Sie ganz einfach die Kurve an der richtigen Stelle anziehen. Ziehen Sie die Kurve mit der Maus im unteren Bereich hoch. Die Auswirkungen sind sofort im Bild erkennbar: Die ausgewählten Farbtöne werden heller.

5 Die Ebenenmaske

Wechseln Sie kurz auf die EBENEN-Palette. Dort erkennen Sie die gleichzeitig entstandene Einstellungsebene für die Korrektur und die Ebenenmaske, die Ihre Auswahl in weiße Korrekturbereiche umgesetzt hat.

Klicken Sie mit gedrückter ⌥/Alt-Taste, auf die Miniatur der Ebenenmaske ❸, um diese zur Beurteilung ein- und auszublenden.

6 Maskenübergänge beurteilen

Die schnelle Farbauswahl am Anfang war noch etwas grob. Das erkennen Sie auch in den hellen Zonen der Beeren ❹. Hier stoßen korrigierte und unkorrigierte Bereiche aneinander. Um dies zu retuschieren, wechseln Sie in die MASKEN-Palette.

7 Maskenkante weichzeichnen

In der MASKEN-Palette müssen Sie im Prinzip
nichts anderes tun, als den Regler für die
WEICHE KANTE nach rechts zu ziehen, bis sich
die eben erwähnten harten Übergänge auflösen.

Die Maske wird so weichgezeichnet, kann
aber jederzeit wieder zurückkorrigiert werden.

8 Maskenkante beurteilen

Sowohl in der KORREKTUREN-Palette als auch
in der EBENEN- und MASKEN-Palette haben Sie
die Möglichkeit, über das Augensymbol ❺ die
aktuelle Korrektur oder die Maske zur Beurteilung auszublenden.

Die genaue Maskenkante beurteilen und
verändern Sie über den Knopf MASKENKANTE
in der MASKEN-Palette.

Stellen Sie alle Werte auf Null, und aktivieren Sie eine weiße oder schwarze Auswahlvorschau ❻, um die aktuelle Maske anzuzeigen.

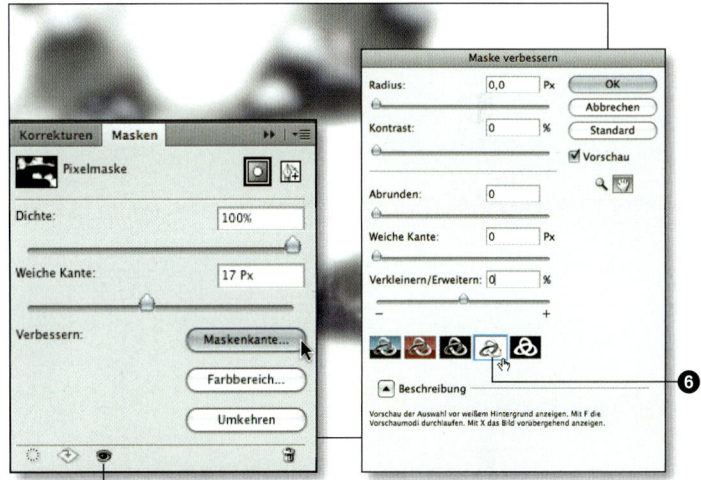

9 Korrekturbereich erweitern

In diesem Arbeitsfenster können Sie die Maske
weiter verfeinern, zum Beispiel weichzeichnen
oder auch den Korrekturbereich etwas vergrößern. Ziehen Sie den Regler VERKLEINERN/
ERWEITERN nach rechts, um den Korrekturbereich etwas weiter freizulegen.

Durch die MASKEN-Palette haben Sie permanent Zugriff auf die ausgewählten Bearbei-
tungsbereiche.

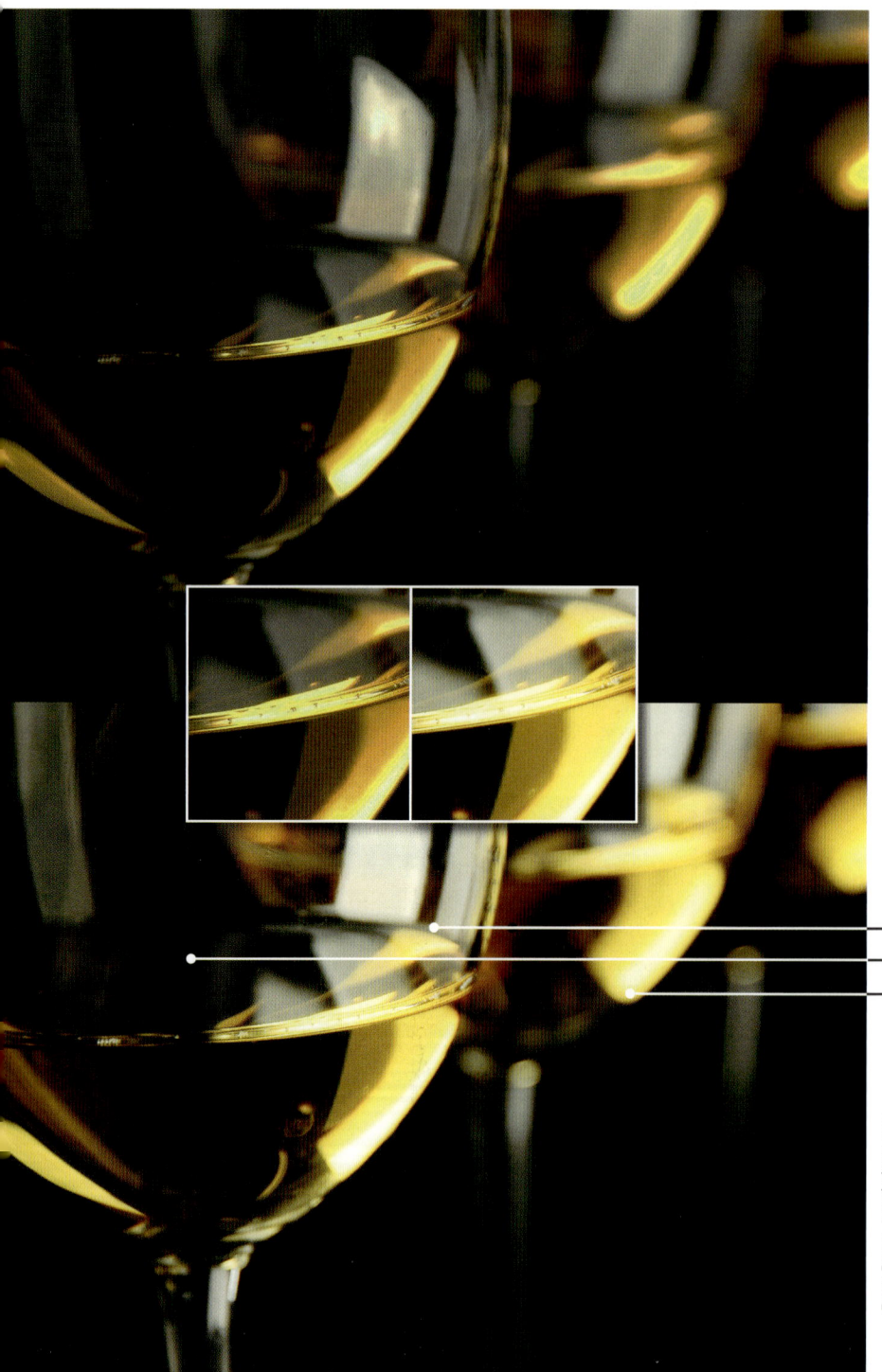

Funkelnde Lichter

Kontrastkorrektur auf die Lichter beschränken

Der individuelle Charakter jeden Bildes verlangt Korrekturen in immer anderen Tonwertbereichen. So kann zum Beispiel in einem lichterbetonten Bild die Aufhellung wichtig sein, aber gleichzeitig würden dadurch die Schatten unnötig betont werden.
Ein sehr einfacher Weg, um die Korrektur nachträglich auf bestimmte Tonwerte zu beschränken, sind die Fülloptionen der durch die Korrektur entstandenen Einstellungsebene.

Zielsetzungen:

Kontrast in den Lichtern steigern
Tiefen schützen
Lichterdetails erhalten
[Lichterkorrektur.jpg]

Foto: Beans, istockphoto.com

1 Korrektur starten

Starten Sie auch hier in der KORREKTUREN-Palette, um eine Einstellungsebene zu erhalten, die Sie später für die Modifizierung benötigen.

Klicken Sie in der KORREKTUREN-Palette auf das Symbol für die GRADATIONSKURVEN.

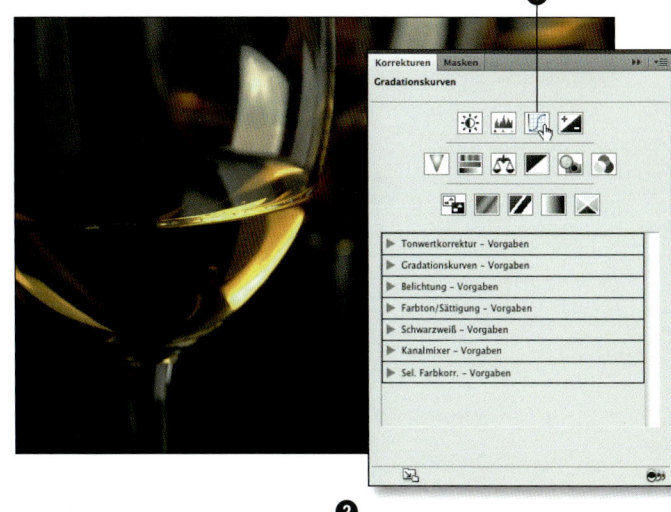

2 Aufhellung der Lichter

Wählen Sie im Gradationskurven-Dialog das Handwerkzeug ❷, und klicken Sie auf zwei helle Bereiche im Bild, die Sie durch Ziehen mit der Maus nach oben korrigieren. Gleichzeitig werden auf der Gradationskurve zwei Punkte nach oben gezogen ❸ und erzeugen dadurch die helleren Tonwerte.

Die gleichzeitige Aufhellung der Tiefen werden wir gleich revidieren.

3 Die Fülloptionen

Wechseln Sie auf die EBENEN-Palette. Durch die automatisch erzeugte Einstellungsebene können Sie die Bearbeitung für ausgesuchte Tiefen und Lichter zurücknehmen, auf die die Korrektur zu stark wirkt.

Dafür nutzen Sie die FÜLLOPTIONEN der Einstellungsebene, die Sie am einfachsten über einen Doppelklick neben den Namen der Einstellungsebene aufrufen ❹.

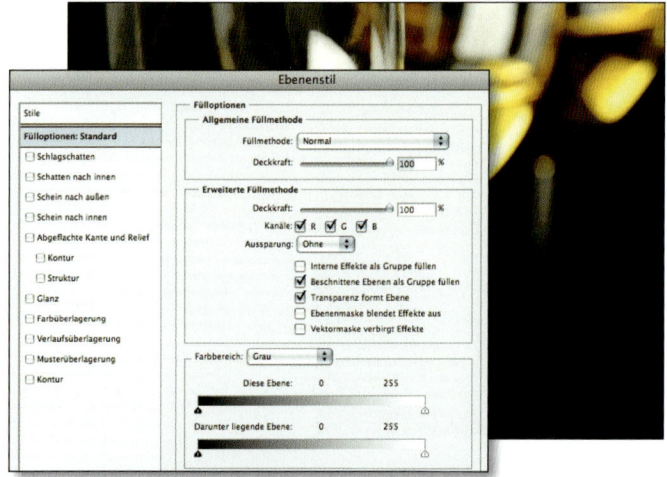

4 Das Fenster Ebenenstil…

…beinhaltet eine Menge Steuerungsmöglichkeiten, die Sie sonst in der EBENEN-Palette oder im Menü EBENE finden – also DECKKRAFT, Effekte, Ebenenmodus etc. Ganz unten sehen Sie auch die Regler für den FARBBEREICH, und diese werden Sie gleich erkunden.

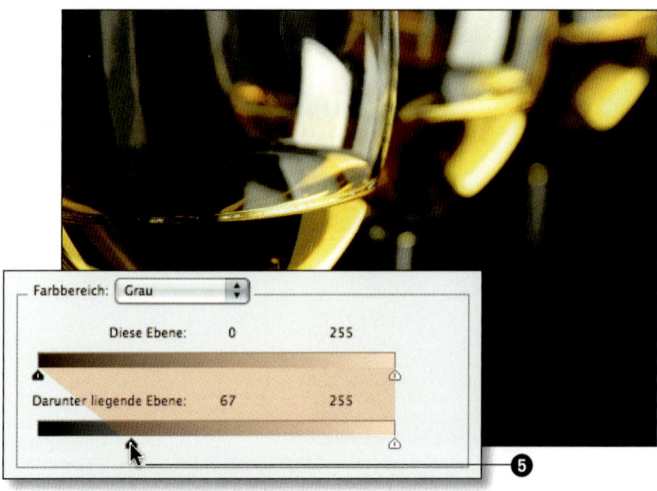

5 Ebenenüberlagerung steuern

Lassen Sie den FARBBEREICH auf GRAU stehen – das entspricht den allgemeinen Tonwerten. An den Verlaufsbalken bestimmen Sie, welche Tonwerte der oberen Ebene sichtbar werden. Die obere Ebene überlagert die untere nur in den Tonwerten, die am unteren Regler ❺ eingestellt sind (hier symbolisiert durch die hellrote Überlagerung). Durch Verschieben des unteren schwarzen Schiebereglers wird wieder der Schattenbereich der unteren Ebene sichtbar, und die Tiefe der Schatten kehrt zurück.

6 Korrektur einschränken

Auf diesem Weg können Sie auch die Korrekturebene, die für die Aufhellung verantwortlich ist, einschränken: Um die Wirkung der Einstellungsebene auf die ganz hellen Lichter wieder zurückzunehmen, bewegen Sie den oberen weißen Schieberegler in Richtung Mitte bis auf einen Wert von ca. 200.

Am Vorschaubild können Sie beurteilen, wie die Korrektur aus den Lichtern schwindet und die Zeichnung in die Lichter zurückkehrt.

7 Übergang verbessern

Der Übergang von den jetzt korrigierten mittleren Lichtern zu den ausgegrenzten Lichtern und Schatten ist noch sehr hart, wie Sie vielleicht auch im Vorschaubild sehen können. Einen weicheren Übergang erzeugen Sie, indem Sie mit gedrückter ⎇/Alt-Taste das linke Dreieck des schwarzen Schiebereglers ❻ wieder zurückschieben. In der damit neu definierten Zone nimmt die Wirkung der Korrekturebene in den dunkleren Tonwerten von links nach rechts immer weiter zu.

8 Lichterübergang weichzeichnen

Auch den Übergang in den Lichtern können Sie so weiter differenzieren. Ziehen Sie dafür die oberen, weißen Regler mit gedrückter Maustaste etwas auseinander ❼.

Wie weit das gehen soll, müssen Sie am Vorschaubild beurteilen – in Kürze wird der harte Übergang zu einem weichen, so dass die Korrektur sich langsam ins Bild arbeitet.

9 Nachkorrektur

Nachdem Sie die Schatten und hellen Lichter »gesichert« haben, können Sie die Aufhellung auch noch etwas nachjustieren.

Der schnellste Weg in das Arbeitsfenster GARADATIONSKURVEN ist ein Doppelklick auf das Symbol der Einstellungsebene ❽.

Dort können Sie die Kurve noch weiter anziehen und die Wirkung in den richtigen Tonwerten beurteilen.

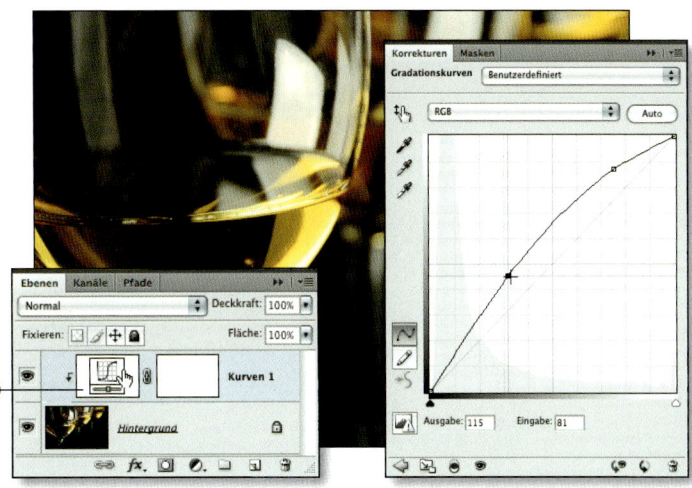

»Fast-Food-HDR«

Die Überblendungsoptionen vereinen Belichtungsreihen

*Die Antwort auf schwierige Lichtverhältnisse heißt oft HDR –
also eine 32-Bit-Umsetzung einer Raw-Belichtungsreihe – oder
manuelle Montage. Aber auch wenn Sie nur JPEGs fotografiert
haben, können Sie diese automatisch überblenden. Steuerungsmöglichkeiten haben Sie dabei allerdings nicht mehr.*

Zielsetzung:
Belichtungen automatisch
kombinieren und überblenden
[Ordner Pseudo_HDR]

Foto: Maike Jarsetz

1 Einzeldateien stapeln

Öffnen Sie beide Beispielbilder und lassen Sie diese automatisch übereinanderstapeln und ausrichten:

Wählen Sie aus dem Menü DATEI ▷ SKRIPTEN ▷ DATEIEN IN STAPEL LADEN.

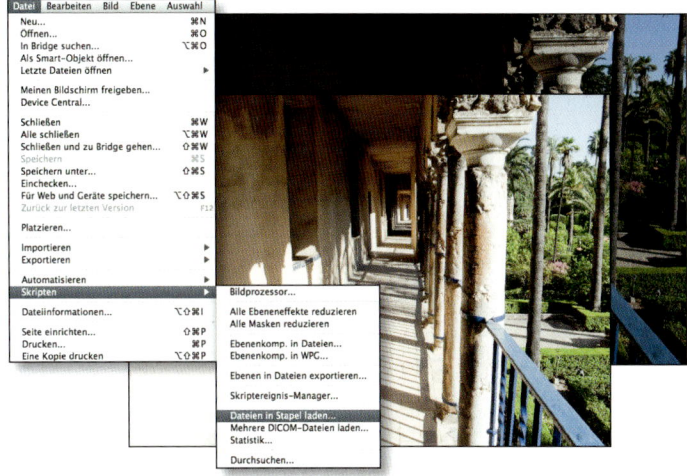

2 Stapeldateien wählen

Im folgenden Arbeitsfenster ist das VERWEN-DEN-Fenster erst einmal leer. Klicken Sie auf den Button GEÖFFNETE DATEIEN HINZUFÜGEN, damit die Beispielbilder in der Liste für die Stapelanordnung erscheinen.

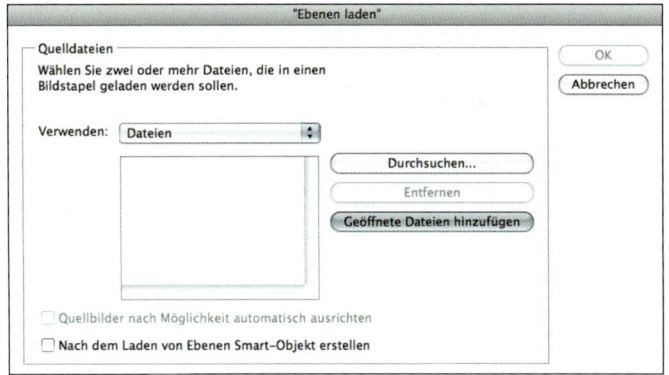

3 Stapeln und anordnen

Die offenen Dateien tauchen jetzt in der Auswahlliste auf und werden nach einem Klick auf OK als Ebenendatei verbunden.

Vergessen Sie aber nicht, die Option QUELL-BILDER NACH MÖGLICHKEIT AUTOMATISCH AUS-RICHTEN ❶ zu aktivieren. So werden die Bilder pixelgenau ausgerichtet und eventuelle Abweichungen bei der Aufnahme korrigiert.

Dies ist eine Grundvoraussetzung für die folgende Überblendung.

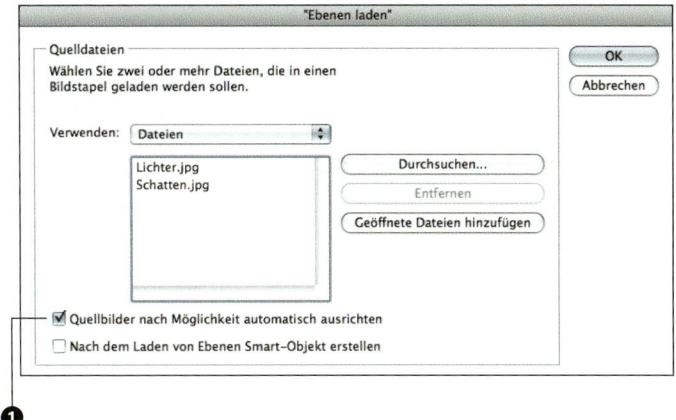

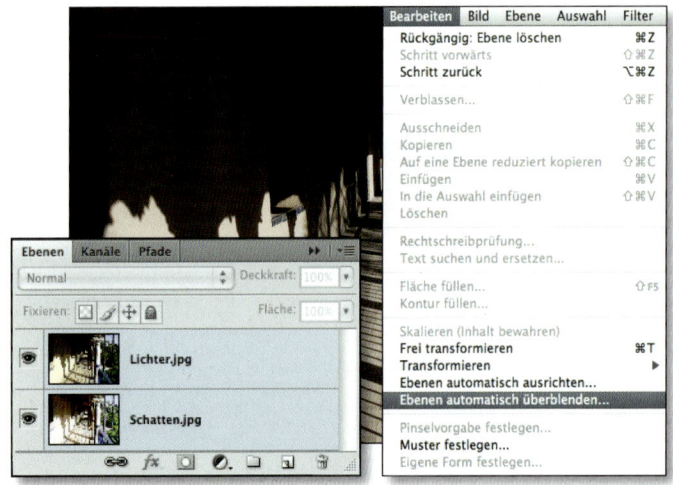

4 Ebenendatei überblenden

Automatisch ist eine Ebenendatei entstanden, und die Pixel der hellen und dunklen Belichtung liegen deckungsgleich übereinander.

Aktivieren Sie jetzt mit gedrückter ⇧-Taste beide Ebenen in der EBENEN-Palette und wählen Sie aus dem Menü BEARBEITEN ▷ EBENEN AUTOMATISCH ÜBERBLENDEN.

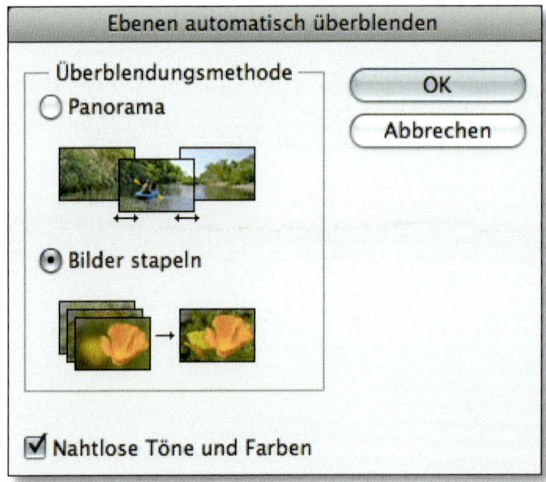

5 Nahtlose Töne und Farben

Photoshop erkennt anhand der Ebenendatei automatisch, ob es sich um eine Panorama-Datei oder um einen Stapel von Belichtungs-varianten handelt.

So sind die Optionen BILDER STAPELN und NAHTLOSE TÖNE UND FARBEN automatisch aktiviert. Klicken Sie also einfach auf OK.

Ab jetzt geben Sie Ihre Bilder praktisch aus der Hand, denn Photoshop macht die nächsten Schritte automatisch.

6 Masken und Farbkorrekturen

Zunächst werden die deckungsgleich übereinanderliegenden Ebenen durch Ebenenmasken überblendet. Dabei sucht Photoshop die Übergänge heraus, an denen die Farb- und Tonwerte der Pixel möglichst ähnlich sind.

Im zweiten Schritt verändert Photoshop die Ausgangsbilder in Farbe und Belichtung so stark, dass eine nahtlose Komposition zwischen diesen starken Belichtungssprüngen möglich ist.

7 Das Ergebnis

Als Ergebnis erhalten Sie eine ausgewogene Datei, in der die hell belichteten Schattenbereiche in die durchgezeichneten Lichter überblendet wurden.

Wenn Sie einen Blick auf die EBENEN-Palette werfen, sehen Sie, dass die entstandenen Ebenenmasken recht »abenteuerlich« aussehen ❷.

8 Der Maske auf den Grund gehen

Blenden Sie sich die obere Ebene durch einen Klick auf das Augensymbol ❸ aus. So erkennen Sie, wie die Ebenenmaske für die untere Ebene angelegt wurde: Auf den ersten Blick vielleicht nicht sonderlich vertrauenerweckend – aber, wie Sie im überblendeten Ergebnis gesehen haben, wirkungsvoll.

9 Wie weit Photoshop geht

Blenden Sie sich jetzt noch die Ebenenmaske der unteren Ebene aus, indem Sie mit gedrückter ⇧-Taste auf das Ebenenmaskensymbol ❹ klicken. So erkennen Sie, wie weit Photoshop in Ihre ursprünglichen Belichtungen eingegriffen hat: Die durch die Ebenenmasken sichtbaren Bildbereiche sind zusätzlich noch farb- und belichtungskorrigiert, um nahtlose Übergänge zu gewährleisten.

HDR professionell: Lesen Sie dazu die Seite 152 im Kapitel »RAW, HDR und mehr…«.

Ebenentechniken

Basisfunktionen der Ebenen-Palette

Ebenenmodus einstellen:

In dem Popup-Menü finden Sie die verschiedenen Ebenenmodi, die bestimmen, wie sich die Pixel der aktiven Ebene mit den darunterliegenden verrechnen.

Ebenendeckkraft:

Gibt die Transparenz der Ebene an. Sie justieren sie über den Schieberegler oder geben einen Prozentwert ein.

Flächendeckkraft:

Scheint auf den ersten Blick das Gleiche zu sein wie die Ebenendeckkraft, wirkt sich aber nur auf die Bildpixel aus, nicht jedoch auf Ebeneneffekte, wie z. B. Schatten.

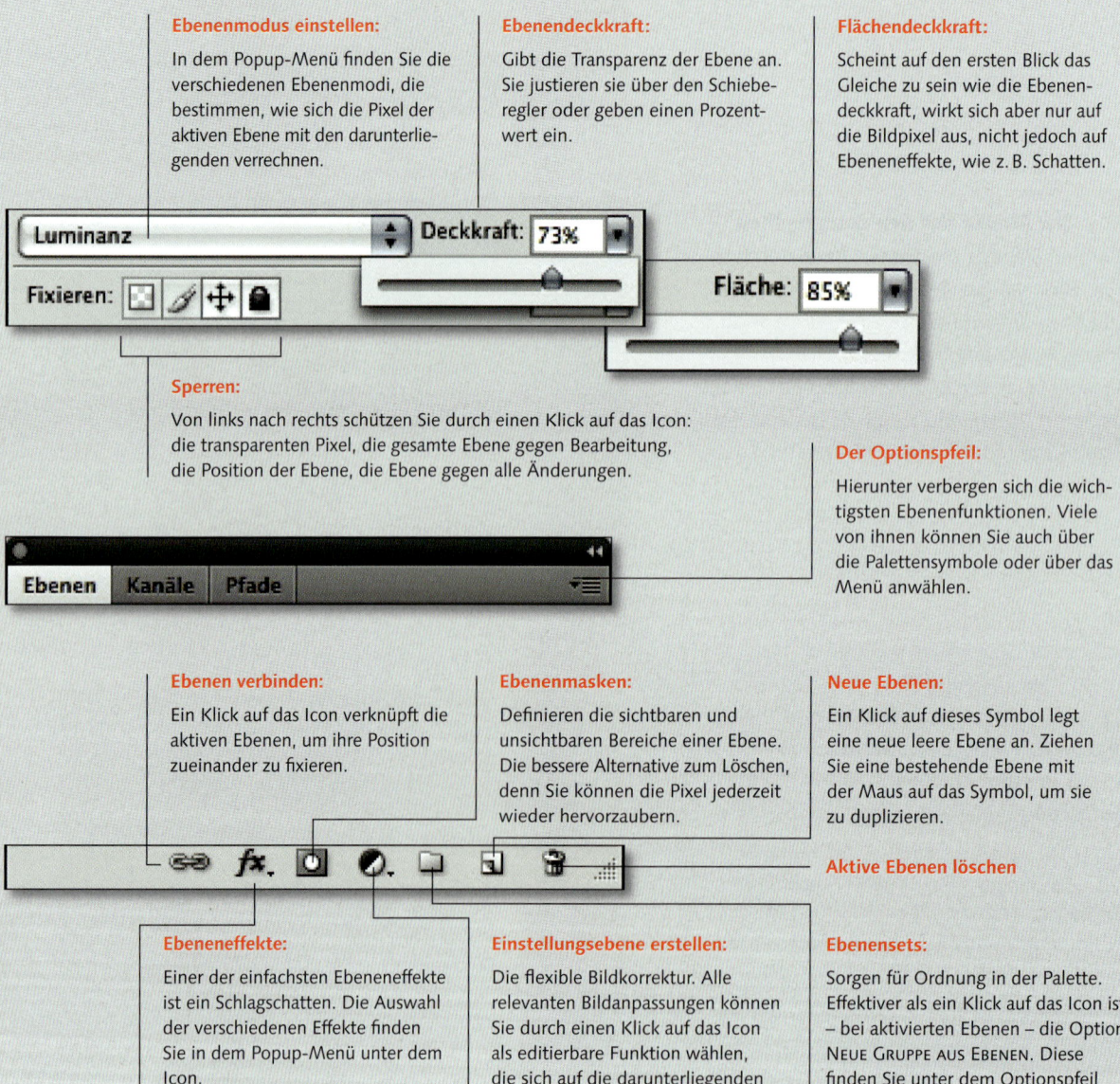

Sperren:

Von links nach rechts schützen Sie durch einen Klick auf das Icon: die transparenten Pixel, die gesamte Ebene gegen Bearbeitung, die Position der Ebene, die Ebene gegen alle Änderungen.

Der Optionspfeil:

Hierunter verbergen sich die wichtigsten Ebenenfunktionen. Viele von ihnen können Sie auch über die Palettensymbole oder über das Menü anwählen.

Ebenen verbinden:

Ein Klick auf das Icon verknüpft die aktiven Ebenen, um ihre Position zueinander zu fixieren.

Ebenenmasken:

Definieren die sichtbaren und unsichtbaren Bereiche einer Ebene. Die bessere Alternative zum Löschen, denn Sie können die Pixel jederzeit wieder hervorzaubern.

Neue Ebenen:

Ein Klick auf dieses Symbol legt eine neue leere Ebene an. Ziehen Sie eine bestehende Ebene mit der Maus auf das Symbol, um sie zu duplizieren.

Aktive Ebenen löschen

Ebeneneffekte:

Einer der einfachsten Ebeneneffekte ist ein Schlagschatten. Die Auswahl der verschiedenen Effekte finden Sie in dem Popup-Menü unter dem Icon.

Einstellungsebene erstellen:

Die flexible Bildkorrektur. Alle relevanten Bildanpassungen können Sie durch einen Klick auf das Icon als editierbare Funktion wählen, die sich auf die darunterliegenden Ebenen auswirkt.

Ebenensets:

Sorgen für Ordnung in der Palette. Effektiver als ein Klick auf das Icon ist – bei aktivierten Ebenen – die Option NEUE GRUPPE AUS EBENEN. Diese finden Sie unter dem Optionspfeil der Palette.

Eine neue Ebene anlegen | Um eine neue leere Ebene zu erzeugen, klicken Sie auf das Seitensymbol ⬛ unten in der EBENEN-Palette oder wählen Sie unter dem Optionspfeil den Befehl NEUE EBENE. Im folgenden Menü können Sie sie gleich benennen.

Eine Ebene umbenennen | Mit einem Doppelklick auf den Namen der Ebene können Sie diesen überschreiben.

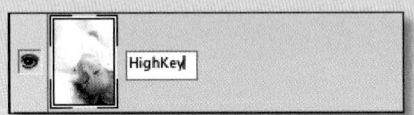

Hintergrundebene entsperren | Eine Hintergrundebene können Sie weder verschieben noch über andere Ebenen positionieren oder transparent machen. Wenn Sie sie jedoch umbenennen, dann können Sie es.

Ebenen auswählen | Sie müssen eine Ebene auswählen, um zu definieren, dass der nächste Bearbeitungsschritt die Pixel diese Ebene betrifft. Dafür gibt es drei Wege:
1. Klicken Sie auf den Namen der Ebene in der EBENEN-Palette.
2. Klicken Sie bei gedrückter ⬚Ctrl⬚/⌘-Taste mit der rechten Maustaste auf das Bildfenster, und wählen Sie aus der erscheinenden Liste die gewünschte Ebene.
3. Aktivieren Sie bei gewähltem VERSCHIEBEN-WERKZEUG ⬚ in der Optionsleiste: ☑ Automatisch auswählen: Ebene ⬚ und klicken Sie dann auf die gewünschten Bildteile. Neben

der Option EBENE können Sie hier auch die gesamte Ebenengruppe auswählen. Alternativ wählen Sie mit gehaltener ⬚-Taste mehrere Ebenen aus.

Ebenen duplizieren | Einer der wichtigsten Schritte in der Bildbearbeitung: Duplizieren Sie immer die Original-Hintergrundebene bevor Sie starten. Ziehen Sie die Ebene innerhalb der EBENEN-Palette auf das Seitensymbol ⬛ für eine neue Ebene.

Einzelne Ebene einblenden | Klicken Sie in das Kästchen vor einer Ebene, um Sie ein- oder auszublenden. Wollen Sie nur eine unter vielen Ebenen sichtbar machen, klicken Sie einmal mit gedrückter ⬚/⬚alt⬚-Taste auf das Augensymbol 👁 vor der gewünschten Ebene, anstatt alle anderen Ebenen einzeln auszublenden. Wenn Sie den ⬚/⬚alt⬚-Klick wiederholen, blenden Sie alle vorher sichtbaren Ebenen wieder ein.

Deckkraft einer Ebene ändern | Die Ebenenpixel können Sie auch in einen transparenten Zustand versetzen. Ändern Sie dazu die DECK-KRAFT der Ebene am Schieberegler oben rechts. Übrigens: Der Unterschied der Schieberegler für FLÄCHE und DECKKRAFT ist für die reine Bildbearbeitung zu vernachlässigen. Die FLÄCHEN-Einstellung wirkt sich nur auf die Bildpixel aus, aber nicht auf darauf angewendete Ebeneneffekte wie beispielsweise einen Schlagschatten. Die DECKKRAFT ändert beides gleichermaßen.

Ebenenpixel auswählen | Gerade bei weichen Übergängen ist es schwer, alle Informationen der Ebene inklusive der transparenten Informationen auszuwählen. Es sei denn, Sie klicken mit gedrückter ⌘/ Strg -Taste auf die Miniaturansicht der Ebene. Dies funktioniert genauso, wenn Sie Pixel einer Ebenenmaske auswählen wollen.

Einstellungsebene anlegen | Eine Einstellungsebene kann man sich vorstellen wie einen Funktionsfilter, durch den man die darunterliegenden Ebenen betrachtet. Mit einem Klick auf das Symbol für die Einstellungsebene 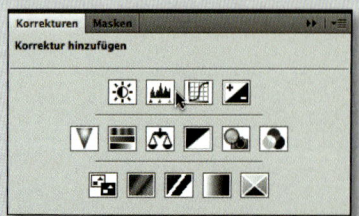 wählen Sie die vorzunehmende Bildanpassung aus. Auch die Auswahl einer Bildkorrektur über die KORREKTUREN-Palette erstellt automatisch eine Einstellungsebene.

Einstellungsebene bearbeiten | Um die Einstellungen zu ändern, doppelklicken Sie auf das Symbol einer Einstellungsebene und geben andere Werte ein.

Wirkung der Einstellungsebene eingrenzen | Wie für eine »normale« Ebene können Sie auch die Deckkraft der Einstellungsebene reduzieren. Die gewählte Bildanpassung wirkt

sich entsprechend geringer auf die Ebene aus. Nutzen Sie zur Einstellung der gewünschten Deckkraft den DECKKRAFT-Regler oben rechts in der EBENEN-Palette.

Ebenenmasken erstellen | Durch einen Klick auf das Ebenenmasken-Icon wird eine leere Ebenenmaske erstellt – Einstellungsebenen werden automatisch mit Ebenenmasken angelegt – die Sie mit dem Pinsel bearbeiten und dadurch Teile der Ebene unsichtbar machen können. Schwarze Pixel erzeugen maskierte Bereiche, weiße Pixel definieren nicht maskierte Bereiche. Grautöne entsprechen den Zuständen dazwischen. Haben Sie vorher auf der Ebene schon eine Auswahl getroffen, so werden die nicht ausgewählten Teile automatisch maskiert.

Bildebene oder Ebenenmaske bearbeiten | Klicken Sie auf die jeweilige Miniatur. Eine Umrandung zeigt Ihnen, ob Sie gerade auf der Bildebene oder auf der Ebenenmaske arbeiten.

Ebenenmaskierung unsichtbar machen | Klicken Sie mit gehaltener ⇧ -Taste auf die Ebenenmaske. Die Maske bleibt erhalten, ist aber temporär wirkungslos.

Schnittmaske erstellen | Eine Schnittmaske beschränkt die Wirkung bzw. Sichtbarkeit einer Ebene auf die darunterliegenden Pixel. So wirkt sich beispielsweise eine Einstellungsebene nur auf die direkt darunterliegende Ebene aus.

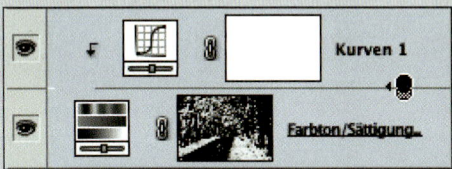

Eine Schnittmaske erstellen Sie, indem Sie mit gehaltener ⌥/Alt-Taste auf die Linie zwischen die Ebenennamen klicken. Bei der Erstellung einer Einstellungsebene über das Symbol ⌀. der EBENEN-Palette können Sie gleichzeitig mit gedrückter ⌥/Alt-Taste eine Schnittmaske erstellen. Bei der Arbeit über die KORREKTUREN-Palette können Sie über das Symbol ⬤ eine Schnittmaske erzwingen.

Schnittmaske lösen | Sie lösen die Ebene wieder voneinander, indem Sie erneut mit gehaltener ⌥/Alt-Taste auf die Linie zwischen den Ebenennamen klicken.

Schnittmaske zwischen Bildebenen | Nicht nur in Verbindung mit Einstellungsebenen ergibt eine Schnittmaske Sinn: Verbinden Sie zwei Bildebenen als Schnittmasken, so sind die Pixel der oberen Ebene nur dort sichtbar, wo auch die untere Ebene Pixel aufweist.

Ebenen oder Einstellungsebenen in andere Dateien kopieren | Per Drag & Drop können Sie eine Einstellungsebene in eine andere Datei ziehen, um identische Bildanpassungen vorzunehmen. Auch Ebenen können Sie so in anderen Bildern platzieren. Sind die Bildgrößen identisch, halten Sie dabei die ⇧-Taste gedrückt – so platzieren Sie die Ebenen deckungsgleich übereinander.

Ebenenmodus einstellen | Der Ebenenmodus definiert, wie sich die Pixel von Ebenen bzw. deren Farbinformationen auf die darunterliegenden Ebenen auswirken. Die verschiedenen Modi basieren auf den Kanalberechnungen. Der beste Weg, um herauszufinden was genau jeder Modus erzielt, ist: ausprobieren – und zwar immer wieder.

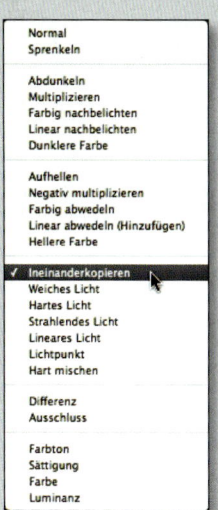

Smart-Objekte | Ebenen mit dem untenstehenden Symbol wurden über die Optionen der EBENEN-Palette in Smart-Objekte umgewandelt. Sie stellen Sie eine nicht-destruktive Bearbeitung auch für Filter sicher. Mehr dazu auf Seite 408.

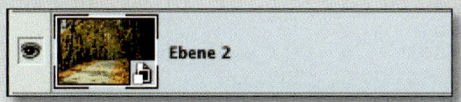

Farbkorrekturen

Nach der Belichtungskorrektur folgt die Farbanpassung. Das bedeutet, dass die Farben des Bildes nicht durch eine Fehlbelichtung verfälscht sein sollten, wenn Sie mit der Farbkorrektur beginnen. Nur so können Sie die beste Strategie für die Korrektur entwickeln. Das A und O einer Farbkorrektur ist, den schnellsten Weg zum Ziel zu finden. Denn sobald Sie anfangen, mehrere Farbkorrekturen übereinander zu lagern, führt das unweigerlich zu einer Vergrauung der Farben. Dieses Kapitel soll Ihnen helfen, sich möglichst viele unterschiedliche Strategien zur Farbkorrektur anzueignen. So finden Sie den direktesten Weg zu Ihrem Farbziel – ob das nun eine leichte Farbverstärkung oder ein kompletter Farbwechsel ist.

Foto: Maike Jarsetz

Farbkorrekturen

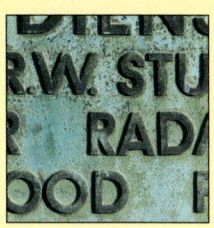

Dynamische Sättigungskorrektur

Der neue »Dynamik«-Regler im Unterschied zur Sättigungskorrektur

Ein bisschen mehr Sättigung kann fast jedes farbbetonte Bild vertragen. Leider belastet eine starke Sättigungskorrektur oft die eigentlich neutralen Bereiche mit übersteigerten Farbanteilen. In Photoshop CS4 wurde eine neue Sättigungskorrektur eingeführt, die im Raw-Konverter schon längst zur Verfügung stand: Die »Dynamik«-Korrektur steigert – im Gegensatz zu einer herkömmlichen Sättigungskorrektur – die Farben proportional zu ihrem vorhandenen Farbanteil und schont damit die Neutralbereiche.

Zielsetzung:
Farben intensivieren
Neutrale Töne schonen
[Dynamik.jpg]

Foto: Maike Jarsetz

1 Die Korrekturen-Palette

Ab Photoshop CS4 sollten alle Korrekturen über die KORREKTUREN-Palette stattfinden, die Sie über das FENSTER-Menü einblenden können.

Hier haben Sie sowohl den schnellsten Zugriff auf die Korrekturen als auch die Sicherheit, dass diese flexibel bleiben. Denn jede Korrektur erstellt automatisch eine Einstellungsebene.

Klicken Sie in der KORREKTUREN-Palette auf das Symbol für die DYNAMIK ❶.

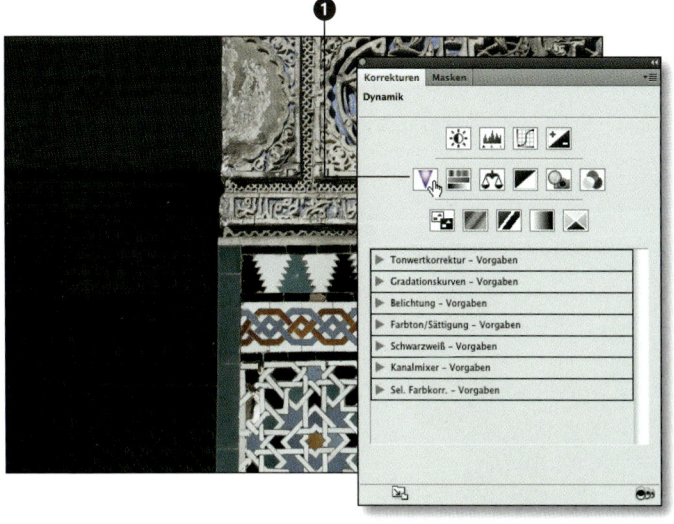

2 Eine normale Sättigungskorrektur

Erhöhen Sie zuerst den Regler SÄTTIGUNG auf einen Wert von ca. 70. So erkennen Sie schon deutlich den Nachteil der herkömmlichen Sättigungskorrektur: Das ganze Bild wird gleichmäßig bunter, und das führt leider dazu, dass die Sandstein-Ornamente aussehen, als wären Sie aus Sahara-Sand gegossen.

Setzen Sie den Regler wieder auf Null, und widmen Sie sich der Alternative.

3 Dynamische Sättigungskorrektur

Ziehen Sie stattdessen den DYNAMIK-Regler auf den gleichen Wert oder gern auch noch höher.

Sie erkennen, dass Sie in den ursprünglichen Farbbereichen eine vergleichbare Sättigungskorrektur erzielen, die Sandsteine aber nur eine geringe Sättigungserhöhung erfahren. So kann der Farbcharakter erhalten bleiben.

Per Pinsel umfärben

Farbbereiche mit dem »Farbe-ersetzen-Werkzeug« verändern

Umfärbungen sind öfter Aufgabe der Bildbearbeitung. Ob nun die Augenfarbe geändert werden soll oder wie hier ein Stück Wand farblich angepasst wird – immer kommt es darauf an, nicht die Luminanz und damit die Zeichnung der Bildelemente zu beeinträchtigen. Das »Farbe-ersetzen-Werkzeug« leistet genau das: Eine Toleranzeinstellung sorgt zusätzlich dafür, dass nicht zu viel umgefärbt wird. Last but not least ist dieser Pinsel einer der schnellsten Wege zur Umfärbung.

Zielsetzungen:

Flächen andersfarbig einfärben

Andere Bildelemente schützen

Intensität der Einfärbung steuern

Originalfarbe aus Bild aufnehmen

[Farbpinsel.jpg]

Foto: Getty Images

1 Farbe-ersetzen-Werkzeug

Wählen Sie das FARBE-ERSETZEN-WERKZEUG aus der Werkzeugpalette. Stellen Sie die Werkzeugoptionen auf FARBTON und auf eine TOLERANZ von ca. 25 %. Darüber steuern Sie, wie weit sich die Einfärbung auch auf andersfarbige Objekte auswirkt.

Wählen Sie für die Wandfläche einen DURCH-MESSER von ca. 280 Pixeln. Diesen können Sie ganz einfach durch Ziehen mit der Maus und gleichzeitigem Drücken der ⌃ctrl + ⌥ -Taste (Mac) bzw. Alt +rechte Maustaste (Win) festlegen.

2 Mit Bildfarben malen

Bewegen Sie das Werkzeug dann auf eine Stelle im Bild, die umgefärbt werden soll. Mit gedrückter ⌥ / Alt -Taste wird das Werkzeug zur Pipette und nimmt eine neue Vordergrundfarbe auf. Jetzt können Sie anfangen, die Wand anzustreichen: Starten Sie mit der hinteren, hellen Fläche. Das Kreuz in der Mitte des Werkzeugs misst die Farbe, die umgefärbt werden soll. Farbtöne außerhalb der angegebenen Toleranz werden nicht umgefärbt, auch wenn das Werkzeug darübermalt ❶.

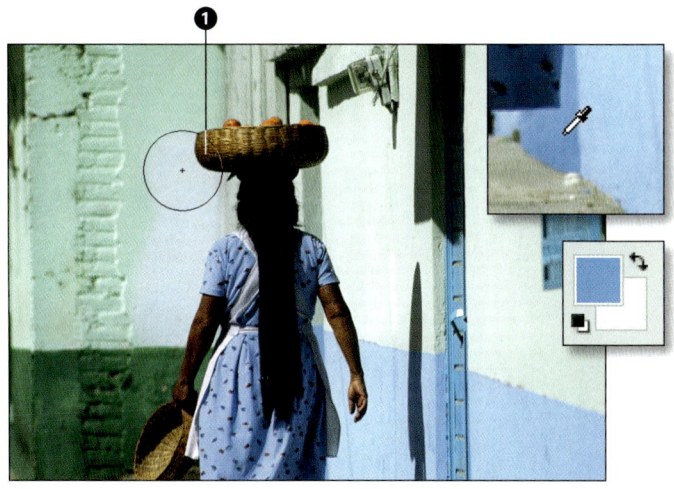

3 Einfärbungsmethode ändern

Der untere, farbige Bereich der Wand soll intensiver eingefärbt werden.

Wechseln Sie dazu in den Werkzeugoptionen auf den MODUS FARBE. Und malen Sie dann auf die gleiche Weise über die umzufärbenden Grünflächen.

Tipp: Falls das Werkzeug doch einmal etwas zu viel »übermalt«, machen Sie den Schritt mit Strg / ⌘ + Z rückgängig, und verringern Sie die TOLERANZ in den Werkzeugvorgaben.

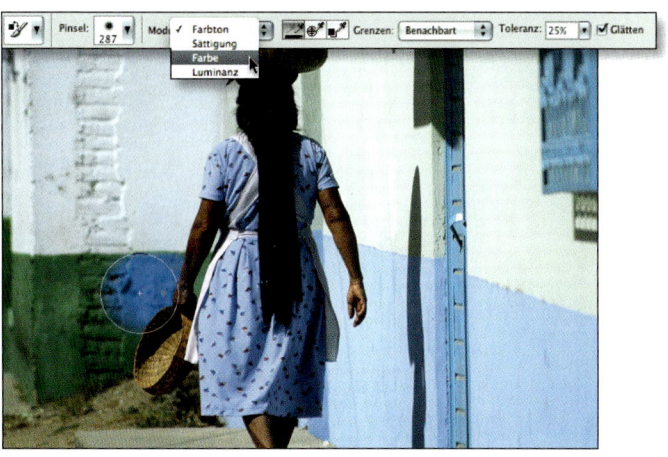

Lokale Farbkorrektur

Farben durch direktes Eingreifen im Bild korrigieren

Ob blauer Himmel, grünes Gras oder gelbe Zitronen – wenn eine Farbe als Hauptgestaltungsmittel im Bild herhalten muss, dann sollten Sie sie auch entsprechend betonen. Ein eleganter Weg hierfür ist der Befehl »Farbton/Sättigung«, denn dort können Sie sowohl eigene Farbbereiche auswählen als auch die Farben durch einfaches Ziehen im Bild in die beabsichtigte Richtung korrigieren. Möglich macht diese »Handarbeit« ein kleines unscheinbares Werkzeug, das ich Ihnen in diesem Workshop zeigen möchte.

Zielsetzung:

Sättigung des Zitronengelb
selektiv erhöhen

Wärmeren Gelbton erzeugen

[Farbsaettigung.jpg]

Foto: Maike Jarsetz

1 Mit dem Handwerkzeug rüsten

Blenden Sie sich die KORREKTUREN-Palette
ein und klicken Sie auf das Symbol FARBTON/
SÄTTIGUNG ❶ – sofort erscheint das entsprechende Arbeitsfenster in der gleichen Palette.

Aktivieren Sie in diesem Fenster das kleine
Handwerkzeug ❷,und klicken Sie einfach mal
auf eine Zitrone. Automatisch stellt sich der
Arbeitsbereich auf die Gelbtöne ein, was Sie
im Popup-Menü ❸ und in den Eingrenzungen
des Farbbalkens ❹ erkennen können.

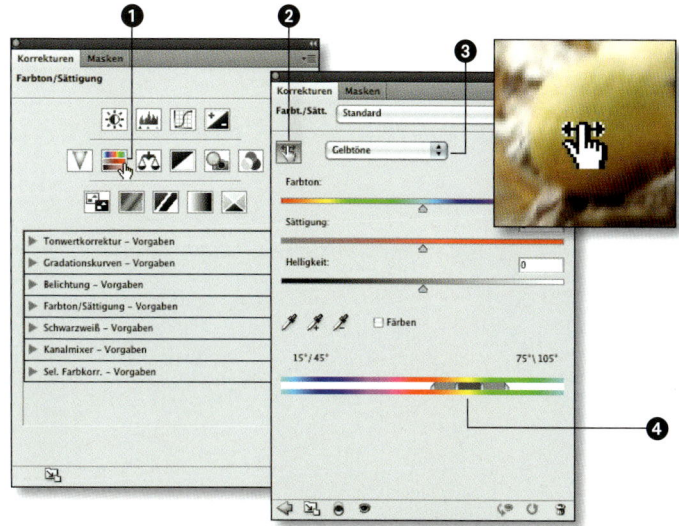

2 Sättigung hochziehen

Das »Hochziehen« in der Überschrift ist diesmal wörtlich gemeint: Wenn Sie mit der Maus
auf die gelbe Zitrone klicken, wird der Mauszeiger zum Doppelpfeil. Ziehen Sie diesen mit
gedrückter Maustaste nach rechts, bewegt
sich gleichzeitig auch der Sättigungsregler für
die Gelbtöne nach rechts und deren Farbsättigung wird erhöht.

Das könnte im Prinzip schon alles sein, aber
im nächsten Schritt geht es noch weiter.

3 Farbanteile ändern

Ziehen Sie noch einmal mit dem Handwerkzeug an der Zitrone, diesmal aber mit gedrückter [Strg]/[⌘]-Taste.

Diesmal bewegt sich der FARBTON-Regler
❺. Eine Bewegung nach rechts korrigiert die
Gelbtöne in die grüne Richtung, nach links
wird der Orange-Anteil gesteigert. Seien Sie
hier vorsichtig – schließlich sollen Zitronen auf
dem Feld liegen, keine Orangen. Ein Wert von
–3 reicht hier als Korrektur aus.

Übrigens: diese Korrektur ist in der EBENEN-
Palette als Einstellungsebene gesichert ❻.

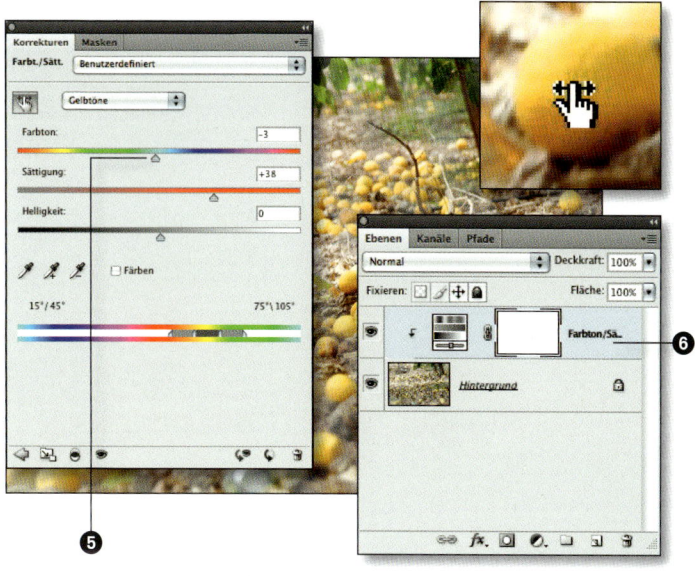

Zwischen den Jahreszeiten

Umfärbung mit Korrekturen- und Masken-Palette

Mit der neuen Korrekturen-Palette von Photoshop CS4 lassen sich die Korrekturen unmittelbar ausführen. Davon profitieren auch bewährte Funktionen wie »Farbton/ Sättigung«. Hier können Sie durch die Trennung von Farb-, Sättigungs- und Luminanz- information sehr einfach die Farben ändern, ohne Gefahr zu laufen, entscheidend auf den Kontrast Einfluss zu neh- men. Das direkte Auswählen der Korrekturbereiche können Sie mit Hilfe der neuen Masken-Palette nachträglich noch individualisieren.

Zielsetzungen:

Herbstlaub grün einfärben

Maskierung der umgebenden Farbbereiche

Sättigung verringern

Kontrast- und Belichtungs- korrektur

[Farbretusche.jpg]

▶ **Video-Training**

Sie finden zu diesem Thema auch eine Video-Lektion auf der Buch-DVD (Lektion 2.2).

1 Korrektur: Farbton/Sättigung

Sie starten in der KORREKTUREN-Palette: Klicken Sie dort auf das Symbol FARBTON/SÄTTIGUNG ❶, so dass sich das gewünschte Arbeitsfenster einblendet.

Aktivieren Sie dort das Handwerkzeug ❷, um gleich direkt im Bild zu arbeiten.

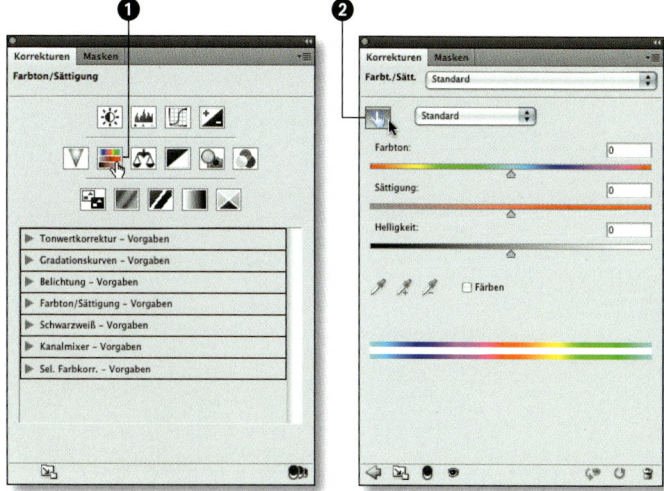

2 Von Rot zu Grün

Klicken Sie mit dem Handwerkzeug auf eine Stelle im Bild mit deutlich rotem Herbstlaub ❸ – zoomen Sie sich am besten dafür näher an das Bild heran.

Ziehen Sie dann mit dem Werkzeug und gedrückter ⌈Strg⌉/⌈⌘⌉-Taste nach rechts, bis sich der gesamte rotbraune Bereich grün eingefärbt hat ❹.

Die Korrektur können Sie an dem FARBTON-Wert am oberen Regler nachvollziehen ❺.

3 Farbbereich erweitern

Um auch die gelblichen Blätter mit aufzufrischen, müssen Sie keine zweite Korrektur ansetzen, sondern Sie nutzen die Schieberegler am Farbbalken: Die dunkelgraue Zone im Balken ❻ ist der Bereich, in dem sich die Korrekturen zu 100 % auswirken würden. Die hellgrauen Zonen daneben ❼ bestimmen einen fließenden Übergang in die anderen Farbbereiche.

Erweitern Sie mit den Schiebereglern den Arbeitsbereich bis in die Gelbtöne, damit das Bild noch mehr Frische erhält.

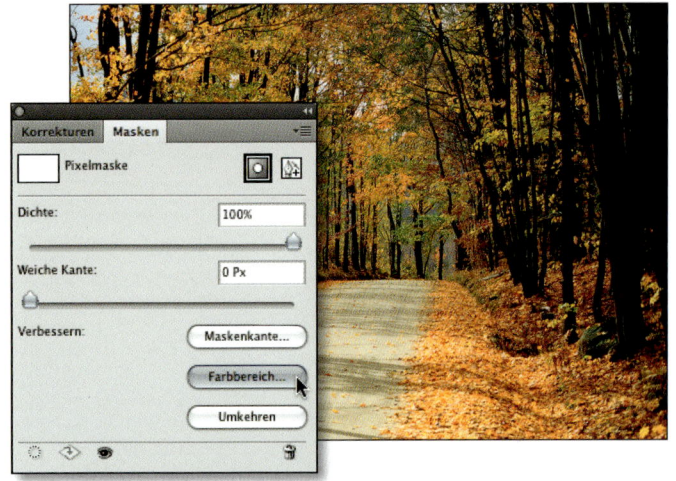

4 Mit der Maske gegensteuern

Das Bild wirkt jetzt allerdings quietschgrün, weil es durchwegs eingefärbt ist. Dies korrigieren wir jetzt mit der neuen MASKEN-Palette, die standardmäßig im Fenster mit der KORREKTUREN-Palette gruppiert ist. Sie können sie auch über das FENSTER-Menü einblenden.

Klicken Sie in der MASKEN-Palette auf die Schaltfläche FARBBEREICH, um eine nachträgliche Farbauswahl vorzunehmen. Stören Sie sich nicht daran, wenn die Korrektur vorerst wieder verschwindet.

5 Farbbereich auswählen

Im Arbeitsfenster FARBBEREICH deaktivieren Sie als erstes die Option LOKALISIERTE FARBGRUPPEN ❽, da Sie die Farben global über das ganze Bild auswählen wollen.

Klicken Sie dann mehrfach mit gedrückter ⇧-Taste in die Rot- und Gelbtöne, die von der Korrektur profitieren sollen. Mit dem TOLERANZ-Regler steuern Sie den Einfluss auf ähnliche, nicht ausgewählte Bereiche. Mit gedrückter ⌥/Alt-Taste klicken Sie zuletzt in den Waldweg, um ihn von der Korrektur auszugrenzen.

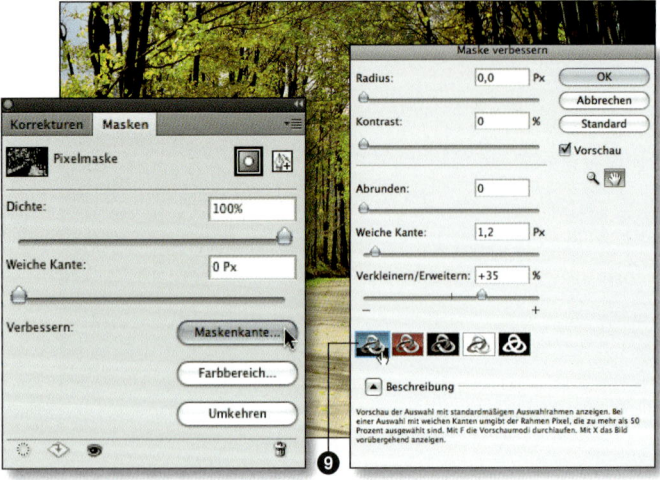

6 Übergänge verfeinern

Stören Sie sich nicht daran, wenn manche Übergänge noch nicht ausgefeilt sind. Zurück in der MASKEN-Palette klicken Sie auf die Schaltfläche MASKENKANTE, um genau diese zu bearbeiten. Hier können Sie über eine WEICHE KANTE die Auswahlübergänge fließend machen und mit dem untersten Schieberegler die Auswahl ERWEITERN. Um die sich ausweitende Wirkung der Farbkorrektur im Bild beurteilen zu können, klicken Sie auf das linke Symbol ❾ der Auswahlvorschau, und blenden Sie die Auswahlbegrenzung mit Strg/⌘ + H aus.

7 Sättigung verringern

Die Übergänge und Korrekturbereiche stimmen jetzt. Bei genauerer Betrachtung wirkt das Grün aber zu intensiv und hell – die Luminanz und Farbsättigung des ursprünglichen Herbstlaubs ist eben sehr intensiv.

Wechseln Sie zurück auf die KORREKTUREN-Palette und verringern Sie dort die SÄTTIGUNG der ursprünglichen Rottöne auf ca. –35.

Klicken Sie dann auf den linken, unteren Pfeil ❿, um eine weitere Korrektur hinzuzufügen.

8 Belichtungskorrekturen ergänzen

Zuletzt folgt noch eine Absenkung der Belichtung, um die Beleuchtungsverhältnisse passender zum Blattgrün zu machen.

Um von der bisherigen Auswahl bzw. Maske zu profitieren, aktivieren Sie in der KORREKTUREN-Palette über das untere, rechte Symbol ⓬ die Option für eine Einschränkung der neuen Korrektur auf die bisherige Auswahl.

Klicken Sie dann auf das Symbol für die GRADATIONSKURVEN ⓫.

9 Grünluminanz absenken

Auch in den GRADATIONSKURVEN steht Ihnen das Handwerkzeug zur Verfügung ⓭.

Aktivieren Sie es, und klicken Sie auf das ehemalige Herbstlaub am Boden. Ziehen Sie dabei gleichzeitig das Werkzeug nach unten, um die Gradationskurve in den Lichtern abzusenken ⓮.

Ein Blick auf die EBENEN-Palette präsentiert Ihnen das Ergebnis: Eine Einstellungsebene mit differenzierter Maske ⓯, von der auch die oben liegende, gruppierte Einstellungsebene profitiert.

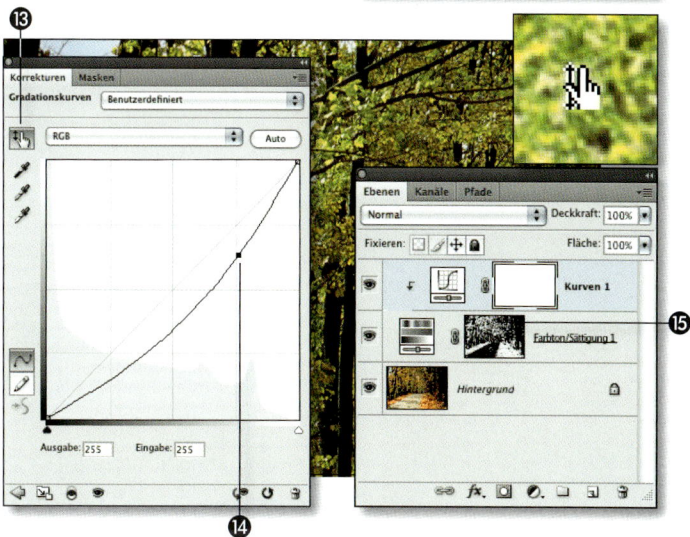

Lichter neutralisieren

Korrigieren Sie einen Farbüberhang in den Weißtönen

Ein Abendlicht taucht weiße Mauern, genauso wie weiße Kleidungsstücke oder andere helle Details in ein warmes Licht, das sehr angenehm wirken kann, aber die hellen neutralen Tönen auch ihrer Klarheit berauben kann. Mit der »Selektiven Farbkorrektur« können Sie ganz leicht den störenden Farbanteil herausnehmen. Die Zeichnung bleibt dabei erhalten.

Zielsetzung:
Entsättigen und Aufklaren
der weißen Bildbereiche
[Lichter.jpg]

Foto: Maike Jarsetz

1 Selektive Farbkorrektur

Wählen Sie die SELEKTIVE FARBKORREKTUR ❶ über das entsprechende Symbol in der KOR-REKTUREN-Palette.

Sie müssen im Bild vorher keine Auswahl für die Bearbeitungszonen festlegen. Das regeln gleich die Farbbereiche.

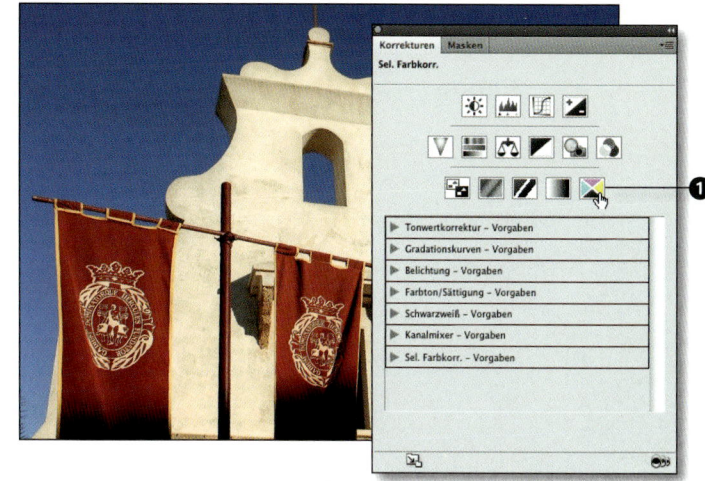

2 Farbbereich: Weiß

Wählen Sie aus dem Popup-Menü FARBEN die Option WEISS. So wird die folgende Bearbeitung auf die Lichter und die farblich schon einigermaßen ausgeglichenen Bereiche beschränkt.

Lassen Sie für die Bearbeitung die Methode auf RELATIV ❷ stehen, denn mit der absoluten Reduzierung der Farbanteile würden Sie riskieren, dass sehr schnell die Zeichnung im Weiß verloren geht – das Bild also »ausfrisst«.

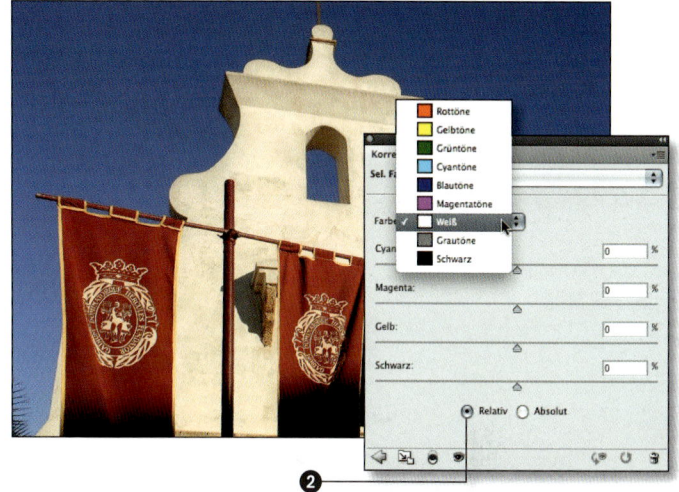

3 Farbanteile reduzieren

Ziehen Sie jetzt die Farbanteile – also die CYAN-, MAGENTA- und GELB-Regler – herunter. Sie werden im Motiv erkennen, dass es sogleich aufklart. Der farbige Stich aus den Lichtern verschwindet.

Verringern Sie die Werte gleichmäßig auf Werte von maximal –90 %, denn die generelle Farbbalance soll ja erhalten bleiben.

Die Zeichnung bleibt durch die dunkleren, grauen Bildbereiche erhalten, die auch noch einen angenehmen Anteil des Abendlichts bewahren.

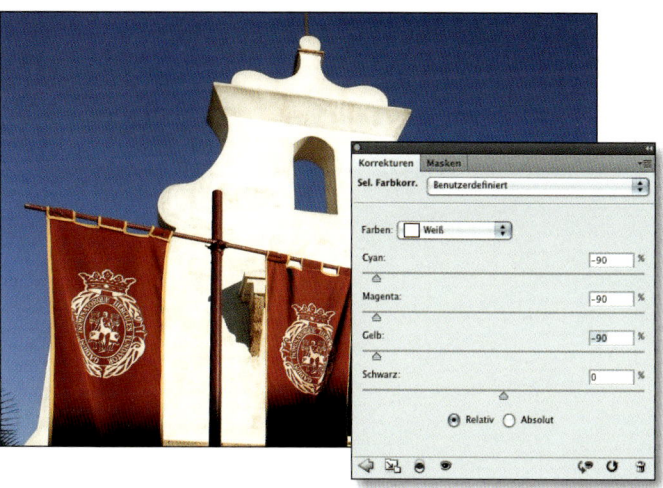

Mit Licht malen

Lichtstimmung beeinflussen mit Fotofiltern und »Weiches Licht«

Nicht immer ist der Weißabgleich ausreichend, um die richtige Lichtstimmung im Bild wiederzugeben. Wenn Sie Motivteile durch nachträgliche »Sonneneinstrahlung« herausarbeiten wollen, leisten die Fotofilter gute Dienste. Diese standardisierten Kalt- und Warmfilter geben eine große Sicherheit bei der Korrektur. Wollen Sie die Motivfarben individuell verstärken, so hilft Ihnen eine Farbebene mit dem Überlagerungsmodus »Weiches Licht«.

Zielsetzungen:

Warme Lichtstimmung

partiell auftragen

Motivfarben betonen

[Lichtmalerei.jpg]

1 Fotofilter

Benutzen Sie die Funktion FOTOFILTER aus der KORREKTUREN-Palette ❶.

Sie werden in einem späteren Schritt den Fotofilter nur partiell anwenden und dafür benötigen Sie die Einstellungsebene, die durch die KORREKTUREN-Palette automatisch erstellt wird.

2 Warmfilter wählen

Als Filter stehen Ihnen unter anderem je drei Warm- und Kaltfilter zur Verfügung, die nach bestehender Industrienorm benannt und angelegt sind.

Wählen Sie für dieses Bild den WARMFILTER (81), der sowohl eine warme Lichtstimmung produziert als auch die grünen Töne verstärkt.

3 Dichte bestimmen

Aktivieren Sie auf jeden Fall die Option LUMINANZ ERHALTEN ❷, damit der Filter nur farbliche Auswirkungen hat und nicht die Lichter überdeckt.

Mit einer DICHTE von ca. 40 % bekommt das Bild eine deutliche, warme Stimmung, die Sie gleich noch auf die gewünschten Bereiche beschränken werden.

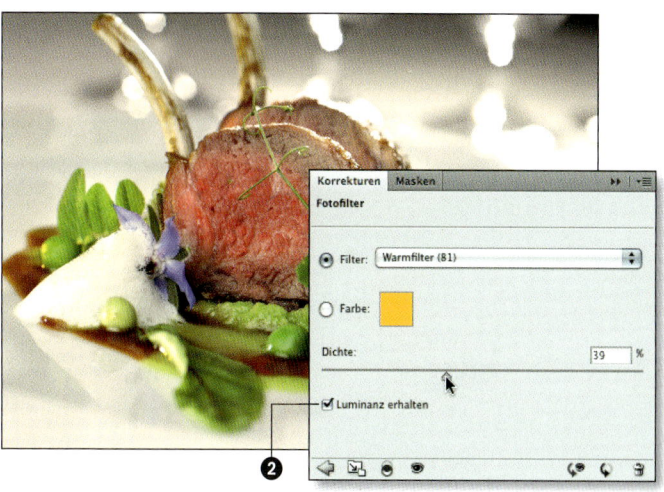

4 Einstellungsebene nutzen

Jetzt wechseln Sie auf die EBENEN-Palette. Dort sehen Sie, dass die Einstellungsebene erstellt wurde. Diese werden Sie zunächst erst einmal wieder vollständig maskieren – das heißt die Wirkung des Fotofilters zurücksetzen.

Klicken Sie auf das Symbol für die Ebenenmaske ❸, und wählen Sie BEARBEITEN ▷ FLÄCHE FÜLLEN. Füllen Sie die Ebene komplett mit 100 % Schwarz. Jetzt sieht das Bild erst einmal wieder aus wie vor der Korrektur.

5 Pinselspitze anpassen

Wählen Sie jetzt das PINSEL-WERKZEUG. Durch die neue Grafikunterstützung von Photoshop CS4 können Sie die Pinselspitze und -kante für die Korrektur direkt auf dem Bild anpassen.

Drücken Sie auf dem Mac `Ctrl` + `⌥` bzw. unter Windows `Alt` + rechte Maustaste, und ziehen Sie mit der Maus den Radius der Werkzeugspitze größer und kleiner. Eine weiche Kante stellen Sie durch weiteres Ziehen, aber mit zusätzlicher `⌘`-Taste (Mac) bzw. `⇧`-Taste (Win) ein.

6 Korrektur auftragen

Stellen Sie in den Werkzeugoptionen des Pinsels eine geringe DECKKRAFT von ca. 30 % ein, und wählen Sie eine weiße Vordergrundfarbe.

Malen Sie dann über die Bildbereiche, die etwas von der Korrektur abbekommen sollen. Durch mehrmaliges Auftragen intensivieren Sie die Wirkung. Während des Arbeitens können Sie permanent die Pinselspitze verändern, um genauer zu arbeiten.

Die Korrektur setzt sich so teilweise durch, was auch an der Ebenenmaske zu erkennen ist ❹.

7 Ebene »Weiches Licht«

Um die roten und grünen Farbakzente noch zu verstärken, legen Sie jetzt noch eine zusätzliche Farbebene an.

Klicken Sie auf das Symbol für eine neue Ebene ❻, und wählen Sie aus dem Füllmodus-Popup-Menü ❺ WEICHES LICHT aus.

Welche Auswirkung das hat, sehen Sie gleich im nächsten Schritt.

8 Mit Motivfarben malen

Die Farben, die Sie gleich noch verstärken wollen, nehmen Sie direkt aus dem Bild auf. Während das PINSEL-WERKZEUG noch aktiv ist, erhalten Sie mit gedrückter ⎃/Alt-Taste die Pipette, mit der Sie direkt die Farben aus dem Bild aufnehmen können – wie z. B. ein Blattgrün oder die Fleischfarbe.

Verringern Sie dann die DECKKRAFT des Pinsels noch weiter, und malen Sie mit passender Pinselgröße über Blätter und Fleisch, um die Farbigkeit zu verstärken.

9 Warmes und weiches Licht kombiniert

Auch der Modus WEICHES LICHT wirkt sich in erster Linie auf die Farbsättigung aus und überlagert nicht die Helligkeitsinformationen und damit die Durchzeichnung.

Die Kombination von Fotofiltern und weichem Licht lässt Sie also beliebig die Farbwirkung des Bildes beeinflussen.

Individueller Fotofilter

Verstärken Sie die vorhandene Farbstimmung

Mit der Funktion »Fotofilter« legen Sie einen Farbfilter über das Bild ohne die Lichtzeichnung zu zerstören. Neben Standardfiltern für kaltes oder warmes Licht, haben Sie auch die Möglichkeit, die bildeigene Farbstimmung zu unterstreichen. Die eigene Filterfarbe nehmen Sie während der Bearbeitung direkt aus dem Bild auf. Durch die Arbeit mit der neuen Korrekturen-Palette entsteht automatisch eine Einstellungsebene samt Maske, die Sie für die differenzierte Wirkung mit Informationen aus der Kanäle-Palette kombinieren.

Zielsetzungen:

Stimmung des Abendlichts verstärken

Wirkung auf die Abendlicht-bereiche beschränken

[Farbstimmung.jpg]

Foto: Getty Images

1 Korrektur mit den Fotofiltern

Blenden Sie sich die KORREKTUREN-Palette über das FENSTER-Menü ein, und klicken Sie auf das Symbol FOTOFILTER ❶.

Falls Sie auch die EBENEN-Palette geöffnet haben, können Sie sehen, dass damit gleichzeitig eine Einstellungsebene erstellt wird.

Sie bleiben aber in der KORREKTUREN-Palette und steuern die Korrekturen von dort aus.

2 Filterfarbe wählen

Keiner der Standardfilter entspricht der Farbigkeit des Sonnenuntergangs, die hier verstärkt werden soll.

Klicken Sie daher auf das Feld FARBE ❷, um eine eigene Filterfarbe auszuwählen.

3 Farbe aus dem Bild aufnehmen

Anstatt nun im Farbmischfeld eine eigene Farbe anzumischen, nutzen Sie die automatisch verfügbare Pipette, um die passende Farbe direkt aus dem Bild aufzunehmen.

Bewegen Sie die Maus an eine Stelle mit gut gesättigter roter Himmelsfarbe, und klicken Sie mit gedrückter Strg/⌘-Taste einmal mit der Pipette, um sie mit der Farbe zu füllen – die Strg/⌘-Taste sorgt dafür, dass Sie die Farbe aus der Bildebene aufnehmen und nicht aus der eigenen Einstellungsebene.

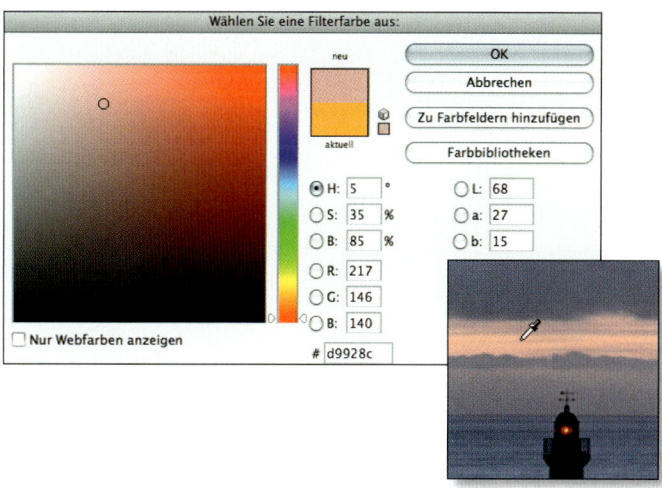

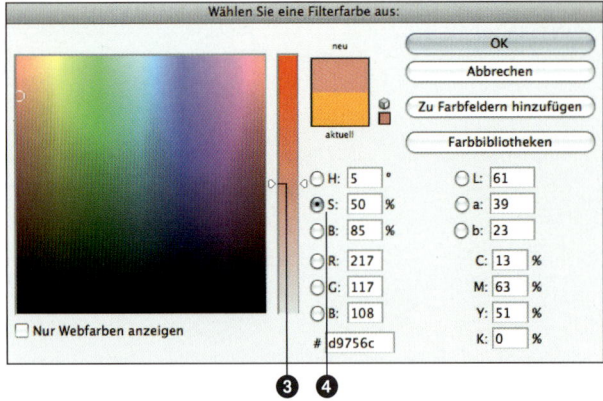

4 Farbsättigung erhöhen

Da ein Filter nur transparent wirkt, kann seine Grundfarbe ruhig farbintensiv sein. Die bisher aufgenommene Farbe ist aber noch sehr zart. Erhöhen Sie daher im Farbmischfeld die Sättigung, indem Sie einfach den Sättigungswert anheben. Klicken Sie auf den Button für die Sättigung ❹, ziehen Sie die kleinen Pfeile für die Sättigung ❸ nach oben, oder geben Sie einen Wert um 50 ein. Bestätigen Sie mit OK.

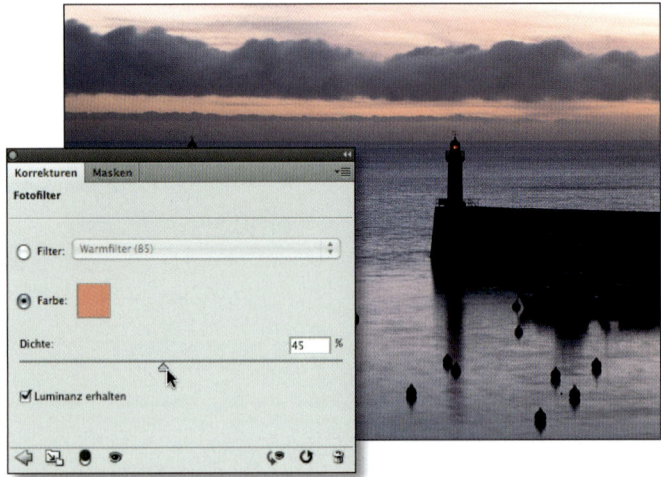

5 Filterdichte bestimmen

Klicken Sie in der KORREKTUREN-Palette auf das Augensymbol 👁 unten im Fenster, um die Wirkung ein- und auszublenden. Erhöhen Sie wenn nötig noch die DICHTE des Filters, um ihn zu intensivieren.

Schauen Sie dabei in erster Linie auf die Himmelsstreifen und die Reflexion im Wasser. Die Sonnenuntergangsfarbe ist wie gewünscht verstärkt worden, aber die Wolken- und Wasserfarbe ist dadurch von Blau deutlich in die Lila-Richtung gerutscht. Diesen Einfluss werden wir aber gleich noch zurückdrängen.

6 Kanäle nutzen

Anstatt jetzt manuell mit dem Pinsel eine Ebenenmaske zu retuschieren, wechseln Sie in die KANÄLE-Palette. Denn dort befindet sich schon eine fast perfekte Maske.

Klicken Sie erst auf den RGB-Composite-Kanal ❺ und dann auf die einzelnen Farbkanäle, um sie in der Voransicht zu sehen: Im Rot-Kanal trennen sich sehr schön die roten Himmelsbereiche von den blauen Wolken und vom Wasser. Diesen Kanal werden wir als Maske nutzen.

7 Luminanzauswahl

Klicken Sie zunächst wieder auf den RGB-Kanal, damit das Composite-Bild sichtbar ist. Mit gedrückter ⟨Strg⟩/⟨⌘⟩-Taste klicken Sie dann auf den Rot-Kanal, um seine Luminanzinformationen (also die Hell-dunkel-Informationen) als Auswahl zu laden.

Alle weißen bzw. hellen Pixel werden nun ganz oder anteilig ausgewählt, schwarze bzw. dunkle Pixel gar nicht oder zumindest weniger. Diese Auswahl werden Sie auf der Einstellungsebene gleich wieder in eine Maske umwandeln.

8 Ebenenmaske erstellen

Wechseln Sie auf die EBENEN-Palette. Durch die Korrektur ist automatisch eine Einstellungsebene inklusive Maske entstanden, allerdings ist sie noch leer.

Kehren Sie die aktive Auswahl über ⟨Strg⟩/⟨⌘⟩ + ⟨⇧⟩ + ⟨I⟩ um. Die Wasser- und Wolkenbereiche müssen ausgewählt sein, denn diese sollen ja maskiert werden. Durch ⟨⇧⟩ + ⟨←⟩ kommen Sie in das Menü FLÄCHE FÜLLEN. Wählen Sie dort SCHWARZ als Füllfarbe mit 100 %iger DECKKRAFT.

9 Farbspiel im Himmel

Die Ebenenmaske des Fotofilters entspricht jetzt genau den Informationen des Rot-Kanals. So wirkt sich der Filter auf die roten Himmelstreifen deutlich gravierender aus als auf das dunkelblaue Wasser und die Wolken. Soll der Filter doch noch stärker auf die anderen Bereiche wirken, dann wechseln Sie in die MASKEN-Palette und verringern dort die DECKKRAFT der Maske. Gleichzeitig können Sie immer noch die Stärke der Korrektur in der KORREKTUREN-Palette ändern.

Farbkorrektur nach Vorlage

Übertragen Sie die Farbwerte aus einem Referenzbild

Farbpigmente können auf unterschiedliche Lichtverhältnisse anders reagieren. In der Katalogproduktion wird deshalb oft mit digitalen Stoffmustern gearbeitet – also Referenzabbildungen, an denen sich die Farbkorrektur orientieren soll. Um möglichst genau an die Zielfarbe heranzukorrigieren, bietet sich die Mittelwert-Pipette an, die eine Farbbalance auf ein anderes Bild übertragen kann.

Zielsetzung:
Übertragen einer gesamten Farb-
balance aus einem Referenzfoto
[Farbkorrektur.jpg, Referenz.jpg]

1 Die Mittelwert-Pipette

Öffnen Sie beide Arbeitsdateien, und starten Sie mit dem Bild *Farbkorrekturen.jpg*. Über die KORREKTUREN-Palette wählen Sie die TONWERTKORREKTUR oder GRADATIONSKURVEN – in beiden haben Sie Zugriff auf die Mittelwert-Pipette. Damit können Sie den Farbton bzw. die Farbbalance eines Bildes steuern. Normalerweise bedeutet ein Mittelwert ein mittleres Grau, aber Sie können die Referenzfarbe auch selbst definieren. Machen Sie dazu einen Doppelklick auf die Mittelwert-Pipette ❶.

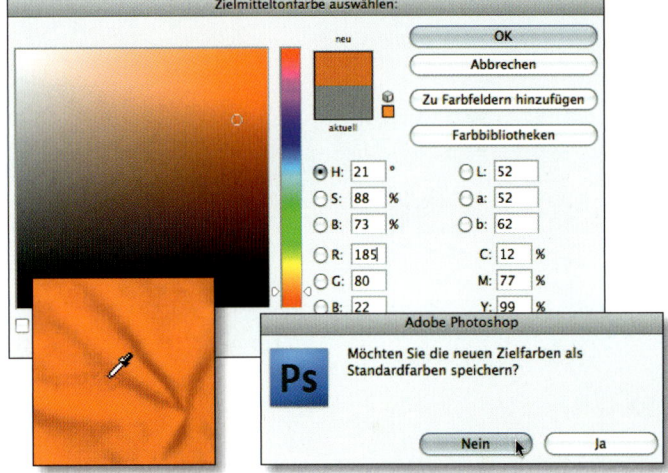

2 Neuen Mittelwert definieren

Innerhalb des Farbmischfeldes können Sie jetzt jede beliebige Farbe wählen. Aber das wollen wir nicht – wir haben ja die Datei *Referenz.jpg*, die natürlich geöffnet und im Hintergrund sichtbar sein muss. Klicken Sie darin auf einen mittleren Referenzton, der auch eine deutliche Schattierung besitzt. Durch einen gewissen Schwarzanteil ist der Farbton bei der Übertragung besser steuerbar. Klicken Sie dann auf OK. Speichern Sie diesen Farbton nicht als Standardfarbe – dies soll nach wie vor ein neutrales Grau bleiben.

3 Farbbalance übertragen

Die Pipette ist jetzt für die Korrektur mit dem Farbton »geimpft«, und Sie können Sie auf Ihr Zielbild anwenden: Klicken Sie mit der Pipette auf eine ähnliche Schattierung. Das gesamte Objekt wird in die Zielfarbe umgewandelt. Falls das Bild einmal zu stark die Farbe wechseln sollte, stimmt der Tonwert nicht überein. Probieren Sie es dann einfach an einer neuen Stelle.

PS: Wenn Sie nicht, wie hier, mit freigestellten, einfarbigen Motiven arbeiten, müssen Sie vorher den Korrekturbereich auswählen.

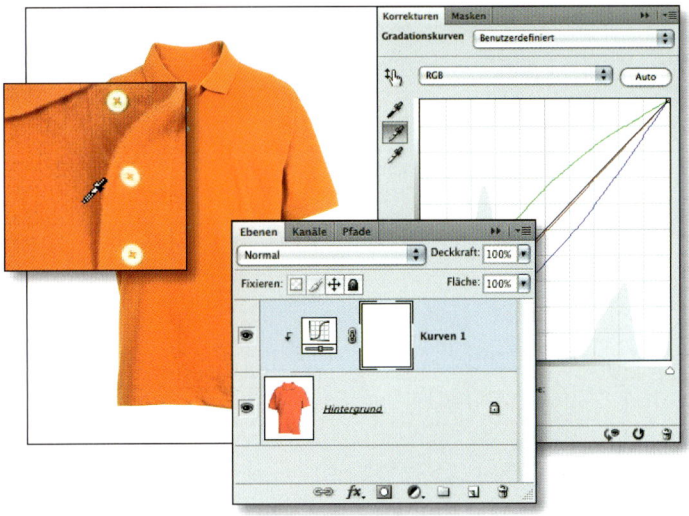

Neue Farben schaffen

Totaler Farbwechsel mit der Funktion »Gleiche Farbe«

Eine ganz besondere und fast unmögliche Aufgabe für Bildbearbeiter ist die Umfärbung von farbiger Kleidung in Weiß mitsamt der Struktur, denn dabei korrigieren fast alle Bildbearbeitungsfunktionen die Bilder am Rande der Tonwertgrenzen. Die Funktion »Gleiche Farbe« korrigiert nicht, sondern überträgt eine komplette Farbstatistik auf den Korrekturbereich – und ist damit für diese Aufgabe wie geschaffen. Dem Manko, dass die Funktion nicht als Einstellungsebene anwendbar ist, begegnen Sie mit einer guten Vorauswahl.

Zielsetzungen:

Genaue Auswahl der Kleidungsstücke treffen
Kleidungsfarben zu Weiß korrigieren
Zeichnung erhalten
[NeueFarbe.jpg]

▶ **Video-Training**

Sie finden zu diesem Thema auch eine Video-Lektion auf der Buch-DVD (Lektion 2.3).

1 Vorauswahl

Zuerst müssen Sie natürlich Ihren Korrekturbereich auswählen. Nutzen Sie das Schnellauswahlwerkzeug ,und fahren Sie damit
über die beiden pinkfarbenen Kleidungsstücke, um sie auszuwählen.

Haben Sie aus Versehen zu viel ausgewählt,
ziehen Sie die Bereiche mit gedrückter ⌥ /
Alt -Taste und dem Werkzeug wieder ab.

2 Auswahl erweitern

Zum jetzigen Zeitpunkt sollten sie großzügig
auswählen, denn jedes pinkfarbene Pixel
sollte mit in der Auswahl enthalten sein.

Klicken Sie in der Optionsleiste auf den
Button Kante verbessern. Im Menü aktivieren
Sie die Vorschau vor schwarzem Hintergrund
❷ und erhöhen dann den Wert für Erweitern
❶ am Schieberegler. In der Vorschau können
Sie die etwas erweiterte Auswahl genau erkennen. Auf dieser Basis können Sie weiter
auswählen. Klicken Sie dann auf OK.

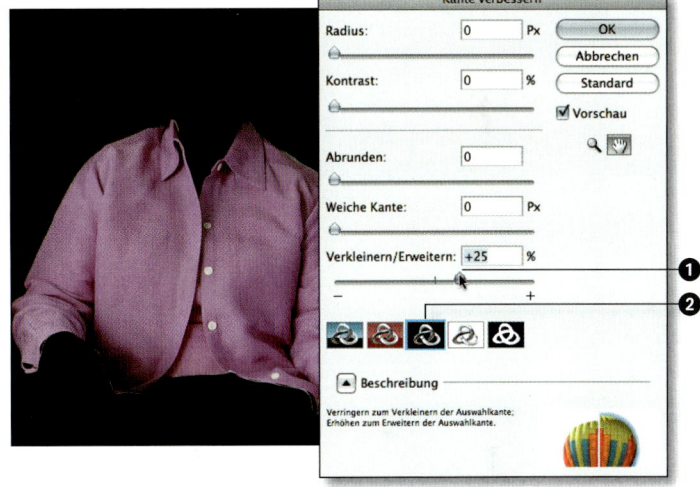

3 Farbbereich auswählen

Wählen Sie jetzt aus dem Menü ▷ Auswahl
den Befehl Farbbereich.

Deaktivieren Sie die Option Lokalisierte
Farbgruppen ❸ – diese Hilfe brauchen Sie
durch Ihre Vorauswahl nicht. Klicken Sie mit
der Pipette ❹ auf die schon ausgewählten
Kleidungsstücke und wählen Sie diese damit
als Auswahlfarbe aus. Mit gedrückter ⇧ -Taste
addieren Sie alle Nuancen dieser Farbe zur
Auswahl hinzu. Verändern Sie die Toleranz,
und kontrollieren Sie die Auswahl auch hier
mit einer Auswahlvorschau ❺.

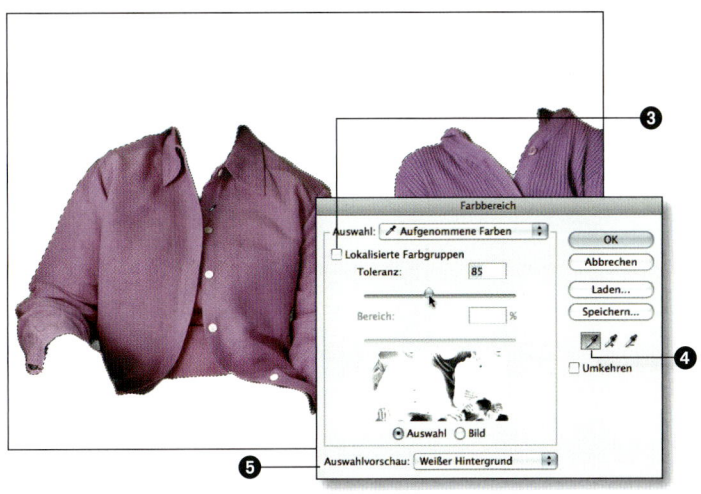

4 Auswahl als Ebene kopieren

Nach der genauen Farbauswahl, die jetzt alle pinkfarbenen Bereiche umfasst, kopieren Sie diese auf eine extra dafür angelegte Ebene, um einen seperaten Arbeitsbereich zu erstellen. Am einfachsten geht das durch `Strg`/`⌘` + `J`. Benennen Sie diese Ebene unbedingt, indem Sie den Ebennamen durch einen Doppelklick überschreiben **❻**.

Aktivieren Sie dann gleich wieder die Hintergrundebene, denn an dieser werden Sie jetzt weiterarbeiten.

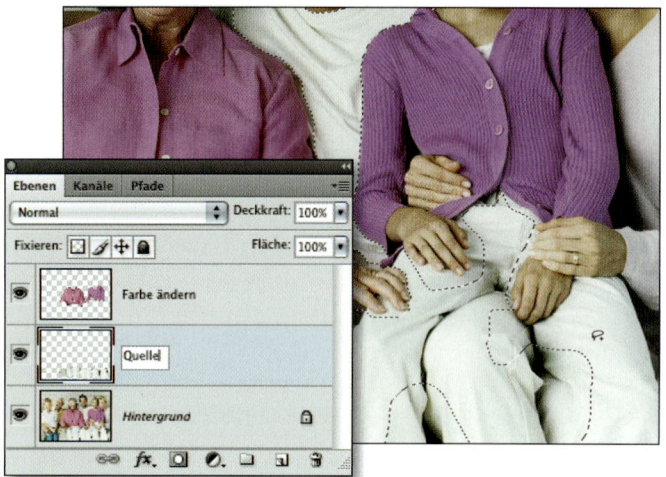

5 Referenzfarbtöne wählen

In diesem Bild sind bereits genug Weißtöne vorhanden, die Sie als Referenzfarben nutzen können. Sie könnten aber auch eine Auswahl in einer anderen Datei treffen. Umrahmen Sie grob mit dem Lasso-Werkzeug ⚲ eine repräsentative Auswahl von Weißtönen. Das Verhältnis von Licht, Mitteltönen und Schatten darin sollte ähnlich dem in der Korrekturebene sein, um nachher eine realistische Schattierung zu erzielen. Auch von der getroffenen Auswahl erstellen Sie mit `Strg`/`⌘` + `J` eine neue Ebene und benennen sie mit »Quelle«.

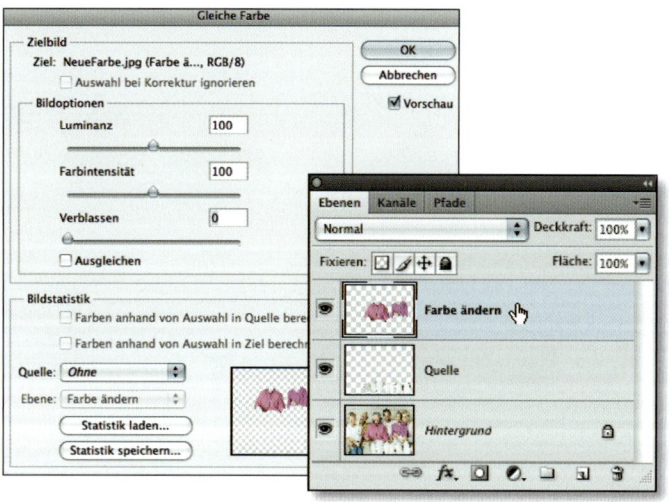

6 Gleiche Farbe

Aktivieren Sie jetzt die Arbeitsebene mit den umzufärbenden Bildteilen. Wählen sie dann Bild ▷ Korrekturen ▷ Gleiche Farbe.

Die Funktion Gleiche Farbe arbeitet mit Farbstatistiken, das bedeutet, sie benötigt eine Quelle, aus der sie die Farben kopieren kann, und ein Ziel, in das die neuen Farben entsprechend der vorhandenen Tonwertverteilung eingesetzt werden. Diese Funktion arbeitet am besten, wenn Ziel und Quelle in der Farbstatistik ähnliche Lichtverhältnisse und Schattierungen aufweisen.

7 Quelldatei wählen

Die Quelle kann auch die eigene Datei sein.
Wählen Sie daher aus dem betreffenden
Popup-Menü ❼ die Arbeitsdatei aus.

Hat die Datei, wie in unserem Fall, mehrere
Ebenen, passiert jetzt erst einmal gar nichts.
Sie müssen erst noch die Ebene auswählen,
auf der sich die Referenzfarben befinden.

Wählen Sie also im Popup-Menü EBENE ❽
die Referenzebene QUELLE aus.

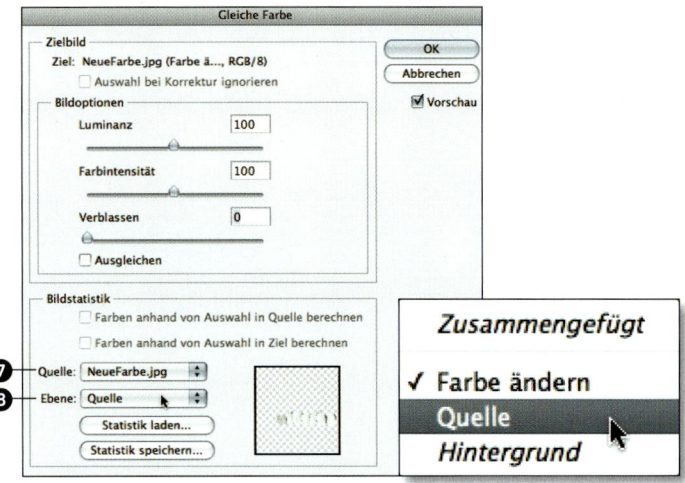

8 Feintuning der Weißtöne

Innerhalb des Menüs haben Sie jetzt noch
viele Möglichkeiten zur Feinabstimmung: Regeln Sie die LUMINANZ etwas herunter, damit
die Weißtöne nicht ausbrechen. Auch die
FARBINTENSITÄT kann bei Weißtönen deutlich
gesenkt werden. So riskieren Sie keinen Farbstich. Ein Wert von 65 hat noch genug Farbe
für eine natürliche Tonung.

Wenn Sie zufrieden sind, klicken Sie auf OK.

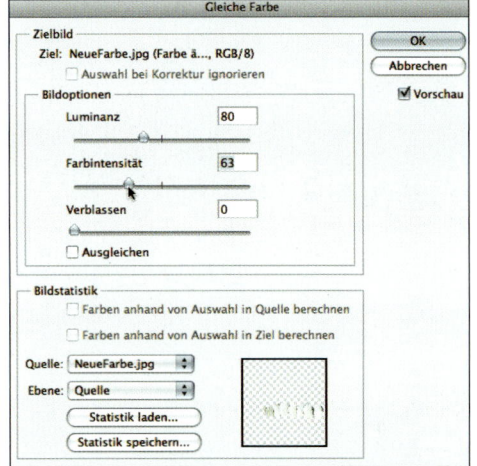

9 Randbereiche nachbearbeiten

Die neue Farbstatistik hat sich fließend an
die vorhandene Tonwertverteilung angepasst.
Und je genauer Sie die Auswahl erstellt haben, desto exakter ist auch das Ergebnis.

Dennoch werden Sie noch in der Umgebung der korrigierten Zonen pinkfarbene
Einfärbungen feststellen, die durch die bunten
Jacken reflektiert wurden. Nehmen Sie deshalb das FARBE-ERSETZEN-WERKZEUG 🖌 sowie
eine schwarze Vordergrundfarbe, und aktivieren Sie die Hintergrundebene, bevor Sie die
umgebenden Stellen entfärben.

Reine Farben im Lab-Farbraum

Prinzip und Herangehensweisen der Lab-Korrektur

Im Lab-Modus zu arbeiten ist ein bisschen so, als wenn man den Schiedsrichter mitspielen lässt. Eleganz und Regeltreue sind garantiert, aber richtig in Schwung kommt das Spiel nicht. Auf die Bildbearbeitungspraxis übertragen heißt das, dass der Lab-Modus als größter Farbraum mit seiner Trennung der Luminanzinformation von den absoluten Farbangaben prädestiniert für jede Art von Farb- oder Belichtungskorrektur wäre. Leider ist er in der Praxis als Ausgabefarbraum nicht etabliert. Ein Ausflug in die Korrekturmöglichkeiten lohnt sich trotzdem.

Zielsetzungen:
Farbkontrast in Blau/Grün-Richtung verschieben
Helligkeitskontrast unabhängig vom Farbkontrast steigern
Übergabe an den RGB-Farbraum als Smart-Objekt
[LAB.jpg]

Foto: Maike Jarsetz

1 Farbmodus wechseln

Sie starten natürlich mit dem Wechsel des Farbmodus. Wählen Sie im Menü BILD ▷ MODUS ▷ LAB-FARBE.

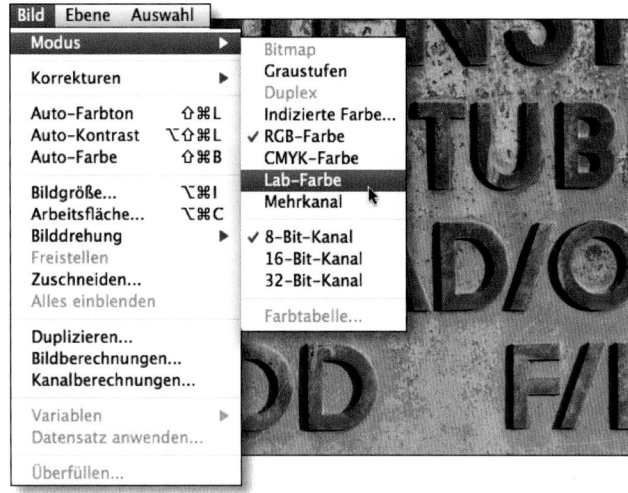

2 Ein Blick in die Kanäle

Blenden Sie über das FENSTER-Menü die KANÄLE-Palette ein. Dort erkennen Sie die Eigenheit dieses Farbmodus. Der HELLIGKEIT-(L-)Kanal ist komplett getrennt von den Farbinformationen, die auf die mathematischen Achsen in den Kanälen A und B verteilt sind.

Da das Motiv nun nicht gerade durch Farbvielfalt glänzt, zeigt sich auch in den für die Farbe verantwortlichen Kanälen relativ wenig Abwechslung vom neutralen Einheitsgrau.

3 Der Luminanzkanal

In erster Linie interessiert uns jetzt aber der Kanal HELLIGKEIT. Durch einen Klick auf den Kanal ❷ blenden Sie ihn als Vorschaubild ein und erkennen darin die gesamte Kontrastinformation des Bildes.

Und genau diese wollen wir jetzt bearbeiten. Aber zunächst blenden Sie durch einen Klick auf den Lab-Composite-Kanal ❶ die gesamten Bildinformationen wieder ein.

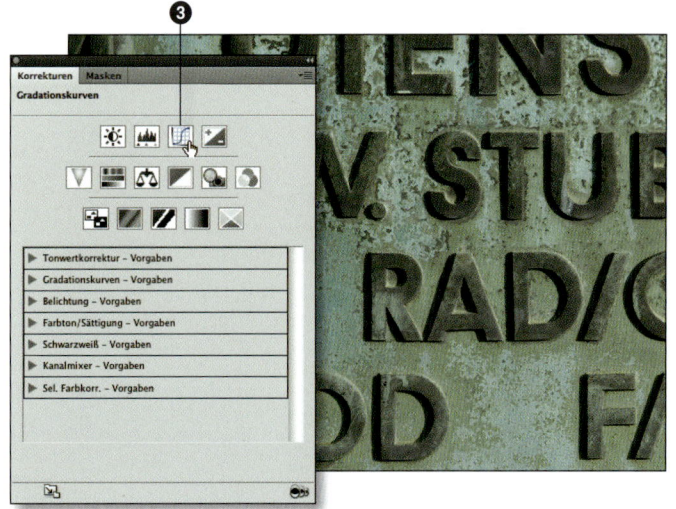

4 Gradationskurven

Im Lab-Modus stehen Ihnen die meisten der aus dem RGB-Modus bekannten Bildbearbeitungsmöglichkeiten zur Verfügung – auch die KORREKTUREN-Palette. Und diese sollten Sie nutzen, um Ihre Korrektur flexibel zu halten. Am Ende des Workshops werden wir über ein Smart-Objekt die erzeugten Einstellungsebenen erhalten, während wir zurück in RGB konvertieren.

Aktivieren Sie aus der KORREKTUREN-Palette die Funktion GRADATIONSKURVEN ❸.

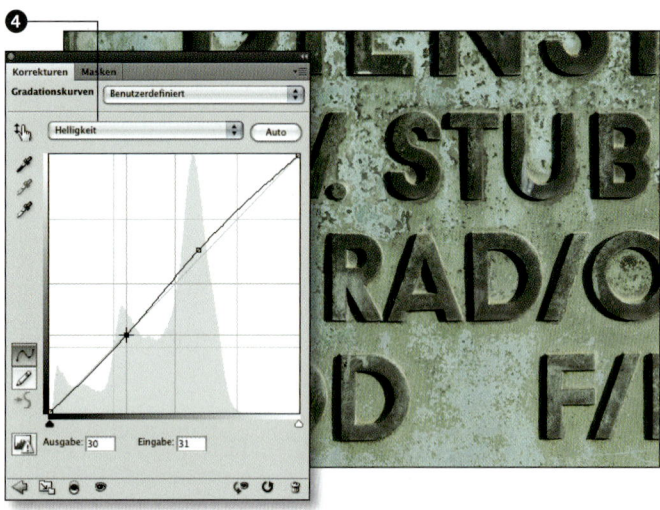

5 Helligkeitskontrast

Jetzt zeigt sich schon der nächste Unterschied: Im Auswahlmenü ❹ steht Ihnen nicht der Composite-Kanal als Arbeitsbereich zur Verfügung – Sie können die Kanäle HELLIGKEIT, A und B nur unabhängig voneinander bearbeiten.

Starten Sie im HELLIGKEIT-Kanal mit einer typischen S-Kurven-Korrektur, wie Sie sie im Kapitel »Belichtungskorrekturen« kennengelernt haben. Im Ergebnis zieht der Kontrast des Bildes wie gewünscht an – Nebenwirkungen auf die Farbbalance bleiben aus.

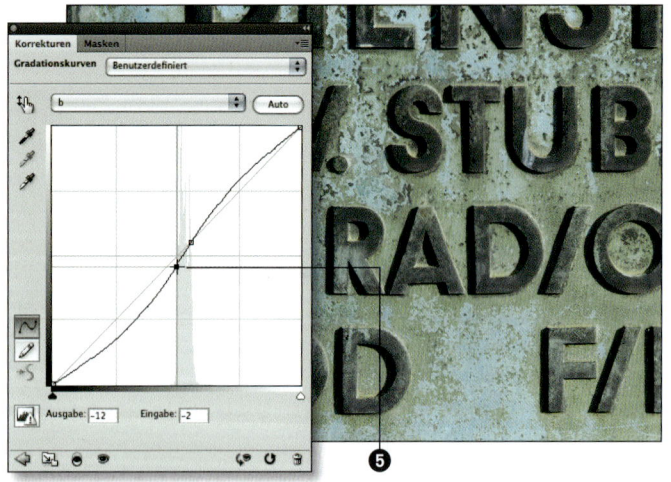

6 Korrektur im b-Kanal

Wechseln Sie über das Auswahlmenü auf den B-Kanal. Der B-Kanal entspricht in der Schwarzweißverteilung der Blau-Gelb-Achse im Farbkreis. Deshalb bewirkt eine Kurvenkorrektur hier auch nicht die gängige Kontraststeigerung, sondern verschiebt die Farbgewichtung. Es ist also ein Leichtes, die Farben des Motivs in die blaue Richtung zu korrigieren, um den Kupfercharakter der Oberfläche zu betonen. Ziehen Sie dafür über dem Histogramm die Kurve ein wenig steiler, in erster Linie den linken Punkt nach unten ❺.

7 Jetzt noch in den a-Kanal

Das Ergebnis aus dem B-Kanal ist schon deutlich, lässt sich aber noch steigern. Die Kupferpatina hat ja auch einen Grün-Anteil und den verstärken Sie am besten im A-Kanal ❻, wo die Magenta-Grün-Achse gelagert ist.

Auch hier bewegen Sie die Kurve nur über dem schmalen Histogramm, denn nur dort befinden sich die Bildinformationen. Ziehen Sie auf der linken Seite dieses schmalen Bereichs die Kurve nach unten ❼, um die Grüninformation noch zu verstärken.

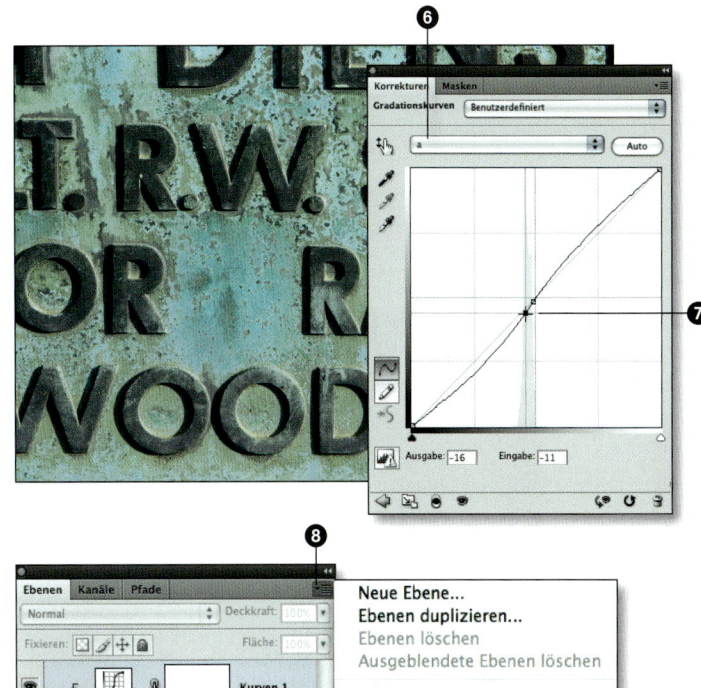

8 Als Smart-Objekt »verpacken«

Das Ergebnis ist vorzeigbar: brillant gesteigerte Farben. Aber auch dieses Ergebnis sollte später noch editierbar sein.

Bevor Sie Ihr Bild also wieder in den RGB-Modus umwandeln, wählen Sie aus den Optionen der EBENEN-Palette ❽ IN SMART-OBJEKT KONVERTIEREN. Scheinbar exitiert jetzt nur noch eine Ebene, aber die hat es in sich.

Wechseln Sie jetzt wieder in BILD ▷ MODUS ▷ RGB-FARBE. Klicken Sie bei der folgenden Meldung auf NICHT RASTERN, um das Smart-Objekt zu erhalten.

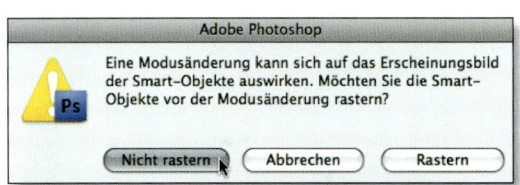

9 Alle Wege sind offen

Auch wenn Ihre weitere Bildbearbeitung im RGB- oder gar CMYK-Modus stattfindet. Auf die Lab*-Korrektur können Sie jederzeit wieder zugreifen:

Durch einen Doppelklick auf die Ebenenminiatur ❾ öffnen Sie eine temporäre Datei, die wieder im Lab-Modus vorliegt und Ihre vollzogene Korrektur als Einstellungsebene bereithält.

Verwundert? Dann lesen Sie den Grundlagenexkurs über Smart-Objekte auf Seite 408.

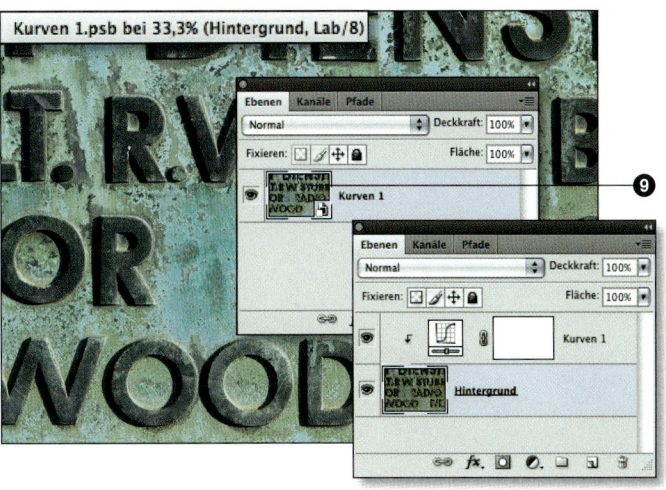

Korrigieren nach Farbwerten

Produktfarben auf einen exakten Lab-Wert korrigieren

Wenn Bilder aus unterschiedlichen Aufnahmebedingungen mit gleicher Produktfarbe abgebildet werden sollen, ist das gar nicht so einfach. Denn je nach Material und Ausleuchtung sehen die Farben schon mal ganz unterschiedlich aus. Der konsequenteste Weg ist hier der Bezug auf die Lab-Werte. Durch die Trennung von Farb- und Helligkeitswerten kann ein Farbton eindeutig beschrieben und die Korrektur ebenso eindeutig durchgeführt werden, ohne dass das Kontrastverhalten eines Bildes beeinflusst wird.

Zielsetzungen:

Produktfarbe nach
Referenz korrigieren
Farben unabhängig von der
Ausleuchtung angleichen
**[Produktfarbe_Lab.jpg,
Produktfarbe_Quelle.jpg]**

Fotos: Frank Kuchenmüller

1 Informationen nutzen

Wenn Sie bei einer Korrektur auf konkrete Werte hin korrigieren wollen, müssen Sie erst einmal die Werte eines Bildes ablesen.

Blenden Sie sich dazu über FENSTER die INFO-Palette ein und wählen Sie über den kleinen schwarzen Pfeil ❶ die BEDIENFELD-OPTIONEN. Wählen Sie dort unter ZWEITE FARBWERTANZEIGE ❷ LAB-FARBE aus. So können Sie auch aus RGB-Bildern die Lab-Werte auslesen. Öffnen Sie dann natürlich noch beide Beispielbilder.

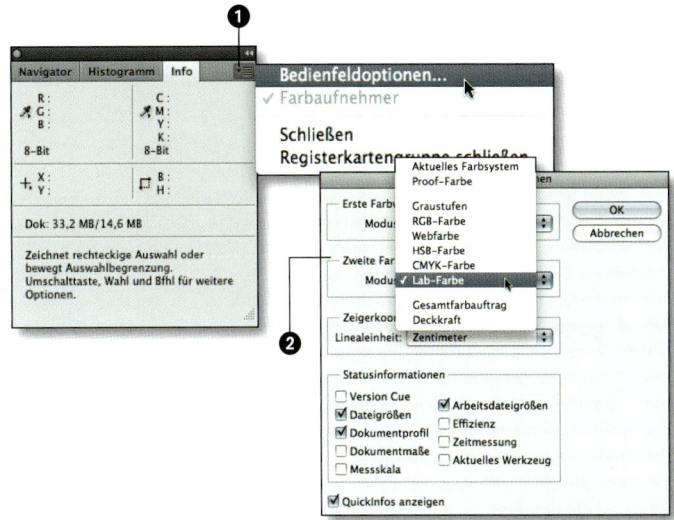

2 a- und b-Wert messen

Bewegen Sie jetzt den Mauszeiger über eine rote Stelle der Referenzdatei. Sie sehen, dass sich der L-Wert (der die Helligkeit misst) zwischen den Licht- und Schattenbereichen stark ändert, sich der A- und B-Wert aber recht stabil um Werte von 50 bzw. 30 bewegt ❸.

Diese Werte geben über Koordinaten auf den zwei Achsen des Farbkreises einen Farbton an – das hört sich sehr theoretisch an, bedeutet aber praktisch ganz einfach, dass Sie den puren Farbwert unabhängig von der Helligkeit messen.

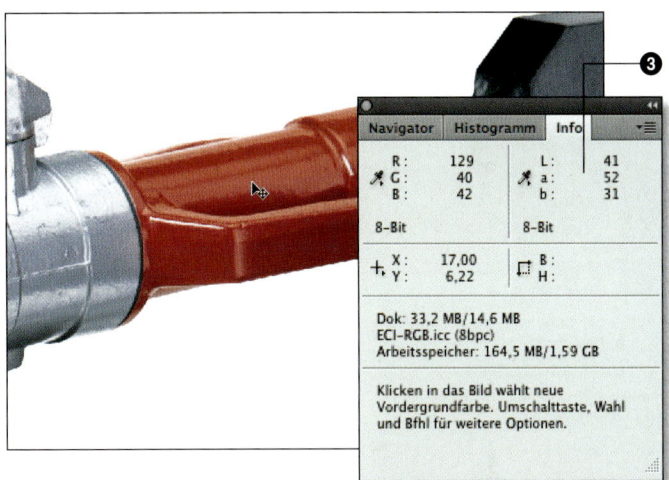

3 Arbeitsdatei in Lab wandeln

Notieren Sie sich einen mittleren Wert aus den A- und B-Angaben, und wechseln Sie auf das Korrekturbild. Dieses wandeln Sie in den Lab-Farbraum um über BILD ▷ MODUS ▷ LAB-FARBE.

Wagen Sie jetzt mal einen Blick in die KANÄLE-Palette: Es gibt einen reinen HELLIG-KEIT-Kanal und zwei Kanäle für die beiden Farbachsen. Grau bedeutet hier Neutralität, eine Verschiebung in den Schwarz- oder Weißbereich gibt den Farbton an.

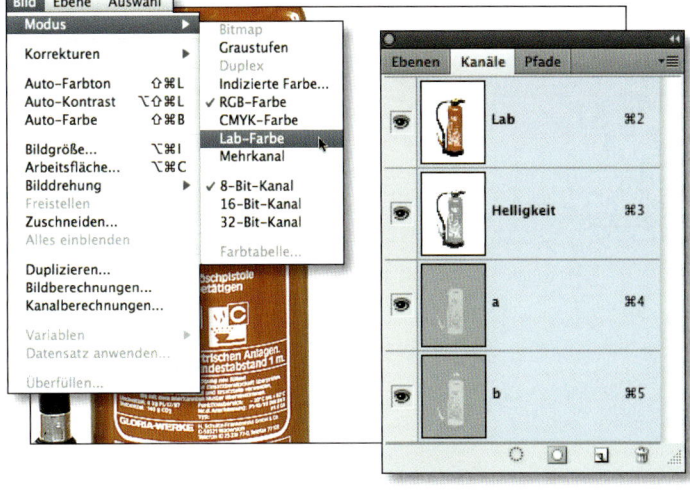

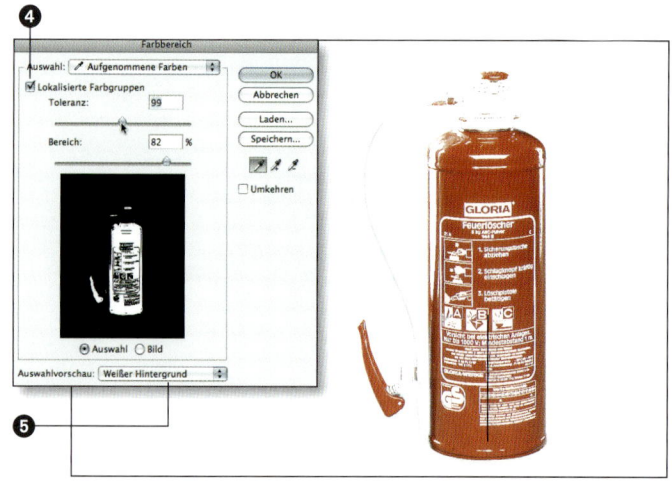

4 Rottöne auswählen

Wählen Sie über AUSWAHL ▷ FARBBEREICH die
Rottöne für die Korrektur aus.

Mit einem weißen Hintergrund als AUS-
WAHLVORSCHAU ❺ klicken Sie mit der zur
Verfügung stehenden Pipette und gedrückter
⇧-Taste mehrfach auf die Rottöne bis diese
komplett ausgewählt sind. Die neue Option
LOKALISIERTE FARBGRUPPEN ❹ beschränkt die
Auswahl auf den eingestellten, prozentualen
Bereich um die aufgenommene Farbe. Die
Feinauswahl erledigt die Toleranzeinstellung.

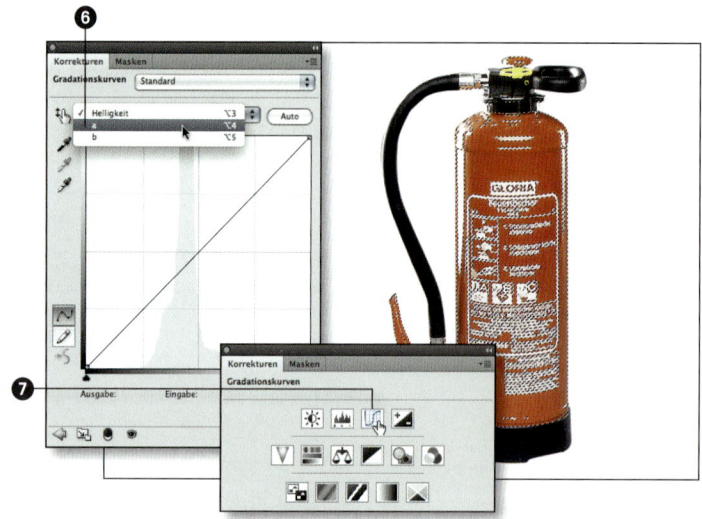

5 Korrektur in den Gradationskurven

Wenn Sie Ist-Werte in neue Werte korrigieren
wollen, können Sie das am direktesten über
die Gradationskurven tun. Blenden Sie sich
die KORREKTUREN-Palette ein, und klicken Sie
auf das Symbol der GRADATIONSKURVEN ❼.

Der zuerst eingeblendete HELLIGKEIT-Kanal
interessiert uns an dieser Stelle nicht – es
geht hier ja nur um die absoluten Farbwerte.

Blenden Sie über das Popup-Menü den
Kanal A ein ❻. Dieser beschreibt übrigens die
Farbachse von Cyan zu Rot.

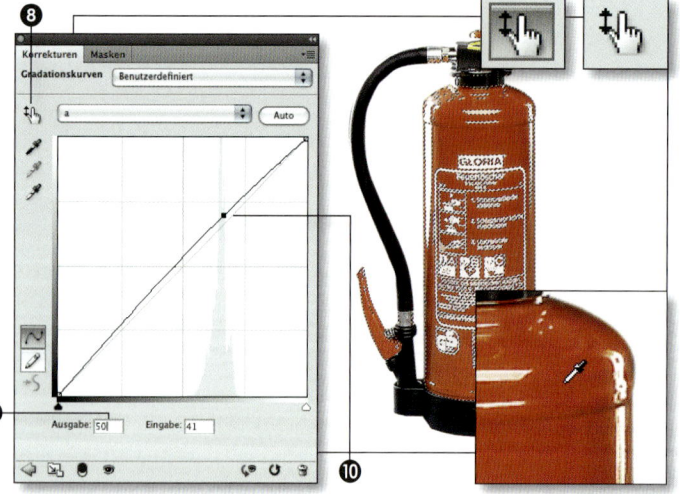

6 a-Kanal korrigieren

Aktivieren Sie das Handwerkzeug ❽ und bewegen Sie den Mauszeiger über einen mittleren Rotton. Auf der Gradationsdiagonale zeigt
sich ein Punkt ❿, der genau bei der Spitze
des Histogramms liegt – also bei den am häufigsten vertretenen Farbwerten.

Mit einem Mausklick fixieren Sie diesen
Punkt – deaktivieren Sie dann gleich das
Handwerkzeug. Ändern Sie jetzt den Aus-
GABE-Wert ❾ auf den vorher gemessenen
Wert von ca. 50. Die Gradationskurve ändert
sich so wie auch die Farbe des Bildes.

7 b-Kanal korrigieren

Wechseln Sie jetzt auf den B-Kanal, und
gehen Sie dort genauso vor wie im vorigen
Schritt: Messen Sie den mittleren Rotton mit
dem Handwerkzeug, fixieren Sie den Farbwert auf der Diagonalen mit einem Klick und
geben Sie den neuen AUSGABE-Wert 30 ein,
nachdem Sie das Handwerkzeug deaktiviert
haben.

So wird auch diese Kurve, samt dem b-Wert,
korrigiert und die Rottöne im Bild entsprechen
jetzt denen in der Referenzdatei.

8 Kontrast anpassen

Vielleicht stellen Sie jetzt fest, dass die beiden
Bilder doch noch nicht so gut zusammenpassen.
Das liegt aber ausschließlich an der unterschiedlichen Ausleuchtung. Die Farben sind
definitiv auf der gleichen Linie.

Wechseln Sie deshalb erneut in den HELLIG-
KEIT-Kanal. Hier können Sie den flachen Kontrast des Bildes korrigieren. Setzen Sie dafür
zwei Punkte auf die Gradationsdiagonale am
Rande der mittleren Tonwertgrenzen. Ziehen
sie diese Punkte zu einer S-Form auseinander.

9 Maskenkante verfeinern

Möglicherweise weisen noch minimale
Bereiche in der Lichtern oder Schatten die
Restfarbe auf. Dies können Sie ganz leicht
korrigieren: Blenden Sie die MASKEN-Palette
ein, und klicken Sie dort auf MASKENKANTE.
Klicken Sie auf das linke, untere Symbol ⓭,
um das Bild ohne Auswahlvorschau zu beurteilen. Mit einer Auswahlerweiterung ⓬
und einer WEICHEN KANTE ⓫ von ca. 1 Pixel
kaschieren Sie die Übergänge. Zum Schluss
wandeln Sie das Bild noch über BILD ▷ MODUS
in RGB zurück.

Farbeinstellungen

Was gehört zu einer richtigen Bildbeurteilung?

Das Reizwort Farbmanagement ...

... lässt unvermittelt jedermanns Stirn runzeln – sei es aus Respekt oder aus Angst vor einer vermeintlich hochkomplizierten Thematik. Ein Buch, das vor allem Workshops bieten möchte, kann dieses Thema nicht umfassend abdecken und auch nicht detailliertes Grundlagenwissen vermitteln. Aber es kann auf ein paar Regeln hinweisen, die helfen, Kardinalfehler zu vermeiden.

Wozu das Ganze?

Sie erfassen, bearbeiten und reproduzieren Farben mit verschiedensten Geräten, die auf unterschiedliche Art und Weise Farben darstellen – durch Lichtmischungen dreier Grundfarben oder durch vier Druckfarben. Diese Geräte sprechen zwingend nicht die gleiche Sprache, manche berichten z. B. in RGB, andere plaudern in CMYK. Sie können auch nicht die gleiche Menge von Farben darstellen, haben also einen anders bemessenen Farbumfang.

Darüber hinaus haben alle Geräte oder Verfahren noch einen kleinen »Dialekt«, auch spezielle Charakteristika bei der Farbdarstellung: z. B. eine kleine Schwäche im Rot oder einen Hang zum kühleren Blau. Diese zusätzlichen bzw. genaueren Charakteriska sind die »Profile«. Diese Sprachen und Dialekte bzw. Farbräume und Profile müssen ineinander übersetzt werden. Dieser Vorgang heißt – im Groben – Farbmanagement.

Wo fängt das Farbmanagement an?

Natürlich ganz am Anfang: Sie bestimmen in Ihrer Kamera in welchem Farbraum die Bilder verarbeitet werden. Im Allgemeinen haben Sie dort die Wahl zwischen ADOBE RGB und sRGB. Wählen Sie hier den deutlich größeren Farbraum ADOBE RGB. Eine eventuelle notwendige Konvertierung in sRGB – für die Web-Präsentation oder für Abzugsbestellungen – können Sie später immer noch vornehmen. Das Profil wird Ihren Kameradaten angehängt.

Wie geht es weiter?

Sie betrachten und bearbeiten alle digitalen Bilder zunächst am Bildschirm. Auf dem Monitor müssen Sie möglichst exakt beurteilen können, welche Farben ein Bild in seinem Ursprungszustand enthielt – vor dem Scan oder vor der Aufnahme – und erst recht, wie diese Farben später beim Druck aussehen werden. All diese Informationen beinhalten die Profile. Die große Übersetzerrolle fällt dem Farbmanagement von Photoshop zu.

Das Farbmanagement steuern und beurteilen müssen Sie – und zwar auf Ihrem Monitor. Deshalb müssen Sie diesen zuallererst kalibrieren. Das ist heutzutage weder eine aufwendige noch kostspielige Angelegenheit. Es gibt verschiedene handliche Systeme, die diese Kalibrierung fast per Mausklick erledigen.

Dies ist eine Grundbedingung, um Ihre Bilder farblich beurteilen zu können.

Am Beispiel: Das Original

Das nebenstehende Bild besitzt als ursprüngliches Farbprofil Adobe RGB. Dieses Profil wurde bei der weiteren Bildbearbeitung immer beibehalten. Das Wissen um den ursprünglichen Farbraum dient den Programmen dazu, die Farbwerte des Bildes richtig interpretieren zu können und – bis zur letztendlichen Konvertierung für den Druck – das Bild farblich korrekt anzuzeigen.

Falsche Brille sRGB

Ein beliebter Fehler ist, das Farbmanagement einfach zu ignorieren und beim Import von profilierten Daten auszuschalten.

Damit wird das Profil aus dem Bild entfernt, die Programme haben also keinerlei Möglichkeit, die Farbwerte korrekt anzuzeigen.

Stattdessen wird der Standard-RGB-Farbraum von Photoshop genutzt – leider ist das der kleine sRGB-Farbraum.

Die falsche Interpretation der Farbwerte führt zu einer Verflachung der Farben, obwohl die Bilddaten genau dieselben sind wie oben.

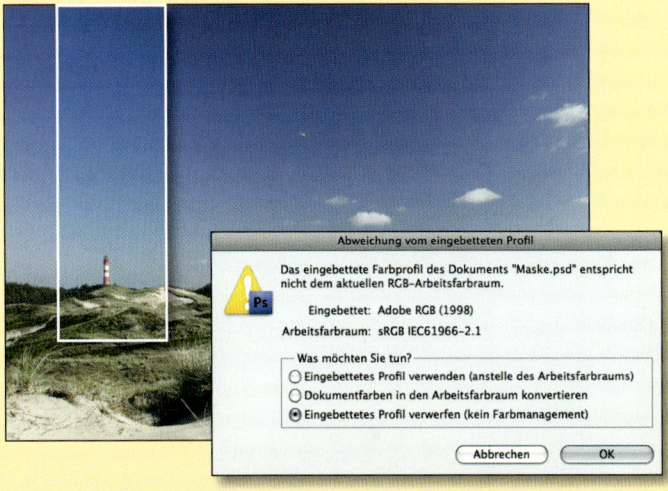

Kardinalfehler Monitorprofil

Die Monitorkalibrierung ist ein Muss für die korrekte Farbbeurteilung.

Leider haben sich damit so einige Kardinalfehler eingeschlichen, wie etwa das erstellte Monitorprofil als Arbeitsfarbraum in Photoshop einzustellen. Kombiniert mit dem Verhalten aus dem vorangegangenen Beispiel, wird das Bild mit einem noch kleineren Farbraum interpretiert und verflacht weiter.

Übrigens: Auf hochwertigen Fotodruckern erkennen Sie die Auswirkungen erheblich deutlicher als im im vorliegenden Vierfarbdruck.

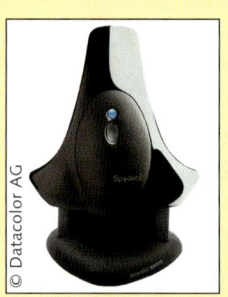

© Datacolor AG

© X-Rite, Inc.

1 Monitor kalibrieren

Unterschätzen Sie die Monitorprofilierung nicht, sie ist das A und O des Farbmanagements. Nur so können Sie Farben korrekt beurteilen. Die Messgeräte sind inzwischen sehr preisgünstig und die Handhabung alles andere als kompliziert: Die vom Monitor wiedergegebenen Farbwerte werden ausgemessen und ein Monitorprofil wird automatisch in den Systemeinstellungen gespeichert.

Die erste Voraussetzung für das Farbmanagement ist somit schon erledigt.

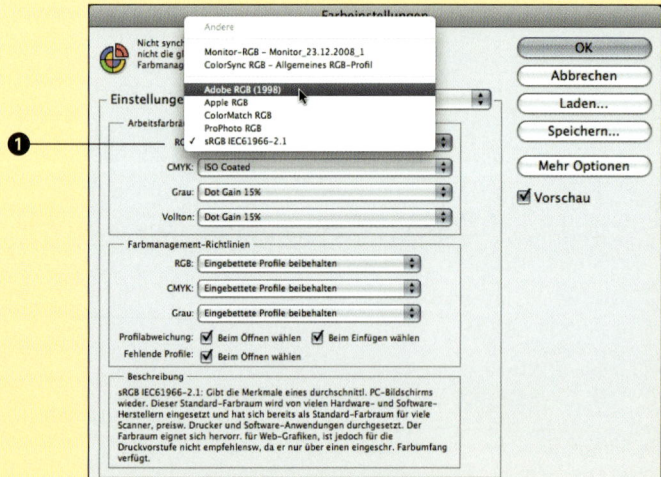

❶

2 RGB-Arbeitsfarbraum festlegen

Wählen Sie Bearbeiten ▷ Farbeinstellungen.

Stellen Sie sich folgende Frage: Arbeiten Sie eingabeorientiert, sollen Ihre Bilddaten also möglichst lange dem größtmöglichen Farbumfang des Originals entsprechen? Dann wechseln Sie Ihren RGB-Arbeitsfarbraum ❶ auf Adobe RGB. Dieser stellt einen guten Kompromiss zwischen der Wiedergabefähigkeit auf RGB-Medien und dem CMYK-Druck dar. Sie wählen ihn, wenn Sie viel auf RGB-Fotodruckern ausgeben oder Bilder für den Vierfarbdruck vorbereiten müssen.

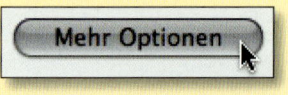

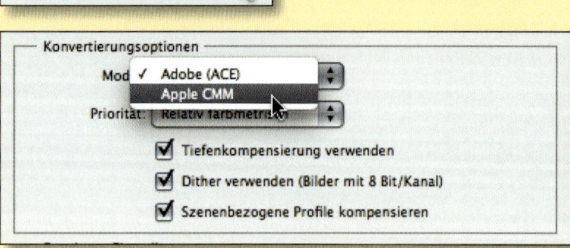

3 Optionen erweitern

Wenn Sie neben dem eigenen Fotodrucker und dem Fachlabor, Bilder auch für den Vierfarbdruck bereitstellen wollen, sollten Sie auf erprobte, europäische Standards zurückgreifen Laden Sie sich unter *www.eci.org* im Downloadbereich die dafür empfohlenen ECI-Profile samt Installationsanweisung herunter.

Um diese auch anwählen zu können, müssen Sie auf dem Mac gegebenenfalls Mehr Optionen in den Farbeinstellungen einblenden und das Apple CMM Modul aktivieren.

4 Ausgabeorientiert arbeiten

Mit der Zielsetzung, Ihre Bilder im professionellen Vierfarbdruck zu reproduzieren, sollten Sie auf ECI-RGB als Arbeitsfarbraum wechseln. Dieser ist optimiert für die spätere Umwandlung in den europäischen Vierfarbprozess und immer noch der Standard. Zwischendurch wurde auch der Farbraum L*Star mit stabiler Grauachse entwickelt, dieser hat sich aber immer noch nicht so recht durchgesetzt.

Mac-Anwender stellen danach das Modul wieder auf ADOBE ACE.

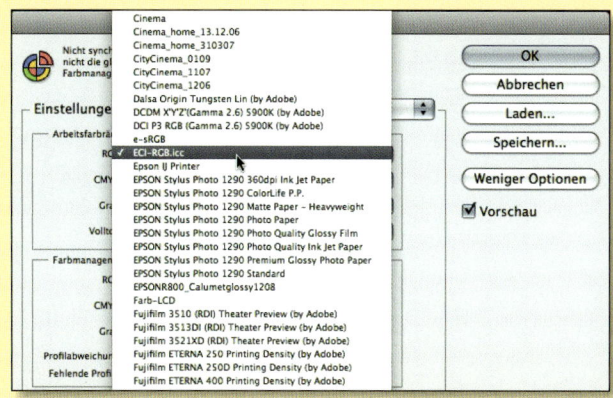

5 CMYK-Farbraum zuweisen

Für den Vierfarbprozess empfiehlt es sich, jetzt schon festzulegen, in welchen CMYK-Farbraum Sie Ihre Daten später umwandeln wollen. So passieren Ihnen später keine Fehler mehr. Wählen Sie auch dafür ein ECI-Profil: z. B. ISO COATED V2 für gestrichenes Papier.

Wenn Sie schon während der Arbeit im RGB-Modus die Wirkung des Bildes in CMYK beurteilen wollen, erstellen Sie einen Softproof unter ANSICHT ▷ PROOF EINRICHTEN ▷ CMYK-ARBEITSFARBRAUM. Unter ANSICHT ▷ FARBPROOF können Sie ihn ein- und ausblenden.

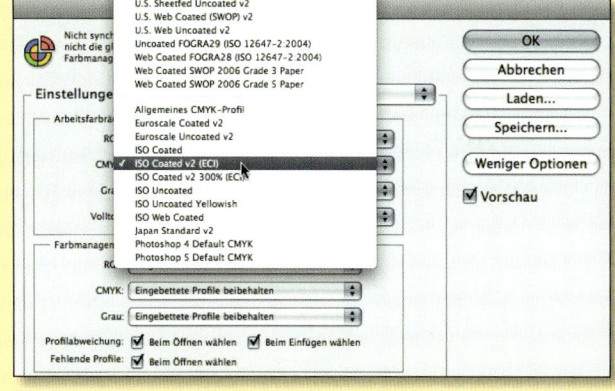

6 Richtlinien bestimmen

Jetzt müssen Sie Photoshop noch sagen, wie Sie mit Bildern verfahren wollen, die andere Profile als die auf Ihrem System eingestellten Farbräume beinhalten.

Gehen Sie optimistisch davon aus, dass Sie immer korrekte Bilddaten bekommen und wählen Sie EINGEBETTETE PROFILE BEIBEHALTEN ❸. Um trotzdem die Kontrolle über die Profile zu behalten, aktivieren Sie BEIM ÖFFNEN WÄHLEN ❷. Wie Sie dann in solchen Fällen verfahren, sehen Sie auf der nächsten Seite.

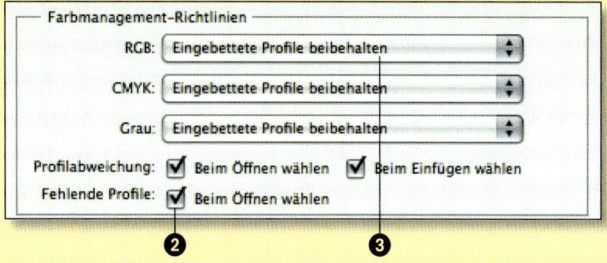

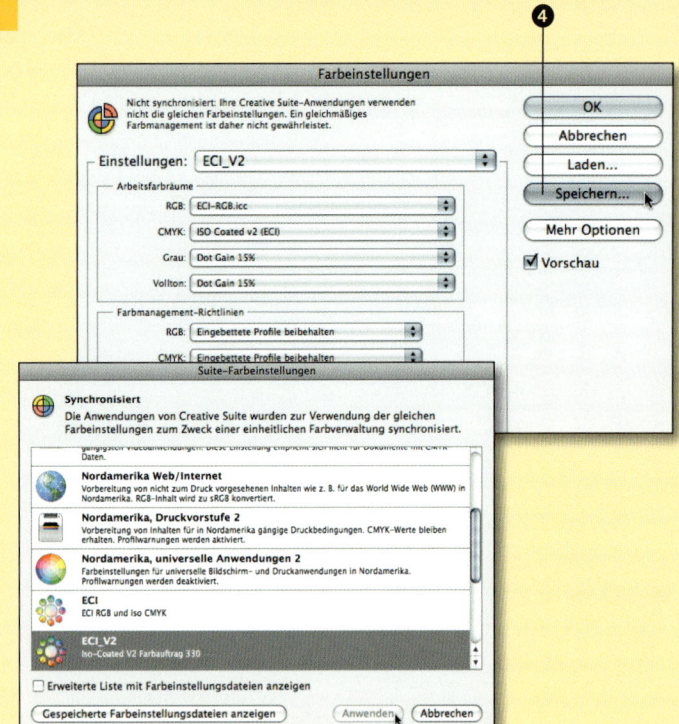

7 Sichern und synchronisieren

Sichern Sie Ihre Farbeinstellungen durch einen Klick auf den SPEICHERN-Button ❹.

Nutzen Sie die Möglichkeit und synchronisieren Sie die Adobe-Programme mit den gleichen Farbeinstellungen. So erleben Sie beim Programmwechsel keine bösen Überraschungen. Wählen Sie unter BEARBEITEN ▷ CREATIVESUITE FARBEINSTELLUNGEN, und weisen Sie die gespeicherten Farbräume allen Adobe-Anwendungen zu.

Was also tun, wenn Sie Daten bekommen, in denen von Ihren Einstellungen abweichende Profile eingebettet sind oder die Profile gar fehlen? Pauschal lässt sich das nicht beantworten, aber Sie sollten schon ein wenig Mühe darauf verwenden, zum richtigen Farbraum zurückzufinden.

Am besten ist es, wenn Sie einfach den Datenlieferanten kontaktieren, denn der wird am besten wissen, welches Profil das Bild haben sollte. Ist das nicht möglich, müssen Sie abwägen, ob Sie mit richtigen Profilen arbeiten oder nicht. Nachfolgend ein paar Beispiele dazu:

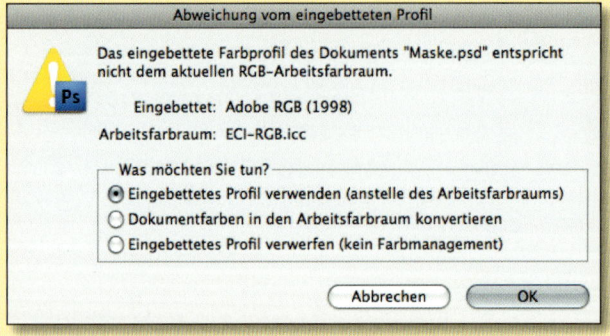

A Richtiges, aber abweichendes Profil

Wenn das Profil bewusst eingebettet wurde – z. B. ein Scannerprofil, ein 4C-Ausgabeprofil oder ein an sich korrekter RGB-Farbraum wie Adobe RGB – dann sollten Sie dieses Profil beibehalten. Photoshop gleicht die enthaltenen Farbwerte mit dem Profil ab und setzt die beabsichtigte Farbdarstellung in Ihrem Arbeitsfarbraum korrekt um, ohne die Farbwerte konvertieren zu müssen.

B In Arbeitsfarbraum konvertieren

Eigentlich muss ein korrekt eingebundenes
Profil niemals geändert werden. Eine Ausnah-
me bilden Daten, die in einem sehr großen
Arbeitsfarbraum vorliegen, wie z. B. Abzüge
von RAW-Daten, die in dem großen Farbraum
ProPhoto abgespeichert sein können.

Wollen Sie diese in eine Druckproduktion
einbinden, konvertieren Sie die Farben des
Bildes in Ihren eingestellten Arbeitsfarbraum
– am besten in ECI. So werden die Farbwerte
des Bildes dem Arbeitsfarbraum angepasst,
und das Aussehen des Bildes bleibt gleich.

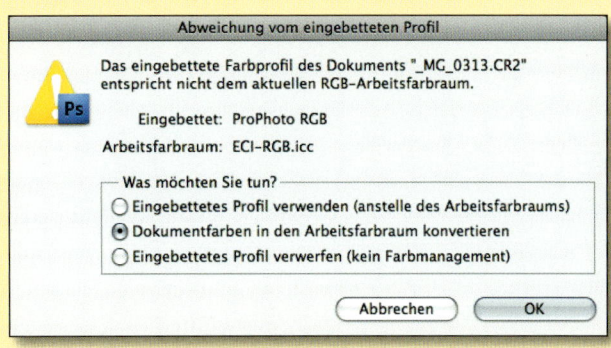

C Fehlendes oder falsches Profil

Wenn Sie Daten bekommen, die kein Profil
eingebunden haben, können Sie nur versuchen, das richtige Profil optisch herauszufinden. Öffnen Sie das Bild also vorerst ohne
Farbmanagement ❺ und wählen Sie dann bei
offener Datei BEARBEITEN ▷ PROFIL ZUWEISEN.

PROFIL ZUWEISEN bedeutet, dass die im Bild
enthaltenen Farbwerte durch das zugewie-
sene Profil neu interpretiert werden und das
Aussehen des Bildes entsprechend angepasst
– also geändert – wird. Ganz so, als wenn man
durch eine bestimmte Brille guckt.

Aktivieren Sie die Vorschau und wechseln
Sie im Popup-Menü PROFIL zwischen den Profilen, meist Adobe RGB und sRGB. Entscheiden Sie nach der Farbe und Durchzeichnung
des Vorschaubildes. Zu 90 % ist für Bilder ohne
Profil leider immer noch das sRGB-Profil das
Richtige.

Eine Profilzuweisung ist auch dann sinnvoll,
wenn Sie Bilder öffnen, die offensichtlich
falsch dargestellt werden. Flache Bilder oder
»ausblutende« Farben weisen auf ein falsches
Profil hin. Weisen Sie auch solchen Bildern ein
neues Profil zu.

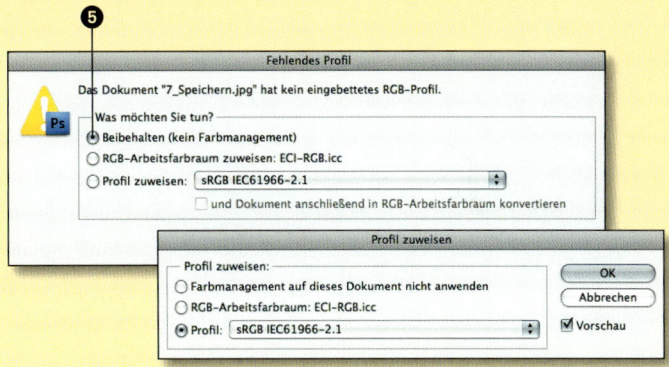

Schwarzweiß

In der digitalen Fotografie hat Schwarzweiß immer noch seine Berechtigung. Auch wenn die Grundlage Ihrer Schwarzweißbilder in der digitalen Welt zu allererst ein Farbbild ist, sollten Sie das nicht als Umweg, sondern als Chance verstehen. Denn die Farbinformationen ermöglichen Ihnen, die Umsetzung in Graustufen noch gezielter zu steuern, als Sie es in der analogen Fotografie über Filter konnten. So wird Photoshop zum Schwarzweißlabor und lässt Sie auf verschiedenen Wegen zum perfekten Schwarzweißbild gelangen. Dass dieser Weg manchmal nicht der kürzeste ist, wird einen eingefleischten Schwarzweißfan nicht stören.

Foto: Getty Images

Schwarzweiß

Schwarzweißdenken

Dieser Weg kommt dem Schwarzweißfilm am nächsten

Oft werde ich gefragt, welche Schwarzweißkonvertierung einer Aufnahme mit analogem Filmmaterial am nächsten kommt. Die Antwort liegt auf der Hand: ein Schwarzweißfilm hat mit seiner Silberschicht nur die reinen Helligkeitsinformationen aufgenommen – die digitale Umsetzung muss also ebensowenig die Farben berücksichtigen. Denn das führt meistens zu der ungewollten »Vergrauung«. Wählen Sie den Weg über den LAB-Modus, in dem Sie die Helligkeitsinformationen gut von der Farbe trennen können.

Zielsetzungen:
»analoges« Schwarzweiß
Abbildung der
Helligkeitsinformation
[SW_Lab.jpg]

Foto: Maike Jarsetz

1 Wichtige Paletten einblenden

Blenden Sie sich zunächst die Paletten ein, die Sie für die Bearbeitung und für den späteren Vergleich benötigen. Dazu gehören die KANÄLE-Palette und die PROTOKOLL-Palette. Beide finden Sie unter dem Menü FENSTER.

2 Zum Vergleich: der Graustufenmodus

Um richtig beurteilen zu können, worin die Unterschiede zu einer bloßen Modusänderung liegen, sollten Sie zunächst einmal folgenden Weg beschreiten: Wählen Sie unter BILD ▷ MODUS ▷ GRAUSTUFEN. So erhalten Sie eine erste Schwarzweißvariante. Bestätigen Sie mit Klick auf ❶, dass Sie die Farbinformationen löschen wollen.

Hier werden Sie schon auf einen besseren Weg hingewiesen – die Funktion SCHWARZWEISS behandeln wir auf Seite 282.

3 Schnappschuss speichern

Diese Version benötigen wir nur für einen späteren Vergleich. Speichern Sie sich davon also einen Schnappschuss: Über den Optionspfeil ❷ der PROTOKOLL-Palette wählen Sie den Befehl NEUER SCHNAPPSCHUSS, im folgenden Fenster benennen Sie ihn sinnvoll. Auf diese Weise ist der Schnappschuss in der PROTOKOLL-Palette gespeichert.

Kehren Sie dann zum Ausgangszustand zurück, indem Sie in der PROTOKOLL-Palette auf den ÖFFNEN klicken ❸.

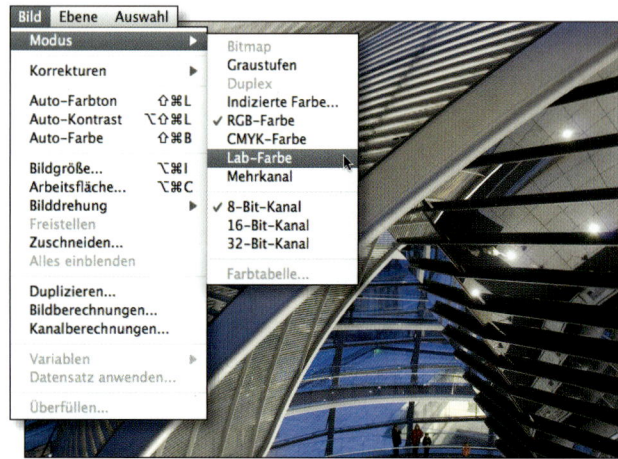

4 In den Lab-Modus konvertieren

Nachdem sie das Bild wieder in den farbigen Ursprungszustand versetzt haben, starten Sie die neue Schwarzweißkonvertierung. Wählen Sie dafür zunächst BILD ▷ MODUS ▷ LAB-FARBE.

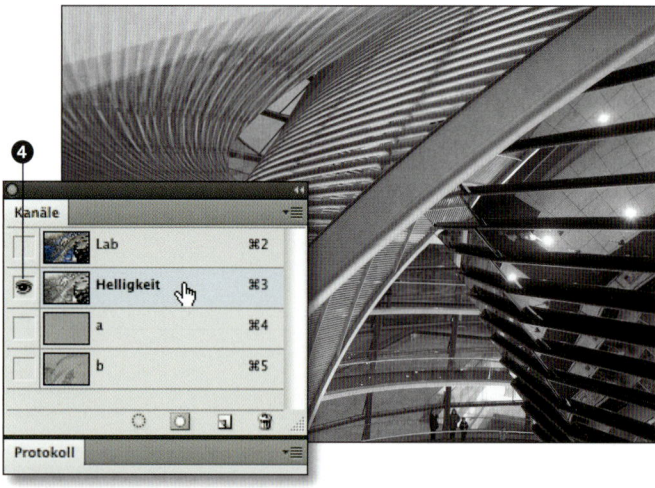

5 Helligkeitskanal auswählen

Der Lab-Modus unterteilt als einziger »absoluter« Farbmodus die Luminanzinformationen – also die Helligkeitsverteilung – von den Farbkanälen. Sehen können Sie dies in der schon eingeblendeten KANÄLE-Palette. Klicken Sie auf den Kanal HELLIGKEIT, um nur seine Informationen im Vorschaubild angezeigt zu bekommen. Alternativ können Sie durch einen Klick auf die Augensymbole ❹ die anderen Kanäle ausblenden.

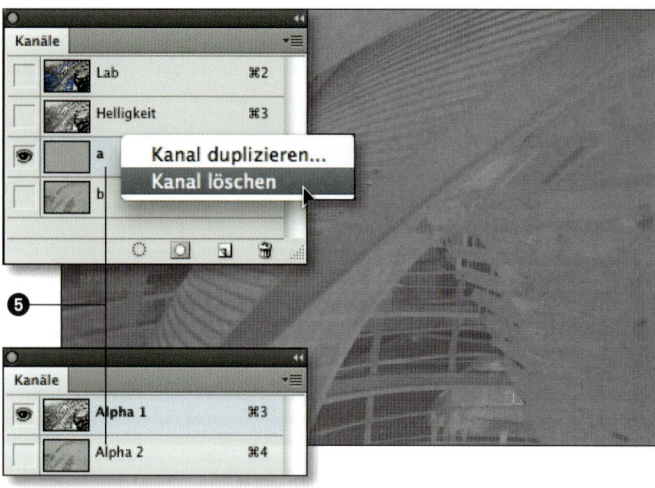

6 Farbkanäle löschen

Da wir nur die Luminanzinformationen benötigen, können Sie die anderen Kanäle löschen.

Klicken Sie mit rechter Maustaste bzw. gedrückter [Strg]-Taste nacheinander auf den a- und b-Kanal ❺ und wählen Sie aus dem Kontextmenü KANAL LÖSCHEN.

Nicht verwirren lassen: Da nach dem Löschen des ersten Kanals kein Lab-Bild mehr vorliegt, sondern ein sogenanntes Mehrkanal-Bild, wird aus dem b-Kanal ALPHA 2.

7 Ein Kanal bleibt übrig

Der übriggebliebene Kanal ALPHA 1 entspricht dem ehemaligen Lab-Kanal.

Mit ihm haben Sie die Helligkeitsinformation isoliert, die Sie nur noch in ein gängiges Dateiformat bringen müssen.

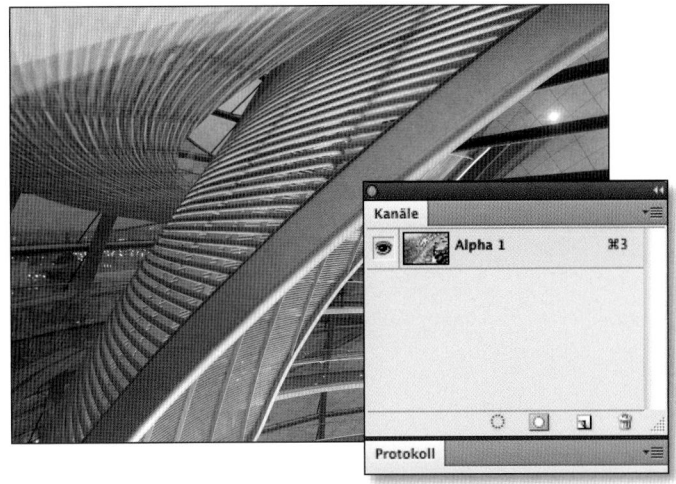

8 Vom »Mehrkanal« in die Graustufen

Das Bild ist jetzt faktisch ein Graustufenbild, liegt aber offiziell noch im Mehrkanal-Modus vor. Wählen Sie unter BILD ▷ MODUS ▷ GRAU-STUFEN, um es in ein normales Graustufenbild umzuwandeln.

Anschließend können Sie das Bild auch weiter in den RGB-Modus umwandeln. Bei den meisten Druckern haben sie so mehr Möglichkeiten, um die Tiefe des Bildes abzubilden, weil nicht nur die schwarze Druckfarbe benutzt wird.

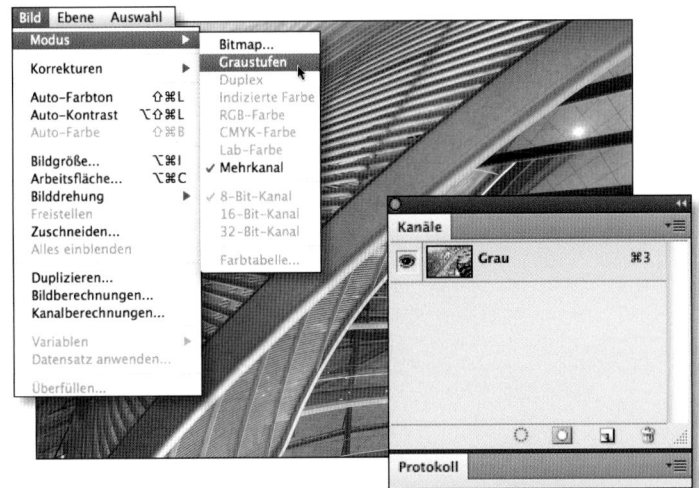

9 Vergleich in der Protokoll-Palette

Vergleichen Sie diese Version mit der ursprünglichen Modusumwandlung. Klicken Sie dazu in der PROTOKOLL-Palette auf den gesicherten Schnappschuss.

Um wieder auf das Arbeitsergebnis zurückzukommen, klicken Sie einfach wieder auf den letzten gelisteten Bearbeitungsstatus ❻.

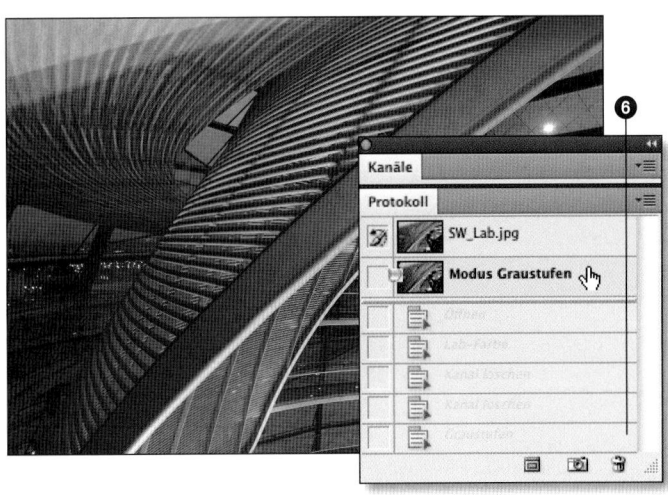

Ruhig mal Rot sehen

Legen Sie die Priorität auf die Umsetzung der Hauttöne

In Hautfarben dominieren die roten Farbanteile. Um diese für eine Schwarzweißumsetzung zu nutzen, reicht ein Sprung in die Kanäle-Palette – im Rot-Kanal finden wir die hellste Umsetzung der Hauttöne. Nutzen sie diesen Kanal als Basis für die Schwarzweißumwandlung – so erhalten Sie einen weichen Hautton, den Sie mit Hilfe des Kanalmixers noch durch Details bereichern können.

Zielsetzungen:

Samtige Hauttöne

Detailbetonung

[Rotkanal.jpg]

1   Kanäle einblenden

Auch wenn Sie dieses Mal nicht direkt in der KANÄLE-Palette arbeiten, sollten Sie sie über das FENSTER-Menü einblenden, um vorher das Bild zu analysieren.

In den Kanälen sind die Anteile der drei Grundfarben als Graustufeninformation gespeichert. Wenn alle Kanäle aktiviert sind, sehen Sie das resultierende farbige Vorschaubild.

2   Rot-Kanal beurteilen

Die Kanalinformationen können Sie auch einzeln betrachten. Klicken Sie dazu in der KANÄLE-Palette auf einen einzelnen Kanal. Die anderen Kanäle blenden sich selbsttätig aus.

Im Rot-Kanal erkennen Sie die erwarteten hellen Hauttöne, die wir gleich als Basis für die Schwarzweißumsetzung nutzen werden.

3   Details im Grün-Kanal

Wo die rötliche Hautfarbe in Schatten oder kleine Details übergeht, findet am meisten Bewegung im Grün-Kanal statt. Denn der Grün-Kanal neutralisiert den Hautton stark.

Klicken sie auf den Grün-Kanal in der KANÄLE-Palette, um ihn zu beurteilen. Insbesondere Details in den Lippen und Hautschattierungen werden hier gut wiedergegeben.

4 Kanalmixer in der Korrekturen-Palette

Für diese Aufgabenstellung bietet sich der klassische Weg über den Kanalmixer an, da wir darin direkt mit den Grundfarben arbeiten werden.

Blenden Sie sich aus dem FENSTER-Menü die KORREKTUREN-Palette ein und klicken Sie dort auf das Icon für den KANALMIXER ❶.

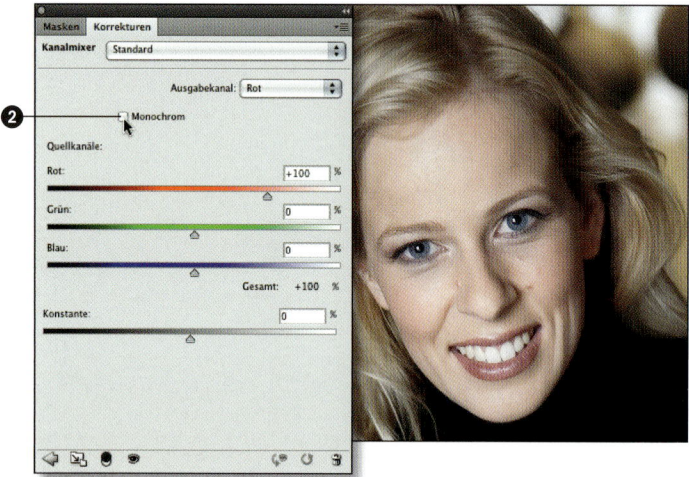

5 Der Quellkanal

Im Kanalmixer steuern Sie, wie viele Bestandteile aus den drei QUELLKANÄLEN in einem AUSGABEKANAL kombiniert werden.

Standardmäßig sehen Sie im Arbeitsfenster Rot als Ausgabe- und gleichzeitig 100 %igen Quellkanal. Da wir den Rot-Kanal auch als Basis benutzen wollen, belassen wir ihn bei diesen Einstellungen und klicken dann auf die Checkbox MONOCHROM ❷.

6 Die monochrome Umsetzung

Die monochrome Umsetzung hat nun als AUSGABEKANAL natürlich GRAU und keinen Farbkanal mehr. Außerdem werden standardmäßige Anteile der drei Farbkanäle für die Graustufenumsetzung vorgegeben.

Diese werden wir im nächsten Schritt zugunsten unserer eigenen Umsetzung verändern.

7 Rot-Kanal als Basis

Setzen Sie den Quellkanal Rot auf 100 % und die beiden anderen Kanäle auf 0 %.

Das Vorschaubild entspricht jetzt genau der Graustufeninformation aus dem Rot-Kanal.

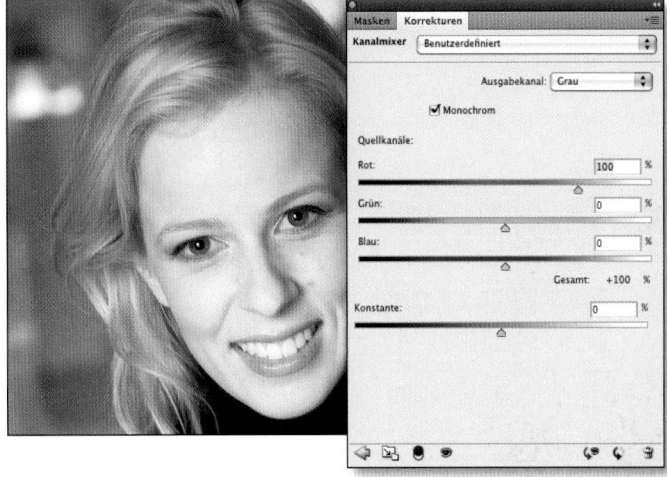

8 Details hinzumischen

Um ein paar Details aus dem Grün-Kanal in das Bild miteinzubeziehen, erhöhen Sie den Grünanteil, bis die Details in den Hauttönen sichtbarer werden, in diesem Fall auf ca. 19 %. Sie sehen, dass das gesamte Bild heller wird, weil Ihr Ausgabekanal noch mehr Farbinformationen zu den helleren Graustufen addiert. Reduzieren Sie deshalb den Rot-Kanal ein wenig. Als Faustregel gilt hier, den Gesamtfarbwert nicht über 100 % anwachsen zu lassen. Das kleine Warndreieck ❸ meldet Ihnen, wenn dies der Fall ist.

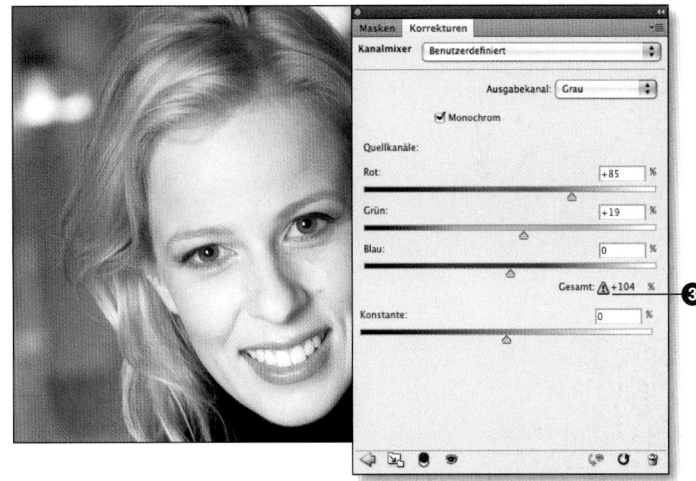

9 Gesamtfarbwert korrigieren

Diese Warnung sollten Sie nicht ignorieren, aber sich auch nichts diktieren lassen. Prüfen sie im Zweifelsfall im Histogramm, ob die hellen Tonwerte Gefahr laufen, auszufressen. Ziehen Sie auch ruhig beide Kanäle noch höher, um ein optimales Mix-Ergebnis zu erhalten.

Zur Reduzierung des Gesamtwertes nutzen Sie dann den KONSTANTE-Regler, mit dem Sie die Quellkanäle proportional reduzieren. Für dieses Bild genügt eine Reduzierung um –6 %.

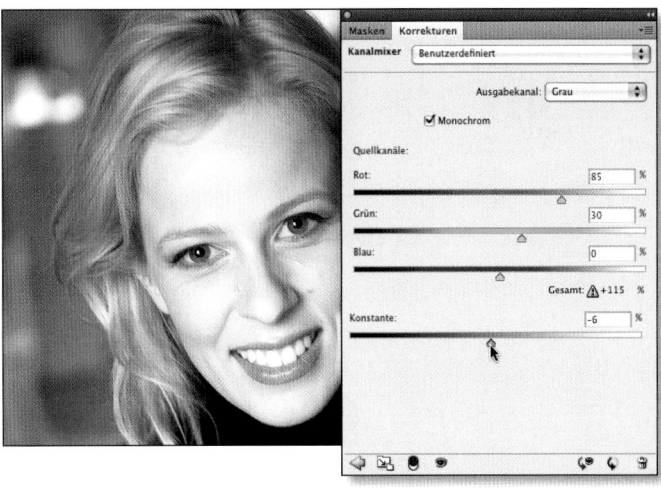

Digitaler Farbfilter

Mit der Funktion »Schwarzweiß« Akzente setzen

Neben dem Kanalmixer ist die Funktion »Schwarzweiß« die zweite Funktion, die auf die Betonung einzelner Farbsegmente setzt und damit den analogen Schwarzweißfiltern nahekommt. Hier haben Sie nicht nur drei, sondern gleich sechs Farbsegmente für die Feinabstimmung. Außerdem können Sie mit einem Klick die Grautöne direkt im Bild steuern.

Zielsetzungen:

Klassische Filterwirkung
Himmel intensivieren
Vordergrundmotiv aufhellen
Einzelne Farbtöne steuern

[Schwarzweiss.jpg]

Foto: Maike Jarsetz

1 Mit der Korrekturen-Palette starten

Bei dieser Art von Schwarzweißumsetzung
sollten Sie sich die Möglichkeit offen lassen,
die Feinjustierung später noch einmal zu
überarbeiten.

Mit der neuen KORREKTUREN-Palette von
CS4 versteht sich das von selbst: Blenden Sie
sie über FENSTER ▷ KORREKTUREN ein.

2 Schnell und gut

In der KORREKTUREN-Palette sind alle sinnvollen Bildkorrekturen schnell zugänglich.
Da sie praktisch im Verborgenen Einstellungsebenen für Ihre Korrekturen anlegt, garantiert
sie gleichzeitig eine nicht-destruktive Arbeit.
Klicken Sie in der KORREKTUREN-Palette auf
das Symbol SCHWARZWEISS ❶.

3 Schwarzweiß filtern

Starten sie jetzt damit, das Schwarzweißbild
zu optimieren. Mit Hilfe der sechs Farbregler
können Sie bestimmen, welche Farbbereiche
heller und welche dunkler umgesetzt werden
sollen.

Beginnen Sie mit dem Himmel, dem Klassiker bei der analogen Schwarzweißfilterung.
Bewegen Sie einfach den Regler für die BLAU-
TÖNE nach links auf ca. –60, bis der Himmel
ausreichend intensiviert wird.

4 Himmel optimieren

Der Himmel besteht nicht nur aus Blautönen, sondern hat auch einen hohen Anteil an Cyan.

Wenn Sie also auch den Regler für die CYANTÖNE noch ein wenig in den negativen Bereich ziehen, verstärken Sie den dunklen Himmel noch.

5 Vordergrund aufhellen

Um das warme Weiß der Blumen und den Sand im Hintergrund aufzuhellen, können Sie nun noch den GELBTÖNE-Regler weiter nach rechts, also in die helle Richtung, ziehen.

Tun Sie dies ruhig so weit, bis das Bild wieder »sonnig« ist.

6 Im Bild arbeiten

Jetzt geht es darum, das Dünengras noch ein wenig abzudunkeln. Aber welchen Regler fasst man da an? Ist es Grün oder Gelb? Oder muss man beide benutzen?

Anstatt nun alle in Frage kommenden Regler hin- und herzuziehen und deren Wirkung zu beobachten, klicken Sie doch einfach mal auf das Handsymbol ❷ in der KORREKTUREN-Palette. Damit aktivieren Sie ein Werkzeug, das mit gedrückter Maustaste zu einem Regler wird, den Sie direkt im Bild einsetzen können!

7 Gelb statt Grün

Dieses Werkzeug wird von der SCHWARZ-
WEISS-Funktion auf zweierlei Art genutzt: Zu-
nächst ist es eine Pipette, die misst, welcher
Farbanteil an dieser Bildstelle vorherrscht –
Sie sehen das auch im Menü, wo dieser Farb-
wert markiert wird ❸.

Wenn Sie jetzt in das Gras klicken und den
immer noch gedrückten Mauszeiger nach
links bewegen, erkennen Sie, dass sich der
Gelbregler – nicht der Grünregler – im gleichen Maße bewegt. Sie bearbeiten das Motiv
also direkt im Bild!

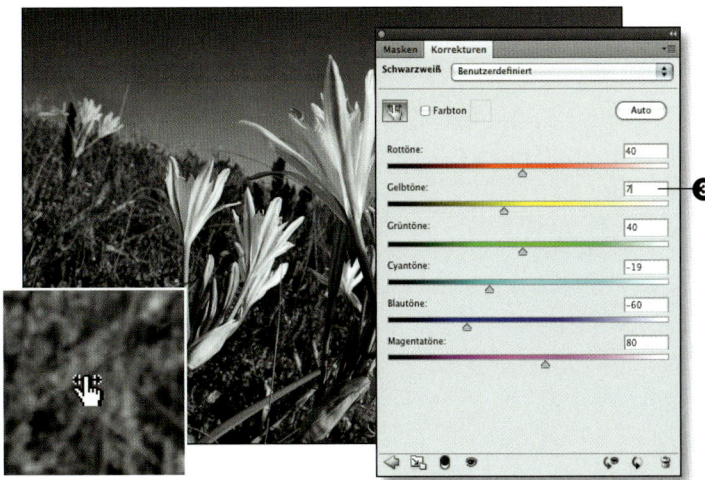

8 Zwischenergebnis beurteilen

Zwischen den gegenläufigen Korrekturen
der Gelbtöne in den letzten beiden Schritten
müssen Sie einen Kompromiss finden. Um die
Schwarzweißumsetzung direkt mit dem Origi-
nal-Farbbild vergleichen zu können, blenden
Sie einfach die Korrektur aus und wieder ein.
Klicken Sie dazu auf das Symbol ❹ unten in
der KORREKTUREN-Palette.

Wenn Sie die EBENEN-Palette offen haben,
werden Sie gleichzeitig beobachten, dass
durch die Korrektur eine Einstellungsebene
angelegt wurde, die Sie jetzt ausblenden.

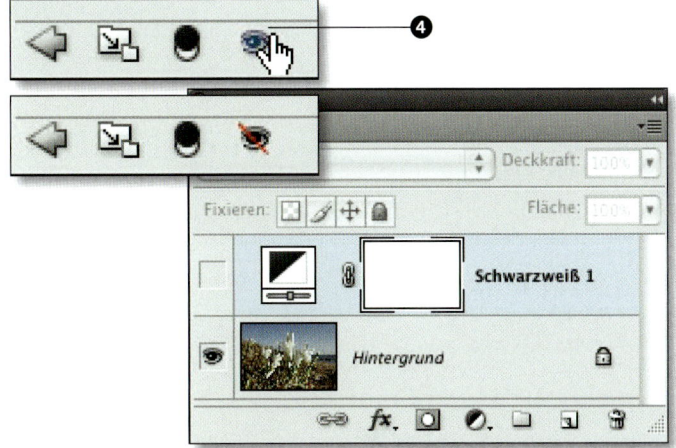

9 Letzte Korrekturen

Jetzt können Sie das Feintuning vornehmen:
Wenn das Handwerkzeug noch aktiv ist, können Sie es an anderen Bildstellen einsetzen,
um Ihre vorgenommenen Korrekturen noch
zu verfeinern.

Die Schieberegler haben aber dennoch ihre
Berechtigung. Probieren Sie doch mal, den
Grünregler nach links zu verschieben: So werden die Schattenbereiche von Gras und Pflan-
ze noch etwas »knackiger«.

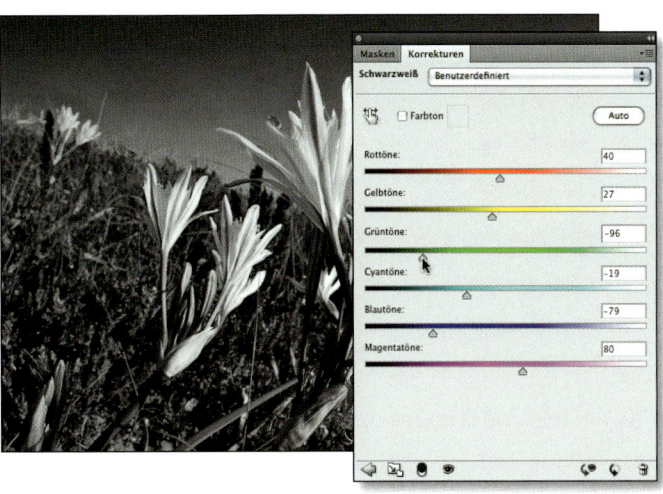

Schwarzweißbilder mit Biss

Korrigieren Sie den Bildkontrast durch die »schwarzweiße Brille«

Ein Farbmotiv mit nur leichten Farbschattierungen wirkt nach einer Schwarzweißumwandlung oft sehr vergraut. Sie haben aber durchaus die Möglichkeit auch nachträglich den Kontrast des Originalbildes anzuheben und die Wirkung zusammen mit der Schwarzweißkonvertierung zu beurteilen. Durch die Arbeit mit der Korrekturen-Palette und den Einstellungsebenen geht das schnell und flexibel. So können Sie das Bild soweit steuern, dass es auch in der schwarzweißen Form seinen Reiz und seine Spannung behält – wenn nicht sogar verstärkt.

Zielsetzung:
Kontrast unter der Schwarzweißkorrektur anheben
[Kontrast.jpg]

Foto: Maike Jarsetz

1 Schwarzweißkorrektur vorbereiten

Wenn Sie den vorherigen Workshop studiert haben, können Sie die ersten drei Schritte schon blind gehen:

Klicken Sie in der KORREKTUREN-Palette auf das Symbol SCHWARZWEISS ❶, um das entsprechende Arbeitsfenster zu öffnen.

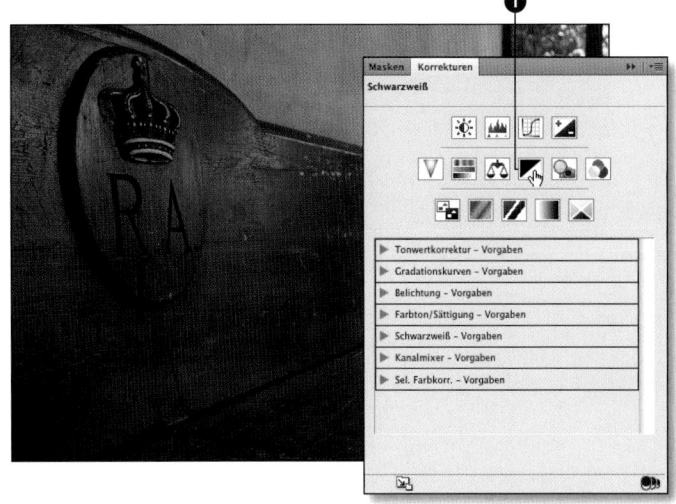

2 Individuelle Schwarzweißumsetzung

Um Ihr Schwarzweißbild gleich individuell anzupassen, wählen Sie das Handwerkzeug ❷ aus dem SCHWARZWEISS-Arbeitsfenster.

Damit können Sie direkt im Bild genau die Farbsegmente bestimmen, die in hellere oder dunklere Graustufen umgesetzt werden sollen.

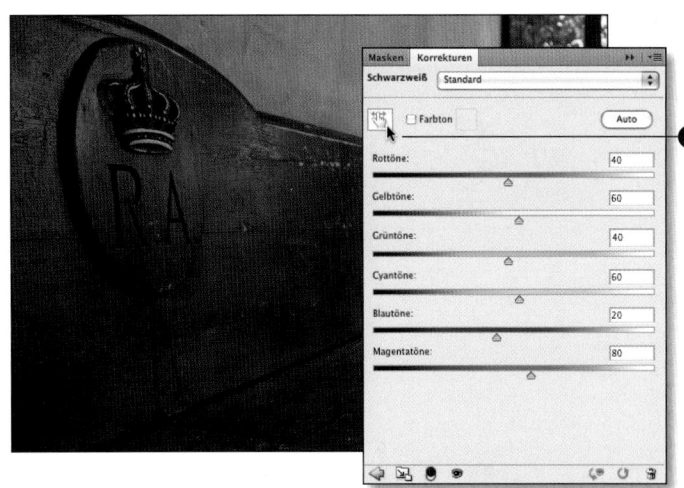

3 Farbsegmente nachsteuern

Klicken Sie mit der Hand genau an die Stelle im Bild, die Sie nachsteuern wollen, so wird aus der Hand ein Regler ❸, den Sie nach rechts oder links ziehen können.

Durch eine Bewegung nach rechts hellen Sie die Tonwerte auf, die sich im gleichen Farbsegment befinden wie die originalen Bildpixel unter Ihrem Mauszeiger.

Sie können auch erkennen, dass sich im Arbeitsfenster der entsprechende Regler bewegt. Diesen können Sie natürlich auch noch dort nachjustieren.

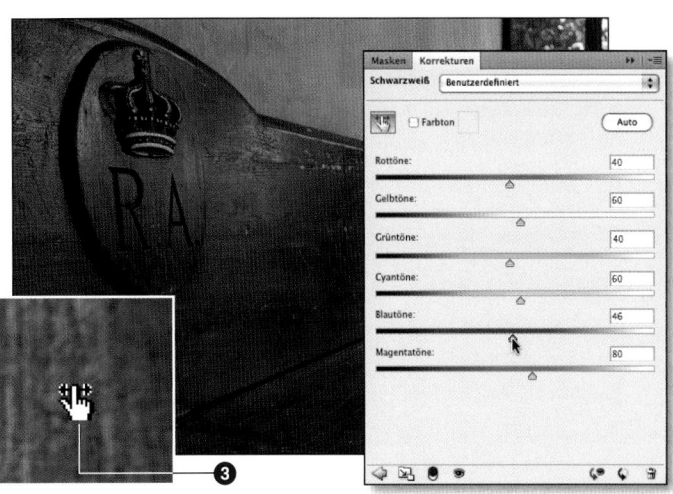

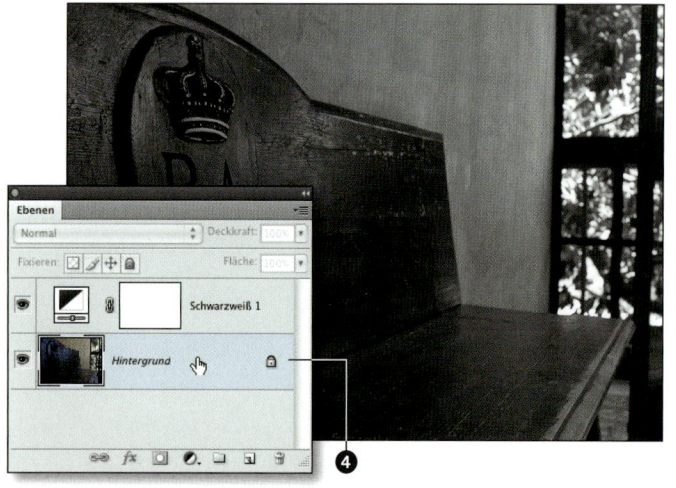

4   Ein Blick in die Ebenen-Palette

Aber auch die filigransten Steuerungsmöglichkeiten führen nicht gleich zum perfekten Ergebnis.

Die Arbeit im Fenster SCHWARZWEISS ist daher erst einmal beendet. Klicken Sie in der EBENEN-Palette auf die Hintergrundebene ❹, um die nächste Korrektur direkt auf die originalen Farbpixel anzuwenden.

Durch die darüberliegende Schwarzweißebene, sehen Sie die folgende Kontrastkorrektur immer durch die »schwarzweiße Brille«.

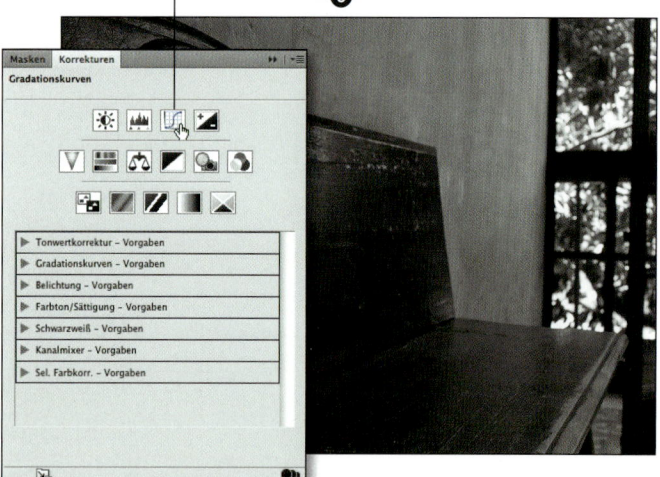

5   Gradationskurven

In diesem Motiv herrscht auf der Holzbank praktisch nur eine Farbe vor, so dass sich über die Schwarzweißanpassungen hier kaum Modulationen hinzufügen lassen.

Aus diesem Grund fügen wir jetzt über die KORREKTUREN-Palette noch eine weitere Kontrastkorrektur hinzu. Klicken Sie dafür auf das Symbol für die GRADATIONSKURVEN ❺.

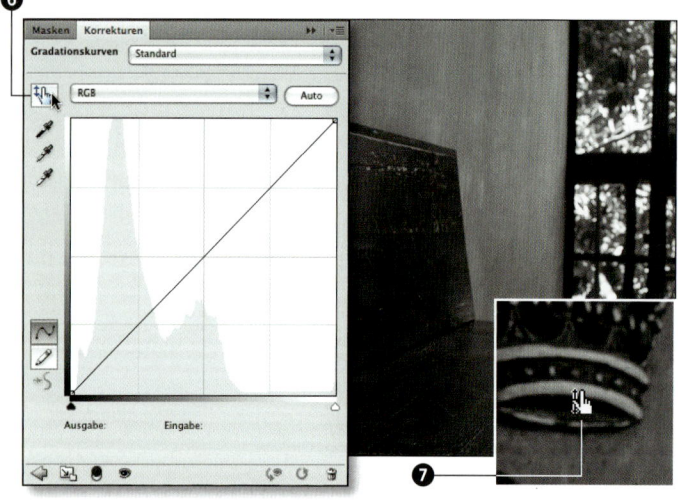

6   Direkter Eingriff

Auch im Arbeitsfenster der GRADATIONSKURVEN steht für Sie eine »helfende Hand« bereit: Aktivieren Sie das Handwerkzeug ❻, um die Gradation direkt im Bild zu steuern.

Sobald Sie mit diesem Werkzeug auf einen Bildbereich klicken, sehen Sie zwei kleine Pfeile ❼, die Sie – diesmal nach oben und unten – direkte Korrekturen ausführen lassen.

7 Helle Tonwerte anheben

Klicken Sie dann auf die reflektierenden Bereiche der Bank, und ziehen Sie den Regler
nach oben, um diese Bildbereiche noch weiter
aufzuhellen.

Werfen Sie auch einen Blick in das Arbeitsfenster der GRADATIONSKURVEN: Die Änderung, die Sie im Bild vornehmen, wird zeitgleich in der Gradationskurve ausgeführt!

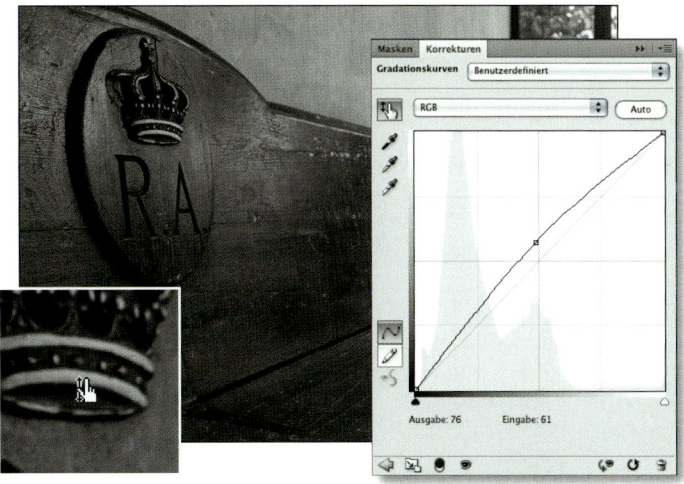

8 Dunkle Tonwerte absenken

Genauso können Sie jetzt den dunkleren
Tonwerten mehr Tiefe geben. Klicken Sie auf
einen benachbarten, dunkleren Detailbereich,
und ziehen Sie den Regler weiter nach unten,
bis Sie zum gewünschten Hell-dunkel-Kontrast kommen. Im GRADATIONSKURVEN-Fenster
ergibt sich eine leichte S-Kurve – die typische
Form für eine Gradationssteigerung in den
Mitteltönen.

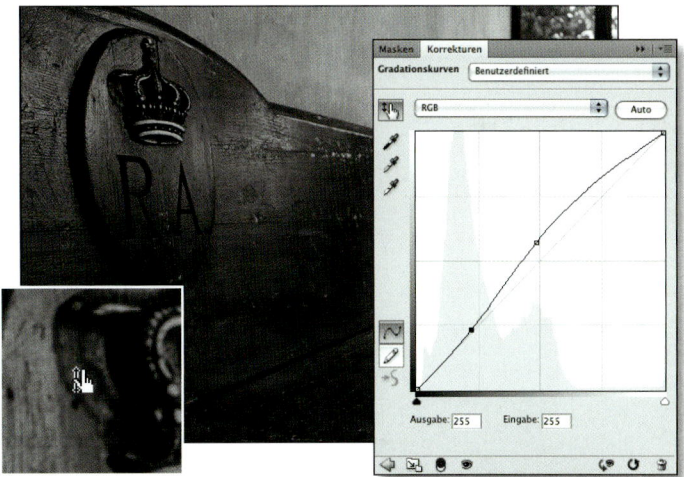

9 Mehr Biss

Überprüfen Sie Ihre Korrektur: Klicken Sie
entweder in das Augensymbol 👁 vor der
Einstellungsebene KURVEN 1 ❽ oder in das
entsprechende Symbol in der KORREKTUREN-
Palette ❾.

In beiden Fällen wird die Kontrastkorrektur
ausgeblendet, und Sie können deren Wirkung beurteilen. Natürlich können Sie beide
Korrekturen noch überarbeiten – durch einen
Klick auf die Einstellungsebene ist die entsprechende Korrektur in der KORREKTUREN-
Palette verfügbar und editierbar.

Schnelle Sepiatonung

Schnelle Farbfilterung über »Farbton/Sättigung«

Eine Tonung von Schwarz-weißbildern und besonders die klassische Sepiatonung kann Bilder im Ausdruck verstärken und ist deshalb sehr beliebt. Für eine Tonung erzeugen Sie einen transparenten Farbfilter, der über dem Schwarzweiß-bild liegt. Mit der Funktion »Farbton/Sättigung« können Sie diesen Filter in Farbe und Intensität steuern. Um mit Farbe arbeiten zu können, muss das Bild allerdings nicht als Graustufen-, sondern als RGB-Datei vorliegen.

Zielsetzungen:

- Gleichmäßige Sepiatonung
- Grundfarbe wählen
- Sättigung anpassen

[Einfachtonung.jpg]

Foto: Getty Images

1 Färben

Wählen Sie Bild ▷ Korrekturen ▷ Farbton/
Sättigung, oder legen Sie über die Korrekturen-Palette eine Einstellungsebene dieser
Funktion an. Klicken Sie in der Korrekturen-
Palette auf das Icon Farbton/Sättigung ❶.

Im Arbeitsfenster aktivieren Sie dann die
Option Färben ❷. Augenblicklich wird das
Bild getont – sehr wahrscheinlich noch etwas
zu intensiv und nicht in der richtigen Farbe.

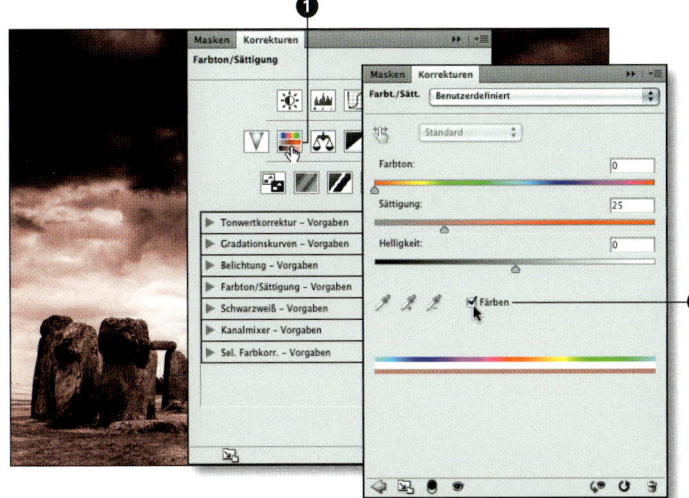

2 Farbton

Bestimmen Sie dann die Tonungsfarbe, mit
der Sie arbeiten wollen. Bewegen Sie dazu
den Farbton-Regler ❸ über die gesamte
Farbskala, bis Sie den gewünschten Farbton
erreicht haben.

Beurteilen können Sie dies sowohl im Vorschaubild als auch in dem schmalen, farbigen
Beispielbalken unten im Menü ❹.

3 Sättigung

Jetzt steuern Sie die Intensität der Tonung,
und zwar mit dem Regler Sättigung ❺.

Meistens wirkt das Bild besser, wenn die
Tonung nur dezent aufgetragen wird. Reduzieren Sie die Stärke so lange, bis Sie das
gewünschte Ergebnis erreicht haben.

Fortgeschrittene Tonung

Variieren Sie die Intensität der Tonung über Ebenentechniken

Fortgeschrittene Tonungs-techniken sind vor allem dann gefragt, wenn Sie die Farbsät-tigung für helle und dunkle Bildbereiche unterschiedlich steuern wollen. Es gibt viele Wege, hier die Balance zu halten. Die Arbeit über die Fülloptionen der Ebenen erfordert zwar ein wenig Eindenken in die Materie – belohnt aber mit einer guten Feinabstimmung.

Zielsetzungen:
Klare Lichter
Gesättigte Schatten
[Teiltonung.jpg]

Foto: Getty Images

1 Tonungsfarbe festlegen

Statt eine Funktion zum Einfärben zu nutzen, legen Sie sich diesmal eine farbige Ebene an, die Sie mit dem Original verrechnen werden.

Wählen Sie zunächst die Farbe, mit der Sie das Bild tonen wollen. Klicken Sie dazu auf das Symbol für die Vordergrundfarbe ❶ in der Werkzeugpalette, und suchen Sie sich Ihre Farbe aus. Achten Sie darauf, dass der Farbton einen ausreichenden Schwarzanteil ❷ erhält. Der Wert sollte nicht über 75 % liegen, sonst wird die Farbsättigung zu hoch.

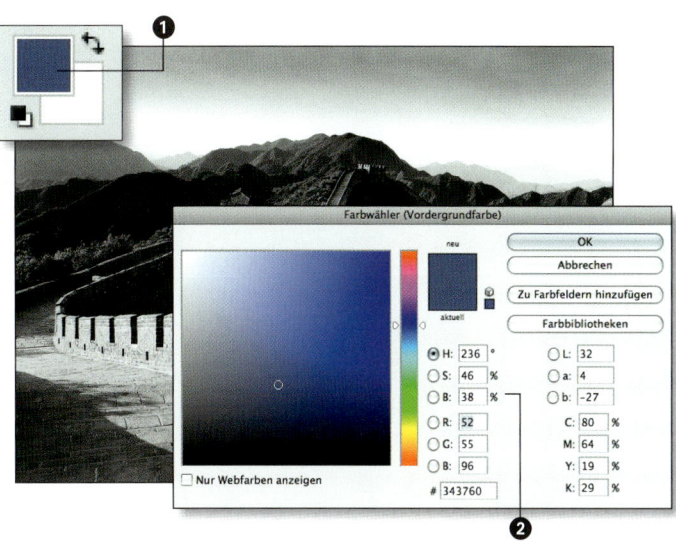

2 Tonungsebene anlegen

Für die Tonungsebene müssen Sie sich zunächst eine neue leere Ebene anlegen. Klicken Sie dafür einfach auf das Seitensymbol 🗅 unten in der EBENEN-Palette.

3 Ebene füllen

Drücken Sie die ⬆- und die ⬅-Taste, und füllen Sie die neue Ebene mit der Vordergrundfarbe. Achten Sie darauf, dass keinerlei Optionen für MODUS und DECKKRAFT eingestellt sind und die Option TRANSPARENTE BEREICHE SCHÜTZEN deaktiviert ist.

So erhalten Sie die Tonungsebene, deren Wirkung Sie in den nächsten Schritten weiter bestimmen werden.

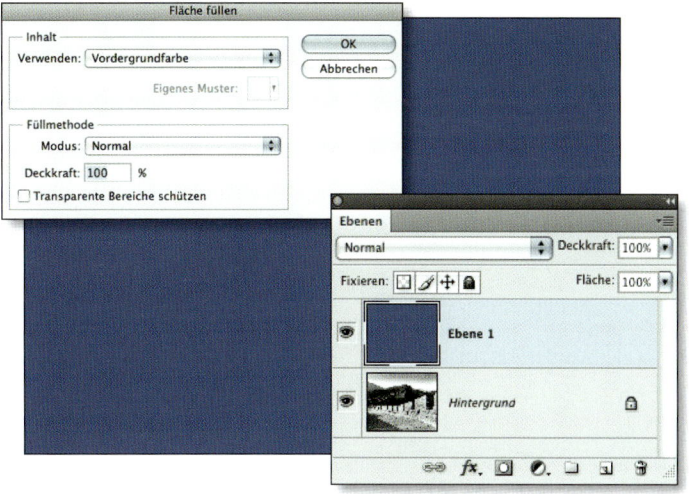

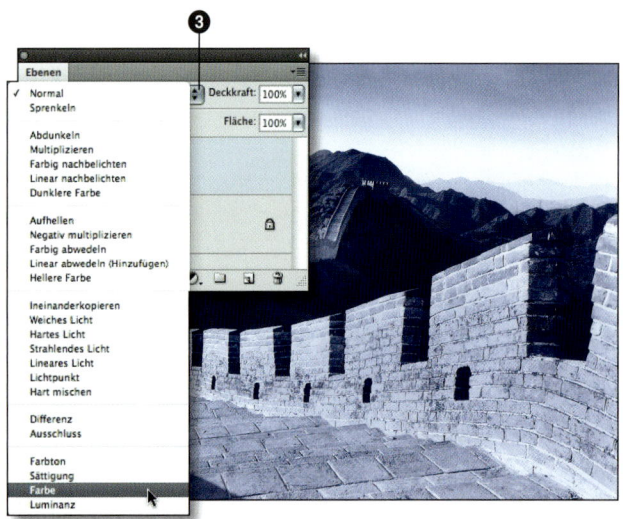

4 Modus »Farbe« für die Tonung

Wählen Sie für Ihre Farbebene aus dem Menü für den Ebenenmodus ❸ der EBENEN-Palette den Modus FARBE.

Die Ebene wirkt jetzt wie ein farbiger transparenter Filter und insgesamt noch ein wenig zu intensiv. Die notwendigen Schritte für die Anpassung werden im Anschluss vorgenommen.

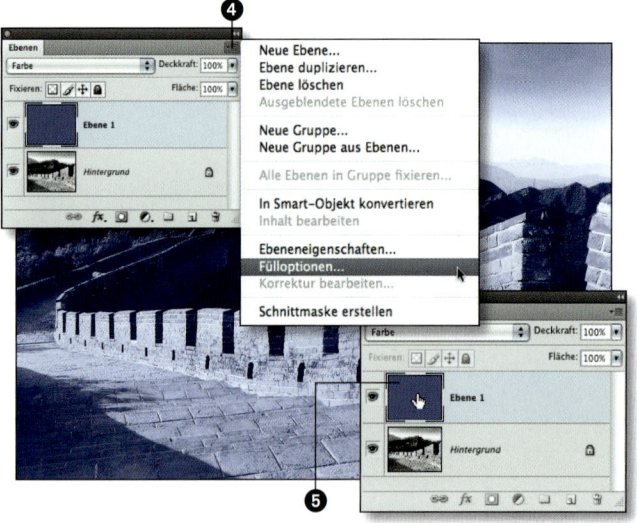

5 Fülloptionen

Wählen Sie aus dem Popup-Menü der EBENEN-Palette ❹ die FÜLLOPTIONEN. Die Tonungsebene – also die obere Ebene, hier EBENE 1 genannt – muss dabei aktiv sein.

Auch über einen Doppelklick auf die Ebenenminiatur ❺ gelangen Sie in dieses Menü.

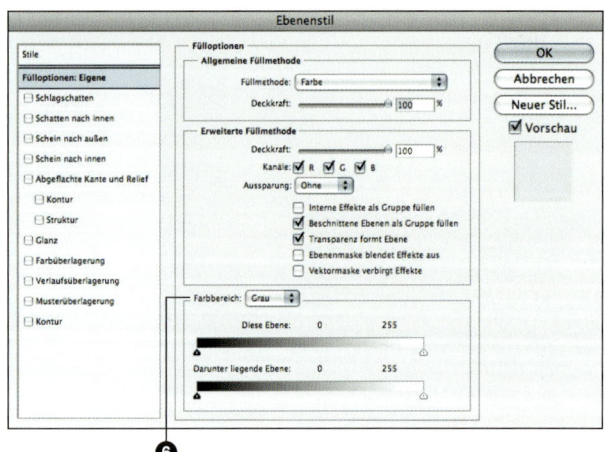

6 Das Zusammenspiel der Ebenen

In diesem umfangreichen Menü steuern Sie praktisch alles, was die gegenseitige Wechselwirkung und Sichtbarkeit der Ebenen beeinflusst.

Lassen Sie sich aber von den vielen Optionen nicht abschrecken. Wir kümmern uns nur um die Ebenen-Sichtbarkeit, die über die Regler im FARBBEREICH gesteuert wird ❻.

7 Lichter freilegen

Mit den zwei Schiebereglern bestimmen Sie, welche Tonwerte der oberen Ebene die untere Ebene überlagern (hier verdeutlicht durch die hellroten Überlagerungen).

Durch Bewegen des unteren weißen Schiebereglers ❼, wird der Lichterbereich der unteren Ebene sichtbar, denn er wird nicht mehr von der oberen Ebene überlagert. Die Lichter erscheinen so wieder grau. Das ist besonders deutlich im Himmel oder im vorderen Steinbereich sichtbar.

8 Weichen Übergang erzeugen

Der Übergang von den ungefärbten Lichtern aus der unteren Ebene und den gefärbten restlichen Tonwerten ist noch sehr unelegant. Die beiden Dreiecke des weißen Schiebereglers lassen sich mit gedrückter ⌥/Alt-Taste frei bewegen. Einen weichen Übergang erzeugen Sie, indem Sie das rechte Dreieck ❽ des weißen Schiebereglers wieder zurückschieben. In der jetzt definierten Zone nimmt die Wirkung der oberen Tonungsebene in den dunkleren Tonwerten immer weiter zu.

9 Sichtbarkeit nachjustieren

Mit dem so definierten weichen Übergang, können Sie jetzt noch genauer bestimmen, in welchen Tonwerten die 100%ige Überlagerung der Tonungsebene einsetzen soll. Schieben Sie das linke Dreieck ❾ des Reglers in den dunklen Tonwertbereich, um diese Stelle zu bestimmen.

So können Sie die Lichter zwar tonen, aber dabei weitestgehend neutral halten und in den Schatten die Tonungsintensität deutlich zunehmen lassen.

Zwischen Farbe & Schwarzweiß

Kolorieren Sie Ihr Schwarzweißbild mit der Originalfarbe

Eine besondere Wirkung ergibt sich, wenn Sie Schwarzweißbildern einen Hauch ihrer Originalfarbe zurückgeben. Mit Einstellungsebenen können Sie diese über eine Ebenenmaske langsam in das Bild zurückmalen – und so auch verschiedenste Bereiche anders farbig betonen.

Zielsetzungen:

Originalfarben überlagern

Farbige Akzente setzen

[Kolorieren.jpg]

1 Flexible Korrektur

Um die Schwarzweißumsetzung nachher per Maske relativieren zu können, benötigen wir zwingend eine Einstellungsebene. Diese wird durch die KORREKTUREN-Palette automatisch erstellt.

Blenden Sie sich die EBENEN- und die KORREKTUREN-Palette ein und klicken Sie dann in der KORREKTUREN-Palette auf das Symbol SCHWARZWEISS ❶.

2 Schwarzweißumsetzung

Die erste Schwarzweißumsetzung über diese Funktion nutzt zunächst einmal Standardwerte für die einzelnen Farbtonanteile.

In vielen Fällen mag das reichen, spielen Sie aber trotzdem lieber mit dem Mischverhältnis, um das Ergebnis zu optimieren.

Die Funktion »Schwarzweiß«:
Mehr zu dieser Funktion erfahren Sie auf Seite 282.

3 Farbtöne individuell anpassen

Passen Sie die Schwarzweißumsetzung mit Hilfe der Schieberegler an: Schieben Sie die Regler für die ROTTÖNE und auch für die GELBTÖNE nach rechts, um die Hauttöne hell umzusetzen.

Je heller der Grauton ist, desto klarer wird sich später die Farbe darauf zeigen.

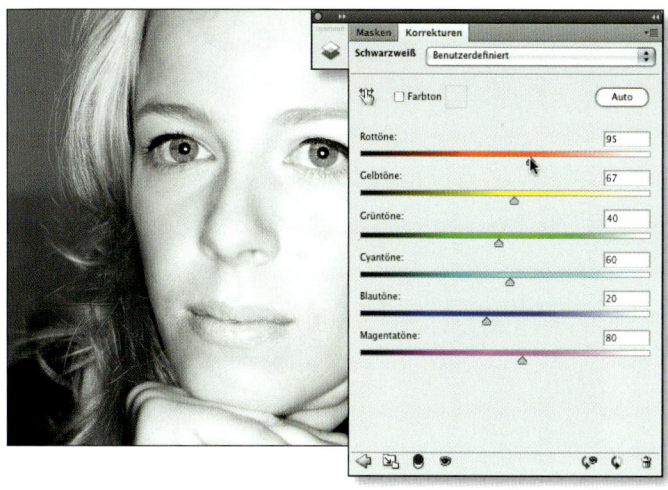

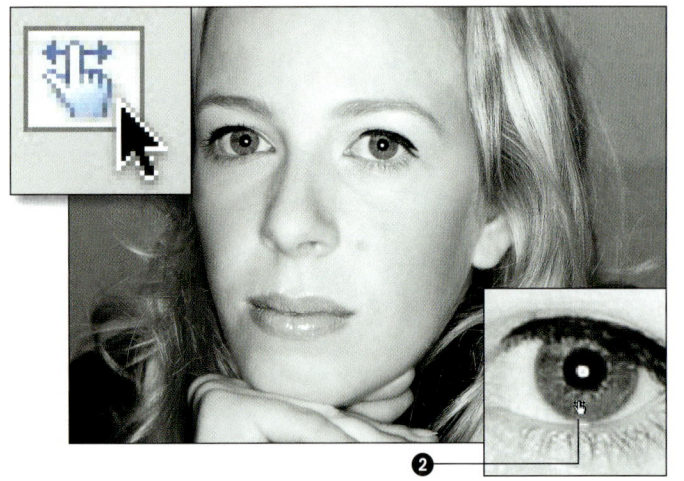

4 Details verstärken

Motivteile, die Sie jetzt schon intensivieren wollen, können Sie direkt im Bild korrigieren. Beispielsweise können die Augen durch eine dunklere Umsetzung an Intensität gewinnen.

Wählen Sie dazu das Handwerkzeug aus der Korrekturen-Palette, klicken Sie auf den Iris-Bereich eines Auges und ziehen Sie den erscheinenden Regler ❷ nach links, um das blaue Farbsegment abzudunkeln.

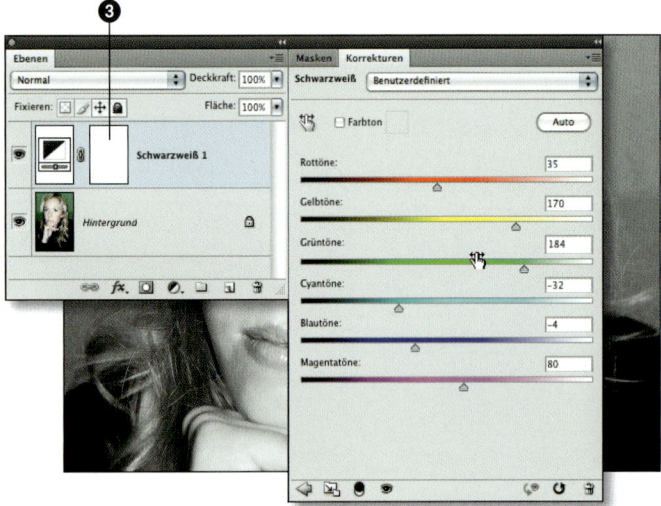

5 Flexibles Schwarzweiß

Durch Ihre Einstellungen in der Korrekturen-Palette erhalten Sie eine Einstellungsebene, die sogleich mit einer Ebenenmaske ausgestattet ist ❸. Diese Ebenenmaske ist noch komplett weiß, was bedeutet, dass die volle Wirkung der Einstellungsebene – und damit die Wirkung Ihrer Bildkorrektur – gleichermaßen auf das komplette Bild angewendet wird.

Maskieren, also einschränken, können sie diese Wirkung mit Pixeln dunklerer Tonwerte.

6 Ebenenmaske nutzen

Diese Ebenenmaske werden Sie jetzt nutzen, um die Schwarzeißumsetzung in Teilen und ganz pointiert zurückzusetzen. Klicken Sie auf das Ebenenmaskensymbol 🔲 unten in der Ebenen-Palette, um auf der Maske zu arbeiten.

Wählen Sie dann das Pinsel-Werkzeug 🖌 aus der Werkzeugpalette, und stellen Sie Schwarz als Vordergrundfarbe ■ ein.

7 Pinsel vorbereiten

Da die Originalfarben nur teilweise rekonstruiert werden sollen, wird die Einstellungsebene in dem ausgewählten Bereich nicht komplett maskiert.

Benutzen also keine DECKKRAFT von 100 % für den Pinsel, sondern stellen Sie in den Werkzeugoptionen eine DECKKRAFT von ca. 20 % ein ❹. Wählen Sie ebenso in den Werkzeugoptionen eine geringe Kantenschärfe und anfangs einen großen Durchmesser.

Damit malen Sie behutsam über die Hautbereiche, die wieder zu Farbe kommen sollen.

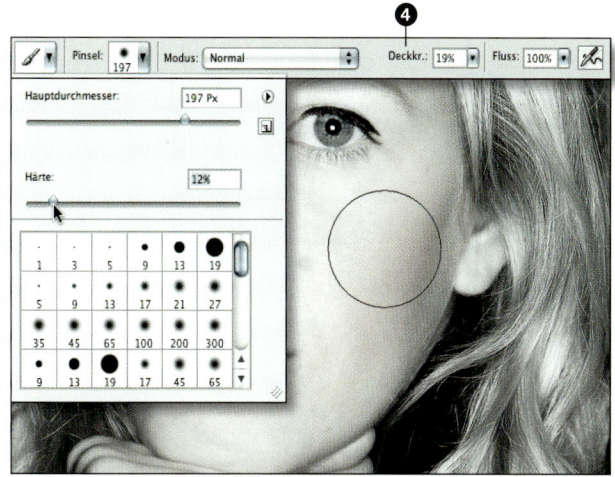

8 Feintuning

Achten Sie darauf, dass die Farbe intensiver wird, je öfter Sie über einen Bereich pinseln – die Deckkraft addiert sich. Sie können auch einfach die Deckkraft des Pinsels erhöhen. Stellen Sie dann aber seine Größe exakt ein, damit es keine unsauberen Übergänge gibt.

Pinselgröße: Ziehen Sie bei gedrückten ⌃Ctrl + ⌥-Tasten (Mac) bzw. Alt + rechte Maustaste (Win).

Kantenschärfe: Ziehen Sie bei gedrückten ⌃Ctrl + ⌥ + ⌘-Tasten (Mac) bzw. Alt + ⇧ + rechte Maustaste (Win).

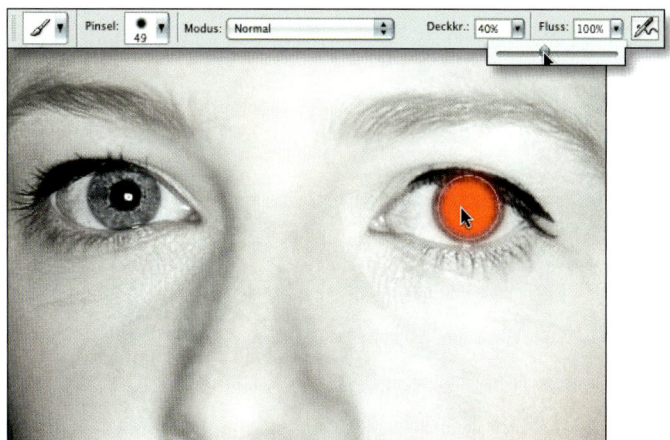

9 Noch nicht am Ende

Nach dem Feintuning schimmern die Originalfarben in unterschiedlicher Intensität durch die Maske.

Das Schöne ist: Sie können die Gesamtwirkung jetzt noch in jeder Form verändern. Ob durch weitere Maskenarbeit oder mit einer Überarbeitung Ihrer Schwarzweißeinstellungen. Ein einfacher Doppelklick auf die Einstellungsebene genügt, und Sie landen sofort wieder in der KORREKTUREN-Palette.

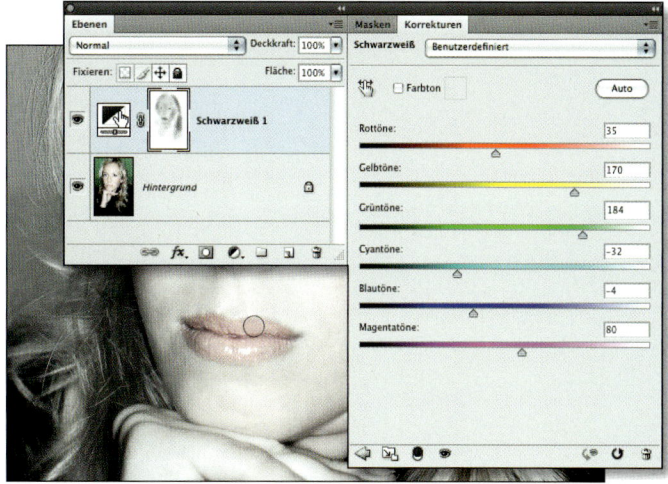

Retusche & Reparatur

Irgend etwas stört immer. Mal sind die Retuscheaufgaben kleiner – etwa eine schlichte Makel- und Kratzerreparatur –, und mal verändert eine komplexe Retusche die ganze Bildaussage.

Eine Fülle verschiedenster Werkzeuge bietet sich für diese Aufgaben an. Natürlich sollte man sie alle kennen, um sie zum richtigen Zeitpunkt einsetzen zu können. Mehr noch sollten Sie sich über alle Werkzeugoptionen, Modi und Möglichkeiten der Ebenenarbeit informieren. Denn dadurch erweitert sich der Retuschehorizont doch noch erheblich.

In diesem Kapitel sehen Sie zunächst schnelle Wege für die häufigsten Aufgaben und dann komplexere Projekte, in denen alle Optionen ausgenutzt werden.

Foto: Maike Jarsetz

Retusche & Reparatur

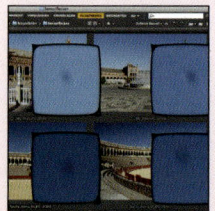

Weg mit den Sensorflecken

Entfernen Sie stapelweise den Staub auf Ihren Bildern

Auch wenn immer mehr Kameras mit einer automatischen Sensorreinigung ausgerüstet sind: Für viele Fotografen sind die staubbedingten Flecken auf den Bildern vor allem deshalb ein Ärgernis, weil Sie sich durch ganze Aufnahmeserien ziehen. Das einzig Gute an diesem Makel: Er sitzt – innerhalb einer Aufnahmereihe – immer an derselben Stelle. Deshalb können sie dies auch gut im Stapel korrigieren – und zwar im Raw-Konverter.

Zielsetzungen:

Retusche von Sensorflecken
Sychronisierung der Retusche
für mehrere Aufnahmen

[Ordner Flecken]

1 Raw-Konverter öffnen

Öffnen Sie die Aufnahmeserie, die Sie reparieren wollen, im Raw-Konverter.

JPEG-Dateien öffnen Sie am schnellsten aus der Bridge. Dort können Sie auch schon durch kurzen Einsatz der Lupe die kritischen Bildstellen »unter die Lupe nehmen«.

Den Weg in den Raw-Konverter finden sie für JPEG-Dateien über das Symbol **❶** in der Steuerungsleiste.

Zu Vorschau und Lupe: Erfahren Sie mehr im Kapitel »Bildorganisation« auf Seite 22.

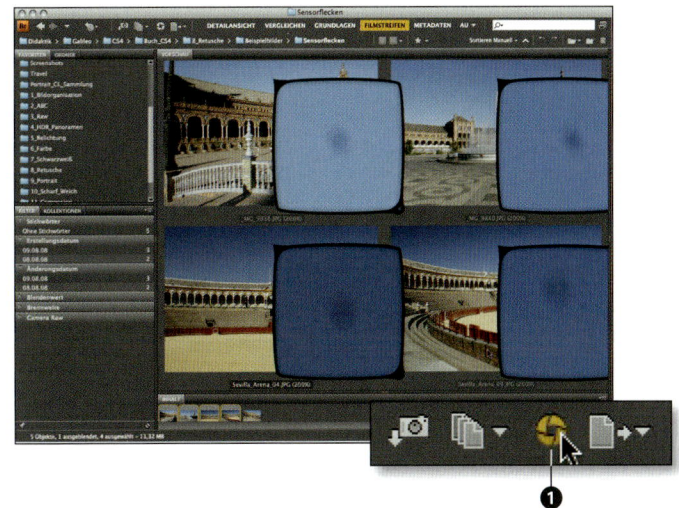

2 Arbeitsbereich zoomen

Gehen Sie jetzt im ersten Beispielbild auf die Suche nach den tückischen Sensorflecken.

Zoomen Sie sich dafür nah ans Detail heran – die Lupe 🔍 ist das automatisch aktivierte Werkzeug im Raw-Konverter. Ziehen Sie damit einen Rahmen um den zu vergrößernden Bereich, und er wird Ihnen formatfüllend im Fenster dargestellt.

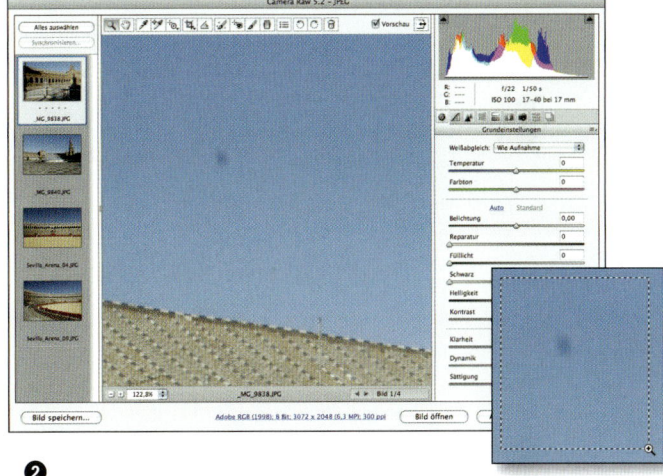

3 Reparaturwerkzeug wählen

Klicken Sie jetzt auf das RETUSCHE-WERKZEUG **❷** in der Raw-Werkzeugpalette oben im Fenster. Sofort zeigen sich auch die dazugehörigen Werkzeugoptionen. Als ART stehen Ihnen mit KOPIEREN und REPARIEREN die Funktionen der aus Photoshop bekannten Werkzeuge KOPIERSTEMPEL und REPARATUR-PINSEL zur Verfügung. Wählen Sie hier REPARIEREN.

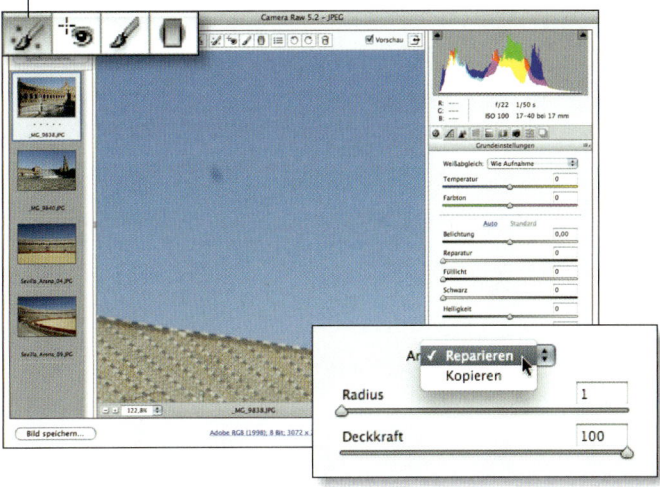

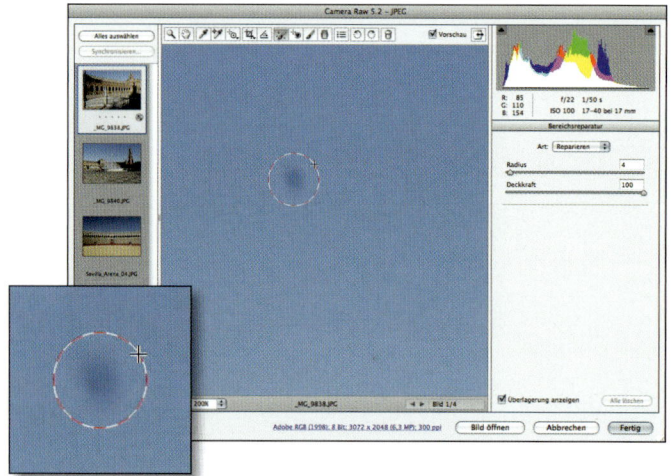

4 Durchmesser bestimmen

Außerdem haben Sie in den Optionen die Möglichkeit, den Durchmesser (RADIUS) des Werkzeuges zu bestimmen. Das ist aber gar nicht nötig, denn Sie passen ihn viel besser während des Arbeitens an.

Klicken Sie in die Mitte des ersten Flecks, und ziehen Sie mit gedrückter Maustaste einen kreisförmigen Reparaturbereich über dem Fleck auf.

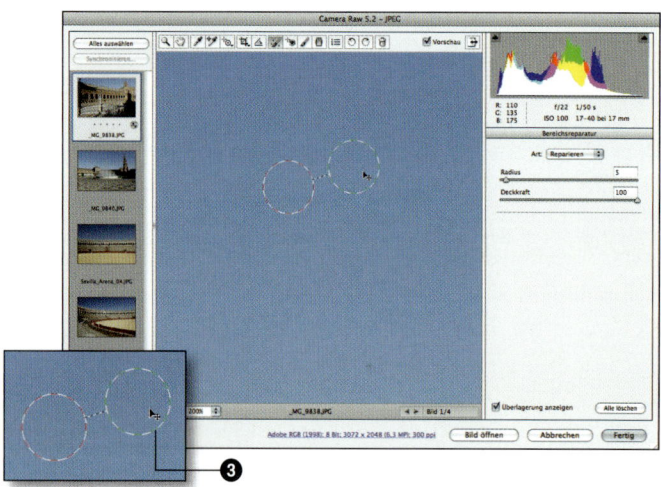

5 Retuschequelle wählen

Nachdem Sie die Maustaste losgelassen haben, wählt das Retuschewerkzeug selbsttätig einen Bildbereich ❸ aus, der als Reparaturquelle dient.

Diesen Quellbereich können Sie jederzeit auf eine andere geeignetere Stelle ändern. Klicken Sie einfach mit dem Mauszeiger in den grünen Kreis, und schieben Sie ihn mit gedrückter Maustaste in einen Bildbereich, der sich zur Reparatur eignet.

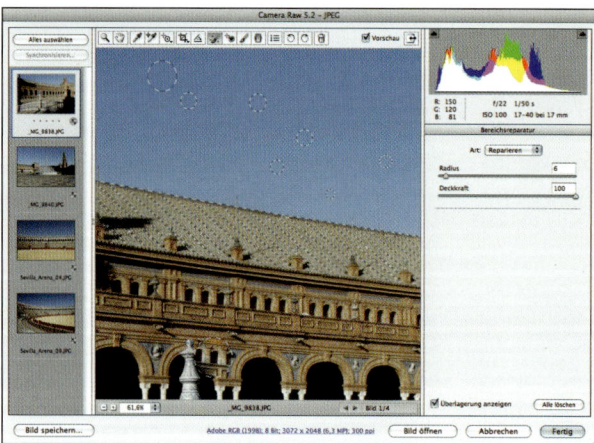

6 Schnellretusche

Genauso verfahren Sie jetzt mit den anderen Flecken: Ziehen Sie immer einen Reparatur-Durchmesser mit geeigneter Größe auf und passen dann die Reparaturquellen an.

Übrigens: Sobald Sie einen neuen Reparaturkreis aufziehen, sind bei den anderen Reparaturstellen die grünen Quell- und die roten Zielbereiche nicht mehr sichtbar. Wenn Sie aber wieder auf eine Reparaturstelle klicken, können Sie sie weiter bearbeiten.

7   Bilder synchronisieren

Die störenden Staubflecken befinden sich bei
Serien innerhalb gleicher Aufnahmezeit immer
an derselben Stelle. Deshalb können Sie die
Reparaturbereiche jetzt bequem auf die anderen Bilder der Aufnahmeserie übertragen.

Wählen Sie alle Bilder in der Bildübersicht
aus – am schnellsten geht das über `Strg`/
`⌘` + `A`. Achten Sie darauf, dass Ihr eben
repariertes Bild die Synchronisationsquelle
ist. Das erkennen Sie an der blauen Aus-
wahlumrandung ❹. Klicken Sie dann auf
SYNCHRONISIEREN.

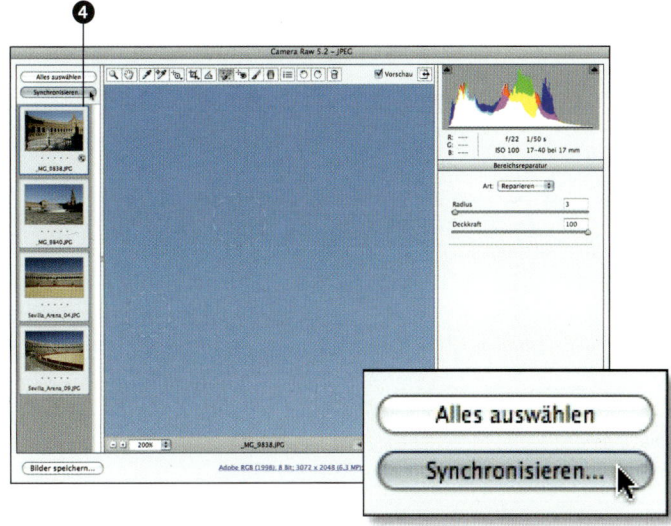

8   Nur Bereichsreparatur

Im SYNCHRONISIEREN-Menü können Sie jedes
Bearbeitungsdetail auch auf die anderen Bil-
der übertragen. Hier geht es aber nur um die
Übertragung der Retuschebereiche.

Wählen Sie daher aus dem Popup-Menü
BEREICHSREPARATUR aus, und klicken Sie dann
auf OK.

Einstellungen synchronisieren: Mehr dazu
finden Sie auf Seite 75.

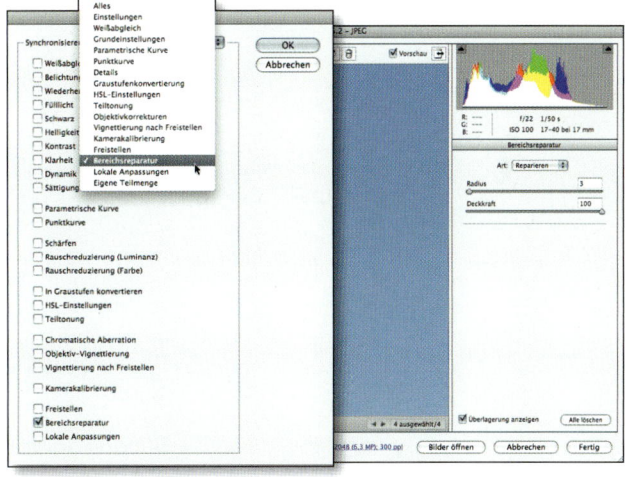

9   Andere Motive überprüfen

Wählen Sie jetzt aus der Bildübersicht ein anderes Motiv aus, dann können Sie sehen, dass
auch darauf die Reparaturbereiche gesetzt
worden sind.

Zoomen Sie sich bei jedem Bild noch an die
Reparaturbereiche heran, und überprüfen Sie
das Ergebnis. Korrigieren Sie gegebenenfalls,
indem Sie die Bereiche mit der Löschtaste
löschen oder die Quellbereiche verschieben. Ein
Klick auf FERTIG speichert diese Einstellungen
für Ihre Bilder. Mit BILD ÖFFNEN bearbeiten
Sie die Bilder gleich in Photoshop weiter.

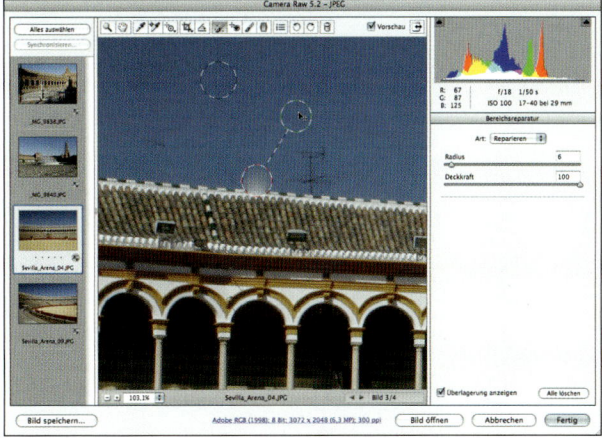

ISO-Artefakte reduzieren

Lästiges Farbrauschen ist leicht entfernt

Die ISO-Artefakte – das durch hohe Empfindlichkeitseinstellungen oder lange Belichtungszeiten bedingte Bildrauschen – werden immer weniger zum Problem, weil die Kameras immer besser werden. Dennoch gibt es noch genug Fotos, in denen wir damit zu kämpfen haben. Manchmal lässt sich eine kritische Belichtungssituation eben nicht vermeiden.

Zielsetzungen:

Farbrauschen mindern

Detailschärfe verstärken

»Körnung« beibehalten

[Rauschen.jpg]

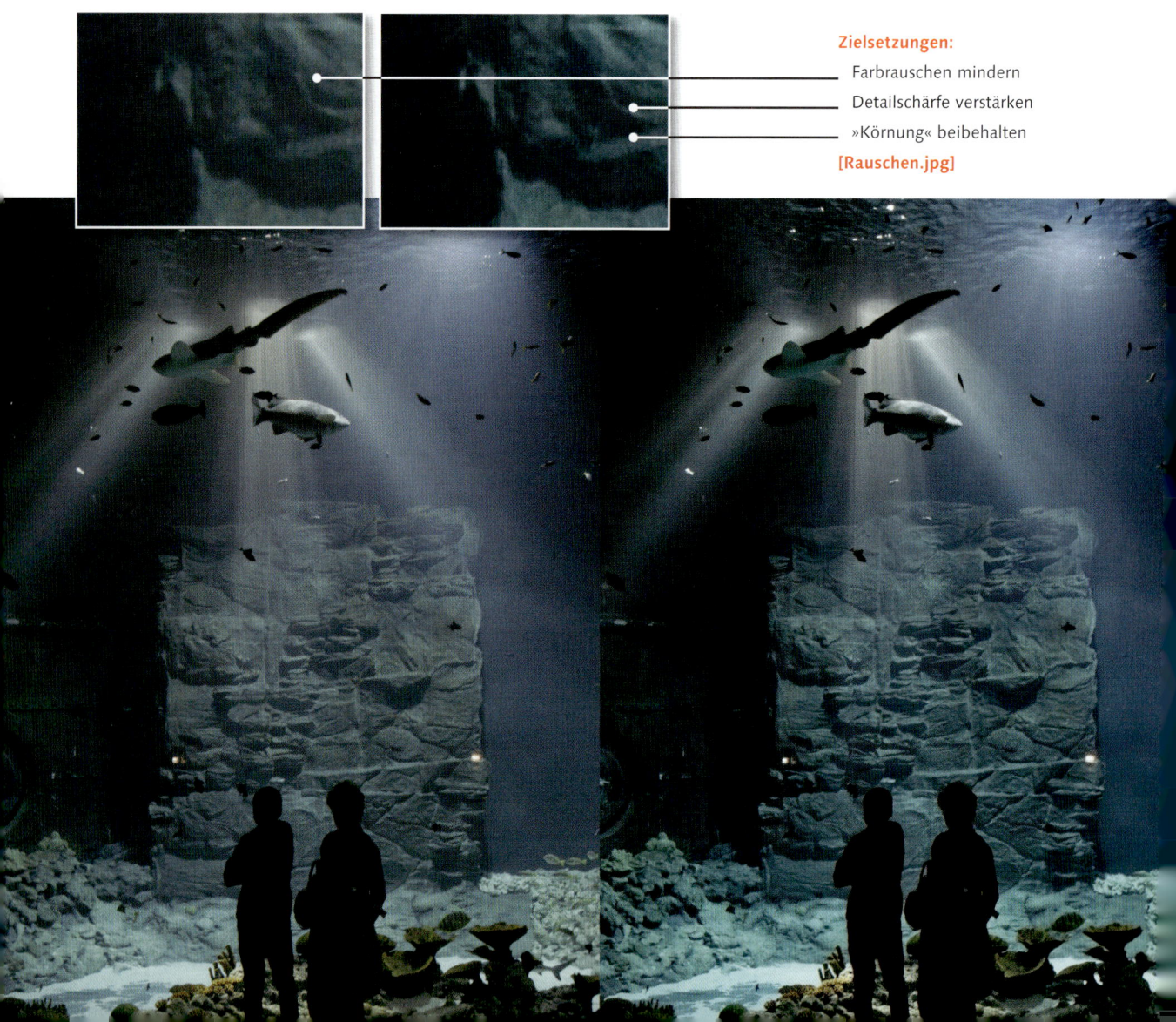

1 Rauschen reduzieren

Wählen Sie aus dem FILTER-Menü die RAUSCH-FILTER, dort aber nicht den Filter RAUSCHEN ENTFERNEN – der zeichnet das Bild einfach nur weich, ohne dass Sie es beeinflussen können. Der fortgeschrittene Filter nennt sich RAUSCHEN REDUZIEREN.

Tipp: Wollen Sie mit verschiedenen Einstellungen experimentieren, konvertieren Sie erst Ihre Ebene für den Einsatz als Smartfilter. Mehr dazu im Grundlagenexkurs »Smart-Objekte« auf Seite 408.

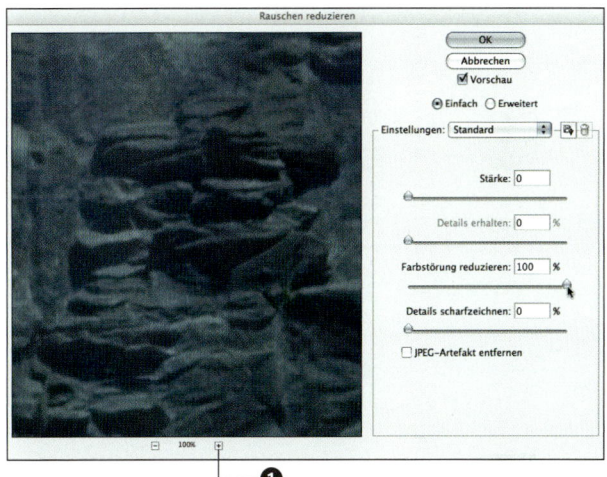

2 Farbstörung reduzieren

Ziel dieser Bildbearbeitung ist nur, das Farbrauschen zu reduzieren. Eine leichte »Körnung« im Bild ist bei dieser Art von Bildern immer noch reizvoll.

Setzen Sie die STÄRKE-Einstellung auf 0 – sie würde auch die Luminanz und damit die Schärfe beeinflussen. Dann ziehen Sie den Regler FARBSTÖRUNG REDUZIEREN bis zum Anschlag hoch. Die Wirkung können Sie sofort im Vorschaubild sehen. Zur besseren Beurteilung können Sie die Vorschau über das +-Zeichen ❶ größer als 100 % einstellen.

3 Details scharfzeichnen

Die Kontraste können Sie mit DETAILS SCHARF-ZEICHNEN noch optimieren. Mit einem Wert knapp unter 50 % erzeugen Sie eine deutliche Kontrastverstärkung, und haben trotzdem keine Verstärkung des Farbrauschens.

Rauschen in RAW-Dateien: Dies können Sie auf die gleiche Art und Weise schon im Raw-Konverter entfernen. Im Arbeitsfenster DETAILS finden sich die entsprechenden Regler.

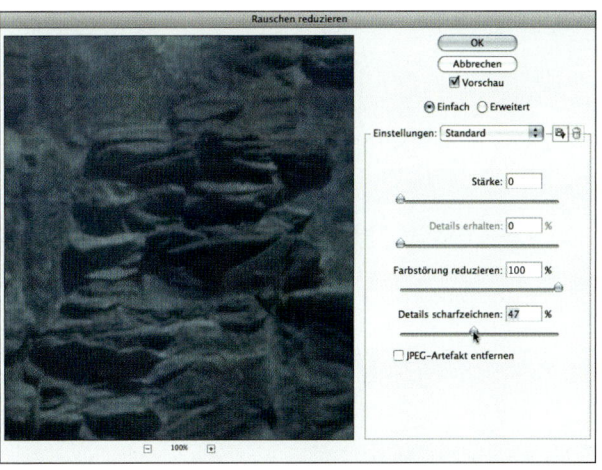

Schnelle Retusche

Befreien Sie Ihre Bilder von Makeln und unruhigen Stellen

*Ob Staub, Kratzer, Unebenheiten oder sonstige kleinste Details –
sie haben alle eines gemeinsam: Sie sind klein und stören die
Bildruhe. Denn sie ziehen den Blick des Betrachters magnetisch
an. Sie zu beseitigen ist nicht schwer. Aber wählen Sie gleich den
schnellsten – und elegantesten – Weg über den »Bereichsreparatur-Pinsel«.*

Zielsetzung:

Details retuschieren

Bildflächen beruhigen

[Schnellretusche.jpeg]

1 Bereichsreparatur-Pinsel-Werkzeug

Wählen Sie das BEREICHSREPARATUR-PINSEL-
WERKZEUG  aus der Gruppe der Retuschewerkzeuge in der Werkzeugpalette.

Alle Retuschewerkzeuge: werden im Grundlagenexkurs auf Seite 334 genauer vorgestellt.

2 Werkzeuggröße anpassen

Wählen Sie dafür zunächst die Werkzeuggröße – klicken Sie dazu einfach mit der rechten
Maustaste auf das Bild, und die Optionen für
die Werkzeugspitze öffnen sich. Wählen Sie
eine Werkzeugspitze, die etwas größer ist als
die störenden Flecken im Bild, und reduzieren
Sie die HÄRTE auf ca. 80 %. Sie können auch
mit gedrückter Ctrl + ⌥ -Taste (Mac) bzw.
Alt + rechte Maustaste (Win) die Pinselspitze größer ziehen. Unter Windows können Sie
dafür auch die Tasten Ö und # benutzen.

3 Schnelle Retusche

Stück für Stück markieren Sie so einfach die
Makel, die retuschiert werden sollen. Sobald
Sie den Mauszeiger loslassen, verschwindet
die schwarze Markierung und Photoshop errechnet aus der Umgebung neue Bildpixel, die
sich in Tonwert und Farbe einfügen.

Für unkonkrete Strukturen ist dies ein idea-
les Werkzeug, und mit einem Dutzend Klicks
haben Sie hier den Hintergrund beruhigt.

Flächen ausbessern

Große Flächen übergangslos retuschieren

Flächenretusche kann tückisch sein, denn die punktuelle Korrektur mit »Kopierstempel«, »Reparatur-Pinsel« oder »Bereichsreparatur-Pinsel« führt bei großen Reparaturstellen schnell zu Flecken oder dubios weichgezeichneten Bereichen. Das »Ausbessern-Werkzeug« ist für diese Aufgabe das passendste, denn es überträgt die Struktur einer Fläche und passt die Korrektur trotzdem in die Umgebung ein.

Zielsetzungen:
Flächenreparatur
Beibehaltung der Struktur
Übergangslose Reparatur
[Flaechen.jpg]

1 Retusche-Ebene erzeugen

Für diese Art von Flächenreparatur sollten Sie die Hintergrundebene kopieren, da das AUS-BESSERN-WERKZEUG nicht ebenenübergreifend arbeitet und Sie sich das Original immer erhalten sollten. Duplizieren Sie die Hintergrundebene, indem Sie sie auf das Seitensymbol ⬜ unten in der EBENEN-Palette ziehen.

Jetzt wählen Sie das AUSBESSERN-WERKZEUG ⬙ aus der Werkzeugpalette.

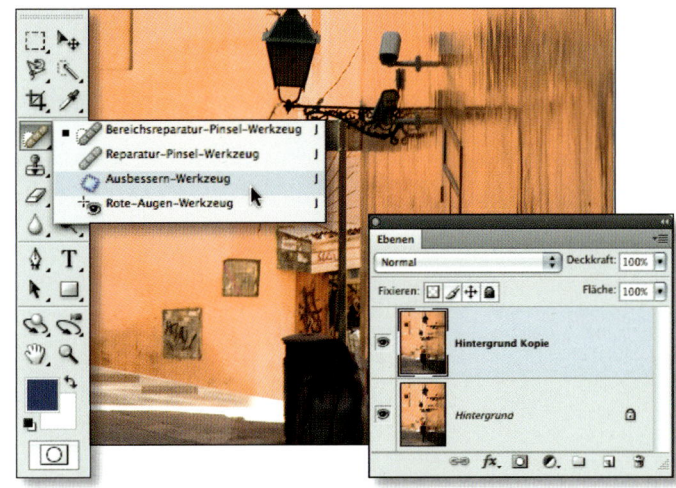

2 Quelle auswählen

Mit diesem Werkzeug arbeiten Sie genauso wie mit einem Auswahl-Lasso: Umrahmen Sie einfach den Bereich, der repariert werden soll. Aktivieren Sie dann in den Werkzeugoptionen für AUSBESSERN die Einstellung QUELLE. Dadurch haben Sie Ihre Auswahl als Reparaturbereich definiert.

Tipp: Legen Sie den Auswahlrahmen nicht zu nah an konkrete Bereiche an, da die Korrektur ein wenig über den Auswahlbereich hinausgeht.

3 Fläche ausbessern

Die Auswahl wollen Sie jetzt mit »heilen« Pixeln reparieren. Verschieben Sie dazu die Auswahl mit gedrückter Maustaste auf einen »heilen« Bereich. Sie können dabei schon sehen, wie sich der neue Bereich in die erste Auswahl verschiebt. Sobald Sie die Maustaste loslassen, reagiert das Werkzeug genauso wie der REPARATUR-PINSEL: Die neuen Pixel gleichen sich in Tonwert und Farbigkeit der Umgebung an. Sie können auch mehrfach auf verschiedene Bereiche ziehen, um das Ergebnis zu verbessern.

Den Horizont erweitern

Eine neue Skalierungsoption erleichtert das »Anflicken«

Einen Horizont erweitern, das Format um 2 Zentimeter vergrößern oder eine minimale Skalierung des Hintergrundes – noch im letzten Buch habe ich diese Aufgabenstellung auf 5 Seiten und in 15 Schritten erläutert (besser: erläutern müssen). Durch eine neue und erstaunliche Skalierungsoption in Photoshop CS4 können wir dies nun in drei Schritten hinter uns bringen.

Zielsetzungen:
Erweiterung der Arbeitsfläche
Vergrößerung des Hintergrunds
Bewahrung der Vordergrundelemente

[Hintergrund.jpg]

Foto: David Lapleau, Fotolia.com

1 Arbeitsfläche gewinnen

Mit einem Doppelklick auf Ihre Bildebene ❷ befreien Sie sie aus der Hintergrundebene – so können Sie die Bildpixel flexibler skalieren. Vergößern Sie dann die Arbeitsfläche und damit das Bildformat.

Wählen die ARBEITSFLÄCHE aus dem Menü BILD. Vergrößern Sie im folgenden Menü die HÖHE um 2 cm auf 14,8 cm. Durch einen Klick auf eines der unteren »Planquadrate« ❶, verankern Sie das Bild unten, und die Arbeitsfläche wird nach oben erweitert.

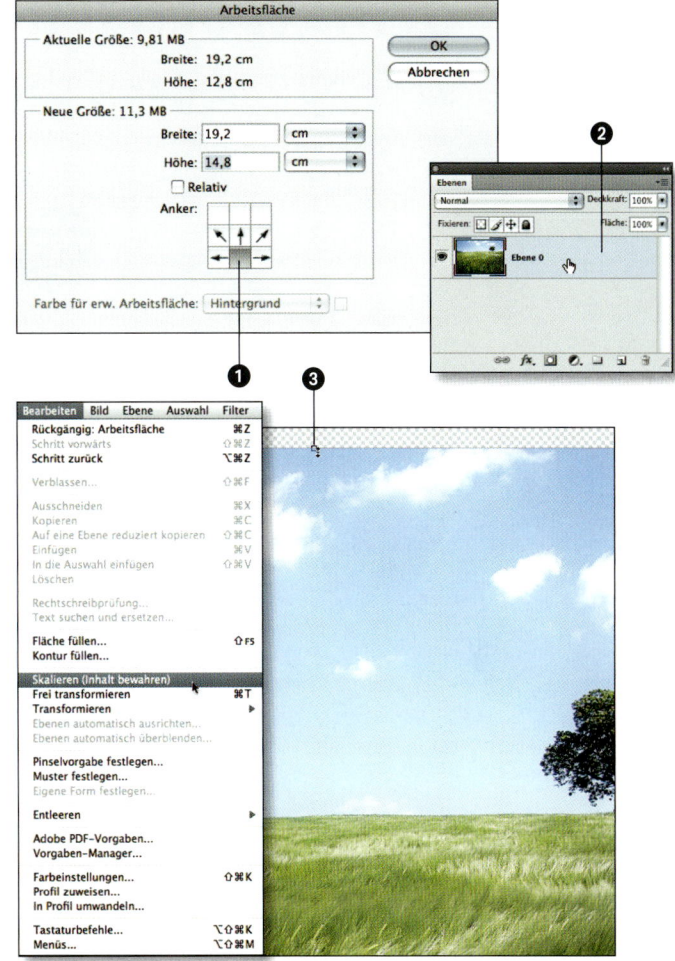

2 Intelligent skalieren

Unter dem BEARBEITEN-Menü finden Sie den neuen Befehl SKALIEREN (INHALT BEWAHREN). Die Bildpixel erhalten einen Transformationsrahmen, an dessen Anfassern Sie das Bild skalieren können. Ziehen Sie am mittleren, oberen Anfasser ❸ das Bild in die Höhe.

Sie werden beobachten, dass nur der homogene Himmelsbereich skaliert wird! Alle strukturierten Bereiche werden als schützenswerter Inhalt erkannt und von der Skalierung erst einmal ausgeschlossen.

3 Ergebnis vergleichen

Bevor Sie mit einem Druck auf ⏎ die Transformation bestätigen, schauen Sie sich noch einmal die »normale« Skalierung an: Wenn Sie die STÄRKE auf 0 % setzen ❹, wird die Option INHALT BEWAHREN zurückgesetzt und das Bild inklusive der Vordergrund-Details unproportional skaliert. Setzen Sie den Regler wieder auf 100 %, und bestätigen Sie mit ⏎ oder mit einem Klick auf ❺.

Auf den nächsten Seiten: Lesen Sie mehr zu dieser Funktion mit erweiterten Einstellungen.

Formatretusche

Skalieren Sie Ihr Bild ohne Retuscheaufwand in ein neues Format

Foto: Getty Images

Wenn Ihr BIld in einem komplett anderen Format aufgenommen wurde als es ausgegeben werden soll, heißt das im Normalfall, dass sie Ihr Bild extrem beschneiden oder es mit enormen Retuscheaufwand aus einzelnen Teilen wieder neu zusammenkomponieren müssen. Die im vorigen Workshop vorgestellte neue Skalierungsfunktion ermöglicht Ihnen schützenswerte Bereiche zu definieren, die bei einer Skalierung Ihre Proportionen behalten. Mit ein bisschen Auswahlvorbereitung sprengen Sie so die Formatgrenzen in die eine oder andere Richtung.

Zielsetzungen:
Vordergrundmotiv schützen
Hintergrund fließend skalieren
Formatproportionen ändern
[Proportionen.jpg]

1 Ebene lösen

Lösen Sie Ihre Bildebene vom Hintergrund, um das skalierte Bild später eleganter freistellen zu können.

Dazu machen Sie einfach nur einen Doppelklick auf den Ebennamen und bestätigen das folgende Arbeitsfenster mit OK. Wenn Sie mögen, können Sie der Ebene in diesem Schritt noch einen Namen geben.

2 Vordergrund auswählen

Wählen sie das SCHNELLAUSWAHLWERKZEUG aus der Werkzeugleiste. Auch wenn der Name nicht sehr vertrauenerweckend ist, leistet es doch für die Vorauswahl gute Dienste.

Wählen Sie aus der Optionsleiste eine passende Werkzeuggröße ❶, um die Person am rechten Bildrand auszuwählen. Ziehen Sie das Werkzeug über den Motivteil. Stück für Stück vergrößert sich die Auswahl, hält aber vor dem farb- und tonwertfremden Hintergrund an. Gut genug für eine erste Auswahl.

3 Kante verbessern

Für die Trennung der rechten Person vom Hintergrund ist eine weichere Auswahlkante vonnöten. Klicken Sie in der Optionsleiste auf KANTE VERBESSERN ❷. Im folgenden Arbeitsfenster legen Sie erstmal einen Vorschaumodus fest. Mit einem schwarzen Hintergrund ❸ können Sie die Auswahlkante gut beurteilen.

Mit einer weichen Auswahlkante von ca. 18 Pixeln und einer Auswahlerweiterung um 6 % ist die Auswahl dem Bild angepasst. Klicken Sie dann auf OK.

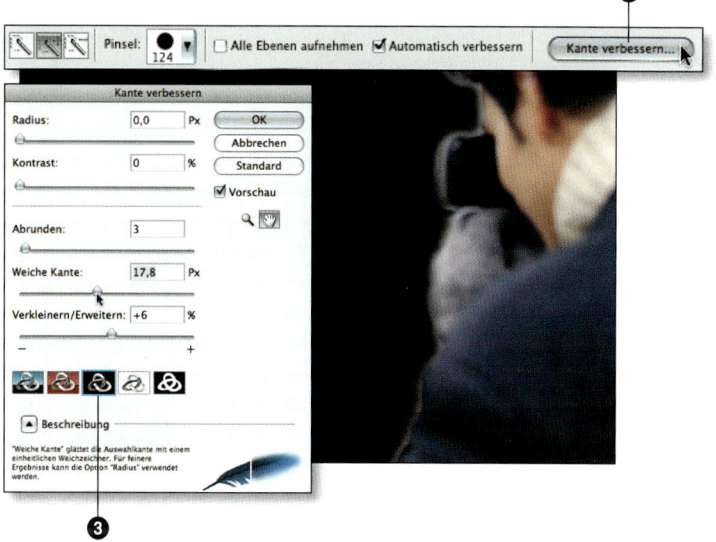

4 Auswahlen addieren

Das SCHNELLAUSWAHLWERKZEUG steht automatisch auf dem Modus ADDIEREN. Das erkennen Sie auch an dem kleinen Plus-Symbol im Werkzeug ❹.

Verkleinern Sie die Werkzeugspitze etwas, um jetzt die linke Person zusätzlich auszuwählen. Das Gute dabei: Sie können so Auswahlen mit unterschiedlich weichen Auswahlkanten addieren.

5 Auswahl subtrahieren

Oft schießt diese Auswahlautomatik mal über das Ziel hinaus. Das ist aber kein Problem: Mit gedrückter ⌥/Alt-Taste ändert das Werkzeug den Modus auf SUBTRAHIEREN – erkennbar auch am kleinen Minus in der Werkzeugspitze. Verkleinern Sie die Werkzeugspitze jetzt so stark, dass Sie Stück für Stück die unerwünschten Bereiche wieder von der Auswahl abziehen können. Mit ein paar Schritten haben Sie beide Personen im Vordergrund ausgewählt.

6 Auswahl speichern

Diese Auswahl werden Sie jetzt speichern, um später bei der Skalierung auf sie zurückgreifen zu können.

Wählen Sie unter AUSWAHL ▷ AUSWAHL SPEICHERN, geben Sie einen sinnvollen Namen ein, und speichern Sie die Auswahl als NEUER KANAL. Diese Auswahl ist jetzt in der KANÄLE-Palette gespeichert und sichtbar. Für uns muss sie aber nur im Verborgenen wirken.

Die aktive Auswahl können Sie jetzt mit Strg/⌘ + D abwählen.

7 Inhaltsbasierend skalieren

Mit SKALIEREN (INHALT BEWAHREN) wählen Sie aus dem BEARBEITEN-Menü den Befehl, der bei der Skalierung homogene (Hintergrund-) Bereiche von strukturierten (Vordergrund-) Bereichen unterscheidet und automatisch nur die homogenen Bildstellen in die Skalierung einrechnet.

Zusätzlich haben Sie die Möglichkeit, eigene Auswahlen zum geschützten Vordergrund hinzuzufügen. So schützen Sie auch homogene Vordergrundbereiche, wie z. B. die Schulter des Mannes.

8 Auswahl vor Skalierung bewahren

Dafür klicken Sie in der Optionsleiste auf das Popup-Menü BEWAHREN ❺ und wählen Ihre vorher gespeicherte Auswahl aus.

Fassen Sie dann am rechten Anfasser des erschienenen Transformationsrahmens an und ziehen Sie ihn nach links – so lange wie es der sich verkleinernde Motivmittelpunkt zulässt.

Um die Personen im Vordergrund müssen Sie sich nicht kümmern, die sind durch Ihre Auswahl geschützt. Bestätigen Sie Ihre Skalierung mit ⏎ .

9 Auf Format freistellen

Ihr Bildformat ist jetzt größer als das eigentliche Bild. Der schnellste Weg, dies zu ändern ist der folgende: Klicken Sie mit gedrückter Strg / ⌘ -Taste auf die Ebenenminiatur ❻, um so alle Bildpixel auszuwählen. Die transparenten Hintergrundbereiche werden nicht ausgewählt.

Wählen Sie dann aus dem Menü BILD ▷ FREISTELLEN. Das neue Bildformat umfasst dann nur noch die wirklichen Bildpixel.

Strukturen retuschieren

Werkzeuge und Ebenentechniken kombinieren

Die Retusche von struktu-
rierten Flächen sieht auf
den ersten Blick einfach
aus, bringt einen aber ganz
schnell an die Grenzen der
Standardretusche. Denn
»Zauberwerkzeuge« wie der
»Reparatur-Pinsel« oder sogar
der »Bereichsreparatur-Pinsel«
erzeugen zu viele unkonkrete,
weichgezeichnete Bereiche,
die auf einem strukturierten
Original sofort auffallen. Hier
muss man andere Werkzeuge
und teilweise alle Optionen
ausnutzen, die Werkzeug-
und Ebenenoptionen zur
Verfügung stellen.

Zielsetzungen:
Objekte verschwinden lassen
Strukturen übertragen
Farbübergänge herstellen
[Werkzeugretusche.jpg]

Foto: Maike Jarsetz

1 Retusche-Ebene anlegen

Um die störenden Boote mit einer passenden Wellenstruktur zu überlagern, bietet sich der klassische KOPIERSTEMPEL  an.

Legen Sie sich eine neue, leere Ebene als Retusche-Ebene an, und wählen Sie für die Option AUFNEHMEN in der Optionsleiste AKT. UND DARUNTER ❶. Damit überlagern Sie das Original nur, können grob mit der Retusche anfangen und diese später verfeinern.

2 Werkzeuggröße

Profitieren Sie von der neuen Grafikunterstützung von Photoshop CS4, und bestimmen Sie die Werkzeuggröße des Kopierstempels durch Ziehen mit gedrückter `Ctrl` + `⌥`-Taste bzw. `⌥`/`Alt` +rechte Maustaste.

Wählen Sie eine Pinselgröße, die Sie die Boote in wenigen Schritten retuschieren lässt.

3 Kantenschärfe

Jetzt müssen Sie noch mit der Kantenschärfe die Weichheit der Retusche bestimmen. Wählen Sie die Kante nicht zu weich, denn sonst produzieren Sie zu viele halbtransparente Bildbereiche.

Auch die Kantenschärfe können Sie durch Ziehen – diesmal mit `Ctrl` + `⌥` + `⇧`-Taste (Mac) bzw. `Alt` + `⇧` +rechte Maustaste (Win) – anpassen. Aber natürlich funktioniert auch immer noch die Anpassung mit rechter Maustaste (Win) bzw. gedrückter `Ctrl`-Taste (Mac).

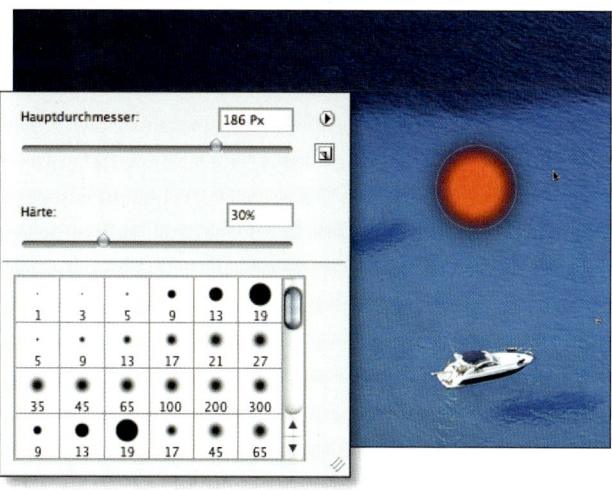

4 Stempel mit Vorschau

Nehmen Sie mit gedrückter ⌥/Alt-Taste einen Bildbereich auf, der geeignet ist, um das Retuscheziel zu überlagern, und übermalen Sie diesen einfach.

Neu und längst überfällig ist die Vorschau in der Werkzeugspitze ❷, die Ihnen hilft, den Kopierstempel genau einzupassen.

Achten Sie dabei darauf, immer wieder neue Quellen mit der ⌥/Alt-Taste aufzunehmen, damit Sie keine kompletten Bildstellen duplizieren.

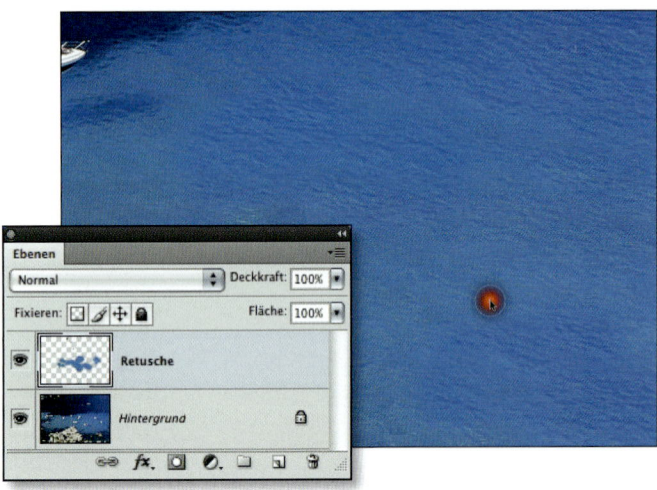

5 Übergänge retuschieren

Auf Ihrer Retusche-Ebene können Sie gleich die Übergänge verfeinern, dazu genügt ein einfacher Einsatz des RADIERGUMMI-WERK-ZEUGS ⌫. Stellen Sie diesmal eine weichere Pinselspitze, aber ein kleinen Werkzeugdurchmesser ein, um harte Bildübergänge fließend zu machen. Und malen sie dann unelegante Retuscheübergänge einfach weg.

Jetzt passen manchmal noch Farbton oder Helligkeit von Kopierquelle und -ziel nicht zusammen. Hier beginnt das Feintuning.

6 Farbenebene einfügen

Legen Sie sich eine weitere neue Ebene an und stellen Sie diese auf den Modus FARBE ❸. Alternativ können Sie auch das gleich zu benutzende Werkzeug – den Pinsel – in den Werkzeugoptionen auf FARBE stellen.

Auf dieser Ebene werden Sie gleich die Wasserfarben der Umgebung auf die kopierten Bereiche übertragen.

Wählen Sie also das PINSEL-WERKZEUG ✏ aus der Werkzeugpalette.

7 Mit Wasserfarbe malen

Nehmen Sie jetzt mit gedrückter ⌥/Alt-Taste (die Pipette erscheint) eine Farbe aus der originalen Umgebung auf, und malen Sie mit weicher Werkzeugspitze einen Farbschimmer über den kopierten Bereich.

Die Deckkraft der Farbe können Sie entweder in den Werkzeugoptionen oder in der EBENEN-Palette ➍ variieren.

8 Luminanzkopie

Erscheint der kopierte Bereich insgesamt zu hell oder zu dunkel, können Sie dort jetzt noch einmal mit dem KOPIERSTEMPEL-WERKZEUG retuschieren.

Diesmal stellen Sie den MODUS auf LUMINANZ und kopieren so nur die Hell-dunkel-Informationen – sprich die Struktur – aus einem passenden Bildbereich.

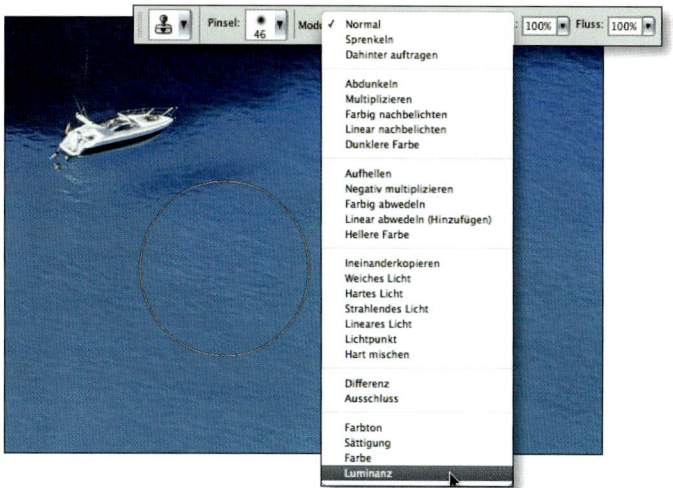

9 Ausbessern

Den letzten Schliff leistet das AUSBESSERN-WERKZEUG [⊙], das leider nicht auf einer separaten Ebene arbeitet. Klicken Sie mit gedrückter ⇧-Taste auf alle drei Ebenen, duplizieren Sie sie, indem Sie sie auf das Seitensymbol [⊒] ziehen, und wählen Sie aus dem Optionsmenü AUF EINE EBENE REDUZIEREN.

Rahmen Sie einen inhomogenen Bereich ein, und ziehen Sie die Auswahl auf eine bessere Quelle. Diese wird fließend eingefügt.

»Flächen ausbessern«: Siehe Seite 312.

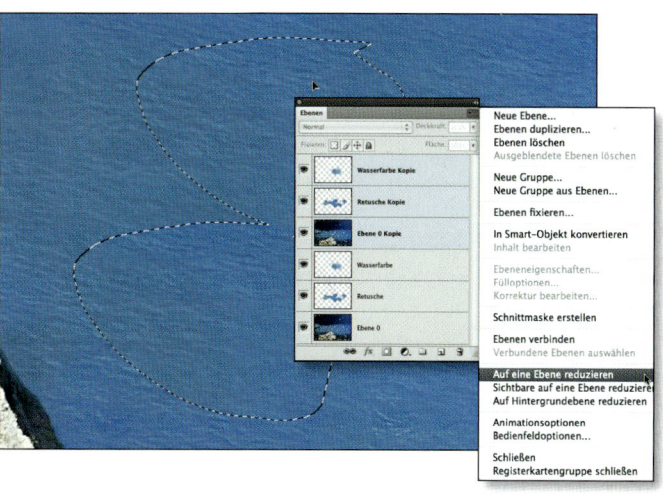

Kopierquellen skalieren

Wechseln Sie die Einpassgröße während der Retusche

Ab Photoshop CS4 haben die wichtigsten Retusche-werkzeuge eine Vorschau des kopierten Bereiches in der Werkzeugspitze integriert. Das allein ist für die pass-genaue Retusche schon sehr hilfreich. Zusammen mit der Kopierquelle-Palette können Sie während der Retusche auch fließend die Größe und den Winkel des einzupas-senden Bereiches variieren.

Zielsetzungen:
Exakte Kopie von Bildteilen
Retusche mit Skalierung
Retusche mit Rotation
[Kopierquelle.jpg]

1 Die Kopierquelle-Palette

Aktivieren Sie das KOPIERSTEMPEL-WERKZEUG
, und blenden Sie sich über den Knopf
❶ in der Optionsleiste die KOPIERQUELLE-
Palette ein. Werfen Sie einen Blick auf die
fünf Knöpfe ❷, mit denen Sie verschiedene
Kopierquellen auswählen können. Bisher ist
hier noch kein Inhalt gespeichert, aber das
ändern wir gleich.

2 Retusche-Ebene

Bevor Sie mit der Retusche anfangen, sollten
Sie sich über einen Klick auf das Seitensymbol 🔲 in der EBENEN-Palette eine neue
leere Ebene anlegen. Bestimmen Sie in den
Werkzeugoptionen (rechte Maustaste unter
Windows oder mit gedrückter `Ctrl`-Taste
auf dem Mac) die passende Größe für den
Stempel, um eine einzelne Blume zu kopieren
– hier sind es ca. 125 Pixel. Die HÄRTE sollte
nicht ganz bei 0 % liegen, weil sonst zu viel
von der Umgebung kopiert wird.

3 Erste Kopierquelle bestimmen

Wählen Sie jetzt eine Blume aus, die Sie in
leere Stellen kopieren wollen.

Klicken Sie mit gedrückter 🔑/`Alt`-Taste
in die Blume. In der KOPIERQUELLE-Palette
erkennen Sie, dass eine erste Kopierquelle
gespeichert worden ist ❸.

4 Überlagerung anzeigen

Standardmäßig ist für den Stempel die Option ÜBERLAGERUNG ANZEIGEN aktiv. Die Option BESCHRÄNKT sorgt dafür, dass die Überlagerung nur in der Werkzeugspitze sichtbar ist. Wenn Sie jetzt den Mauszeiger über das Bild bewegen, bewegt sich der kopierte Bereich darin mit, und Sie können ihn gut über dem Ziel positionieren.

5 Kopierbereich skalieren

Sie haben jetzt die Möglichkeit, die Skalierung des kopierten Bildteils zu ändern. So können Sie den selben, kopierten Bildbereich immer wieder variieren und vermeiden zu offensichtliche Kopien. Mit einem Wert von 75 % für Breite (B) und Höhe (H) verkleinert sich zunächst die überlagernde Vorschau konzentrisch zur Kopierquelle.

6 Kopierbereich rotieren

Außerdem sollten Sie den Winkel variieren. Auch das geht in der KOPIERQUELLE-Palette.

Geben Sie in der Winkelangabe für die Rotation ❹ einen Probewert ein, und ziehen Sie immer wieder den Mauszeiger auf den Retuschebereich, um zu prüfen, ob Sie richtig liegen. Falls nicht, korrigieren sie den Wert. Ich bin zum Schluss bei einem Winkel von 10 Grad gelandet.

7 Retuschen einpassen

Mit diesen zusätzlichen Faktoren ist die Kopierquelle perfekt vorbereitet.

Jetzt müssen Sie sie nur noch mit Hilfe der Überlagerungsfunktion genau einpassen und für neue Kopien die Werte für Breite, Höhe und Winkel ändern. Deaktivieren Sie die Option AUSGERICHTET ❺, um eine Quelle an verschiedene Orte zu kopieren.

8 Deckkraft variieren

Für das genaue Einpassen ist die 100%ige Überlagerung manchmal hinderlich. Sie können die Deckkraft der Überlagerung verringern, indem Sie den Prozentwert verringern. Die Deckkraft der Kopie beeinflusst das nicht.

Sollte die Überblendung Sie einmal komplett stören, können Sie sie in der Palette AUTOMATISCH AUSBLENDEN ❻.

9 Differenz nutzen

Das Einpassen in gleichfarbige Bereiche kann tückisch sein. Für diese Fälle können Sie entweder den Modus der Überlagerung im Popup-Menü ändern ❼, oder Sie aktieren die Option UMKEHREN.

Um die Ecke retuschiert

Der »Fluchtpunkt«-Filter retuschiert auch in der dritten Dimension

*Der »Fluchtpunkt«-Filter ist das Werkzeug für die perspekti-
vische Retusche schlechthin: Neben fantastischen Korrekturmöglichkeiten verfügt er auch über ein Stempelwerkzeug, das sich
automatisch an die Perspektive in einem Bild anpasst. Die
dafür notwendigen Fluchtpunktgitter können Sie bis ins
Detail selbst anlegen.*

Video-Training

Sie finden zu diesem Thema
auch eine Video-Lektion auf der
Buch-DVD (Lektion 3.2).

Zielsetzungen:

Fluchtpunktgitter aufbauen

Bildteile perspektivisch ersetzen

[3D.jpg]

1 Retusche-Ebene anlegen

Eine perspektivische Retusche sollte auf jeden Fall überprüfbar bleiben. Legen Sie sich deshalb zuerst eine neue Ebene an, auf der die retuschierten Elemente platziert werden. Klicken Sie dafür auf das Seitensymbol am unteren Rand der EBENEN-Palette. Wählen Sie dann FILTER ▷ FLUCHTPUNKT.

2 Perspektivraster aufziehen

Um in der richtigen Flucht arbeiten zu können, müssen Sie zuerst ein Raster anhand der Fluchtlinien erstellen. Dafür steht das EBENE-ERSTELLEN-WERKZEUG ❶ bereit.

Nutzen Sie die Packungskanten zur Erstellung Ihres Rasters. Setzen Sie die ersten beiden Punkte ❷ und ❸ durch Klicken mit dem Werkzeug entlang der Horizontalen. Den dritten Punkt ❹ setzen Sie an der Senkrechten unten.

3 Erstes Perspektivraster erstellen

Bewegen Sie dann den Mauszeiger wieder entlang der unteren Packungshorizontalen und klicken Sie auf den unteren linken Punkt ❺. Den Perspektivrahmen ziehen Sie dabei wie ein Gummiband auf.

Wenn ein blaues Raster ensteht, dann haben Sie durch Ihre Punkte eine realistische Perspektive umrissen. Sehen Sie nur gelbe oder rote Umrandungen, müssen Sie das Raster noch durch Ziehen an den einzelnen Eckpunkten korrigieren.

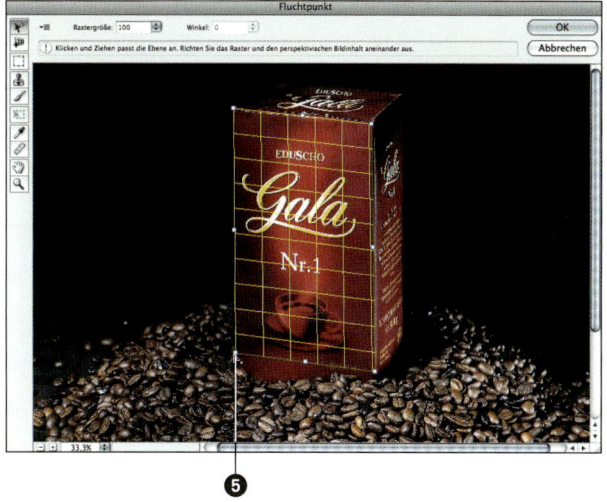

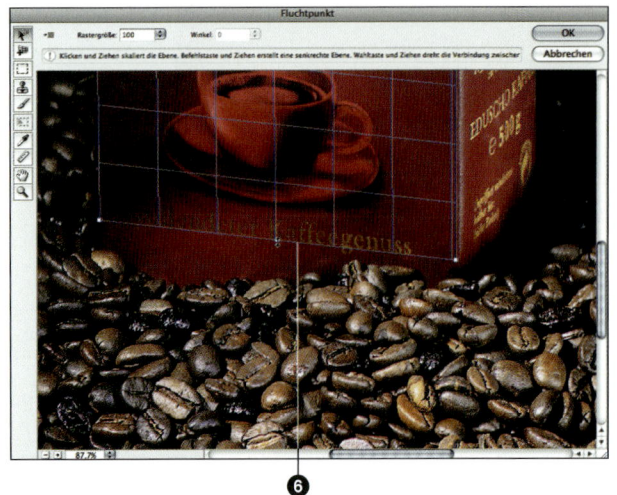

6

4 Perspektive überprüfen

Da die untere Kante nicht vollständig sichtbar ist, sollten Sie überprüfen, ob das Raster auch korrekt gesetzt ist. Zoomen Sie sich mit Strg / ⌘ + + oder dem ZOOMWERKZEUG 🔍 in den unteren Bereich der Packung.

Ziehen Sie den mittleren, unteren Anfasser nach oben auf Höhe der Schriftlinie **6**. Die Kante muss parallel dazu verlaufen. Bessern Sie dann gegebenenfalls an den Ecken nach.

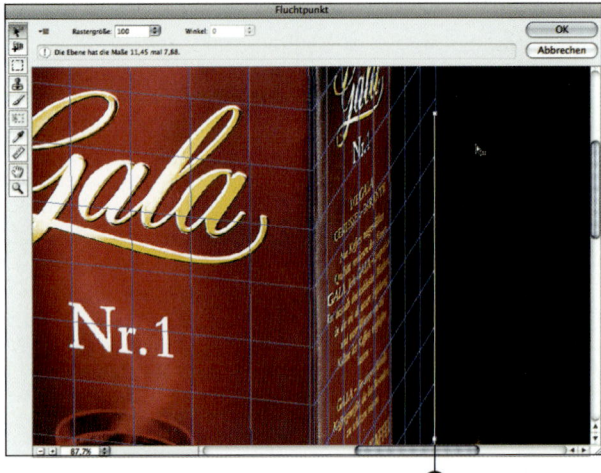

7

5 Tiefe aufbauen

Um die Perspektive der oberen Fläche in einen exakten Zusammenhang mit den anderen beiden Achsen zu bringen, ziehen Sie jetzt zunächst ein weiteres Raster für die Tiefe auf.

Anstatt dieses ganz neu anzusetzen, klicken Sie mit gedrückter Strg / ⌘-Taste in den rechten, mittleren Anfasser und ziehen ihn nach rechts **7**. Das Raster in der zweiten Dimension entsteht.

8

6 Flucht anpassen

Diese zweite Dimension ist abhängig von der ersten entstanden und zwar im rechten Winkel. Dieser passt aber nicht immer. Deshalb müssen Sie den Winkel noch etwas anpassen.

Ziehen Sie dazu mit gedrückter ⌥ / Alt-Taste wiederum den rechten, mittleren Anfasser **8** nach oben, bis sich der Winkel an die Packung angepasst hat.

7 Größe anpassen

Durch die perspektivische Winkelkorrektur stimmt aber nun die Ausdehnung nach hinten nicht mehr.

Korrigieren Sie diese nochmals mit dem rechten, mittleren Anfasser – diesmal aber ohne Zusatztaste.

8 Seien Sie penibel!

Das A und O in dieser Funktion ist der genaue Aufbau eines perspektivisch korrekten Rasters, in dem Sie nachher arbeiten werden.

Zoomen Sie sich mit Strg/⌘ + + an die obere Packungsfläche heran und überprüfen Sie, ob die bisherigen Raster auch genau dem Motiv entsprechen. Korrigieren Sie sie gegebenenfalls mit den Anfassern.

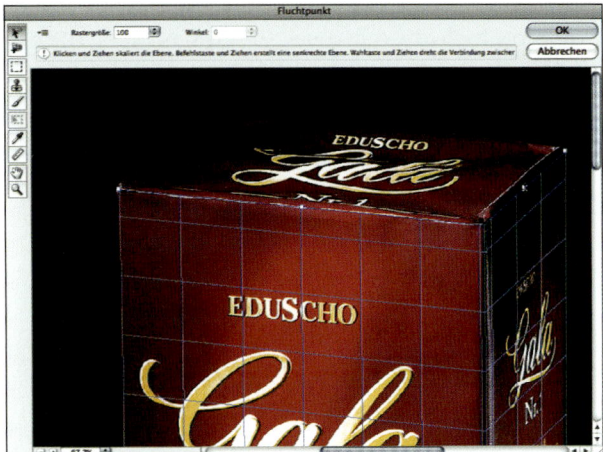

9 Die dritte Dimension

Jetzt geht es um die eigentliche Retuschefläche: Ziehen Sie wiederum mit gedrückter Strg/⌘-Taste aus dem oberen, mittleren Anfasser des vorderen Rasters ein weiteres Fluchtpunktgitter für die obere Fläche hinaus.

Auch dieses folgt zunächst starr dem vorgegebenen rechten Winkel, aber das können Sie gleich ändern.

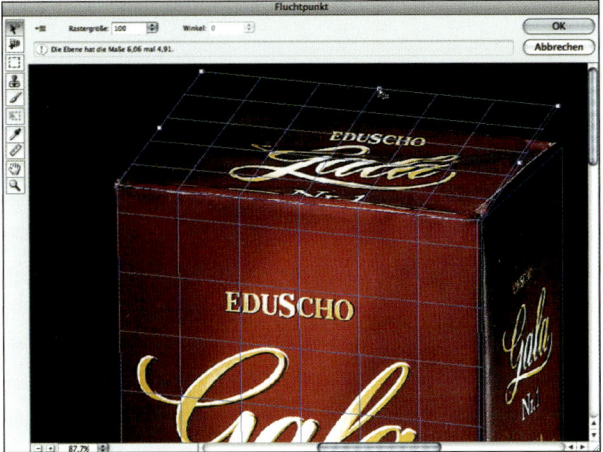

10 Winkel anpassen

Wissen Sie noch, wie's geht? Mit der
⌘/Alt-Taste ziehen Sie am hinteren, mitt-
leren Anfasser ❾ das Raster in den richtigen
Winkel.

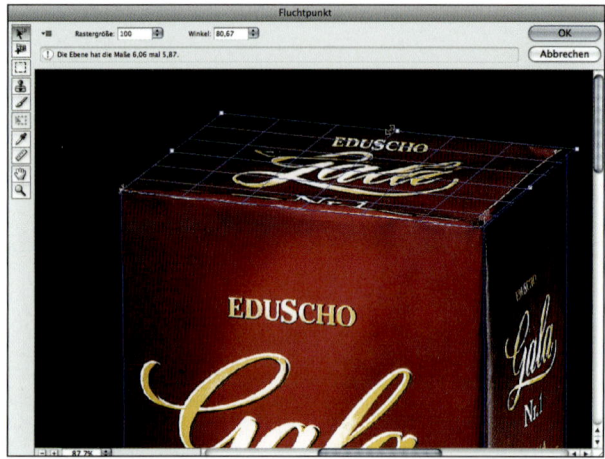

11 Größe anpassen

Als Letztes justieren Sie jetzt noch die Größe
nach – wie schon in Schritt 7 beschrieben.

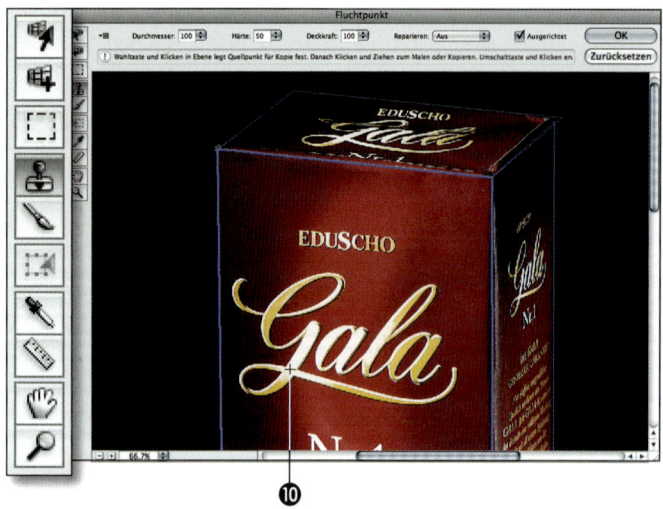

12 Retuschewerkzeug

Wählen Sie jetzt das STEMPEL-WERKZEUG 🗿
aus der Palette. Es entspricht optisch und
funktional dem, das Sie aus der normalen
Werkzeugpalette kennen.

Klicken sie also wie gewohnt mit gedrückter ⌘/Alt-Taste in den Bereich, den
Sie aus der Vorderfläche kopieren wollen.

Nehmen Sie so eine Stelle auf ❿, die Sie
in der anderen Perspektive gut positionieren
können.

13 Stempelgröße anpassen

Am Mauszeiger »hängt« jetzt die Vorschau des gestempelten Bildbereichs ⓫.

Daran können Sie jetzt noch die Werkzeugoptionen anpassen: Wählen sie einen DURCHMESSER von ca. 175 Pixel, eine HÄRTE von 50, für die Retusche eine DECKKRAFT von 100 %, und aktivieren Sie die Option AUSGERICHTET. Die REPARIEREN-Option bleibt vorerst ausgeschaltet.

14 Perspektivisches Stempeln

Ziehen Sie jetzt das Werkzeug in das obere Perspektivraster: Es passt sich automatisch an die Perspektive an!

So können Sie den Kopierbereich genau einpassen und dann mit gedrückter Maustaste das Logo in die obere Fläche kopieren – perspektivisch korrekt versteht sich.

15 Retusche abschließen

Außerhalb des Rasters wird nichts kopiert, Sie können also ruhig großzügig über die Rasterkanten hinwegmalen.

Akkurater sollten Sie an den Übergängen zu den anderen Rastern sein. Diese werden schon in die Retusche miteinbezogen.

Über den »Fluchtpunkt«-Filter: Erfahren Sie mehr im Kapitel »Perspektive« auf den Seiten 464 und 468.

Retuschewerkzeuge

Einsatzbereiche und Optionen im Überblick

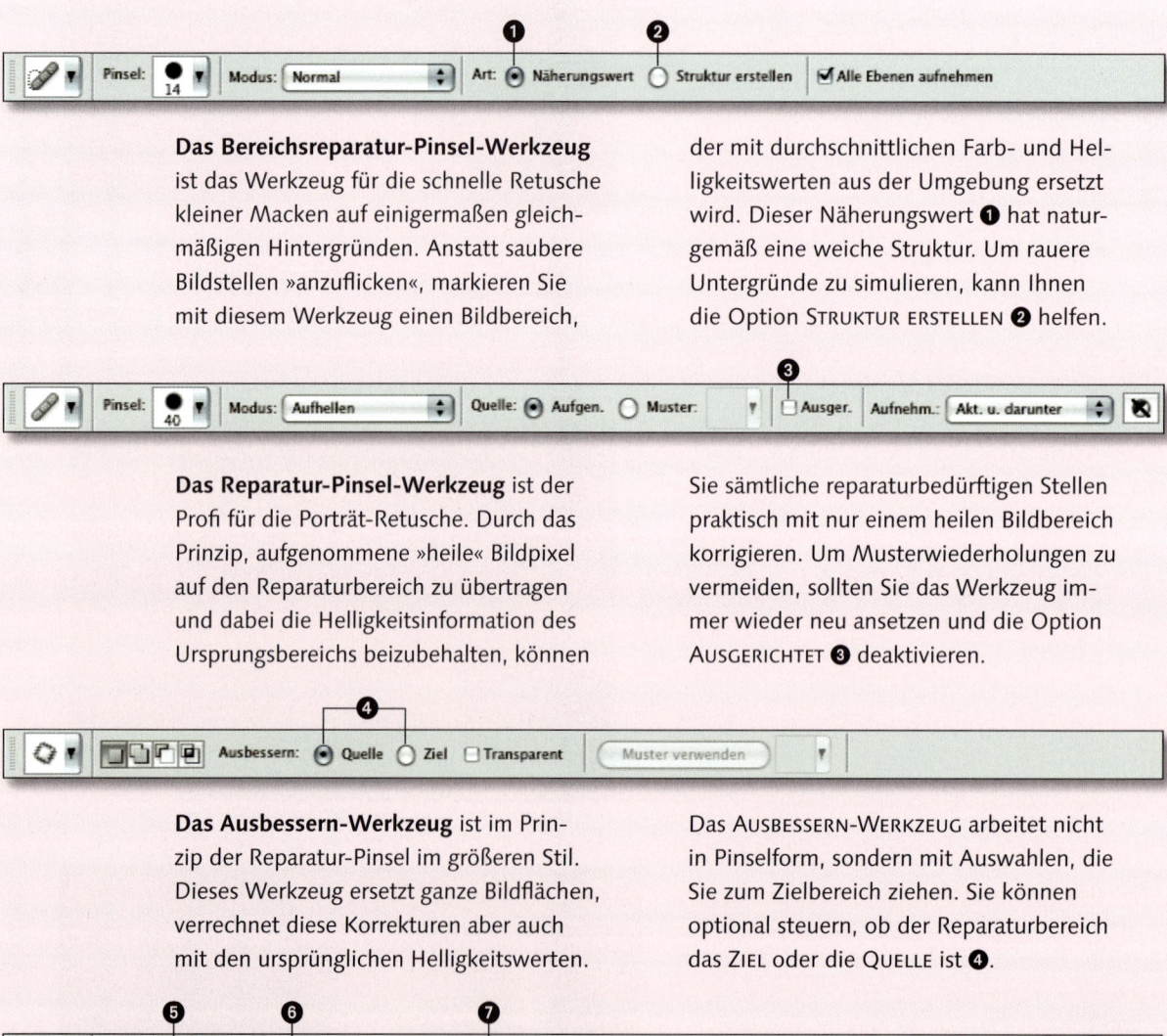

Das Bereichsreparatur-Pinsel-Werkzeug

ist das Werkzeug für die schnelle Retusche kleiner Macken auf einigermaßen gleichmäßigen Hintergründen. Anstatt saubere Bildstellen »anzuflicken«, markieren Sie mit diesem Werkzeug einen Bildbereich, der mit durchschnittlichen Farb- und Helligkeitswerten aus der Umgebung ersetzt wird. Dieser Näherungswert ❶ hat naturgemäß eine weiche Struktur. Um rauere Untergründe zu simulieren, kann Ihnen die Option STRUKTUR ERSTELLEN ❷ helfen.

Das Reparatur-Pinsel-Werkzeug ist der

Profi für die Porträt-Retusche. Durch das Prinzip, aufgenommene »heile« Bildpixel auf den Reparaturbereich zu übertragen und dabei die Helligkeitsinformation des Ursprungsbereichs beizubehalten, können Sie sämtliche reparaturbedürftigen Stellen praktisch mit nur einem heilen Bildbereich korrigieren. Um Musterwiederholungen zu vermeiden, sollten Sie das Werkzeug immer wieder neu ansetzen und die Option AUSGERICHTET ❸ deaktivieren.

Das Ausbessern-Werkzeug ist im Prin-

zip der Reparatur-Pinsel im größeren Stil. Dieses Werkzeug ersetzt ganze Bildflächen, verrechnet diese Korrekturen aber auch mit den ursprünglichen Helligkeitswerten. Das AUSBESSERN-WERKZEUG arbeitet nicht in Pinselform, sondern mit Auswahlen, die Sie zum Zielbereich ziehen. Sie können optional steuern, ob der Reparaturbereich das ZIEL oder die QUELLE ist ❹.

Das Kopierstempel-Werkzeug ist der

Klassiker unter den Retuschewerkzeugen, und es hat noch immer seine Vorteile und Berechtigung. Denn das Werkzeug ist sehr gut steuerbar: Nicht nur ausgewählte, sondern gleich alle Modusverrechnungen ❻ können durch den KOPIERSTEMPEL wirken, die Deckkraft ❼ kann variiert werden und vor allem können Sie jede verfügbare Pinselspitze ❺ zur Bearbeitung nutzen und so Problemsituationen wie Musterbildung entgegenwirken.

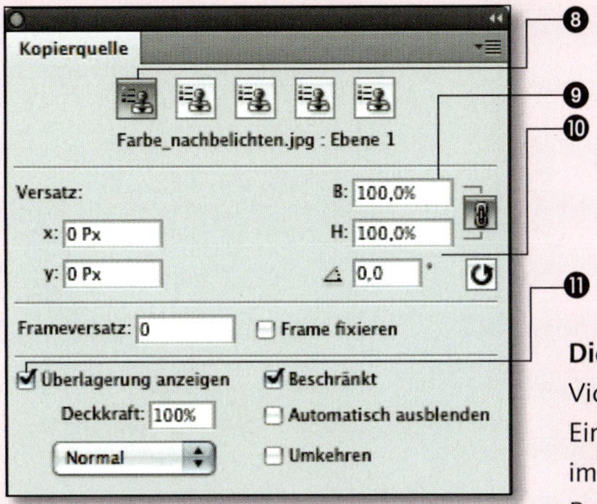

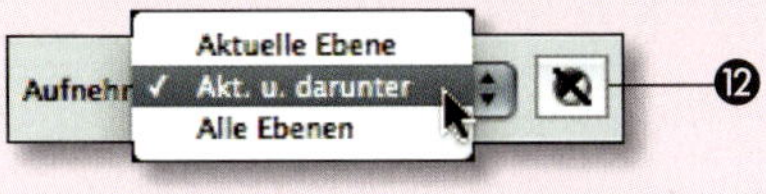

Der Einfluss auf Ebenendateien kann in den Werkzeugoptionen gesteuert werden. Das Reparatur-Pinsel-Werkzeug und das Kopierstempel-Werkzeug verfügen dabei über fünf verschiedenen Einsatzfunktionen:

Aktuelle Ebene: retuschiert nur auf der aktiven Ebene.

Akt. u. darunter: grenzt die Ebenen, die oberhalb der Retusche-Ebene liegen, aus dem Aufnahmebereich aus.

Alle Ebenen: kopiert Inhalte aus allen Ebenen und überträgt diese in die aktive Retusche-Ebene.

Einstellungsebenen ignorieren ⓬: ist eine besonders hilfreiche Option bei komplexen Ebenendateien mit vielen Einstellungsebenen. Klicken Sie auf diesen Knopf, wenn nur die Bildanteile kopiert werden sollen und die Wirkung der Einstellungsebenen nicht in die Retusche miteinbezogen werden soll.

Die Kopierquelle-Palette kommt aus der Videobearbeitung, ist aber auch für die Einzelbildbearbeitung sehr nützlich. Sie ist im Zusammenhang mit dem Reparatur-Pinsel-Werkzeug und dem Kopierstempel-Werkzeug verfügbar. Außerdem arbeitet Sie dateiübergreifend.

Kopierquellen: Bis zu 5 verschiedene Kopierquellen können Sie gleichzeitig verwalten. Aktivieren Sie eines der 5 Quellsymbole ❽ und wählen Sie dann mit gedrückter `Alt`-Taste die Quelle der Retusche.

Die Kopierquellen verschwinden, sobald die Quelldatei geschlossen wird.

Transformation: Sie können den kopierten Bereich bei der Retusche auch mit einem Skalierungsfaktor ❾ oder rotiert ❿ übertragen. Dazu müssen Sie entsprechende Werte in die Transformationsfenster eingeben.

Überlagerung ⓫: Diese Vorschau des kopierten Quellbereiches tragen die Retuschewerkzeuge seit Version CS4 automatisch in ihrem Werkzeugdurchmesser mit sich. Das hilft Ihnen beim genauen Einpassen der Kopierquelle in den Retuschebereich genauso, wie beim Austesten der Transformationsangaben. Deaktivieren Sie diese Option, wenn Sie Kopierstempel und Reparaturpinsel wie gewohnt ohne Vorschaubild nutzen wollen.

Porträtretusche

Haut und Haar, Augen, Mund und Nase. Wenn Sie mit der Porträtretusche erst einmal angefangen haben, kommen Sie vom einen zum anderen. Egal mit welchem Teil Sie sich beschäftigen – wichtig ist, zwischen der Betonung natürlicher Schönheit und schlichter Makulatur immer die Balance zu halten. Im folgenden Kapitel sehen Sie alles: von der leichten Faltenretusche bis zum Wegbügeln der geringsten Altersspur. Schwerpunkt ist aber die Betonung persönlicher Austrahlung – durch Betonung der Augen, Modellieren des Lächelns oder leichter Transformation von Formen und Konturen.

Foto: Amir Kaljikovic, Fotolia.com

Porträtretusche

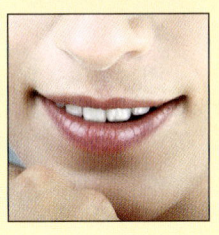

Anti-Akne-Werkzeug

Hautunreinheiten wegretuschieren

Mit Hautunreinheiten, Pickeln und Narben haben nicht nur Pubertierende zu kämpfen. Auf einem Porträt fallen solche kleinen Makel leider überproportional auf und deshalb ist es auch legitim, diese wegzuretuschieren. Der »Bereichsreparatur-Pinsel« ist dafür wie gemacht, weil er die Korrekturstellen sanft in die umgebenden Bildbereiche einfügt. Wenn Sie ihn auf einer separaten Ebene benutzen, bleibt Ihre Korrektur damit flexibel – kleine Ausrutscher können Sie so auch wieder zurücknehmen.

Zielsetzungen:

Retusche von
Hautunreinheiten

Retusche-Ebene anlegen

[Pickel.jpg]

Foto: Getty Images

1 Retusche vorbereiten

Sie benötigen den BEREICHSREPARATUR-PINSEL aus der Gruppe der Retuschewerkzeuge.

Blenden Sie sich auch über FENSTER die EBENEN-Palette ein, und klicken Sie auf das Symbol für eine neue Ebene ❶. Stellen Sie sicher, dass diese Ebene aktiv ist, wenn Sie mit der Retuschearbeit beginnen.

2 Werkzeugoptionen

In der Optionsleiste wählen Sie jetzt die Werkzeuggröße. Benutzen Sie einen DURCHMESSER, der etwas größer ist als die durchschnittlichen Hautunreinheiten. Die HÄRTE des Werkzeugs können Sie in diesem Fall auf 100 % belassen, so arbeitet es bei kleinen Makeln exakter.

Wichtig ist, dass Sie die Option ALLE EBENEN AUFNEHMEN ❷ aktivieren – nur so können Sie die Retusche auf der extra vorbereiteten Ebene durchführen.

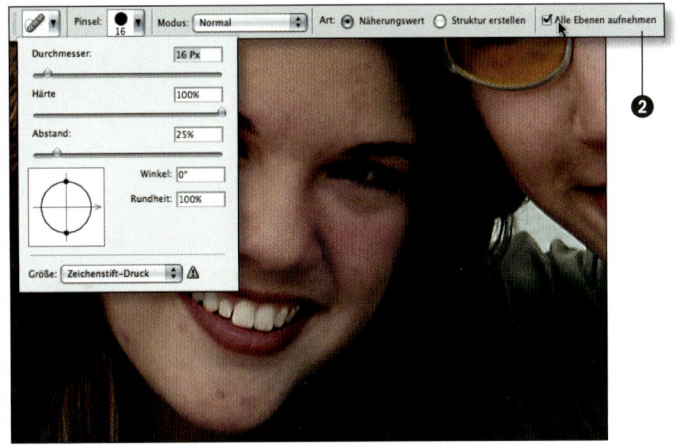

3 Fleißarbeit

Und dann fängt die Arbeit an: Markieren Sie leicht überlappend mit dem Werkzeug die Reparaturstellen. Keine Angst vor schwarzen Flecken! Sobald Sie den Mauszeiger loslassen, verschwindet die Markierung und Photoshop erzeugt neue Pixel mit Durchschnittswerten aus der Umgebung. So können Sie nach und nach alle störenden Stellen retuschieren. Blenden Sie doch mal durch einen Klick auf das Augensymbol ❸ die Originalebene aus. Hier sehen Sie die Retuschestellen und können »Abrutscher« leicht wieder wegradieren.

Bitte nachpudern

Weg mit glänzender Haut

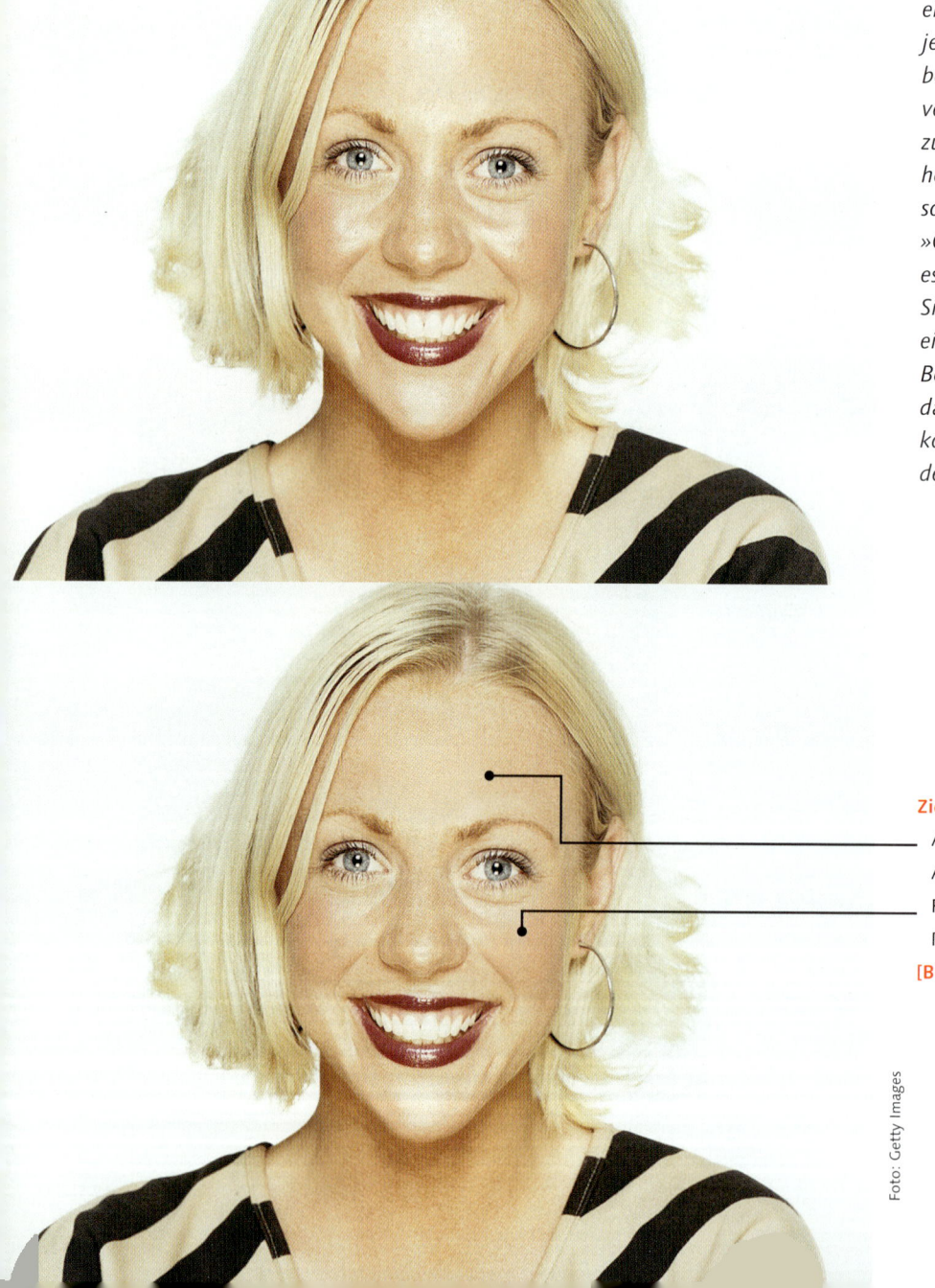

Frontales Blitzlicht ist einfach fies: Eine normale Haut glänzt im ungünstigsten Fall wie eine Schwarte. Da hilft nur jede Menge Puder. Sie haben bei der Aufnahme den Puder vergessen oder erst gar keinen zur Hand gehabt? Dann holen Sie das später nach: solange genug schöne Haut als »Quelle« vorhanden ist, gibt es Hoffnung auf Retusche. Sie überlagern diese Flecken einfach mit schönerer Haut. Bei großen Flächen hilft dabei das »Ausbessern-Werkzeug« – kompliziertere Stellen erledigt der »Reparatur-Pinsel«.

Zielsetzungen:

Ausgeblitzte Flächen mit dem Ausbessern-Werkzeug korrigieren

Fließende Übergänge mit dem Reparatur-Pinsel retuschieren

[Blitzflecken.jpg]

Foto: Getty Images

1 Ausbesserungsbereich auswählen

Obwohl das AUSBESSERN-WERKZEUG ![Icon] zur Gruppe der Retuschewerkzeuge gehört, ist es zu handhaben wie ein Auswahlwerkzeug.

Umrahmen Sie damit einen ersten Korrekturbereich im Bild. Dieser sollte nicht größer sein als ein benachbarter Hautbereich, den Sie gleich für die Überlagerung nutzen werden. Eine aktive Auswahl entsteht.

Bevor Sie jetzt weitere Bewegungen machen, sollten Sie unbedingt erst in den Werkzeugoptionen den auszubessernden Bereich festlegen.

2 Auswahlquelle ausbessern

Wählen Sie die QUELLE ❶ als jetzt aktiven Bereich. Dann klicken Sie mit dem Werkzeug in die aktive Auswahl ❷ und ziehen sie in Richtung der besseren Hautzonen ❸. Die Auswahl füllt sich mit neuen Bildpixeln.

Sobald Sie den Mauszeiger loslassen, werden die neuen Pixel mit weichem Übergang in die umgebende Helligkeit eingerechnet. Wiederholen Sie diesen Vorgang mehrfach an den anderen Bildstellen mit verschiedenen Auswahlgrößen und überlagern Sie nacheinander mehrere Korrekturen.

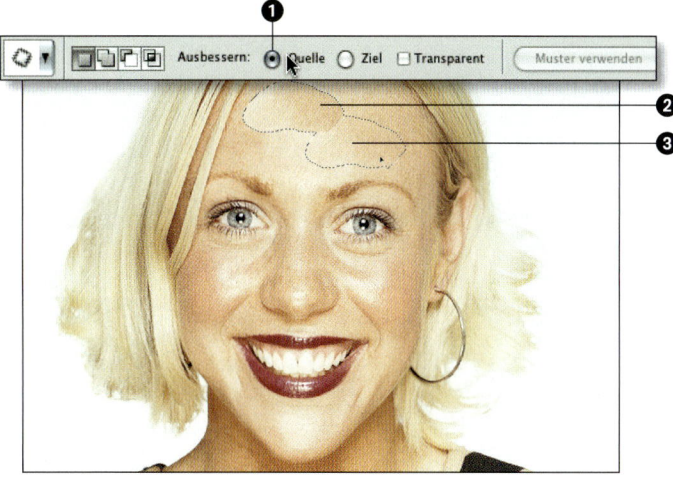

3 Kleinere Reparaturen

In differenzierteren Zonen, wie z. B. an den Wangen, arbeitet der REPARATUR-PINSEL ![Icon] besser. Dieser funktioniert ähnlich wie der KOPIERSTEMPEL. Klicken Sie mit gedrückter ⌥/ Alt -Taste auf die reparierte Stirn, um dort gute Hautbereiche aufzunehmen ❹. Malen Sie dann mit angemessener Werkzeuggröße über die Glanzflecken ❺. Die Reparatur verrechnet sich mit dem Hintergrund. Achtung: An den Randbereichen kann es zu fleckigen Ergebnissen kommen. Arbeiten Sie dort mit kleinerer Werkzeuggröße.

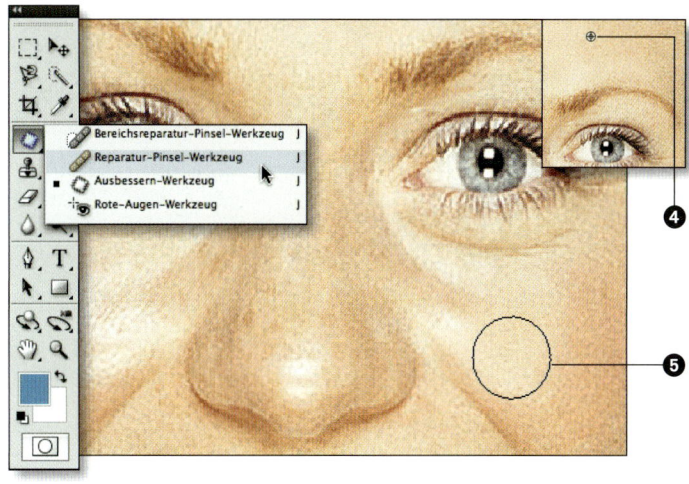

Hautrötungen mindern

Mit »Farbton/Sättigung« zum richtigen Hautton

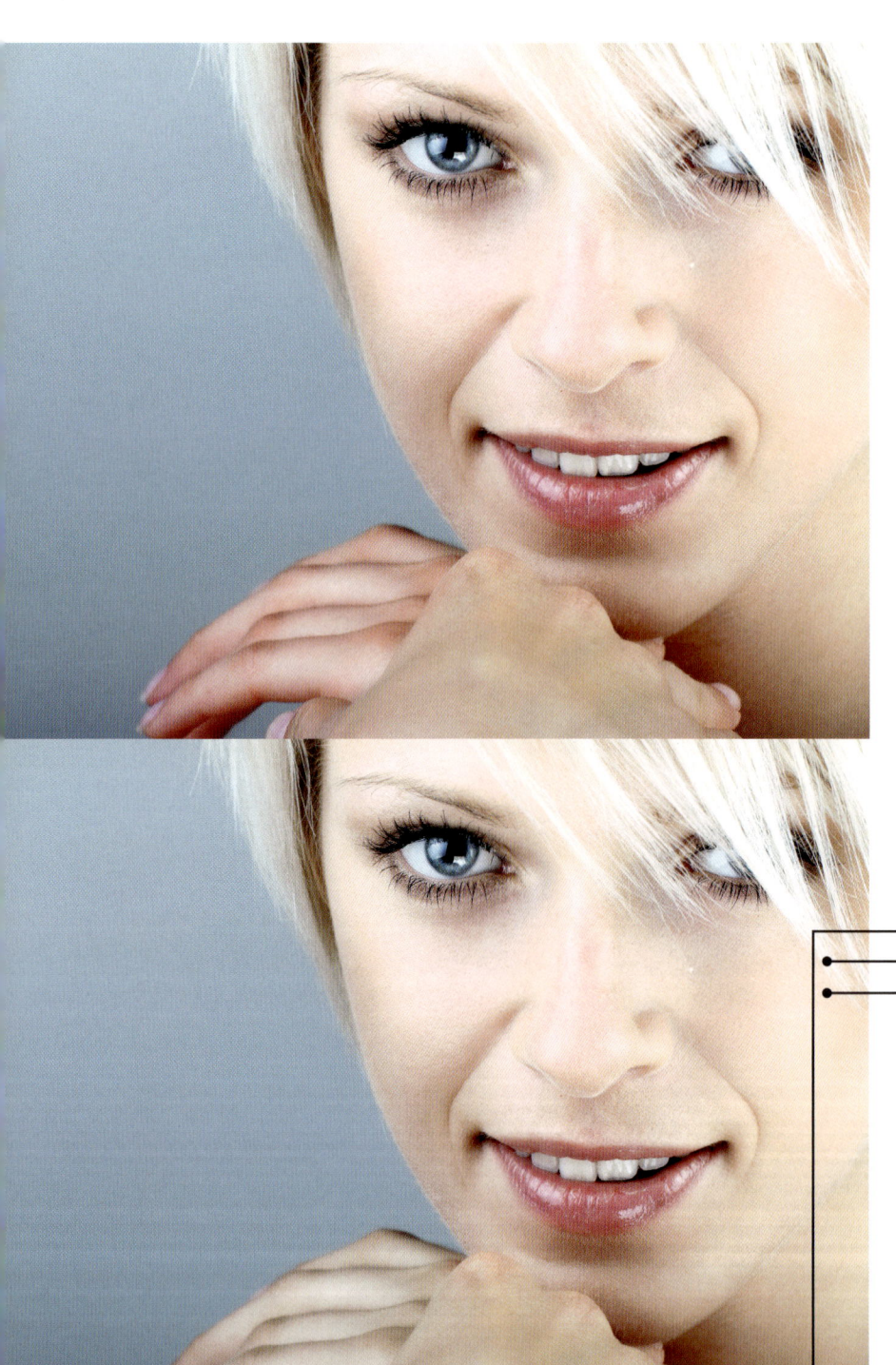

Hautrötungen sind etwas ganz Normales. Nur leider fallen Sie im Foto immer so unangenehm auf. Mit dem richtigen Make-up kann man sie zwar vor der Aufnahme überschminken, aber gerne werden dabei Hautzonen und Körperteile vergessen. Am ehesten fällt das auf, wenn die Hände nahe am Gesicht abgebildet werden. Hier ist jetzt eine lokale Korrektur gefragt. Und zwar in zweierlei Sinne: eine lokale Anpassung der Rottöne und eine Beschränkung auf die Korrekturbereiche durch eine Maske.

Zielsetzungen:

Hautrötungen verringern

Andere Farbtöne beibehalten

Stärke der Korrektur steuern

[rot.jpg]

▶ **Video-Training**

Sie finden zu diesem Thema auch eine Video-Lektion auf der Buch-DVD (Lektion 3.1).

1 Korrektur vorbereiten

Blenden Sie sich die KORREKTUREN-Palette ein, und klicken Sie dann auf das Symbol für den Befehl FARBTON/SÄTTIGUNG ❶.

Die KORREKTUREN-Palette ändert daraufhin ihr Aussehen.

Über die Korrekturen-Palette: Mehr dazu erfahren Sie im Grundlagenexkurs auf Seite 78.

2 Im Bild arbeiten

In diesem Arbeitsfenster können Sie Farb- und Helligkeitsinformationen unabhängig voneinander bearbeiten – es gibt separate Regler für FARBTON und HELLIGKEIT. Und auch die SÄTTIGUNG kann explizit gesteuert werden.

Alternativ können Sie auch mit dem Handwerkzeug ❷ gezielt im Bild die Farbtöne korrigieren. Das Handwerkzeug aktivieren Sie durch eine einfachen Klick darauf. Führen Sie es dann über die geröteten Stellen der Hand.

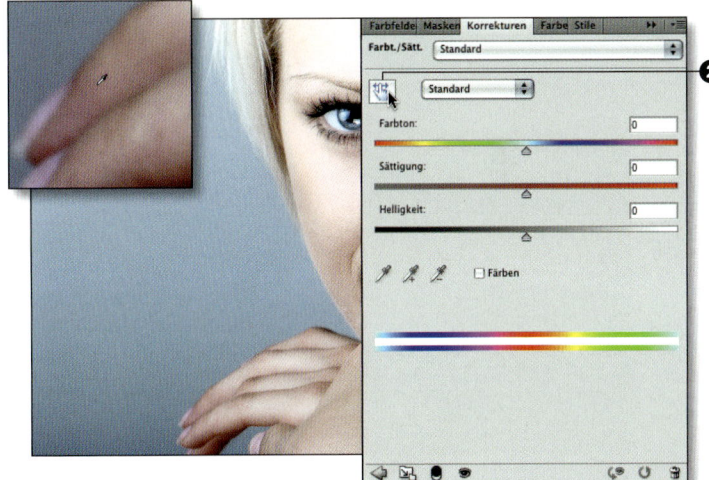

3 Rottöne entsättigen

Die erscheinende Pipette weist schon darauf hin, dass Sie mit diesem Werkzeug einen Farbbereich auswählen werden.

Sobald Sie auf eine exemplarische Rötung klicken und die Maus gedrückt halten, wird das Werkzeug zum Schieberegler, und Sie können durch eine Bewegung nach links den ausgewählten Rotton in der Sättigung verringern.

Sofort wird Ihnen im Arbeitsfenster der gewählte Arbeitsbereich angezeigt ❸.

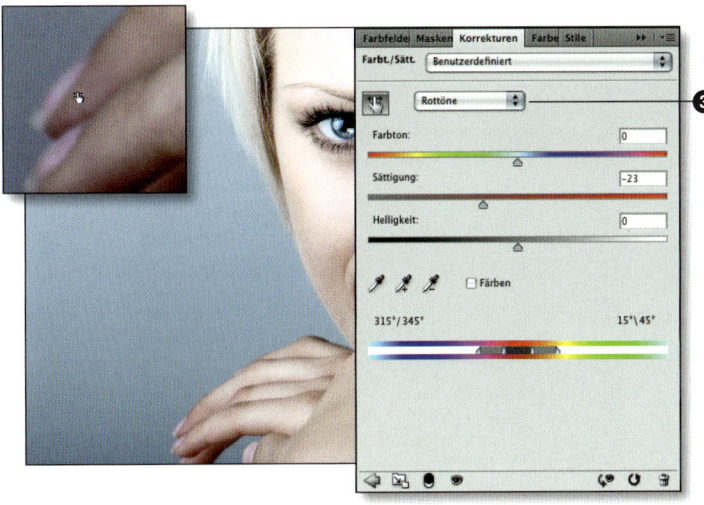

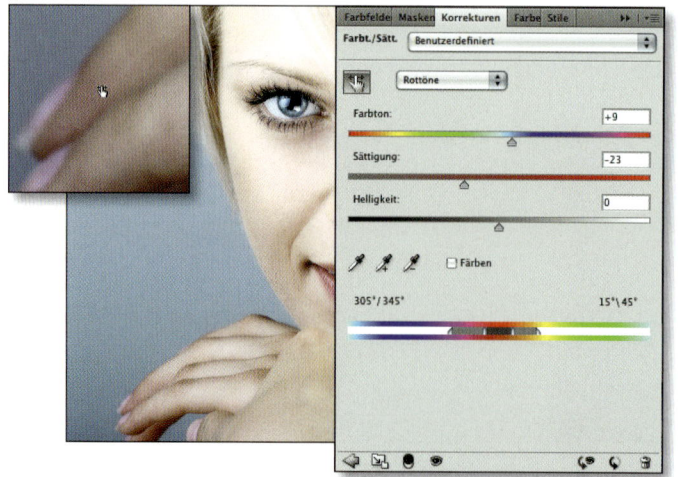

4 Farbton in Richtung Gelb korrigieren

Als nächste Korrektur verschieben Sie jetzt den FARBTON nach rechts in Richtung der gelben Farbtöne. Auch das können Sie mit dem Handwerkzeug direkt im Bild erledigen – halten Sie bloß jetzt beim Ziehen die `Strg`/`⌘`-Taste fest.

Schon bei einem Wert unter 10 sehen Sie eine deutliche Veränderung im Bild.

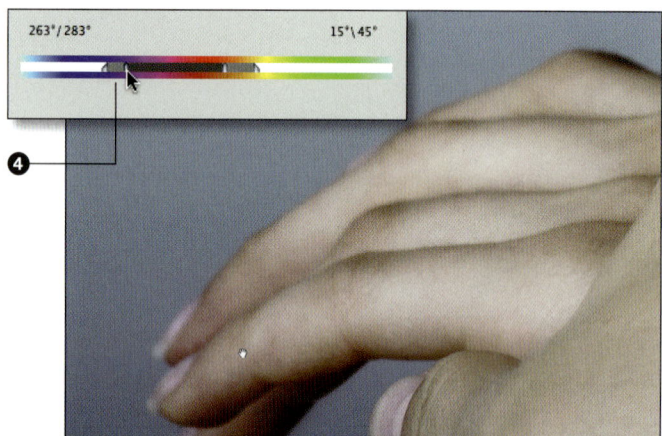

5 Bearbeitungsbereich erweitern

Die rosafarbenen Fingernägel sind von der Korrektur ausgegrenzt, denn sie sind nicht Teil unseres Arbeitsfarbbereichs. Das können Sie aber schnell ändern.

Mit dem Mauszeiger ziehen Sie in der Farbleiste die linken Kanten der Balken ❹ weiter nach links. So erweitern Sie den Arbeitsbereich in die magentafarbene Richtung, und die Fingernägel erfahren die gleiche Korrektur wie die Hände.

6 Maske nutzen

Allerdings hatte diese erste Änderung auch einen zu starken Einfluss auf die angrenzenden Farbtöne wie zum Beispiel die anderen Hauttöne.

Alle Korrekturen über die KORREKTUREN-Palette erzeugen automatisch eine Ebenenmaske, die Sie jetzt nutzen können. Blenden Sie die EBENEN-Palette ein. Dort sehen Sie die aktive Einstellungsebene ❺, inklusive der Ebenenmaske ❻, die Sie gleich nutzen werden. Wählen Sie BEARBEITEN ▷ FLÄCHE FÜLLEN und füllen Sie die Maske mit einem 100%igen Schwarz.

7 Wirkungsbereich zurückmalen

Erst einmal sieht man jetzt gar nichts mehr
von der Korrektur, da diese ja maskiert ist.
Aber das können Sie ändern.

Wählen Sie das PINSEL-WERKZEUG, eine
weiße Vordergrundfarbe und eine weiche
Werkzeugspitze ungefähr im Durchmesser
eines Fingers. Mit diesem Pinsel malen Sie
dann über die Handbereiche und setzen die
Wirkung der eben durchgeführten Korrektur
für die Hand wieder frei.

8 Zeit für Kompromisse

Eigentlich wäre es schön, wenn das Gesicht
auch einen Hauch der Korrektur abbekommen könnte. Diese abgestufte Wirkung
erzielen Sie auf einer Maske mit Grautönen.
Anstatt jetzt aber mit Grautönen zusätzlich
auf der Maske zu malen, nutzen Sie die neue
MASKEN-Palette aus CS4.

Diese ist meist mit der KORREKTUREN-
Palette gruppiert oder über das FENSTER-
Menü einzublenden.

9 Dichte der Maske verringern

Ziehen Sie jetzt den DICHTE-Regler der
MASKEN-Palette herab – er macht die Maske
praktisch durchlässiger.

So werden die ehemals schwarzen Pixel zu
grauen und lassen die Korrektur ein klein bisschen in den Restbereichen des Fotos durch.
Die Priorität liegt aber nach wie vor auf der
Hand.

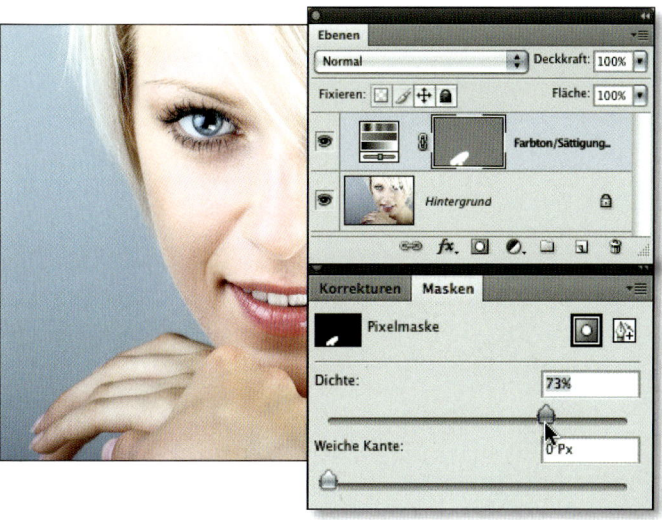

Moderate Faltenretusche

Die Zeichen der Zeit dezent retuschiert

Die Lichtsetzung ist im Porträtbild enorm wichtig – auch wenn sie im Gesamten stimmt, kann sie doch für Details wie Falten, Fältchen, Tränensäcke oder einfache Schatten unter den Augen sehr unvorteilhaft wirken. Da diese Zeichen der Zeit nicht immer interessant und selten schmeichelhaft wirken, ist eine leichte Retusche solcher Stellen schon angemessen. Unter Ausnutzung aller Optionen der Retuschewerkzeuge verläuft diese auch verantwortungsvoll.

Zielsetzungen:

Augenringe aufhellen
Tränensäcke glätten

[Augenringe.jpg]

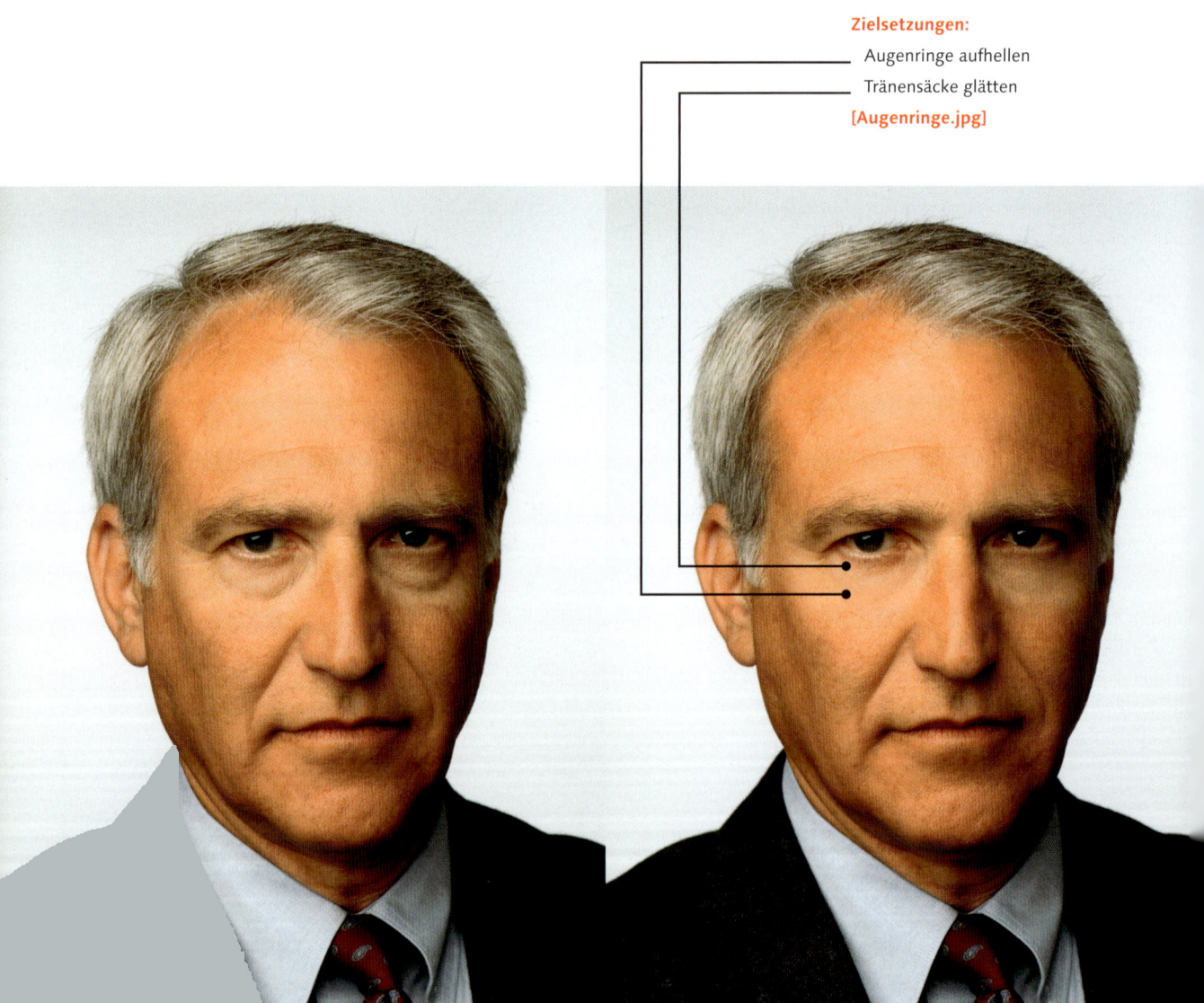

1 Retusche-Ebene anlegen

Für eine komplexere Reparatur ist das Anlegen einer Retusche-Ebene immer sinnvoll.

So können Sie sowohl jederzeit den Grad
der Veränderung kontrollieren als auch zu
starke Eingriffe nachträglich wieder rückgängig machen.

Klicken Sie unten in der EBENEN-Palette auf
das Seitensymbol ◧ , um eine neue leere
Ebene zu erstellen. Diese ist dann auch gleich
die aktive Arbeitsebene ❶.

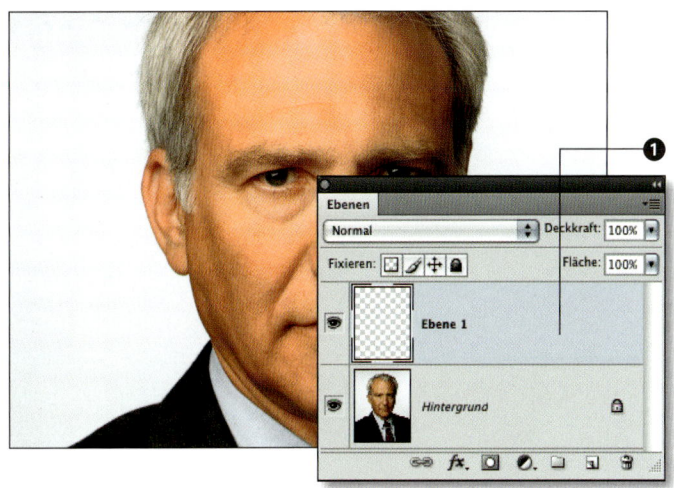

2 Kopierstempel vorbereiten

Starten Sie mit der Arbeit mit dem KOPIER-
STEMPEL ⬚. Obwohl oder gerade weil dies
das älteste Retuschewerkzeug ist, verfügt es
eindeutig über die meisten Steuerungsmöglichkeiten für einen gezielten Einsatz.

Legen Sie zunächst den HAUPTDURCHMES-
SER der Werkzeuggröße fest. Er sollte so groß
gewählt sein, dass die Retuschezonen – in
diesem Fall die Augenschatten – gut damit zu
überlagern sind ❷.

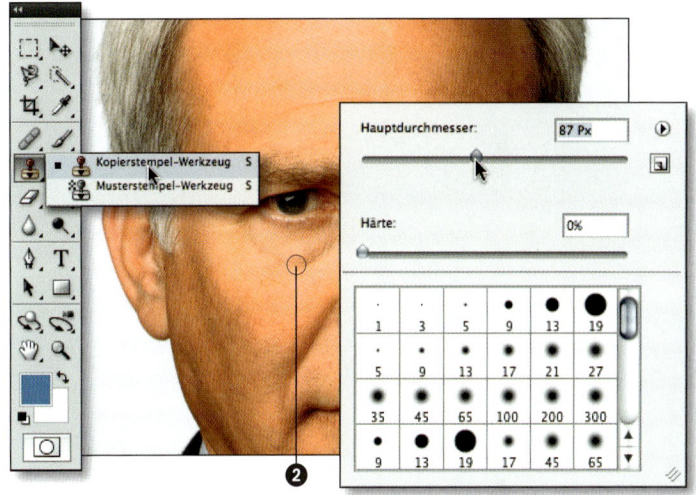

3 Werkzeugvorgaben

Jetzt zu den anderen Werkzeugoptionen:
Setzen Sie den MODUS auf AUFHELLEN, um mit
der Retusche nur die Schatten zu überlagern.
Wählen Sie außerdem eine verringerte
DECKKRAFT von 15 %, um differenziert und
schrittweise arbeiten zu können. Aufnehmen
wollen wir natürlich die AKTUELLE EBENE
UND DARUNTER. Die Option AUSGERICHTET ❸
verhindert, dass Sie beim Neuansetzen des
Werkzeugs immer denselben Quellpunkt
übertragen.

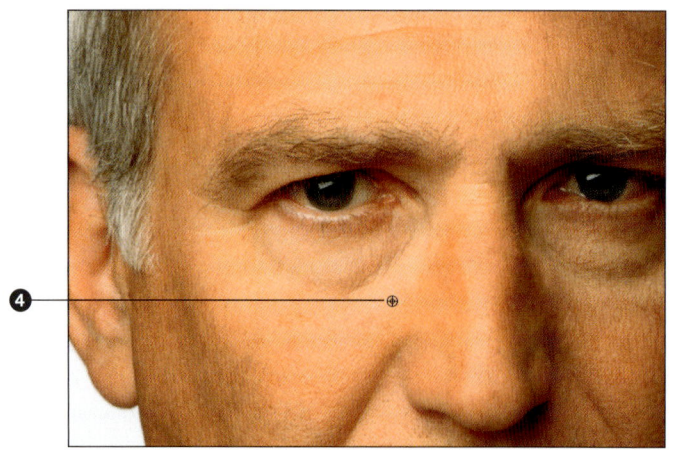

4 Stempelquelle bestimmen

Mit gedrückter Alt/⌘-Taste klicken Sie jetzt unter den Augenringen auf die helle Haut, die in ihrer Struktur dem Reparaturbereich ähnelt ❹. Wählen Sie die Stelle so, dass bei einer weiteren Stempelbewegung immer noch helle Haut aufgenommen wird, denn der Abstand von Quelle zu Werkzeug bleibt während einer Bewegung immer derselbe.

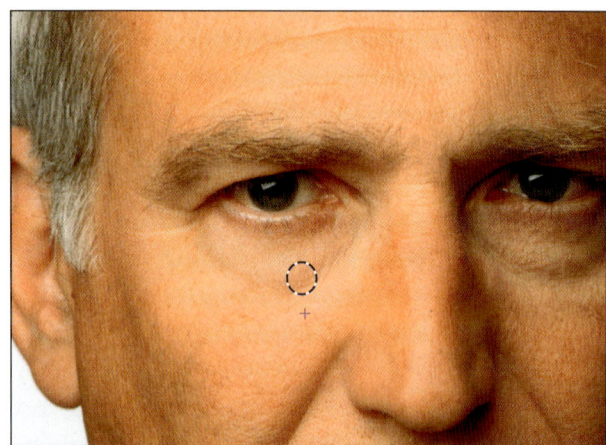

5 Augenschatten retuschieren

Jetzt können Sie den kopierten Bereich mit dem Werkzeug per Mausklick auf die Augenschatten darüber übertragen.

Durch die eingestellte geringe Deckkraft und den MODUS AUFHELLEN passiert erst einmal ganz wenig – und genau das garantiert eine sanfte Reparatur. Es überlagern sich nach mehreren Stempelstrichen transparente helle Pixel mit dem Reparaturbereich, die nur dort sichtbar sind, wo sie heller als die Originalpixel sind. So wird nur in den Schatten retuschiert.

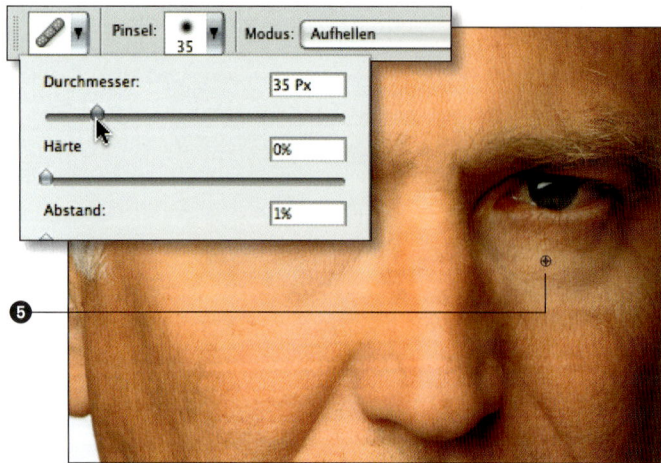

6 Werkzeugwechsel

Wenn Sie mit wechselnden Kopierquellen – die Sie immer wieder erneut mit der Alt/⌘-Taste aufgenommen haben – die linken und rechten Augenringe wegretuschiert haben, werden Sie feststellen, dass Sie am rechten Motivteil ❺ an Grenzen stoßen, weil sich die hellen Pixel nicht so gut in die Schattierung einfügen. Wechseln Sie deshalb auf den REPARATUR-PINSEL 🖌 mit den gleichen Optionen. Nur die Werkzeuggröße sollten Sie verkleinern, da der REPARATUR-PINSEL einen größeren Wirkungradius hat.

7 Reparieren

Auch mit dem REPARATUR-PINSEL nehmen Sie über die Alt/⌥-Taste eine Quelle auf. Diese übertragen Sie zunächst 1:1 auf die Reparaturstelle ❻.

Sobald Sie die Maus loslassen, werden die Quellpixel im weichen Übergang mit den bestehenden Pixeln verrechnet. So hellen Sie nicht nur auf, sondern fügen die Reparatur in die Umgebung ein.

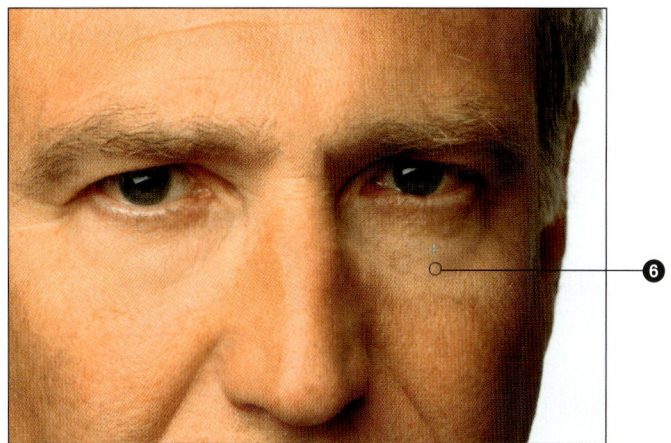

8 Quelle und Richtung wechseln

Ein stetiger Wechsel von Kopierquelle und Arbeitsrichtung ist wichtig, um das Ergebnis einigermaßen realistisch zu gestalten. Arbeiten Sie sich stückweise vor. Die erneute Verrechnung vermeidet Wiederholungseffekte.

Das kann aber auch zu weit gehen: Wenn zu viele Umgebungspixel mit eingerechnet werden, kann es zur Fleckenbildung kommen.

Machen Sie dann einfach den letzten Schritt über Strg/⌘ + Z rückgängig, und setzen Sie erneut an.

9 Kontrolle über die Retusche-Ebene

Wenn Sie mit der Retusche am Ziel sind, können Sie die DECKKRAFT ❼ der Retusche-Ebene noch leicht verringern, um die Wirkung leicht abzusenken. Blenden Sie auch mal die Hintergrundebene aus, um einen Blick auf die Reparaturebene zu werfen.

So erkennen Sie die unterschiedlichen Techniken: Der KOPIERSTEMPEL profitiert von der zusätzlichen Möglichkeit, die Deckkraft zu verringern. Der REPARATUR-PINSEL punktet mit selbst erschaffenen fließenden Übergängen.

Radikale Faltenretusche

Wer's mag: Bügeln Sie die Falten weg

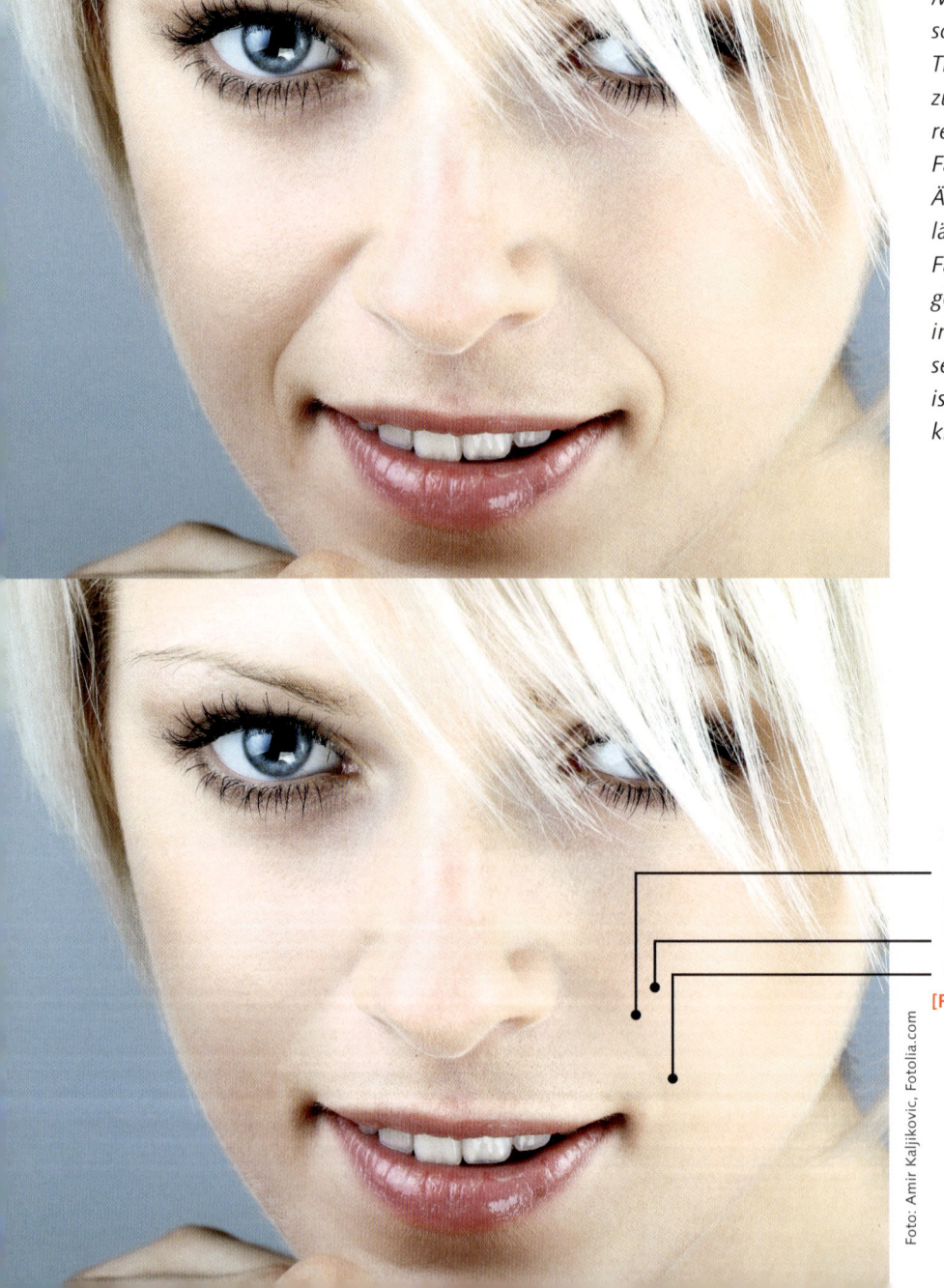

Eine recht eigenwillige Ästhetik hat sich auf den Titelbildern von Boulevard-Magazinen und TV-Zeitschriften durchgesetzt. Die Titelmodelle werden oft bis zur Unkenntlichkeit geglättet, retuschiert und von jeder Falte befreit. Ob das noch mit Ästhetik zu tun hat – darüber lässt sich streiten. Auf jeden Fall sollten Sie sehen, wie es geht, um dann zu entscheiden, inwieweit Sie diese Technik selber anwenden wollen. Hier ist die Anleitung in ein paar kleinen Schritten.

Zielsetzungen:

Gesichtslinien und Falten eliminieren

Übergänge herstellen

Rekonstruktion der Gesichtszüge

[Falten.jpg]

Foto: Amir Kaljikovic, Fotolia.com

1 Ausbesserungsebene

Bei dieser radikalen Form von Bildretusche
sollten Sie auf Nummer sicher gehen und sich
von vornherein die Bildebene duplizieren.
Ziehen Sie sie einfach auf das Seitensymbol ❶.

Wählen Sie dann das AUSBESSERN-WERK-
ZEUG aus der Gruppe der Retuschewerkzeuge, und stellen Sie in den Werkzeugoptionen den AUSBESSERN-Bereich auf QUELLE.

2 Mit Strukturen retuschieren

Das AUSBESSERN-WERKZEUG erledigt zwei
Aufgaben in Kombination: Es kopiert Bildbereiche inklusive der Struktur und sorgt für
passende Übergänge zu angrenzenden Pixeln.

Sie ziehen mit dem Werkzeug eine groß-
züge Auswahl um einen Reparaturbereich
❸ – lassen Sie aber genug Platz zu Bildteilen,
die unverändert bleiben sollen. Das Werkzeug
erweitert seinen Aktionsradius noch!

Jetzt ziehen Sie die aktive Auswahl mit der
Maus auf einen sauberen Bereich ❷, lassen
los, und schon haben Sie die Stelle geglättet.

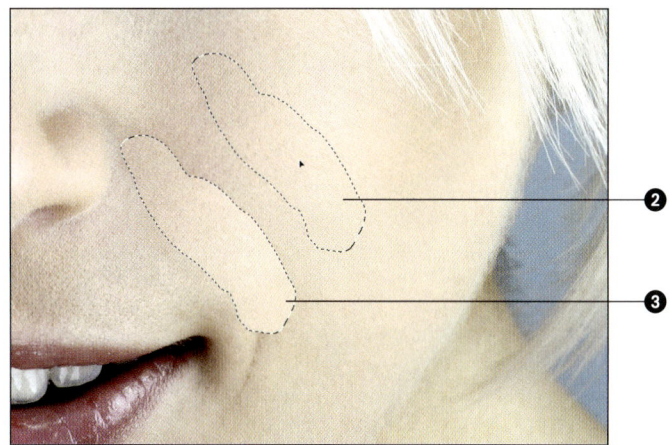

3 Rottöne auswählen

Natürlich wird das nicht beim ersten Mal perfekt. Deshalb müssen Sie immer wieder neue
Auswahlen ziehen, um die Übergangsbereiche
neu zu retuschieren. Drücken Sie [Strg]/
[⌘] + [D], wenn Sie die Auswahl zwischendurch deaktivieren wollen.

Nach einigem Hin- und Herziehen von Auswahlen sind die Linien tatsächlich verschwunden. Falls Sie das Ergebnis nun doch ein
wenig zu künstlich empfinden, verringern Sie
einfach die DECKKRAFT ❹ der Korrekturebene.
So schimmert das Original wieder durch.

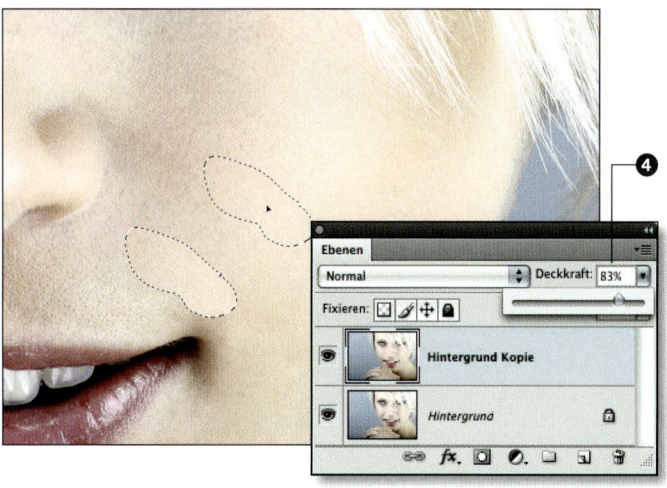

Make-up auflegen

Wie Sie grobe Hautstrukturen samtig bekommen

Make-up ist kein Allheimittel. Auch stark geschminkt können im Bild die Hautporen unangenehm auffallen. In solchen Fällen ist dann Photoshop gefragt. Nutzen Sie für die Weichzeichnung die Smartfilter-Funktionalität. So können Sie auch den extremen Weichzeichnungsfilter »Matter machen« differenziert im Motiv steuern und die Weichzeichnung wirkt realistisch.

Zielsetzungen:

Haut weichzeichnen durch Matter machen

Differenzierte Stärke durch Smartfilter

[Haut_glaetten.jpg]

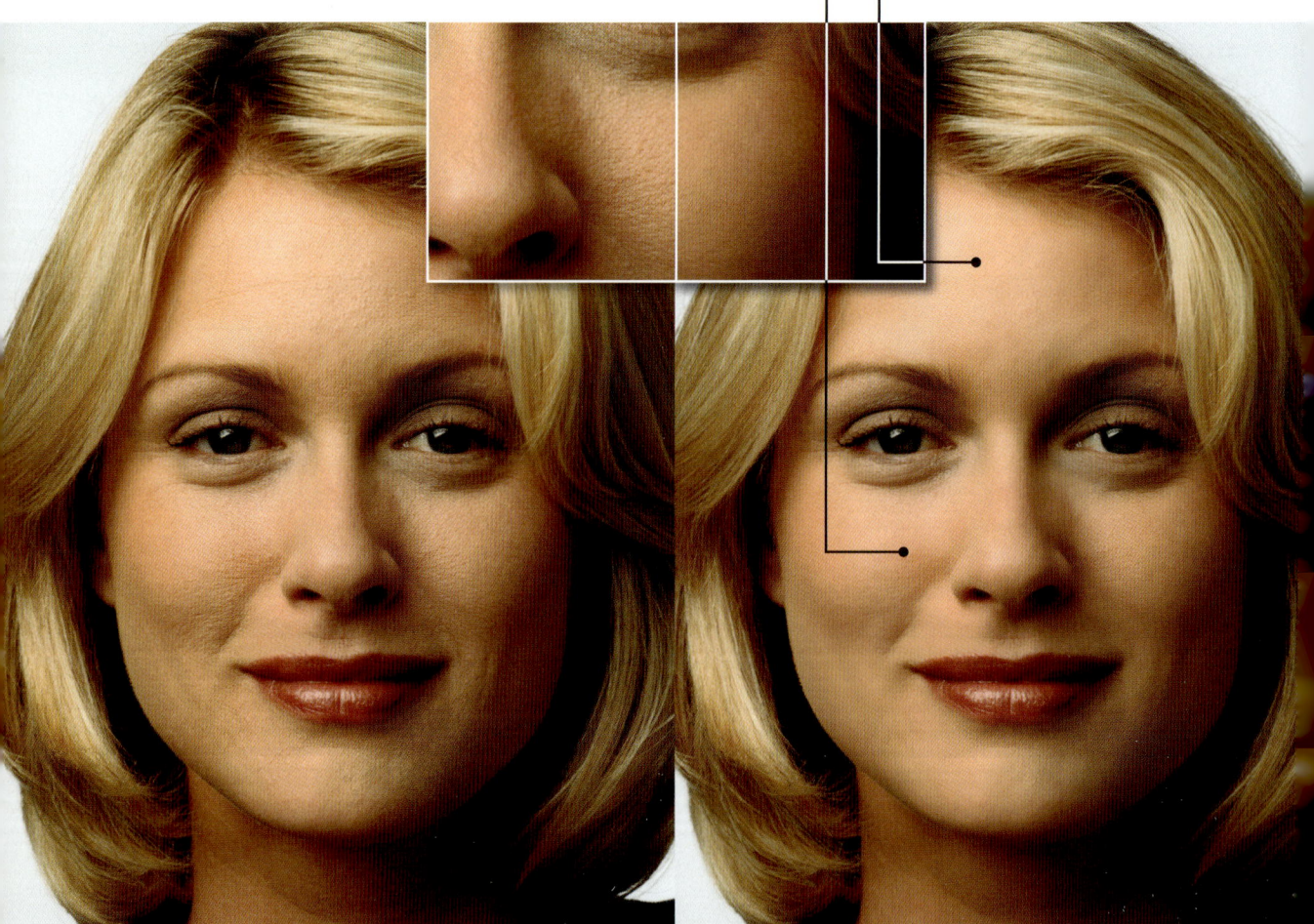

1 Für Smartfilter konvertieren

Für diese neue Technik wählen Sie zunächst aus dem FILTER-Menü den Befehl FÜR SMART-FILTER KONVERTIEREN.

Hört sich ein bisschen seltsam an, aber die Erklärung folgt auf den Klick: Durch diesen Befehl wird die aktive Ebene in ein Smart-Objekt umgewandelt, was kurz gesagt bedeutet, dass – egal, was Sie mit dieser Ebene anstellen wollen – immer die vollen Original-daten erhalten bleiben.

2 Die veränderte Ebenen-Palette

Darauf werden Sie von jetzt an auch in der EBENEN-Palette hingewiesen.

Wenn Sie es nicht sowieso schon haben, blenden Sie sich über FENSTER die EBENEN-Palette ein. Dort sehen Sie an der Miniatur-ansicht der Ebene ein kleines eckiges Symbol ❶. Das erinnert Sie jederzeit daran, dass diese Ebene in ein Smart-Objekt umgewandelt ist.

3 Weichzeichner wählen

Jetzt kann die eigentliche Arbeit starten: Wählen Sie im FILTER-Menü aus der Gruppe der WEICHZEICHNUNGSFILTER die Funktion MATTER MACHEN.

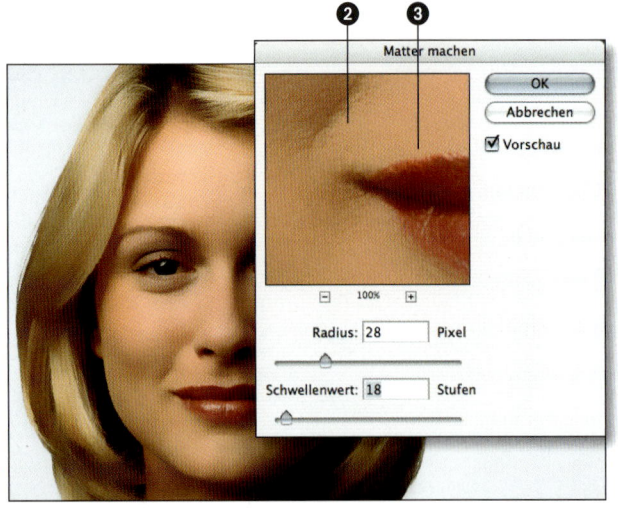

4 Die Grenzen der Weichzeichnung

Genau genommen glättet der Filter MATTER MACHEN mehr als er weichzeichnet. Er gleicht Farb- und Tonwerte innerhalb eines gewählten RADIUS an. Mit dem SCHWELLENWERT steuern Sie, wie ähnlich die Tonwerte sein dürfen, um geglättet zu werden.

Starten Sie also zuerst mit einer RADIUS-Einstellung von ca. 28 bei den Hauttönen und steuern Sie damit zunächst den SCHWELLENWERT so, dass die Glättung vor markanten Stellen in der Haut stoppt, etwa vor der Wangenfalte ❷ oder vor der Lippe ❸.

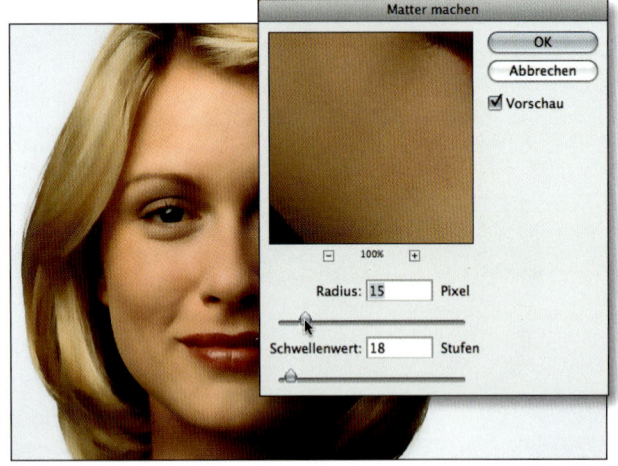

5 Stärke über Radius steuern

Jetzt können Sie sich um die angemessene Stärke kümmern. Der RADIUS gibt an, wie groß die Zonen sind, in denen die Tonwerte geglättet werden. Unser Ziel ist eine übertriebene Weichzeichnung, die wir nachher nur stückweise nutzen werden. Achten Sie darauf, dass die Gesichtstöne ganz glatt ineinander übergehen. Ein Wert um die 15 ist in diesem Fall ausreichend.

RADIUS und SCHWELLENWERT stehen immer in Wechselwirkung, daher zahlt sich eine kurze Testphase so gut wie immer aus.

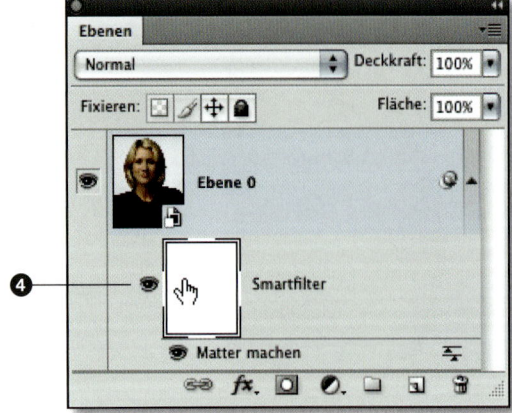

6 Ein Filter mit Maske

Zurück in der EBENEN-Palette werden Sie etwas sehen, dass Ihnen wahrscheinlich bekannt vorkommt: Der angewendetete Filter wird in der EBENEN-Palette unter einer sogenannten SMARTFILTER-Ebene angezeigt. Augensymbole zum Aus- und Einblenden sowie eine vorbereitete Filtermaske erinnern an Einstellungsebenen, und genauso ist dieser Filter jetzt auch zu nutzen.

Blenden Sie den Filter doch mal ein und aus, indem Sie auf das Augensymbol ❹ klicken.

7 Filterwirkung maskieren

Die Filtermaske können Sie jetzt nutzen, um die Weichzeichnung wohlportioniert dort zu dosieren, wo Sie sie brauchen.

Maskieren Sie den Filter erst vollständig, indem Sie über die ⬆ + ← -Taste die Ebene komplett mit Schwarz füllen ❺.

So maskiert, ist von der Wirkung der Weichzeichnerebene erst einmal nichts mehr zu sehen.

8 Partielle Weichzeichnung

Stellen Sie jetzt die Vordergrundfarbe auf Weiß ◨, wählen Sie das PINSEL-WERKZEUG 🖌 mit einer großen, weichen Spitze und – ganz wichtig – verringern Sie in den Werkzeugoptionen die DECKKRAFT, hier auf ca. 35 %. So können Sie mit leicht transparenter weißer Farbe die Maske durchlässiger machen und die Wirkung der Weichzeichner-Ebene nach und nach ins Bild zurückkehren lassen. Je geringer die Deckkraft ist, desto nuancierter können Sie die Wirkung durch mehrfaches Auftragen steuern.

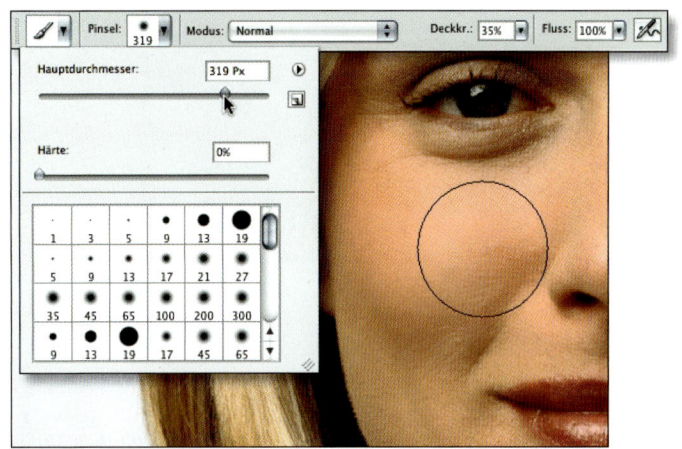

9 Bild, Filter und Maske

Die Wangen können eine mehrfache Behandlung vertragen, bei Stirn, Nase und Dekolletee reicht ein Pinselstrich. So ermalen Sie sich die Filterwirkung wieder zurück. Ist die Wirkung zu stark, wechseln Sie mit der ⓧ -Taste auf die schwarze Vordergrundfarbe und maskieren die Wirkung wieder ein bisschen.

Tipp: Auch die Einstellungen des Filters können Sie noch ändern. Sie gelangen durch einen Doppelklick auf den Namen der Filterebene ❻ zurück in die Optionen.

Das Lächeln gewinnt

Strahlende Lippen, weiße Zähne und ein leichtes Lächeln

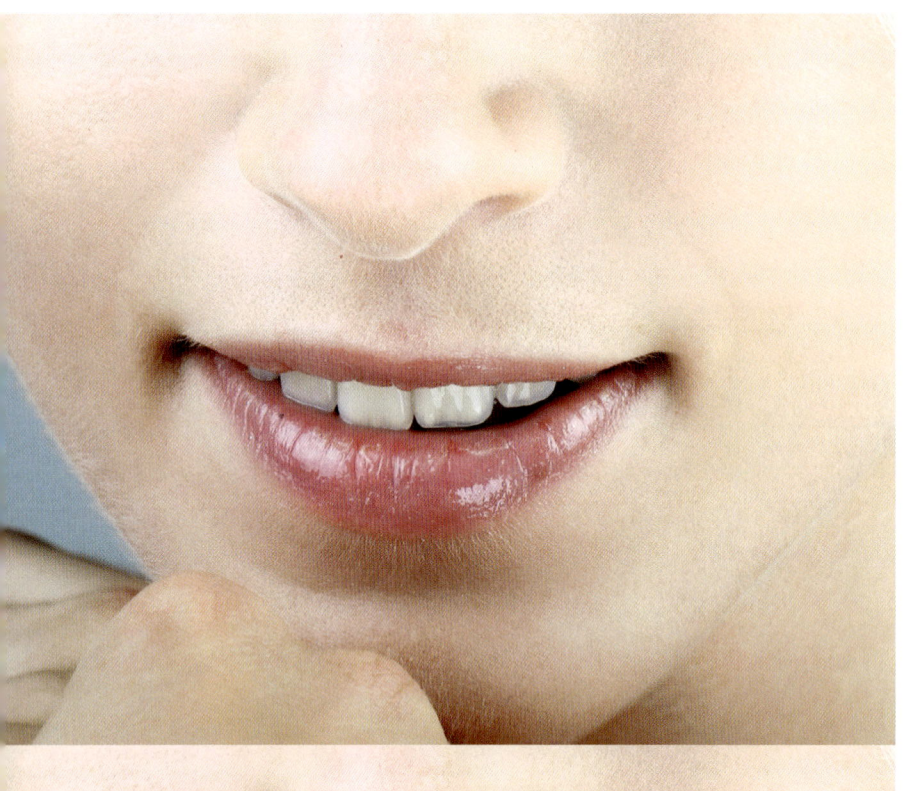

Ein Lächeln macht doch sehr viel aus. Noch gewinnender wird es, wenn man alles betont, was das Lächeln ausmacht. Durch ein Anheben der Mundwinkel wird das Lächeln verstärkt. Weißere Zähne machen das Lachen strahlender und wenn der Mund symmetrischer ist, wirkt er zugleich harmonischer. In diesem Workshop geht es um die Kombination mehrerer Techniken, die alle nur ein Ziel haben: ein Lächeln.

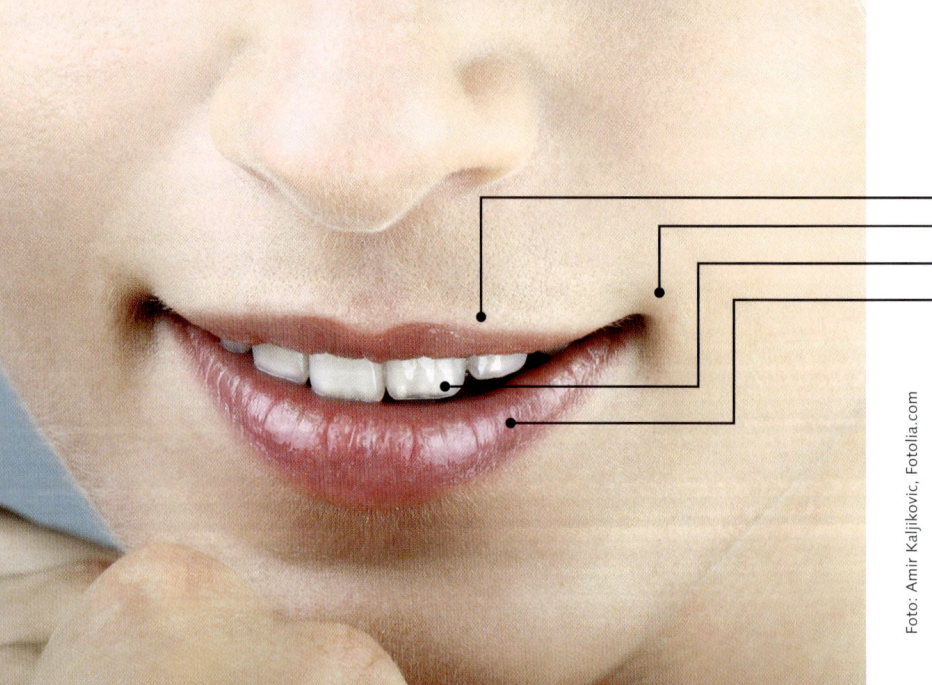

Zielsetzungen:

Lippenform optimieren
Lächeln anheben
Zahnweiß aufhellen
Symmetrie im Lippenglanz

[Laecheln.jpg]

Foto: Amir Kaljikovic, Fotolia.com

1 Destruktive Retusche

Starten Sie jede Retusche mit einer Kopie der Hintergrundebene. So stellen Sie sicher, dass Sie jederzeit Zugriff auf die Originaldaten haben. Benennen Sie die Ebene gleich durch einen Doppelklick, zum Beispiel mit »Verflüssigen« – denn das werden wir gleich tun.

Das ideale Werkzeug zur Korrektur der Mundwinkel, aber auch für kosmetische Größenveränderungen ist der VERFLÜSSIGEN-Filter, den Sie im FILTER-Menü finden.

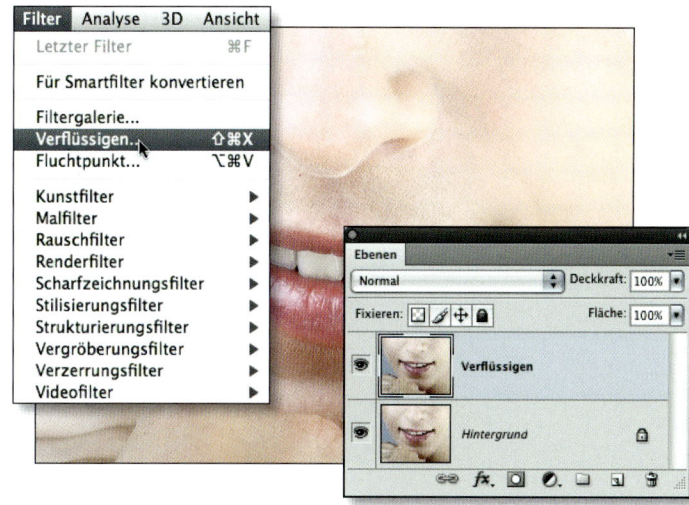

2 Werkzeuge einstellen

Hier finden sich diverse Werkzeuge, die die Bildpixel beliebig hin- und herschubsen können. Achten Sie hierbei darauf, dass Sie diese Werkzeuge in Maßen einsetzen. Sowohl die PINSELDICHTE ❷ als auch der PINSELDRUCK ❸ sollten im Normalfall nicht über 50 % liegen. Während der Pinseldruck die Stärke der Werkzeugwirkung festlegt, gibt die Pinseldichte an, wie stark die Wirkung zum Werkzeugrand zunimmt.

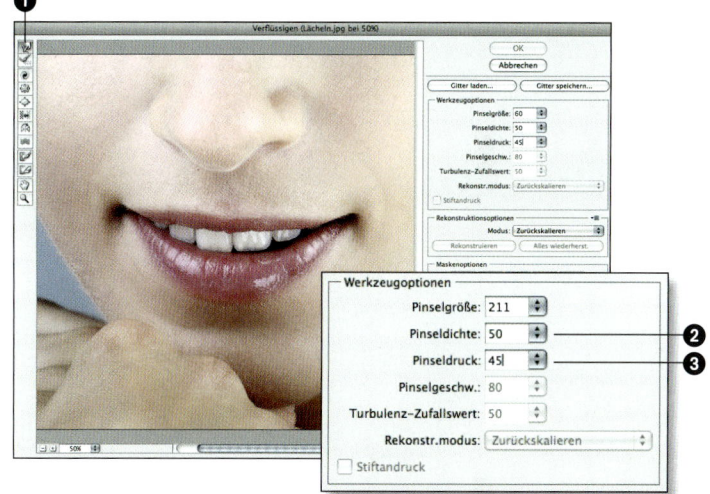

3 Formen verschieben

Mit dem VORWÄRTS-KRÜMMEN-WERKZEUG (dem Wischfinger) ❶ und großer Werkzeugspitze können Sie vom Rand ausgehend langsam den Mund symmetrischer formen und die Mundwinkel nach oben schieben. Mit kleinerer Werkzeugspitze bilden Sie die Lippenkonturen. Klicken Sie dann auf OK.

Tipp: Stellen Sie die DECKKRAFT ❹ der Option HINTERGRUND EINBLENDEN auf 100 %, so können Sie am besten vorher und nachher vergleichen.

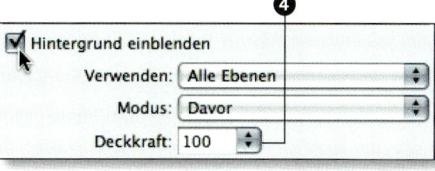

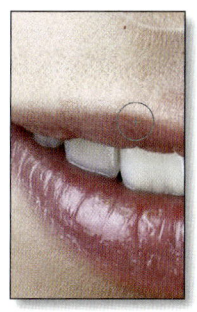
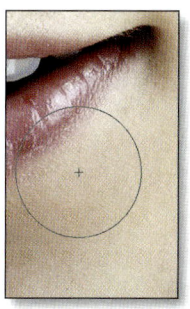
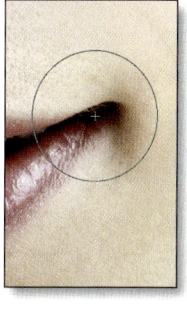

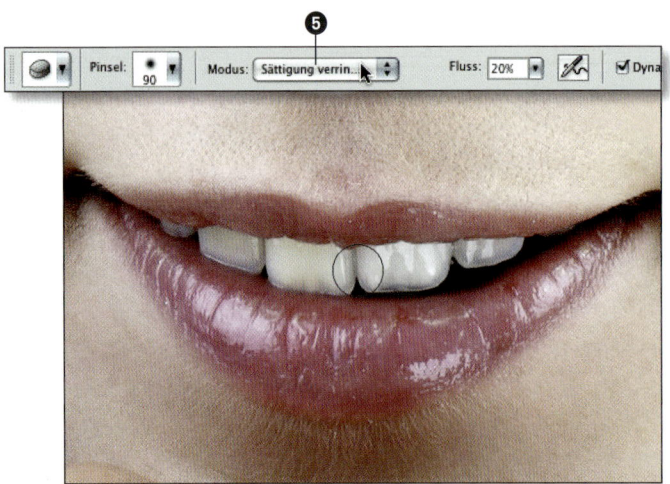

4   Zähne weißen

Als Nächstes werden wir jetzt die Zähne mit dem SCHWAMM-WERKZEUG von dem leichten Gelbstich befreien. Stellen Sie in den Werkzeugoptionen den MODUS auf SÄTTIGUNG VERRINGERN ❺ und die FLUSS-Einstellung auf ungefähr 20 %. So arbeiten Sie mehr punktuell und kommen stückweise vorwärts. Malen Sie mit einer weichen Werkzeugspitze angemessener Größe zwei- bis dreimal in kleinen Schritten über die Zähne.

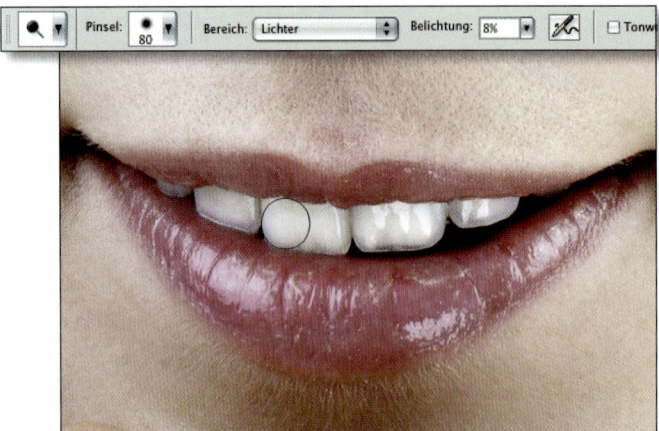

5   Zähne aufhellen

Das Weiß der Zähne kann noch eine leichte Aufhellung vertragen. Wählen Sie dazu das ABWEDLER-WERKZEUG , und stellen Sie in den Werkzeugoptionen den BEREICH auf LICHTER. Die BELICHTUNG – also die Stärke der Bearbeitung – muss sehr niedrig sein. Starten Sie mit ca. 10 %.

Gehen Sie auch hier schrittweise vor und stoppen Sie, bevor das Weiß zu grell wird.

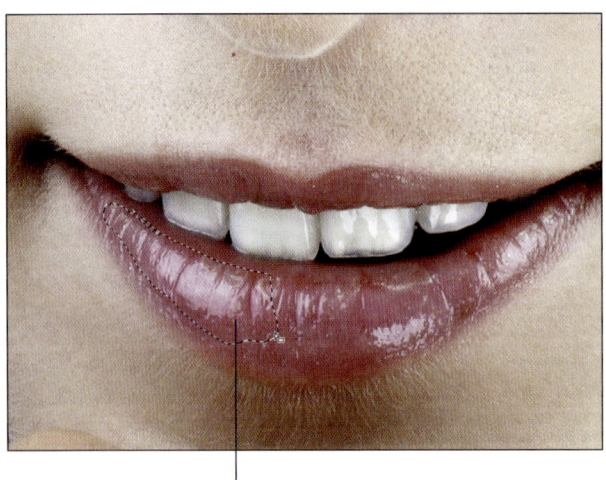

6   Symmetrie herstellen

Jetzt geht es um die Symmetrie – die Lippen verlangen nach symmetrischen Glanzpunkten. Dafür müssen Sie den bestehenden Reflex duplizieren und rechts einpassen.

Wählen Sie mit dem LASSO-WERKZEUG den Lippenreflex großzügig aus ❼. Achten Sie hierbei darauf, dass Ihre Auswahlkante auf einer »neutralen« Lippenzone liegt – also der Reflex nicht irgendwo durchschnitten wird.

7 Auswahl verbessern und kopieren

Eine so harte Auswahl können Sie natürlich nicht vernünftig auf der rechten Seite einpassen. Wählen Sie den Befehl KANTE VERBESSERN ❼ und stellen Sie eine WEICHE KANTE ❽ von ca. 15 Pixeln ein. Benutzen Sie eine weiße Auswahlvorschau ❾, um die weiche Kante beurteilen zu können. Mit OK bestätigen Sie die Auswahl.

Diese Auswahl kopieren Sie jetzt auf eine neue Ebene. Das geht am schnellsten über den Kurzbefehl `Strg`/`⌘` + `J`.

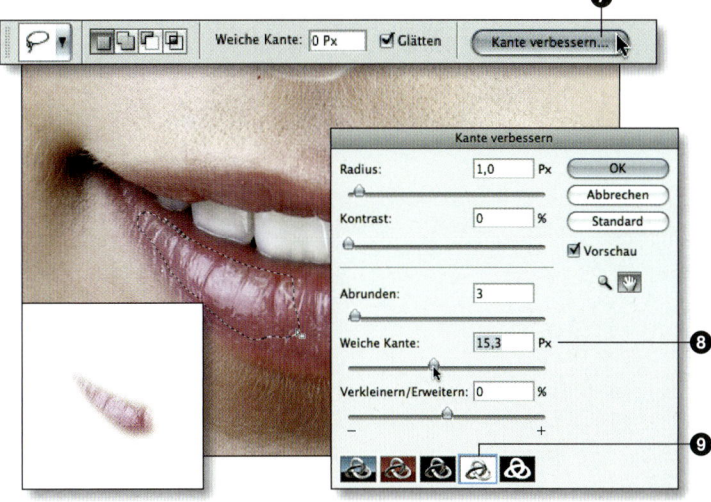

8 Lippenreflex einpassen

Jetzt fehlt nur noch die Anpassung der Größe und Position. Über `Strg`/`⌘` + `T` gelangen Sie in den TRANSFORMIEREN-Befehl, mit dem Sie Position und Rotation anpassen können.

Über die rechte Maustaste können Sie den ganzen Bereich spiegeln. Ziehen Sie danach an den Eckpunkten zur Skalierung oder drehen Sie die Auswahl außerhalb des Auswahlrahmens. Mit `↵` bestätigen Sie abschließend die Transformation.

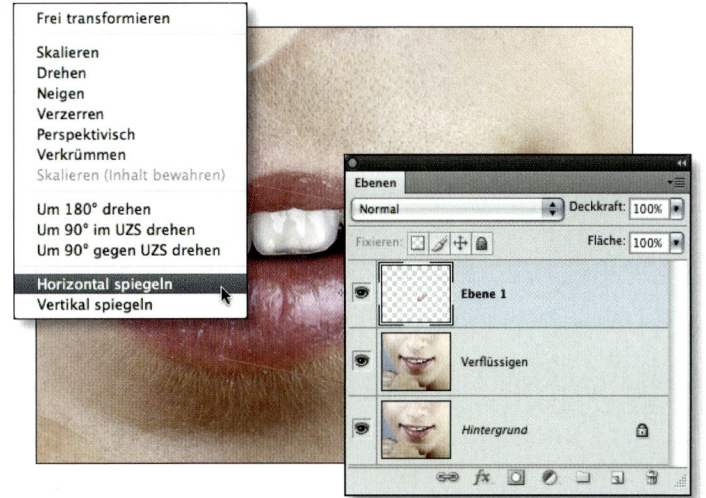

9 Detailretusche

Die entstandene Ebene können Sie gleich als Retusche-Ebene nutzen. Nach Auswahl des BEREICHSREPARATUR-PINSELS ☑ können Sie in den Werkzeugoptionen einstellen, dass alle Ebenen ❿ mit aufgenommen werden.

Markieren Sie die letzten störenden Flecken an der Oberlippe, um die Retusche abzuschließen.

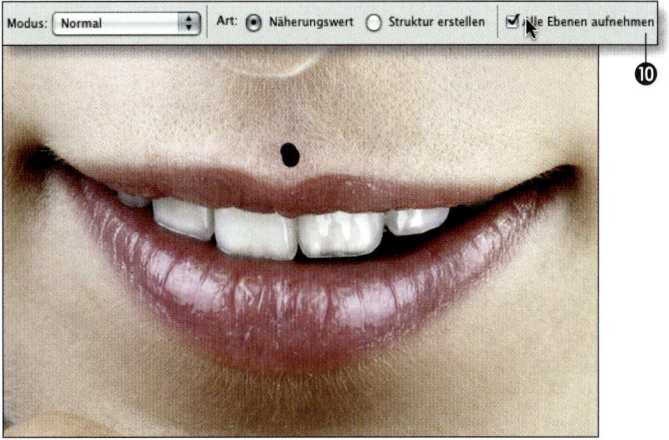

Der intensive Blick

Drei Methoden für strahlende Augen

Ein Porträt zieht uns vor allem dann in den Bann, wenn der Abgebildete selbst seinen Blick auf uns gerichtet hat. Je intensiver dieser wird, desto größer ist auch die Wirkung des Porträts. Um einen Blick zu intensivieren, ist eine Anhebung des Kontrastes die wichtigste Maßnahme – hierfür möchte ich Ihnen drei Wege zeigen.

Zielsetzung:

Kontrast in Augen verstärken

Augenweiß aufhellen

Farbsättigung der Iris anheben

[Augen.jpg]

1 Methode 1: Dunkelkammertechniken

Ein sehr schneller und auch effektiver Weg ist der über die klassischen Werkzeuge ABWEDLER und NACHBELICHTER, die mit der CS4 auch einige Kinderkrankheiten verloren haben.

Wählen Sie zunächst den ABWEDLER aus der Werkzeugpalette, stellen Sie den Wirkungsbereich auf LICHTER ❶ ein und arbeiten Sie mit einer Belichtung von unter 10 %. So können Sie die hellen Flächen schrittweise noch heller machen. Die neue Einstellung TONWERTE SCHÜTZEN ❷ erhält auch bei einer Aufhellung die notwendige Farbsättigung.

2 Hell-dunkel-Kontrast

Durch den Abwedler sind jetzt alle hellen Details – auch in der Iris – aufgehellt worden. Im nächsten Schritt werden Sie mit dunkleren Tiefendetails den Gesamtkontrast verstärken.

Nutzen Sie dazu das NACHBELICHTER-WERKZEUG, stellen Sie seinen Arbeitsbereich auf TIEFEN, und arbeiten Sie mit einer BELICHTUNG zwischen 10 und 20 %. Passen Sie die Pinselgröße so an, dass sie gut über den Details der Iris arbeiten können und dunkeln Sie diese in mehreren Schritten ab.

3 Augenfarbe verstärken

Die Option TONWERTE SCHÜTZEN, die sowohl im Abwedler als auch im Nachbelichter zur Verfügung steht, hat schon gute Arbeit geleistet und die Farbsättigung proportional angepasst. Sie können die Farbkraft der Iris noch weiter verstärken, indem Sie zum Schwamm wecheln und die Option SÄTTIGUNG ERHÖHEN ❸ wählen. Aktivieren Sie auch die Option DYNAMIK ❹, die die Wirkung von neutralen Bereichen fernhält. Malen Sie dann mit passender Werkzeuggröße zur Farbverstärkung über die Iris.

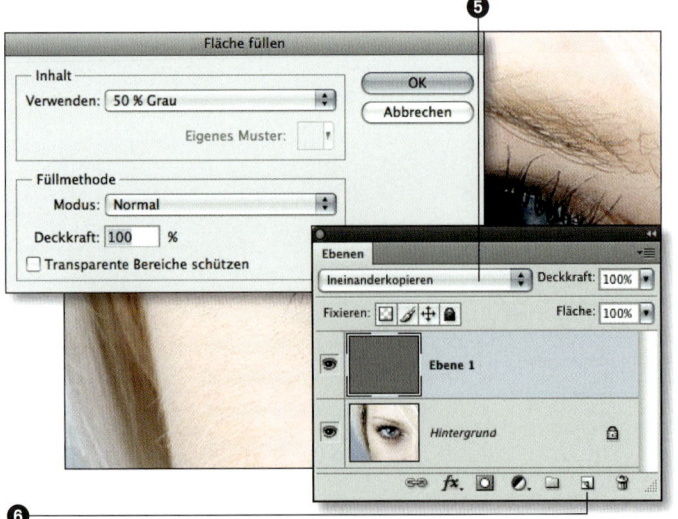

4 Methode 2: Belichtungsebene

Diese Methode nimmt das Prinzip des Ab-wedlers und Nachbelichters auf, ermöglicht jedoch durch eine Überlagerungsebene flexibles und nicht-destruktives Arbeiten.

Erstellen Sie eine neue leere Ebene durch eine Klick auf das Seitensymbol ❻ und wählen Sie den Befehl BEARBEITEN ▷ FLÄCHE FÜLLEN. Wählen Sie als Füllfarbe ein 50 %iges Grau. Danach wechseln Sie den Füllmodus ❺ dieser Ebene auf INEINANDERKOPIEREN. So hat die Ebene erst einmal keine Auswirkungen.

5 Belichtung durch Grautöne

Der MODUS INEINANDERKOPIEREN wirkt wie ein gleichzeitiger Abwedler und Nachbe-lichter. Einzige Einschränkung: Sie können die Wirkung nicht auf Tiefen oder Lichter be-schränken. Blenden Sie sich über das FENSTER-Menü die FARBFELDER ein. In dieser Standard-farbsammlung stehen Ihnen genug Grautöne zur Verfügung. Mit einem Klick wählen Sie ein helles Grau und malen mit dem PINSEL-WERK-ZEUG ✏ und geringer DECKKRAFT ❼ über die Stellen, die Sie aufhellen wollen.

6 Belichtungsebene fertigstellen

Wechseln Sie die Deckkraft des Pinsels und vor allem die Helligkeit der Grautöne, um die Wirkung zu variieren. Helle Grautöne wedeln ab, dunkle belichten nach. Das mittlere Grau hat keine Auswirkung.

So können Sie stückweise über eine graue Belichtungsebene den Hell-dunkel-Kontrast Ihres Bildes erhöhen.

7 Methode 3: Bildgerechter Kontrast

In der letzten Alternative arbeiten Sie mit einer Einstellungsebene und einer bildgerechten Kontrastoptimierung.

Öffnen Sie sich dafür zunächst über das FENSTER-Menü die neue KORREKTUREN-Palette und klicken Sie auf das Symbol für GRADATIONSKURVEN ❽.

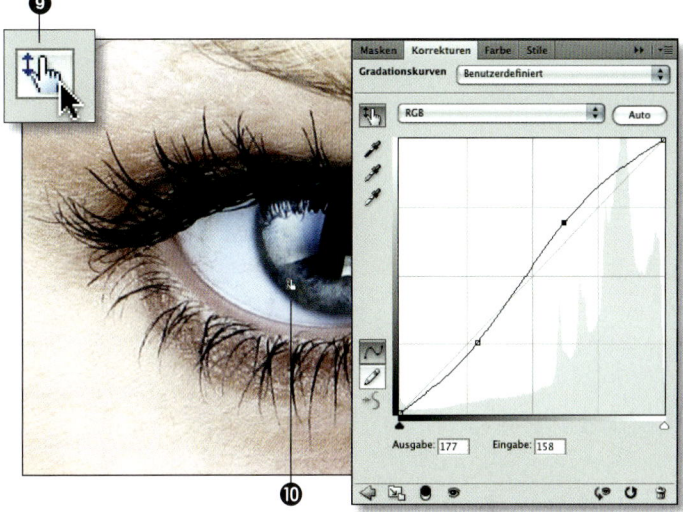

8 Handarbeit

Anstatt die Gradationskurve jetzt auf gut Glück zu biegen, werden Sie den Kontrast direkt im Bild steuern. Aktivieren Sie das Handwerkzeug ❾ aus dem Arbeitsfenster.

Mit diesem Werkzeug klicken Sie im Bild auf genau die Tonwerte, die Sie aufhellen oder abdunkeln wollen. Sobald Sie auf einen Bildbereich klicken, wird der Mauszeiger zum Regler ❿, den Sie mit der Maus hoch oder runter ziehen können. Gleichzeitig wird die Gradationskurve entsprechend gebogen.

9 Wirkungsbereich maskieren

Der Kontrast wirkt sich natürlich auch auf die umliegenden Bildbereiche aus. Nutzen Sie die automatisch erzeugte Einstellungebene, um dieses zu korrigieren.

Klicken Sie in der EBENEN-Palette auf die Maskenminiatur ⓫ und wählen Sie den Befehl BEARBEITEN ▷ FLÄCHE FÜLLEN. Füllen Sie diesmal die Ebene mit 100 % Schwarz. So ist die Wirkung der Korrektur zunächst wieder abgedeckt. Mit einem Pinsel und weißer Vordergrundfarbe können Sie sie für die gewünschten Augenbereiche wieder hervormalen.

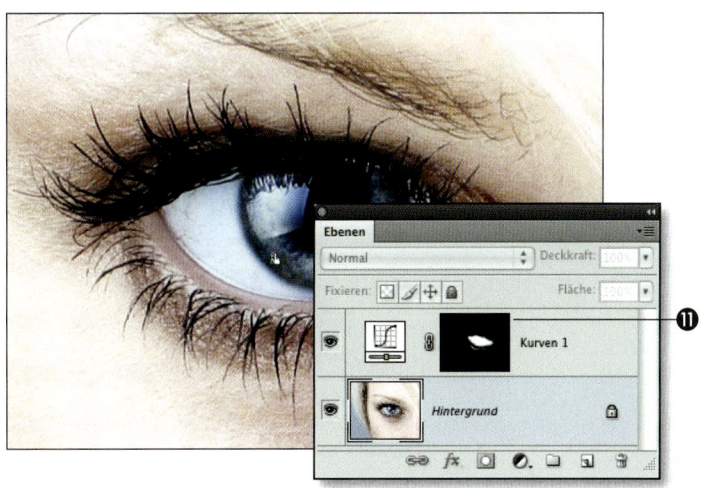

Digitale Kosmetik

Mit Farbe an Augen, Haut und Haare

Ein dezenter Eingriff mit ein wenig Farbe perfektioniert jedes Porträt. Ob Sie nun die Augenfarbe ändern, die Haarfarbe erneuern oder den Wangen zu etwas Frische verhelfen wollen – alles ist eine Zusammenarbeit verschiedenster Werkzeuge und deren Werkzeugoptionen. Sehen Sie an diesem Beispiel einen typischen Werkzeugmix.

Zielsetzungen:

Farbharmonie herstellen

Wangen modellieren und Rouge auftragen

Augenfarbe ändern

Haarfarbe auffrischen

[MakeUp.jpg]

1 Pinsel vorbereiten

Wir starten mit einer Auffrischung der Haarfarbe. Wählen Sie das normale PINSEL-WERK-
ZEUG, und stellen Sie es in den Werkzeugoptionen den MODUS auf FARBE, der färbt
nämlich um. Stellen Sie gleichzeitig eine große
Werkzeugspitze mit einer HÄRTE von »0«
ein und eine DECKKRAFT um 25 %.

Wechseln Sie dann auf das PIPETTE-WERK-
ZEUG, und nehmen Sie zwei Farben aus den
Haaren als Vorder- und Hintergrundfarbe auf
❶. Um die Hintergrundfarbe aufzunehmen,
drücken Sie beim Klicken die Alt /⌥ -Taste.

2 Haare kolorieren

Wechseln Sie jetzt zurück auf den Pinsel und
malen Sie sachte über die matten Teile der
Haare ❷.

Wechseln Sie dabei ständig mit der X -Taste
die Vorder- und Hintergrundfarbe, so vermeiden Sie eine zu gleichmäßige Kolorierung.

Achten Sie außerdem darauf, dass die Werkzeugspitze nicht über die Haare hinausgeht,
sonst müssen Sie später jede Menge rötlichen
Schimmer wegkorrigieren.

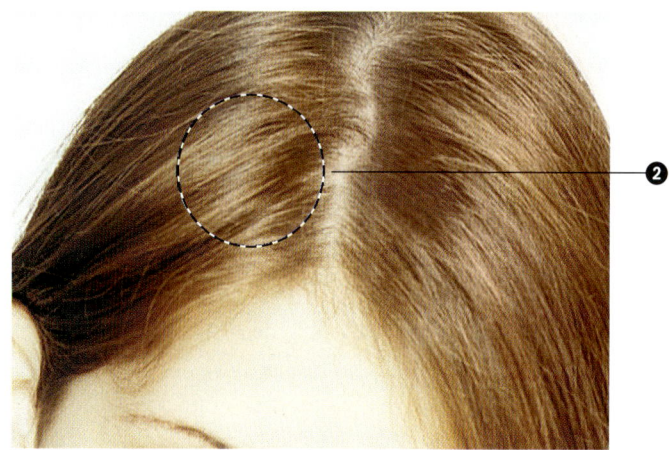

3 Iris nachbelichten

Als Nächstes sollen die Augen in eine zu den
Haaren passende Farbe umgefärbt werden.
Dunkeln Sie zuerst die Iris nach, denn braune
Augen sind nun mal dunkler als blaue.

Wählen Sie das NACHBELICHTER-WERKZEUG
, und stellen Sie den Arbeitsbereich auf
MITTELTÖNE. Die Werkzeuggröße sollte nicht
größer als der Irisrand sein. Mit einer Intensität der BELICHTUNG unter 50 % können
Sie die Iris abdunkeln ❸. Durch die Option
TONWERTE SCHÜTZEN wird die Farbintensität
erhalten.

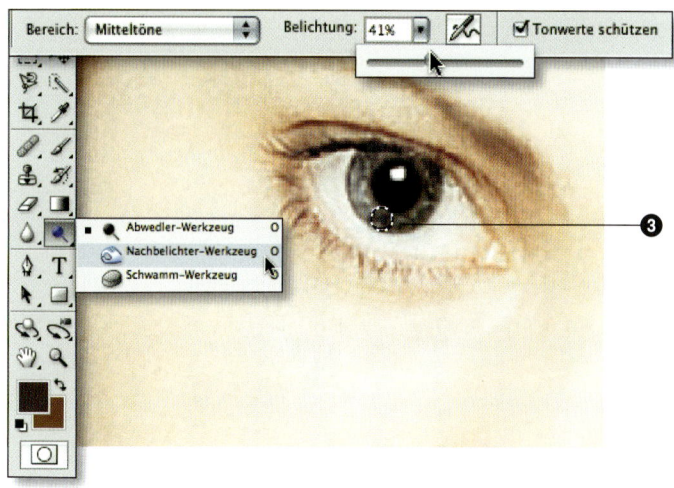

4 **Bestehende Augenfarbe intensivieren**

Die Augenfarbe war vorher etwas blass. Bevor wir sie mit einer weniger intensiven Farbe wie Braun umfärben, müssen wir die Sättigung noch etwas steigern.

Benutzen Sie das SCHWAMM-WERKZEUG mit dem gleichen Durchmesser wie eben das NACHBELICHTER-WERKZEUG. Stellen Sie den MODUS auf SÄTTIGUNG ERHÖHEN und den FLUSS auf 50 %, um eine starke Wirkung zu erzielen. Die Option DYNAMIK verstärkt in erster Linie die stark gesättigten Farben der Iris.

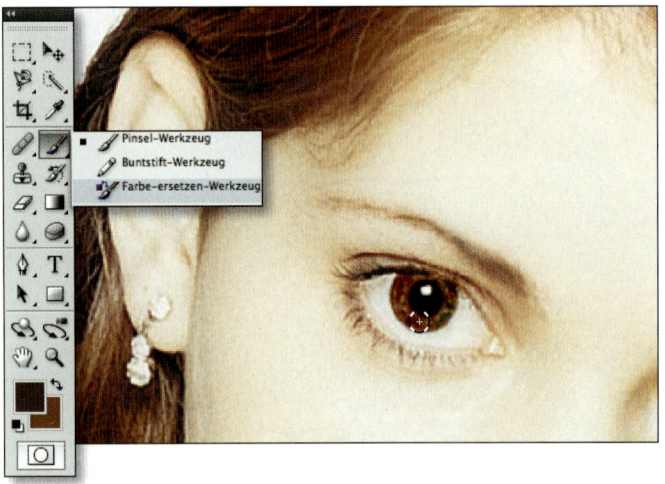

5 **Augenfarbe ändern**

Jetzt haben Sie eine gute Grundlage zum Umfärben geschaffen. Benutzen Sie dafür den FARBE-ERSETZEN-WERKZEUG mit dem MODUS FARBE und einer TOLERANZ um 25 %. Diese Toleranz sorgt dafür, dass nur in der Werkzeugmitte ähnliche Farben umgefärbt werden. Wählen Sie den dunkleren der beiden verwendeten Brauntöne. Bearbeiten Sie jetzt mit dem Pinsel die Iris. Alles, was sich in der eingestellten TOLERANZ und im Werkzeug-RADIUS befindet, wird neu eingefärbt. Alles außerhalb davon wird nichts geändert.

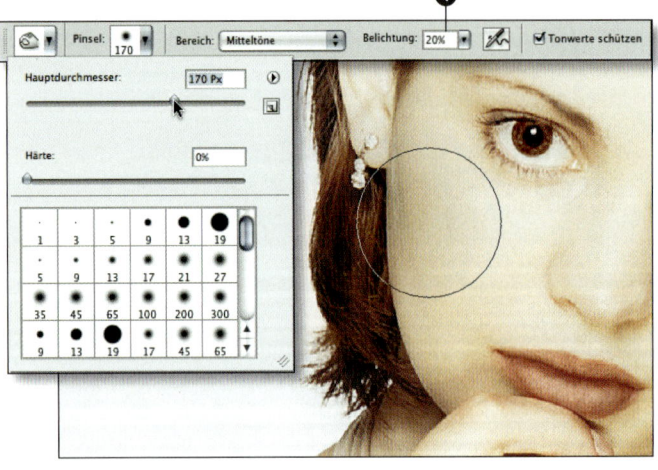

6 **Wange modellieren**

Jetzt kommen wir zum Wangenrot. Damit den Wangen überhaupt ein Ton richtig steht, müssen Sie diese vorher leicht schattieren.

Benutzen Sie dafür auch das NACHBELICHTER-WERKZEUG. Ändern müssen Sie allerdings den HAUPTDURCHMESSER der Werkzeugspitze, der bedeutend vergrößert werden muss, und die BELICHTUNG ❹. Verringern Sie diese auf einen Wert von unter 20 %.

Dunkeln Sie mit diesen Einstellungen die Wangen leicht nach, bis sie modellierter wirken.

7 Lippenfarbe aufnehmen

Benutzen Sie keine Fremdfarbe, um die
Wangen aufzufrischen. Es bietet sich eher an,
dafür einen Farbton aus den Lippen aufzunehmen.

Mit gedrückter ⌥Alt/⌥-Taste wird das
Werkzeug zur Pipette. Nehmen Sie damit
eine neue Vordergrundfarbe aus den Lippen
auf ❺, und wechseln Sie dann auf das PINSEL-
WERKZEUG.

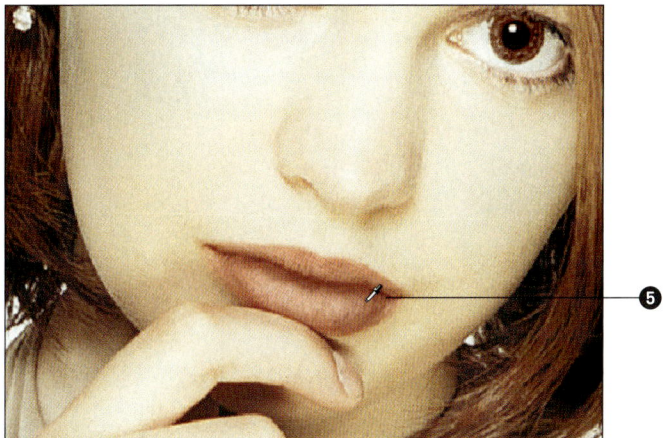

8 Rouge auftragen

Benutzen Sie den Pinsel mit ebenfalls sehr
großer weicher Pinselspitze und belassen Sie
den MODUS auf FARBE. Reduzieren Sie die
DECKKRAFT auf unter 10 %.

So können Sie jetzt die Farbe ganz ähnlich
wie echtes Rouge auftragen: nach und nach
und von außen nach innen.

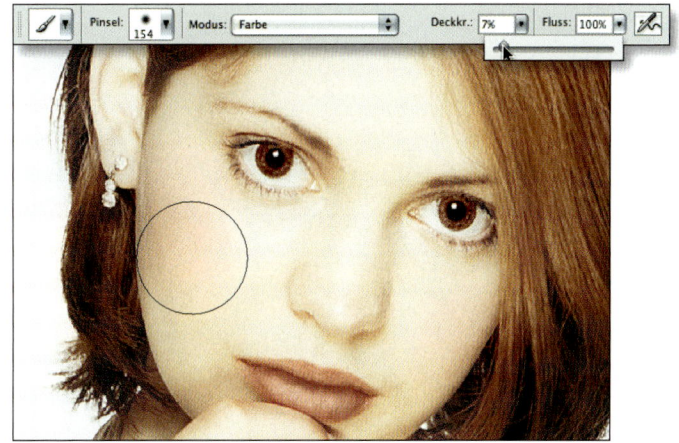

9 Übergänge perfektionieren

Ein Großteil der hier genutzen Werkzeuge
sind nicht auf einer Ebene zu nutzen bzw.
nur mit größerem Aufwand zu erreichen.

Die fehlende Ebenenarbeit verlangt Ihnen
mehr Exaktheit ab – und eine gute Endkon-
trolle. Denn jetzt können Sie noch kleine
Unsauberheiten mit dem PROTOKOLLPINSEL
🖌 korrigieren. Malen Sie mit diesem über
unsaubere Zonen, so kehren Sie an diesen
Stellen zur sauberen Ausgangssituation des
Bildes zurück. Auch hier können Sie mit ver-
ringerter Deckkraft stückweise arbeiten.

Das Protokoll

Protokoll-Palette und Protokollpinsel

 ❶

Die Protokoll-Palette bietet die Möglichkeit, mehr als einen Bearbeitungsschritt rückgängig zu machen, denn in ihr wird eine vordefinierte Anzahl von Protokollschritten in der Arbeitsdatei gespeichert.

Die Anzahl der Protokollobjekte legen Sie in den VOREINSTELLUNGEN von Photoshop fest. Unter dem LEISTUNG-Bereich geben Sie im Feld VERLAUF UND CACHE die Zahl der PROTOKOLLOBJEKTE ein. Achtung: Die Speicherung dieser Zwischenstadien geht gehörig auf den Arbeitsspeicher.

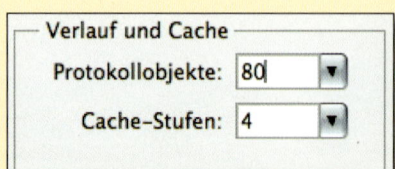

Der Protokollpinsel lässt Sie zu den protokollierten Arbeitsstadien partiell zurückkehren. Er »malt« standardmäßig auf den Status des Öffnens zurück. Wollen Sie auf einen bestimmten Arbeitsschritt partiell zurückkehren, müssen Sie diesen vorher in der PROTOKOLL-Palette festlegen.

Die Werkzeugoptionen für den PROTOKOLLPINSEL entsprechen denen des Pinsels. Sie können also weiche Übergänge zwischen *früher* und *jetzt* generieren. Und außerdem

noch einen Verrechnungsmodus zwischen den Zuständen bewirken – aber ab da wird's dann doch leicht abenteuerlich …

Schnappschuss und Protokolloptionen speichern einen Bearbeitungszustand auch über die maximalen Protokollschritte hinaus. Sie speichern einen Schnappschuss über die Optionen der PROTOKOLL-Palette – erreichbar über den kleinen schwarzen Pfeil ❶.

Im Schnappschuss können Sie auch nur eine Ebene speichern. Sie können jederzeit zu den Schnappschüssen zurückkehren – ganz oder teilweise durch den PROTOKOLLPINSEL.

Sie können Schnappschüsse auch automatisch erstellen lassen. Aktivieren Sie dazu in den Protokolloptionen BEIM SPEICHERN AUTOMATISCH NEUEN SCHNAPPSCHUSS ERSTELLEN. Mit nicht-linearen Protokollen können Sie einen Protokollstatus ändern, ohne dass die nachfolgenden Schritte auch gelöscht werden.

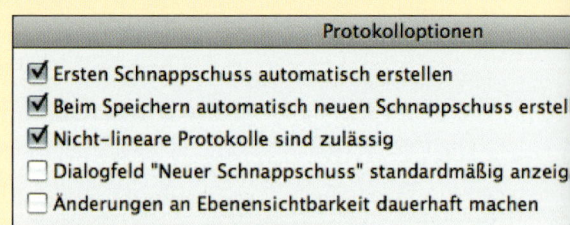

Beim Schließen einer Datei erlischt sowohl das Protokoll als auch die darin gespeicherten Schnappschüsse.

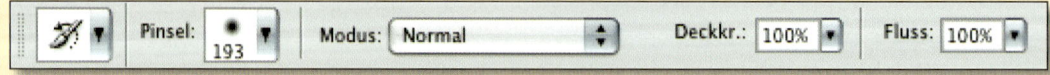

Die Arbeit mit der Protokoll-Palette und dem Protokollpinsel:

1 | Die PROTOKOLL-Palette blenden Sie unter FENSTER ▷ PROTOKOLL ein.

2 | Legen Sie unter den den VOREINSTEL-LUNGEN ▷ LEISTUNG die Anzahl der PROTOKOLL-OBJEKTE fest.

3 | Der PROTOKOLLPINSEL 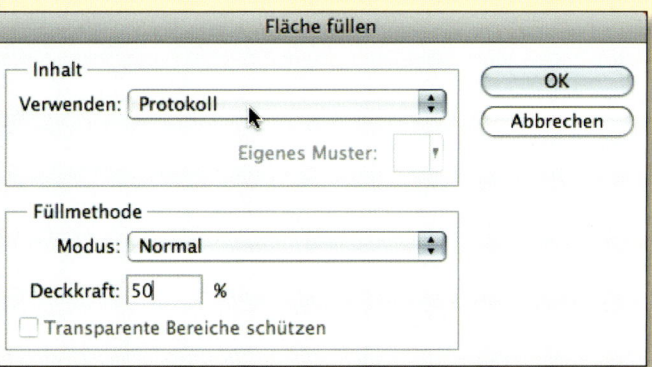 befindet sich in der Werkzeugpalette unterhalb des Pinsels.

4 | Erstellen Sie von wichtigen Bearbeitungs-zuständen einen zusätzlichen Schnappschuss über den entsprechenden Befehl in den Opti-onen der PROTOKOLL-Palette.

5 | Wählen Sie innerhalb der PROTOKOLL-Palette den Zustand, auf den Sie partiell zurückkehren möchten. Um ihn angezeigt zu bekommen, klicken Sie einfach auf die Namen der Protokollobjekte ❸.

6 | Wählen Sie die Quelle für den PROTOKOLLPINSEL, indem Sie in das kleine Kästchen vor das ausgewählte Protokoll-objekt klicken ❷.

7 | Kehren Sie zu dem Ist-Zustand zurück, indem Sie auf das letzte Protokollobjekt klicken.

8 | Mit dem PROTOKOLLPINSEL arbeiten Sie so: Malen Sie an der gewünschten Stelle den alten Zustand wieder hervor. Änderungen von Druck, Modus und Pinselspitze erfolgen wie beim normalen Pinsel. Mit einer verringerten Deckkraft in den Pinseloptionen können Sie alten und neuen Zustand überlagern.

9 | Sie wollen weitestgehend auf einen frü-heren Zustand zurückkehren und nur geringe Teile des aktuellen Zustandes erhalten? Dann gehen Sie erst vor wie in Schritt 6 und 7 und wählen dann BEARBEITEN ▷ FLÄCHE FÜLLEN. Dort aktivieren Sie unter VERWENDEN ▷ PRO-TOKOLL. Danach verwenden Sie den PROTO-KOLLPINSEL und wählen den jetzt vorletzten Zustand als Quelle, den Sie partiell wieder hervormalen.

Scharf- und Weichzeichnen

**Mit der Scharf- und Weichzeich-
nung nehmen Sie das Feintuning
Ihres Bildes vor.** Sind alle Belichtungs-
und Farbkorrekturen abgeschlossen und
ist die Retusche perfekt – dann folgen
noch die Weichzeichnung als Schmeich-
ler oder Stilmittel und die Scharfzeichnung als letzter Schliff.

Auch hier sollte man bildgerecht
arbeiten. Verschiedenste Techniken
aus diesem Kapitel helfen Ihnen, Ihr
Bild motivgerecht zu schärfen oder
individuell weichzuzeichnen.

Gute Maskierungen, selektive Ein-
schränkungen oder Smartfilter-Ebenen
lassen Sie diese Scharf- und Weichzeichnungen bis ins Detail steuern und auch
nachträglich noch bearbeiten.

Foto: Maike Jarsetz

Scharf- und Weichzeichnen

Schnell zur Perfektion 376
Richtig »Unscharf maskieren« in drei Schritten

Der selektive Scharfzeichner 378
Schärfen Sie nur Schatten oder Lichter

Kanten und Flächen 382
Mit dem »Hochpass«-Filter schnell zum Ziel

Die Feinheiten herausarbeiten 384
Reduzieren Sie die Scharfzeichnung auf feinste Details

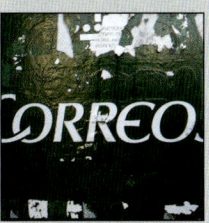

Schnell zur Perfektion

Richtig »Unscharf maskieren« in drei Schritten

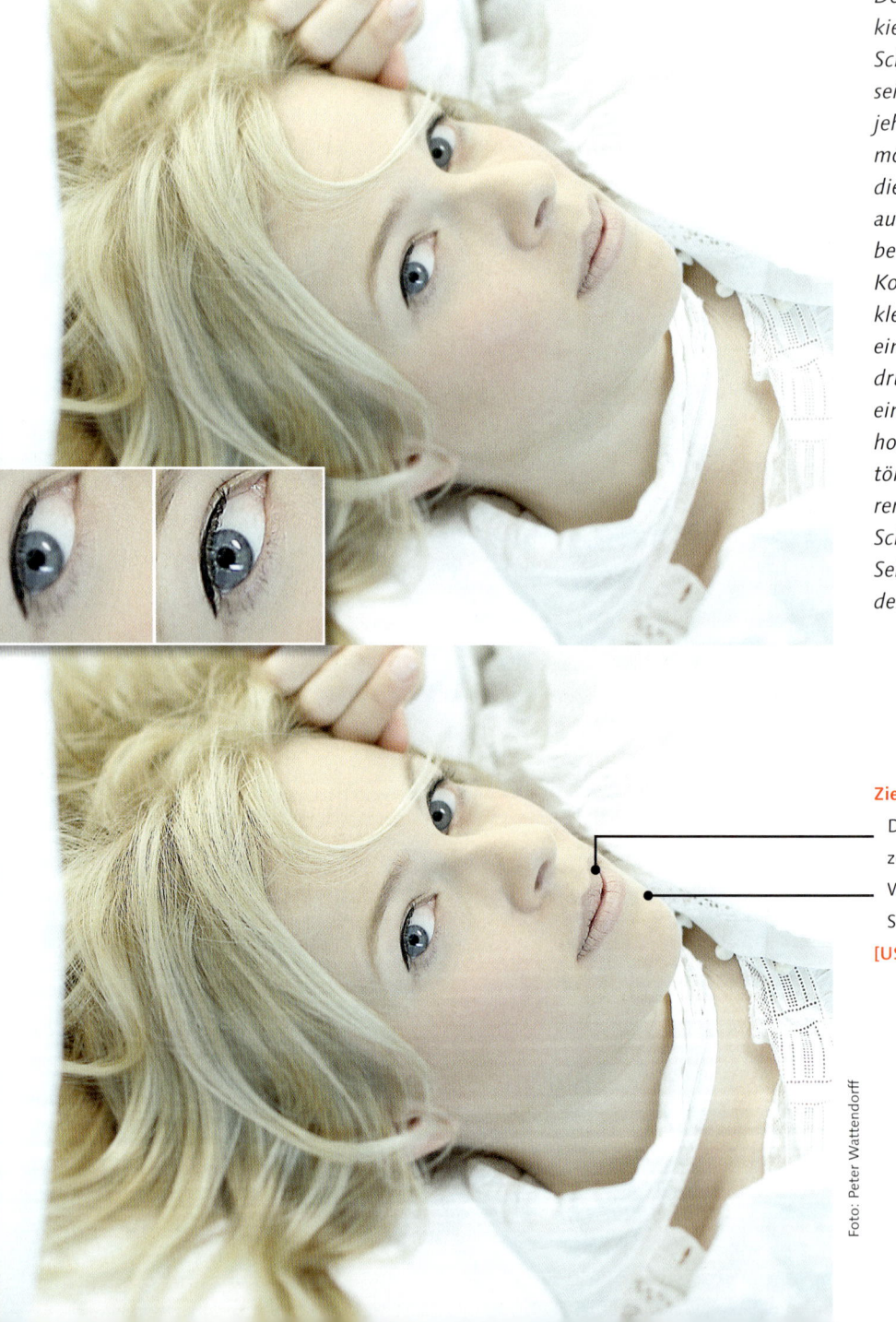

Der Filter »Unscharf maskieren« ist einer der ältesten Scharfzeichnungsfilter. Trotz seiner Betagtheit bietet er seit jeher perfekte Steuerungsmöglichkeiten. Leider werden diese meist nur unzureichend ausgenutzt. Seine Funktion beruht zunächst auf einer Kontrastanhebung innerhalb kleiner Radien. So erzeugt er einen schärferen Gesamteindruck. Dieser wirkt aber erst einmal global – also auch auf homogene Flächen wie Hauttöne. Um hier zu differenzieren, benötigen Sie die richtige Schwellenwert-Einstellung. Sehen Sie hier die Anwendung des Filters in drei Schritten.

Zielsetzungen:

Details und Konturen scharfzeichnen

Weiche Farbübergänge vor der Scharfzeichnung schützen

[USM_Portraet.jpg]

Foto: Peter Wattendorff

1 Zuerst der Radius

Wählen Sie aus dem FILTER-Menü SCHARF-ZEICHNUNGSFILTER ▷ UNSCHARF MASKIEREN. Klicken Sie im Bild auf die Stelle, die Sie im Vorschauquadrat beurteilen wollen. Setzen Sie die STÄRKE auf ca. 200 %, um zunächst die Wirkung des RADIUS beurteilen zu können.

Die RADIUS-Werte spielen sich in ganz kleinen Bereichen ab, denn die Kontrastanhebung für die Scharfzeichnung soll in möglichst engen Bereichen erfolgen. Hier ist ein Wert von 1,8 ausreichend.

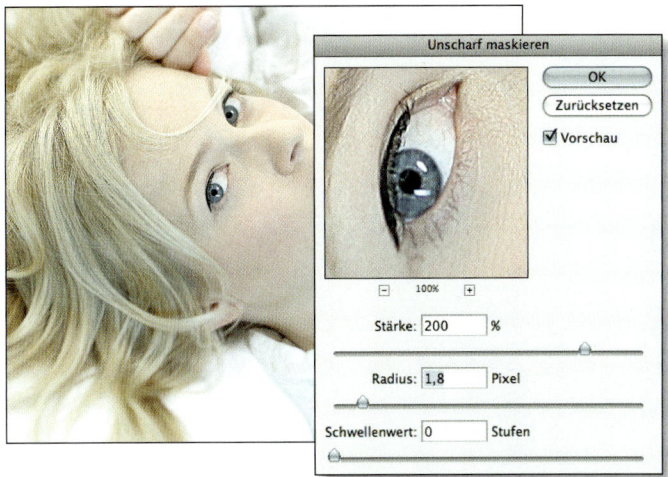

2 Stärke bestimmen

Jetzt geht es an die Anpassung der STÄRKE der Scharfzeichnung. Übrigens: Um die Wirkung richtig beurteilen zu können, sollten Sie die Vorschaugröße im FILTER-Menü immer auf 100 % ❶ belassen.

Bei der STÄRKE sollten Sie einen Wert von 220 % in den meisten Fällen nicht überschreiten, sonst kommt es durch zu hohen Kontrast an den geschärften Kanten zu Lichthöfen. Bei Porträts liegen die Grenzen deutlich darunter. Hier landen wir bei einem Wert um 180 %.

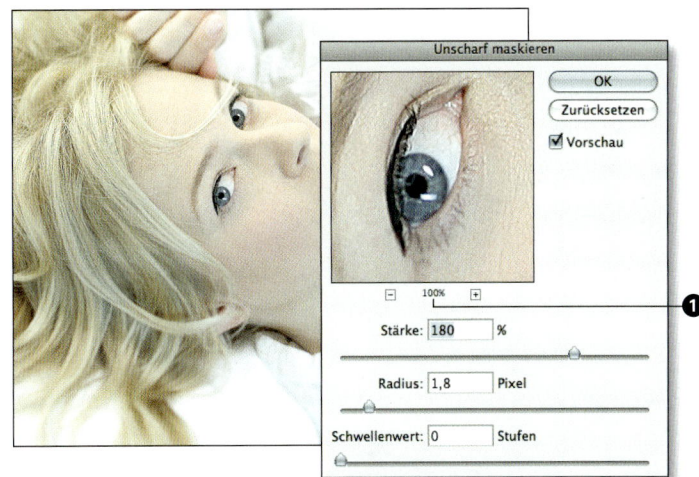

3 Das A und O: der Schwellenwert

Wenn Sie die STÄRKE deutlich über 150 % ziehen, werden Sie bemerken, dass feine Tonwertabstufungen, wie etwa bei Hauttönen, durch die Schärfung deutlich »aufgekraust« werden – die Schärfung zeigt sich an fast jedem Pixel.

Hier wollen Sie aber gar nicht schärfen. Und deshalb setzt jetzt der SCHWELLENWERT ein: Dieser bestimmt, ab welchem Tonwertunterschied (in 0–255 Stufen) die angegebene Schärfung erst einsetzt. Ziehen Sie den Regler hoch, bis die unangenehmen Effekte in den Hauttönen verschwunden sind.

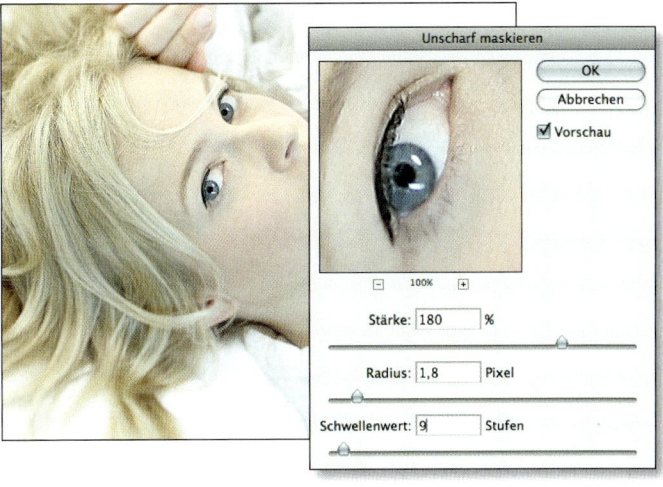

Der selektive Scharfzeichner

Schärfen Sie nur Schatten oder Lichter

Die selektive Scharfzeichnung ist eine gute Möglichkeit, die Scharfzeichnung auf Lichter oder Schatten zu beschränken. Die Anwendungen für diese Reduzierung sind vielfältig: In Porträts können Sie die hellen Hauttöne von der Scharfzeichnung ausgrenzen. In Naturaufnahmen werden die Schattenbereiche so ruhig gehalten. Im vorliegenden Beispiel sollen die Tiefendetails und kleine Schatten des Fells verstärkt werden, aber die hellen Bereiche sollen durch die Schärfung nicht noch weiter verstärkt werden, da dies die Gefahr von ausgefressenen Bereichen hervorruft.

Zielsetzungen:
Tiefendetails scharfzeichnen
Spitzlichter ruhig halten
[selektiv.jpg]

Foto: Maike Jarsetz

1 Für Smartfilter konvertieren

Wählen Sie aus dem FILTER-Menü den Befehl FÜR SMARTFILTER KONVERTIEREN.

So konvertieren Sie die Ebenenpixel in ein Smart-Objekt – die gesamte Bildinformation bleibt also in voller Qualität zugänglich. Außerdem können Sie so nachher die Wirkung des Filters gezielt steuern.

Die Umwandlung der Ebene in ein Smart-Objekt ist auch in der EBENEN-Palette an dem kleinen Symbol ❶ erkennbar.

2 Selektiver Scharfzeichner

Wählen Sie aus der Gruppe der SCHARF-ZEICHNUNGSFILTER im FILTER-Menü den SELEK-TIVEN SCHARFZEICHNER.

3 Art der Scharfzeichnung bestimmen

Jede Scharfzeichnung wirkt einer bestimmten Form der Weichzeichnung entgegen. Und so wählen Sie aus dem Popup-Menü zunächst unter ENTFERNEN ❷ eine Weichzeichnungsart aus, aus der sich dann die Scharfzeichnungstechnik ergibt. Dem GAUSSCHEN WEICHZEICH-NER würde eine Form des Unscharf-Maskierens entgegenwirken. Wählen Sie diese als Basis für die Scharfzeichnung aus.

4 Stärke und Radius bestimmen

Ähnlich wie im UNSCHARF-MASKIEREN-Filter bestimmen Sie auch hier die STÄRKE und den RADIUS der Scharfzeichnung in Abhängigkeit voneinander. Wählen Sie dafür einen geeigneten Vorschau-Ausschnitt. In dem Fenster ❸ können Sie das Bild mit gedrückter Maustaste verschieben. Stellen Sie den STÄRKE-Wert auf über 200, um den RADIUS zu bestimmen. Den RADIUS legen Sie in der 100%igen Vorschau ❹ fest: Achten Sie auf gute Schattendetails – die gleichzeitige Schärfung der Lichter können Sie zunächst vernachlässigen.

5 Der erweiterte Modus

Klicken Sie jetzt auf die Option ERWEITERT ❺, um Zugang zu weiteren Arbeitsfenstern zu bekommen.

Klicken die dort auf den Reiter LICHTER. Denn in den Lichtern, den hellen Flächen und Spitzlichtern, soll die Scharfzeichnung gleich relativiert werden.

6 Wirkung in den Lichtern verblassen

Die Scharfzeichnung hat die sonnenbeschienenen Bereiche noch kontraststärker gemacht – das tut dem Bild nicht gut: Ziehen Sie den Regler für VERBLASSEN UM ❼ als auch den für TONBREITE ❻ auf 100%. So bestimmen Sie, dass die hellen Töne bis in den mittleren Tonwertbereich hinein bis zu 100% von der eingestellten Scharfzeichnung ausgeschlossen werden. Der RADIUS bestimmt dabei den Übergang in angrenzende Tonwerte. Dieser hat jedoch hier, bei einer doppelten 100%-Einstellung, kaum noch Auswirkungen.

7 Nachjustieren

Mit dieser Einstellung können Sie bei der Schärfeeinstellung sogar noch ein bisschen dicker auftragen. Wechseln Sie dafür auf den Reiter SCHARFZEICHNEN, und ziehen Sie dort den Wert für die STÄRKE noch ein wenig höher – natürlich immer mit dem Blick auf das 100 %ige Vorschaubild. Bestätigen Sie jetzt mit OK.

8 Filtermaske nutzen

Entstanden ist jetzt eine flexible Filterebene, für die Sie sowohl die DECKKRAFT ändern als auch den Verrechnungsmodus bestimmen und die dazugehörige Maske maskieren können.

Klicken Sie auf das Filtermaskensymbol ❾, und wählen Sie einen angemessen großen, weichen PINSEL ✐ mit schwarzer Vordergrundfarbe.

Malen Sie dann über den Hintergrund, damit der Motivmittelpunkt noch mehr durch die Schärfung hervortritt ❽.

9 Selektive Scharfzeichnung

Mit dieser letzten Feinkorrektur haben Sie eine wirklich selektive Scharfzeichnung durchgeführt, die eine starke Kontrastverstärkung nur in den Motivteilen durchführt, in denen es die motivgerechteste Wirkung hat.

Die Basis dafür war die selektive Scharfzeichnung. Die Möglichkeiten der Smartfilter taten ihr Übriges.

Kanten und Flächen

Mit dem »Hochpass«-Filter schnell zum Ziel

Jedes Motiv verlangt eine eigene Strategie zur Scharfzeichnung. Mit Kanten und Flächen treffen in einem Bild unterschiedliche Interessen aufeinander. Kanten wollen geschärft und Flächen geglättet werden. Mit dem »Hochpass«-Filter können Sie selektiv die Kantenkontraste herausarbeiten und diese für die Schärfung nutzen. Mit der Vorbereitung durch eine Smartfilter-Ebene können Sie dessen Wirkung von vornherein steuern.

Zielsetzungen:
Kantenkontrast steigern
Wirkung auf Flächen
gering halten
[Hochpass.jpg]

Foto: Maike Jarsetz

1 Mit Smartfiltern arbeiten

Wählen Sie aus dem FILTER-Menü den Befehl
FÜR SMARTFILTER KONVERTIEREN. So können Sie
nachher die Wirkung des Filters gezielt steuern.
Die Umwandlung der Ebene in ein Smart-
Objekt ist auch in der EBENEN-Palette an dem
kleinen Symbol ❶ erkennbar.

Wählen Sie dann aus der Gruppe SONSTIGE
FILTER den HOCHPASS-Filter. Der HOCHPASS-
Filter »plättet« Ihr Bild radikal, aber erhält die
Kantendetails bei Kontrasten. Setzen Sie den
RADIUS-Wert erst einmal auf 0,1.

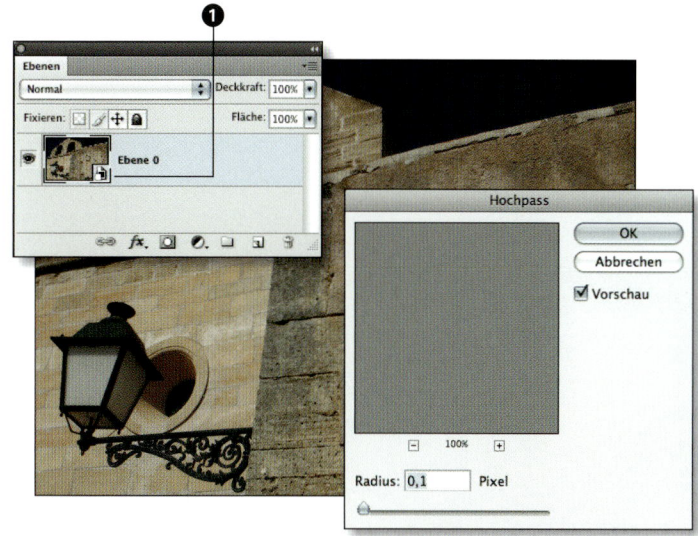

2 Fülloptionen voreinstellen

Das graue Vorschaubild ist noch nicht viel-
versprechend. Aber keine Angst: das kommt
gleich. Doppelklicken Sie in der EBENEN-
Palette das Einstellungssymbol ❷ für die Fülloptionen Ihrer Smartfilter-Ebene.

Im folgenden Menü stellen Sie den MODUS
auf INEINANDERKOPIEREN, und schon ist das
Motiv wieder sichtbar – noch nicht deutlich
geschärft, aber das kommt gleich.

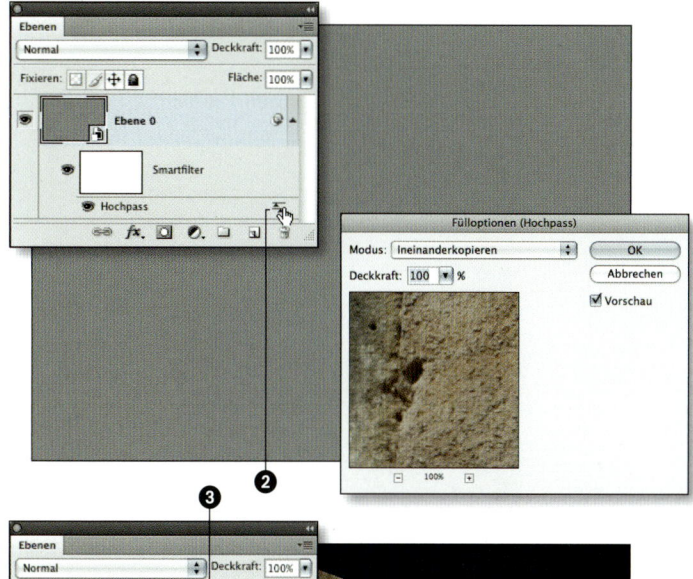

3 Kanten betonen

Der Modus INEINANDERKOPIEREN sorgt dafür,
dass sich gleich die Wirkung des Hochpass-
Filters mit dem Originalmotiv überlagert.

Doppelklicken Sie in der EBENEN-Palette
den Namen des Filters ❸. Dann bestimmen
Sie mit dem RADIUS, in welchem Pixelbereich
die Kantendetails verstärkt werden sollen. Je
nach Motiv und Auflösung sind hier Werte
von 1 bis ca. 5 Pixeln die Regel.

Im Vorschaubild können Sie die Wirkung
auf die Kanten steuern, während die Flächen
durch diesen Filter unbeeinflusst bleiben.

Die Feinheiten herausarbeiten

Reduzieren Sie die Scharfzeichnung auf feinste Details

Mit einer normalen Scharfzeichnung kann man bei
einigen Motiven mehr kaputt-
machen als gewinnen. Wenn
Sie nur noch einen Hauch
von Schärfe in die kleinsten
Details hereinarbeiten wollen,
lohnt die Arbeit einer Konturenmaske. Diese begrenzt den
Arbeitsbereich so filigran auf
die kleinsten Kontraste, dass
Sie diese kräftig schärfen können. Die Maske ist nicht nur
Vorarbeit, sondern kann über
eine Smartfilter-Ebene auch
dauerhaft zur Veränderung
der Scharfzeichnungsbereiche
genutzt werden.

Zielsetzungen:

Konturen und kleinste
Details schärfen
Maske für die
Filterebene anlegen
[Konturen_finden.jpg]

🔘 **Video-Training**

Sie finden zu diesem Thema
auch eine Video-Lektion auf der
Buch-DVD (Lektion 3.3).

1 Hilfsebene anlegen

Duplizieren Sie die Hintergrundebene, indem Sie sie in der EBENEN-Palette auf das Symbol ❶ ziehen, denn für die Konturenmaske benötigen Sie eine Hilfsebene, auf der Sie das Originalbild verändern.

Wählen Sie dann aus dem FILTER-Menü den STILISIERUNGSFILTER ▷ KONTUREN FINDEN.

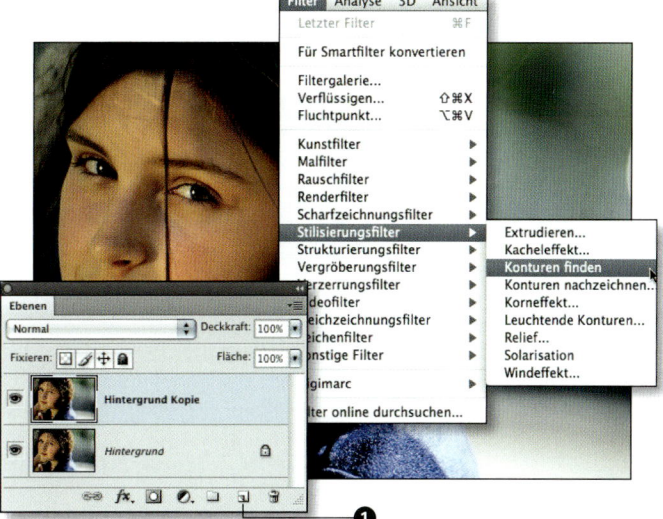

2 Konturen finden

Dieser Filter hält, was der Name verspricht, und setzt das Bild erst einmal in eine recht befremdliche Konturenvariante um.

Konturen finden sich nur dort, wo vorher schon ein bestimmter Detailkontrast vorherrschte. Der Kontrast wird in Farbe wiedergegeben – ein hoher Kontrast ergibt so schwarze Konturen ❸, Zonen ohne Kontrast bleiben weiß ❷.

3 Detailbereiche vergrößern

Diese Konturen sind noch recht filigran – zu filigran, um später als Maske dienen zu können. Aber auch dafür gibt es im gleichnamigen Menü FILTER: Wählen Sie aus der Kategorie SONSTIGE FILTER ▷ DUNKLE BEREICHE VERGRÖSSERN. Hiermit werden die dunklen Pixelbereiche einfach hochskaliert.

Mit einem RADIUS von 3–6 Pixeln erreichen Sie im Normalfall vernünftige Flächengrößen. Beurteilen Sie dies nach dem Vorschaubild.

4 Weichzeichnen

Die eben vergrößerten Bereiche sind manchmal recht eckig und auch die Flächen haben eventuell Störzonen – diese können Sie nachträglich weichzeichnen. Benutzen Sie dafür den Filter MATTER MACHEN aus der Gruppe der WEICHZEICHNUNGSFILTER.

Wählen Sie dort einen SCHWELLENWERT, der die Glättung über alle Flächen stattfinden lässt. Steuern Sie dann mit dem RADIUS die Weichzeichnung, bis die Flächen sich gut von den glattgezeichneten Konturen abgrenzen.

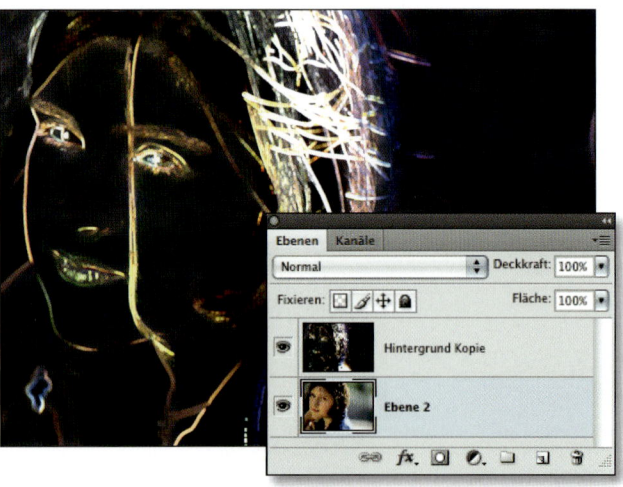

5 Konturenabbild umkehren

Jetzt sind Sie schon ziemlich weit mit der Konturenmaske. Allerdings funktioniert eine Maske später ja immer nach dem Prinzip, das dunkle Töne maskieren und weiße Töne die Wirkung »durchlassen«.

Da wir nachher aber schärfen wollen, wo jetzt dunkle Konturen sind, müssen wir die Maske noch umkehren. Am schnellsten geht das über den Kurzbefehl [Strg]/[⌘] + [I].

Wechseln Sie dann über das FENSTER-Menü in die KANÄLE-Palette.

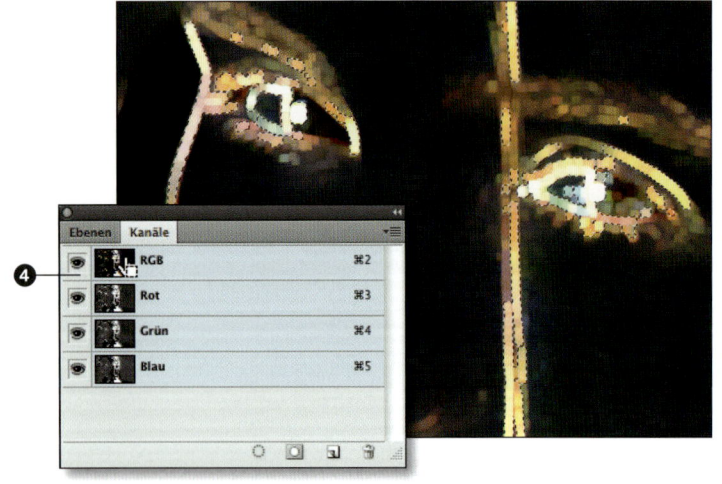

6 Auswahl erstellen

Alles, was bisher entstanden ist, soll nur ein Vehikel sein für eine eingeschränkte Scharfzeichnung.

Wandeln Sie daher nun unser »Vehikelbild« in eine Auswahl um. Wenn Sie mit gedrückter [Strg]/[⌘]-Taste in der KANÄLE-Palette auf den RGB-Kanal klicken ❹, werden die vorhandenen Hell-Dunkel-Informationen in eine Auswahl umgewandelt. In diesem Falle werden also die hellen Konturen ausgewählt.

7 Ausgedient

So, das Vehikel hat ausgedient. Zurück in der
EBENEN-Palette können Sie das absonderliche
Konturenabbild ausblenden, indem Sie auf
das Augensymbol vor der Ebene klicken .

Klicken Sie dann auf die eigentliche Bildebene, die Hintergrundebene. Die Auswahl
bleibt aktiv.

Wählen Sie dann den Befehl FÜR SMART-
FILTER KONVERTIEREN aus dem FILTER-Menü,
um die Filterwirkung, samt mühsam erstellter
Maske, auch später noch editieren zu können.

8 Scharfzeichnungsfilter

Wählen Sie jetzt den UNSCHARF MASKIEREN-
Filter aus den SCHARFZEICHNUNGSFILTERN.

Mit dem Kurzbefehl ⌈Strg⌋/⌈⌘⌋ + ⌈H⌋ können Sie die aktive Auswahl temporär ausblenden. Stellen Sie einen SCHWELLENWERT von
ca. 4 Stufen und einen RADIUS um 1,8 Pixel
ein. Mit der STÄRKE können Sie bis 180 % oder
höher gehen.

Die Auswahl ist so begrenzt, dass es keine
unerwünschten Nebenwirkungen gibt.

9 Perfekte Maske

Nachdem Sie das Dialogfeld UNSCHARF
MASKIEREN mit OK bestätigt haben, hat Ihr
Bild eine Scharfzeichnung, die auf's Detail
maskiert ist.

Sollten Sie diese Maske noch bearbeiten
wollen, klicken Sie einfach auf die Ebenen-
maskenminiatur ❻ und wenden beispielsweise noch den Filter HELLE BEREICHE VER-
GRÖSSERN an oder bearbeiten die Maske mit
den Pinselwerkzeugen.

Die smarte Weichzeichnung

Für Porträts lohnt die Kombination von Weichzeichnungsebenen

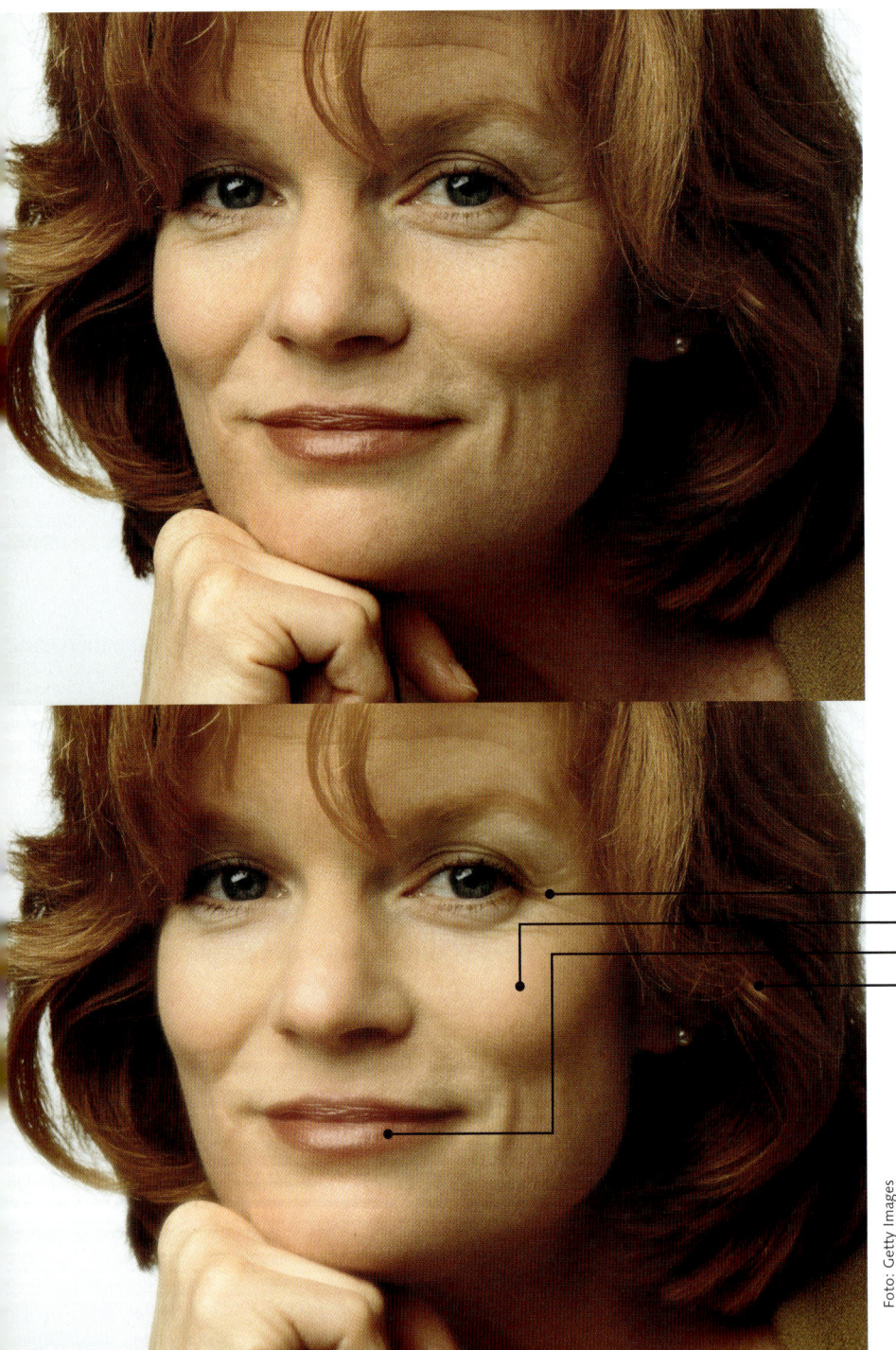

Porträts weichzuzeichnen ist nicht schwer – kann doch ein Hautton kaum weich genug sein. Allerdings wirkt sich die normale Weichzeichnung auf Flächen und Details gleichermaßen aus. Anstatt eines selektiven Weichzeichners können Sie die Weichzeichnung auch mit dem Original überlagern und dann sogar noch Weichzeichnungen hinzufügen. Die Kunst liegt dabei in der Balance zwischen Deckkraft und Wirkung der Filterebenen. Durch Einsatz von Smartfiltern bleibt alles bis zum Schluss editierbar.

Zielsetzungen:

Falten aufhellen

Haut weichzeichnen

Schimmernde Lichter erzeugen

Scharfe Details maskieren

[WZ.jpg]

Foto: Getty Images

1 Filterebenen vorbereiten

Bei dem folgenden Ebenen-Sandwich werden Sie eine Menge Vorteile aus dem Smartfilter-Prinzip schöpfen.

Starten Sie also hier mit der Konvertierung in eine Smartfilter-Ebene über den Befehl FÜR SMARTFILTER KONVERTIEREN aus dem FILTER-Menü.

Sie werden darauf hingewiesen, dass die Ebene in ein Smart-Objekt umgewandelt wird.

2 Gaußscher Weichzeichner

Wählen Sie den GAUSSSCHEN WEICHZEICHNER aus der Gruppe der WEICHZEICHNUNGSFILTER. Der Gaußsche Weichzeichner ist der Klassiker unter den Weichzeichnern. Er hat noch keine Ansätze zur selektiven Bearbeitung, sondern streut die Weichzeichnung gleichmäßig über das Motiv. Diese Streuwirkung nutzen wir hier aber bewusst, denn sie wird für den späteren »Schimmer« sorgen. Wählen Sie eine sehr starke Weichzeichnung, z. B. mit einem RADIUS von 8 Pixeln. Diese werden wir später relativieren.

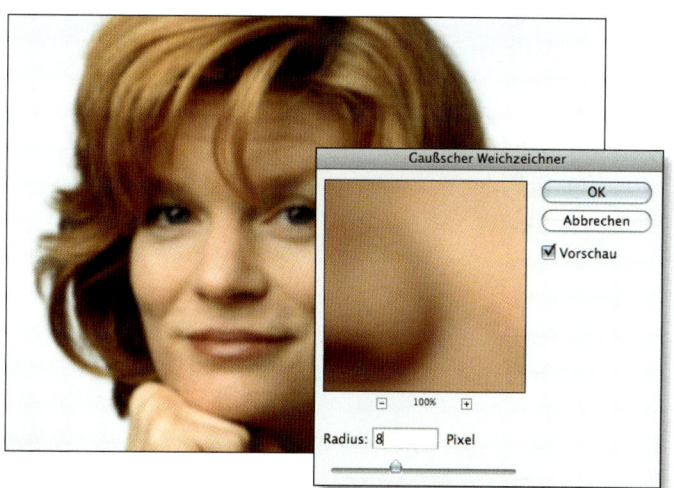

3 Filter-Fülloptionen ändern

Diese starke Weichzeichnung wird jetzt mit dem Originalbild verrechnet. Und zwar über die Fülloptionen der Smartfilter-Ebene.

Klicken Sie doppelt auf das kleine Regler-symbol in der Filterebene ❶. Es öffnet sich das Menü der FÜLLOPTIONEN (siehe Schritt 4), in dem Sie sowohl die Deckkraft als auch den Verrechnungsmodus der Filterwirkung steuern können.

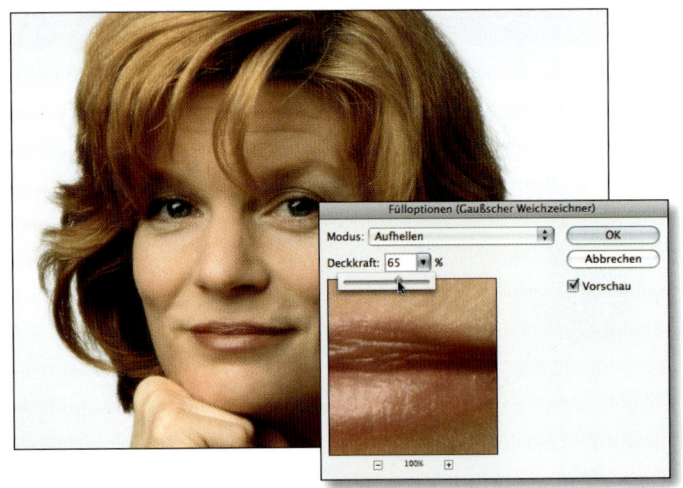

4 Smartfilter einstellen

Stellen Sie den MODUS auf AUFHELLEN, so wirkt sich die Weichzeichnung nur auf dunklere Pixel aus – mindert also z. B. die Faltenschatten. Gleichzeitig können Sie die DECKKRAFT noch reduzieren. Etwa 65 % sind hier angemessen. Klicken Sie dann auf OK.

Die Details des Originalbildes sind somit wieder erkennbar, werden aber durch die überlagernde Weichzeichnung deutlich gemindert.

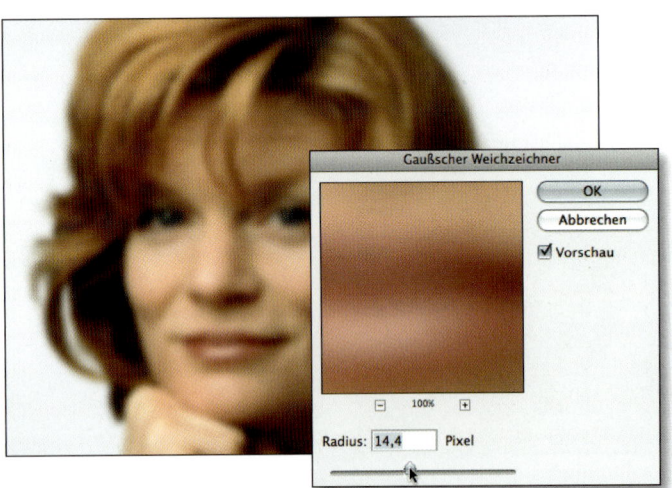

5 Noch mehr weichzeichnen

Legen Sie jetzt nochmal nach: Wählen Sie erneut den GAUSSSCHEN WEICHZEICHNER aus dem FILTER-Menü, um eine zweite Weichzeichnungsebene zu erzeugen.

Diese soll für einen Schimmer über dem Bild sorgen, deshalb können Sie den Wert diesmal auch deutlich höher setzen, so dass keine Details mehr erkennbar sind.

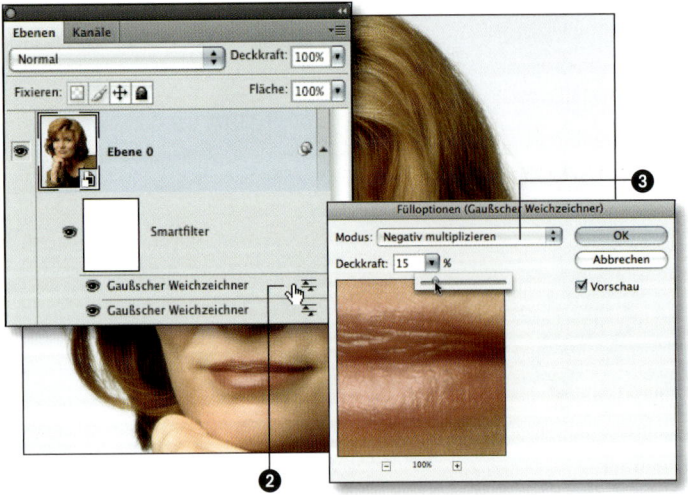

6 Weichen Schimmer erzeugen

Auch für diese Filterebene steuern Sie die Fülloptionen durch einen Doppelklick auf das Reglersymbol ❷. Achtung: Der neueste Filter ist immer der oberste.

Wählen Sie diesmal unter MODUS den Eintrag NEGATIV MULTIPLIZIEREN ❸, der alle Pixel deutlich aufhellt, und reduzieren Sie gleichzeitig die DECKKRAFT so stark – auf ca. 15 % –, dass die Weichzeichnung nur noch als Schimmer über dem Bild liegt.

7 Weichzeichnung modifizieren

Auch nachträglich können Sie jetzt die einzelnen Weichzeichnungsfilter noch steuern: Klicken Sie z. B. doppelt auf den Namen der unteren Filterebene ❹, also der zuerst durchgeführten Weichzeichnung. (Die Meldung, dass die Kombination der Filter nicht »live« in der Vorschau angezeigt werden kann, bestätigen Sie einfach mit OK.) So kommen Sie zurück in die Filtereinstellungen

Dort können Sie den Radius für die erste Weichzeichnung noch erhöhen.

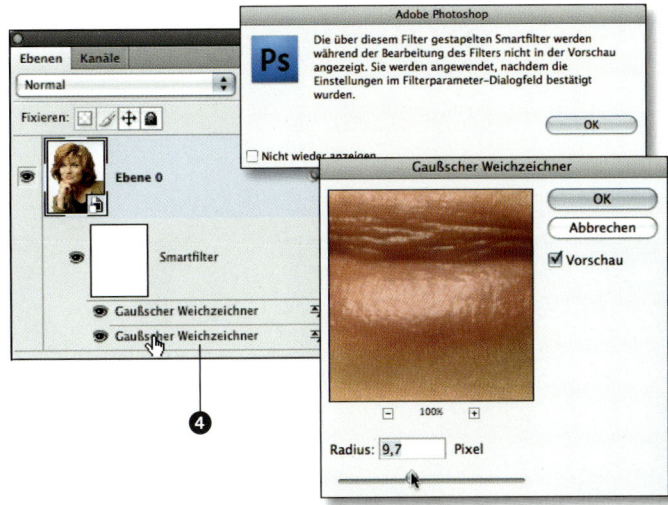

8 Filtermaske nutzen

Wenn Sie mögen, können Sie jetzt die ohnehin geminderte Weichzeichnung in den Details wie Augen oder Lippen noch weiter maskieren. Denn die Smartfilter-Ebene hat auch automatisch eine Ebenenmaske. Machen Sie diese durch einen Klick auf die Miniatur ❺ aktiv.

9 Details herausarbeiten

Malen Sie dann mit dem Pinsel-Werkzeug und schwarzer Vordergrundfarbe die Details vorsichtig wieder etwas frei. Wechseln Sie dazu ständig in der Werkzeug-Optionsleiste Deckkraft und Pinselgröße (Pinsel).

Tipp: Die Pinselgröße können Sie durch Ziehen mit gedrückter Ctrl + ⌥ -Taste (Mac) bzw. Alt + rechter Maustaste (Win) variieren, die Kantenschärfe modifizieren Sie mit Ctrl + ⌥ + ⌘ -Taste (Mac) bzw. Alt + ⇧ + rechte Maustaste (Win).

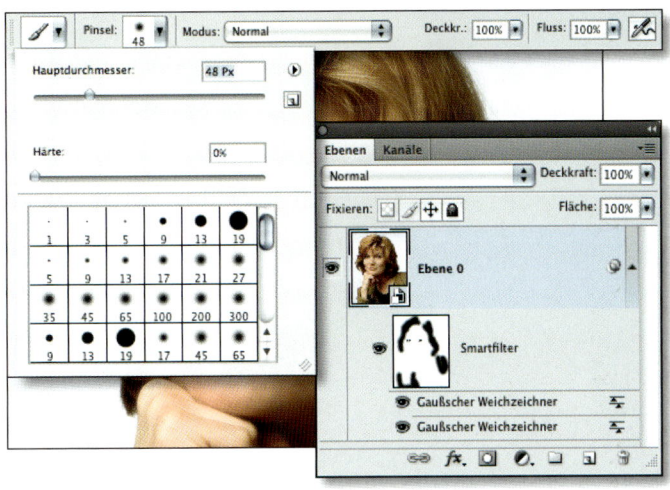

Weiche Lichtstrahlen

Licht strahlenförmig in Szene setzen

Lichtstrahlen sind nur sichtbar, wenn Sie an Materie – wie Staubpartikel in der Luft, Nebel, Dampf oder Rauch – reflektiert werden. Die Wirkung der durchs Fenster hereinbrechenden Lichtstrahlen ist aber immer wieder ein ganz besonderer Effekt. Einen solchen können Sie auch nachträglich simulieren. Die Richtung der Lichtstrahlen im Bild sollte dazu eindeutig vorgegeben sein. Je nach Aufnahmesituation bietet sich dann der Filter »Bewegungsunschärfe« oder der »Radiale Weichzeichner« an, um die Lichtstrahlen zu erzeugen.

Zielsetzungen:

Helle Bereiche strahlenförmig weichzeichnen

Wirkung auf die Lichter reduzieren

[Lichtstrahlen.jpg]

Foto: Getty Images

1 Der radiale Weichzeichner

Starten Sie gleich mit der passenden Weichzeichnung. Wählen Sie unter FILTER aus der Gruppe der WEICHZEICHNUNGSFILTER den RADIALEN WEICHZEICHNER. Diesen stellen Sie gleich auf die METHODE STRAHLENFÖRMIG – denn das bezwecken wir ja schließlich – und auf die QUALITÄT SEHR GUT. Jetzt das Wichtigste: Klicken Sie in das kleine, mit MITTELPUNKT bezeichnete Quadrat, um das Zentrum der fiktiven Strahlen zu bestimmen. In diesem Bild bietet sich die linke obere Ecke an, weil von dort das Licht kommt.

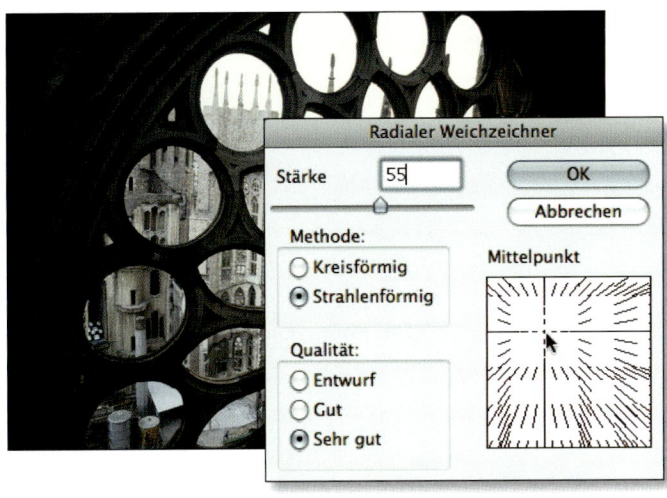

2 Einen Schritt zurück

Diese Wirkung ist natürlich viel zu stark, deshalb machen wir sie auch gleich wieder rückgängig. Da wir aber diesmal weder mit einem Smartfilter noch mit einer Ebenenkopie gearbeitet haben, arbeiten wir nicht mit einer Ebenenmaske, sondern nutzen den VERBLASSEN-Befehl, der den aktuellen Bildstatus mit der vorherigen Version verrechnen kann. Diesen Befehl finden Sie im BEARBEITEN-Menü.

3 Aufhellende Lichtstrahlen

Stellen Sie im VERBLASSEN-Menü den MODUS auf AUFHELLEN. So wirkt sich der Effekt nur auf die Pixel aus, die heller sind als das Original.

Die Wirkung ist genau wie die von natürlichen Lichtstrahlen. Sie können die Wirkung außerdem noch durch eine Reduzierung der DECKKRAFT variieren.

Tipp: Durch Anwendung einer Smartfilter-Ebene können Sie die Stärke und Wirkung des Filters auch nachträglich bearbeiten.

Schärfen ohne Nebenwirkungen

Der Modus »Luminanz« hilft Artefakte zu mindern

Starke Scharfzeichnungen werden gerne im Lab-Farbraum durchgeführt. Denn wenn Sie nur im Helligkeitskanal schärfen, können sich die Artefakte und störenden Kanten wenigstens farblich nicht unangenehm bemerkbar machen. Diesen Umweg können Sie aber eigentlich vermeiden, denn der Modus »Luminanz« verfeinert die Scharfzeichnung genauso – egal ob Sie ihn auf einen Smartfilter, auf eine eigene Schärfungsebene oder nur über die Funktion »Verblassen« anwenden.

Zielsetzungen:

Starke Scharfzeichnung

Farbhöfe vermeiden

[Luminanz.jpg]

1 Scharfzeichnen

Starten Sie mit dem Filter UNSCHARF MASKIE-REN. Sie können (und sollten das auch in den meisten Fällen) dafür natürlich einen Smart-filter anlegen. Wir wollen hier aber schnell zum Wesentlichen kommen.

Im UNSCHARF-MASKIEREN-Filter habe ich hohe Werte benutzt, um das unscharfe Motiv etwas knackiger zu machen. Außerdem kann ich Ihnen so besser die Wirkung des Lumi-nanzmodus demonstrieren.

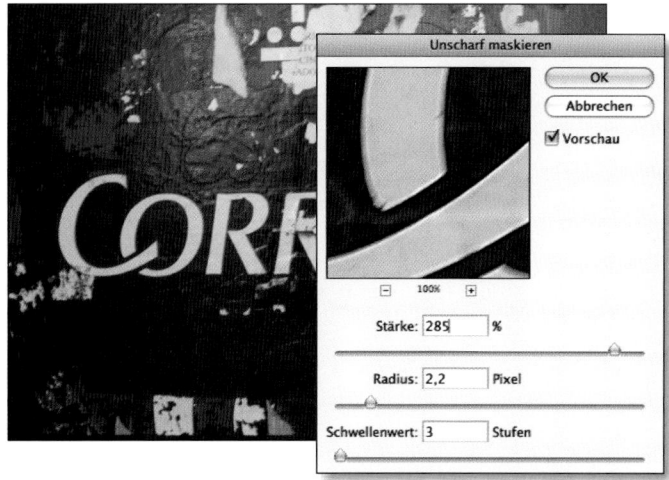

2 Verblassen

Der VERBLASSEN-Befehl im Menü BEARBEITEN greift auf den letzten Bearbeitungsstatus zurück. Mit ihm können Sie Arbeitsschritte relativieren, auch wenn Sie diese nicht über Ebenen kontrollieren.

Bei genauer Betrachtung hat die Schärfung an den Kanten zu farbigen Höfen ❶ geführt. Diese wollen wir jetzt korrigieren.

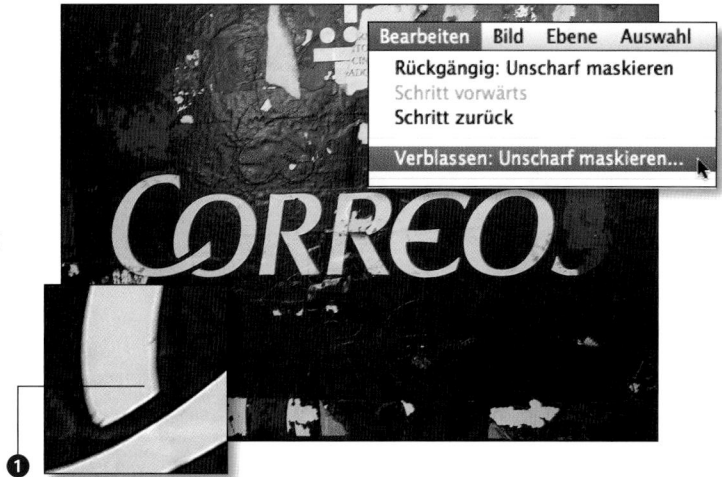

3 Modus Luminanz

Wählen Sie im VERBLASSEN-Menü aus dem Popup-Menü den MODUS LUMINANZ.

Dieser arbeitet sozusagen insgeheim im Lab-Farbraum: Er verrechnet den letzten Bearbeitungsschritt mit der Vorversion – und lässt ihn dabei nur auf die Helligkeitsinfor-mation wirken.

So hat die starke Scharfzeichnung keine farbigen Artefakte mehr zur Folge.

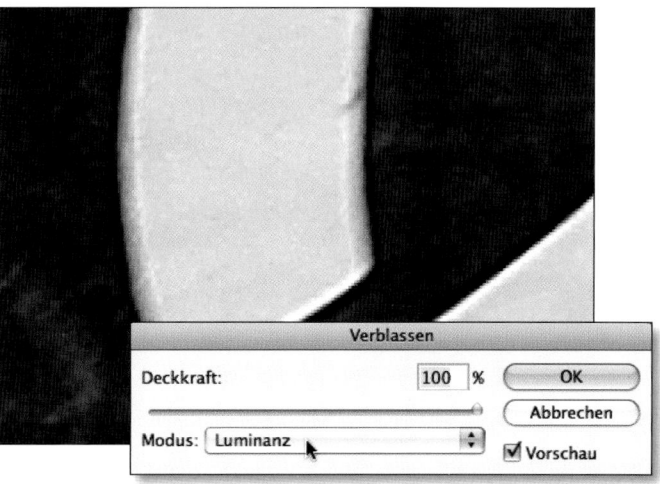

Die Blende öffnen

Mit Auswahlkombinationen zur Tiefenunschärfe

*Zum Zeitpunkt der Aufnahme kann man sich nicht immer ent-
scheiden, ob die Bildwirkung durch eine klein gewählte Blende
mit großer Tiefenschärfe unterstützt werden soll. Oder ob die
Schärfe durch Aufblenden auf den Motivmittelpunkt konzentriert werden soll. Nachträglich die Tiefenschärfe zu verringern
ist nicht trivial, auch wenn Photoshop einen Extra-Filter für eine
realistische Tiefenunschärfe bereithält. Das A und O bleibt dabei
die Auswahl des Wirkungsbereiches.*

 **Video-Training**

Sie finden zu diesem Thema
auch eine Video-Lektion auf der
Buch-DVD (Lektion 4.1).

Zielsetzungen:

Tiefenunschärfe simulieren

Abgestufte Wirkung über
Auswahlmasken steuern

[Tiefenunschaerfe.jpg]

1 Ebenenkopie anlegen

Der Filter TIEFENSCHÄRFE ABMILDERN ist nicht als Smartfilter anzuwenden. Duplizieren Sie deshalb die Hintergrundebene, indem Sie sie auf das Symbol  ziehen. Die Änderungen, die in den nächsten Schritten im Bild vorgenommen werden, sind so gravierend, dass es gut ist, noch die Originaldaten als Reserve zu haben.

2 Motivmittelpunkt auswählen

Analysieren Sie jetzt Ihr Bild auf die Zonen, die an Schärfe verlieren sollen. Deren Auswahlen werden zu einer Maske kombiniert. Wählen Sie dafür zuerst das Paar im Mittelpunkt mit dem SCHNELLAUSWAHLWERKZEUG aus. Wählen Sie eine kleine Pinselgröße und klicken Sie AUTOMATISCH VERBESSERN an. Im Menü AUSWAHL können Sie die AUSWAHL SPEICHERN – hier unter dem Namen »Paar«.

3 Schärfezentrum auswählen

Jetzt zum horizontalen Zentrum der Bildschärfe. Vorweg wechseln Sie über die Taste Q in den Maskierungsmodus. Wählen Sie das VERLAUFSWERKZEUG und in der Optionsleiste einen »reflektierten«, also zylinderartigen Verlauf von Schwarz nach Weiß ❶ mit den Optionen UMKEHREN, DITHER und TRANSPARENZ. Ziehen Sie den Verlauf vertikal von der Stelle, wo Sie 100 %ige Schärfe haben möchten, bis zur gewollten Unschärfe. Wechseln Sie über Q wieder in den Standardmodus und speichern Sie die Auswahl unter dem Namen »Zentrum«.

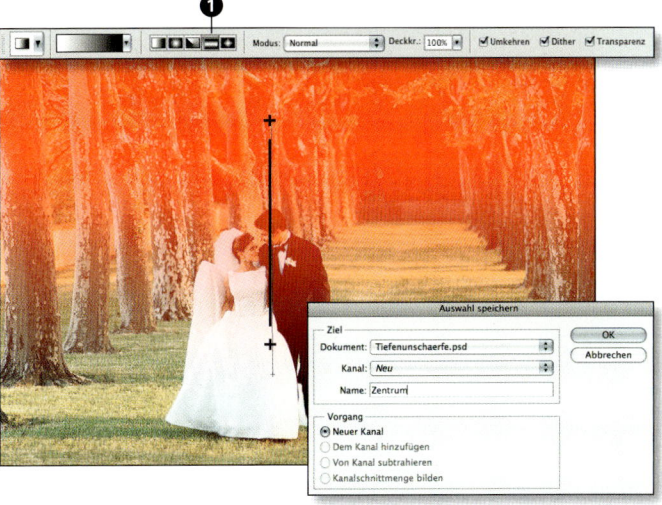

4 Tiefenverlauf auswählen

Jetzt geht es an den horizontalen Schärfeverlauf. Wechseln Sie wieder über die Taste ⟨Q⟩
in den Maskierungsmodus, benutzen Sie das
VERLAUFSWERKZEUG mit denselben Optionen
wie in Schritt 3 und ziehen Sie diesmal, begin-
nend in der Mitte, einen horizontalen Verlauf
für die Tiefenzone. Zurück mit der ⟨Q⟩-Taste
in den Standardmodus, speichern Sie die entstandene Auswahl als »Tiefe«. Vergeben Sie
unbedingt sinnvolle Namen, sonst kommen
Sie später durcheinander.

5 Vordergrundbereich auswählen

Nun benötigen Sie noch den Schärfeverlauf im Vordergrund. Wechseln Sie auf den
linearen Verlauf ❷ in den Verlaufsoptionen,
deaktivieren Sie die UMKEHREN-Option, und
erstellen Sie dann genauso wie in den vorangegangenen Schritten einen senkrechten Verlauf, diesmal aber aus der Mitte heraus. Mit
⟨Q⟩ geht es zurück in den Standardmodus.
Speichern Sie die Auswahl als »Vordergrund«.

Mehr zu Auswahlen und Masken: Lesen Sie
dazu den Grundlagenexkurs auf Seite 446.

6 Tiefenauswahl laden

Jetzt beginnen Sie, die Auswahlen miteinander zu einem Tiefenkanal zu kombinieren.
   Wechseln Sie über das FENSTER-Menü auf
die KANÄLE-Palette, und scrollen Sie dort gegebenenfalls nach unten. Dort finden Sie all
Ihre als Kanäle gespeicherten Auswahlen.
   Laden Sie zunächst die vertikale Verlaufs-
auswahl für die Tiefe, indem Sie mit ⟨Strg⟩/
⟨⌘⟩ auf den entsprechenden Kanal ❸ klicken.

7   Auswahl addieren

Auch der Vordergrund soll unscharf werden. Addieren Sie den entsprechenden Kanal zur Auswahl hinzu, indem Sie ⇧ zusätzlich zur Strg/⌘-Taste drücken, wenn Sie auf den Kanal ❹ klicken.

So sind beide Auswahlen kombiniert.

❹

8   Auswahl subtrahieren

Das wichtigste im Bild ist noch immer der Motivmittelpunkt. Das Hochzeitspaar soll natürlich vor der Weichzeichnung geschützt werden.

Ihre Auswahl »Paar« muss also von der jetzt aktiven Auswahl abgezogen werden. Klicken Sie dafür mit der Alt/⌥ + Strg/⌘-Taste auf den entsprechenden Kanal ❺.

❺

9   Kombinierte Auswahlen

Genauso verfahren Sie mit dem horizontalen Zentrum, das scharfgezeichnet bleiben soll.

Klicken Sie auch auf diesen Kanal ❻ mit der Alt/⌥- und Strg/⌘-Taste. Damit haben Sie dann alle relevanten vorher getroffenen Auswahlen miteinander kombiniert.

❻

10 Maske optimieren

Blenden Sie nun wieder über die Taste Q den Maskierungsmodus ein. Der vertikale Verlauf im Hintergrund könnte seitlich noch ein wenig weicher zu den vorderen Bäumen hin auslaufen.

Benutzen Sie dafür das PINSEL-WERKZEUG mit einem sehr großen HAUPTDURCHMESSER und einer HÄRTE von 0. Malen Sie so die Übergänge in die Baumkronen etwas weicher.

11 Maskierungsmodus speichern

Durch den Wechsel in den Maskierungsmodus ensteht ein weiterer temporärer Kanal ❼. Dieser enthält nun unsere ultimative Auswahl.

Allerdings müssen Sie ihn noch dauerhaft speichern, um ihn später für die Tiefenversetzung nutzen zu können. Ziehen Sie den Kanal einfach auf das Seitensymbol ❽ in der KANÄLE-Palette, so entsteht eine dauerhafte Kopie. Wechseln Sie danach mit der Taste Q wieder in die Standardansicht.

12 Weichzeichnung starten

Anschließend klicken Sie auf den RGB-Kanal ❾, um die Bilddaten für die Bearbeitung zu aktivieren. Auf den Kanal aus Schritt 11 werden wir gleich wieder zugreifen.

Wählen Sie dann unter FILTER aus der Gruppe der WEICHZEICHNUNGSFILTER den Filter TIEFENSCHÄRFE ABMILDERN.

13 Tiefenschärfe abmildern

Der Filter beinhaltet alles, was zu einer realistischen Tiefenunschärfe gehört: sei es die Blendenform, die in unscharfen Details widergespiegelt wird, oder die Möglichkeit, unscharfe Lichter »spiegelartig« ausbrechen zu lassen. Aber uns geht es hier nur um die Unschärfe.

Einziges Manko: die fehlende Möglichkeit diesen Filter als Smartfilter-Ebene anzuwenden. Aber dafür arbeiten wir ja auf der Ebenenkopie.

14 Maskenkanal laden

Bevor Sie irgendwelche anderen Einstellungen vornehmen, aktivieren Sie Ihre eben mühsam erstellte Tiefenmaske als QUELLE für die Steuerung der Tiefenschärfe.

Wählen Sie aus dem Popup-Menü den Namen Ihres neuen Kanals, die so genannte Tiefenversetzung. In unserem Fall ist das MASKIERUNGSMODUS KOPIE ❿.

Falls diese Tiefenmaske bei Ihnen genau die falschen Bildteile weichzeichnet, aktivieren Sie die Option UMKEHREN ⓫. Sie entspricht einer Invertierung der Tiefenmaske.

15 Tiefenunschärfe bestimmen

Die erste Unschärfe ist schon zu sehen. Steuern Sie noch optisch im Vorschaubild, wie stark sich die Tiefenunschärfe auswirken soll.

Verschieben Sie dafür den RADIUS-Regler. In unserem Fall genügt ein Radius von ca. 20. Übertreiben Sie die Weichzeichnung aber nicht – der Übergang zu den scharfen Bildelementen sollte noch einigermaßen realistisch wirken.

So erhält das Bild einen differenzierten Tiefenschärfeverlauf.

Flexibles Duo

Scharf- und Weichzeichnung über Smartfilter kombinieren

Eine Scharf- oder Weichzeichnung über Smartfilter zu organisieren, hat viele Vorteile: Sie können die Filterparameter nachträglich editieren und auch Maskierungen flexibel halten. Wollen Sie jedoch ein Bild in verschiedenen Bereichen scharf- oder weichzeichnen, so hält leider auch die Version CS4 von Photoshop noch einen Stolperstein bereit: Pro Smartfilter ist nur eine Maske möglich. So ist eine editierbare Scharf- und Weichzeichnung auf verschiedenen Bildbereichen nicht ohne Weiteres möglich. Mit einem kleinen Umweg aber schon…

Zielsetzungen:

Vordergrund scharfzeichnen und Tiefendetails herausarbeiten

Helle Hintergrundbereiche weichzeichnen

Masken für Smartfilter anlegen

Scharf- und Weichzeichnung editierbar lassen

[SZ-WZ_Kombi.jpg]

Foto: Maike Jarsetz

1 Smart-Objekt als Grundlage

Starten Sie mit der Umwandlung in ein Smart-Objekt, indem Sie über den Options-pfeil ❶ der EBENEN-Palette den entspre-chenden Befehl IN SMART-OBJEKT KONVERTIE-REN wählen.

Ebenso können Sie natürlich den Befehl FÜR SMARTFILTER KONVERTIEREN aus dem FILTER-Menü wählen.

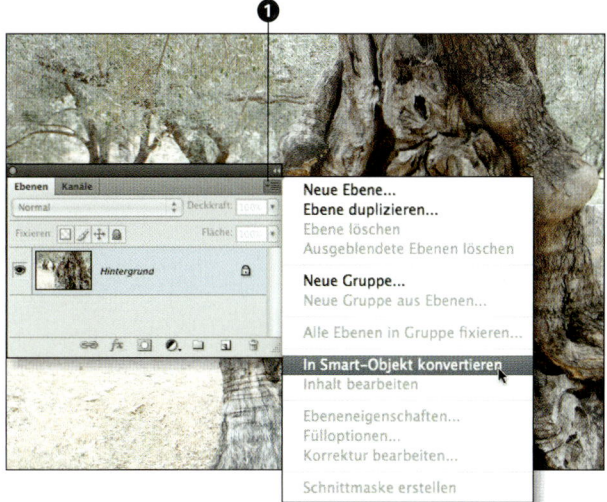

2 Schnellauswahl

Anstatt später die Maske der Smartfilter-Ebene zu bearbeiten, können Sie den Bereich für die Scharfzeichnung auch im Vorhinein auswählen.

Hier bietet sich das SCHNELLAUSWAHLWERK-ZEUG an: Wählen Sie in den Werkzeug-optionen eine Größe von ca. 200 Pixeln für die Vorauswahl. Ziehen Sie dann einfach über den Baum im Vordergrund, um ihn auszuwäh-len. Verkleiner Sie zum Rand hin die Werk-zeuggröße – am schnellsten durch Ziehen mit gedrückter `Ctrl` + `⌥` -Taste (Mac) bzw. `Alt` + rechter Maustaste (Win).

3 Feintuning im Maskierungsmodus

Eine Schnellauswahl ist meist nicht perfekt. Um sie mit dem SCHNELLAUSWAHLWERKZEUG zu korrigieren, drücken Sie einfach die `Alt` / `⌥` -Taste und ziehen über die Bereiche, die von der Auswahl wieder abgezogen werden sollen.

Oder Sie wechseln mit der Taste `Q` in den Maskierungsmodus. Dort können Sie mit dem PINSEL-WERKZEUG und schwarzer bzw. weißer Vordergrundfarbe die Maskenkanten verfeinern. Modifizieren Sie dabei auch die Kantenschärfe.

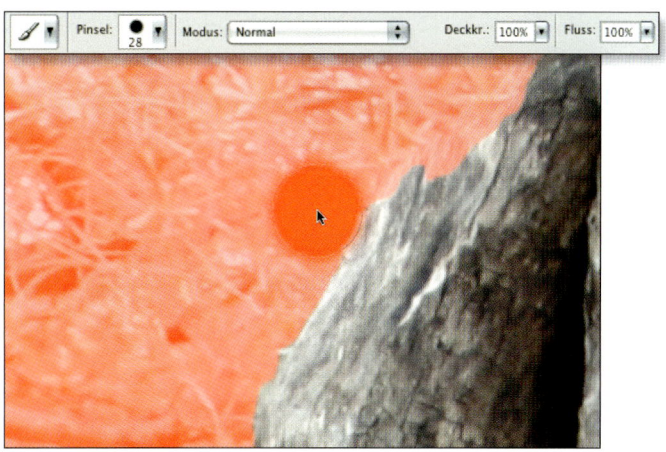

4   Maskenkante verbessern

Nach erneutem Drücken der Taste ⌨Q⌨ wechseln Sie wieder auf das SCHNELLAUSWAHLWERKZEUG und wählen dann aus der Optionsleiste den Befehl KANTE VERBESSERN.

Hier können Sie die weiche Auswahlkante ❷ noch leicht verstärken – das verzeiht Ihnen leichte Unsauberkeiten bei der Auswahl.

Wählen Sie als Vorschau den Maskierungsmodus ❸ – so können Sie die Trennung zwischen Vorder- und Hintergrund am besten beurteilen.

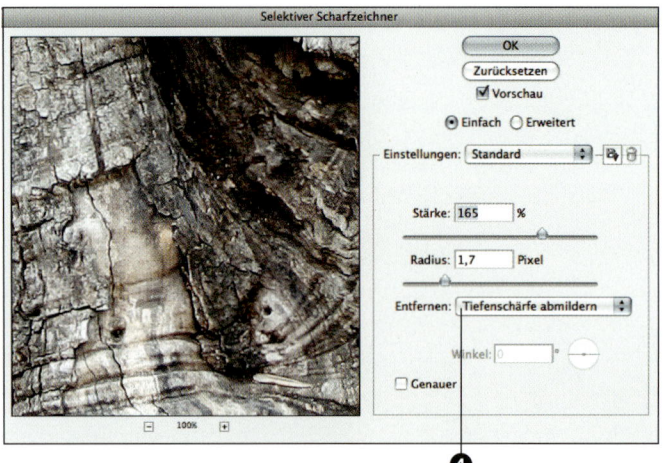

5   Tiefen scharfzeichnen

Für die aktive Vordergrundauswahl wählen Sie jetzt aus dem FILTER-Menü SCHARFZEICHNUNGSFILTER ▷ SELEKTIVER SCHARFZEICHNER.

Dort wählen Sie aus dem ENTFERNEN-Menü ❹ die Option TIEFENSCHÄRFE ABMILDERN, um einer fokussierungsbedingten Unschärfe entgegenzusteuern. Erhöhen Sie zunächst die STÄRKE auf über 200 %, um so den geeigneten RADIUS im Vorschaubild zu testen. Reduzieren Sie danach die Stärke wieder. Bei diesem Motiv eignen sich Werte von 165 % und 1,7 Pixel.

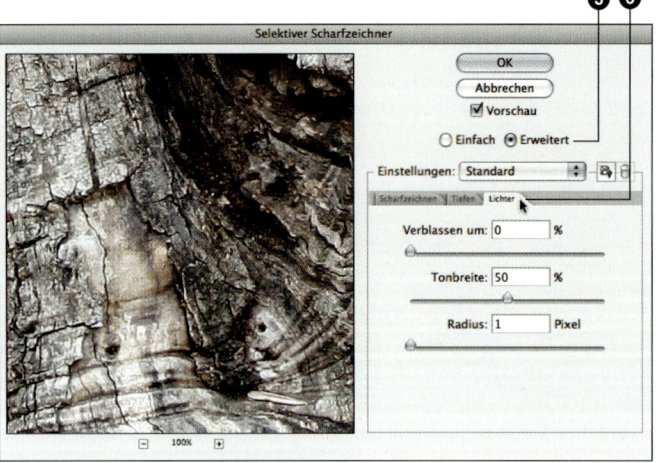

6   Wirkungsbereich steuern

Die scharfgezeichneten Lichter in der Baumrinde wirken leicht unnatürlich, deshalb wird jetzt die Scharfzeichnung noch feingesteuert.

Aktivieren Sie die ERWEITERT-Option ❺, um dann auf den Reiter LICHTER ❻ zu wechseln. Hier werden wir die Wirkung der Scharfzeichnung in den hellen Bildbereichen mindern.

Klicken Sie mit dem Mauszeiger auf das Motiv, um einen Ausschnitt mit hellen Bereichen zu wählen, an dem Sie die Korrektur gut beurteilen können.

7 Lichter verblassen

Ziehen Sie zunächst den VERBLASSEN-Regler auf 100 %, um die Scharfzeichnung komplett in den Lichtern zurückzunehmen.

Ziehen Sie dann den Wert für die TONBREITE an, um die Scharfzeichnung auch in den Mitteltönen zu mindern. Die Erhöhung des RADIUS weitet die Korrekturzonen ebenfalls aus. Beurteilen Sie die Korrektur ständig im kleinen Vorschaufenster: Bei Werten von 100, 75 und 10 werden die Lichter geschützt und die Tiefendetails bleiben scharfgezeichnet.

8 Smarte Filterebene

Nachdem Sie die Filtereinstellungen mit OK bestätigt haben, erhalten Sie eine Smartfilter-Ebene, die die vorangegangene Auswahl in eine Maske umgesetzt hat.

Diese Maske bleibt – genauso wir die Filterparameter – jederzeit editierbar. Allerdings können wir sie nicht für den nächsten Schritt – die Weichzeichnung – nutzen, da hierfür genau der umgekehrte Bereich bearbeitet werden soll.

9 Maskenauswahl erstellen

Für die folgende Weichzeichnung nutzen wir unsere Auswahlvorarbeit: Klicken Sie mit gedrückter ⌘/Strg-Taste auf die Maskenminiatur ❼ in der EBENEN-Palette, um die Auswahl wieder zu laden. Kehren Sie die Auswahl dann mit ⇧ + ⌘/Strg + I um.

Zwei unterschiedliche Masken lassen sich leider nicht auf einer Smart-Objekt-Ebene vereinen. Überlisten Sie Photoshop einfach, indem Sie die bestehende Ebene nochmals in ein Smart-Objekt konvertieren.

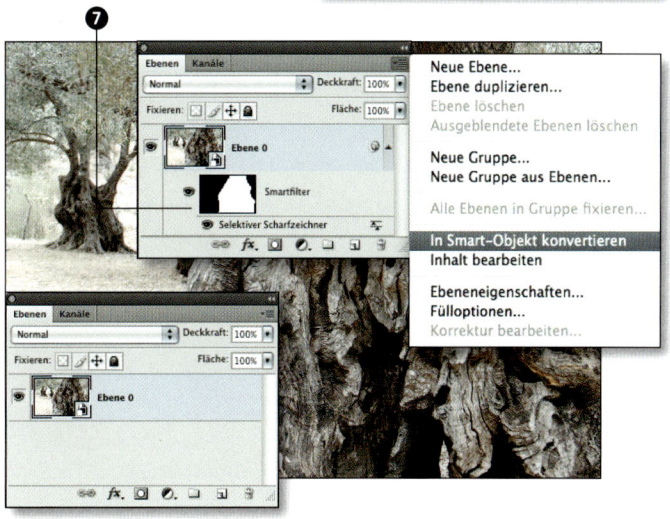

10 Smart-Objekt weichzeichnen

Noch ein Wermutstropfen: Der für eine realistische Tiefenunschärfe am besten geeignete Filter TIEFENSCHÄRFE ABMILDERN lässt sich leider nicht auf ein Smart-Objekt anwenden.

Deshalb werden wir die Weichzeichnung des Hintergrundes mit dem Gaußchen Weichzeichner vornehmen. Wählen Sie aus dem FILTER-Menü WEICHZEICHNUNGSFILTER ▷ GAUSSCHER WEICHZEICHER, und klicken Sie im Motiv auf den Hintergrund, um einen guten Vorschauausschnitt zu bekommen. Stellen Sie einen RADIUS von ca. 5 Pixeln ein.

11 Weichzeichnerwirkung bearbeiten

Nachdem Sie im Dialog auf OK geklickt haben, können Sie die Wirkung des Weichzeichners noch weiter verfeinern.

Das kleine Reglersymbol ❽ in der EBENEN-Palette führt Sie durch einen Doppelklick zu den FÜLLOPTIONEN der Filterebene – also den Steuerungen von Deckkraft und Verrechnungsmodus.

12 Reduzierung auf die Lichter

Durch den Filter sollte die im Originalmotiv vorhandene Weichzeichnung nur ein wenig verstärkt werden, um den scharfgezeichneten Vordergrund zu betonen.

Reduzieren Sie die Weichzeichnung noch ein wenig, indem Sie im FÜLLOPTIONEN-Dialog die DECKKRAFT der Filterwirkung verringern. Durch einen Moduswechsel auf AUFHELLEN werden nur noch die Lichter weichgezeichnet und die Tiefendetails bleiben erhalten.

Klicken Sie dann auf OK.

13 Smart-Objekt öffnen

Was aber, wenn die Scharfzeichnung nachträglich noch Bearbeitung erfordert? Kein Problem: Durch Smart-Objekte haben Sie jederzeit die Möglichkeit, wieder in den ursprünglichen Arbeitsstatus »einzutauchen«.

Wählen Sie dazu nur aus den Optionen der EBENEN-Palette den Befehl INHALT BEARBEITEN oder doppelklicken Sie das Symbol ❾ der Smartfilter-Ebene. Die Meldung ❿ weist Sie darauf hin, dass Sie Änderungen speichern müssen, bevor Sie sie auch in der Arbeitsdatei sehen können.

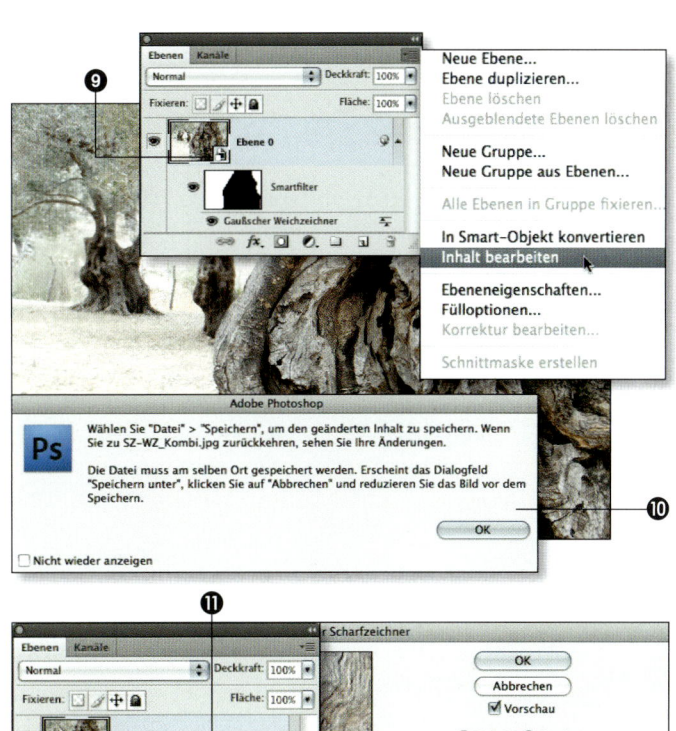

14 Scharfzeichnung modifizieren

Es öffnet sich eine temporäre Datei im Status der Scharfzeichnung, die Sie wie gewohnt bearbeiten können. Doppelklicken Sie auf den Filternamen ⓫, und erhöhen Sie die STÄRKE der Scharfzeichnung noch ein wenig, um die Tiefendetails noch mehr herauszuarbeiten. Klicken Sie dann auf OK.

Wenn Sie die Trennung zwischen Vordergrund und Hintergrund in der Filtermaske noch mit Pinseln bearbeiten wollen, klicken Sie auf die Maskenminiatur ⓬.

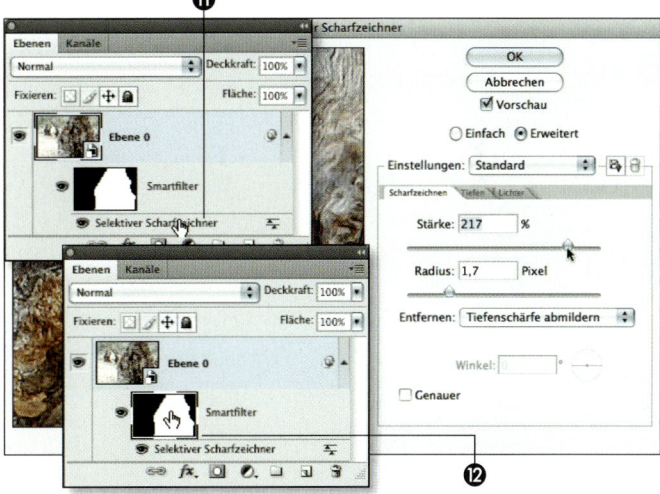

15 Korrekturen übertragen

Erst wenn Sie diese temporäre Datei gespeichert haben, sehen Sie die Korrekturen auch in der finalen Datei.

Schließen Sie einfach die Datei und klicken Sie im folgenden Fenster auf SPEICHERN – sofort wird das Smart-Objekt aktualisiert, und Sie sehen die Kombination beider Filterbearbeitungen.

Zu Smart-Objekten: Lesen Sie mehr auf der Seite 408.

Smart-Objekte

Was dahinter steckt und wie man sie nutzt

Was sind Smart-Objekte, und wann sollten Sie eingesetzt werden?

Das Smart-Objekt bindet den Inhalt einer oder mehrerer Ebenen inklusive der vollen Bildinformationen in einer neu erstellten Smart-Objekt-Ebene. Smart-Objekte werden dort genutzt, wo Bildbearbeitungen auf »normalen« Ebenen Pixeländerungen zur Folge hätten – wenn also die Originaldaten verändert würden – oder wenn ein langfristiger Zugriff auf platzierte Originaldaten vorteilhaft erscheint. Zum Beispiel bei folgenden Bearbeitungen sollten Sie die Vorteile von Smart-Objekten nutzen:

• Skalierung und Transfomation von Ebeneninhalten
• Filteranwendungen auf eine einzelne oder eine Gruppe von Ebenen

• Bildanpassungen, die nicht auf Einstellungsebenen zur Verfügung stehen und in Ihrem Grundprinzip einer Filteranwendung entsprechen, wie die Funktion TIEFEN/LICHTER
• Bearbeitung von platzierten Vektordaten wie Logos oder Grafiken
• nachträgliche Änderung der Entwicklungseinstellung platzierter RAW-Daten

Auf die ursprüngliche Ebeneninformation können Sie jederzeit über den Befehl INHALT BEARBEITEN zugreifen. Das ist auch der Weg, den Sie wählen sollten, wenn Sie letztlich doch Pixeländerungen – wie z.B. Retuschen – vornehmen wollen.

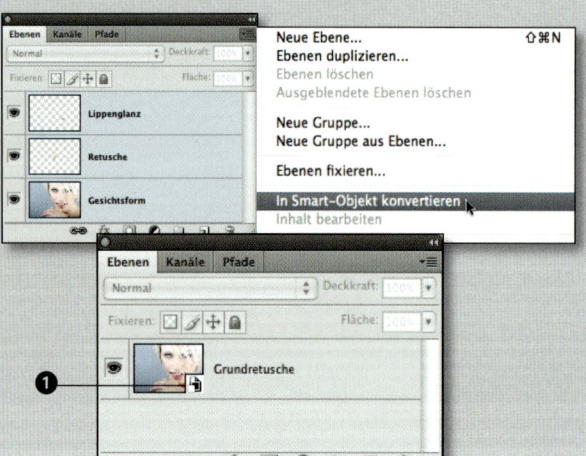

Ein Smart-Objekt erstellen | Wählen Sie aus den Optionen der EBENEN-Palette die Funktion IN SMART-OBJEKT KONVERTIEREN.

Wenn Sie mehrere Ebenen oder eine Ebenengruppe aktiviert haben, werden alle Ebenen in einem Smart-Objekt zusammengefasst.

Smart-Objekte erkennen | Das kleine Symbol ❶ in der Ebenenminiatur zeigt ein Smart-Objekt an. Oder Sie stolpern darüber, weil Sie keine Pixelwerkzeuge (wie z.B. den Stempel) mehr benutzen können. Dafür wählen Sie INHALT BEARBEITEN.

Für Smartfilter konvertieren | Dies bedeutet, dass Sie eine Ebene in ein Smart-Objekt umwandeln. Dieser Befehl ist im FILTER-Menü untergebracht. Jeder Filter, den Sie danach benutzen, wird in der Smartfilter-Ebene aufgelistet, die einer Einstellungsebene gleicht.

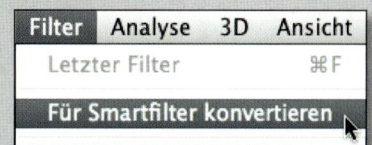

Smartfilter maskieren | Die Smartfilter können Sie in Ihrer Wirkung durch Masken einschränken ②. Sie können auf Ihnen genauso arbeiten wie auf normalen Ebenenmasken.

Filtereinstellungen ändern | Durch einen Doppelklick auf den Filternamen ③ gelangen Sie zurück in das Filtermenü und können dort die Einstellungen bearbeiten.

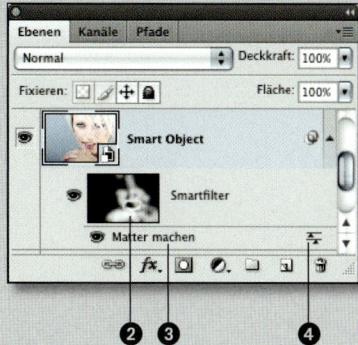

Verrechnungsmodus und Deckkraft | Ein Doppelklick auf das kleine Reglersymbol ④ öffnet ein Menü, in dem Sie die Filterwirkung durch Deckkraft oder einen Verrechnungsmodus modifizieren können.

Inhalt bearbeiten | Um wieder zu der oder den Originalebenen zu kommen und sie auf Pixelebene bearbeiten zu können, wählen Sie aus den Optionen der EBENEN-Palette INHALT BEARBEITEN. Oder Sie klicken einfach doppelt auf die Miniatur der Smart-Objekt-Ebene.

Smart-Objekt-Inhalt speichern | Nach einer Bearbeitung des Inhalts müssen Sie das Ergebnis speichern. Nur so kann es in die Smart-Objekt-Ebene zurückgerechnet werden.

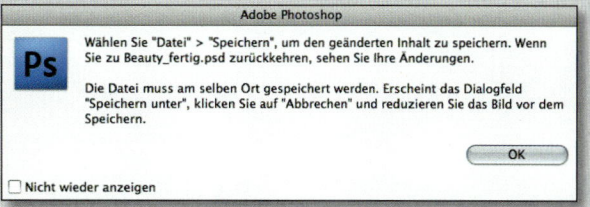

RAW-Daten | Einen unschätzbaren Vorteil bieten Smart-Objekte auch für Bilder, die im Raw-Konverter entwickelt wurden und für die die Option IN PHOTOSHOP ALS SMART-OBJEKT ÖFFNEN aktiviert wurde. Diese können jederzeit über INHALT BEARBEITEN in ihren Entwicklungseinstellungen geändert werden.

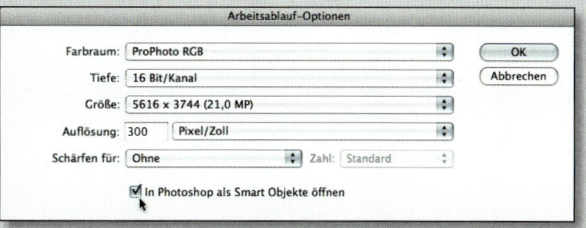

Freistellen und montieren

**Wer würde schon mit der Nagel-
schere freistellen?** So unterschiedlich
die Motive sind, so unterschiedlich sind
auch die Herangehensweisen. Um den
richtigen Weg für die Freistellung zu
finden, müssen Sie in Ihrem Bild erst
herausfinden, wodurch sich der Vordergrund vom Hintergrund lösen lässt. Ob
durch eine Farbauswahl, Kanalberechnungen oder per von Hand gezogener
Pfade – jedes Bild hat sein eigenes Rezept. Und oft reicht auch nicht nur ein
Rezept, sondern Sie müssen sich Ihrem
Ziel stückweise nähern und dabei einige
oder auch alle Möglichkeiten miteinander kombinieren. Ein paar Ideen dazu
– und zu anderen Montagetechniken –
finden Sie in diesem Kapitel.

Foto: Fotolia.com

Freistellen und montieren

Das Bildwichtigste freilegen

Montieren Sie Ihre gewünschten Bildteile

Der Reisefotograf wird vor typischen Urlaubsmotiven auf eine harte Geduldsprobe gestellt. Denn meistens sind beispielsweise Plätze so bevölkert, dass es quasi unmöglich ist, ein Foto zu machen, in dem einem nicht irgend jemand vor die Linse läuft. Mit Hilfe mehrerer Aufnahmen können Sie über eine schnelle Montage diese Störfaktoren aber schnell eliminieren.

Zielsetzungen:

Bilder in Stapel laden

Pixelgenaue Ausrichtung der Ebenen

Ebenenmasken für Montage anlegen

[Ordner Montage]

1 Ebenendatei aufbauen

Bringen Sie zuerst alle Bilder in eine gemeinsame Montagedatei. Am schnellsten geht das aus der Bridge heraus: Wählen Sie für die aktivierten Bilder WERKZEUGE ▷ PHOTOSHOP ▷ DATEIEN IN PHOTOSHOP-EBENEN LADEN.

So werden die Bilder automatisch übereinander in einer Ebenendatei angelegt.

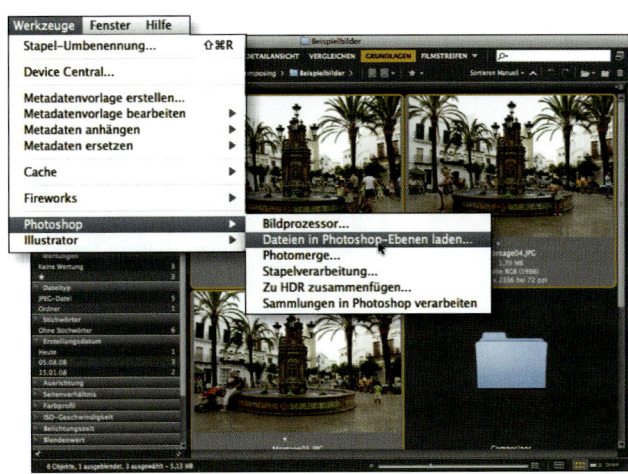

2 Ebenen positionieren

Prüfen Sie die Bilder. Wenn Sie in diesem Beispiel die obere Ebene über das Augensymbol ❶ ein- und ausblenden, sehen Sie, dass kaum ein Pixel dem anderen gleicht – das Motiv ist nicht mit Stativ aufgenommen worden.

Anstatt nun mühsam – und ohne viel Hoffnung auf Erfolg – die Ebenen hin und her zu ziehen und auszurichten, können Sie diese Arbeit an Photoshop übergeben.

Wählen Sie im BEARBEITEN-Menü den Befehl EBENEN AUTOMATISCH AUSRICHTEN.

3 Automatische Ausrichtung

In dem folgenden Dialog können Sie aus mehreren Optionen wählen. Die Symbole weisen schon darauf hin, dass dieses Werkzeug auch für Panoramen geeignet ist.

Die Möglichkeiten reichen von einer bloßen Repositionierung bis hin zur Verkrümmung einzelner Ebenen. Die Option AUTO zielt auf eine möglichst pixelgenaue Überlagerung der Ebenen und nutzt dafür alle Transformationsmöglichkeiten aus.

Nach einem Klick auf OK werden die Ebenen einzeln transformiert und ausgerichtet.

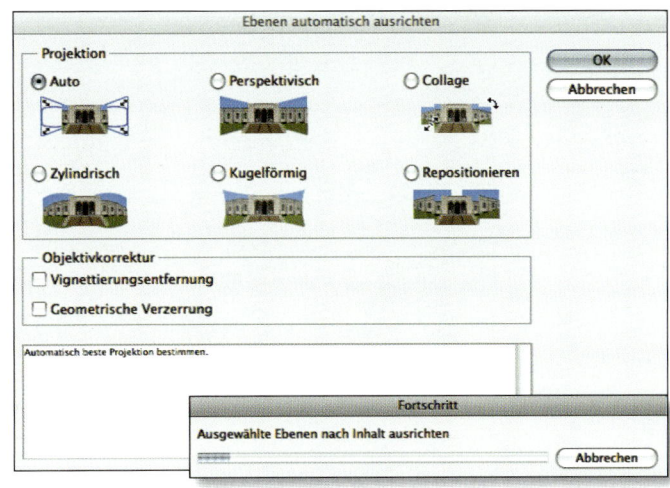

4 Pixelgenaue Überlagerung

Blenden Sie jetzt noch einmal die obere Ebene ein und aus.

Sie können sehen, dass die Bilder nun auf allen Ebenen verkrümmt, verschoben und skaliert worden sind – mit dem Ergebnis, dass fast alle Details der Bilder deckungsgleich übereinander liegen. Das ist eine sehr gute Voraussetzung für die restliche Maskierungsarbeit in diesem Workshop.

Die entstandenen transparenten Randzonen werden Sie gleich im nächsten Schritt los.

5 Bildausschnitt freistellen

Reduzieren Sie jetzt erst einmal das Bild auf seine wirklichen Bildanteile – zurück in ein rechteckiges Bildformat.

Ziehen Sie mit dem FREISTELLUNGSWERKZEUG einen größtmöglichen Rahmen über das Bild, der die transparenten Bereiche an den Rändern ausgrenzt. Achten sie dabei darauf, dass in der Optionsleiste keine Werte eingetragen sind, sonst würde das Bild auf eine neue Größe berechnet.

Durch das Drücken der ↵-Taste stellen Sie das Motiv frei.

6 Ebenenmaske anlegen

Um die unpassenden Bildteile – also die Personen im Vordergrund des Brunnens – zu eliminieren, müssen Sie die Ebene an den entsprechenden Stellen maskieren.

Legen Sie dazu zunächst eine Ebenenmaske an: Klicken Sie auf die obere Ebene, damit diese aktiv ist, und danach auf das Symbol unten in der EBENEN-Palette. Die obere Ebene erhält so eine – noch leere – Ebenenmaske, auf der Sie gleich maskieren können. Wiederholen Sie dies für die mittlere Ebene.

7 Vordergrundelemente maskieren

Benutzen Sie zur Maskierung das PINSEL-WERKZEUG 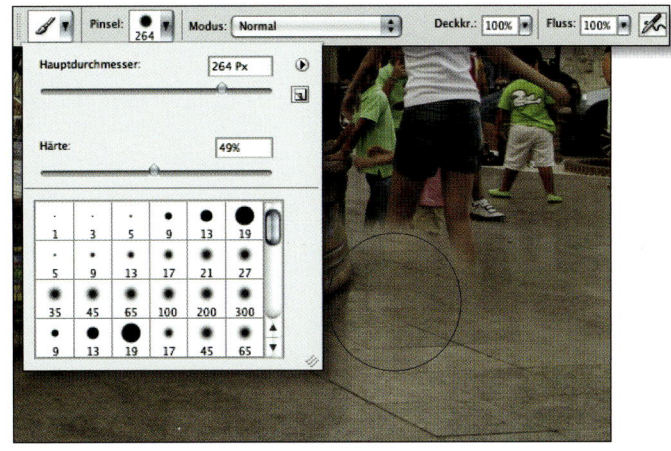 und eine schwarze Vordergrundfarbe ■. Wählen Sie in den Werkzeugoptionen einen größeren HAUPTDURCHMESSER mit einer HÄRTE von 50 % oder geringer.

Malen Sie damit über den Motivbereich, den sie maskieren wollen, damit dort die darunterliegende Ebene sichtbar wird. Die weiche Kante des Pinsels stellt einen fließenden Übergang zwischen den Bildern und eventuellen Helligkeitsunterschieden her.

8 Das Maskenprinzip

In der Ebenenmaske können Sie genau den Bereich erkennen, wo Sie durch schwarze Pixel die obere Ebene maskiert haben ❷.

Diesen können Sie jederzeit durch weitere Pinselarbeit, z. B. mit veränderter Pinselgröße oder -härte, erweitern. Wollen Sie die Maskierung teilweise wieder zurücknehmen, wechseln Sie mit der X-Taste auf die weiße Vordergrundfarbe ▣ und malen damit die Motivstelle »zurück«.

9 Das Beste aus jeder Ebene

Blenden Sie die obere Ebene aus, und klicken Sie auf das Ebenenmaskensymbol der mittleren Ebene ❸, um hier genauso zu verfahren.

Maskieren sie auf jeder Ebene die jeweils störenden Bereiche, um Ihr Hauptmotiv final freizulegen.

Tiefenschärfe erweitern

Tiefenschärfe-Ebenen automatisch montieren und überblenden

Im Makrobereich wird der Tiefenschärfebereich radikal verkleinert. Dagegen gibt es wenig effektive Rezepte. Die professionelle Ausnutzung des Scheimpflugeffekts kommt in der Digitalfotografie immer seltener zum Einsatz und führt dann auch nicht immer zum Ziel. So bleibt nur noch, mehrere Aufnahmen mit unterschiedlichen Schärfeebenen zu fotografieren und diese zusammenzumontieren. Mehrere automatisierte Funktionen aus Photoshop CS4 helfen, die Stolpersteine dabei zu überwinden.

Zielsetzungen:

Ebenendatei erstellen

Ebeneninhalte ausrichten

Unschärfen automatisch maskieren

[Tiefenschaerfe01-02.jpg]

Fotos: Frank Kuchenmüller

1 Ebenendatei aufbauen

Öffnen sie die beiden (oder mehrere) Dateien mit verschiedenen Tiefenschärfe-Einstellungen. Montieren Sie sie dann automatisch in eine Datei mit DATEI ▷ SKRIPTEN ▷ DATEIEN IN STAPEL LADEN.

Im folgenden Menü können sie die GE-ÖFFNETEN DATEIEN HINZUFÜGEN und durch Aktivieren der entsprechenden Option ❶ dafür sorgen, dass unschärfebedingte Abweichungen der Motivbereiche automatisch ausgerichtet werden.

2 Ebenen automatisch überblenden

Sowohl die filigrane Abgenzung der unterschiedlichen Schärfebereiche als auch unterschiedliche Tonwerte in Unschärfebereichen sind jetzt eine echte Aufgabe.

Diese Aufgabe können Sie Photoshop übergeben: Markieren Sie alle Ebenen, und wählen Sie aus dem BEARBEITEN-Menü den Befehl EBENEN AUTOMATISCH ÜBERBLENDEN für die Maskierung der Tiefenschärfe-Ebenen und aktivieren Sie die Option NAHTLOSE TÖNE UND FARBEN. Diese gleicht eventuell unterschiedliche Tonwerte an.

3 Wirkungsvolle Flickschusterei

Die resultierenden Ebenenmasken ❷ sind auf den ersten Blick erschreckend, aber wirkungsvoll: Pixel für Pixel werden die scharfen Bildbereiche montiert und sorgen so für ein Bild mit durchgehender Tiefenschärfe. Photoshop nimmt sich aus jeder Ebene das, was es braucht.

Wermutstropfen hierbei ist natürlich, dass Sie sich einem Automatismus ausliefern, den Sie nicht beeinflussen können. Aber in vielen Fällen versöhnt dann das Ergebnis.

Die beste Schnellauswahl

»Schnellauswahlwerkzeug« und »Kante verbessern«

Das »Schnellauswahlwerk-
zeug« kombiniert Zauberstab-
und Farbbereichsauswahl auf
erstaunlich gute Weise und ist
somit ein Standardwerkzeug
für die erste Bildauswahl.
Auch bei inhomogenen Hin-
tergründen führt die Vorarbeit
schon ziemlich nah ans Ziel.
Die Auswahlkante können
Sie mit der Funktion »Kante
verbessern« optimieren
– neben vielen Veränderungs-
möglichkeiten hilft Ihnen eine
variable Auswahlvorschau bei
der Beurteilung.

Zielsetzungen:
Motiv vom Hintergrund
freistellen
Freistellungskante optimieren
[Schnellauswahl.jpg]

Foto: Maike Jarsetz

1 Schnellauswahlwerkzeug

Das SCHNELLAUSWAHLWERKZEUG ist in der Werkzeugpalette mit dem ZAUBERSTAB gruppiert.

Für eine erste Auswahl müssen Sie darauf achten, dass in der Werkzeugleiste die Option DER AUSWAHL HINZUFÜGEN ❶ aktiviert ist.

Wählen Sie dann eine angemessene Werkzeugspitze, mit der Sie komfortabel über das Vordergrundmotiv »malen« können – hier sind ca. 100 Pixel passend. Lassen Sie die Kantenschärfe in der HÄRTE-Einstellung auf 100 %, da wir eher harte Kanten auswählen wollen.

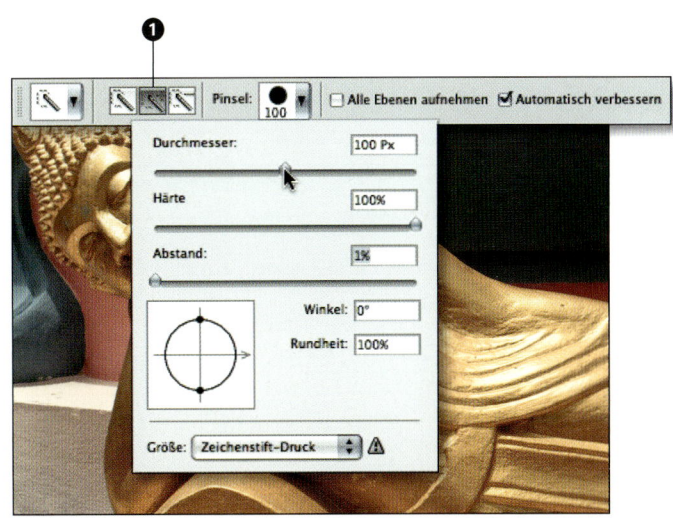

2 Auswahl erstellen

Ziehen Sie das Werkzeug jetzt über den freizustellenden Motivteil. Stück für Stück vergrößert sich die Auswahl, hält aber vor dem farb- und tonwertfremden Hintergrund an. Und das, ohne dass Sie Arbeitsbereiche oder Toleranzen für das Werkzeug definiert haben.

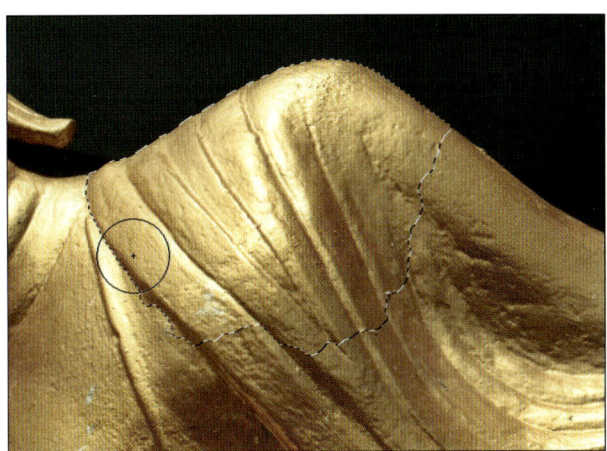

3 Schnell ausgewählt

In Sekundenschnelle können Sie so einen Teil des Motivs auswählen. Aber ein schnelles Werkzeug kann nicht auch gleichzeitig vollkommen sein. Das sehen Sie auch hier: An zwei oder drei Stellen – zum Beispiel direkt am Kopf ❷ – ist der Hintergrund mit ausgewählt, und das müssen Sie noch korrigieren.

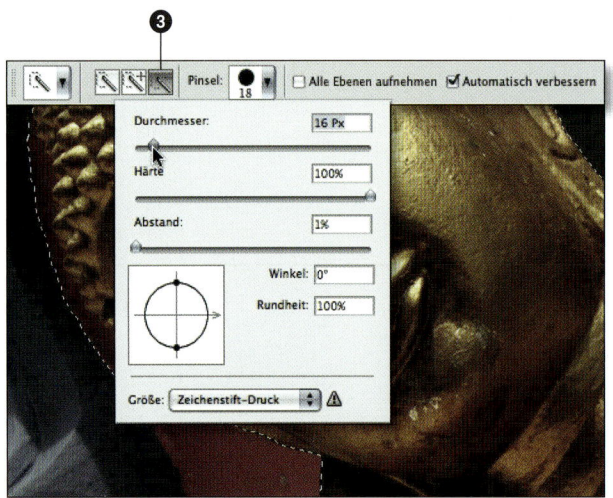

4 Auswahlbereiche abziehen

Die Ausreißer korrigieren Sie mit demselben Werkzeug.

Wählen Sie in der Optionsleiste die Option VON AUSWAHL SUBTRAHIEREN ❸ – das Werkzeug mit dem Minus-Symbol. Sie können auch einfach die ⌥/⟦Alt⟧-Taste gedrückt halten. Verringern Sie gleichzeitig den DURCHMESSER der Werkzeugspitze auf circa 15.

Mit diesem Feinwerkzeug fahren Sie jetzt über die fälschlich ausgewählten Bereiche und ziehen sie wieder ab.

5 Keine 100 Prozent

Nachdem Sie mit wechselnden Werkzeugdurchmessern etwas von der Auswahl subtrahiert oder wieder hinzugefügt haben, haben Sie die Auswahl im Prinzip schon erstellt.

Hier stoßen Sie aber auch an die Grenzen des Werkzeugs, denn bei genauer Betrachtung ist es eine zwar recht exakte, aber noch immer nicht zu 100 % passende Auswahl.

Für das Feintuning wählen Sie die Option KANTE VERBESSERN, die Ihnen bei jedem Auswahlwerkzeug in der Optionsleiste zur Verfügung steht.

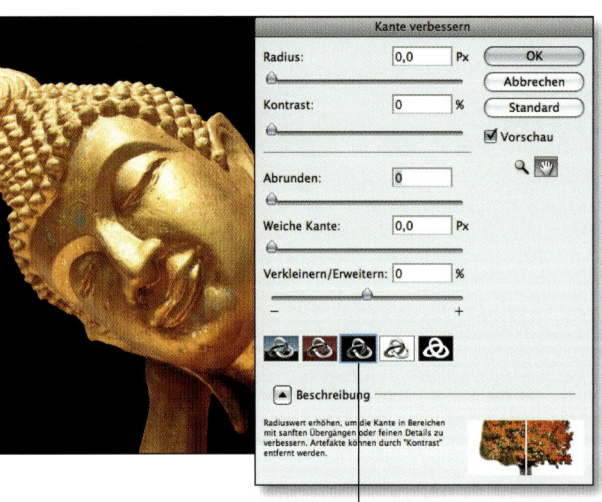

6 Kante verbessern

Mit dieser Funktion stehen Ihnen mehrere Möglichkeiten für die Auswahlverfeinerung zur Verfügung. Stellen Sie am Anfang erst einmal alle Regler auf Null, damit Sie die Ausgangsbasis beurteilen können.

Aktivieren Sie dann dazu eine Auswahlvorschau, die den Hintergrund vollflächig einfärbt ❹. Die bisherige Auswahl ist noch recht unruhig und bildet auch Ecken und Kanten. Dies soll mit Hilfe verschiedener Optionen noch weiter verbessert werden.

7 Auswahl abrunden

Der vorerst groben Auswahl begegnen Sie mit zwei aufeinander abgestimmten Schritten. Der Regler ABRUNDEN glättet die Auswahl auf angenehme Art und Weise.

Dies entspricht dem bekannten ABRUNDEN-Befehl aus dem AUSWAHL-Menü. Je besser die Vorauswahl war, desto höher können Sie den ABRUNDEN-Wert auch setzen. Manchmal auch über 50.

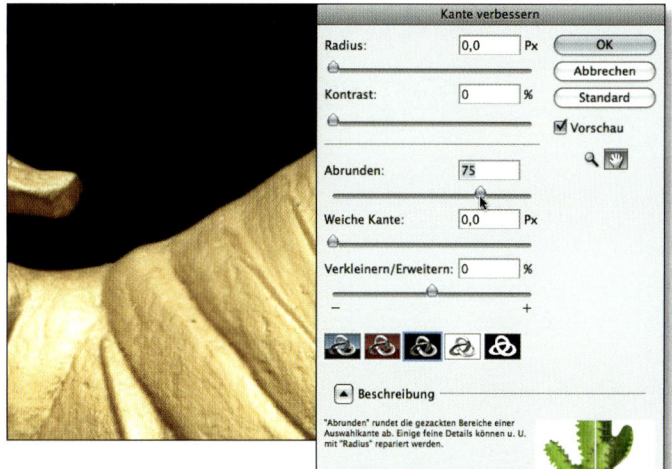

8 Kontrast steigern

Eine Erhöhung des Kantenkontrasts arbeitet jetzt noch der leichten Weichzeichnung entgegen, die durch den starken ABRUNDEN-Wert entstanden ist.

Beobachten Sie die Wechselwirkung der beiden Regler ABRUNDEN und KONTRAST. In diesem Beispiel führen hohe Werte zu einem gut abgerundeten Ergebnis. Für eine bessere Beurteilung können Sie auch einmal die Farbe der Auswahlvorschau wechseln ❺.

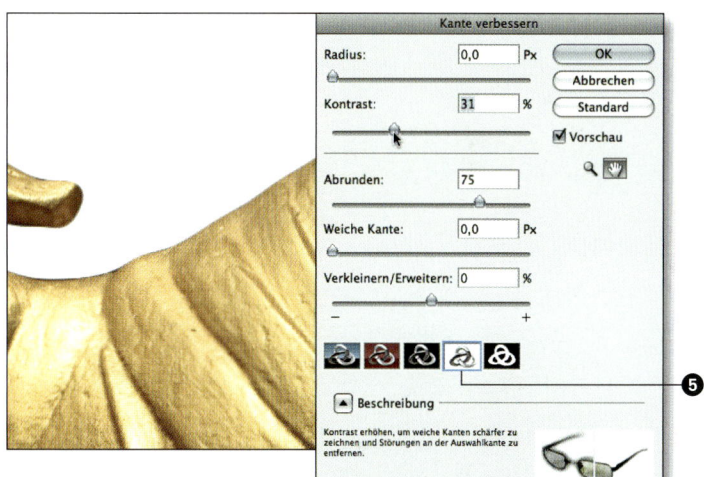

9 Von der Auswahl zur Freistellung

In der EBENEN-Palette müssen Sie jetzt dafür sorgen, dass der ausgewählte Bereich auch wirklich freigestellt wird. Wandeln Sie dazu die Hintergrundebene in eine editierbare Ebene um, indem Sie auf die Ebene doppelklicken. So können Sie die Hintergrundebene umbenennen und gleichzeitig editieren.

Um später noch Korrekturen an der Freistellung vornehmen zu können, erstellen Sie eine Ebenenmaske aus der Auswahl. Klicken Sie dafür bei aktiver Auswahl auf das Ebenenmaskensymbol ❻: Fertig ist die Freistellung.

Sichere Farbauswahl

Einen Farbbereich auswählen und in Maske umwandeln

Einfarbige Hintergründe sind im Prinzip einfach freizustellen. Durch eine Farbauswahl mit variabler Toleranz kann man fließend den Auswahlbereich bestimmen. Tückisch wird es, wenn die ausgewählten Farben auch im Restbild vorhanden sind. Die in Photoshop CS4 neue Möglichkeit der lokalen Farbauswahlen sowie eine Maskenkorrektur helfen dabei.

Zielsetzungen:

Hintergrundfarbe auswählen

Auswahlbereich erweitern

Lokale Auswahl einschränken

Vordergrund freistellen

[Farbauswahl.jpg]

1 Farbbereich auswählen

Über das AUSWAHL-Menü gelangen Sie zum Befehl FARBBEREICH.

Deaktivieren Sie zunächst die Option LOKALISIERTE FARBGRUPPEN ❶, um mit einer einfachen Farbauswahl zu starten.

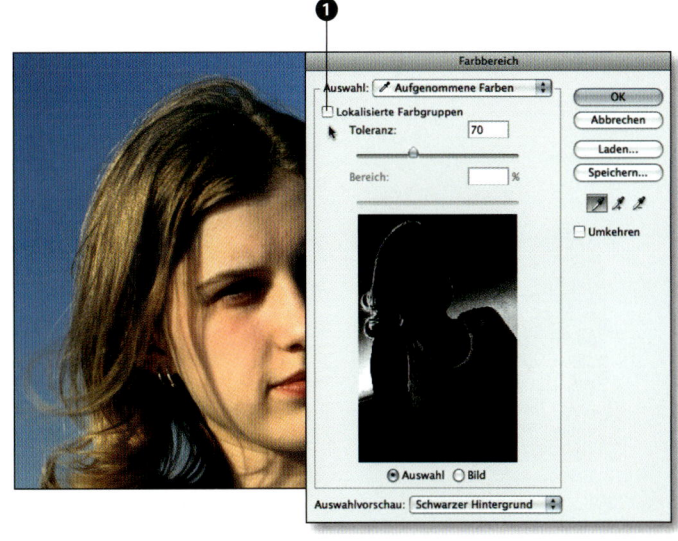

2 Auswahlvorschau

Dann klicken Sie einfach mit dem Mauszeiger – der automatisch zur Pipette wird – auf einen Blauton im Bild. Welcher Bereich ausgewählt ist, sehen Sie im Arbeitsfenster durch weiße Zonen markiert ❷.

Aktivieren Sie im Popup-Menü AUSWAHLVORSCHAU ganz unten im Dialog SCHWARZER HINTERGRUND, um die ausgewählten beziehungsweise maskierten Bereiche besser beurteilen zu können.

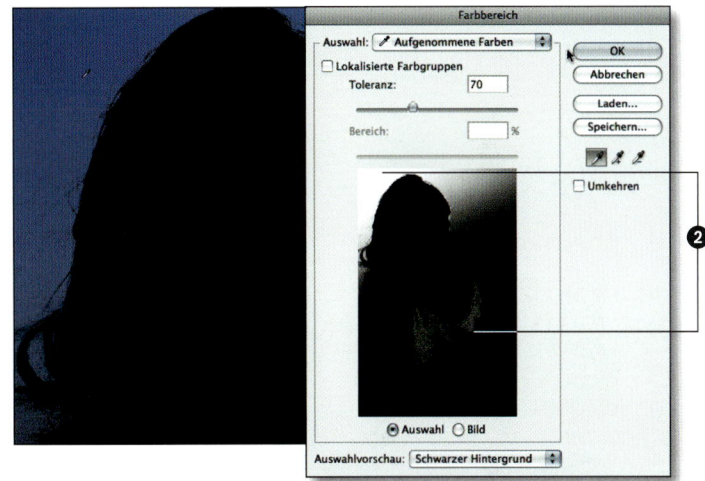

3 Auswahl erweitern

Anstatt gleich die TOLERANZ anzuziehen, nehmen Sie einfach noch mehr Blautöne in Ihre Auswahl auf ❸.

Drücken Sie die ⬆-Taste, bevor Sie noch mehrmals auf den Hintergrund klicken. Sowohl in der Auswahlvorschau als auch im Arbeitsfenster können Sie so die Auswahl erweitern.

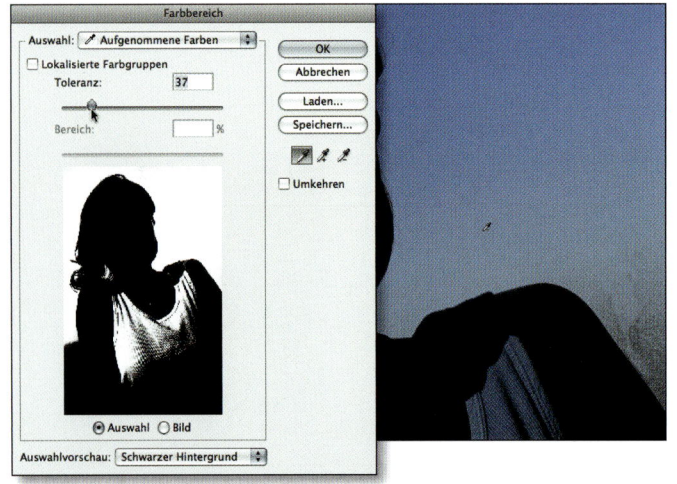

4 Toleranz steuern

Jetzt ist es Zeit, die TOLERANZ zu steuern. Schieben Sie den TOLERANZ-Regler nach links, um die Auswahl näher an die Kernfarbe heranzuziehen.

Sie werden feststellen, dass sich die Problematik der ebenfalls ausgewählten Kleidungsfarbe mit Hilfe des TOLERANZ-Reglers nicht wirklich lösen lässt.

5 Lokalisierte Farbgruppen

Die neue Option LOKALISIERTE FARBGRUPPEN ❹ erweitert das Arbeitsfenster um einen weiteren Regler. Durch das Aktivieren dieser Option wird die Auswahl auf die Bildzonen beschränkt, in die Sie mit der Maus geklickt haben.

Die TOLERANZ gibt nach wie vor an, wie weit sich der ausgewählte Farbbereich zu ähnlichen Farben hin ausweitet. Der neue Regler BEREICH hingegen definiert die Größe des Bildbereichs, in dem die Auswahl getroffen wird.

6 Abstimmungsarbeit

Jetzt haben Sie zwei Variablen, mit denen Sie die Auswahl auf die himmelblauen Töne beschränken und die ähnlichen Töne des T-Shirts ausgrenzen können.

Mit vielen Klicks in das Himmelsblau und einer geringen TOLERANZ- und BEREICH-Einstellung kommen Sie ziemlich nah ans Ziel. Jetzt können Sie mit einem Klick auf OK die Auswahl bestätigen und das Arbeitsfenster verlassen.

7 Kante verbessern

Gehen Sie gleich daran, die Maskenkante zu verfeinern. Wenn ein Auswahlwerkzeug aktiv ist, finden Sie in der Optionsleiste den Knopf KANTE VERBESSERN. Ansonsten finden Sie den Befehl auch im AUSWAHL-Menü.

Auch hier können Sie die Ihnen schon bekannte Auswahlvorschau über Icons ❻ wählen. Über eine Erweiterung ❺ der Himmelauswahl werden blaue Ränder an den Haarkanten weitgehend reduziert. Der Regler RADIUS reduziert die Härte der Auswahlkante.

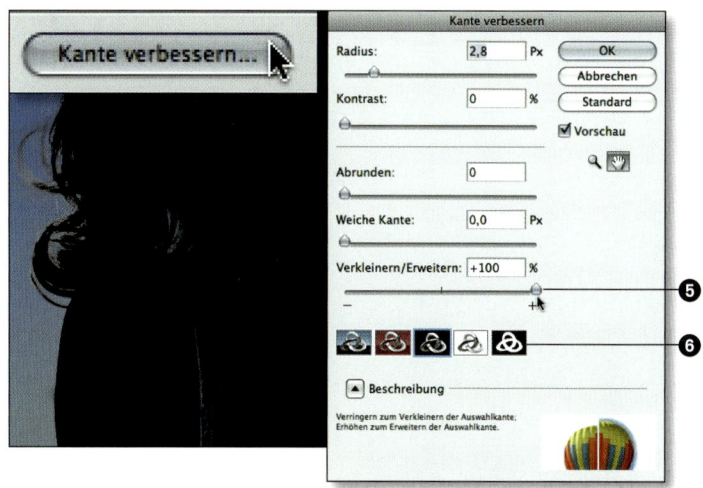

8 Übergang verbessern

Durch die Erweiterung der Auswahl sind wieder mehr Teile des T-Shirts mit ausgewählt worden. Diese werden Sie jetzt manuell im Maskierungsmodus »zurückmalen«.

Wechseln Sie mit der Taste ⎡Q⎤ in den Maskierungsmodus, wählen Sie das PINSEL-WERKZEUG 🖌 mit einer ausreichend großen Werkzeugspitze und einer HÄRTE von 100 %. Mit schwarzer Vordergrundfarbe malen Sie dann über das T-Shirt, um eine vollständige rote Maskierung zu erzeugen.

9 Maske erstellen

Eine Auswahl speichern Sie flexibel in einer Ebenenmaske. Gehen Sie dafür den einfachen Weg über die neue MASKEN-Palette.

Durch einen einfachen Klick auf das Maskensymbol ❼ wandeln Sie die Auswahl in eine Maske um. Da aber noch der Himmel ausgewählt ist, müssen Sie beim Klicken die ⎡⌥⎤/⎡Alt⎤-Taste gedrückt halten – so wird gleichzeitig die Auswahl umgekehrt.

In dieser MASKEN-Palette können Sie auch noch nachträglich die Maskenkante verfeinern.

Der Weg durch die Kanäle

In der Kanäle-Palette stehen viele Wege offen

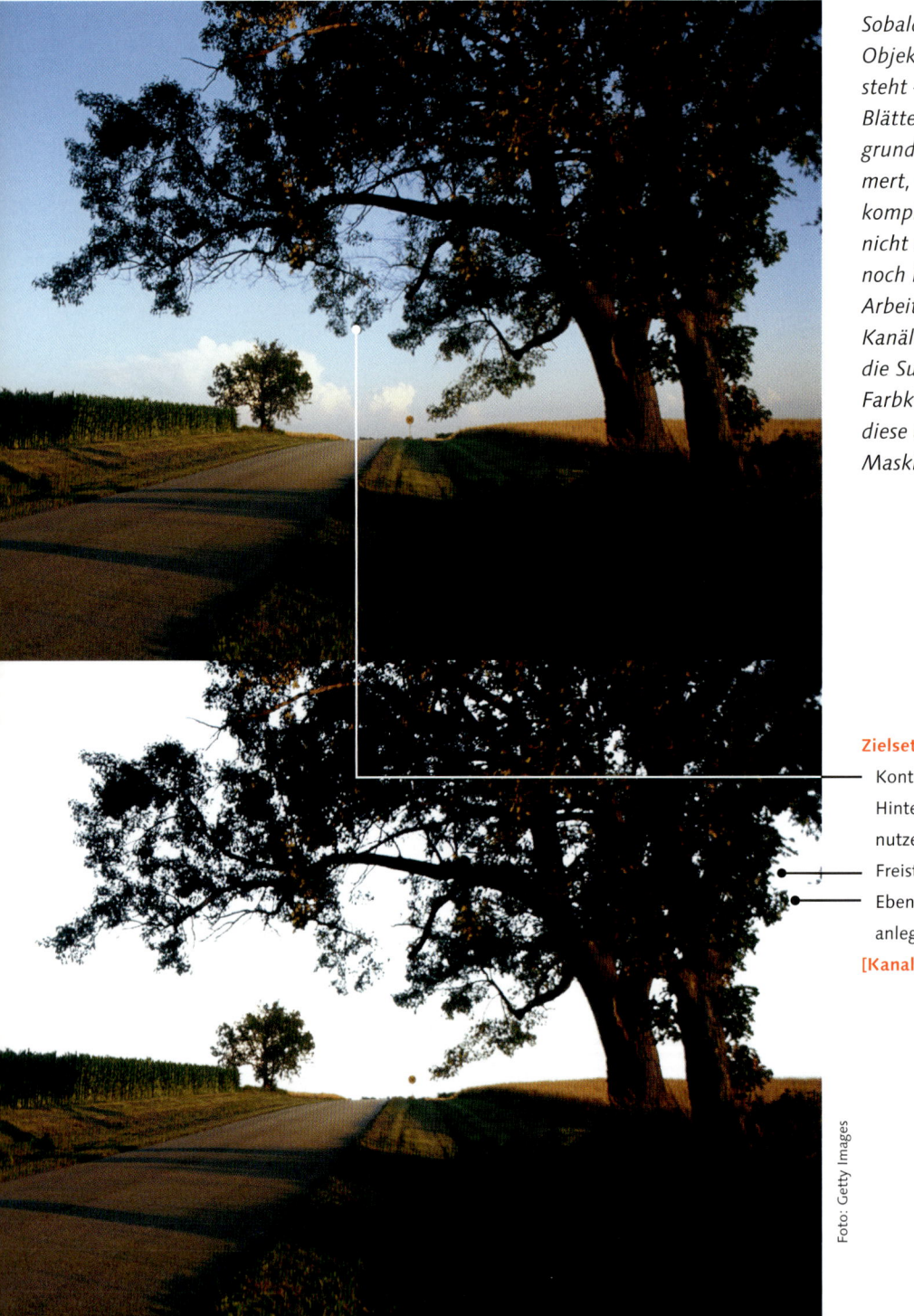

Sobald das freizustellende Objekt aus vielen Details besteht – seien es Haare oder ein Blättermeer – oder der Hintergrund in Farbnuancen schimmert, wird die Freistellung kompliziert. Das heißt aber nicht zwingend, dass jetzt nur noch langwierige, manuelle Arbeit möglich ist. In der Kanäle-Palette können Sie auf die Suche nach bestehenden Farbkontrasten gehen – und diese als Grundlage für Ihre Maskierungsarbeit nutzen.

Zielsetzungen:

Kontrast von Vordergrund zu Hintergrund für die Freistellung nutzen

Freistellungskanal bearbeiten

Ebenenmaske für die Freistellung anlegen

[Kanalfrei.jpg]

Foto: Getty Images

1 Kanäle begutachten

Öffnen Sie über FENSTER die KANÄLE-Palette.
Klicken Sie dort auf die einzelnen Kanal-
namen, um einen Basiskanal für die Maskenerstellung auszuwählen.

Der Blau-Kanal ❶ ist hier ideal, weil er am
meisten Kontrast zwischen Vordergrund und
Himmel aufweist.

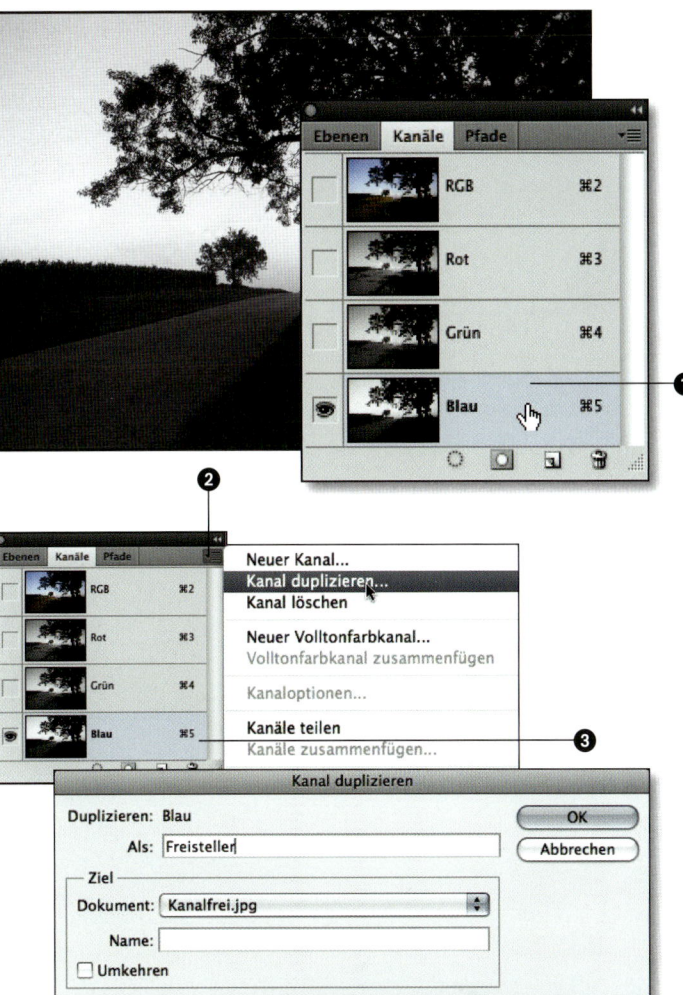

2 Kontrastkanal duplizieren

Erstellen Sie eine Kanalkopie, indem Sie den
Blau-Kanal duplizieren – ziehen Sie ihn dafür
einfach auf das Ebenensymbol ❸, oder wählen Sie unter dem Optionspfeil der KANÄLE-
Palette ❷ KANAL DUPLIZIEREN. Benennen Sie
den Kanal mit »Freisteller«.

3 Maskenkanal bearbeiten

Aktivieren Sie jetzt in der KANÄLE-Palette den
neu erstellten Kanal namens »Freisteller«.
Er wird als Basis für die Freistellungsmaske
dienen.

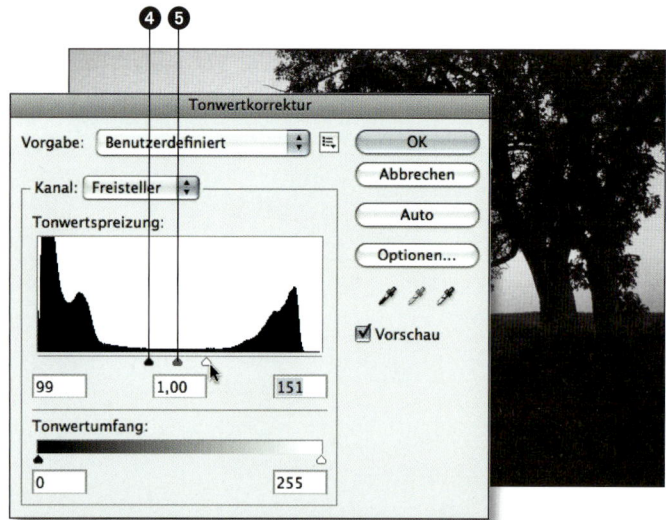

4 Tonwerte reduzieren

Wählen Sie aus dem Menü BILD ▷ KORREK-
TUREN ▷ TONWERTKORREKTUR.

Schieben Sie die Regler für den Schwarzpunkt ❹ und den Weißpunkt ❺ soweit zusammen, dass sich eine Tonwertspreizung von
ca. 50–80 Tonwertstufen ergibt. Beurteilen Sie
die Wirkung im Vorschaubild. Die Trennung
zwischen den Details und dem Hintergrund
ist so ebenso gesichert wie auch die weichen
Übergänge. Klicken Sie abschließend auf OK.

5 Auswahl laden

In der KANÄLE-Palette zeigt sich der bearbei-
tete Kanal. Aktivieren Sie jetzt wieder den
Composite-Kanal über einen Klick auf den
RGB-Kanal ❻.

Der Freisteller-Kanal kann ausgeblendet
bleiben – klicken Sie mit gedrückter `Strg`/
`⌘`-Taste darauf. Die Auswahl wird entsprechend der Tonwerte geladen – weiße Pixel
sind zu 100 % ausgewählt, schwarze gar nicht,
alle Grautöne liegen dazwischen.

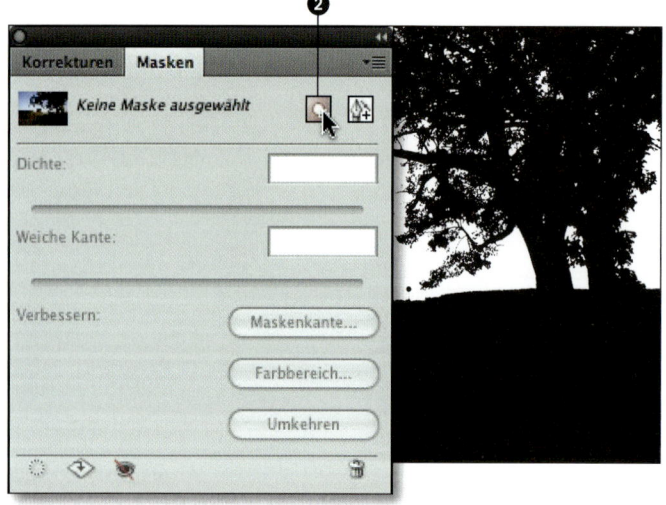

6 Maske erstellen

Wechseln Sie jetzt auf die neue MASKEN-
Palette. Noch ist der Himmel ausgewählt,
aber durch `Strg`/`⌘` + `⇧` + `I` kehren Sie
die immer noch aktive Auswahl um.

Durch einen Klick auf das Maskensymbol ❼
erstellen Sie aus der aktiven Auwahl eine Ebenenmaske. Der Hintergrund wird transparent
und der Vordergrund ist freigestellt.

7 Maskenkante verfeinern

In der MASKEN-Palette haben Sie die Möglichkeit, der Maske über einen Schieberegler noch eine weiche Kante zu geben. Diffenzierter steuern Sie die Kante über den Befehl KANTE VERBESSERN. Klicken Sie dafür auf den Button MASKENKANTE ❽.

Wählen Sie mit einem Klick auf eines der Vorschau-Symbole ❾ die Ansicht, in der Sie die Maskenkante am besten beurteilen können.

8 Übergang verbessern

Zoomen Sie sich etwas an ein Bilddetail heran. Insbesondere in den kleinen Details, die im Motiv in der Unschärfe liegen, ist die Auswahl noch zu hart geraten.

Mit dem RADIUS-Regler können Sie hier die Feinarbeit erledigen. Anders als der Regler WEICHE KANTE bearbeitet er nur die Detailkontraste, indem er dort die Tonwertspreizung der Maske wieder vergrößert.

So können Sie nachträglich die feinen, weichen Übergänge herbeiführen.

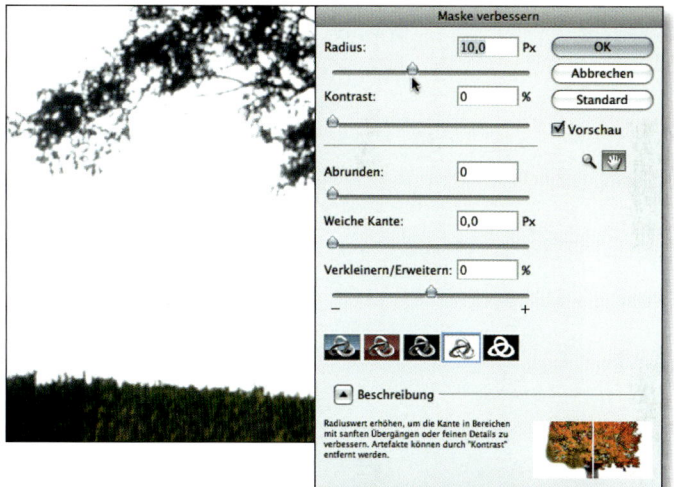

9 Flexible Ebenenmaske

Nachdem Sie die Kante Ihrer Maske verbessert haben, klicken Sie auf OK, und Sie erhalten die perfektionierte Maske. Diese sehen Sie auch in der EBENEN-Palette als verknüpfte Ebenenmaske ❿.

Über die MASKEN-Palette können Sie jederzeit noch Feinarbeiten an der Maskenkante vornehmen.

Hintergrund einmontieren

Der richtige Übergang von Vorder- zu Hintergrund

Mit einer guten Freistellung sind Sie schon ziemlich weit gekommen. Allerdings zeigt sich erst bei der Montage in einen neuen Hintergrund, ob die Freistellung auch ausreicht. Im vorliegenden Beispiel zeigen sich zwei typische Probleme bei der Montage in neue Hintergründe: Es »kleben« noch Farbreste des alten Hintergrundes an den Freistellungskanten und auch die Schärfe muss für den Übergang in den neuen Hintergrund angeglichen werden.

Zielsetzungen:
Übergänge retuschieren
Kantenschärfe reduzieren
Farbkanten angleichen
[NA001756.jpg, Montage.psd]

 **Video-Training**

Sie finden zu diesem Thema auch eine Video-Lektion auf der Buch-DVD (Lektion 4.2).

1 Einzelbilder montieren

Öffnen Sie zuerst die beiden Bilddateien, und kombinieren Sie das freigestellte Motiv mit dem neuen Hintergrund. Dazu benötigen Sie wieder die EBENEN-Palette.

Ziehen Sie dafür das Hintergrundbild mit dem VERSCHIEBEN-WERKZEUG ![Symbol] in die freigestellte Datei. Ändern Sie dann die Reihenfolge der Ebenen, indem Sie die neue Ebene in der EBENEN-Palette nach unten ziehen.

Zum Schluss müssen Sie den neuen Hintergrund noch an die richtige Stelle im Bild bewegen.

2 Maskenkanten weichzeichnen

Das Ganze sieht an den Übergängen noch ein bisschen nach Scherenschnitt aus. Die Kanten müssen weicher werden – und zwar auf der Maske. Klicken Sie auf das Ebenenmaskensymbol der oberen Ebene ❶, und wählen Sie das WEICHZEICHNER-WERKZEUG ![Symbol]. In den Werkzeugoptionen stellen Sie eine Größe ein, die gut den Kantenübergang abdeckt, lassen den MODUS auf NORMAL und malen dann mit einer STÄRKE-Einstellung von 100 über die Kante, bis sie sich sanft mit dem Hintergrund verbindet.

3 Kantenfarben bearbeiten

Das WEICHZEICHNER-WERKZEUG können Sie auch öfter anwenden. Dann wird der Übergang umso weicher.

Aber mit der weichen Kante wird schnell deutlich, dass es noch ein zweites Problem gibt: Die Überreste des alten Hintergrundes sind deutlich als blaue Farbsäume sichtbar.

Diese müssen Sie im nächsten Schritt umfärben – klicken Sie auf die Ebenenminiatur in der Palette ❷, um mit der Bearbeitung an den Bildpixeln fortzuschreiten.

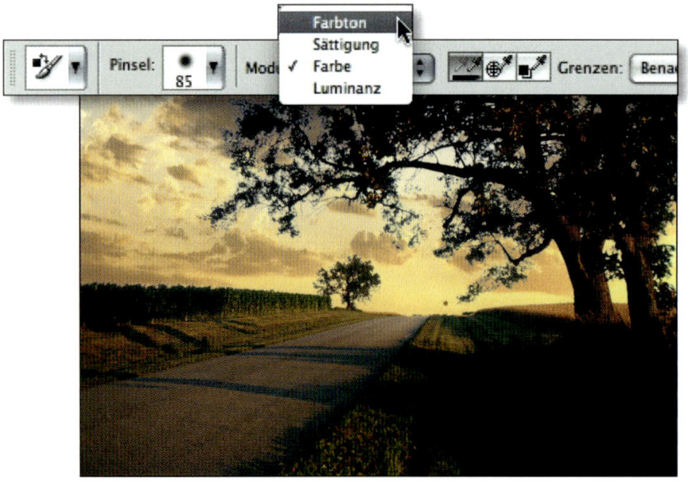

4 Das Farbe-ersetzen-Werkzeug

Zur Umfärbung der Farbsäume benutzen Sie das FARBE-ERSETZEN-WERKZEUG. Widmen Sie sich dann den richtigen Voreinstellungen in der Optionsleiste.

Stellen Sie in der Optionsleiste den MODUS auf FARBTON – so erreichen Sie eine sehr leichte, transparente Überlagerung.

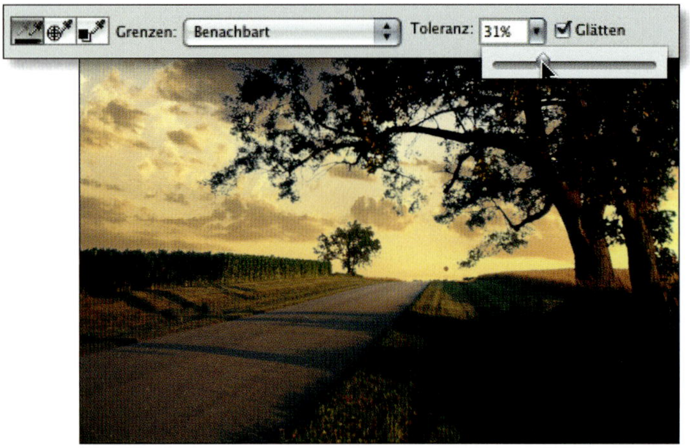

5 Werkzeugoptionen einstellen

Mit am wichtigsten bei diesem Werkzeug ist die TOLERANZ-Einstellung, denn sie steuert, wie ähnlich nahe liegende Pixel sein dürfen, damit sie gleichzeitig eingefärbt werden.

Mit einer TOLERANZ von ca. 30 % können Sie gut starten. Sollte die Einfärbung gleich zu »zäh« vonstatten gehen, erhöhen Sie die TOLERANZ noch etwas.

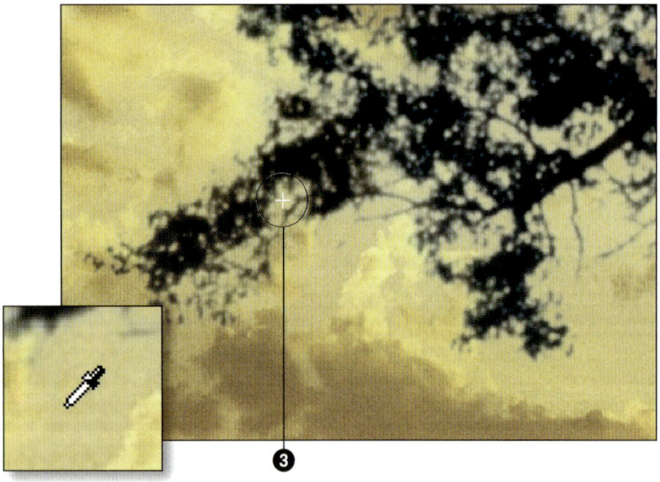

6 Korrekturfarbe bestimmen

Drücken Sie die ⌥/Alt-Taste, und klicken Sie mit der erscheinenden Pipette in die umliegende Hintergrundfarbe an der Stelle, die Sie zuerst bearbeiten wollen.

Mit der aufgenommenen Vordergrundfarbe färben Sie jetzt durch Ziehen des Werkzeugs die Farbsäume um.

Achten Sie darauf, dass das Fadenkreuz des Werkzeugs ❸ immer die blauen, umzufärbenden Bereiche trifft, damit auch wirklich alle Farbtöne verändert werden.

7 Augen auf die Umgebung richten

Nehmen Sie stückweise immer wieder neu die Umgebungsfarbe auf. Nur so können Sie die Randpixel richtig einfärben und den Übergang richtig gestalten.

8 Toleranz und Größe anpassen

In ganz kleinen Pixelbereichen kann es schon mal passieren, dass Sie »abrutschen« – also innerhalb der Werkzeugspitze auch andere Motivfarben umgefärbt werden.

Dagegen können Sie einerseits die GRÖSSE der Werkzeugspitze korrigieren oder die TOLERANZ verringern – so werden nur Farben geändert, die der mit dem Fadenkreuz aufgenommenen sehr ähnlich sind. Andererseits können Sie die TOLERANZ auch erhöhen, wenn Sie eine Art farblichen Schimmer des Umgebungslichts erzeugen wollen.

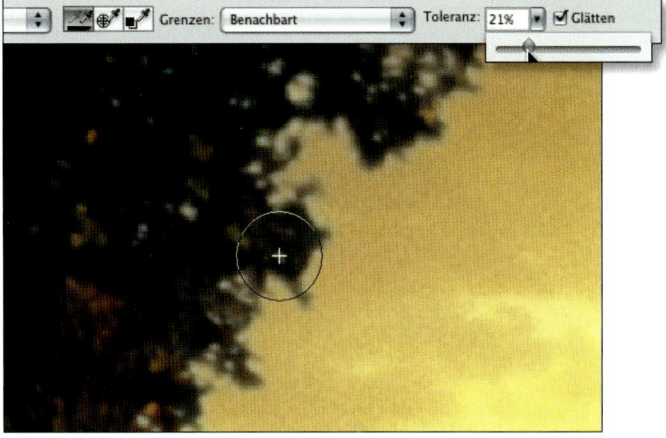

9 Das Ergebnis farblich eingepasst

Nach einer mit Sicherheit nicht kurzen Fleißarbeit ist Ihr freigestelltes Motiv optimal in den Hintergrund eingepasst. Die weichgezeichneten Übergänge integrieren das Bild ebenso in den neuen Hintergrund wie die eingefärbten Kanten.

Kurven und Kanten

Lasso und Pfad für scharfkantige Objekte

*Objekte, die aus klar abgegrenzten Geraden und Kurven beste-
hen, werden durch pixelbasierte Auswahlen meist nicht optimal
freigestellt. Greifen Sie deshalb zu Werkzeugen, die entweder per
Hand einen glatten Pfad erstellen oder mit dem Kantenkontrast
arbeiten. Beide Werkzeuge stelle ich Ihnen hier nacheinander vor.*

[Taktik.jpg]

1 Der Zeichenstift

Dieses Werkzeug ✒ verlangt von Ihnen, dass
Sie Eckpunkte setzen und Kurvenpunkte ziehen, um eine Form nachzuarbeiten. Mit ein
bisschen Übung gelingt das ganz schnell, und
Sie erzeugen eine glatte Freistellungskante.

Fangen Sie an einer Ecke der Schere mit
einem einfachen Klick an.

2 Eck- und Kurvenpunkte setzen

Solange das Objekte nur gerade Kanten hat,
können Sie mit einem Klick an jeder Ecke
schnell die Form nachvollziehen.

Bei Kurven müssen Sie dann anders vorge-
hen: Platzieren Sie den Mauszeiger auf den
Scheitel der Kurve – hier die leicht gebogene
Spitze der Schere –, und ziehen Sie die Maus
gleichzeitig während Sie klicken. So erzeugen
Sie Tangenten, die eine Kurve bilden und die
Sie später noch bearbeiten können.

3 Pfad zu Ende führen

So können Sie jetzt einen Pfad um das ganze Objekt legen. Mit einem Klick erzeugen Sie neue Eckpunkte, durch Ziehen erzeugen Sie kurvige Pfadsegmente.

Wenn Sie das Objekt umrundet haben und mit der Maus auf den Anfangspunkt klicken, wird der Pfad geschlossen. Sie erkennen das an dem kleinen Kreissymbol ❶ am Werkzeug.

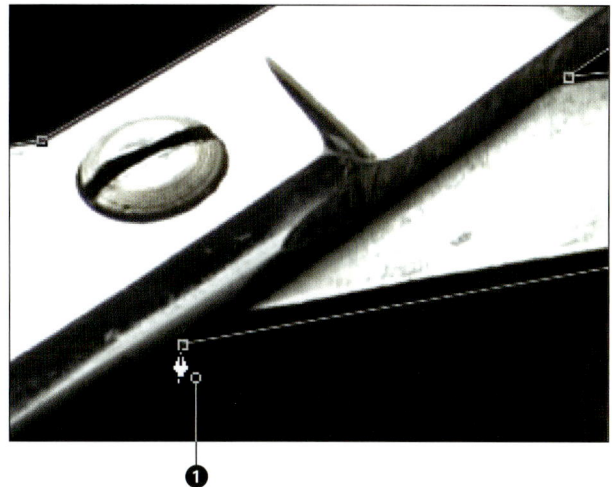

4 Pfad korrigieren

So ein Pfad ist nie auf Anhieb perfekt. Das muss er aber auch nicht sein, denn Sie können alle gesetzten Punkte später noch bearbeiten.

Dazu benutzen Sie das DIREKTAUSWAHL-WERKZEUG ▸ aus der Werkzeugpalette. Mit ihm können Sie jeden Punkt anklicken und verschieben. Ein aktivierter Kurvenpunkt zeigt seine Anfasser und auch diese können Sie verschieben und dadurch die Rundung der Kurve verändern.

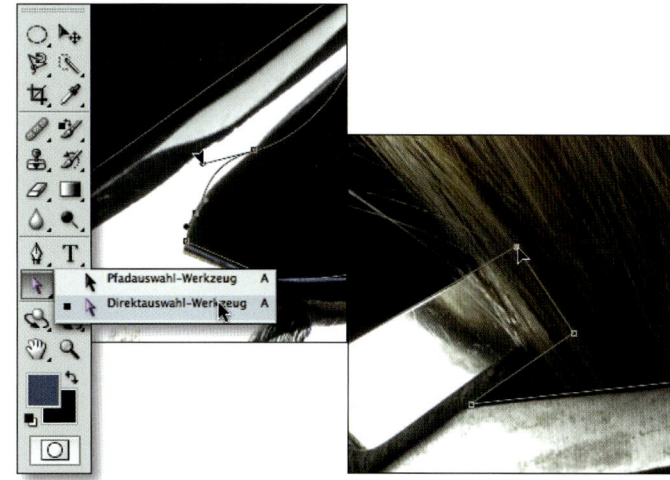

5 Pfad auswählen

Bearbeiten Sie den Pfad so, dass er an den späteren Freistellungskanten exakt gegen den Hintergrund gearbeitet ist.

In Bereichen, in denen sich das Scheren-objekt mit anderen Vordergrundobjekten überlagert, können Sie gröber arbeiten, weil Sie diese Auswahlen später addieren werden.

Öffnen Sie über das FENSTER-Menü die PFADE-Palette und klicken Sie mit gedrückter Strg / ⌘ -Taste auf die Pfadminiatur ❷ – so erzeugen Sie daraus eine Auswahl.

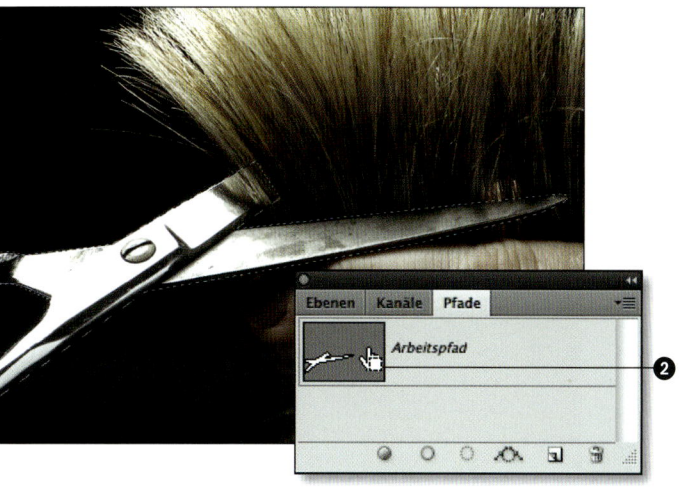

6 Auswahl speichern

Speichern Sie nun die Vorarbeit als Kanal, um sie später mit weiteren Freistellungen zu kombinieren.

Wählen Sie AUSWAHL ▷ AUSWAHL SPEICHERN und geben Sie nur einen Namen für den neuen Kanal ein. Standardmäßig wird so innerhalb dieser Datei der neue Kanal gespeichert ❸.

7 Das magnetische Lasso

Das MAGNETISCHE-LASSO-WERKZEUG 🪄 ist eine Art automatisches Auswahlwerkzeug, das eigenständig Kontraste sucht. Umso wichtiger ist es, dass Sie ihm die richtigen Arbeitsvorgaben geben. In diesem Motiv wählte ich mit 8 Pixeln eine kleine BREITE der Auswahlzone, ebenso gab ich mit 10% einen geringen KONTRAST für die Kantenerkennung vor. Die FREQUENZ von 70 steht für eine hohe Punktanzahl und Detailtreue.

8 Punkte setzen

Suchen Sie sich als Anfangspunkt eine Stelle mit eindeutigem Kontrast, klicken Sie dort einmal, und fahren Sie dann mit dem Werkzeug an der Objektkante entlang. Die einzelnen Ankerpunkte werden selbstständig vom magnetischen Lasso gesetzt.

Achtung: Das Lasso bricht gerne mal aus. Setzen Sie dann durch Klicken mit der Maus eigene Punkte, die den Auswahlpfad dort fixieren.

9 Zum Polygon-Lasso wechseln

Für die gerade Kante unten und rechts benutzen Sie besser das POLYGON-LASSO-WERKZEUG .

Sie können fließend zu diesem Werkzeug wechseln, indem Sie die ⌥/Alt-Taste gedrückt halten, das Polygon-Lasso zieht dann einen geraden Auswahlstrich bis zum nächsten Klick. Wenn Sie die ⌥/Alt-Taste loslassen, arbeiten Sie mit dem magnetischen Lasso weiter. Die Auswahl schließen Sie genauso wie beim Pfad durch einen Klick auf den ersten Punkt.

10 Kante verbessern

Die Handkanten haben eine minimale Unschärfe. Deshalb sollten Sie keine ganz harte Auswahlkante benutzen.

Klicken Sie in der Optionsleiste auf den Knopf KANTE VERBESSERN. Im erscheinenden Dialog können Sie zunächst eine leichte Abrundung eingeben, um eventuell unruhige Auswahlkanten zu glätten.

Mit einem kleinen RADIUS-Wert um 1 Pixel zeichnen Sie die Kante zusätzlich noch minimal weich.

11 Auswahl speichern

Auch diese Auswahl wird gespeichert: Wählen Sie AUSWAHL ▷ AUSWAHL SPEICHERN, und geben Sie einen weiteren Namen ein.

Nun haben Sie schon zwei Auswahlen in Kanälen gespeichert, um Sie später mit der Auswahl aus der nächsten Lektion zu kombinieren.

Mehr zu Auswahlen, Kanälen und Masken: Lesen Sie dazu den Grundlagenexkurs auf Seite 446.

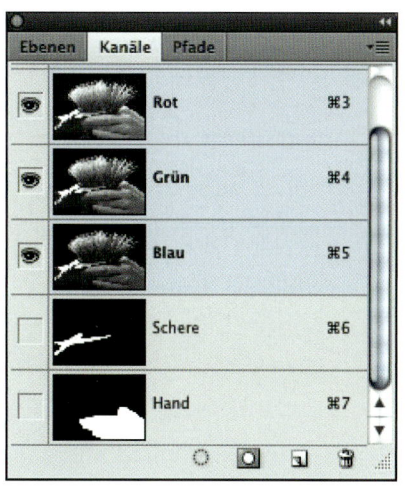

Freistellungstaktiken

Kanäle verrechnen, Auswahlen addieren und Kanten optimieren

Nicht immer gibt es einen idealen Kanal, der z. B. Haare wirklich direkt vom Hintergrund trennt. Trotzdem kann ein Kanal als Basis für die weitere Bearbeitung dienen. Statt die Kontraste im Kanal übermäßig anzuziehen, sollten Sie erst einmal seine eigenen Stärken nutzen und mit den Kanalberechnungen steigern. Hier können Sie auch verschiedene Kanäle miteinander verrechnen und dabei unterschiedliche Verrechnungsmodi ausprobieren.

Zielsetzungen:

Verschiedene Helligkeiten freistellen

Gespeicherte Auswahlen addieren

Kantenauswahl verkleinern

[Taktik.psd]

Foto: Fotolia.com

1 Arbeit in den Kanälen

Öffnen Sie wieder zuerst über FENSTER die KANÄLE-Palette. Halten Sie darin Ausschau nach dem Basiskanal für die Maskenerstellung – also nach dem mit dem besten Grundkontrast.

Das Ganze funktioniert jedoch nicht ohne die Vorarbeit aus dem letzten Workshop: Die vorbereiteten Kanäle benötigen wir später, um eine Gesamtauswahl zu erstellen.

2 Kanalberechnungen

Der Rot-Kanal ist eine gute Basis, weil er dort Kontraste aufweist, wo wir sie brauchen – zwischen den Haaren und dem Hintergrund.

Allerdings ist der Hintergrund recht hell. Eine direkte Kontraststeigerung über die Tonwerte müsste wegen des grauen Hintergrunds zu stark ausgeführt werden. Deshalb werden wir die Informationen des Kanals nutzen, um sie mit sich selbst zu verrechnen.

So kann sich der Grundkontrast im Kanal verstärken, ohne dass Sie gleich die Tonwerte auf einen Schwarzweißkontrast reduzieren.

3 Ineinanderkopieren

Der Dialog unter BILD ▷ KANALBERECHNUNGEN sieht zwar komplex aus, ist aber auch in einer einfachen Form zu nutzen. Im Prinzip werden immer zwei QUELLEN bzw. Kanäle miteinander kombiniert. Wie das Ergebnis dieser Kombination aussieht, steuern Sie über die FÜLL-METHODE, die dem Ebenenmodus entspricht.

In unserem Fall wird der Rot-Kanal durch INEINANDERKOPIEREN sowohl in den hellen als auch in den dunklen Bereichen verstärkt.

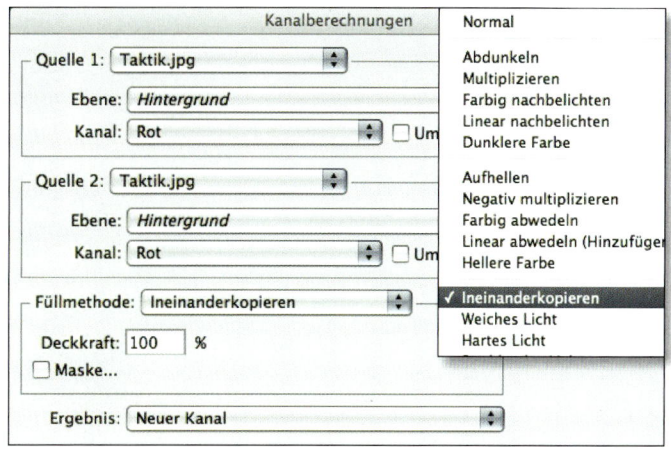

4 Zwischenergebnis: Alpha-Kanal

Das Ergebnis ist ein neuer Kanal (ALPHA 1), in dem die hellen und dunklen Töne extrem verstärkt wurden. Die Tonwertspreizung in den Mitteltönen – und damit die weichen Übergänge – bleiben erhalten.

Allerdings ist auch ein großer der Teil der Haare sehr dunkel geworden. Um diese mit auf die helle Tonwertseite zu ziehen, müssen Sie noch ein paar Berechnungen folgen lassen.

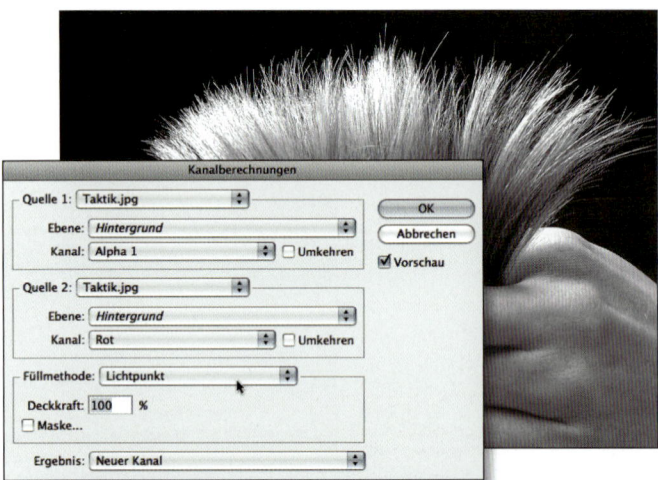

5 Noch ein Schuss Rot

Vom Kanal ALPHA 1 ausgehend – den Sie natürlich auch mit einem Doppelklick um-benennen können – wählen Sie noch einmal BILD ▷ KANALBERECHNUNGEN.

Jetzt geben Sie als QUELLE 2 den Rot-Kanal an. In diesem haben Sie die hellsten Töne in den Haaren.

Als FÜLLMETHODE wählen Sie diesmal LICHT-PUNKT. Damit verstärken sich nur die hellsten Tonwerte gegenseitig. Im Ergebnis haben Sie die Haarzonen noch heller gemacht.

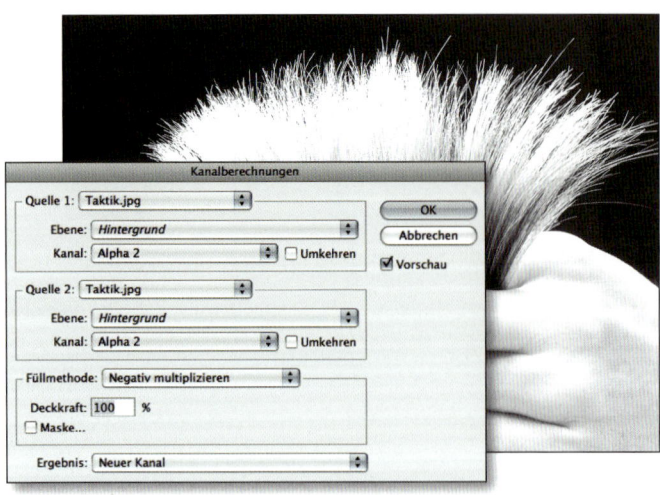

6 Negativ multiplizieren

Einer der vielen Füllmodi ist NEGATIV MULTIPLIZIEREN – damit verstärken sich alle Tonwerte in die hellere Richtung.

Diesen Vorgang können Sie zwei Mal durchführen, um die Mitteltöne der Haare noch heller zu machen. Kümmern Sie sich nicht um andere Bildbereiche, wie z.B. die Hände. Dafür haben wir im letzten Workshop die notwendige Auswahl schon gespeichert.

7   Grauzonen mindern

Alle in den Zwischenschritten entstandenen
Kanäle können Sie in den Papierkorb ziehen –
Sie nutzen nur den letzten Kanal (Alpha 4).

Die Haare sind jetzt weitestgehend herausgearbeitet. Anstatt noch weiter in den Kontrasten zu arbeiten, sichern Sie erst einmal die
Zonen, die eindeutig zur Haarauswahl gehören sollen. Blenden Sie sich für den Überblick
kurz den RGB-Kanal ein, um dann mit einem
weißen Pinsel ![], mit einer nicht zu weichen
Härte und weißer Vordergrundfarbe auf dem
Kanal zu malen ❶.

8   Schwarzweißkontrast anziehen

Genug der Vorarbeit: Jetzt können Sie den
Kontrast in diesem Kanal final anziehen.

Wähen Sie über das Menü Bild ▷ Korrekturen ▷ Tonwertkorrektur.

Ziehen Sie dort den Regler für den Schwarz-
❷ und Weißpunkt ❸ so weit in die Mitte, bis
an der gewünschten Kante ein guter Schwarzweißkontrast erreicht ist.

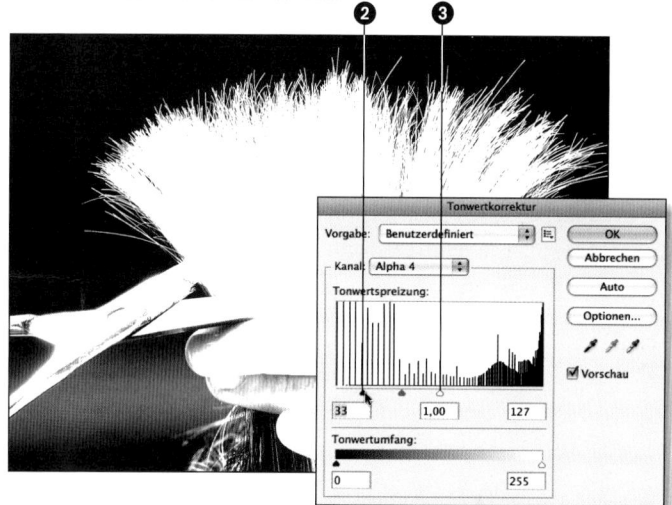

9   Pinselarbeit

Ziehen Sie den Kontrast nicht zu hoch. Es
genügt, wenn die Trennung von Haaren und
Hintergrund erreicht ist. Die restlichen Pixel
können Sie besser wegradieren bzw. mit weißen und schwarzen Pixeln übermalen. Wählen
Sie dafür das Pinsel-Werkzeug, einen großen
Hauptdurchmesser, eine große Kantenschärfe – also Härte – und eine schwarze Vordergrundfarbe ❹. Die Hand und die Schere
müssen Sie nur grob übermalen – diese sind
ja als separate Auswahl gespeichert.

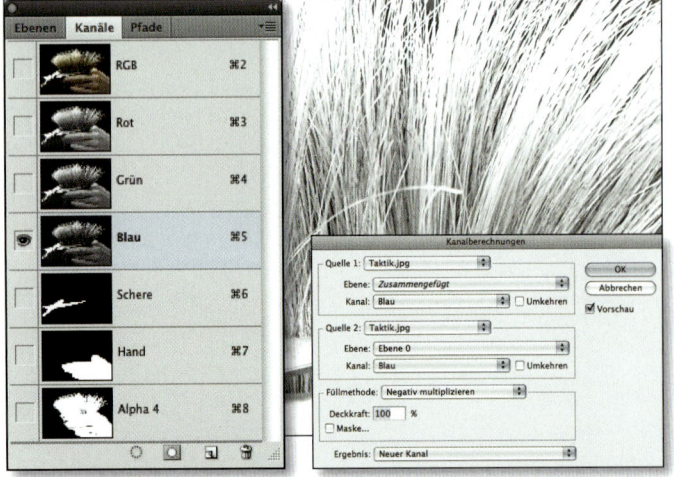

10 Kritische Zonen nacharbeiten

Bei genauerer Betrachtung entspricht die Maske in der Mitte des Haarschopfes noch nicht der gewünschten Freistellung. Hier müssen Sie eine gesonderte Maske vorbereiten.

Der Blau-Kanal weist in der Mitte den größten Kontrast zwischen Haaren und Hintergrund auf. Nehmen Sie diesen als Basis, um wiederum mit zweimaliger KANALBERECHNUNG im Modus NEGATIV MULTIPLIZIEREN den Kontrast herauszuarbeiten.

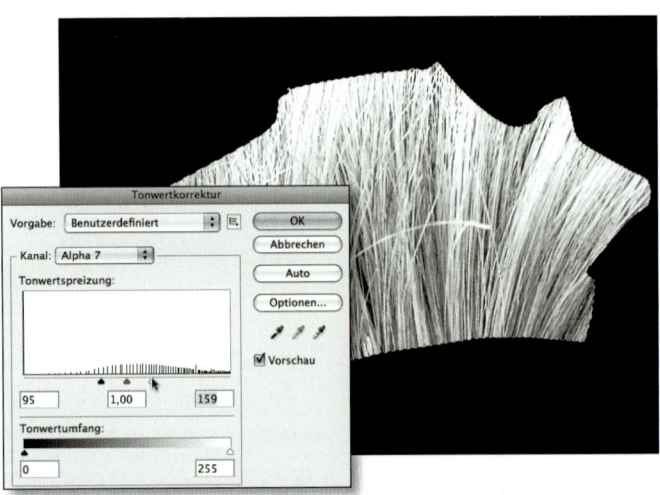

11 Auswahl verkleinern

Diesen Kanal benötigen Sie nur für die kleine Stelle in der Mitte der Haare. Umrahmen Sie diese grob mit dem Lasso, kehren Sie die Auswahl mit `Strg`/`⌘` + `⇧` + `I` um, und füllen Sie den Umgebungsbereich über BEARBEITEN ▷ FLÄCHE FÜLLEN mit 100 % Schwarz.

In den verbliebenen Grautönen ziehen Sie auf gleiche Art und Weise wie in Schritt 8 die Tonwerte zu einem richtigen Schwarzweißkontrast zusammen.

12 Auswahlen addieren

Jetzt haben Sie – in Form gespeicherter Apha-Kanäle – genügend Auswahlen, die Sie zu einer Gesamtauswahl addieren können.

Klicken Sie nacheinander mit gedrückter `Strg`/`⌘` + `⇧`-Taste auf die vier gespeicherten Kanäle. Jede weiße Zone im Kanal wird zu der Auswahl hinzuaddiert und legt so Stück für Stück Ihr Hauptmotiv frei.

Klicken Sie dann wieder auf den RGB-Kanal, um das Gesamtbild einzublenden.

13 Freistellungsmaske erstellen

Blenden Sie sich jetzt über das FENSTER-Menü die MASKEN-Palette ein und klicken Sie auf das Maskensymbol ❺, um aus der Auswahl eine Ebenenmaske zu erstellen.

Alle Auswahl sind addiert. Das einzige was jetzt noch fehlt, ist eine Anpassung der Kante, die noch zu viel vom schwarzen Hintergrund durchlässt.

14 Maske vervollständigen

Klicken Sie in der MASKEN-Palette auf den Knopf MASKENKANTE. Er führt Sie in das Arbeitsfenster KANTE VERBESSERN.

Hier können Sie jetzt zunächst die Gesamtauswahl einen Hauch verkleinern. Ziehen Sie dafür den Schieberegler für VERKLEINERN/ERWEITERN in den neagtiven Bereich auf ca. −60.

Betrachten Sie das Ergebnis mit einer Auswahlvorschau auf weißem Hintergrund ❻.

15 Kantenradius weichzeichnen

Der Regler RADIUS bewirkt eine Weichzeichnung, die sich nur auf die Kante auswirkt. Mit einer minimalen Einstellung von 0,1 Pixeln bewirken Sie hier schon eine Kaschierung der harten Übergänge.

Mehr Tipps zur Verfeinerung der Freistellungsübergänge: Lesen Sie dazu die Lektion »Hintergrund einmontieren« auf Seite 432.

Auswahlen, Kanäle und Masken

Zusammenhänge und Vorgehensweisen

Der Unterschied zwischen einer Auswahl und einer Maskierung ist schnell erklärt:

Es gibt keinen! Eine Maskierung nutzt nur einen anderen Ansichtsmodus, um die Auswahl anzuzeigen. Sind im Auswahlmodus die Kanten des ausgewählten Bereichs nur klar abgegrenzt sichtbar, kann die Maskierung auch weiche Übergänge sichtbar machen.

Sich dennoch beide Optionen offen zu lassen, ist durchaus sinnvoll, denn in beiden Modi stehen Ihnen unterschiedliche Werkzeuge zur Verfügung, um die Auswahl detailliert zu bearbeiten.

Mit der Funktion KANTE VERBESSERN können Sie recht komfortabel eine mit den Auswahlwerkzeugen vorgenommene Auswahl und bestehende Ebenenmasken modifieren. Durch Erweiterung, Weichzeichnung, Abrundung etc. und verschiedenen Ansichtsmodi können Sie diese recht leicht perfektionieren.

Die in Photoshop CS4 neue MASKEN-Palette bietet sowohl Zugriff auf die MASKENKANTE-Funktion als auch auf andere hilfreiche Maskenverfeinerungen, z. B. die Deckkraft.

Sowohl eine Auswahl als auch eine Maske ist immer nur eine temporäre Erscheinung. So sind Alpha-Kanäle und Ebenenmasken noch zusätzliche, »historisch gewachsene« Optionen, um Auswahlen dauerhaft in der Datei oder für spezifische Ebenen zu speichern.

Der Wechsel zwischen Auswahl und Maskierungsmodus | Dies ist gefragt, wenn Sie die Auswahl (also die Maske) gezielt bearbeiten wollen. Klicken Sie auf das kombinierte Maskierungs- bzw. Auswahlsymbol ❶ in der Werkzeugpalette, oder Sie drücken die Taste [Q]. Die im Auswahlmodus gezeigte Trennung zwischen nicht ausgewählten und ausgewählten Bereichen wird im Maskierungsmodus durch maskierte und nicht maskierte Bereiche sichtbar. Die Maskierung besteht aus eigentlich schwarzen Pixeln, die in Photoshop als rot-transparente Maske dargestellt werden.

❶

**Werkzeuge und Techniken im Auswahl-
modus |** Neben dem Zauberstab gehört jetzt
das intelligentere SCHNELLAUSWAHLWERKZEUG
zu den Auswahlwerkzeugen, wie all jene, deren Ergebnis ein klar abgegrenzter Bereich ist.

Auswahlen addieren Sie, indem Sie die ⌂-
Taste drücken, bevor Sie den zu addierenden
Bereich auswählen. Auswahlen subtrahieren
Sie, indem Sie die Alt-Taste drücken, während
sie die aus einer Auswahl abzuziehende Auswahl
aufziehen. Schnittmengen aus zwei Auswahlen
erhalten Sie mit gleichzeitig gedrückter Alt-
und ⌂-Taste.

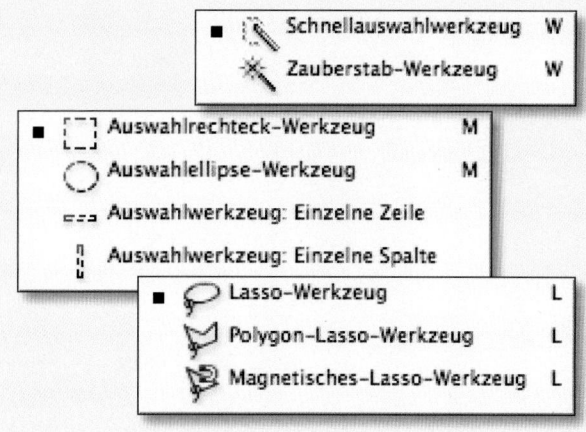

Werkzeuge im Maskierungsmodus | Da es
sich im Maskierungsmodus immer um pure
Pixelinformationen handelt, können Sie diese
auch mit jedem Pixel-Bearbeitungswerkzeug
editieren. Pinsel, Verlaufswerkzeug, Radiergummi oder Weichzeichner-Werkzeug sind
nur die elementaren Vertreter dafür.

In jedem Fall sollten Sie die Werkzeugoptionen ausnutzen, insbesondere um die Kantenschärfe von Pinselspitzen für weiche Übergänge
zu steuern. Aber auch um eigene Werkzeugspit-
zen anzulegen, z. B. für Haarmasken.

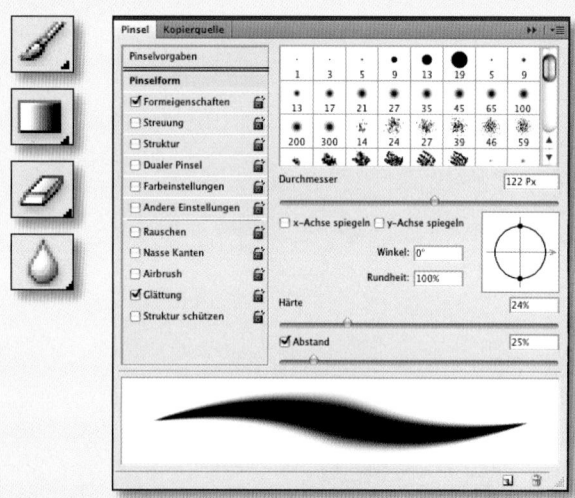

Die Masken-Palette | Über die MASKEN-
Palette können Sie jede Art von nachträg-
licher Maskenverfeinerung vornehmen: die
Deckkraft-Änderung, weiche Kante und
Maskenkante, Farbauswahl, sowie weitere
Optionen werden Ihnen in den nächsten
Schritten erläutert.

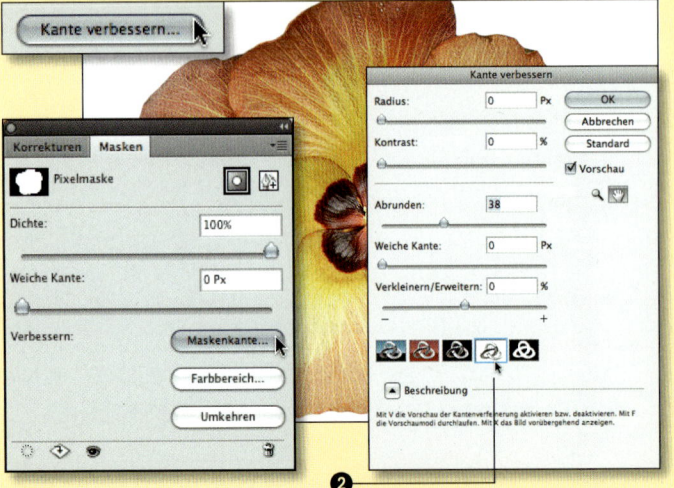

Die Auswahlkante verbessern | Der Button
KANTE VERBESSERN – oder MASKENKANTE in
der MASKEN-Palette – scheint unscheinbar, ist
aber eine sehr gute Option, um die Auswahl
zu verfeinern, ohne den Maskierungsmodus
zu benutzen. Im folgenden Arbeitsfenster
stehen Ihnen zunächst Varianten für eine Auswahlvorschau ❷ zur Verfügung, die über den
Maskierungsmodus hinausgehen.

Alle verfügbaren Schieberegler dienen
einer Verfeinerung der Auswahl, die sonst
nur mit einer Kombination verschiedenster
Funktionen möglich ist.

Weiche Auswahl erstellen 1 | Eine weiche
Auswahl – also einen fließenden Übergang
von ausgewählten zu nicht ausgewählten
Bereichen – definieren Sie im Auswahlmodus
über den Befehl AUSWAHL ▷ WEICHE AUSWAHL-
KANTE. Über die Funktion KANTE VERBESSERN
lässt sich dies allerdings besser erledigen.
Denn hier haben Sie auch schon die Vorschau
auf die Wirkung der WEICHEN KANTE.

Sollte die weiche Kante zu sehr in die Mitte
Ihrer Auswahl übergreifen, können Sie das mit
der Option ERWEITERN ausgleichen.

Weiche Auswahl erstellen 2 | Die Kante
einer bestehenden Maske können Sie auch di-
rekt über die MASKEN-Palette weichzeichnen.
Ziehen Sie dafür einfach den Regler WEICHE
KANTE nach rechts. Sowohl die sichtbare
Auswahl als auch die Maske verändern sich.
Das Schöne hierbei ist, dass Sie diese weiche
Kante jederzeit wieder verändern können

Auswahlkante verfeinern | Falls Ihnen die
weiche Kante zu sehr in die Auswahl eingreift,
versuchen Sie es alternativ mit den Werkzeugen zur Kantenverfeinerung im Menü
KANTE VERFBESSERN.

Hier wirkt sich der RADIUS nur auf die direkten Kantenpixel aus. Der KONTRAST-Regler
sorgt für eine nachträgliche Schärfung, falls
Sie mit der Weichzeichnung in erster Linie
Unregelmäßigkeiten beseitigen wollten.
Auch der Regler ABRUNDEN mindert Unregelmäßigkeiten in der Auswahl.

Auswahlen speichern | Wenn Sie eine Aus-
wahl dauerhaft in einer Datei speichern wollen
– um sie zum späteren Zeitpunkt wieder aufrufen zu können oder sie in anderen Programmen wie Layout- oder Video-Applikationen
auslesen zu können –, wandeln Sie sie in einen
sogenannten *Alpha-Kanal* um, der dann als
weiterer Kanal in der Datei gespeichert wird.
Der Weg dazu führt über das AUSWAHL-Menü
und den Befehl AUSWAHL SPEICHERN.

Gespeicherte Auswahl aktivieren | Auf
den gespeicherten Alpha-Kanal können Sie
jederzeit zurückgreifen, indem Sie aus dem
FENSTER-Menü die KANÄLE-Palette einblenden.
Kanäle sind pixelorientiert: Analog zur Maske
werden die ehemals nicht ausgewählten Bereiche mit schwarzen, voll deckenden Pixeln
maskiert. Die ausgewählten Bereich sind
unmaskiert, werden also durch weiße Pixel
repräsentiert. Am schnellsten wandeln Sie die
Kanalinformation wieder in die Auswahl um,
indem Sie mit gedrückter `Strg`/`⌘`-Taste auf
den Auswahlkanal klicken ❸.

Auswahlen in Ebenenmasken umwandeln |
Soll sich die Auswahl nur auf eine bestimmte
Ebene auswirken, wandeln Sie sie in eine
Ebenenmaske um. Eine solche ist eine stän-
dige Maskierung der Ebenenpixel. Dazu
klicken Sie bei aktiver Auswahl lediglich auf
das Ebenenmaskensymbol ❹ in der EBENEN-
Palette.

**Masken- und Kanalinformation in Auswahl
umwandeln |** Mit gedrückter Strg - bzw.
⌘-Taste und einem Klick auf die Ebenenmaske machen Sie die Maskierungsinformati-
on wieder als aktive Auswahl sichtbar, um sie
beispielsweise für andere Ebenen zu nutzen.

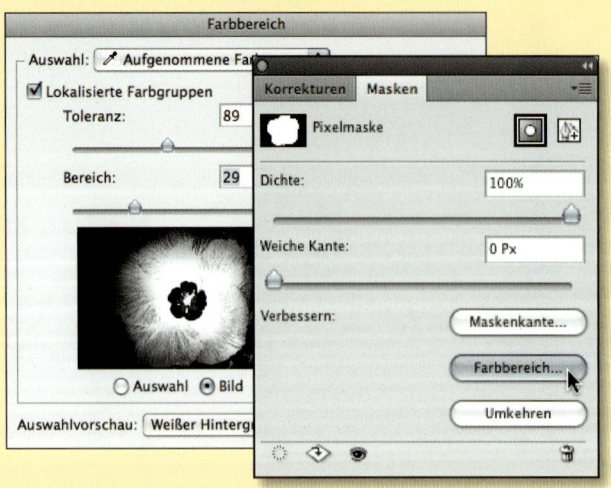

Farbbereich auswählen | Dieser Befehl aus
der MASKEN-Palette entspricht dem aus dem
AUSWAHL-Menü. Mit der Pipette wählen Sie
Farben aus dem Bild aus, die – innerhalb
einer TOLERANZ und eingeschränkt auf den
gewünschten BEREICH im Bild – direkt in eine
neue Ebenenmaske umgesetzt werden.

So schränken sie zum Beispiel Einstellungsebenen später noch auf einen FARBBEREICH
ein.

Lesen Sie dazu den passenden Workshop:
»Farbbereich nachbelichten« auf Seite 210.

Maske ausblenden | Um einen Blick auf das unmaskierte Bild zu werfen, müssen Sie die Maske nicht löschen.

Klicken Sie einfach in der Masken-Palette auf das Augensymbol ❺ – so wird die Maske temporär ausgeschaltet.

Eine weitere Möglichkeit ist, mit gedrückter ⇧-Taste auf das Ebenenmaskensymbol ▢ in der Ebenen-Palette zu klicken. Beide Optionen beeinflussen sich gegenseitig.

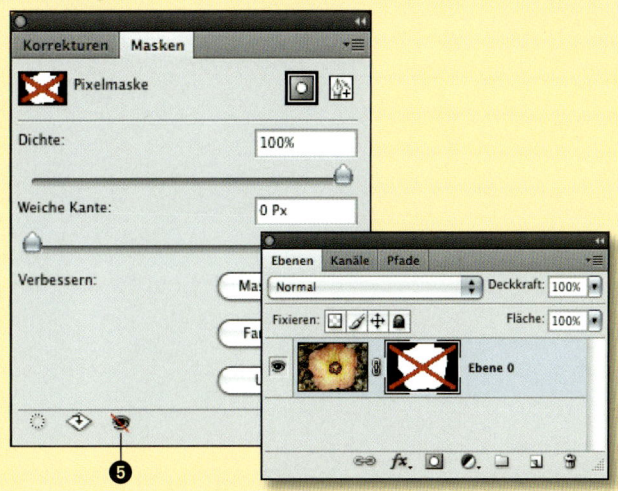

Dichte der Maske bestimmen | Durch Verringerung der Maskendichte wird diese praktisch »dünner«. Auf diese Art lassen Sie bei Masken von Bildebenen die maskierten Bereiche wieder mehr durchscheinen. Oder Sie lassen – im Falle einer Einstellungsebene – die Korrektur auf die vorher maskierten Bereiche wirken. In welcher Stärke bestimmen Sie mit dem Dichte-Wert.

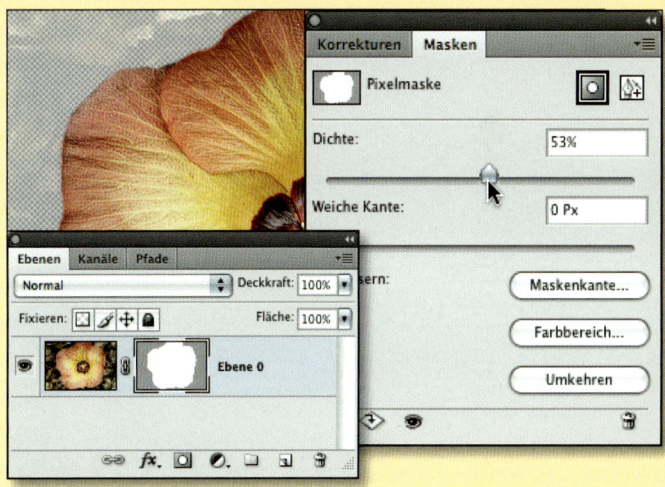

Maske anwenden | Wollen Sie die Auswahl »zementieren«, so können Sie die Maske löschen. Am schnellsten geht das über das entsprechende Symbol ❻ in der Masken-Palette: Ein Klick, und die Maske ist gelöscht und gleichzeitig angewendet – die vorher maskierten Pixel werden jetzt von der Bildebene gelöscht.

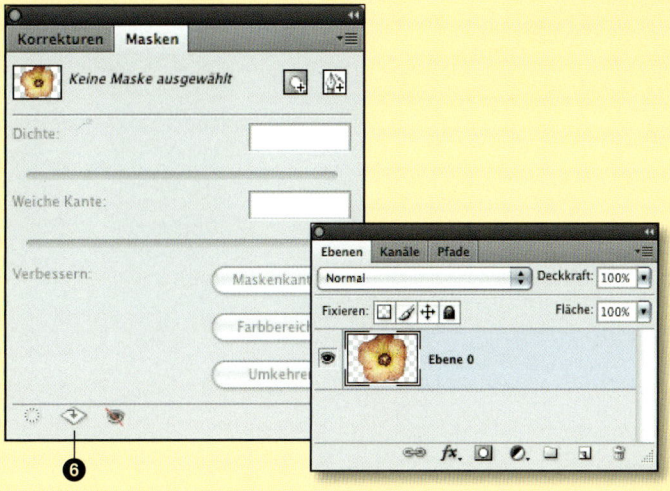

Perspektive

**Perspektive bedeutet in der Bild-
bearbeitung mindestens zweierlei:**
Einerseits eine Perspektivkorrektur –
und dazu gehören neben stürzenden
Linien und Objektivverzeichnungen
auch Eingriffe in die horizontale und
vertikale Perspektive –, andererseits
werden aber besonders die Techniken
immer interessanter, die den Blick über
das ursprünglich Bildformat hinweghe-
ben. Das Erstellen von Panoramen wird
immer einfacher und immer perfekter.
Obwohl sich diese beiden Adjektive
eigentlich ausschließen müssten, liefert
die automatisierte Panoramaerstellung
aus Photoshop – auch mit farblicher An-
gleichung und Korrektur geometrischer
Verzerrungen – erstaunlich gute Ergebnisse.

Foto: Maike Jarsetz

Perspektive

Stürzende Linien ausgleichen

Eine nicht-destruktive »Objektivkorrektur«

Stürzende Linien sind ohne Shift-Objektiv praktisch unvermeidlich und gehören deshalb in der Architekturfotografie zum täglich Brot. Der Filter »Objektivkorrektur« nimmt sich dieser Aufgabe an. Zusammen mit weiteren Korrekturen – wie horizontaler oder Verzeichnungskorrektur – eignet er sich für alle Arten perspektiv- oder objektivbedingter Abbildungsfehler. Dass man all diese Fehler zusammen in einem Menü ausgleichen kann, ist ein ebenso großer Vorteil, wie die Möglichkeit, diesen Filter als Smartfilter anzuwenden und damit in seinen Einstellungen flexibel zu bleiben.

Zielsetzungen:

Stürzende Linien ausgleichen

Bildsenkrechte ausrichten

Formatgrenzen neu setzen

[Sturz.jpg]

Foto: Maike Jarsetz

1 Für Smartfilter konvertieren

Wählen Sie aus dem FILTER-Menü FÜR
SMARTFILTER KONVERTIEREN. Die Bildebene
wird so in ein Smart-Objekt umgewandelt.
Damit werden die vollen Bildinformationen
dauerhaft in der Datei gespeichert, was uns
längstmöglich den Zugriff auf die Originalpixel
ermöglicht.

In der EBENEN-Palette ist ein Smart-Objekt
an dem kleinen Icon in der Ebenenminiatur
zu erkennen ❶.

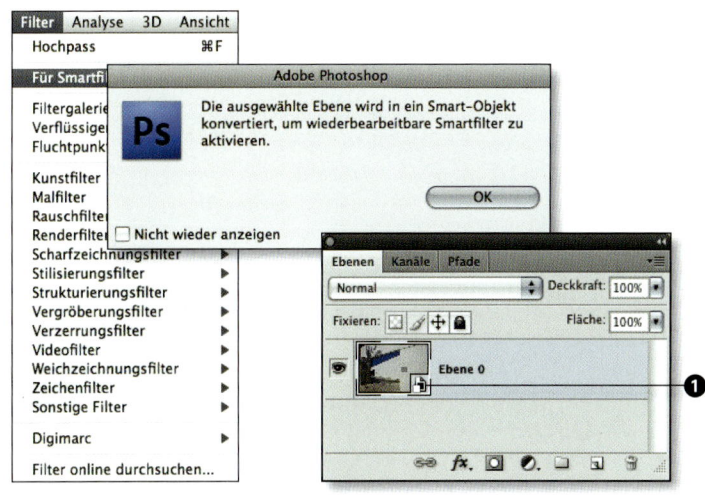

2 Der Filter Objektivkorrektur

Wählen Sie jetzt den Filter OBJEKTIVKORREK-
TUR aus der Gruppe der VERZERRUNGSFILTER im
Menü FILTER.

Auch wenn es sich dabei eigentlich um einen
Entzerrungsfilter handelt ;-).

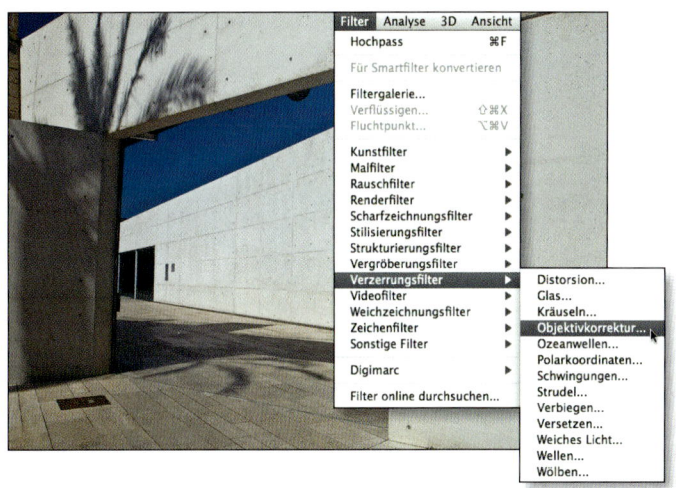

3 Rastergröße anpassen

Das Arbeitsfenster der OBJEKTIVKORREKTUR
bietet neben vielen Einstellmöglichkeiten
auch ein dem Bild überlagertes Raster, das
Ihnen die Korrektur und Ausrichtung von
vertikalen und horizontalen Linien im Bild
erleichtert.

Dieses Raster können Sie anpassen, indem
Sie unter dem Vorschaubild auf die Zahl
neben GRÖSSE ❷ klicken und diese dann mit
dem Schieberegler einstellen.

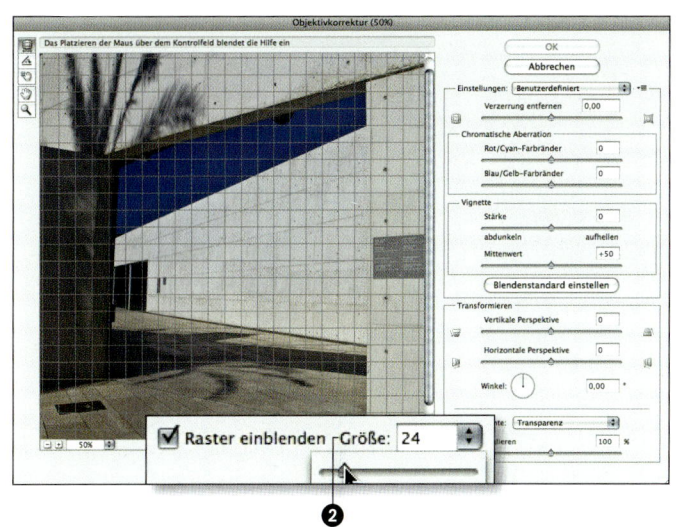

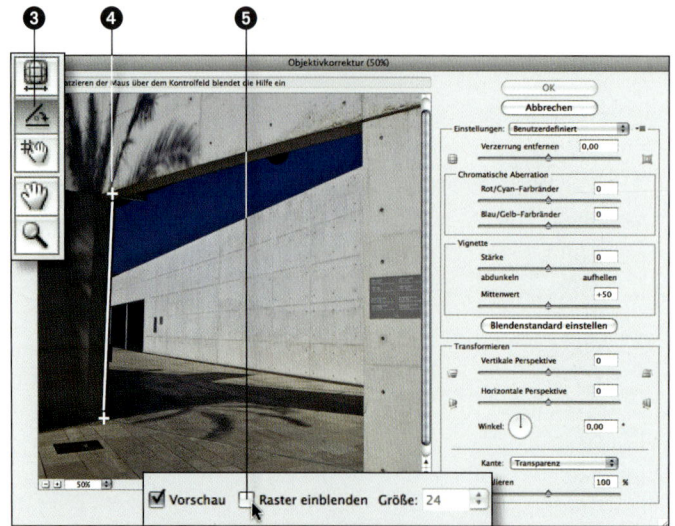

4 Senkrechten ausrichten

Starten Sie damit, das Bild gerade zu rücken. Dazu benutzen Sie das GERADE-AUSRICHTEN-WERKZEUG ❸ aus der Werkzeugpalette. Ziehen Sie mit dem Werkzeug und gedrückter Maustaste eine Linie entlang einer Gebäudesenkrechten ❹. Das Bild richtet sich so automatisch aus.

Meistens funktioniert die Platzierung dieser Ausrichtungslinie besser, wenn das Raster ausgeblendet ist. Das können Sie einfach über einen Klick auf die Option ❺ bewerkstelligen.

5 Ausrichtung kontrollieren

Durch das Ausrichten der Geraden sieht man manchmal erst, wie schief das Bild wirklich ist. Die ausgeführte Rotation des Bildes können Sie auch im TRANSFORMIEREN-Abschnitt an dem eingetragenen WINKEL-Wert kontrollieren.

Konzentrieren Sie sich nun auf die vertikalen Linien und blenden Sie dazu das Raster wieder ein. Durch den tieferen Kamerastandpunkt verjüngen sich die vertikalen Linien nach oben. Auch das ist schnell korrigiert.

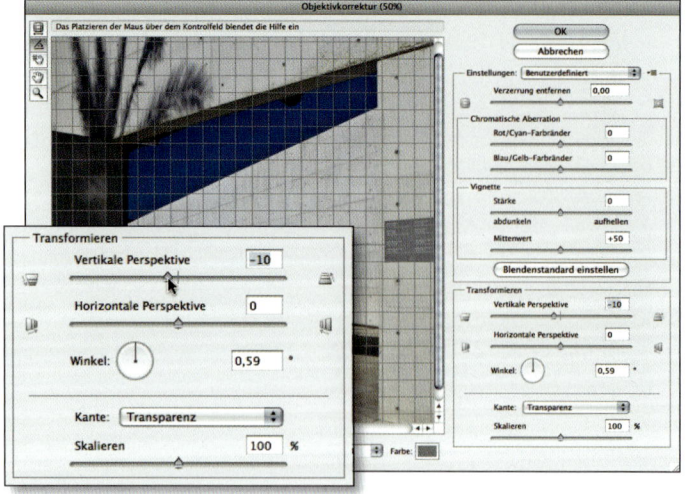

6 Stürzende Linien ausgleichen

Diese Korrektur nehmen Sie jetzt direkt im TRANSFORMIEREN-Bereich vor.

Ziehen sie den Regler für die VERTIKALE PERSPEKTIVE auf einen Wert von ca. –10 bis sich die Linien gerade ausgerichtet haben.

Greifen Sie auch gern noch einmal zum GERADE-AUSRICHTEN-WERKZEUG, um die korrigierte Gerade neu auszurichten. Die optimale Korrektur ergibt sich durch eine Kombination beider Werkzeuge.

7 Überprüfung mit dem Raster

Das Raster hilft natürlich insbesondere dann, wenn Sie es direkt an die Motivlinien anlegen können. Nutzen Sie dazu das RASTER-VERSCHIEBEN-WERKZEUG ❻ aus der Werkzeugpalette. Damit können Sie einfach mit der Maus die Rasterlinien greifen und verschieben.

So erkennen Sie, ob Sie die Linien wirklich senkrecht gestellt haben und können noch die Feinheiten korrigieren.

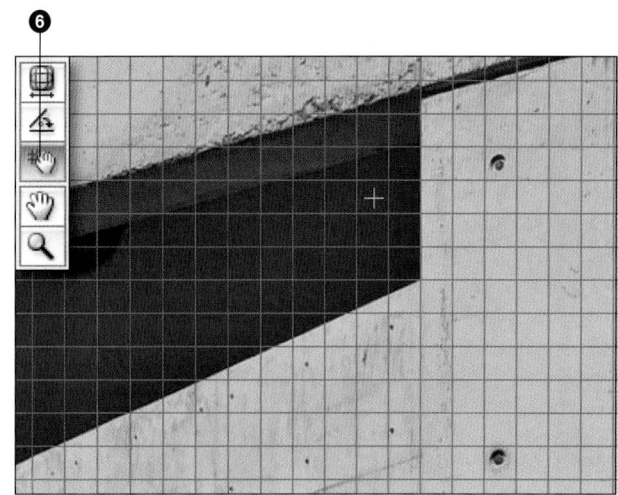

8 Bildausschnitt transformieren

Durch die perspektivische Verzerrung (bzw. Entzerrung) des Bildes ist es aus seinem rechteckigen Rahmen »gefallen« ❼. Dies können Sie mit dem Regler SKALIEREN ausgleichen, der das Bild aus der Mitte heraus skaliert und gleichzeitig die ursprünglichen Bildabmessungen erhält.

Aktivieren Sie vorher die Option KANTEN-ERWEITERUNG. So werden die Randpixel wiederholt und erleichtern den randgenauen Ausschnitt. Erhöhen Sie den SKALIEREN-Wert auf ca. 105 % und klicken Sie auf OK.

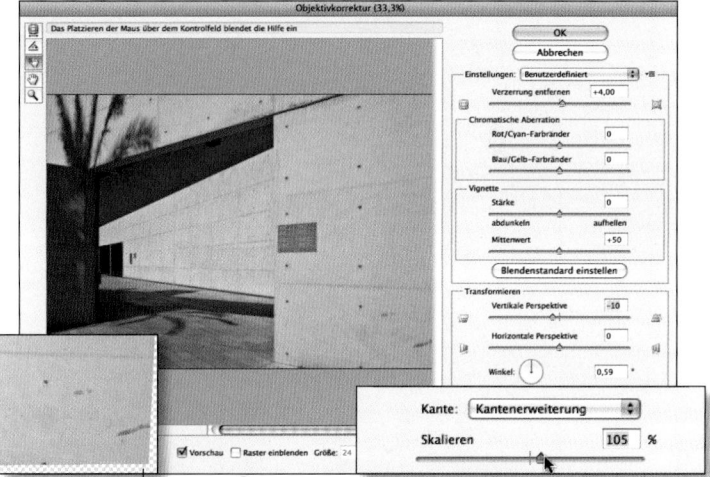

9 Änderungen gewünscht?

Die angewendete Korrektur ist über die EBENEN-Palette kontrollier- und editierbar. Blenden Sie sie gegebenenfalls unter dem FENSTER-Menü ein.

Der wichtigste Vorteil der Smartfilter-Ebene ist, dass Sie jederzeit wieder auf die im Filter angewendeten Einstellungen zugreifen können. Klicken Sie einfach nur auf den Namen des Filters ❽ in der EBENEN-Palette und das entsprechende Filtermenü öffnet sich.

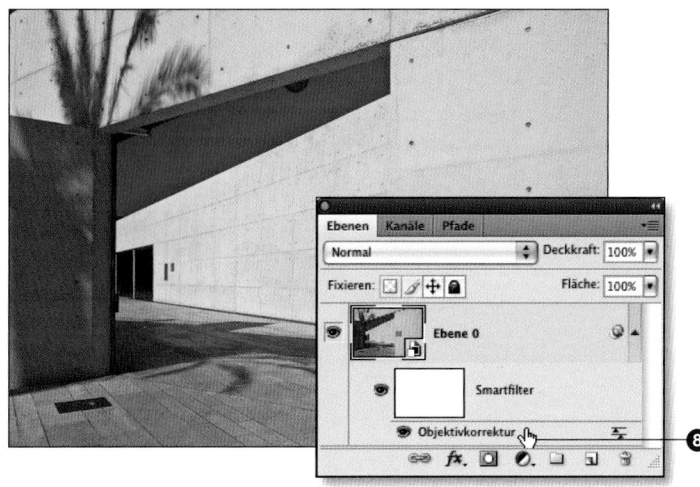

Objektivfehler korrigieren

Tonnenförmige Verzeichnung entzerren

Tonnenförmige Verzeichnungen treten in erster Linie bei kurzen Brennweiten auf. Je kürzer die Brennweite ist, desto wahrscheinlicher ist dieser Nebeneffekt – nicht nur bei Billigobjektiven. Mit der »Objektivkorrektur« können sie diesem Eeffekt einfach »entgegenfiltern«, und – falls nötig – mit anderen perspektivischen Korrekturen, wie z. B. der vertikalen oder horizontalen Perspektive, kombinieren.

Zielsetzungen:

Tonnenförmige Verzeichnung entfernen

[Verzeichnung.jpg]

Foto: Maike Jarsetz

1 Verzerrungsfilter

Auch für die folgenden Bearbeitungen nutzen Sie den OBJEKTIVKORREKTUR-Filter aus der Gruppe FILTER ▷ VERZERRUNGSFILTER. Am besten legen Sie auch hierfür – wie in der vorhergehenden Lektion gezeigt – eine Smartfilter-Ebene an. Stellen Sie sich gleich das Raster etwas größer ein ❷, damit Sie einen besseren Blick auf die Linien im Motiv haben. 40 ist ein ganz guter Wert für Bilder dieser Größe. In der Vergrößerung erkennen Sie die leichte Verzeichnung der Vertikalen ❶.

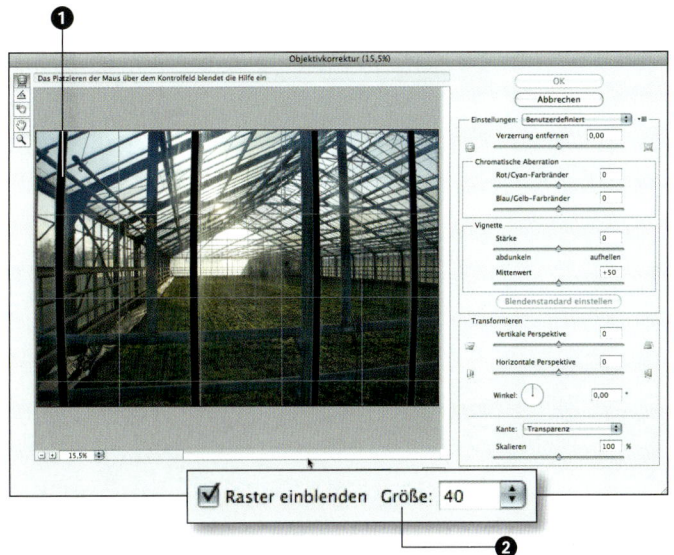

2 Verzeichnung ausgleichen

Zoomen Sie das Bild heran, um es auf Verzeichnung zu überprüfen. Es gelten auch hier die Shortcuts wie Strg + + zum Ein- und Strg + - zum Auszoomen.

Mit einem Schieberegler in der OBJEKTIV-KORREKTUR – der Einstellung VERZERRUNG ENTFERNEN ❸ – drücken Sie die Bildpixel in eine tonnen- oder in eine kissenförmige Richtung. Mit einem Wert von +8 arbeiten Sie gegen die bestehende tonnenförmige Verzeichnung an.

3 Bildformat wiederherstellen

Mit einem zusätzlichen Skalierungsfaktor von 108 % ❹ bringen sie die gezerrten Pixel wieder in die ursprünglichen Abmessungen zurück und haben die perspektivische Kleinstkorrektur damit abgeschlossen.

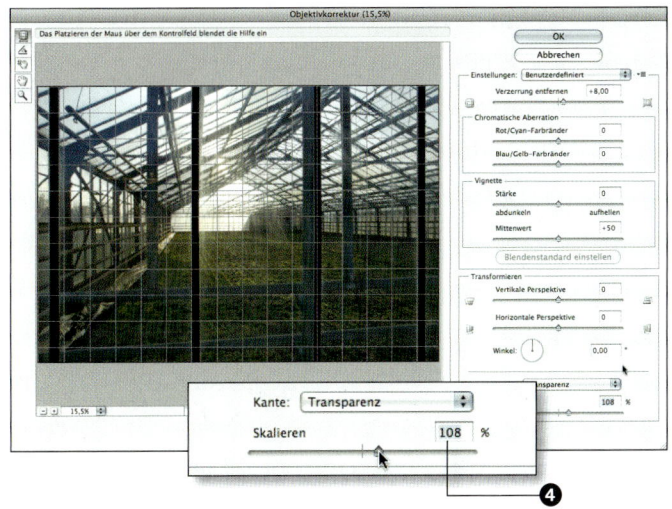

Kamerastandpunkt korrigieren

Horizontale und vertikale Perspektivkorrekturen kombinieren

Nach der Aufnahme können Sie den Kamerastandpunkt natürlich nicht mehr grundlegend korrigieren. Aber eine Veränderung der vertikalen und horizontalen Perpektive erzeugt einen ganz anderen Blick auf das Motiv und damit auch einen vermeintlich geänderten Standpunkt. Nachfolgend drei schnelle Schritte für diese Korrektur. Sollten Sie den Filter »Objektivkorrektur« als Smartfilter noch nicht kennen, lesen Sie sich einmal den vorherigen Workshop durch.

Zielsetzungen:

Diagonal senkrecht ausrichten

Horizontale Perspektive nach rechts verlagern

Senkrechte Perspektive in die Länge ziehen

[Kamerastandpunkt.jpg]

1 Diagonale senkrecht stellen

Starten Sie wieder mit der Korrektur in einen Smartfilter per FILTER ▷ FÜR SMARTFILTER KONVERTIEREN, bevor Sie FILTER ▷ VERZERRUNGSFILTER ▷ OBJEKTIVKORREKTUR aufrufen. Um die Symmetrie im Bild herzustellen, sollten Sie zuerst den schrägen Straßenverlauf in die Senkrechte zwängen.

Benutzen Sie dazu das GERADE-AUSRICHTEN-WERKZEUG ❶ und ziehen Sie damit eine Ausrichtungslinie über die Mitte der Straße. So wird diese erst einmal geradegerückt, auch wenn jetzt der Rest dadurch schräg wirkt …

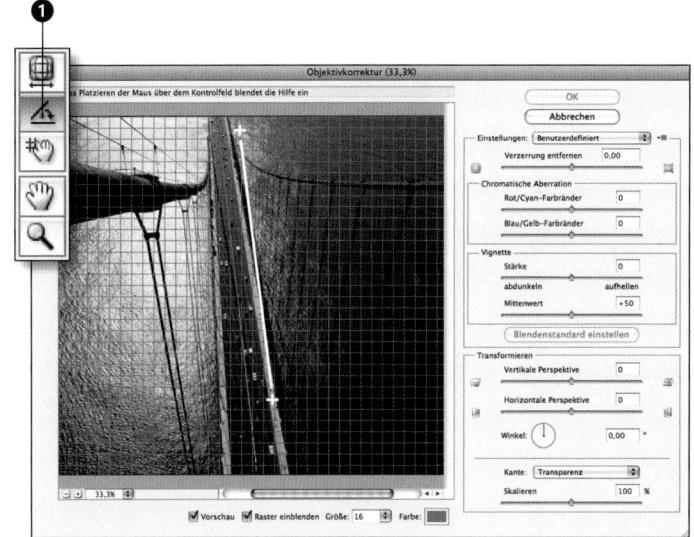

2 Perspektive ändern

Um die Symmetrie noch etwas zu betonen, können Sie die Perpektive senkrecht in die Länge ziehen, also das ganze Bild etwas kippen. Geben Sie dafür einen positiven Korrekturwert für die VERTIKALE PERSPEKTIVE ein.

Viel wichtiger ist aber die Korrektur für die HORIZONTALE PERSPEKTIVE. Schieben Sie den entsprechenden Regler nach rechts auf ca. +10. Die Perspektive ändert sich so, als wäre der Fotograf auch mit der Kamera weiter nach rechts gerückt. Die Straße wandert dabei in die Bildmitte.

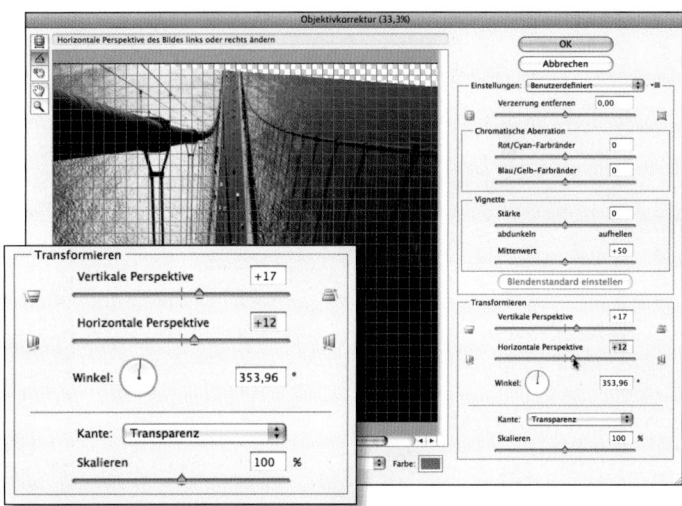

3 Größe anpassen

Die neu gewonnene Symmetrie erkennen Sie erst so richtig, wenn Sie sich von den schrägen Bildkanten befreien. Am schnellsten geht das über SKALIEREN. Ein Wert von ca. 120 % skaliert das Bild aus der Mitte heraus in die ursprünglichen Bildgrenzen.

Natürlich weist die unterschiedliche Dicke der Brückenaufhängungen noch darauf hin, dass dieses Bild nicht wirklich aus der Mitte aufgenommen wurde. Aber deutlich symmetrischer wirkt es schon.

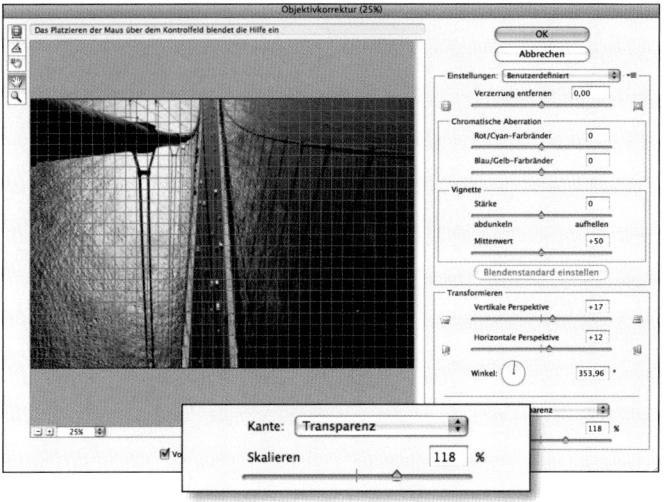

In die Flucht projizieren

Perspektivisch und optisch korrekt montieren

Zweidimensionale Bilder oder Grafiken perpektivisch in ein anderes Bild einzupassen kommt nicht selten vor – gerade bei Architekturaufnahmen wird diese Art der Montage öfter benötigt. Die Aufgabe ist aber einfacher als es den Anschein hat. Neben der korrrekten Verjüngung in der Flucht sollten Sie auch die Licht- verhältnisse anpassen.

Zielsetzungen:

Einpassen einer Grafik in eine Perspektive

Übertragen der Untergrund- struktur

Anpassen der Lichtverhältnisse

[Einpassen_1–2.jpg]

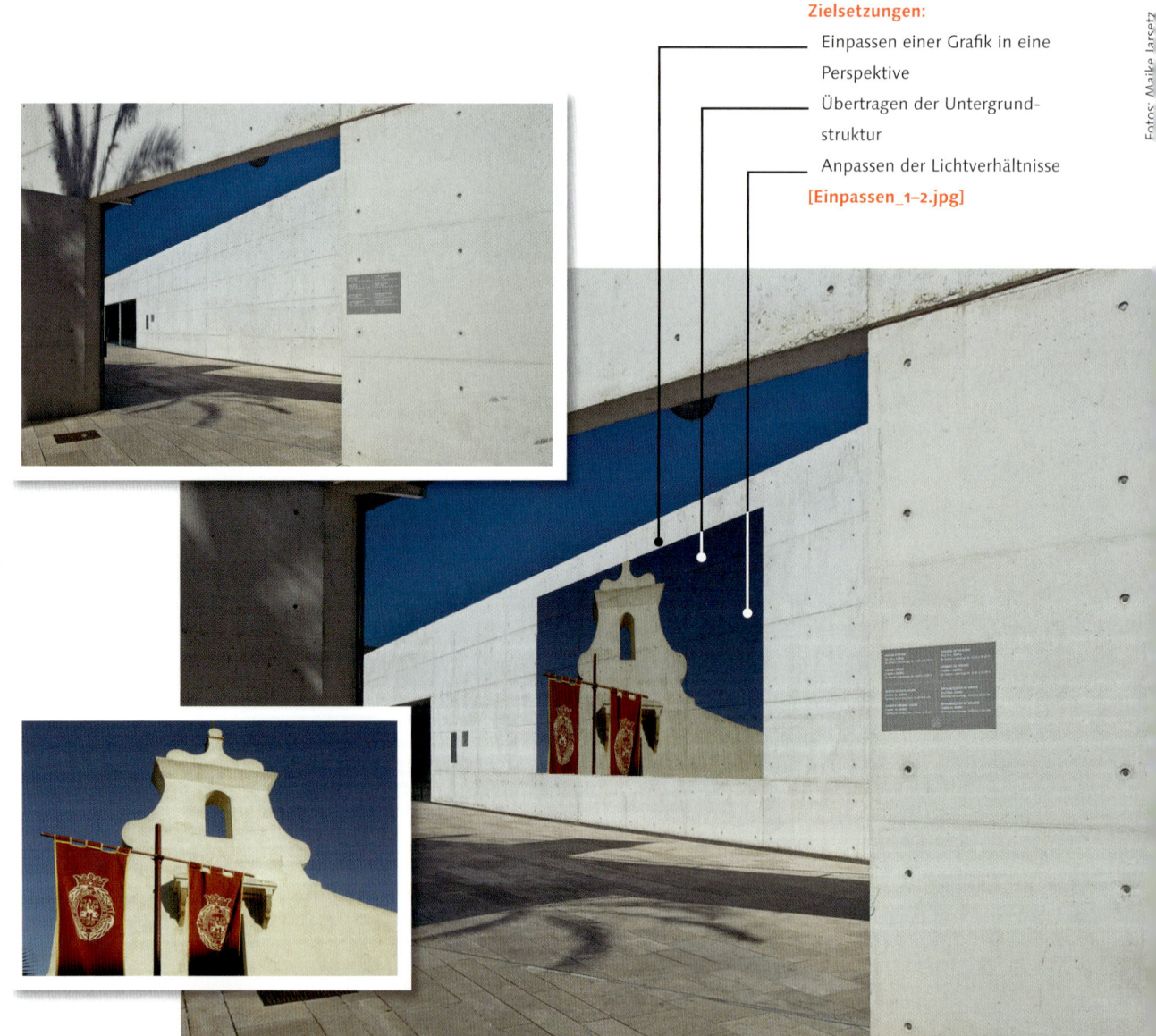

1 Projektionsmotiv kopieren

Ziel ist es, ein Bild auf die Museumswand zu projizieren. Starten sie mit der Datei *Einpassen_2.jpg*. Wählen Sie über den Kurzbefehl `Strg`/`⌘` + `A` das gesamte Bild aus, und kopieren Sie es mit `Strg`/`⌘` + `C` in die Zwischenablage. Wechseln Sie dann auf die Datei *Einpassen_1.jpg*.

2 Projektionsebene anlegen

In dieser Datei legen Sie mit Klick auf das Seitensymbol 🔲 der EBENEN-Palette eine neue leere Ebene für die Montage an.

Die neue Ebene muss aktiv sein, wenn Sie dann aus dem FILTER-Menü den Filter FLUCHTPUNKT anwählen.

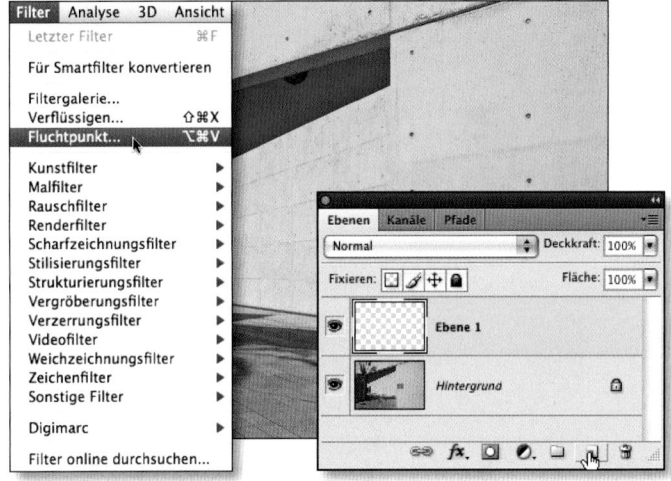

3 Perspektivraster aufziehen

Erstellen Sie im Arbeitsfenster des FLUCHTPUNKT-Filters zunächst ein Raster, das die vorherrschende Perspektive im Bild nachempfindet.

Klicken Sie dazu mit dem EBENE-ERSTELLEN-WERKZEUG ❶ die vier Eckpunkte des Rasters. Die Betonelemente in der Wand machen hier die Aufgabe einfach. Zoomen Sie mit `Strg`/`⌘` + `+` in die einzelnen Eckpunkte und passen Sie diese genau an. Denn ein exaktes Raster ist eine notwendige Grundlage für die nächsten Schritte.

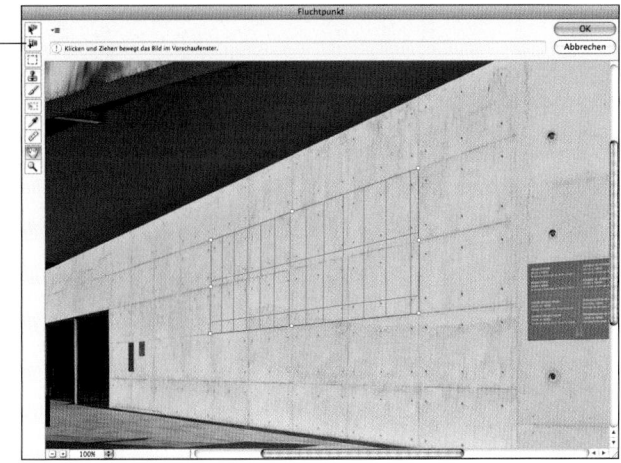

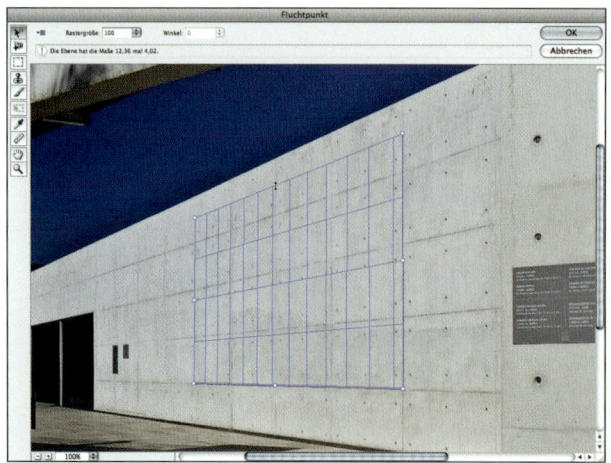

4 Projektionsfläche vergrößern

Ziehen Sie das Raster genau auf die Größe, auf die das kopierte Bild projiziert werden soll. Ziehen Sie dafür jeweils die Mittelpunkte der Rasterpunkte nach oben und unten bzw. zur Seite.

5 Motiv einfügen

Jetzt haben Sie die Perspektive des Gebäudes inklusive Fluchtverlauf im Raster nachempfunden – Zeit, das Motiv über den Kurzbefehl `Strg`/`⌘` + `V` einzufügen.

Die zweidimensionale Bilddatei wird vorerst plakativ in das Arbeitsfenster eingefügt, aber das können Sie sofort ändern.

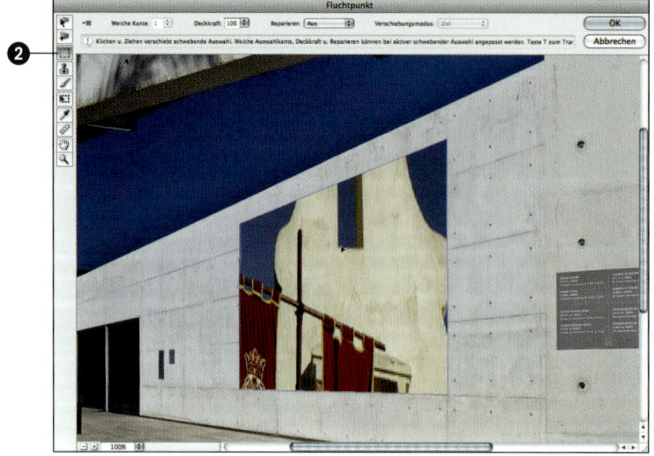

6 In die Perspektive schieben

Verschieben Sie das eingefügte Bild einfach mit gedrückter Maustaste in das Raster. Das richtige Werkzeug dazu, das AUSWAHLRECHTECK ❷, steht Ihnen seit dem Aufziehen des Rasters automatisch zur Verfügung.

Sobald Sie mit dem Mauszeiger im Perspektivraster angekommen sind, beugt sich das eingefügte Bild automatisch der vorgegebenen Perspektive – und zwar in Richtung beider Achsen!

Unser Beispiel ist zwar noch ein wenig groß, aber das passen Sie im nächsten Schritt an.

7 In der Perspektive skalieren

Wechseln Sie mit `Strg` + `T` auf das TRANS-FORMIEREN-WERKZEUG ❸ und verschieben Sie das Bild innerhalb des Rasters so, dass Sie einen der Eckpunkte des Transformationsrahmens fassen können ❹. Skalieren Sie das Bild dann erst einmal kleiner (mit gedrückter `⇧`-Taste proportional), und passen Sie es endgültig ein, bevor Sie auf OK klicken.

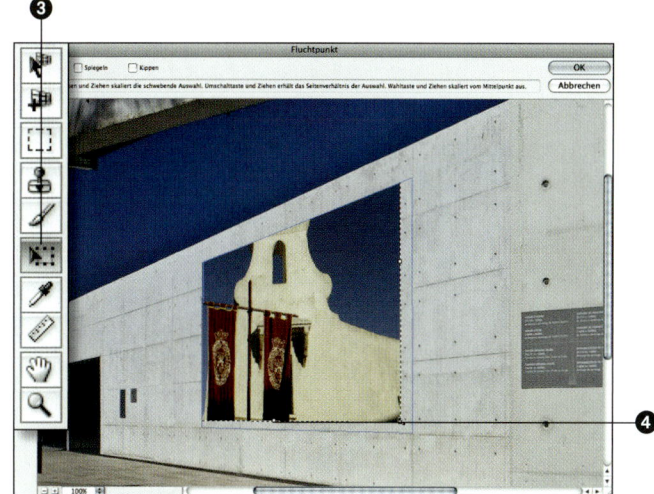

8 Lichtebene duplizieren

Sie haben jetzt ein perspektivisch eingepasstes Motiv. Für eine Projektion liegt dieses aber noch zu plakativ auf der Wand.

Die Struktur der Wand sollte das Motiv jetzt noch überlagern und die Lichtführung muss angepasst werden: Duplizieren Sie die Hintergrundebene und schieben Sie die Kopie ganz nach oben in der EBENEN-Palette. Um den Hintergrund nur auf dem Plakat zu sehen, klicken Sie mit gedrückter `⌥`/`Alt`-Taste auf die Linie ❺ zwischen den Ebenen. So erzeugen Sie eine Schnittmaske der Ebenen.

9 Lichtführung und Struktur

Das Objekt überdeckt jetzt noch unser Motiv, aber das ist schnell geändert: Ändern Sie den Ebenenmodus der obersten Ebene im Popup-Menü auf MULTIPLIZIEREN. So werden die dunklen Pixel als Schattierung auf dem Cover-bild wiedergegeben.

Damit übertragen Sie sowohl den Licht-verlauf der Wand als auch ihre Struktur – und erhalten so den gewünschten Effekt einer Projektion.

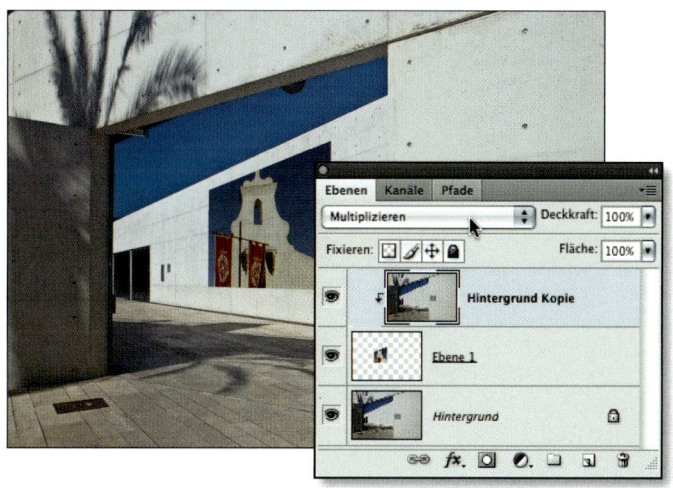

Arbeiten in der Perspektive

Mit dem »Fluchtpunkt«-Filter perspektivisch korrekt verlängern

Der »Fluchtpunkt«-Filter ist DAS Werkzeug für Retusche und Transformation unter Berücksichtigung einer perspektivbedingten Verjüngung. Was Sie sonst nur mit erheblicher Vorbereitung und vielen Bearbeitungsschritten erreichen können, erledigen Sie mit diesem Filter fast intuitiv: Nach dem korrekten Anlegen eines Perspektivrasters steht Ihnen der Weg für Retusche und Transformation frei – und damit zum virtuellen Anbau noch nicht vorhandener Gebäudeteile.

Zielsetzungen:
Perspektivisch korrekte
Verlängerung des Gebäudes
Weiche Übergänge zu
bestehenden Motivteilen
[Anbau.jpg]

1 Arbeitsebene erstellen

Eine aufwendige Retusche wie die folgende
sollten Sie nicht auf der Hintergrundebene
durchführen. Zu groß ist die Gefahr kleiner
Fehler, die später nicht mehr zu korrigieren
sind. Leider ist der FLUCHTPUNKT-Filter nicht
als Smartfilter verfügbar. Starten Sie deshalb
mit dem Anlegen einer Retusche-Ebene
durch Klick auf das Seitensymbol 🔲 in der
EBENEN-Palette, und benennen Sie die neue
Ebene mit »Anbau«.

Wählen Sie dann aus dem FILTER-Menü den
FLUCHTPUNKT-Filter.

2 Der Fluchtpunkt-Filter

Im Menü des FLUCHTPUNKT-Filters ist zunächst
nur ein Werkzeug wichtig: das – zugegebener-
maßen seltsam übersetzte – EBENE-ERSTELLEN-
WERKZEUG ❶. Damit können Sie anhand
eines Rechtecks, an dem die Perspektive gut
ersichtlich ist, Fluchtlinien samt Raster setzen.
Klicken Sie dafür nacheinander vier Eckpunkte, die Sie eindeutig einem Rechteck zuordnen können – im Beispiel auf ❷, ❸, ❹ und
❺. Wie Sie sehen, muss an dieser Stelle nicht
das ganze Gebäude ausgewählt werden.

3 Das Perspektivraster

Nach dem vierten Klick entsteht ein Raster,
das der im Bild vorherrschenden Perspektive
entspricht.

Achtung: Wenn kein blaues Raster entstanden ist, sondern ein gelber oder roter Rahmen,
ist dies keine optisch korrekte Perspektive.
Dann müssen Sie das Raster durch Ziehen an
den Eckpunkten korrigieren, bis Photoshop
die »echte« Perspektive erkennt.

4 Rastergröße anpassen

Erweitern Sie nun das Raster, indem Sie es an den Mittelpunkten ❻ und ❼ in die Länge und Höhe ziehen, bis es über den gesamten Korrekturbereich reicht.

Auch jetzt können Sie es noch über die Eckpunkte korrigieren.

5 Stempelgröße und -quelle bestimmen

Wählen Sie das STEMPELWERKZEUG ❽. Genau wie mit dem bekannten Stempel können Sie zuerst mit der ⌥/Alt-Taste einen Quellbereich aufnehmen. Benutzen Sie hierfür eine Bildstelle, die sich gleich wieder exakt positionieren lässt, wie z. B. eine Fensterecke ❿.

Der kopierte Bereich klebt jetzt an Ihrem Mauszeiger ❾. So können Sie in der Optionsleiste bequem den DURCHMESSER und die HÄRTE anpassen, bevor Sie weiterarbeiten.

6 Startpunkt bestimmen

Stellen Sie außerdem die Option REPARIEREN auf Aus, denn diese würde die kopierten Pixel mit der Hintergrundhelligkeit verrechnen. Sie wollen aber die Gebäudehelligkeit 1:1 kopieren.

Setzen Sie jetzt das kopierte Bildstück exakt auf dem Bild wieder ein ⓫: Es bietet sich eine der weiter links liegenden Fensterecken an. Die perspektivische Verkleinerung erledigt der Filter ganz automatisch.

7 Gebäudeteile klonen

Ohne die Maus loszulassen oder neu anzusetzen können Sie jetzt das Gebäude durch
Retusche nach links verlängern.

Die optische Verjüngung passiert durch das
Perspektivraster automatisch. Und die nahtlose Kopie auch.

8 Vorsicht an den Übergängen

Da Sie den Stempel mit einer geringen bis
mittleren Härte benutzt haben, sind die Übergänge zum Originalbild fließend.

Achten Sie trotzdem an diesen Übergängen
darauf, dass sie auch in unkonkreten Motivteilen wie dem Gebüsch an der Mauer stattfinden ❷.

Am linken Gebäudeende können Sie auf-
hören. Die überflüssigen Pixel dort korrigieren
Sie gleich auf der Retusche-Ebene.

9 Korrekturen auf der Retusche-Ebene

Nehmen Sie für die Retusche der zuviel kopierten Pixel den einfachen RADIERGUMMI
und stellen Sie eine mittlere HÄRTE ein.

So können Sie mit wechselnder Werkzeugspitze die Kante bereinigen.

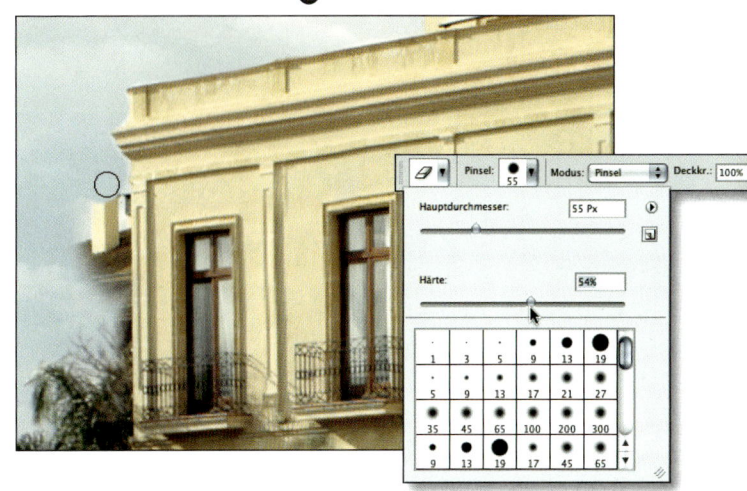

Ein Panorama erstellen

Automatisch stapeln, ausrichten und überblenden

Die Photomerge-Funktion verbindet viele Einzelfunktionen aus Photoshop: Einmal angewählt legt sie zunächst einen Ebenenstapel an, der dann automatisch ausgerichtet und mit Ebenenmasken versehen wird. Zeitgleich findet auch noch eine Farbkorrektur der einzelnen Ebenen statt, um eine glatte Überblendung zu gewährleisten. Nur freistellen müssen Sie noch selbst.

Zielsetzungen:

Zusammenfügen mehrerer Dateien zu einem Panorama

Automatisches Laden der Einzeldateien

Automatisches Ausrichten

Automatisches Überblenden

[Ordner Panorama]

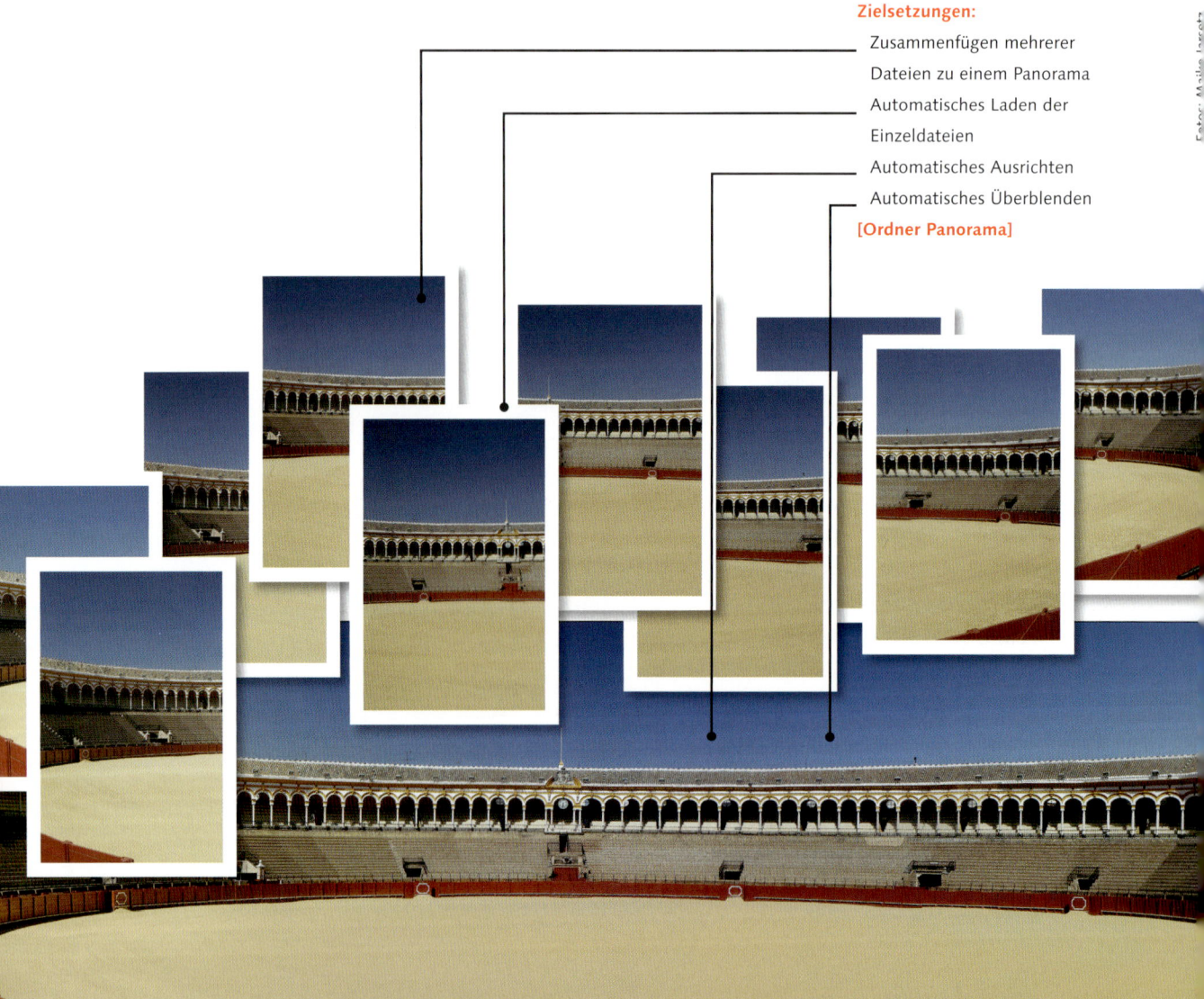

Foto: Maike Jarsetz

1 Einzeldateien auswählen

Starten Sie am besten mit der Bildauswahl aus der Bridge. Hier können Sie die Einzelbilder auch noch einmal miteinander abgleichen.

Aktivieren Sie dann alle Bilder mit gedrückter ⇧-Taste und wählen Sie in der Bridge Werkzeuge ▷ Photoshop ▷ Photomerge.

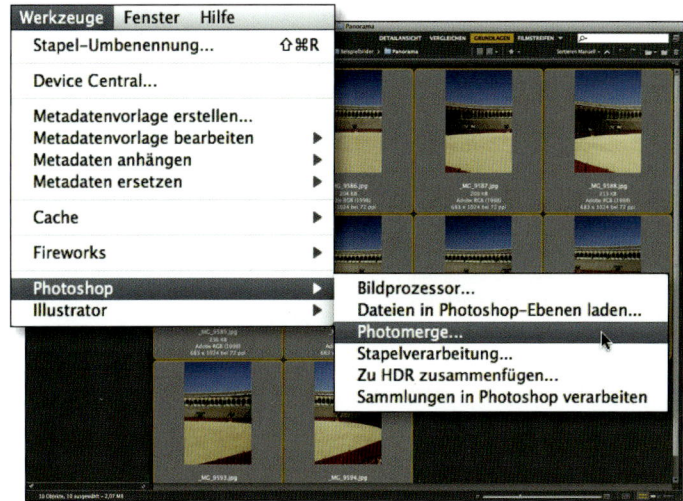

2 Panoramalayout

Der jetzt sichtbare Photomerge-Dialog verbindet viele Funktionen in einem Menü.

In den Layout-Optionen wählen Sie, wie die Bilder repositioniert und ausgerichtet werden sollen. Diese Optionen entsprechen der Funktion Ebenen automatisch ausrichten. Mit der Option Zylindrisch werden die Einzelbilder so wenig wie möglich verzerrt und so angeordnet, als wenn sie auf ein breiteres Format »gewickelt« werden.

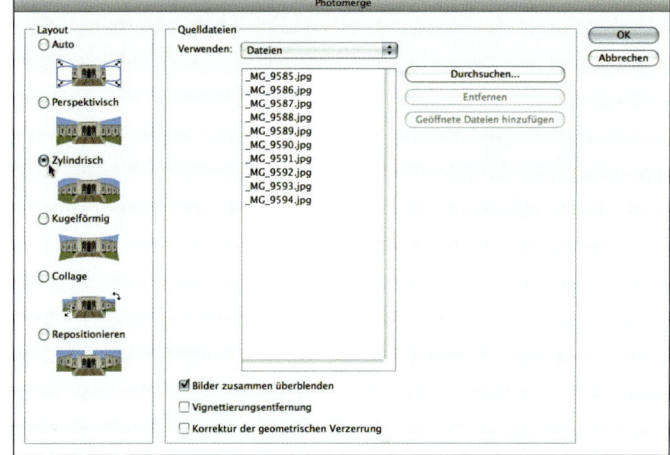

3 Bilder überblenden

Die Option Bilder zusammen überblenden ❶ verantwortet im Panoramaprozess einen nicht unerheblichen Eingriff. Analog zu der Funktion Ebenen automatisch überblenden sorgt sie für den glatten Übergang zwischen den Einzelbildern.

Alle anderen Optionen sind hier nicht relevant. Klicken Sie also auf OK, um die Panorama-Automatik zu starten.

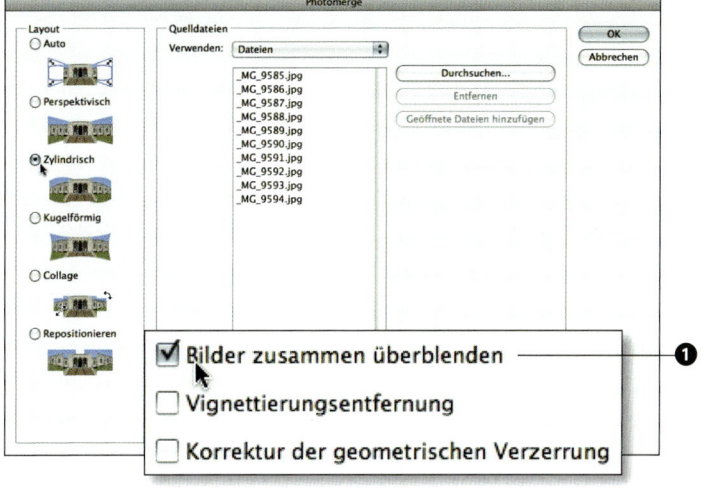

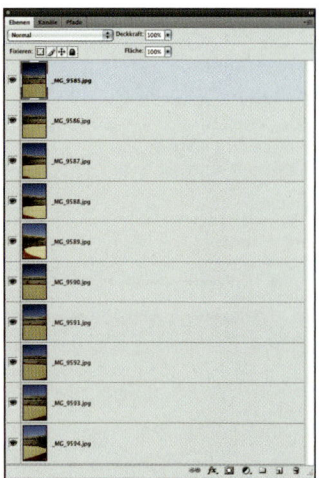

4 Ebenen anlegen

Ab jetzt geht alles automatisch: Zuerst lädt Photoshop alle Einzelbilder als Ebenenstapel in eine Datei …

5 Ebenen ausrichten

… danach geht es automatisch weiter. Und das kann auch schon mal ein bisschen dauern, wie Sie am Fortschrittsbalken erkennen können.

Photoshop richtet alle Einzelbilder nach ihren Inhalten aus. Das heißt, gleiche Bildanteile werden überlagert und die Einzelbilder verschoben, skaliert oder auch verzerrt, damit möglichst viele Bildpixel übereinstimmen.

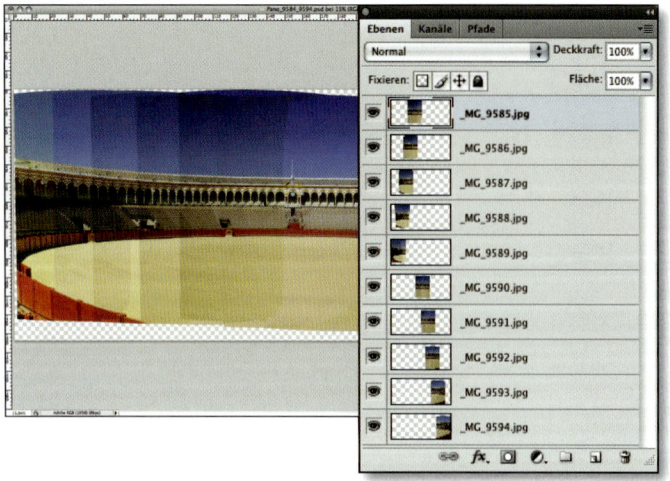

6 Bildformat ändern

Wenn diese Bilder nebeneinander geschoben werden, benötigt das Bild natürlich auch ein anderes Format – und auch das wird automatisch angelegt.

Die notwendige Arbeitsfläche wird zum extremen Querformat und die Einzelbilder ordnen sich darauf an.

7 Panoramadatei

Das momentane Zwischenergebnis sieht so aus: Eine neue Datei im Panoramaformat mit einem Stapel von Einzelbildern, die so gegeneinander verschoben und transformiert wurden, dass alle inhaltlichen Details übereinanderliegen.

8 Ebenen überblenden

Und Photoshop macht noch weiter. Jetzt kommen die Überblendungen an die Reihe: Für jede Ebene wird eine pixelgenaue Ebenenmaske angelegt, die alle zusammen einen reibungslosen Übergang innerhalb des Panoramas erzeugen.

Praktisch unbemerkt werden die Einzelbilder auch farblich angepasst – und zwar so, dass nahtlose Übergänge zwischen den maskierten Einzelbildern möglich sind.

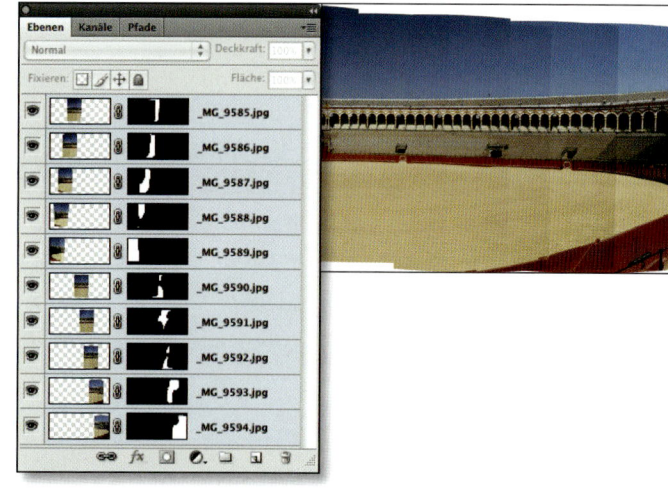

9 Panorama freistellen

Photoshop hat seine Arbeit getan. Nur freistellen müssen Sie das Panorama noch von Hand: Benutzen Sie das Freistellungswerkzeug 口 ohne Vorgaben in den Werkzeugoptionen, ziehen Sie einen Rahmen um die vollständigen Bildpixel herum, drücken Sie die ↵-Taste – und fertig ist das Panorama.

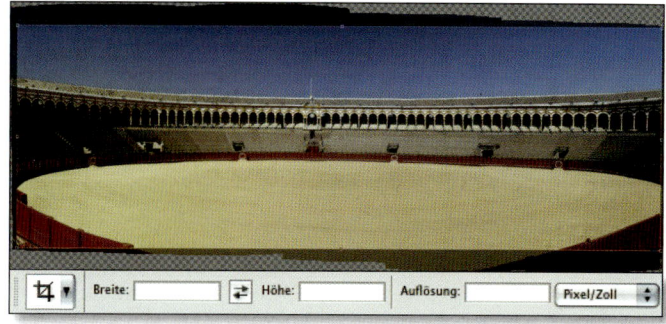

Extreme Blickwinkel

Panoramabilder kurzer Brennweiten entzerren

 **Video-Training**

Sie finden zu diesem Thema
auch eine Video-Lektion auf der
Buch-DVD (Lektion 4.3).

*Beim Fotografieren der Einzelbilder für ein Panorama sollte
man eigentlich extrem kurze Brennweiten vermeiden. Denn die
dadurch bedingten Randverzeichnungen machen die Panoramaerstellung schwierig. Manchmal lässt sich das aber nicht vermeiden, z. B. wenn man buchstäblich mit dem Rücken zur Wand
steht. Da hilft eine neue Entzerrungsoption von Photoshop CS4.*

Zielsetzungen:

Panorama aus Einzelbildern
erstellen

Optische Verzeichnung
korrigieren

Schlusskorrektur von Horizont
und Perspektive

[Ordner Panorama_Weitwinkel]

Fotos: Maike Jarsetz

1 Kurzer Winkel

Lokalisieren Sie die Einzelbilder dieses Panoramas in der Bridge. Blenden Sie sich über das
FENSTER-Menü das METADATEN-Fenster ein.

Dort erkennen Sie, dass die Bilder mit einer
sehr kurzen Brennweite von 17 mm fotografiert wurden. Auch mit einem Verlängerungs-
faktor von 1,6 landen wir immer noch bei
einer Quasi-Brennweite von 27 mm.

Mehr über Metadaten: Lesen Sie dazu das
Kapitel »Bildorganisation« auf Seite 34.

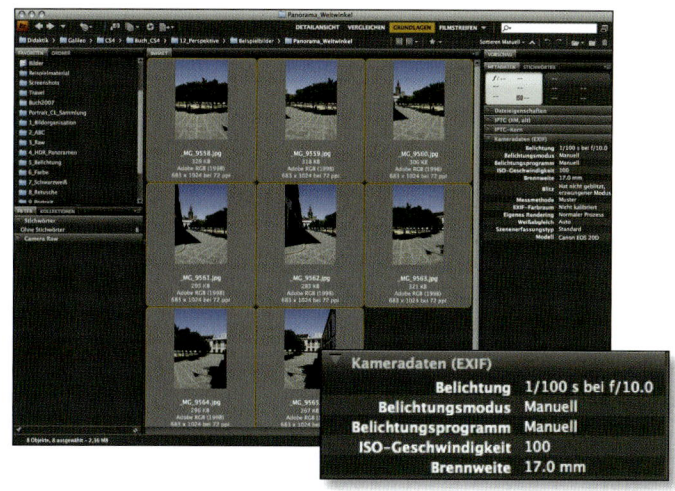

2 Perspektivisches Panorama erstellen

Erstellen Sie ein Panorama über die PHOTO-
MERGE-Funktion, so wie es in der vorhergehenden Lektion beschrieben wurde.

Unter den LAYOUT-Optionen wählen
Sie diesmal PERSPEKTIVISCH – so lässt sich
am deutlichsten sehen, was die neue Entzerrungsoption leistet. Aktivieren Sie aber
zunächst nur die Option BILDER ZUSAMMEN
ÜBERBLENDEN ❶, und klicken Sie auf OK, um
das Panorama zu erstellen.

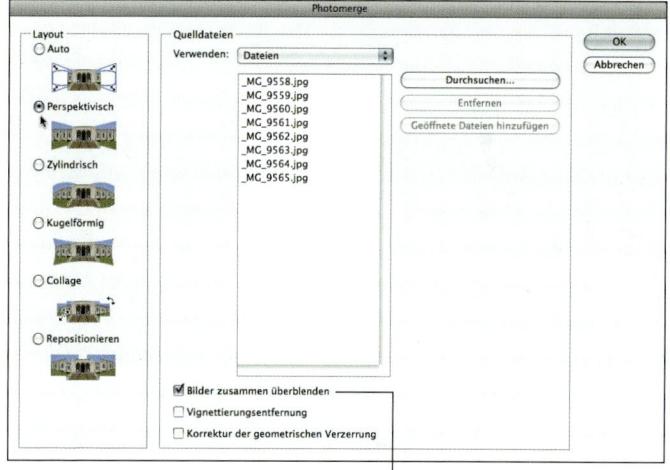

3 Extremer Blickwinkel

Die Option PERSPEKTIVISCH setzt das mittlere
Bild des Panoramas unverzerrt in die optische
Mitte und platziert die übrigen Bilder seitlich
davon – mit zunehmender optischer Verzerrung.

Bei kurzer Brennweite und der damit ver-
bundenen kurzen Aufnahmedistanz fällt diese
Verzerrung zu den Rändern hin sehr stark aus.

Sichern Sie dieses Ergebnis zum Vergleich
und schauen wir mal, wie es auf andere Art
und Weise geht.

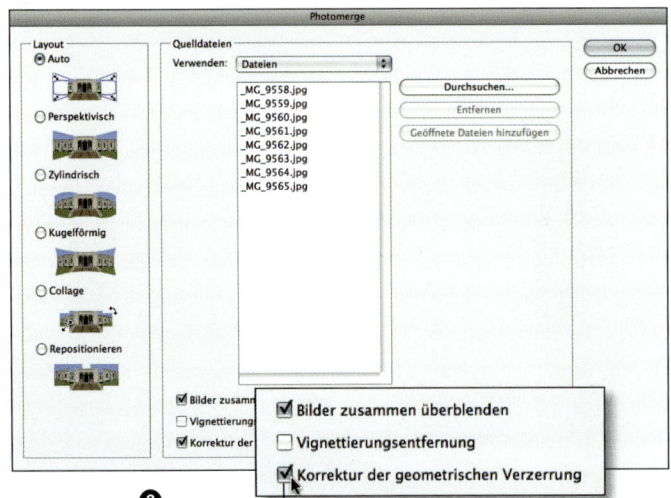

4 Geometrische Korrektur

Nun geht das Ganze von der Bridge aus nochmal von vorne los: Aktivieren Sie die Einzelbilder. Wählen Sie aus dem Menü WERKZEUGE ▷ PHOTOSHOP ▷ PHOTOMERGE und dort die LAYOUT-Option PERSPEKTIVISCH.

Einziger Unterschied: Diesmal aktivieren Sie zusätzlich die Option KORREKTUR DER GEOME-TRISCHEN VERZERRUNG ❷.

5 Was passiert?

Photoshop lädt wie immer die Einzeldateien als Stapel in eine Ebenendatei. Bevor jedoch die weiteren Schritte zur Erstellung des Panoramas durchgeführt werden, wird jedes Bild einer – von der verwendeten Brennweite abhängigen – Standardentzerrung unterzogen.

Im Ergebnis weisen die Einzelbilder weniger perspektivbedingte Unterschiede auf, so dass die folgende Montage und perspektivische Anpassung weniger gravierende Folgen hat.

6 Feinschliff

Das Bild braucht jetzt noch ein bisschen Feinschliff im OBJEKTIVKORREKTUR-Filter.

Um den Filter auf mehrere Ebenen anwenden zu können, haben Sie zwei Möglichkeiten: Entweder reduzieren Sie die Ebenen über die Optionen der EBENEN-Palette auf die Hintergrundebene, oder Sie aktivieren alle Ebenen mit gedrückter ⇧-Taste und wählen aus der Optionsleiste IN SMART-OBJEKT KONVERTIEREN. Das ist flexibler, aber auch datenintensiver.

Mehr zu Smart-Objekten: Lesen Sie dazu die Seiten 408/409.

7 Horizont gerade rücken

Wählen Sie FILTER ▷ VERZERRUNGSFILTER ▷
OBJEKTIVKORREKTUR.

Hier werden Sie als Erstes den Horizont
begradigen. Deaktivieren sie dazu die Raster-
überlagerung ❺, und ziehen Sie mit dem
GERADE-AUSRICHTEN-WERKZEUG ❸ eine Linie
über die untere Gebäudekante ❹.

Diese wird in die Horizontale gedreht – und
der Horizont wird damit gerade.

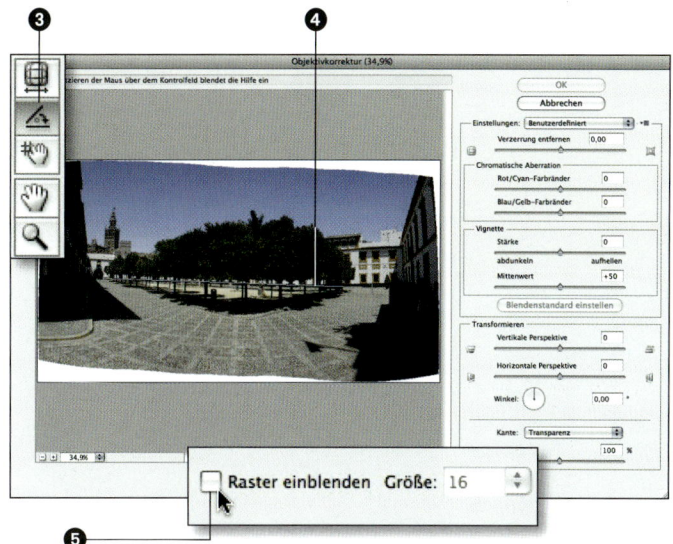

8 Vertikale Feinkorrektur

Die vertikalen Linien am Bildrand kippen noch
ein wenig – wen wundert's bei der Perspektive?

Dies können Sie über eine leichte Korrektur
der VERTIKALEN PERSPEKTIVE ausgleichen. Ziehen Sie den Regler in den negativen Bereich
– achten Sie dabei auf beide Seiten, die unterschiedlich verzerrt sind – und finden Sie einen
guten Kompromiss, der hier bei ca. –13 liegt.

Mehr zur Objektivkorrektur: Finden Sie auf
Seite 456.

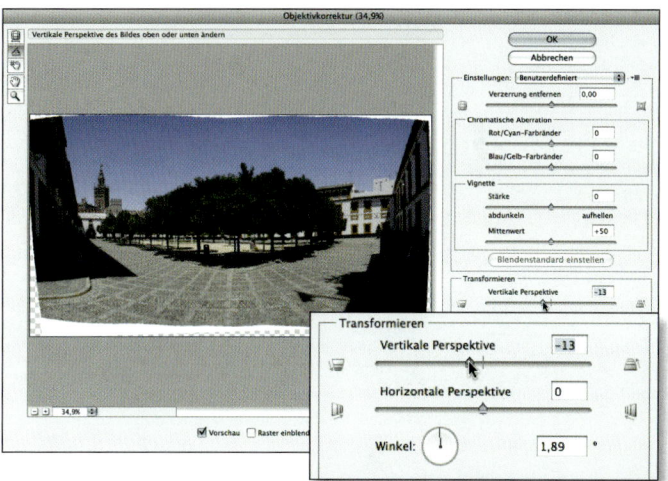

9 Bild auf Format freistellen

Nachdem Sie den OBJEKTIVKORREKTUR-Filter
verlassen haben, bleibt Ihnen nur noch, das
Bild auf ein »anständiges«, rechteckiges Format
freizustellen – mit der erfolgten Entzerrung ist
das auch ohne Weiteres möglich.

Nutzen Sie das FREISTELLUNGSWERKZEUG
 ohne Größenvorgabe und ziehen Sie den
Ausschnittrahmen auf. Mit einem Klick auf die
⏎-Taste ist Ihr Panorama fertig.

Vergleichen Sie es doch einmal mit der gespeicherten ersten Version…

Der Panorama-Assistent

Die Bridge sammelt und erstellt eigenständig Panoramen

Die Photomerge-Funktion reiht schon so einige automatisierte Funktionen aneinander. Auf die Spitze treibt es die Bridge in Ihrer neuen Version mit dem Befehl »Sammlungen in Photoshop verarbeiten«. Hier wird eine automatische Stapelsammlung von Panorama-Einzelaufnahmen der »Photomerge«-Funktion vorangestellt.

[Ordner Panorama-Assistent]

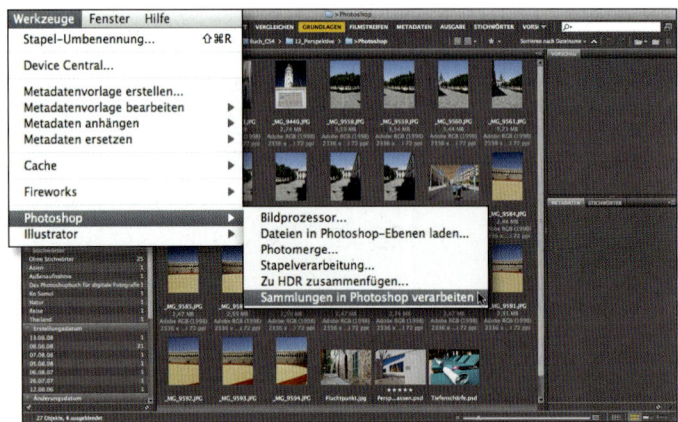

1 Ordnerauswahl

Öffnen Sie einen Ordner, in dem sich Einzelaufnahmen für mehrere Panoramen befinden. Auswählen müssen Sie diese Bilder nicht – das passiert gleich automatisch.

Wählen Sie jetzt aus dem Menü WERKZEUGE ▷ PHOTOSHOP ▷ SAMMLUNGEN IN PHOTOSHOP VERARBEITEN.

Der Befehl ist etwas irreführend, impliziert er doch, dass er auf Bridge-Sammlungen bzw. -Kollektionen zurückgreift, aber eigentlich passiert etwas ganz anderes.

2 Stapeln im Verborgenen

Die Bridge hat mit der Version CS4 eine neue Sortierfunktion bekommen: AUTOMATISCHE STAPELANORDNUNG FÜR PANORAMA/HDR.

Genau diese wird jetzt im Verborgenen aufgerufen, um zusammengehörige Panoramabilder anhand von EXIF-Daten und gleichen Bildanteilen zu sortieren. Das dauert einige Zeit, startet aber auch danach für jeden Stapel eine PHOTOMERGE-Funktion.

Mehr dazu: finden Sie in der Lektion »Bilder stapeln« auf Seite 26.

3 Bekannte Ergebnisse

Nach Lektüre der anderen Panorama-Lektionen in diesem Kapitel wissen Sie schon was jetzt mit jedem Bilderstapel passiert: Dateien werden als Ebenenstapel geladen, automatisch ausgerichtet und überblendet.

Das Ergebnis ist bekannt: Ein Stapel maskierter Ebenen, die sich zum Panorama überblenden.

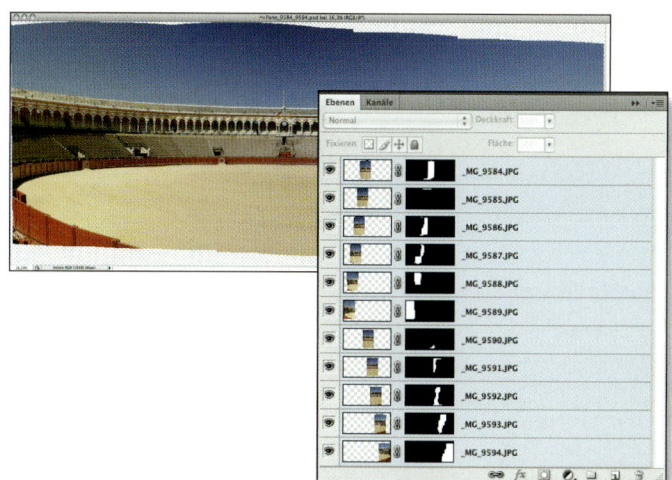

4 In der Bridge

Die fertigen Panoramen werden automatisch in der Bridge, im selben Ordner wie die Einzeldateien gespeichert. In einer Cache-Datei ist die Stapelzugehörigkeit gespeichert, damit der Suchdurchlauf beim nächsten Mal schneller vonstattengehen kann.

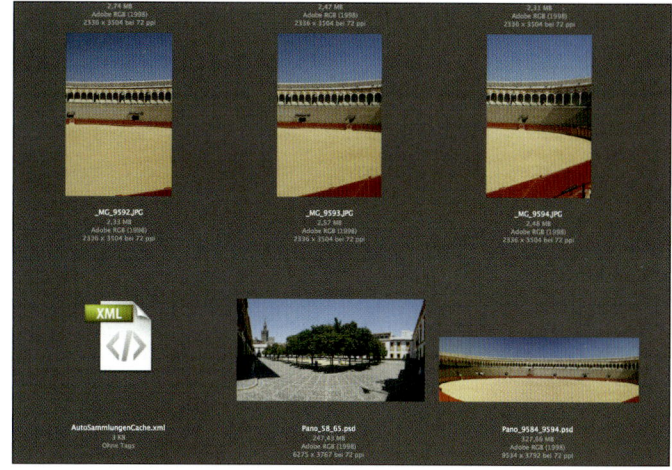

5 Panoramen runterrechnen

Um die Dateigröße der Panoramen zu reduzieren, können Sie sie jetzt noch auf eine Ebene und auf ein Endformat reduzieren.

Öffnen Sie die Panoramen aus der Bridge per Doppelklick und wählen Sie aus den Optionen der EBENEN-Palette AUF HINTERGRUND-EBENE REDUZIEREN.

Zum Schluss beschneiden Sie die Bilder mit dem FREISTELLUNGSWERKZEUG 🔲 – wie in den beiden vorherigen Workshops gezeigt – noch auf ein rechteckiges Format.

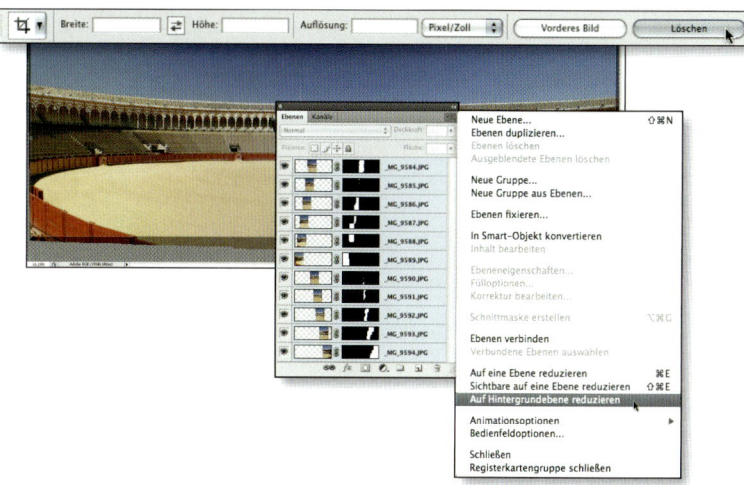

Präsentation und Automatisierung

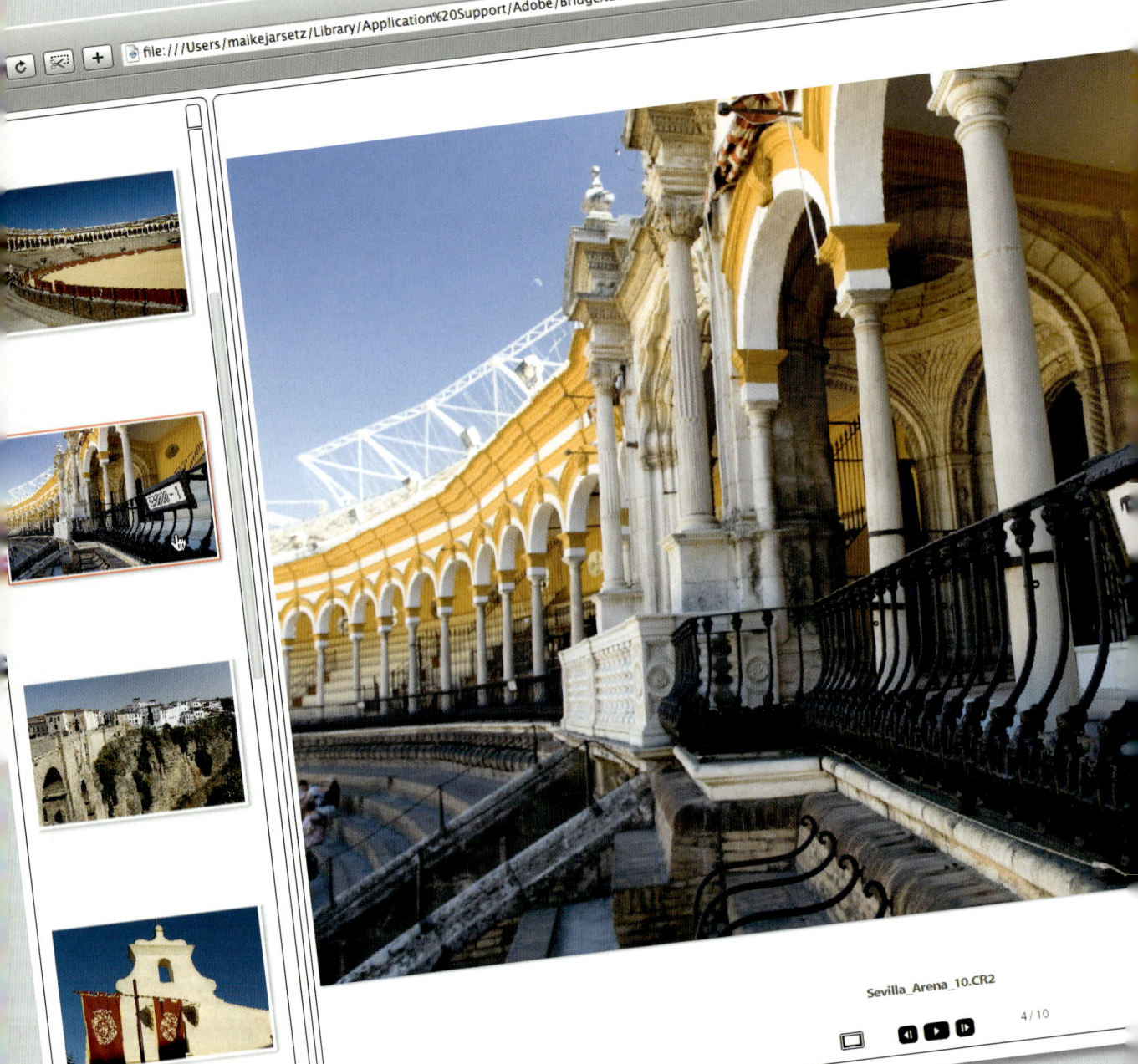

Sevilla_Arena_10.CR2

4 / 10

Ein gutes Bild allein ist nicht alles.
Sobald Sie mit Ihrer Bildoptimierung
zum Ziel gekommen sind, geht es darum, die Bilder anderen zugänglich zu
machen – ob durch eine Präsentation im
Internet, Versendung von aufbereiteten
Bilddaten oder einen ersten Kontaktabzug.

Photoshop bietet eine Menge Ansätze,
diese Aufgaben zu standardisieren und
dabei beträchtlich Zeit zu sparen. Die
meisten Aufgaben können Sie gleich
direkt aus der Bridge heraus erledigen
– diese stellt seit der Version CS4 sogar
einen Extra-Arbeitsbereich für die Ausgabe zur Verfügung.

Fotos: Maike Jarsetz

Präsentation und Automatisierung

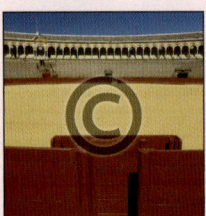

Aus eins mach zwei

Mit dem Bildprozessor Dateiversionen erstellen

Wenn von einer ganzen Aufnahmeserie verschiedene Dateiversionen erstellt werden sollen, ist der Bildprozessor die schnellste und unkomplizierteste Lösung. In einem Schritt produziert er zum Beispiel eine hochauflösende Archivierungsdatei und eine heruntergerechnete Web-Variante. Zudem können Sie ihn direkt aus der Bridge ansteuern, nachdem Sie Ihre Bildauswahl festgelegt haben.

1 Der Bildprozessor

Der Bildprozessor verbirgt sich in Photoshop unter DATEI ▷ SKRIPTEN ▷ BILDPROZESSOR.

Wenn Sie erst eine Bildauswahl in der Bridge durchgeführt haben, können Sie dort auch den Befehl BILDPROZESSOR aus dem Menü WERKZEUGE ▷ PHOTOSHOP wählen.

In diesem Fall habe ich ausschließlich RAW-Daten für die Konvertierung ausgewählt.

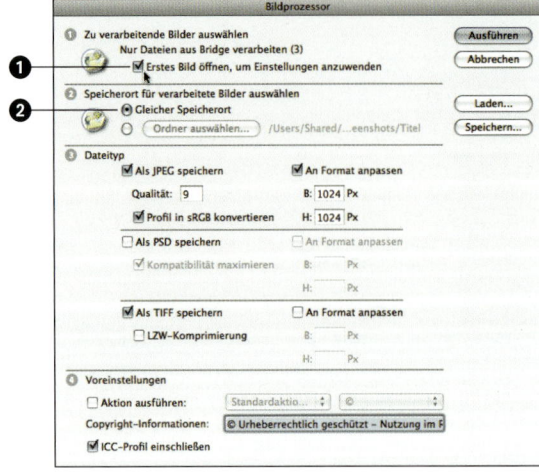

2 Raw-Entwicklung aktivieren

Durch Aktivierung der Option ERSTES BILD ÖFFNEN, … ❶ können Sie die Entwicklung von RAW-Daten in die Automatisierung einbinden. Die Konvertierungseinstellungen des ersten Bildes werden dann auch auf alle anderen Bilder angewendet.

Als Speicherort können Sie jeden beliebigen Ordner auf der Festplatte auswählen. Aber auch der GLEICHE SPEICHERORT ❷ bietet sich an, denn der Bildprozessor – bzw. die Bildverarbeitung – legt die neuen Dateiversionen selbstständig in aufgeräumte Ordner ab.

3 Dateiversionen bestimmen

Unter DATEITYP können Sie gleich mehrere Dateiformate aktivieren – z. B. JPEG- und TIFF-Bilder. Für die Bildschirm- oder Web-präsenz der JPEG-Daten sollten Sie gleich das PROFIL IN SRGB KONVERTIEREN ❸. Das Farbaus-sehen wird so für diesen geringen Farbumfang erhalten. Ebenso können Sie schon durch AN FORMAT ANPASSEN ❹ die JPEG-Versionen auf die VGA-Breite von 1024 Pixel verkleinern. Vergessen Sie nicht, ICC-PROFIL EINSCHLIESSEN ❺ für beide Formate zu aktivieren.

4 Erste RAW-Datei entwickeln

Nachdem Sie den AUSFÜHREN-Button gedrückt haben, wird die erste der ausgewählten RAW-Dateien im Raw-Konverter geöffnet.

Dort steuern Sie sämtliche Entwicklungs-einstellungen wie Belichtung, Weißabgleich, Gradation und natürlich auch die Ausgabe-optionen ❻. Wenn Sie das Bild optimiert haben, klicken Sie auf BILD ÖFFNEN.

Details zur RAW-Daten-Entwicklung:
Lesen Sie mehr dazu ab Seite 84.

5 Das Ergebnis

Nach dem letzten Klick passiert alles andere von alleine. Alle RAW-Dateien werden mit den vorgegebenen Entwicklungseinstellungen verarbeitet. Die TIFF-Version in Originalgröße wird gespeichert, das Bild wird auf die vor-gegebene Größe heruntergerechnet, in das sRGB-Profil konvertiert und auch noch als JPEG-Variante gespeichert.

Die Bildversionen werden fein säuberlich in automatisch angelegte Bildordner sortiert.

Kontaktabzug mit Zugabe

Der neue PDF-Kontaktabzug aus der Bridge

Ein Kontaktabzug wird gerne zur Archivierung genutzt. Auf einem Papierausdruck lassen sich Motive doch viel einfacher finden als durch stundenlanges Suchen auf Datensicherungen. In Photoshop CS4 hat der Kontaktabzug nun ein ganz neues Gesicht: Direkt aus der Bridge heraus können Sie mehrseitige Kontaktbögen im PDF-Format erstellen, und Sie haben dabei diverse Steuerungsmöglichkeiten.

1 Arbeitsbereich Ausgabe

Starten Sie die Bridge. Sie hält für die
Ausgabe einen extra Arbeitsbereich bereit.

Diesen wählen Sie über den entsprechenden Knopf in der Steuerungsleiste ❷
aus oder durch Klick auf den so benannten
Arbeitsbereich ❶.

2 Ausgabe-Art wählen

Erst einmal sieht im Arbeitsbereich AUSGABE
alles ganz gewohnt aus, aber im rechten Bereich hat sich eine Palettenreihe eingeblendet,
die nur für die Ausgabe zuständig ist.

Sie können die Bilder auf zweierlei Art
ausgeben: als Flash-Webgalerie oder als PDF.

Klicken Sie für den Kontaktabzug auf das
PDF-Symbol ❸. Die Voreinstellung 2+2 ZELLEN
können Sie vorerst so belassen, diese werden
wir gleich individuell anpassen.

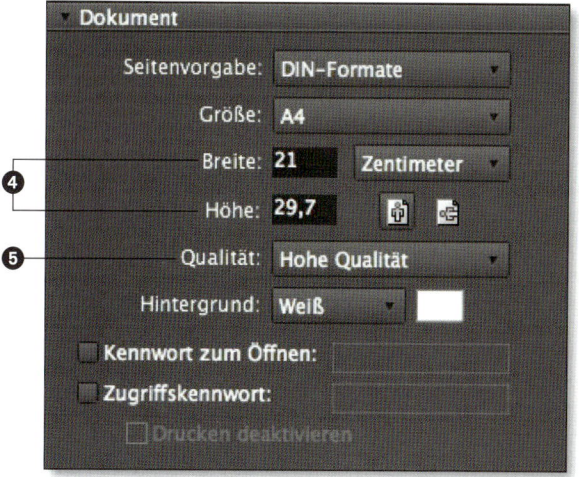

3 Layoutgröße definieren

Legen Sie zunächst in der Sektion DOKUMENT
die Größe des Kontaktabzugs fest. In diesem Beispiel wollen wir mehrere Seiten auf
Din A4 ausgeben. BREITE und HÖHE ❹ werden deshalb mit 21 x 29,7 cm angegeben.

Mit der QUALITÄT ❺ bestimmen Sie die
Auflösung der Bilder. Die HOHE QUALITÄT
entspricht einer Druckauflösung von 300 dpi,
die GERINGE QUALITÄT dagegen der Bildschirmauflösung von 72 dpi.

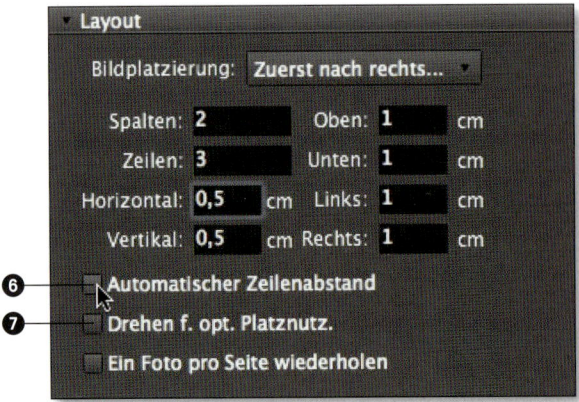

4 Bildplatzierung festlegen

In der Sektion LAYOUT legen Sie fest, wie viele Bilder auf dem Kontaktabzug Platz finden. Mit beispielsweise 2 SPALTEN und 3 ZEILEN ergeben sich 6 Bilder pro Din-A4-Seite.

Die Abstände am Seitenrand oder zwischen den Bildern können Sie individuell definieren oder mit Hilfe von AUTOMATISCHER ZEILENABSTAND ❻ erstellen. Die Option DREHEN F. OPT. PLATZNUTZEN ❼ kann den vorgegebenen Raum noch besser nutzen, indem sie die Bilder gegebenenfalls gedreht platziert.

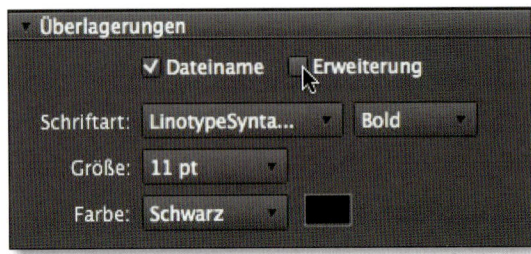

5 Bildnamen einblenden

Die ÜBERLAGERUNGEN sind die Bildnamen, die unterhalb der einzelnen Motive eingeblendet werden – für einen Kontaktabzug natürlich eine zwingende Option, da er ja anzeigen soll, welche Bilder etwa auf einem Datenträger zu finden sind.

Je nach verfügbarem Raum (und der Länge der Dateinamen) können Sie die GRÖSSE anpassen. Sinnvoll, weil gut lesbar, sind Varianten zwischen 8 und 14 Punkt.

6 Vorschau anzeigen

Um einen Eindruck zu bekommen, wie die Bilder auf der Seite verteilt werden und wie sich die Namen darstellen, klicken Sie auf VORSCHAU AKTUALISIEREN ❽.

Aktivieren Sie aber zuerst die gewünschten Bilder in der Bridge: Mit gedrückter ⬆-Taste aktivieren Sie eine Reihe von Aufnahmen durch Klicken auf das erste und das letzte Bild der Reihe. Mit gedrückter Strg/⌘-Taste wählen Sie die Bilder einzeln aus.

7 Erster Kontaktabzug

Die anschließende PDF-Erstellung erzeugt übrigens nur eine temporäre Vorschau-Datei.

Im eigenen Fenster AUSGABE-VORSCHAU erscheint eine Seite, die Ihnen den Kontaktbogen mit Ihren aktuell gewählten Einstellungen zeigt.

Jetzt haben sie noch die Möglichkeit nachzubessern, bevor Sie das finale PDF speichern.

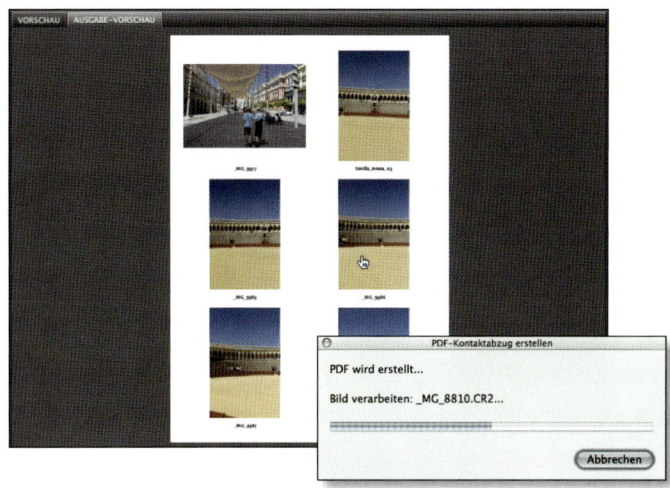

8 Wasserzeichen integrieren

Wenn Sie wollen, können Sie über jeden Kontaktbogen ein Wasserzeichen legen. Inhalt und Größe legen Sie in der Sektion WASSERZEICHEN fest. Geben Sie den Text in die Textzeile ein, und bestimmen Sie SCHRIFTART, GRÖSSE, FARBE und die DECKKRAFT des Wasserzeichens.

Klicken Sie dann auf SPEICHERN und vergessen Sie nicht die Option PDF SPEICHERN UND ANZEIGEN zu aktivieren. Dann müssen Sie nur noch Namen und Speicherort bestimmen.

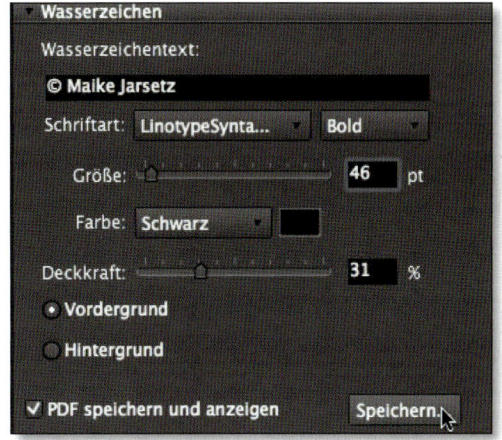

9 Der fertige PDF-Kontaktbogen

Durch die letzte Option wird die gespeicherte PDF-Datei automatisch in dem Programm geöffnet, das in Ihrem System als Standardprogramm für PDFs angegeben ist – in meinem Fall ist das Adobe Acrobat Pro.

Entsprechend der Bildanzahl besteht die PDF-Datei aus mehreren Seiten.

Deutlich ist auch das Wasserzeichen in der Mitte der Seite zur erkennen.

Ein Wasserzeichen in Einzelmotive integrieren: Lesen Sie mehr dazu auf Seite 492.

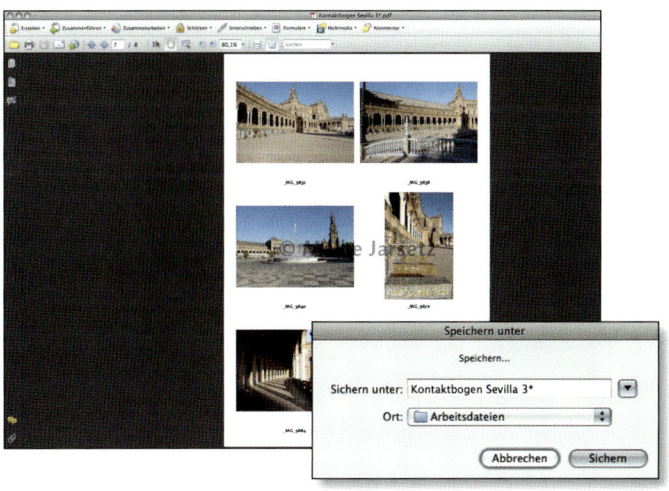

Aktion Copyright

Schützen Sie Ihre Bilder mit Wasserzeichen vor Missbrauch

Wenn Sie Ihre Bilder online präsentieren oder weitergeben, können Sie leider nicht mehr kontrollieren, wer diese in welcher Form verwendet. Um Ihr Urheberrecht zu wahren, ist ein Copyrightverweis in den IPTC-Daten zwar ein guter Schritt, aber keine Garantie. Sicherer sind Sie mit einem eingearbeiteten Wasserzeichen. Über eine Aktion wird dies dann wie von selbst eingefügt.

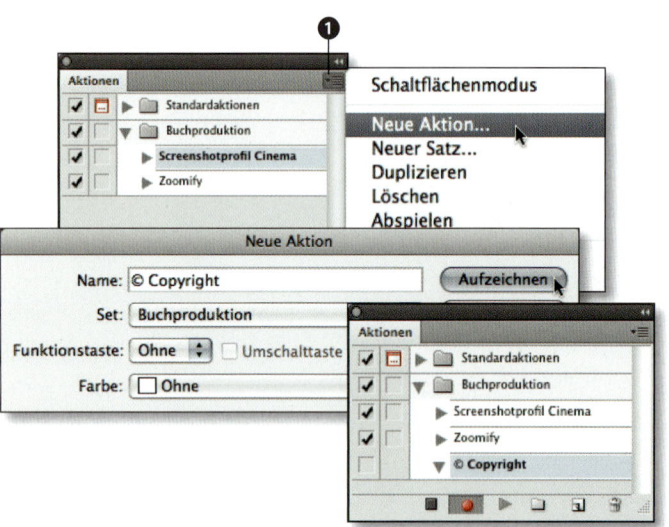

1 Aktion aufzeichnen

Um alle Schritte für ein Wasserzeichen nicht immer und immer wieder ausführen zu müssen, zeichnen Sie eine Aktion auf.

Öffnen Sie über das FENSTER-Menü die AKTIONEN-Palette, und wählen Sie unter ❶ in der Palette aus dem Popup-Menü eine NEUE AKTION.

Nachdem Sie einen Namen eingegeben haben (hier sinnvollerweise »© Copyright«), klicken Sie auf AUFZEICHNEN – so beginnt die Aufzeichnung aller folgenden Schritte.

2 Text eingeben

Wählen Sie das TEXTWERKZEUG [T], und klicken Sie in die Mitte des Bildes. Geben Sie Ihren gewünschten Text ein – hier ein ©-Zeichen mit [⌥] + [G] (Mac) oder mit [Alt] + [1][8][4] auf dem Ziffernblock (Win).

Geben Sie in der Optionsleiste des TEXTWERKZEUGS die gewünschte Textgröße an. Aktivieren Sie dazu den Text nochmals mit dem Textcursor, und ändern Sie dann die Schriftgröße in Punkt ❷. Alternativ können Sie den Text auch mit Hilfe der Funktion FREI TRANSFORMIEREN ([Strg]/[⌘] + [T]) skalieren ❸.

3 Schwarz bis Weiß

Für ein Wasserzeichen sollten Sie nur neutrale Farben verwenden, also Schwarz, Weiß oder Grautöne. Entscheiden Sie anhand des Motivs, welche Überlagerung sich am besten eignen würde.

Klicken Sie auch in der Optionsleiste auf das kleine Farbfeld **5**, wenn Sie Änderungen vornehmen wollen. Verschieben Sie den kleinen Kreis am linken Rand des Farbwählers **4** auf den gewünschten Farbton zwischen Weiß und Schwarz. Klicken Sie dann auf OK.

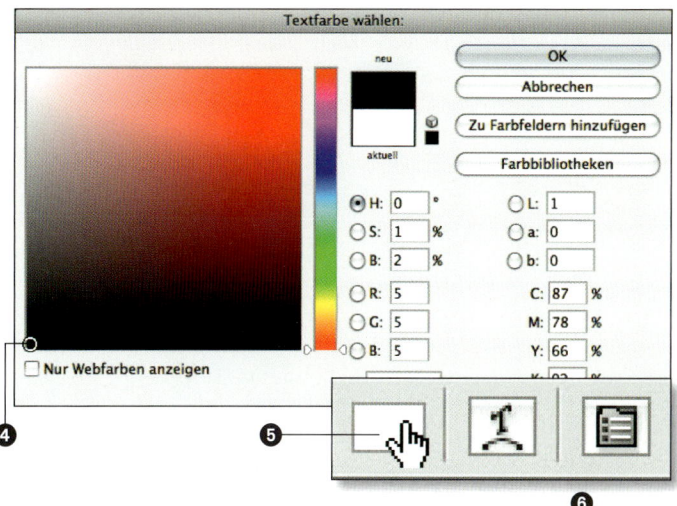

4 Wasserzeichen positionieren

Meistens ist ein Wasserzeichen in der Mitte des Fotos gewünscht. Am einfachsten erreichen Sie das, indem Sie das VERSCHIEBEN-WERKZEUG ⊕ wählen, in der EBENEN-Palette beide Ebenen mit gedrückter ⇧-Taste aktivieren und dann aus der Optionsleiste auf die beiden Symbole für eine mittige Ausrichtung **6** klicken.

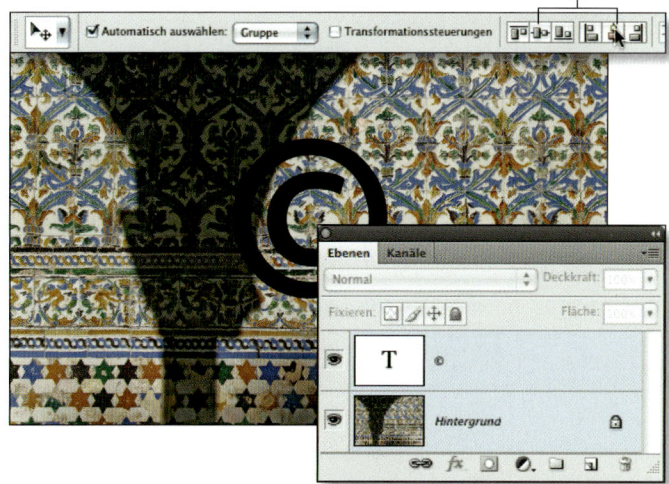

5 Deckkraft verringern

Zum Wasserzeichen wird Ihr Text durch die typische Transparenz.

Diese erreichen Sie über die DECKKRAFT-Einstellung der EBENEN-Palette: Aktivieren Sie in der EBENEN-Palette die Textebene, und schieben Sie den DECKKRAFT-Regler auf einen Wert von ca. 50 %.

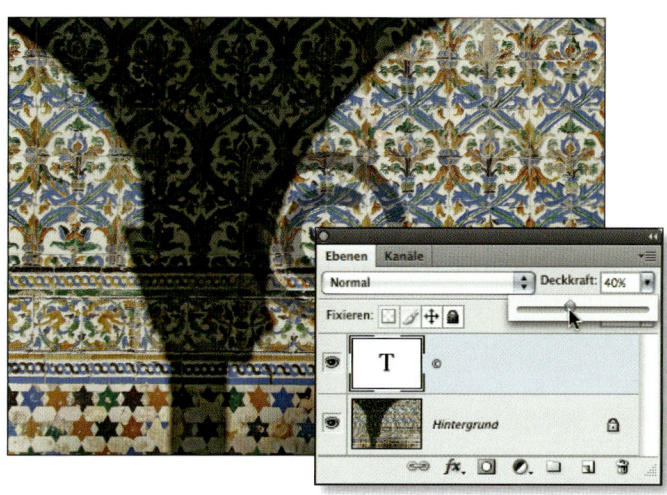

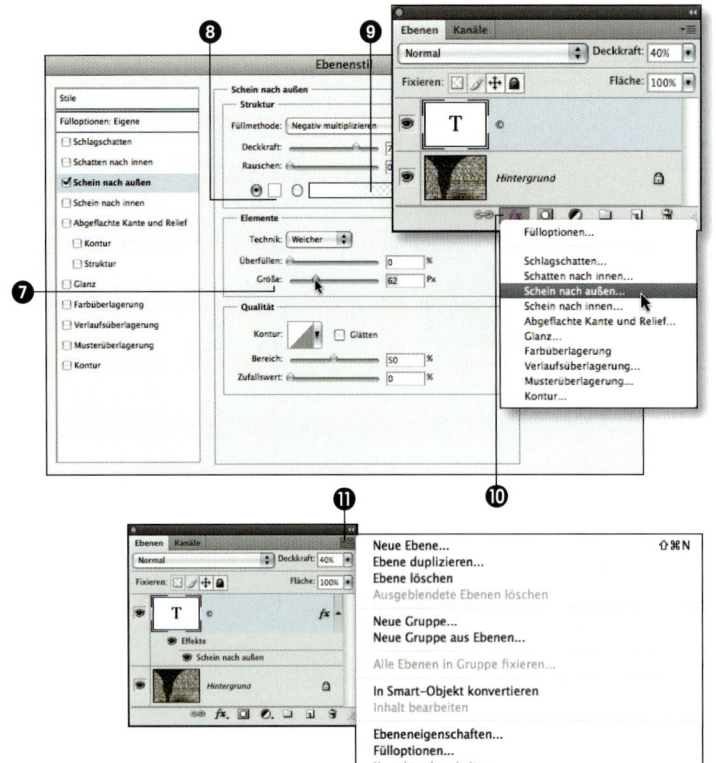

6 Schatten-Effekt

Je nach Motiv, ist Ihr dunkles (oder helles) Wasserzeichen mehr oder weniger gut zu erkennen. Ein Schatten hilft, den Text vom Hintergrund besser abzuheben. Wählen Sie über das *fx*-Symbol ❿ in der EBENEN-Palette den Ebeneffekt SCHEIN NACH AUSSEN aus. Im folgenden Arbeitsfenster steuern Sie zunächst die Farbe ❽, die Füllmethode ❾ (MULTIPLIZIEREN bei dunklen, NEGATIV MULTIPLIZIEREN bei hellen Schatten) und die die GRÖSSE ❼ des Scheins. Aktivieren Sie auch die VORSCHAU.

7 Auf Hintergrundebene reduzieren

Damit Ihre Bilder später ohne Nachfrage wieder als JPEG gespeichert werden können, dürfen sie nicht aus mehreren Ebenen bestehen.

Reduzieren Sie deshalb das fertige Wasserzeichen-Bild über den Optionspfeil der EBENEN-Palette ⓫ und den Befehl AUF HINTERGRUNDEBENE REDUZIEREN.

Auch das wird in der Aktion gespeichert.

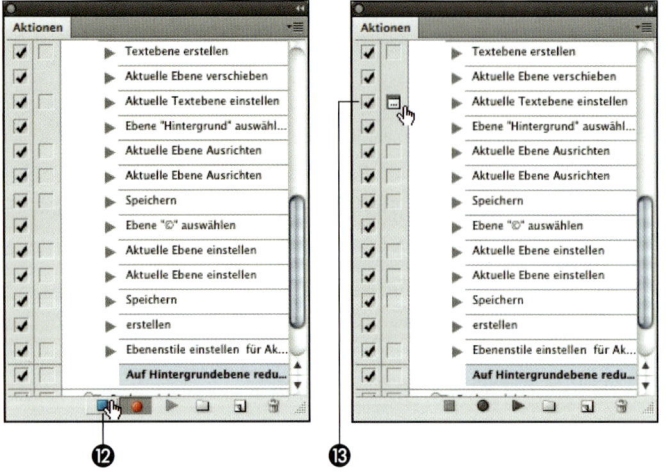

8 Aufzeichnung stoppen

Jetzt haben Sie alle notwendigen Schritte zum Erstellen des Wasserzeichens durchgeführt. Speichern Sie das Bild nicht – es sollte ja nur ein Beispiel sein – das Speichern übernimmt später die Stapelverarbeitung. Klicken Sie in der AKTIONEN-Palette auf das Stopp-Zeichen ⓬. Falls sich die Größen der Bilder, die Sie später verarbeiten, unterscheiden können, sind individuelle Größen für das ©-Zeichen erforderlich. Dafür können Sie die Aktion mit einer Pause versehen: Klicken Sie dafür vor den Befehl der Textgrößenänderung ⓭.

9 Stapelverarbeitung aus der Bridge

Jetzt können Sie mehrere Bilder mit Wasserzeichen versehen. Wählen Sie diese in der Bridge aus.

Wählen Sie aus dem WERKZEUGE-Menü PHOTOSHOP ▷ STAPELVERARBEITUNG.

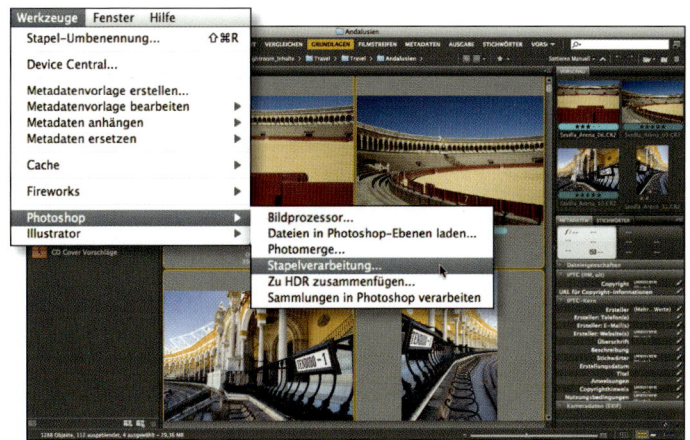

10 Zielordner und Dateinamen festlegen

Als QUELLE ⓮ sind automatisch die Bilder aktiviert, die Sie in der Bridge ausgewählt haben.

Wählen Sie Ihre Aktion aus dem entsprechenden Popup-Menü ⓯, aktivieren Sie die Option FARBPROFIL-WARNUNGEN UNTERDRÜCKEN ⓱ und wählen Sie über das Popup-Menü ZIEL ⓰ die Option ORDNER aus. Über den Knopf WÄHLEN ⓲, weisen sie den Speicherort für die neuen Dateien zu.

Nutzen Sie die Möglichkeit einer Stapelumbenennung, z. B. indem Sie ein © hinter dem Dateinamen einsetzen ⓳.

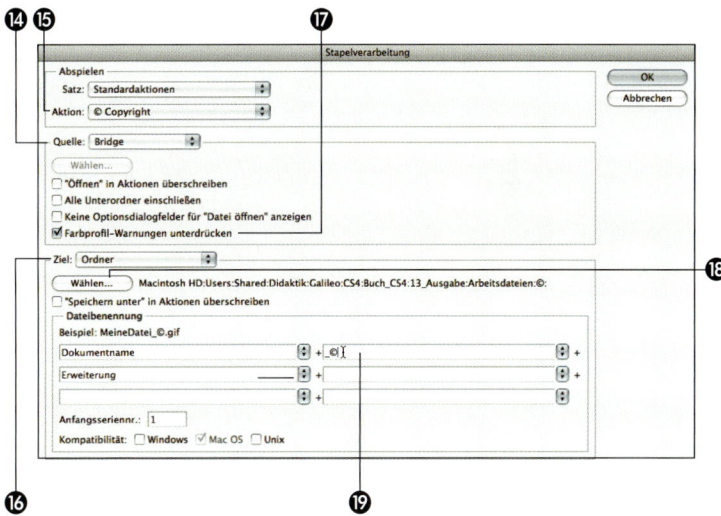

11 Copyright-geschützte Bilder

Je nachdem, ob Sie eine Pause in die Aktion eingebaut haben oder nicht, wird die Aktion nach einem Klick auf OK vollständig automatisch ablaufen oder aber die individuelle Schriftgrößen-Eingabe von Ihnen erwarten.

Das Ergebnis ist auf jeden Fall ein Ordner voller Bilder mit perfekten Wasserzeichen.

Als PDF präsentieren

Eine PDF-Präsentation zeigt Fotos im vollen Format

Eine Bildpräsentation oder -abstimmung per E-Mail ist machmal der schnellste Weg, um sich abzustimmen. Anstatt die Bilder aber einzeln als E-Mail-Anhang zu senden, können Sie auch mit wenigen Klicks eine PDF-Präsentation erstellen, die sich beim Empfänger gleich als selbstablaufende Präsentation öffnet.

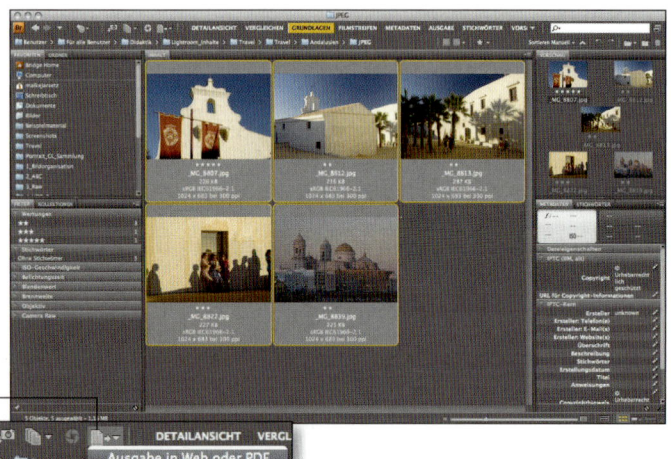

1   Ausgabe-Arbeitsbereich wählen

Nichts geht ohne die Bridge – und auch diese Präsentationsart läuft nun über den neuen Arbeitsbereich AUSGABE.

Wählen Sie Ihn über den zuständigen Knopf ❶ in der Menüleiste an. Und wählen Sie am besten vorher in der Bridge schon die Bilder aus, die Sie präsentieren wollen.

2   PDF-Ausgabe

Rechts, in der Palette AUSGABE, klicken Sie oben auf PDF ❷ und wählen GRÖSSE MAXIMIEREN als VORLAGE. So werden Ihre Bilder größtmöglich im verfügbaren Präsentationsraum eingepasst.

Tipp: Wenn Sie Ihre Bilder gänzlich formatfüllend präsentieren wollen, sollten Sie sie vorher auf die Präsentationsgröße rechnen. Lesen sie dazu die Lektion über den Bildprozessor in diesem Kapitel oder »Bildausschnitt freistellen« auf Seite 52.

3 Format und Qualität bestimmen

Nun geht es unter dem Reiter DOKUMENT um das Ausgabeformat und die Qualität.

Wählen Sie zuerst WEB als SEITENVORGABE und die gewünschte GRÖSSE in Pixeln.

Bei der Qualität ist die GERINGE QUALITÄT mit Bildschirmauflösung für eine Web- oder E-Mail-Präsentation durchaus ausreichend.

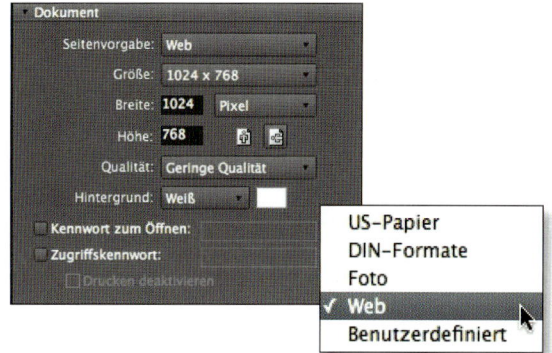

4 Ein Bild pro Seite

Überprüfen Sie im Reiter LAYOUT, ob die SPALTEN und ZEILEN auf 1 gesetzt sind, damit nur ein Bild pro Seite erscheint. Setzen Sie außerdem die Seitenränder in der rechten Spalte auf Null. Aktivieren Sie unter WIEDER-GABE alle drei Optionen – nur so wird das PDF beim Öffnen selbstablaufend und formatfüllend dargestellt. Die Überlagerungen können Sie für diesen Zweck auslassen.

Kontaktabzüge erstellen: Lesen Sie dazu die Lektion auf Seite 488.

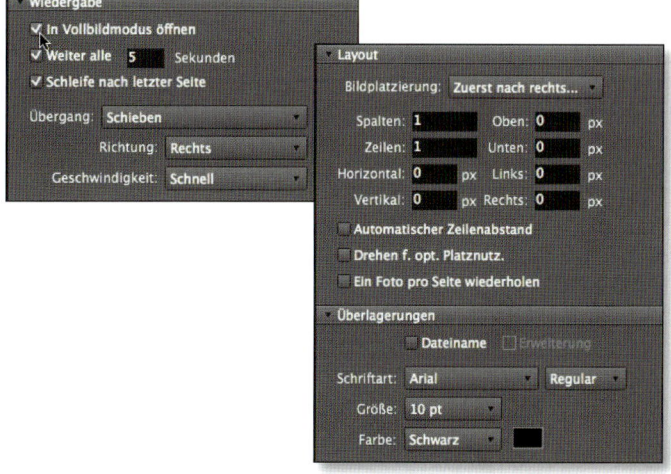

5 PDF speichern und anzeigen

Zu guter Letzt bestimmen Sie noch, ob Ihre Bilder ein überlagerndes Wasserzeichen haben sollen. Für die Kundenpräsentation in geringer Qualität ist es zu vernachlässigen.

Aktivieren Sie PDF SPEICHERN UND ANZEIGEN, und klicken Sie dann auf SPEICHERN, um die Präsentation im Vollbild beurteilen zu können.

Mehr zur Ausgabe mit Wasserzeichen: Lesen Sie dazu die Seite 492.

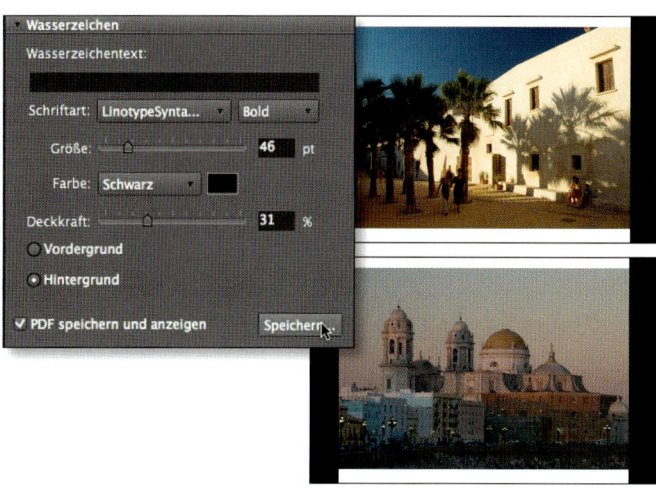

Eine Fotogalerie im Web

Über die Bridge eine Flash-Galerie konfigurieren und ausgeben

Mit Photoshop und der Bridge CS4 ist endlich die Webgalerie als Ausgabemöglichkeit entstaubt und in einen eleganten Workflow integriert worden. Sehen Sie in diesem Workshop die exemplarische Erstellung einer Flash-Galerie und ihre Konfigurationsmöglichkeiten.

1 Fotos auswählen

Navigieren Sie in der Bridge zu dem Bildordner, dessen Bilder Sie im Web präsentieren wollen, und grenzen Sie gegebenenfalls die Auswahl durch einen Bewertungsfilter ein.

Wechseln Sie dann in den AUSGABE-Arbeitsbereich, indem Sie ihn über den entsprechenden Knopf in der Steuerungsleiste ❶ oder durch Klick auf den so benannten Arbeitsbereich ❷ anwählen.

2 Bilder in Vorschau

Aktivieren Sie noch einmal alle Bilder im Filmstreifen ❸, die Sie in die Web-Präsentation einbinden wollen, um sie in der Vorschau zu sehen. Wollen Sie aber nur ausgewählte Bilder für eine Präsentation benutzen, klicken Sie diese mit gedrückter `Strg`/`⌘`-Taste an.

3 Vorlage auswählen

In der AUSGABE-Palette klicken Sie auf den
Button WEB-GALERIE, so erscheinen alle dafür
notwendigen Konfigurationsmöglichkeiten.

Wählen Sie beispielsweise die LIGHTROOM
FLASH-GALERIE, um von vordefinierten Bild-
übergängen zu profitieren.

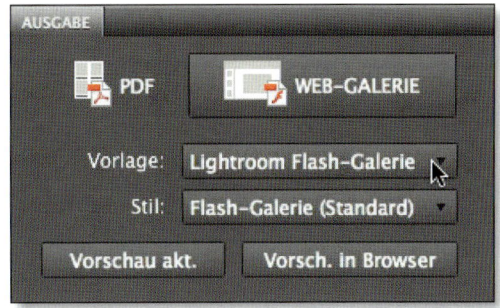

4 Stil wählen

Es gibt unterschiedliche Flash-Vorlagen. Im
Popup-Menü STIL können Sie Ihre Galerie
noch weiter vordefinieren.

In diesem Beispiel starten wir mit dem Stil
DIASHOW.

Weiter unten in der Palette sehen Sie die
verschiedenen Konfigurationsmöglichkeiten.
Öffnen Sie die verschieden Einstellungsfenster
durch einen Klick auf das kleine Dreieck ❹
davor.

5 Site-Informationen eingeben

In den SITE-INFORMATIONEN tragen Sie alle
Informationen zusammen, die man auf der
Webseite erfahren kann.

Je nach gewählter Galerie-Vorlage und -Stil
werden sie später auf der Seite angezeigt.
Trotzdem sollten Sie hier schon alle notwendigen Informationen unterbringen, denn es ist
nicht unwahrscheinlich, dass Sie auch einmal
das Galerielayout ändern wollen.

6 Farben wählen

Die FARBPALETTE legt Farben für alle Elemente der Webseite fest. Sie können diese im Vorwege definieren oder nach einer ersten Vorschau (siehe Schritt 8) ändern.

Farben ändern Sie, indem Sie auf das jeweilige farbige Rechteck ❺ klicken und im Farbkreis eine neue Farbe auswählen.

7 Bildgrößen

Im ERSCHEINUNGSBILD steuern Sie neben dem LAYOUT auch die Größe des Hauptbildes und der Miniaturen. Entsprechend groß werden die Bilder für die Webseite gerechnet.

Da die Auflösung heutiger Bildschirme immer größer wird, können Sie für die Vorschaugröße des Hauptmotivs sicher GROSS oder SEHR GROSS eingeben.

Die Miniaturen sind die kleinen Vorschaubilder, auch diese sollten dem Layout angepasst werden.

8 Vorschau im Browser

Jetzt sollten Sie erst einmal schauen, was Sie da so alles eingestellt haben.

Wählen Sie oben aus der AUSGABE-Palette VORSCH. IN BROWSER. So werden temporär alle Daten erzeugt, die für diese Webseite notwendig sind, und Sie können Ihre Einstellungen im Browser beurteilen.

Im aktuellen Beispiel kann man noch so einiges verändern, wechseln Sie deshalb wieder in die Bridge, um die Einstellungen zu modifizieren.

9 Ausgabe-Einstellungen ändern

Das Schöne an den Ausgabemöglichkeiten aus der Bridge ist, dass Sie die Einstellungen immer wieder verändern und im Browser beurteilen können, bevor Sie wirklich eine Galerie erstellen.

Dieser Galerie fehlte noch eine linke Bildlaufleiste mit sehr großen Miniaturbildern. Außerdem schien mir ein weißer Hintergrund mit angepassten Menü- und Textfarben passender.

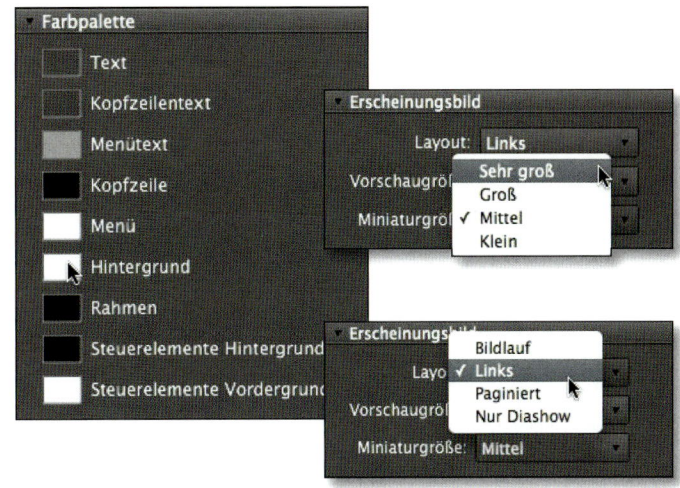

10 Galerie fertigstellen

Für die Ausgabe einer Webgalerie stehen Ihnen zwei Möglichkeiten zur Verfügung: Sie können sie zum Beispiel inklusive aller benötigten Dateien auf die Festplatte speichern. Definieren Sie den Speicherordner über DURCHSUCHEN und klicken Sie auf SPEICHERN.

Sie können aber auch alle Daten direkt aus der Bridge per FTP auf Ihre Webseite hochladen. Geben Sie dazu die FTP-Adresse samt Ordnerpfad, Benutzernamen und Passwort ein. Nach dem Klick auf HOCHLADEN wird alles – na? – ja, hochgeladen.

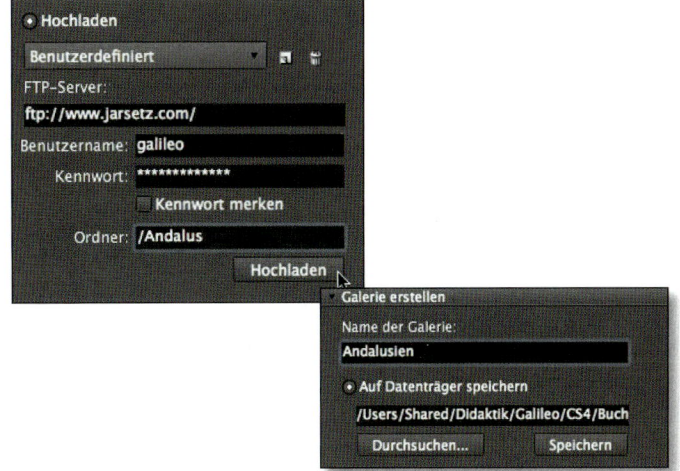

11 FTP-Vorlage speichern

Es ist nicht unwahrscheinlich, dass Sie öfter auf die gleiche FTP-Adresse einen Upload starten.

Speichern Sie sich deshalb Ihre FTP-Eingaben durch einen Klick auf das Speichersymbol ❻. Nachdem Sie einen Namen angegeben haben, sind Ihre Einstellungen über das Popup-Menü immer wieder zugänglich.

Hochauflösend im Web

Mit der Zoomify-Funktion sieht man mehr

Für Fotografen wird es immer wichtiger, größere Bilder in einer besseren Qualität im Web zu präsentieren. Die – auf Flash basierende – Zoomify-Funktion leistet das. Am besten integrieren Sie sie auch gleich in eine Photoshop-Aktion, um dann auch aus der Bridge heraus eine solche Automatisierung starten zu können.

1 Aktion vorbereiten

Öffnen Sie ein exemplarisches Bild, an dem Sie den Zoomify-Export durchführen können. Blenden Sie sich dann über das Menü Fenster die Aktionen-Palette ein.

Über den kleinen schwarzen Pfeil in der Palette ❶ wählen Sie aus dem Popup-Menü eine Neue Aktion. Diese müssen Sie natürlich auch noch sinnvoll benennen — in diesem Fall mit »Zoomify«.

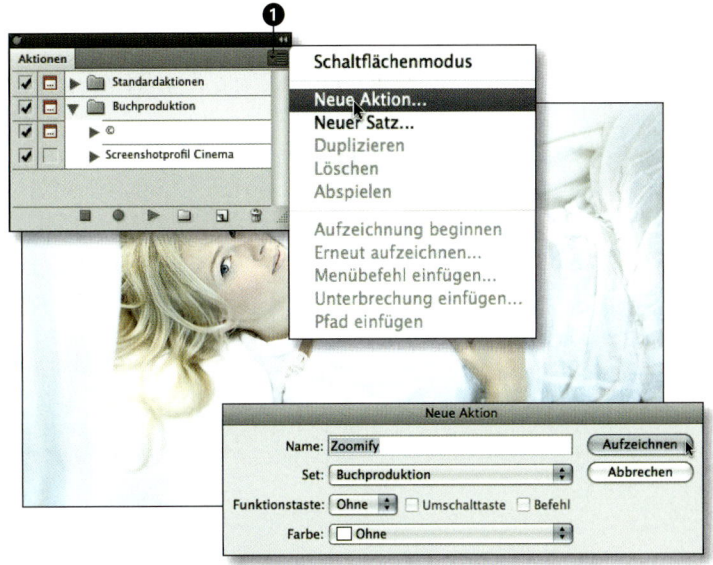

2 Zoomify-Version exportieren

Alles, was Sie von jetzt an tun, wird in einer Aktion aufgezeichnet und kann dann später auf Knopfdruck »abgespielt« und damit auf andere Dateien angewendet werden.

Da die Bilder gleich für den Browser-Einsatz vorbereitet werden, sollten Sie sicherstellen, dass diese im kleinen Frabraum sRGB vorliegen. Wählen Sie Bearbeiten ▷ In Profil umwandeln, und wählen Sie als Zielfarbraum das Profil sRGB. Wählen Sie dann Datei ▷ Exportieren ▷ Zoomify.

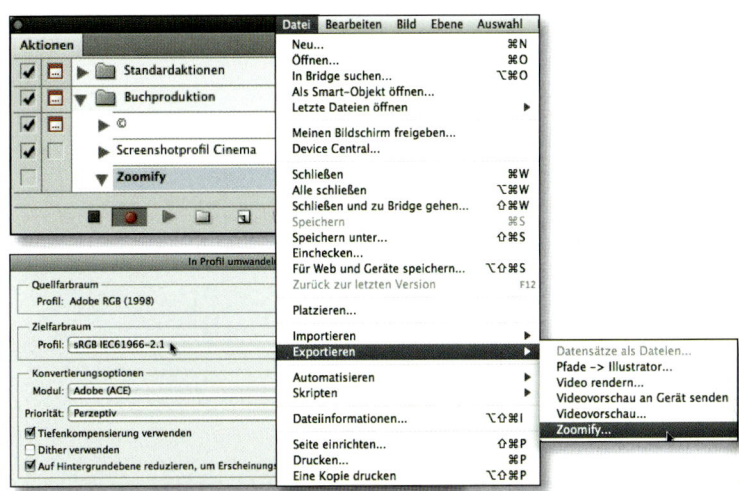

3 Vorgabe wählen

Mit der Zoomify-Funktion exportieren Sie vollständige HMTL-Dateien, inklusive aller dazugehörigen Bilddaten und Flash-Dateien.

Zu allererst müssen Sie aber eine vordefinierte Vorlage wählen, mit der die Gestaltung festgelegt wird. Dies tun Sie im Popup-Menü Vorlage.

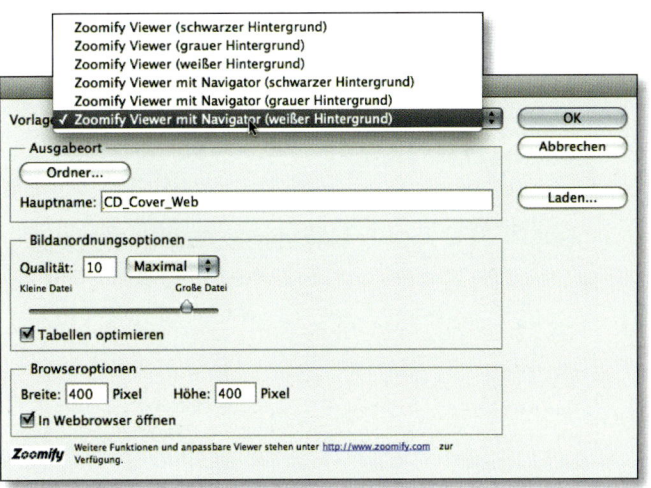

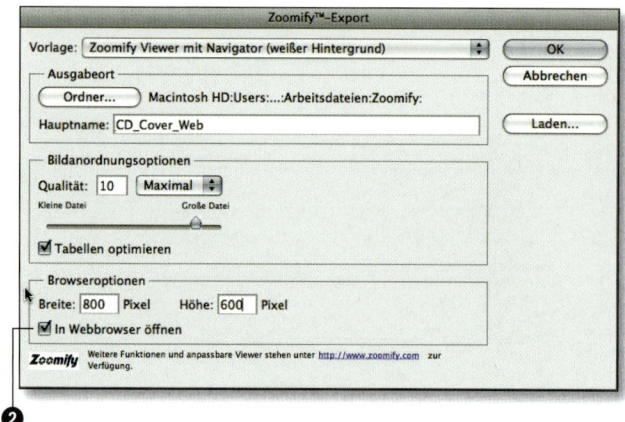

4 **Ausgabeoptionen festlegen**

Steuern Sie jetzt die notwendigen Ausgabe-optionen. Wählen Sie unter ORDNER den Ort, an dem die Dateien gespeichert werden, und geben Sie in den BROWSEROPTIONEN die Abmessungen ein, in die die ZOOMIFY-Vorschau eingepasst werden soll.

Achtung: Geben Sie bei der Aktionserstellung keinen neuen Hauptnamen ein. Dieser wird sonst als Teil der Aktion gespeichert und alle künftigen Exporte hätten denselben Namen!

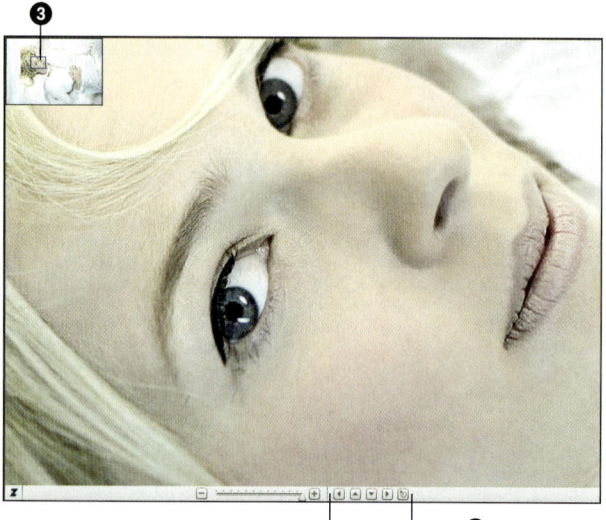

5 **Ergebnis**

Vergessen Sie nicht, die Option IM WEB-BROWSER ÖFFNEN ❷ zu aktivieren. So wird der exportierte Datensatz nach dem Klick auf OK als fertige Webseite geöffnet. Als Ergebnis erhalten Sie ein Bild, in dem Sie sich über Navigationsbuttons ❹ genauso wie über das Navigationsrechteck ❸ sowie direkt über die Maushand im Bild bewegen können.

Auch mit den Pfeiltasten können Sie navigieren, sowie mit gedrückter ⇧-Taste in das Bild hineinzoomen und mit gedrückter Strg/⌘-Taste wieder auszoomen.

6 **Aktion abschließen**

Nach wie vor ist der Aufnahmeknopf der Aktion in Photoshop aktiviert ❻.

Beenden Sie die Aufnahme, indem Sie daneben auf den Stopp-Knopf ❺ klicken – natürlich nicht ohne das Bild vorher zu schließen.

7 Stapelverarbeitung

Jetzt soll der gleiche Vorgang für mehrere Dateien gleichzeitig ausgeführt werden.

Wählen Sie aus dem WERKZEUGE-Menü PHOTOSHOP ▷ STAPELVERARBEITUNG.

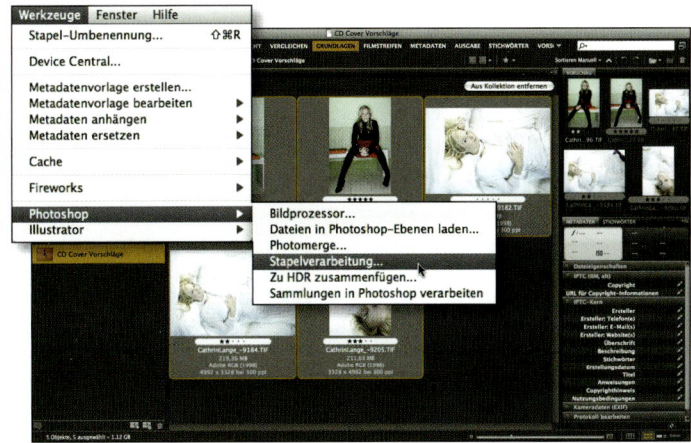

8 Arbeitsfluss steuern

Als QUELLE ❼ sind automatisch die Bilder aktiviert, die Sie in der Bridge ausgewählt haben.

Wenn Sie die ZOOMIFY-Aktion gerade aufgenommen haben, ist sie noch automatisch im Popup-Menü ausgewählt. Aktivieren Sie dann noch die Checkbox FARBPROFIL-WARNUNGEN UNTERDRÜCKEN ❽ – das setzt natürlich voraus, dass Ihre Farbeinstellungen korrekt sind! Mehr darüber erfahren Sie ab Seite 264. Klicken Sie dann auf OK.

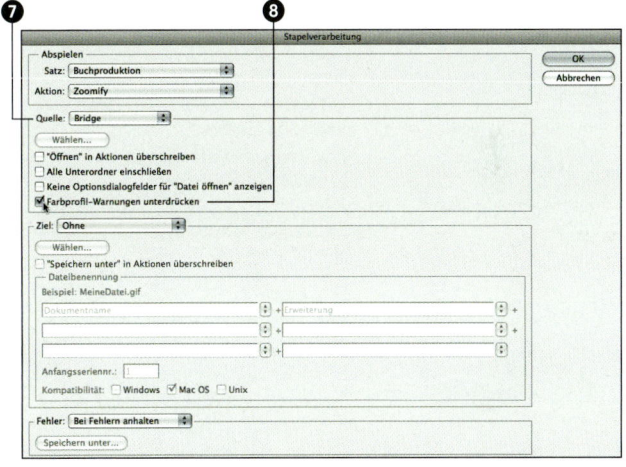

9 Die Ergebnisse

Der gesamte Export verläuft jetzt automatisiert. Alle fertigen ZOOMIFY-Seiten werden im Browser geöffnet, und Sie können nach Herzenslust in den Bildern herumwandern und -zoomen.

Falls Sie neugierig sind, wie das funktioniert, werfen Sie doch mal unter ZIELORDNER einen Blick in den Unterordner TILEGROUP ❾. Die Masse der unterschiedlich vergrößerten Bildstückchen gibt eine Ahnung davon, was während der Navigation in den Bildern passiert.

Online-Präsentation

Geben Sie Ihren Bildschirm frei

*Wer schon einmal eine Produktpräsentation in Form eines
»Webinars« im Internet gesehen hat, dem wird Acrobat Connect
vielleicht ein Begriff sein. Seit CS4 können Sie selbst eine
Online-Präsenation abhalten: Mit ein paar Klicks haben Sie Ihren
Bildschirm freigeschaltet und andere Teilnehmer eingeladen. Und
das Beste ist: Für bis zu drei Teilnehmer ist das völlig kostenlos.*

1 **Nur ein Klick aus dem Programm**

Eine Online-Präsentation zu starten ist un-
kompliziert: In jedem CS4-Programm ist im
Datei-Menü der Befehl Meinen Bildschirm
freigeben zugänglich.

Danch geht alles von alleine und Acrobat
Connect arbeitet im Verborgenen, um mit
Ihnen online zu gehen.

Eventuell werden Sie aufgefordert, das
Acrobat-Connect-Plugin oder den aktuellen
Flash-Player zu laden. Dies ist notwendig und
unbedenklich.

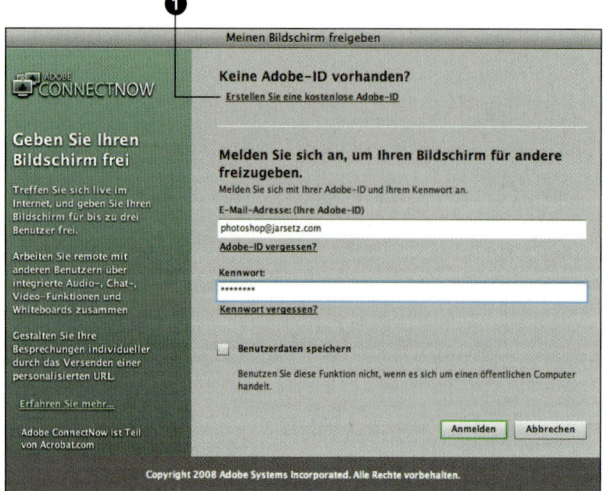

2 **Anmeldung**

Um den Acrobat Connect-Server nutzen zu
können – über den die Inhalte bereitgestellt
werden – ist eine Adobe-ID notwendig.

Wenn Sie noch keine Adobe-ID haben,
können Sie diese über den bereitstehenden
Link ❶ schnell erstellen.

Tragen Sie Ihren Benutzernamen und
Ihr Kennwort ein und klicken Sie dann auf
Anmelden.

3 Connect now!

Schon können Sie den Connect-Server für Ihre
Präsentation nutzen.

Loggen Sie sich wieder mit Ihrer Adobe-
ID ein. Dies ist eine weitere – und nicht die
letzte – Sicherheitsvorkehrung.

4 Registrierung prüfen

Wie eben gesagt: Es ist nicht die letzte Maßnahme. Mittlerweile haben Sie eine E-Mail
bekommen, in der Sie gebeten werden, Ihre
Registrierung bei *Acrobat.com* zu bestätigen.

Dies tun Sie über einen einfachen Klick auf
den enthaltenen Link. Dann steht Ihnen der
Weg für Ihre Online-Präsentation frei.

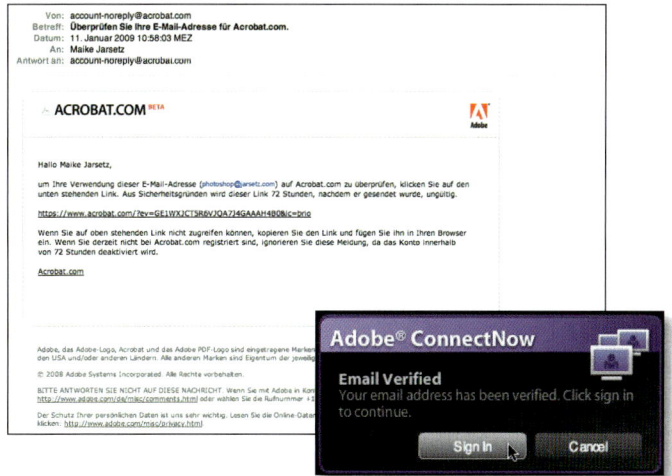

5 Einladungen verteilen

In Ihrem Browser hat sich jetzt das Acrobat-
Connect-Fenster geöffnet, über das Sie gleich
Ihren Bildschirm freigeben können.

An diesem Punkt können Sie auch schon
die anderen Teilnehmer einladen: Klicken Sie
dafür auf den Link Send Email Invitation Now
❷. Falls Sie an dieser Stelle noch niemanden
einladen wollen, klicken Sie auf den Button
Close.

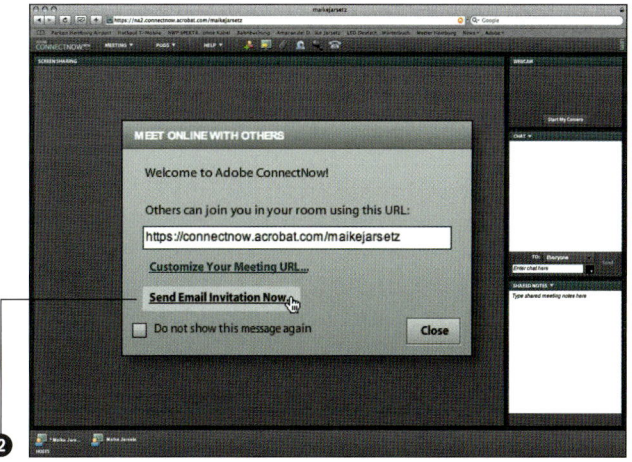

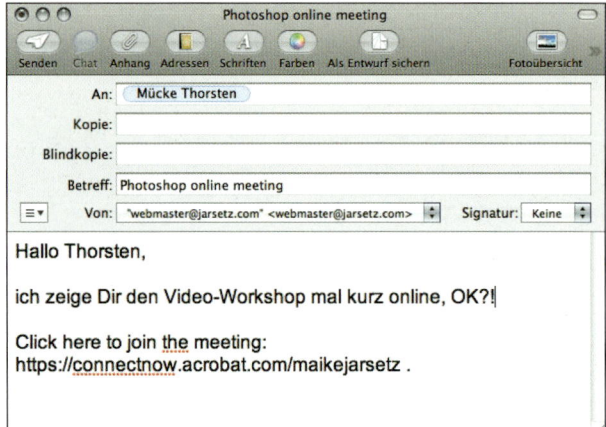

6 E-Mail-Einladung

Automatisch öffnet sich eine neue E-Mail in Ihrem Mail-Programm.

Ein zweizeiliger Text mit dem notwendigen Link zum Online-Meeting ist schon enthalten. Alles andere – Empfänger, Betreff und vielleicht eine kurze Anrede – vervollständigen Sie selbst, bevor Sie die E-Mail absenden.

Danach kehren Sie zum Connect-Fenster im Browser zurück und klicken dort auf CLOSE.

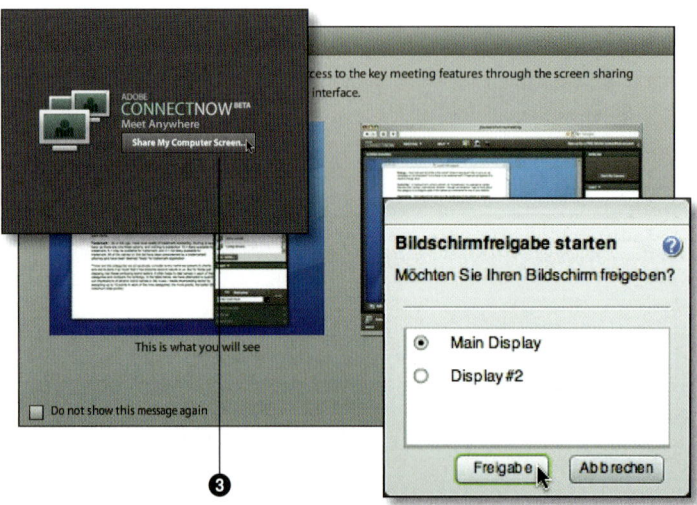

7 Jetzt wird's ernst

In der Mitte des Connect-Fensters klicken Sie jetzt auf SHARE MY COMPUTER SCREEN ❸, um Ihren Bildschirm im nachfolgenden Meeting für die anderen Teilnehmer freizugeben.

Bei mehreren Bildschirmen haben Sie noch die Option, nur den Haupt- oder Zweitbildschirm freizugeben. Auf den jeweils anderen Bildschirm können Sie alles verbannen, was die anderen Teilnehmer nicht sehen sollen.

Ein Hinweisfenster bereitet Sie darauf vor, wie der Bildschirm während des Meetings erscheinen wird.

8 Die Besucher kommen

Mittlerweile sind Ihre Einladungen bei den Empfängern angekommen und auch dort genügt ein Klick auf den enthaltenen Link, um direkt an dem Meeting teilzunehmen.

Der Teilnehmer kann sich ruhig als Gast oder auch mit eigener Adobe-ID anmelden.

Die aktiven Teilnehmer werden dann auf Ihrem Bildschirm in der Teilnehmerliste der Connect-Palette angezeigt.

9 Ihr Präsentationsbildschirm

Ihr Bildschirm, den Sie für die Präsentation freigegeben haben, hat sich im Prinzip nicht geändert – Sie können weiterarbeiten und Ihre Meetingbesucher teilnehmen lassen.

Als Einziges hat sich die Connect-Palette in den Vordergrund gedrängt. Hier haben Sie jederzeit im Blick, wer an dem Meeting teilnimmt. Außerdem können sie Ihre Online-Präsenation durch einen Chat erweitern ❹ oder – im Falle einer installierten WebCam samt Mikrofon – Ton und Bild ❺ freischalten.

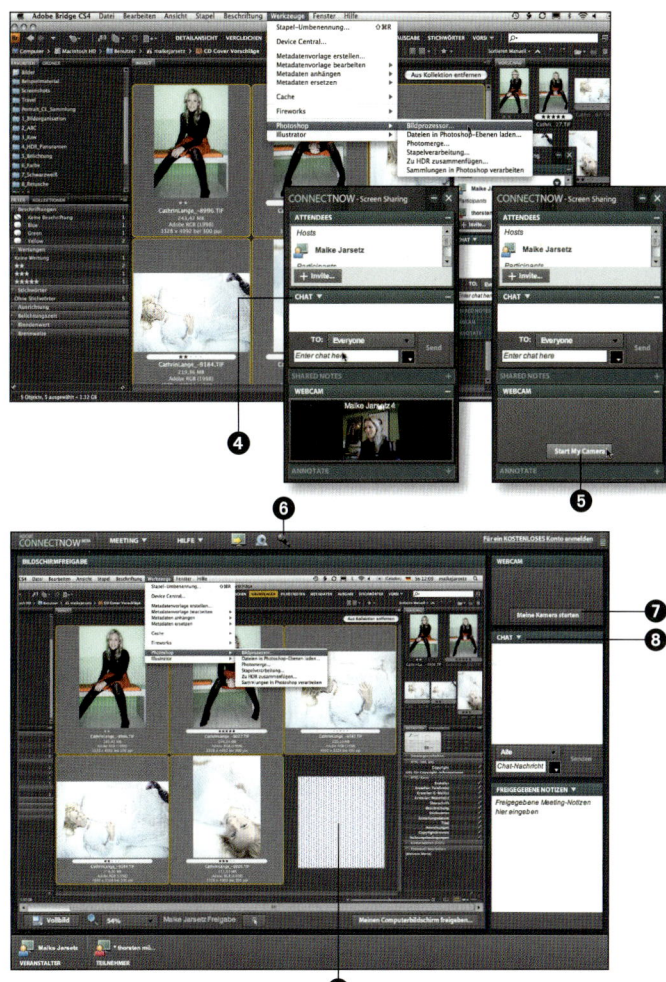

10 Was der Zuschauer sieht

Der eingeladene Gast sieht alles, was sich auf Ihrem Bildschirm abspielt in seinem Browserfenster. Der Raum, den Ihre Connect-Palette einnimmt ist ausgegraut ❾ – Sie sollten sie also an den Rand oder auf den Zweitbildschirm schieben.

Der zuschauende Gast hat seine eigene Connect-Leiste, mit der er am Chat ❽ teilnehmen oder sein eigenes Mikrofon ❻ und seine WebCam ❼ zuschalten kann.

11 Das Ende der Veranstaltung

Der Gast verlässt das Meeting einfach, indem er das Browserfenster schließt. Sie beenden Ihre Präsentation, indem Sie auf die Connect-Palette klicken und aus dem Menü ADOBE CONNECTNOW BEENDEN wählen.

Das Ende der Präsentation wird den noch aktiven Teilnehmern gleich angezeigt.

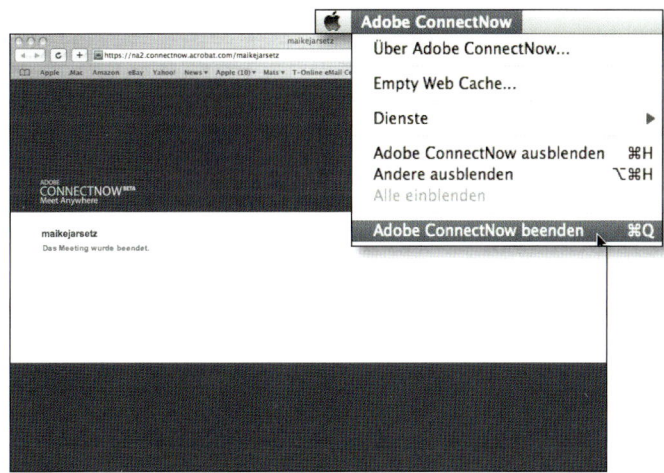

Widmung

Ich möchte dieses Buch **Marcus Rieß** widmen.

Fast zeitgleich mit meinem ersten »Photoshop-Buch für digitale Fotografie« wurde Marcus Business Development Manager bei Adobe für den Bereich Digital Imaging. Seitdem war er als mein direkter Ansprechpartner bei Adobe ein Garant für regen Austausch, aufrichtiges Interesse, unbedingte Verlässlichkeit und Verbindlichkeit. Viele Projekte haben wir seitdem gemeinsam konzipiert, diskutiert und realisiert.

Mit dem Verlust von Marcus Ende 2008 vermisse ich nicht nur einen engagierten und kompetenten Geschäftspartner, sondern einen vertrauten Kollegen.

Bildnachweis

Was wäre ein Fotobuch ohne Bilder? Und was wäre dieses Buch ohne die Unterstützung der Fotografen, deren Bildmaterial das Buch inhaltlich abrundeten und optisch aufwerteten. Einen aufrichtigen Dank dafür an:

Hilla Südhaus

Das Thema von Hilla Südhaus sind authentische, lebendige Fotografien von Menschen: »Neben dem persönlichen Kontakt, sind Bilder das stärkste Element der zwischenmenschlichen Verständigung. Ebenso wie die individuelle Ausprägung des Einzelnen in der Kommunikation wirkt, muss auch sein Abbild die Einzigartigkeit der Person zeigen.«
Deshalb ist Authentizität die oberste Maxime ihrer Arbeit.
www.hilla-suedhaus.de

Frank Kuchenmüller

Arbeitet als Werbefotograf in Hamburg und Lüneburg. Schwerpunkt seiner Arbeit sind Produktfotografie und Interieur-Aufnahmen.
Mehr Arbeiten von Frank Kuchenmüller sind zu finden unter:
www.das-kreativteam.de/frankkuchenmueller
www.dms-lueneburg.de

Walter M. Rammler

Durch sein vielseitiges, fotografisches Geschick weiß Walter M. Rammler die teilweise ausgefallenen Ideen seiner Kunden in jeder Stilrichtung – wie Beauty, Food, Stilllife, People, Architektur und Transportation – gekonnt umzusetzen. Nicht zu vergessen seine künstlerischen Arbeiten, die schon in zahlreichen Ausstellungen zu bewundern waren. Gerade in der Digitalfotografie, in der Walter M. Rammler Pionierarbeit geleistet hat, erweitert er ständig sein Know-how unter anderem durch seine Mitarbeit in den Verbänden PIC und ADF.
www.rammler.com

Peter Wattendorff

Nach seiner Ausbildung zum Theatermaler und Wirken in Berlin, Münster und Basel studierte Peter Wattendorff Visuelle Kommunikation mit Schwerpunkt Fotografie. Er war Gründungsmitglied des Atelier 4+, Büro für Gestaltung und wurde BFF-Junior-Mitglied. Seit 1998 besteht das Fotostudio Wattendorff in Münster mit Schwerpunkt People-, Image- und Werbekampagnen. Er erhielt Auszeichnungen und Agenturverträge mit den Bildagenturen Corbis und picture-press. Heute arbeitet Peter Wattendorff mit einem festen Fototeam national und international.
www.wattendorff.de

istockphoto

Mehr als 66 000 Künstler aus der ganzen Welt bieten ihre Arbeiten über iStock an. Jeder kann mitmachen und diese hochqualitative Bild-Community erweitern. Vielen Dank an Dittmar Frohmann für die spontane und unbürokratische Unterstützung mit erstklassigem Bildmaterial.
www.istockphoto.com

Danke

... an **Mats** und **Frank** für die Geduld und die Toleranz müder-Morgen-Phasen.
... an **Alexandra Rauhut** und **Thorsten Mücke** für ein Lektorat mit Herz und Hirn.
... an **Tom Hogarty** von Adobe für beständige Unterstützung und nimmermüde Antworten auf meine Fragen.
... an **Cathrin Lange** für ihre tollen Bilder und **Ulli Jasper-Brinkmann** für das »Projekt Cathrin«.
... an das **Galileo-Team** für viel Engagement und all die Arbeit, die noch folgen wird.

Die DVD zum Buch

Der Inhalt der DVD-ROM zum Buch ist auf drei Hauptordner mit den Namen BEISPIELBILDER, DEMOVERSION und VIDEO-TRAINING aufgeteilt. Im Folgenden ein kurzer Einblick in die einzelnen Ordner:

Ordner »Beispielbilder«

Sie finden auf der DVD zum Buch fast alle Beispielbilder aus den Workshops. Nur zu den Lektionen im Kapitel zur Bildorganisation sind keine Bilder vertreten, da die Workshops in diesem Kapitel mit beliebigen Aufnahmen nachgearbeitet werden können. Welches Beispielbild zu einem Workshop gehört, wird Ihnen im Buch immer ganz vorn in der jeweiligen Einleitung eines Workshops in roter Schrift und eckigen Klammern angezeigt. Die Bilddatei finden Sie dann auf der DVD im Ordner BEISPIELBILDER.

Zielsetzun**gen:**
— Neutrale Mitteltöne ausgleichen
— Weißpunkt setzen
[Pipetten.jpg]

Ordner »Demoversion«

In diesem Ordner finden Sie eine nach Installation 30 Tage lang gültige Testversion von Photoshop CS4. Diese Programmversion ist vollständig nutzbar und Sie können alle Beispiele in diesem Buch damit nachbauen.

Um Photoshop CS4 unter Windows zu installieren, kopieren Sie sich die Datei »Adobe_CS4.zip« im Ordner DEMOVERSION ▷ WINDOWS auf Ihre Festplatte, und entpacken Sie sie dort. Doppelklicken Sie anschließend auf die Datei »Setup.exe« im Ordner ADOBE CS4.

Arbeiten Sie mit Mac OS X, gehen Sie in den Ordner DEMOVERSION ▷ MAC und klicken dort auf die Datei »ADBEPHSPCS4_LS4.dmg«. Wenn das *Disc Image* entpackt ist, doppelklicken Sie auf die Datei »Adobe Photoshop CS4« und dann auf »Setup.app«. Danach startet die Installation. Wenn Sie Photoshop CS4 installieren, wird auch Adobe Bridge als Testversion installiert. Sie können damit also auch die Workshops zur Bildverwaltung nacharbeiten.

Bitte beachten Sie, dass sich Photoshop CS4 und Adobe Bridge als zwei eigenständige Programme auf Ihrem Rechner installieren und als solche auch über den Ordner PROGRAMME gestartet werden können.

Ordner »Video-Training«

In diesem Ordner finden Sie ein komplettes Video-Training zum Thema »Adobe Photoshop CS4 für digitale Fotografie«. Erleben Sie darin die Autorin Maike Jarsetz als Trainerin in Wort und Bild. Erfahren Sie in den Video-Lektionen mit ausgewählten, verfilmten Workshops aus dem Buch mehr über die folgenden Themen:

1 RAW- und HDR-Techniken
1.1 Verlaufsfilter simulieren
1.2 Lokale Korrekturen
1.3 HDR-Bilder erzeugen

2 Farbe und Belichtung
2.1 Farbbereich nachbelichten
2.2 Zwischen den Jahreszeiten
2.3 Neue Farben schaffen

3 Retusche-Techniken
3.1 Hautrötungen mindern
3.2 Um die Ecke retuschiert
3.3 Feinheiten herausarbeiten

4 Montage-Techniken
4.1 Die Blende öffnen
4.2 Hintergrund einmontieren
4.3 Ein Panorama erstellen

Die Video-Lektionen auf dieser DVD sind ein Auszug aus dem Video-Training »Adobe Photoshop CS4 für digitale Fotografie. Das Video-Training auf DVD« (ISBN 978-3-8362-1269-4, Gesamtlaufzeit ca. 10 Stunden, Preis 39,90 Euro). Systemvoraussetzungen: Windows Vista, XP, 2000 und 98 bzw. Mac OS X ab 10.1, mit DVD-Laufwerk, Auflösung 1024 x 768 Pixel, mind. 512 MB RAM.

Um das Video-Training zu starten, öffnen Sie einfach den Ordner VIDEO-TRAINING, und klicken Sie doppelt auf die Datei »Start.exe«.

Sollten Sie Probleme bei der Verwendung des Video-Trainings haben, so finden Sie Hilfe unter *www.galileodesign.de/hilfe/Videotrainings_FAQ*.

Viel Erfolg beim Lernen am Bildschirm!

Index

16-Bit 176, 180
32-Bit 176
8-Bit 176

A

Abwedler 54
Abwedler-Werkzeug 55
Abzugsserie speichern 116
Acrobat Connect 506
  anmelden 506
  registrieren 507
Adobe RGB 266
Aktion aufzeichnen 492
Alpha-Kanäle 446
Anpassungspinsel 139
Arbeitsfarbraum 266
Arbeitsfenster vergrößern 79
Arbeitsfläche vergrößern 315
Auflösung einstellen 106
Augen aufhellen 362
Augenfarbe intensivieren 363, 368
Ausbessern-Werkzeug 313, 334, 343
Ausgabegröße festlegen 52
Ausgabeschärfung 109
Ausschnitt wählen 53
Auswahl 446
  addieren 444
  Auswahlen speichern 449
  erstellen 421
  gespeicherte Auswahl aktivieren 449
  Masken- und Kanalinformation 450
  speichern 438
  Techniken 447
  verbessern 422
  verkleinern 444
  Werkzeuge 446
Auswahlmodus 446

Auswahlvorschau 425
Automatisch maskieren 140
Automatisieren 482
  Aktion aufzeichnen 492
  Bilder für das Internet 502
  Bildprozessor 486
  Dateiversionen 487
  RAW-Entwicklung 486
  Wasserzeichen einfügen 492

B

Belichtung 120
Belichtungskontrast steigern 198
Belichtungskorrekturen 182
  Gradationskurve 186
  High Key umsetzen 200
  Kontrast 186, 198
  nachbelichten 192
  schnelles HDR 218
  selektiv 206
  Tiefen/Lichter 194
  Tonwertkorrektur 201
  über Kanäle 208
  unscharf maskieren 190
Belichtungsreihe 152
Bereichsreparatur-Pinsel-Werkzeug 311, 334
Bildausschnitt freistellen 52
Bildbrowser 18
Bilder
  beschriften 33
  bewerten 30
  filtern 31
  importieren 18
  in Serie optimieren 72
  nachbelichten 54
  sammeln 43
  stapeln 26
  vergleichen 22
  zoomen 23

Bildgröße
  festlegen 106
Bildimport 18
Bildordner
  Favoriten 20
  öffnen 20
Bildorganisation 14
Bildprozessor 486
Bildstapel 26
Bildvergleich 22
Blickwinkel korrigieren 476
Bridge 15
  Flash-Galerie 498
  Kontaktabzug 488
  Panorama erstellen 480
  Stapel für HDR 480
  Stapel für Panorama 480
  Stapelverarbeitung 495
  Wasserzeichen einfügen 495
  Webgalerie 498

C

Camera-Raw-Einstellungen
  Siehe Raw-Einstellungen
Camera-Raw-Standard 125
Camera Raw 85, 126
  Anpassungspinsel 139
  automatische Maskierung 140
  Entwicklung speichern 162
  Standards 112
  Weißabgleich 149
Chip 120
CMYK 264, 267
Copyright-Hinweis 19, 36, 492

D

Dateieigenschaften 35
Dateiversionen entwickeln 487

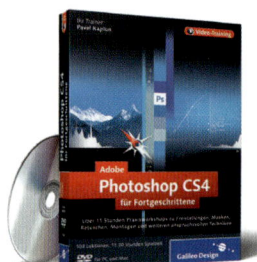

Sibylle Mühlke

Adobe Photoshop CS4

Das Praxisbuch zum Lernen und Nachschlagen

▸ Der Topseller in aktualisierter Neuauflage
▸ Mit Referenzkarte und DVD mit Video-Lektionen
▸ Großer Infoteil mit Tastenkürzeln, Insidertipps

Dieses Handbuch hat sich zum Ziel gesetzt, alles nötige Wissen rund um Photoshop CS4 für Sie aufzubereiten und leicht zugänglich zu präsentieren. Komplett in Farbe, mit DVD, Referenzkarte, Infoteil, Glossar und Zusatzinfos im Web – hier finden Sie immer, was Sie brauchen!

ca. 1.050 S., mit DVD und Referenzkarte, 49,90 €
ISBN 978-3-8362-1238-0, April 2009
www.galileodesign.de/1869

Wer sich ernsthaft mit Photoshop beschäftigt, sollte diesem Buch unbedingt die benötigten sechs Zentimeter im Bücherschrank einräumen.
Sammellinse

Sibylle Mühlke arbeitet als Photoshop-Tutorin, schreibt für zahlreiche Fachmagazine und entwickelt Online-Trainings. Sie coacht Photoshop-Nutzer aller Niveaus – und kennt daher alle typischen Anwenderprobleme und Stolpersteine.

Die Themen im Überblick

» Neu in Photoshop CS4
» Dateien verwalten, Adobe Bridge CS4
» Ebenen, Auswahlen, Freistellen
» Farbe und Schwarzweißbilder
» Helligkeit und Kontrast
» Retusche und Reparatur
» Camera Raw, Werkzeuge für Fotografen
» Filter, Pfade und Text
» Ausgabe und Farbmanagement

Thomas Bredenfeld

Adobe Photoshop CS4 – fortgeschrittene Techniken

▸ Effiziente Lösungen für den professionellen Arbeitsalltag
▸ Mit den Themen Automatisierung, Scripting, Web, 3D und Video
▸ Mit allen Extended-Funktionen

Das Buch hilft, vom fortgeschrittenen Anwender zum Photoshop-Profi zu werden!
Publisher

ca. 815 S., mit DVD, 59,90 €
ISBN 978-3-8362-1237-3, Juni 2009
www.galileodesign.de/1867

Kostenlose Leseproben zu jedem Buch sowie unser gesamtes Photoshop-Programm finden Sie auf unserer Website
» www.GalileoDesign.de

Wissenswertes, wenn Fotos online gehen ...

Daniel Mies

Webseiten erstellen für Einsteiger

Einführung in HTML, CSS, Suchmaschinen-Optimierung und jQuery

In lockerer und verständlicher Sprache werden die Techniken HTML, CSS, JavaScript und Suchmaschinen-Optimierung beschrieben. Dabei wird immer Wert auf aktuelle Standards, Techniken und modernes Design gelegt. Alle Themen werden anhand von Praxisbeispielen veranschaulicht und fürs bessere Nachschlagen in einer Referenz zusammengefasst.

Das schönste Grundlagenbuch zum Thema!
photoshop-weblog.de

354 S., 2008, mit CD, 19,90 €, ISBN 978-3-8362-1131-4
www.galileocomputing.de/1666

Uwe Koch, Dirk Otto, Mark Rüdlin

Recht für Grafiker und Webdesigner

Verträge, Schutz der kreativen Leistung, Selbstständigkeit, Versicherungen, Steuern

Dieses Buch bietet Antworten für Kreative in Web-Agenturen, Prepress-Betrieben und werbetreibenden Unternehmen. In verständlicher Sprache geht es auf viele Rechtsfragen rund um das Kommunikationsdesign ein.

Verständlich und auf dem neuesten Stand!
DOCMA

379 S., 2008, 39,90 €, ISBN 978-3-8362-1318-9
www.galileodesign.de/1962

Digitale Fotografie & Lightroom

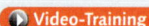

Maike Jarsetz

Adobe Photoshop Lightroom 2

Das Training für den digitalen Foto-Workflow

▸ Alles über Bibliotheken, Metadaten, Entwicklung
▸ Mit vielen Beispielen aus der realen Fotopraxis
▸ Umgang mit Bibliotheken, Metadaten, Entwicklung

Eine gewinnbringende Anschaffung!
Advanced Photoshop

In diesem Training zeigt Ihnen die bekannte Photoshop- und Foto-Experting Maike Jarsetz, wie Sie Photoshop Lightroom sicher in den Griff bekommen. Über elf Stunden mit über 80 Praxis-Workshops halten unzählige Tipps und Techniken bereit, mit denen Sie Ihre Bilder auf den Punkt entwickeln können. Besonders interessant: In dem Special »Werkzeuge per Klick« können Sie Funktion für Funktion erkunden.

DVD, Windows und Mac, 82 Lektionen,
11 Stunden Spielzeit, 2008, 39,90 €
ISBN 978-3-8362-1290-8
www.galileodesign.de/1931

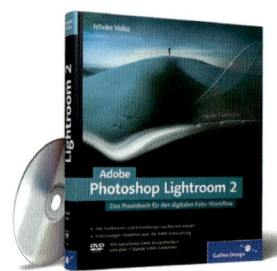

István Velsz

Adobe Photoshop Lightroom 2

Das Praxisbuch für den digitalen
Foto-Workflow

Lernen Sie Adobe Photoshop Lightroom 2 kennen. István Velsz veranschaulicht alle Funktionen und Werkzeuge anhand von Beispielbildern. Sie erfahren, wie Sie Ihre Bildbestände sinnvoll archivieren und verwalten, RAW-Bilder umwandeln und bearbeiten, Ihre Bilder ansprechend präsentieren, veröffentlichen und drucken.

Eine wertvolle Richtlinie für einen optimalen Workflow
digitalproduction.com

445 S., 2009, mit DVD, 39,90 €
ISBN 978-3-8362-1306-6
www.galileodesign.de/1945

fotocommunity (Hrsg.)

Das fotocommunity-Buch

Die Tricks der Foto-Experten

▸ Fotografisches Know-how für bessere Fotos
▸ Das Beste aus Porträt, Natur, Akt, Digiart u.v.m.
▸ Mit fotocommunity-Gutschein, Poster und DVD
▸ Beispielbilder auf DVD

Im ersten fotocommunity-Buch haben sich elf der besten Fotografen und Fotografinnen aus der Community versammelt und geben Einblicke in ihre Arbeitsweise. Schauen Sie den erfahrenen Fotografen u. a. bei folgenden Themen über die Schulter: Porträtfotografie, Naturfotografie und Aktfotografie sowie Schwarzweiß-Techniken und Fotomontagen.

Mehr als positiv! Hier stammt alles aus der Praxis und von ›echten‹ Usern der Community!
style.at

339 S., 2008, mit DVD, 39,90 €, ISBN 978-3-89842-861-3
www.galileodesign.de/1359

Die Themen im Überblick

» Motive und Bilder sehen
» Porträtfotografie
» Fotos in der Natur
» Makrofotografie
» Available Light
» Streetfotografie

» Aktfotografie
» Faszination Schwarzweiß
» Fotomontagen: Digiart
» Fotografisch dokumentieren
» Sportfotografie

Cora Banek, Georg Banek

Digitale Fotopraxis: Menschen und Porträt

Inklusive Nachbearbeitung
mit Photoshop – 2. Auflage

Das erste komplette Lehrbuch zur Port-
rätfotografie mit digitoaler Technik!
Designer Spiegel

▸ Bildgestaltung, Aufnahme-
und Studiotechnik
▸ Alles über die vielen Facetten der
Porträtfotografie
▸ Profi-Rezepte für die Fotoveredelung
▸ Inklusive: 1 Stunde Video-Training

Ob für den Schnappschuss, das hochwertige Porträt, Charakterstudien oder Aktfotografie: In diesem Buch zeigen Ihnen
die erfahrenen People-Fotografen Cora
Banek und Georg Banek, wie Sie mit Ihrer
Digitalkamera und etwas Bildbearbeitung
alles richtig machen. Das erste Lehrbuch
zur Porträtfotografie mit digitaler Technik.

345 S., 2. Auflage 2008, mit DVD, 39,90€
ISBN 978-3-8362-1126-0
www.galileodesign.de/1650

Cora Banek setzt ihre
fotografischen Schwer-
punkte in den Berei-
chen Porträt, Fashion,
Akt, Fine-Art sowie in
der Produktfotografie.
Als freie Grafikdesign-
erin, Autorin und Bild-
bearbeiterin gestaltet sie anspruchsvolle
Fotopublikationen.

Georg Banek fotogra-
fiert vor allem Lifestyle
oder Reiseimpressio-
nenund konzentriert
sich neben dem Sch-
reiben auf die Foto-
lehre – mit Seminaren
für Privatpersonen
und Unternehmen. Er lehrt an der FH
Wiesbaden.

» Mehr über die Autoren finden Sie
unter www.artepictura.de

Themenspecial Fotografie: www.GalieoDesign.de/fotografie

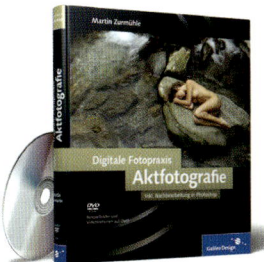

Martin Zurmühle

Digitale Fotopraxis: Aktfotografie

▸ Inklusive Nachbearbeitung
in Photoshop
▸ Mit 1 Stunde Video-Training

Mit diesem Buch werden Sie zum versier-
ten Aktfotografen! Martin Zurmühle zeigt
Ihnen, wie Sie eigene Aktfotografiepro-
jekte umsetzen – von der Bildidee über
die Auswahl des richtigen Models und
die Lichtgestaltung bis hin zur Bildnachbearbeitung. Sie lernen alle Gestaltungs-
möglichkeiten und Posen kennen und
erfahren, was Sie alles für ein kleines
Heimstudio benötigen.

Ein echtes Standardwerk für die Praxis
der (digitalen) Aktfotografie!
akt.de

376 S., 2008, mit DVD, 49,90€
ISBN 978-3-8362-1120-8
www.galileodesign.de/1636

Jacqueline Esen

Digitale Fotopraxis

Rezepte für bessere Fotos

Dieses Buch bietet praktische, problem-
orientierte Anleitungen, um die digitale
Fotografie in den Griff zu bekommen.
Die Fotografin Jacqueline Esen gibt Ihnen
wertvolle Tipps, wie Sie bessere Bilder
machen und eigene Fotoprojekte realisieren können. Lernen Sie, schwierige Auf-
nahmesituationen sicher zu bewältigen,
und schärfen Sie Ihren Blick für das Motiv. Viele Vergleichsbilder zeigen Ihnen,
wie Sie mit Licht, Blende und Brennweite
kreativ werden können.

ca. 300 S., 29,90€
ISBN 978-3-8362-1213-7, Mai 2009
www.galileodesign.de/1823

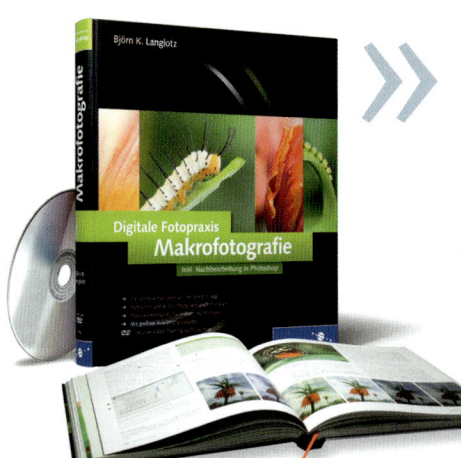

Björn K. Langlotz

Digitale Fotopraxis: Makrofotografie

Inklusive Nachbearbeitung in Photoshop

▸ Inkl. Video-Training zu Photoshop auf DVD
▸ Aufnahme und Beleuchtung verständlich erklärt
▸ Praxisworkshops zu Techniken und Motiven
▸ Mit großem Ausrüstungsratgeber

Christian Schnalzger

Digitale Fotopraxis: Landschaft und Natur

Inklusive Nachbearbeitung mit Photoshop – 2. Auflage

Schauen Sie dem Naturfotografen Christian Schnalzger über die Schulter. Lernen Sie, wie Sie Landschaften, Pflanzen und Tiere kreativ in Szene setzen. Schärfen Sie Ihren fotografischen Blick und holen Sie alles aus Licht und Wetter heraus.

268 S., 2. Auflage 2008, mit DVD, 39,90 €
ISBN 978-3-8362-1125-3
www.galileodesign.de/1649

Der erfahrene Makrofotograf und Fototrainer Björn Langlotz zeigt Ihnen alle Techniken des Fotografierens im Makrobereich: Belichtung, Lichtführung, Schärfeverlauf etc. – konsequent an attraktiven Bildbeispielen. Auch bei der Wahl der richtigen Ausrüstung berät Sie dieses Buch. Der Bildnachbearbeitung, die zur erfolgreichen digitalen Makrofotografie dazugehört, ist ebenfalls ein eigenes Kapitel gewidmet.

Ein überaus gelungenes Werk
media-mania.de

317 S., 2009, mit DVD, 39,90 €, ISBN 978-3-8362-1185-7
www.galileodesign.de/1778

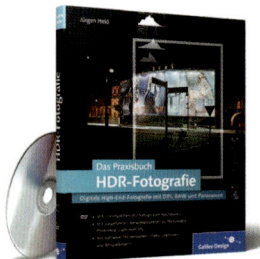

Jürgen Held

Das Praxisbuch HDR-Fotografie

Digitale High-End-Fotografie mit DRI, RAW und Panoramen

▸ Der perfekte Einstieg in die HDR-Technik
▸ Mit vielen Workshops zum Nacharbeiten
▸ Inklusive DVD mit allen Beispielbildern
▸ Für Photoshop, Lightroom und alle wichtigen HDR-Programme

Das beste Buch zur HDR-Fotografie auf dem deutschen Markt.
psd-tutorials.de

ca. 300 S., 2. Auflage, mit DVD, 44,90 €
ISBN 978-3-8362-1403-2, Mai 2009
www.galileodesign.de/2111

Markus Botzek, Karola Richter

Fotoworkshops Natur und Wildlife

Inklusive Nachbearbeitung in Photoshop

▸ Unterwegs mit dem Profifotografen
▸ Der komplette Workflow von der Idee zum perfekten Bild
▸ Beispielbilder und Video-Lektionen auf der beiliegenden DVD

Lassen Sie sich von dem erfahrenen Naturfotografen Markus Botzek inspirieren und begleiten Sie ihn auf seinen Streifzügen in die Natur – in den Garten, ans Meer, in die Berge oder auf Safari nach Afrika!

ca. 300 S., mit DVD, 49,90 €
ISBN 978-3-8362-1205-2, April 2009
www.galileodesign.de/1814

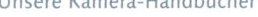

Kamera-Handbücher

Martin Schwabe
**Canon EOS 50D –
Das Kamerahandbuch**

369 S., 2009, mit Referenzkarte, 39,90 €
ISBN 978-3-8362-1365-3
www.galileodesign.de/2045

Martin Schwabe
**Canon EOS 40D –
Das Kamerahandbuch**

335 S., 2008, 39,90 €
ISBN 978-3-8362-1162-8
www.galileodesign.de/1724

Martin Schwabe
**Canon EOS 450D –
Das Kamerahandbuch**

358 S., 2008, 39,90 €
ISBN 978-3-8362-1209-0
www.galileodesign.de/1819

Martin Schwabe
**Canon EOS 400D –
Das Kamerahandbuch**

342 S., 2007, mit Referenzkarte, 39,90 €
ISBN 978-3-8362-1000-3
www.galileodesign.de/1425

Michael Gradias
**Panasonic LUMIX Superzoom –
Das Kamerahandbuch**

Für die Superzoom-Modelle FZ50, FZ28, FZ8, TZ4/5

304 S., 2009, 39,90 €
ISBN 978-3-8362-1361-5
www.galileodesign.de/2046

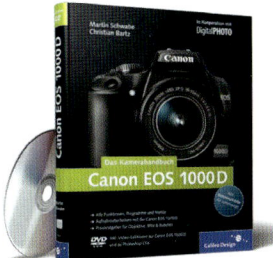

Martin Schwabe, Christian Bartz

Canon EOS 1000D –
Das Kamerahandbuch

▸ Alle Funktionen, Programme und Menüs
▸ Praxisratgeber für Objektive, Blitz und Zubehör
▸ Aufnahmetechniken mit der Canon EOS 1000D
▸ Mit Referenzkarte zur Kamera für unterwegs

Werden Sie mit diesem Buch zum begeisterten Digitalfotografen und erfahren Sie alles, was Sie über Ihre Canon EOS 1000D wissen müssen!

378 S., 2009, mit DVD, 39,90 €
ISBN 978-3-8362-1364-6
www.galileodesign.de/2044

Heike Jasper

Nikon D90 –
Das Kamerahandbuch

▸ Alle Funktionen, Programme und Menüs
▸ Praxisratgeber für Objektive, Blitz und Zubehör
▸ Mit Referenzkarte zur Kamera für unterwegs

ca. 320 S., 39,90 €
ISBN 978-3-8362-1230-4, April 2009
www.galileodesign.de/1856

Ulrike Häßler, Wadim Herdt

Nikon D60 –
Das Kamerahandbuch

328 S., 2008, 39,90 €
ISBN 978-3-8362-1210-6
www.galileodesign.de/1820

⏵ **Video-Training**

Achim Schmidt

Canon EOS 1000D

Das visuelle Kamera-Training

▸ Die persönliche Kamera-Schulung auf DVD
▸ Kamera-Einstellungen interaktiv erkunden
▸ Die Canon EOS 1000D im Einsatz erleben

Lehnen Sie sich zurück und lassen Sie sich von einem erfahrenen Foto-Trainer zeigen, wie Sie Ihre Kamera richtig bedienen.

DVD, Windows, Mac, Linux, 50 Lektionen, 4:30 Stunden Spielzeit, 2009, 39,90 €
ISBN 978-3-8362-1355-4
www.galileodesign.de/2034

EINEINHORN
KOTZTIMHO
HENREGENB
OGENAUFDI
EWIESE.EPS

Finde das
Richtige.

Der Name Galileo Press geht auf den italienischen Mathematiker und Philosophen Galileo Galilei (1564–1642) zurück. Er gilt als Gründungsfigur der neuzeitlichen Wissenschaft und wurde berühmt als Verfechter des modernen, heliozentrischen Weltbilds. Legendär ist sein Ausspruch *Eppur se muove* (Und sie bewegt sich doch). Das Emblem von Galileo Press ist der Jupiter, umkreist von den vier Galileischen Monden. Galilei entdeckte die nach ihm benannten Monde 1610.

Lektorat Alexandra Rauhut
Korrektorat Tanja Jentsch, Bottrop
Herstellung Steffi Ehrentraut
Einbandgestaltung Klasse 3b, Hamburg
Satz Roman Bold & Black, Köln
Druck Himmer AG, Augsburg

Dieses Buch wurde gesetzt aus der Linotype Syntax (9 pt/13 pt) in Adobe InDesign CS 3. Gedruckt wurde es auf mattgestrichenem Bilderdruckpapier (115 g/m²).

Gerne stehen wir Ihnen mit Rat und Tat zur Seite:
alexandra.rauhut@galileo-press.de
bei Fragen und Anmerkungen zum Inhalt des Buches

service@galileo-press.de
für versandkostenfreie Bestellungen und Reklamationen

julia.bruch@galileo-press.de
für Rezensions- und Schulungsexemplare

Bibliografische Information der Deutschen Bibliothek
Die Deutsche Bibliothek verzeichnet diese Publikation in der Deutschen Nationalbibliografie; detaillierte bibliografische Daten sind im Internet über *http://dnb.ddb.de* abrufbar.

ISBN 978-3-8362-1244-1

© Galileo Press, Bonn 2009
1. Auflage 2009

In unserem Webshop finden Sie unser aktuelles
Programm mit ausführlichen Informationen,
umfassenden Leseproben, kostenlosen Video-Lektionen –
und dazu die Möglichkeit der Volltextsuche in allen Büchern.

www.galileodesign.de

Galileo Design

Know-how für Kreative.